驱逐舰概念设计

徐青　主编

国防工业出版社

·北京·

内 容 简 介

　　本书以舰船总体设计理论为基础、融入工业产品概念设计和系统集成设计等理论，构建驱逐舰概念设计方法，提出了驱逐舰概念设计的基本概念和原理、相关设计流程与方法。本书采取科普性与专业性相结合、综述性与专述性相结合、基础理论与工程实践相结合的编写方案，内容全面、系统、通俗。

　　本书适合高等院校培养舰船设计专业的学生，还可为舰船总体设计人员提供参考。

图书在版编目（CIP）数据

　　驱逐舰概念设计/徐青主编 .—北京：国防工业出版社，2018.12
　　ISBN 978-7-118-11779-0

　　I. ①驱… II. ①徐… III. ①驱逐舰–设计 IV. ①U674.74

　　中国版本图书馆 CIP 数据核字（2019）第 029024 号

※

*国防工业出版社*出版发行

（北京市海淀区紫竹院南路 23 号　邮政编码 100048）
三河市腾飞印务有限公司印刷
新华书店经售

*

开本 787×1092　1/16　印张 27　字数 655 千字
2018 年 12 月第 1 版第 1 次印刷　印数 1—1200 册　定价 290.00 元

（本书如有印装错误，我社负责调换）

国防书店：(010) 88540777　　　发行邮购：(010) 88540776
发行传真：(010) 88540755　　　发行业务：(010) 88540717

驱逐舰概念设计

主　编：徐　青

副主编：陈　立

编著人员：（按姓氏笔画排序）

王五桂　方　勇　兰　海　刘　岚　许　辉　李伟光

李佳伟　杨先勇　杨雄辉　张英晟　陈　立　林　科

罗彩蓉　周少伟　宗　砚　胡晓芳　祝　泓　徐　青

琚兴宝

序

　　驱逐舰是一种中大型水面战斗舰艇，也是海军兵力中用途最广泛的一个舰种，有"海上多面手"之称，是世界上海军强国水面战斗舰艇中的骨干力量和海军重点发展的装备。现代驱逐舰是技术高度密集且复杂的大系统工程综合体，已成为一个国家军事、工业、科技水平与综合国力的象征。

　　发展装备离不开产品的研究和设计，产品设计是一种创造性的活动，而概念设计则是产品各个设计阶段中最具创新性的前期创造阶段，在各行各业中已经得到蓬勃发展。目前，借鉴工业产品的概念设计思想，开展驱逐舰产品的前期概念探索研究和设计，即驱逐舰概念设计，已成为当今各国驱逐舰设计领域的热点之一。

　　驱逐舰研制是一个系统工程，抓好源头是成功的基础。在立项论证阶段之前或总体设计的初期阶段，从驱逐舰总体顶层设计的视角，开展概念设计，能够充分发挥设计者的主观能动性、激发设计灵感、保持创新欲望，在更大的范围、更多的技术思路内探索满足作战需求的新思维、新模式和解决方案。对最终形成具有时代感的驱逐舰总体方案起到需求牵引、技术推动、费效合理、风险可控的重要作用。

　　本书主编徐青是我国多型驱逐舰和护卫舰的总设计师，在30多年的舰船设计生涯中，积淀了深厚的驱逐舰概念设计经验，本书采取科普性与专业性相结合、综述性与专述性相结合、基础理论与工程实践相结合的编写方案，对驱逐舰概念设计及其技术有比较系统、完整的描述，有望促进我国驱逐舰概念设计技术和水平的发展。

　　概念设计是设计的前期工作过程，概念设计的最终结果是产生设计方案，但是概念设计不只局限于方案的设计，概念设计应包括设计人员对设计任务的理解、设计灵感的表达、设计理念的发挥，这个阶段的工作应充分发挥设计人员的形象思维和创新思维。本书以舰船总体设计理论为基础，融入工业产品概念设计和系统集成设计等理论，提炼近年驱逐舰概念设计研究成果，提出了驱逐舰概念设计的基本概念和原理、相关创新设计技术和设计方法，是我国舰船设计领域的一次创新。本书是一部综合性、专业性较强的专著，将启发驱逐舰设计师对概念设计的深入思考，提升驱逐舰概念设计水平。

朱英富

前 言

当今中国处在日益走近世界舞台中央、不断为人类作出更大贡献的时代。驱逐舰作为军事、工业、科技水平与综合国力的象征，在践行我国国家战略、实现"中国梦"中，扮演着重要的角色。驱逐舰研制是一个开放性的复杂巨系统工程，抓好设计这个源头是成功的基础，随着海军舰船装备军事需求和装备技术解决方案的多样化发展，在总体设计的初期阶段，从驱逐舰总体顶层设计出发，依据作战需求，顺应技术发展，开展概念设计研究，从大量可能的概念方案中综合权衡出一个或几个比较优势的创意方案，技术上确定装备的基本功能、行为准则和结构形式，能够起到牵引需求、顶层控制总体技术状态的重要作用。

由于驱逐舰概念设计过程处于设计的初始阶段，设计信息的高残缺性、多学科之间的强耦合性等特征，使得概念设计成为一个寻找分析处理设计输入不完整和近似推理的有效方法、以完成对问题的正确量化聚焦求解的过程。因此，驱逐舰总体设计活动中急需"驱逐舰概念设计"的基础理论、设计流程和方法，供舰船总体设计人员参考。

本书是我国首部以舰船总体设计理论为基础、融入工业产品概念设计和系统集成设计等理论与方法，汇集近年驱逐舰概念设计的工程理念、实践和技术，提炼研究成果，全面、系统、通俗地介绍驱逐舰概念设计的基本概念和原理、相关技术和方法，科学、先进、实用、简明，是一部综合性、专业性较强的专著，可用于指导驱逐舰总体概念设计。

本书在撰写过程中，力求贯彻科学性、探索性和系统性，全书共分7章。第1章"产品概念设计综述"，阐述了广义的产品概念设计的起源、释义、定义等基本概念，产品概念设计的基本特征与主要地位，产品概念设计的基本内容、主要设计过程以及遵循的主要设计原则等内容；第2章"驱逐舰概念设计概述"，阐述了驱逐舰设计的一般过程，驱逐舰概念设计的定义、内涵与主要特征等基本概念，驱逐舰概念设计的基本内容、主要设计过程、主要设计流程，以及遵循的主要设计原则等内容；第3章"驱逐舰概念设计方法"，介绍了驱逐舰概念设计较常用的设计方法，并重点描述了驱逐舰概念设计中的创新思维、创新法则、创新技法等内容；第4章"需求设计"，描述了需求设计基本概念、需求定义、需求综合等内容，重点描述驱逐舰概念设计中需求分析的主要内容，基于信息残缺性的需求分析主要过程与方法，驱逐舰指标设计的主要内容；第5章"功能设计"，描述了功能设计基本概念、功能分类、功能定义、功能综合等内容，重点描述驱逐舰概念设计中功能设计的主要内容和方法；第6章"总体方案规划设计"，描述了驱逐舰概念设计中布局设计的基本原则、主要设计方法，各主要系统设计的基本原则、主要设计方法，总体集成方案设计的基本原则、多方案构造方法等内容和方法；第7章"驱逐舰概念设计的主要评估方法"，描述了驱逐舰概念设计评估的目的与主要评估内容，综合效能评估指标体系的建立及评估方法，技术风险评估体系的建立及评估方法，费用评估方法等内容。

本书适合高等院校培养舰船设计专业的学生，还可为舰船总体设计人员提供参考。

本书由徐青策划、主编并统稿，参加编著工作的按姓氏笔画排序还有王五桂、方勇、兰海、刘岚、许辉、李伟光、李佳伟、杨先勇、杨雄辉、张英晟、陈立、林科、罗彩蓉、周少伟、宗砚、胡晓芳、祝泓、琚兴宝。其中第 1 章、第 2 章主编为徐青，第 3 章主编为徐青、王五桂，第 4 章主编为兰海，第 5 章主编为周少伟，第 6 章主编为罗彩蓉，第 7 章主编为陈立。

在全书的编写过程中，得到了 701 所所长吴晓光研究员的关心和支持，也得到了 701 所各级领导及相关部门的高度关注和大力支持。组织人事处处长薛冰、王雁、王栋梁，科技处处长朱显明、王欣，水面部副主任刘辉、李世华、魏树婧等为本书的出版做了大量的策划、组织、管理、资源保障工作。本书由 701 所朱英富院士、段宏研究员、周巍研究员、王程彦研究员完成审稿工作。在本书面世之际，对所有关心、支持本书编写和出版工作的领导和同仁们表示诚挚的感谢！

本书参考、引用了国内外学者的有关论著、研究成果和图片资料，谨向这些学者致以诚挚的谢意！

本书是我国首次系统性地阐述驱逐舰概念设计的专业图书，因此，随着驱逐舰概念设计的后续实践和发展，在理论研究、设计方法等方面还有待于进一步深入探索，同时，书中疏漏、错误之处在所难免，诚恳希望读者不吝批评、指正。

编　者
2018 年 11 月

目 录

第1章　产品概念设计综述 ··· 1

1.1　基本概念 ·· 1

1.1.1　设计的基本概念 ·· 1

1.1.2　产品概念设计 ·· 4

1.2　基本特征与地位 ·· 5

1.2.1　基本特征 ·· 5

1.2.2　主要地位 ·· 6

1.3　基本内容与原则 ·· 6

1.3.1　主要内容与过程 ·· 6

1.3.2　主要原则 ·· 8

参考文献 ·· 10

第2章　驱逐舰概念设计概述 ··· 11

2.1　驱逐舰总体设计的一般过程 ···································· 11

2.2　主要概念与内涵 ·· 14

2.3　主要内容 ·· 15

2.4　主要特征 ·· 17

2.5　基本原则与流程 ·· 19

2.5.1　基本原则 ·· 19

2.5.2　基本流程 ·· 20

2.5.3　基本要求 ·· 22

参考文献 ·· 23

第3章　驱逐舰概念设计方法 ··· 24

3.1　基本设计方法 ·· 25

3.1.1　系统设计方法 ·· 25

3.1.2　层次分析方法 ·· 27

3.1.3　公理设计方法 ·· 32

3.1.4　类比法 ·· 37

3.1.5　列举法 ·· 38

3.1.6　功能思考法 ·· 43

3.2　创新设计思维和技法 ·· 44

3.2.1　概述 ·· 44

3.2.2　产品创新 ·· 45

3.2.3　创新思维 ·· 53

3.2.4　创新法则 ·· 57

3.2.5　创新技法 ·· 58

3.2.6　应用实例 ·· 88

参考文献 ··· 96

第4章　需求设计 ·· 99

4.1　需求设计概述 ·· 99

4.1.1　需求的定义 ··· 99

4.1.2　需求的初步描述 ··· 100

4.1.3　需求分析 ··· 101

4.2　基于信息残缺性的需求分析 ························· 102

4.2.1　主要内容 ··· 102

4.2.2　主要过程与方法 ··· 105

4.3　指标设计 ·· 113

4.3.1　主要总体性能 ·· 113

4.3.2　主要作战能力 ·· 119

4.3.3　主要作战保障能力 ····································· 126

4.3.4　主要作战适用性 ··· 131

4.3.5　主要系统性能指标 ····································· 133

参考文献 ·· 171

第5章　功能设计 ··· 172

5.1　总体功能设计 ··· 172

5.1.1　基本概念 ··· 172

5.1.2　总体功能分类 ·· 172

5.1.3　总体功能定义 ·· 174

5.1.4　总体功能分解 ·· 175

5.1.5　总体功能综合 ·· 179

5.2　船体结构 ·· 181

5.2.1　功能分类与定义 ··· 181

5.2.2　功能分解 ··· 183

5.2.3　功能综合设计 ·· 189

5.3　船舶装置 ·· 192

5.3.1　功能分类与定义 ··· 192

5.3.2　功能分解 ··· 194

5.3.3　功能综合设计 ·· 202

5.4　推进系统 ·· 204

5.4.1　功能分类与定义 ··· 204

5.4.2　功能分解 ··· 204

5.4.3　功能综合设计 ·· 211

5.5　电力系统 ·· 215

    5.5.1 功能分类与定义 ···················· 215

    5.5.2 功能分解 ······························ 216

    5.5.3 功能综合设计 ······················ 222

  5.6 船舶保障系统 ···························· 224

    5.6.1 功能分类与定义 ···················· 224

    5.6.2 功能分解 ······························ 224

    5.6.3 功能综合设计 ······················ 229

  5.7 作战系统 ································· 232

    5.7.1 功能的分类与定义 ················· 232

    5.7.2 功能分解 ······························ 232

    5.7.3 功能综合设计 ······················ 237

  参考文献 ·· 243

第 6 章 总体方案规划设计 ····················· 244

  6.1 布局设计 ································· 244

    6.1.1 设计基本原则 ······················ 245

    6.1.2 主要设计方法 ······················ 249

  6.2 船体结构 ································· 267

    6.2.1 设计基本原则 ······················ 267

    6.2.2 主要设计方法 ······················ 268

  6.3 船舶装置 ································· 273

    6.3.1 设计基本原则 ······················ 273

    6.3.2 主要船舶装置设计方法 ··········· 274

  6.4 推进系统 ································· 295

    6.4.1 设计基本原则 ······················ 295

    6.4.2 主要设计方法 ······················ 300

  6.5 电力系统 ································· 319

    6.5.1 设计基本原则 ······················ 319

    6.5.2 主要设计方法 ······················ 321

  6.6 船舶保障系统 ···························· 331

    6.6.1 设计基本原则 ······················ 331

    6.6.2 主要设计方法 ······················ 333

  6.7 作战系统 ································· 347

    6.7.1 设计基本原则 ······················ 347

    6.7.2 主要设计方法 ······················ 348

  6.8 总体集成方案设计 ······················ 368

    6.8.1 总体集成原则 ······················ 368

    6.8.2 基于试验设计的多方案构建 ······ 369

  参考文献 ·· 374

第7章　驱逐舰概念设计的主要评估方法 ··· 376

7.1　评估目的与内容 ··· 376

7.1.1　目的与原则 ··· 376

7.1.2　主要内容与步骤 ··· 378

7.2　常用评估方法 ··· 380

7.2.1　线性加权求和法 ··· 380

7.2.2　层次分析法 ··· 381

7.2.3　多属性效用理论 ··· 383

7.2.4　模糊综合评估方法 ·· 385

7.2.5　灰色关联度评估方法 ··· 386

7.2.6　基于理想点的评估方法 ·· 388

7.2.7　结合多种方法的综合评估方法 ·· 389

7.3　综合效能评估 ··· 390

7.3.1　评估指标体系 ·· 390

7.3.2　评估方法 ·· 394

7.4　技术风险评估 ··· 402

7.4.1　评估内容 ·· 402

7.4.2　评估方法 ·· 403

7.5　费用评估 ··· 411

7.5.1　评估内容 ·· 411

7.5.2　费用的主要影响因素 ··· 412

7.5.3　估算方法 ·· 415

参考文献 ·· 418

后记 ··· 420

第1章
产品概念设计综述

概念，是反映事物本质属性的一种思维形式，这种思维形式，撇开了事物众多属性中的非本质属性，抽象出事物的本质属性，形成"概念"。"概念"形成后，人们对事物的认识就已经从感性认识上升为理性认识，即把握住事物的本质[1]。心理学上认为，概念是人脑对客观事物本质的反应，这种反应是以词语来标示和记载的。概念是思维活动的结果和产物，同时又是思维活动借以进行的单元[2]。

设计，是创造事物的一种活动，也是人类社会最基本的一种生产实践活动，是创造精神财富和物质文明的重要环节。就产品开发而言，设计就是为了使得生产出的产品能够满足人类的需求，即将人类的愿望转变为现实物质，而运用科学理论知识和技术原理及经验，为制造产品创造一种模式的过程[1]。产品设计是一种创意加创作的复杂智力活动，这种智力活动，是人类有主观目标和明确动机的一种创造性行为。

概念设计，是一种发散思维和创新活动的设计过程，是设计人员借助于思维的创新、知识的运用、经验的发挥，根据需求进行设计思想和设计理念的构想，使抽象需求具体化，并运用各种科学原理和技术方法，形成满足需求的产品设计概念方案的一种设计过程。

1.1 基本概念

1.1.1 设计的基本概念

设计是一种创造性的活动，是解决问题的一种方法。设计的思想存在于任何领域、任何时期。古时候人们为了解决日常生产工具的需要，打制、磨削成型了石器，此为设计；为了解决日常的炊、饮需要，捏制、煅烧成型了陶器，此为设计；为了解决长途跋涉、运输的需要，现代人发明了轮船、汽车、火车、飞机等陆海空交通工具，此为设计；为了解决交流的快捷通畅，发明了电话、网络的通信工具，此为设计。从古至今，形形色色的为了解决问题的造物活动——设计，似乎无所不在、无时不在，一直在追随着人类的步伐不断地朝前迈进[3]。

关于"设计"的定义和基本概念，历来都有着不同的叙述，"设计"一词在英语中称为

"design"，最初源自拉丁语的"DE-SIGNARE"，意为"作-记号"；按牛津词典的解释：
"设计"是为了完成某项工作而制订的一种计划和意向[4]；美国著名科学家、诺贝尔经济学
奖获得者赫伯特·西蒙认为：设计是一种为使存在的环境变得美好的一种活动，设计好比是
一种工具，通过它能使想法、技术生产可能性、市场需要和企业的经济资源转化为明确的、
有用的结果和产品[5]；欧洲学者认为：设计是一种解决问题的过程，设计是为了达到某种
特定的要求和目的，借助一种正确的活动程序而制订的一种计划[6]。

而在我国古代文献中，"设计"最初也表达了类似的含义：在《周礼·考工记》[7]中，
"设色之工"中的"设"表示的就是"制图、计划"的意思。在《现代汉语词典》中，"设
计"的解释是：在正式做某项工作之前，根据一定的目的要求，预先制定方法、图样等[8]。
它所包括的概念有：表示设计这一活动的产物和结果，表示设计这一动作的过程。

从这些字面解释看，设计可以是一个名词也可以是一个动词，不管是作为一个结果还是
过程，它都有一个预先计划的含义。

虽然人们对设计的理解存在差异，目前也还没有一个关于设计的统一定义，但从广义角
度看，一般可以认为，设计是一种满足社会发展需求的基本活动，其本质就是创造，它是通
过综合社会的、经济的、技术的、文化的、生理的、心理的、功能的、艺术的等各种因素，
在"人—对象—环境"系统中，在系统效益最大化的前提下，针对预定的目标，经过分析
决策，采用一定的信息表达形式（文字、数据、图形等）形成求解设计方案，并通过加工、
制造和实施，使设计方案变成产品的一种创造性活动。设计是一种有目标和计划的创作行为
与活动，是满足人类特定需求的富于想象力的开发活动。虽然很多时候设计是由一些不确定
的因素偶然间造成的，也就是我们通常所说的灵感，但更多的是来自于深思熟虑的规划考虑
之后的最终结果[3]。

设计的本质有着相同的内涵，简言之即：设计是将需求转化为技术系统或产品的手段，
它是一种创造性活动，人们在创造社会文明的同时也促进了产品设计的发展[1]。

产品设计是一个多元的综合创造过程，其实质上是一个从理想到现实的过程，需求是最
初的理想，产品则是最终的现实。

产品设计过程是将产品的需求映射为产品的功能要求，并将功能要求转化为能够实现该
功能要求的原理方案，最终形成产品实体结构的过程。即：产品设计过程实际上是由"需
求"-"功能要求"-"原理方案"-"实体结构"等代表性特征组成[1]。

根据设计过程中的主要特征，可以大致将产品设计过程划分为三个阶段：概念设计阶
段、详细设计阶段、商品化设计阶段。

1. 概念设计阶段

明确产品需求是新产品开发的最前端任务，产品设计之初，设计者的首要任务是通过需
求设计，对设计对象进行充分的调研与论证，从市场需求、用户要求、技术发展、经济状
况、社会环境、政策法规等方面进行全面的调查分析和论证。在此基础上，综合形成明确的
设计需求、提出具体的设计要求，达到顺利开展设计工作的目的。

根据产品需求设计确定的设计目标和设计方向后，设计者即可开始进行产品的概念设
计。概念设计是一个创造性阶段，也是产生设计概念的阶段，这一阶段产生的设计概念对最
终的设计结果会产生十分重要的影响。设计师必须对前一阶段掌握的大量信息资料进行综合
分析，运用其经验、洞察力和创新能力，构思和设想可能达到预期结果的一系列方案，并从

各种可能的方案中寻求各种问题的解决方法。这一过程是充分发挥和体现设计师创造才能的重要阶段，尽管设计师要解决的问题可能只有一个，但解决问题的方式和方法会多种多样，要寻求一个相对最佳、最合理的解决问题的办法，设计师就必须充分拓展思路，从最新的自然科学原理及其技术效应出发，借鉴前人有效的设计经验，运用创新思维方法，从不同层次、不同角度、不同方位提出各种构思方案[1]，在多方案比较中求新、求异、求优，筛选出有发展前景和较高可行性的设计方案。

概念设计阶段，设计师运用创造性思维，反复探索原理上能够满足产品设计需求的多种方案，再通过分析、评价、对比，获得最佳概念方案。

概念设计是产品开发和创新的关键阶段，概念产品方案的优劣，从质的方面决定了产品设计的水平[1]。

2. 详细设计阶段

详细设计是对概念产品方案中的细节进行具体设计。概念设计只是提出实现各种功能要求的原理方案或产品造型简图等，还无法直接指导产品的生产、加工和制造。详细设计阶段的工作就是针对概念设计方案中的细节进行具体设计，即转入方案的技术设计[1]。

一个成功的产品设计在很大程度上取决于其整体概念设计，同时也是整体与详细设计的完美结合。概念产品方案是否可行，还必须对各种期望指标进行检验和评估[1]，例如，各子系统功能的设计是否合理？各子系统是否有机适配从而融合成为一个有机整体？产品的总体布局与构造是否考虑了人因工程？是否能够满足产品的技术指标并能最大程度地发挥产品的各种综合性能？等等，都属于详细设计的任务。

详细设计过程中，设计师要根据实际的可行性、预期的实用性、费用的现实性等因素，排除在概念设计阶段通过创造性探索构思出的不切实际或价值不大的解决方案，将概念设计阶段产生的各种设想收敛到给定条件下可以实现的最佳解决方案，将各种可能方案的选择范围缩小到单一的最佳设计解，使最后的产品或设计系统能达到产品需求设计所要求的性能水平[1]。

3. 商品化设计阶段

商品化设计是产品开发设计的最终环节，其设计目标是从技术、经济、社会和人文等方面提高产品的市场竞争力。即以用户为中心，市场为导向，增强商品意识，掌握市场脉搏，将满足市场显在需求和潜在需求作为产品设计的出发点和归宿，从设计上促进产品的商品化，增强产品的竞争力，为企业创造实实在在的效益。商品化设计阶段是决定产品设计有效性的决定性因素之一，能否设计出适合市场需求的商品化产品，也是衡量一名优秀设计师的标准之一[1]。

在商品化设计阶段，企业必须从产品的实质、产品的形式、产品的延伸等方面出发，在产品组织、商标、包装和销售服务这四个方面作出相应决策，才能最大限度地满足目标市场的需求[1]。

任何产品的设计活动，都必然是一种创造性活动，虽然每个设计阶段的工作内容与侧重点并不相同，但各设计阶段都会有一个共同的特点，即设计方案势必经历构思—构造—分析—优化—成熟的过程。甚至在后续的某个设计过程中，如果发现某个前序设计过程中有设计不尽合理之处，还会需要对前序设计方案或设计结果进行适应性的调整和修改。因此可以认为，对设计的优化、评估与修改完善，通常将会贯穿整个设计的全过程。

1.1.2　产品概念设计

1974 年英国学者 M. J. French 在 *Conceptual Design for Engineering* 一书中首次对概念设计作出了系统阐述，提出："概念设计就是确定设计任务和用简图形式表达的广义解。概念设计对设计师有很高的要求，要求对产品各种性能有明显的改善。在这一阶段需要将工程科学、专业知识、加工方法以及商业知识等各方面知识融合在一起，以作出最重要的决策。"[9]这里的广义解是指通过设想、规划等，以某种形式表达出来的关于需求的框架性求解产物，它主要包含方案的原理解、主要结构关系或构型，以及可行性等信息。

1984 年德国学者 Pahl 和 Beitz 在 *Engineering Design* 一书中从设计方法学的角度将产品的设计过程划分为明确任务、概念设计、具体设计和详细设计四个阶段，并将概念设计定义为"概念设计是在确定任务之后，通过抽象化，拟定功能结构，寻求适当的作用原理及其组合等，确定出基本的求解途径，得出求解方案，这一部分的设计工作叫做概念设计"[10]。

从两位学者的说法中不难看出，他们所说的概念设计实际上指的是设计过程中的前期概念确定活动，是产品生命周期中的第一个阶段。在这一阶段，设计师必须对将要进行设计的项目做出周密的调查与策划，分析出客户的具体要求及方案的进行方向、目的意图、地域特征、文化内涵等，并由此提炼出最准确的设计概念以进行后续的设计活动。这也是现在很大一部分人对概念设计的理解，简单说就是产品设计流程中的一个前期阶段，即从产品的需求分析之后，到详细设计之前这一阶段的设计过程，人们称为概念设计[3]。

经过多年锤炼与发展，在其最初起源的工业设计领域，除了前面所提到的产品设计的某一阶段的特指，概念设计的含义也已衍生出了多个层面，概念设计的发展开始如火如荼。发展至今，概念设计已不仅仅只囿于工业设计行业，它已逐渐扩展到了其他各行各业各个领域，文化娱乐、商业营销、电子信息、机械制造、建筑、汽车等领域，都有概念设计的存在，并且开始有越来越多地深入研究，概念设计内涵也由此有了拓展，变得更为广泛。一方面，一些国际知名厂商品牌如飞利浦、伊莱克斯、苹果、玛莎拉蒂、宝马等，每年都在投入大量的人力物力进行相关领域的概念设计实验，致力于对一些新技术、新创意的不懈探索，寻找每一个技术和设计上的可能，并将结果公布于众，与大众一起分享；另一方面，国内外工业设计大赛风起云涌、丰富多彩，不同的赛事都会不约而同地设置概念设计奖项，引导人们将目光投向未来，在产品成型前的创意概念阶段对未来题材大胆预测，致力于成为未来设计方向和潮流的晴雨表。这些设计大赛给广大专业设计人员和设计爱好者提供了一个驰骋梦想的舞台，堪称设计界奥斯卡的 RED DOT 和 IF 设计大赛，其每年的概念设计奖的结果公布更是引来无数的目光和焦点，众人皆以能在这两项赛事上有所斩获为荣，而一些原本不在公众视线内的公司和个人也因为这些赛事开始登上设计的舞台[3]。

由此可见，概念设计，是一种从发现和分析用户需求开始，到生成概念方案的一系列有序、可组织、有目标的设计活动，是整个设计阶段的前期工作过程。其中包括：高层决策人员确立设计目标，设计人员理解设计任务，表达设计灵感，发挥设计理念，形成概念方案。概念设计工作具体表现为由粗到精、由模糊到清晰、由抽象到具体不断进化的过程，通过概念设计阶段的设计工作，使抽象需求具体化，形成满足需求的功能方案、实现功能的原理方案，乃至符合原理的概念产品方案。概念设计是一种创造性设计活动，是为了满足人类物质和精神需求的一种开拓性设计活动，这种设计活动并非仅仅采用某项新技术和新发明创造新产品，也是利用新原理、新结构、新技术、新材料等特征的创新设计活动[1]。

简言之，概念设计是一个发散思维和创新设计的过程，是一个求解实现功能的、满足各种技术和经济指标的、可能存在的各种方案并最终确定综合最优方案的过程[11]。

目前，国内外大型企业研发部门通常都设有专门从事概念设计工作的人员或部门。例如，销售管理部门和市场策略部门的市场产品工程师专门从事市场产品的分析工作，获取市场需求，同时对产品的发展趋势进行长期预测和规划，并将产品预测结果和规划方案移交至产品开发部门。产品开发部门的系统工程师再对产品规划方案进行技术可行性分析，并确定拟开发产品的技术需求，根据技术需求分解设计任务，并将分解后的设计任务和相关的技术需求分配给相应的设计部门。各个设计部门从事新设计任务时，也会经历同样的概念设计过程，只是设计对象涉及的技术范围在不断缩小[1]。

概念设计已经广泛存在于各个设计领域，虽然各自的定义和各自的工作范畴会有所差异，然而，各类设计活动中的概念设计，不仅已经成为产品设计领域中的一个重要阶段，而且创新了产品设计的理念、提升了产品设计的起点、优化了产品设计的质量，成为了项目成功的重要保证之一。

1.2 > 基本特征与地位

1.2.1 基本特征

从以上概念设计的论述可以看出，概念设计具有以下几个基本特征。

1. 创新性

毫无疑问，概念设计的核心是创新，概念设计是一项创造性的设计活动，其目标是探索设计的无限可能性。如果没有创造与创新，设计就失去了意义，产品就失去了生命力。概念设计的终极目标就是通过对产品的创新与前瞻性设计来满足人类在物质和精神方面不断产生的新需求[3]。

创新是概念设计的灵魂，只有创新才有可能得到结构新颖、性能优良、价格低廉的富有竞争力的产品。这里的创新可以是多层次的，如从结构修改、结构替换的低层次创新工作，到工作原理更换、功能结构修改、整体设计理念的更新等高层次的创新活动，都属于概念设计的创新范畴。功能创新是整个设计过程中最初的也是最重要的一步，它需要找出可以实现该产品功能的各种可能方案并进行优选，其关键是如何进行产品的功能定义和分解，并将一定功能的零部件进行组合来创建新产品[11]。

2. 多样性

概念设计的多样性主要体现在其设计路径的多样化和设计结果的多样化。概念设计是一个形成满足需求并实现功能的设计方案的过程，更是一个创造性的设计过程，正因为其创新性这一核心特征，所以，在同样满足需求的前提下，不同的功能定义、功能分解和工作原理等，会产生完全不同的设计思路和设计方法，从而在功能载体的设计上产生完全不同的解决方案[11]，产品的最终实体结构或形态也会因此完全不同。例如，舰船"减摇"功能，如果用主动减摇和被动减摇两种不同的工作原理来实现，则按照这两种设计思路和方法，分别可以产生采用减摇鳍和采用减摇水舱实现减摇功能这两种完全不同的设计结果。

3. 层次性

概念设计是一个从抽象到具体的信息进化过程，概念设计的层次性体现在两个方面。一方面，概念设计分别作用于功能层和载体结构层，并完成由功能层向结构层的映射。例如，功能定义、功能分解作用于功能层，而结构修改、结构变异则作用于结构层，只有通过映射关系才能将两层有机地联系起来。另一方面，在功能层和结构层中也有自身的层次关系。例如，功能分解就是将功能从一个层次向下一个层次推进，功能的层次性也就决定了结构的层次性，不同层次的功能对应于不同层次的结构[11]，例如，结构"功率传递系统"的功能是将主机发出的功率传递给推进器并将推进器产生的推力传给船体，使舰船获得前进、后退的动力。而功率传递系统的子功能之一"传动装置的接合或分离"则由子结构"离合器"完成。

1.2.2　主要地位

产品概念设计是在经过市场调研、完成需求分析、形成产品设计需求后，由设计师将产品目标设想转变为具体的产品方案的一种活动，它对产品设计有着十分重要的影响，是产品创新设计过程中的重要设计阶段，在产品整个设计阶段中占据着十分重要的地位，具体表现为三个方面。

1. 对产品的创新性具有重要作用

创新是产品设计的本质，产品的概念设计既是产品设计过程的起点，也是产品创新的关键阶段。在概念设计阶段，设计中的不确定性因素虽然很多，但同时也使得设计的可塑性和自由度都比较大[1]，设计方案的选择余地也比较大，设计师在这一阶段中迸发出的设计灵感和创新智慧最为频繁，形成创新设计的空间相对比较大。所以说，产品概念设计是最富有创造力的阶段，对产品创新起着重要作用，是产品创新的核心阶段。

2. 对产品的设计和制造成本具有重要作用

产品概念设计在很大程度上决定最终产品的性能、创造性、价格等，据有关资料显示，虽然概念设计阶段实际投入的费用只占产品开发总成本的 5%，却决定了产品总成本的70%[11]。同时，在产品全寿命周期中，50%的产品特性（包括产品性能、可制造性和生产成本等）都由概念设计阶段所确定[12]。因此，产品概念设计基本决定了产品的设计和制造成本。

3. 对产品的最终质量具有重要作用

产品概念方案确定后，设计问题越来越明确，设计的自由度也越来越小，到详细设计阶段，设计中的各种参数完全确定，设计的自由度达到最低[1]，详细设计阶段已经很难甚至不能纠正概念设计阶段的设计错误和不足。由此可见，概念设计对产品后续各阶段的设计、加工、制造都将产生直接影响，其设计质量是决定产品最终质量的最重要的因素。

1.3 基本内容与原则

1.3.1　主要内容与过程

产品的概念设计过程是产品设计过程中最重要、最复杂，同时又是最活跃、最富有创造性的设计阶段。一般情况下，设计人员在进行创造性思维的过程中，总是在已有经验和知识的基础上，根据用户的产品需求，按照一定的、有规律的设计步骤和流程，再结合贯穿始终的想象力和灵感，从而设计出符合用户需求的概念产品方案[11]。

显然，概念设计可以表述为一个从设计需求到设计方案的映射过程。概念设计过程以设计需求为输入，其输出为满足设计需求的设计方案。按照系统化设计理论，概念设计过程首先表述为从设计需求域到功能域的映射，然后是从功能域到结构域的映射[11]。

由需求域到功能域的映射最能体现设计者的创造性，这一过程涉及对设计思维规律及创造性机理的认识水平，涉及自然语言到专业技术语言的转化，主要通过人工干预的方式，对设计要求进行功能定义和分解来完成，是一个分析的过程，主要包括需求设计和功能设计两个阶段，这一映射的结果是生成设计原理解——功能结构图[11]。

从功能域到结构域的映射过程包括两个重要的阶段：方案的综合阶段和方案的评价阶段。前者根据功能结构图进行推理而生成各种可能的设计方案，构成方案集，是一个发散的过程。后者通过对方案集内的各个方案进行评价，从中选出最优方案，是一个收敛的过程。这两个重要阶段构成概念设计的方案求解过程[11]。

产品概念设计起始于需求设计，终止于概念产品设计方案，是一个从抽象到具体，由模糊到清晰，由粗到精的逐步精细化过程。概念设计过程可以划分为需求设计、功能设计、原理设计、概念方案设计四个阶段。

1. 需求设计阶段

需求是人们对客观世界的某种不满，体现为人类生产或生活活动中的物质和精神需要。需求是产品设计的基础，是产品赖以生存的基础，离开需求，设计就变得毫无意义，因此，产品的设计过程必须紧紧围绕需求这个中心来进行，设计人员必须加强市场调查，广泛收集信息，认真研究需求内容，才能使得设计的产品满足用户需求[13]。

发现需求是产品设计的起点，满足需求是产品设计的归宿。需求设计是新产品开发生命周期的最前端过程，该过程起始于企业或设计师识别市场和用户需求，需求设计的结果是拟定出产品设计任务书[1]。

2. 功能设计阶段

功能设计阶段的任务是将需求设计结果，即产品设计任务书抽象为功能目标的过程。亦即根据设计对象的用途和要求，合理表述产品的功能设计目标[1]。

功能设计即功能目标的定义，会对产品的设计结果产生直接影响[1]。例如，假设需求设计阶段得到的设计结果是：设计一个船舶的"推进装置"，在功能设计阶段，可以将这一需求设计结果抽象为不同的功能目标。如果将功能目标表述为"喷水推进"，则进行原理方案设计时，设计者可能只会联想到采用泵喷推进装置；如果将功能目标表述为"螺旋桨推进"，则设计者可能会采用不同的方式与原理实现推进，如采用调距桨、定距桨、吊舱推进装置等；如果将功能目标表述为"推进"，则设计者的思路会更加宽广，可以考虑选用更多的技术原理予以实现。由此可见，在功能设计阶段进行功能设计时，虽然应该将需求设计结果比较准确地抽象为功能目标，但与此同时，也要注意适当地将功能目标略微表述得宽泛一些，以有利于激发设计师的设计灵感与思路，获得更优的设计方案。

3. 原理设计阶段

产品原理设计阶段的主要目标是：构思出能够实现产品功能要求、品质好的原理方案[1]，即选用相应的技术原理实现功能目标。

原理设计主要针对功能系统中的功能元提出原理性构思，探索实现功能的物理效应和工作原理。实现产品功能的原理可能有多种形式，即实现同一种功能往往可以应用不同的原理，例如，可以是物理原理，或者是化学原理，或者是生物原理，等等。如何寻求最合适的实现预定功能目标的原理方案，是一项复杂的、没有具体规律可循的工作，因此，原理方案的拟定从质的方面决定了产品的设计水平[1]。

4. 概念方案设计阶段

概念方案设计阶段的任务是找出或设计出实现原理解的功能载体，或者根据功能结构，求解功能结构中各个功能元原理解的功能载体，再根据功能结构的综合方式，组合各个功能元的功能载体，最终得到概念产品的设计方案[1]。

如前所述，这个阶段包括两个重要的阶段：方案的综合阶段和方案的评价阶段。方案的综合阶段重点是利用功能设计和原理设计过程中所明确的功能实体之间的关系，将上述基本功能的作用原理组合成初始设计问题的若干个功能产品方案（由全部必须的功能、子功能及其相互关系所组成的结构模型）。方案的评价阶段重点是依据设计需求，建立相应的评级指标体系，对上述若干个功能产品方案进行功能满足度的评价，并选出满足设计需求的最佳功能产品解[11]。

以上所述为产品概念设计的一般过程，亦即是基于德国学者 Pahl 和 Beitz 的系统化设计思想的产品概念设计的一般过程。不过，在产品实际设计中，概念设计过程往往都是基于某一设计方法学的基本理论而确定的，产品类型不同，或者采用的方法不同，概念设计的过程及其实现的具体表现形式也不尽相同，但其本质都是相通的。

1.3.2 主要原则

产品概念设计过程中，为了实现预期设计目标，提高产品设计活动的成功率，保证产品的设计质量，同时控制产品设计、制造和后期使用成本，应遵循以下基本设计原则。

1. 需求原则

产品概念设计过程起始于认识市场需求，终止于满足市场需要。即：市场需求是产品概念设计的出发点，没有市场需求，就没有功能要求，也就没有产品概念设计需要解决的问题和约束条件。牢牢围绕和把握用户需求，是产品设计获得成功的必要条件之一，概念产品的开发，更加必须符合市场或用户需求，具有预期的使用价值，有较大的市场潜力和比较乐观的市场前景。因此，进行产品概念设计，应重视市场调查，进行市场预测，敏锐洞察社会和用户的真实需求，并准确地采用行之有效的设计手段和设计方法加以满足和实现，这样构思和开发出的概念产品才易于市场或用户接受[1]。

2. 适应原则

进行产品概念设计，一方面要适应市场需求，另一方面也要与设计、生产发展状态相适应，符合现有技术水平和生产条件，在采用新理念、新技术进行概念设计时，应能够立足于采用具有可实现性的先进科学技术成果，能够与现有的生产要素相适应，包括生产和推广概念产品的原材料、厂房、生产设备、技术人才等。成功的概念设计总是在已经具备的概念设计能力推动和制约下、在已确定的目标导向和控制下进行。超越概念设计能力的产品概念设计活动必然走向失败。概念设计能力越强，就越能把握概念设计过程中的技术风险和生产风险，也越容易将概念设计成果推向市场，尽快获得投资回报[1]。

3. 经济效益原则

良好的效益是进行产品概念设计的根本动力。当今市场竞争日益激烈，产品概念设计已经成为促进发展、增强竞争能力的重要途径。经济合理是进行产品概念设计必须考虑的因素之一，例如，概念产品开发的经济性、新概念产品投入批量生产的经济性等。进行产品概念设计，应该以最小的研究开发成本获得符合人类需要的概念产品方案，如果一个产品的设计方案不具备用户可以接受的价格，就不可能走向市场。此外，开发概念产品时，还需要将概念产品设计与预期效益联系在一起，例如，使新概念产品在批量生产过程中能够节约能源，降低各种消耗，保证概念产品质量要求。同时，进行可行性分析，才有可能使概念产品方案付诸实施，进入试制、批量生产，最后投入市场，以最低的成本费用获取最大的经济效益和社会效益[1]。

4. 生态原则

产品概念设计的生态原则强调：设计过程的每一个决策都应充分考虑到环境效益，尽量减少对环境的破坏。概念产品设计应着眼于人与自然的生态平衡关系，尽可能是无废料生产消费的科技产品。即：利用生态系统的物质循环和能量流动原理，以闭路循环的形式，在产品生产及消费过程中实现资源充分合理的利用，使产品的整个生产消费过程保持高度生态效率和低环境污染，尽可能减少物质和能源的消耗，减少有害物质的排放，充分考虑产品的回收、再生循环和重新利用，协调地融入自然，以确保人类社会可持续发展。概念设计对产品设计、制造、使用及其回收利用具有十分重要的影响，是一个影响设计全局的综合性设计环节[1]。

5. 结构设计及材料选用原则

产品概念设计中，功能载体构形设计时，应尽可能集成各类功能载体的功能，合理确定功能载体的结构形状和可拆卸性，以减少功能载体的数量及其制造所需的原材料，减少产品所用材料的种类，同时，应考虑以多样化的标准零部件与组合方式所构成的多样化产品设计，标准化通用化零部件的采用，不仅可以发展出产品的多种组合可能，还可以使产品在使用期间的维护变得更为便捷、经济。此外，根据概念产品中的各类功能载体的结构构成，合理选择材料，尽量采用新型材料、轻质材料，由此减小产品的重量和体积，提高资源使用效率，降低产品在使用过程中的能量损耗，节省能源[1]。以舰船为例，采用新型复合材料制成的舷墙，既能在降低自身重量的前提下保证结构强度，同时又能具备传统钢质结构材料所不具备的雷达波反射/透射功能，提高了舰船的隐身性能。

6. 人性化原则

产品设计的核心是以"人"为中心，设计的成果应充分适应并满足人的需求。在技术水平、市场需求等条件不断变化的今天，对产品设计的好坏很难有一个永恒评判的标准，但是，无论人们的需求产生何种变化，在评判设计标准中，有一点恒定不变，即产品设计首先应关注人的需求。人性化设计原则是在符合人类物质需求的基础上，同时考虑人类的精神和情感需求，这一原则综合了产品的安全性、便利性、舒适性等要求，强调设计中应注重产品内部环境的扩展和深化。大至宇航设备、建筑设施、交通工具，小到生活中的家具、电器、服装、器皿等各种产品，设计和制造时都必须将"人"作为首先要考虑的因素。纯理性的、非人性化的产品设计不会受到消费者的青睐，所以在概念设计阶段，尤其应注重产品的人性化特点[1]。

参 考 文 献

[1] 唐林. 产品概念设计基本原理及方法 [M]. 北京：国防工业出版社，2006.

[2] 中国心理卫生协会，中国就业培训技术指导中心. 心理咨询师（基础知识）[M]. 北京：民族出版社，2015.

[3] 梁玲琳. 产品概念设计 [M]. 北京：高等教育出版社，2009.

[4] 牛津大学. Oxford Advanced Learner's Dictionary（8th edition）[M]. 伦敦：牛津大学出版社，2010.

[5] 荆冰彬，董仲元，张景明，等. 市场需求分析与产品设计 [J]. 中国机械工程，1998，8（12）：28-31.

[6] 刘国余. 产品设计 [M]. 上海：上海交通大学出版社，2000.

[7] 佚名. 周礼·考工记 [M]. 战国.

[8] 中国社会科学院语言研究所. 现代汉语词典 [M]. 北京：商务印书馆，2012.

[9] French M. Conceptual Design for Engineering（Third Edition）[M]. London：Springer—Verlag London Berlin Heidelberg，1998.

[10] Pahl G，Beitz W. Engineering Design [M]. Berlin：Springer—Verlag，1984.

[11] 薄瑞峰. 基于计算智能的产品概念设计及应用 [M]. 北京：电子工业出版社，2011.

[12] 郭为忠，梁庆华，邹慧君. 机电一体化产品创新的概念、设计研究 [J]. 中国机械工程，2002，13（16）：1411-1415.

[13] 邹慧君. 机械系统概念设计 [M]. 北京：机械工业出版社，2002.

第2章
驱逐舰概念设计概述

驱逐舰是一种中大型水面战斗舰艇，也是海军兵力中用途最广泛的一个舰种。由于驱逐舰具有适航性好、航速较高、续航力大、生存能力强、用途多和综合战斗能力强等显著特点，能在海上执行多种任务，故有"海上多面手"之称，是世界上主要国家海军水面舰艇中的骨干力量和海军重点发展兵力[1]。

发展装备离不开产品的研究和设计，驱逐舰产品研究和设计正由传统设计模式向现代设计模式转变，现代设计的特点是广泛采用系统化设计、自主创新设计、智能化设计、数字化设计、综合集成优化设计、多学科优化设计等综合技术和手段，并日益注重需求与能力的前瞻性。进行驱逐舰概念设计将能从舰船总体顶层角度，依据作战需求，兼顾前瞻性与技术发展，提高创新设计水平和提升装备综合能力，驱逐舰概念设计已成为当前各国驱逐舰设计领域的热点之一。

2.1 驱逐舰总体设计的一般过程

驱逐舰不仅是战斗的堡垒，而且是流动的国土，漂浮的城市，是信息化条件下，陆、海、空、天、潜体系作战中的一个重要节点[2]，是最为复杂的武器装备之一，而驱逐舰总体设计是舰船研制和使用的基础和技术依据，驱逐舰总体设计的结果决定了其固有属性。

从广义来说，舰船总体设计的任务是：拟定设计目标；研究舰船作为一个系统工程的内部规律（舰船诸因素、诸性能之间的关系）及其与外界有关因素的关系；研究、改进设计概念、设计方法；编制设计规范及有关标准等。从狭义来说，舰船总体设计是研究如何应用造船工程技术的理论及有关的军事知识，通过周密的分析、论证，系统地策划、研究、计算、试验、分析、绘图，设计出符合海军作战要求、反映当代科学技术成果水平的舰船的一门学科。

驱逐舰总体设计是一门综合集成技术，是舰船总体技术的核心技术。驱逐舰总体设计不仅仅只考虑驱逐舰本身的性能，更重要的是要综合考虑舰载系统、设备的关键性能，按照"设备服从系统，系统服从总体，总体服从全局"的原则，采用科学的方法，应用功能集成、信息集成、网络集成、软件集成、硬件集成等多种集成技术即综合集成技术，将各个分离的系统设备、功能和信息等集成为相互关联的、统一和协调的有机整体——"驱逐舰这一大系统"，使得资源达到充分共享，实现驱逐舰的集中、高效和便利的管理和使用[2]。

驱逐舰总体设计是以满足驱逐舰作战使用要求为目标，在多种约束条件下，以规范和经验为基础，利用系统工程的方法，综合考虑各种要素，应用计算、仿真、试验等手段，进行多学科、多目标优化的反复迭代的创新活动[2]。它以实现用户需求为目标，以既定的战术技术指标为输入，以多个设计阶段为表征，以多学科的设计、研究、计算、试验为主要手段，以设备、系统与总体的不断交互为基础，以总体牵引的大系统复杂技术综合集成为体现，最终实现既定的设计目标。

1. 驱逐舰总体设计过程的特点

驱逐舰总体设计过程是一个极为复杂的系统工程，主要有以下特点。

（1）持续的周期长。从前期起始的概念设计研究到型号装备交付后的维修设计，驱逐舰总体设计的每一个过程不仅要完成大量的计算、仿真、试验及图纸文件的设绘，还要开展大量的工程协调、平衡和迭代[2]，整个总体设计过程可能长达十年以上，如果考虑到驱逐舰的全寿命周期，则其过程将会在数十年以上。

（2）涉及的学科多。驱逐舰总体设计是将舰船作为一个综合的系统工程来研究其内部规律和它与外界有关因素的关系，是总布置、航行性能、结构、材料、动力、电力、电子、武器等各种知识的大集合[2]。舰船总体设计涉及到图形学、水动力学、结构力学、机械学、电磁学、信息学、战术学、人因工程学等多个学科的知识，是一个涉及工程领域最多、知识面最广的学科，需要综合运用舰船战术、战斗器材、航海性能、结构强度、建造工艺、专用装备等各有关学科的知识，是典型的综合学科[1]。

（3）过程复杂。驱逐舰的整个发展研究过程包括着多个复杂的阶段与过程，其复杂性主要体现在两个方面：从管理的层面来说，如各行业内外不同部门间的协作和技术支持，技术、进度、质量等之间的综合平衡与抉择，多种类型的综合保障工作，等等；从技术的层面来说，如技术方案研究过程中的螺旋式循环、迭代与取舍，多领域多学科之间的协同设计，多项先进技术的有效交叉融合，等等。

（4）状态多变。驱逐舰设计存在多维设计空间，如何分解、降维处理，分别进行多目标因素的平衡和权衡取舍是一项艰难痛苦的事情，即设计人员面临的是多种技术途径和方案都能满足总体战术技术目标的要求，只是目标的排序不同，从而导致在设计上存在相对的灵活性、在方案上存在技术状态的多变性，往往需要对多种方案进行分析评估[2]，从而获得决策、研制和使用多方相对一致意见的适中方案。

驱逐舰总体设计的特点，决定了舰船总体设计是一个需要进行反复迭代、螺旋式上升，逐次逼近最终目标的过程[2]。即将复杂的设计任务分解成若干个近似步骤，设计之初只考虑主要因素，忽略一些次要因素，使复杂问题简单化；而再次逼近时，则计入更多的因素，后一次逼近所得的结果是前一次逼近的补充、修正和发展，以获得更符合要求的结果。如此进行若干次迭代，直到获得比较精确的、满足战术技术指标要求的结果的过程[1]。

2. 我国舰船总体设计的过程

从现代舰船总体设计观念角度，结合我国舰船总体设计的惯例，同时考虑到舰船总体设计是一个分阶段逐步近似、深化、优化的过程，我国舰船总体设计的过程一般分为概念设计、方案设计、深化方案设计、技术设计、施工设计、完工设计、维修设计等若干个阶段。

（1）概念设计阶段。概念设计是总体设计阶段极其重要的一环，概念设计是按照海军舰船装备的发展规划，以被批准的中长期计划工程项目为依据，通过研究国内外舰船技术的现状和发展趋势，从驱逐舰的总体、性能、结构、材料、动力、生产条件、设备制造、技术构成、管理体系等方面进行军事分析、技术分析和经济分析，策划工程研制的整体框架、规划；以军事需求为核心，通过对多种概念方案的探索与聚焦，给出驱逐舰的概念图像，确定初步总体技术方案，凝练关键技术，以此为基础编制新研驱逐舰的"主要战术使用性能指标"[2]。

概念设计阶段的成果：总体及主要系统方案论证报告；总体概念设计图样、文件；主要战术使用性能指标[2]。

（2）方案设计阶段。方案设计也是总体研究设计重要的一环，是针对驱逐舰概念设计初步方案，选定主要系统、设备和材料，展开总体方案设计，落实"主要战术使用性能指标"中的各项要求、指标和目标，基本解决被设计舰船存在的所有重大技术问题。方案设计往往也要作多方案比较，经多次反复分析比较、计算仿真，反复修改迭代，重大的关键技术问题要通过模型试验、必要的原理性样机试制，最终确定总体技术方案。编制可靠性保证大纲、安全性保证大纲、标准化大纲等文件[2]。

方案设计阶段的成果："总体技术方案"，方案设计图样、文件[2]。

（3）深化方案设计阶段。深化方案设计是根据方案设计结果，提出舰船设计所采取的各种技术措施，通过进一步的计算和试验，深化总体技术方案，对驱逐舰的相关性能进行进一步的核准，完成深化方案设计的图样和技术文件；形成"研制总要求"；总体设计单位向系统技术责任单位和设备承制厂（所）提出舰船环境条件、兼容性和隐身性等设计要求，并进行接口协调、武器系统精度分配等工作；落实主要系统、设备、材料等的研制、选型[2]。

深化方案设计阶段的成果：设计图样和技术文件[2]。

深化方案设计审查通过后，编制驱逐舰总体的"研制总要求"[2]。

（4）技术设计阶段。技术设计是按研制总要求和审图机构审查认可的深化方案设计成果，及可靠性大纲、维修性大纲、安全性大纲、标准化大纲及综合保障计划等要求，进一步深化总体设计和进行模型（模拟）试验、验证，解决设计中的各种主要技术问题，确定总体技术状态；确定系统、设备的订货清单；进一步协调，并基本固化驱逐舰总体与系统、设备间的接口要求、精度分配等；运用可靠性技术、维修性技术和优化设计技术进行总体及其系统设计；根据可靠性大纲，编制关键件（特性）、重要件（特性）项目明细表[2]。

技术设计阶段的成果：技术设计图样和技术文件[2]。

技术设计审查通过后，编制形成"驱逐舰总体技术规格书"[2]。

（5）施工设计阶段。施工设计是在送审盖章认可的技术设计图样和技术文件的基础上，确定驱逐舰的建造方案、工艺措施，编制工艺文件及绘制供舰船建造、检验验收所需的总体施工图样[2]，同时也要解决驱逐舰总体布置、建造中的各种技术细节问题。施工设计与建造厂的设备状况、技术水平及经验有密切关系，施工设计图纸、文件要与之相适应，这是一项工作量很大的工作。施工设计图纸、技术文件，将成为建造厂施工建造的依据[1]。

施工设计阶段的成果：完整的施工图样、技术文件[1]。

（6）完工设计阶段。完工设计是根据建造、试验、试航和交付部队等过程中的实际情况，将驱逐舰的完工状态反映到图样和文件中，与总体使用文件一起形成完整的完工文件[2]。

完工文件、图纸是部队学习、操作、使用及维护、保养舰船的主要依据和基础。

完工设计阶段的成果：完整的完工文件、图样[2]。

（7）维修设计阶段。维修设计是编制驱逐舰舰员级、基地级维修所需的各种图样、技术文件资料（包括纸质文件和电子文件，简称维修资料）。维修资料规定了驱逐舰维修的程序和方法[2]。

维修设计阶段的成果：舰员级、基地级维修资料及维修方案等[2]。

应予以说明的是，划分设计阶段的根本目的是使设计结果逐次近似，取得满足"研制总要求"的更为优化的方案，同时使设计工作组织严谨，责任明确，程序清晰，便于审核[1]。以上各个阶段既有顺序上的逻辑性，又有相互之间的重叠性，在这各个阶段中，概念设计日益引起人们的关注和重视。

2.2 主要概念与内涵

驱逐舰研制是一个系统工程，抓好源头是成功的基础，随着海军舰船装备军事需求和装备技术解决方案的多样化发展，在立项论证阶段之前或总体设计的初期阶段，从驱逐舰总体顶层角度，依据作战需求，兼顾技术发展，通过概念方案研究，在更大的范围、更多的技术思路内探索驱逐舰总体概念方案，能够对初步总体方案起到需求牵引和技术状态顶层控制的重要作用。

概念设计阶段是驱逐舰研制过程中最具创造性的阶段，最能体现研究人员的智慧，是整个研制过程的起步阶段和关键阶段，一旦确定了装备的概念方案，也就宏观上确定了装备的基本功能、行为和结构。过去，人们往往比较重视详细设计和造型绘图阶段，而忽视概念方案研究，这可能会造成后期研制生产乃至使用阶段难以补救的失误。

驱逐舰概念设计可以定义为：以驱逐舰装备发展战略、装备体制和装备规划论证为依据，通过需求分析，提出使命任务和作战使用指标要求，规划总体、系统功能，并以最大效能、最小费用和最低风险为优化目标，基于可能采用的技术方案，对各种可行的总体概念方案进行充分探索，提出满足驱逐舰作战使用要求的最优的总体概念方案。可以说，驱逐舰概念设计不是单纯的设计过程，而是一个包括需求分析、功能规划、多方案构建、综合评估优化的概念方案研究规划过程。

驱逐舰概念设计开展于立项论证之前或设计初期，通过作战需求分析、主要作战使用性能分析、功能指标规划、多方案构建、技术可行性分析、经费需求分析等研究和设计，提出满足作战需求和装备发展需求、技术可行、经济合理、风险可控的驱逐舰备选概念方案。概念设计从大量可能的概念方案中综合权衡出一个或几个最优的备选概念方案，基本完成军事需要到装备方案的转换研究和设计，大致框定装备的效能、费用和风险。后续各总体设计阶段将在此阶段的基础上进一步深化，并将重点转移到不断提高方案技术可行性和降低管理研制风险上。

驱逐舰概念设计工作的主要内涵有以下几个方面。

1. 一个由抽象到具体的过程

在驱逐舰设计研究的初始阶段，研究人员对于所研究的驱逐舰型号的认识也比较肤浅，所面对的只是驱逐舰在现实中表现出来的各种错综复杂的矛盾，以及由于这些矛盾之间的冲突所产生的种种（有利的或不利的）后果。在概念设计的初始阶段，与驱逐舰型号发展有关的各项要素均是抽象的。但是，随着概念方案研究的深入，对驱逐舰型号的逐步认识，以及渐渐厘清了各种矛盾之间的相互关系之后，这些要素就一步一步地明朗起来。当各个要素变得完全具体而明确时，便表明某个型号的概念方案研究已经获得了满意的结果。

2. 一个概念创新的过程

驱逐舰概念方案研究过程中的一系列分析内容不外乎对已有的概念进行辨识、剖析、加工，从已有的认识的基础上向更高的出发点或发展方向上拓展，以达到提出新概念的目的，没有创造性，某些问题很有可能永远无法被识别或被解决，只有充分发挥主观能动性、激发设计灵感、始终保持创新欲望，才能有助于获得以前在某种条件下无法获得的新思维、新解决方案，满足新需求。因此，概念方案研究过程是一个充满创新的过程。没有创新，概念方案研究便会失去意义，所提出的概念方案便无多大价值。

3. 一个系统生成的过程

在驱逐舰概念方案研究过程中，自始至终围绕的是如何将现行的对象系统根据未来需求的发展改造为一个新生的系统，以克服现行系统存在的种种不足或问题。因此，在概念方案研究过程中，研究人员始终面向的是如何搞好需求分析和各种保障条件分析，如何构建达到目标要求的各种备选方案并证明其合理性。所以，从概念设计过程的起始阶段到终结阶段，往往要经历需求分析、功能指标规划、多方案构建、综合评估和优化等相互联系、不可颠倒、不能缺少的一系列逻辑阶段。只有经过这些逻辑阶段的各项设计工作，才能生成比现行对象系统更加优化、高效的系统。

4. 一个多目标优化的过程

驱逐舰概念方案研究的任务，是在寻求效能、费用、风险等各方面具有合理且较高效益的基础上，为装备发展决策提出符合实际和效益最佳的方案。由于驱逐舰总体构成的复杂性，概念方案研究中遇到的问题一般都是在多种因素和约束条件下的求解问题，即多目标决策问题，概念方案研究的过程自然也就是在这些限制和要求构成的边界条件下进行的多目标优化的研究过程。所以需要进行多门学科的综合运用和多种方法的分析研究，需要反复进行综合优化和多方案对比，才能获得满意的概念方案。

2.3 主要内容

驱逐舰概念设计阶段的主要任务，是通过对使命任务和作战需求进行分析，进行功能指标规划设计和主要关键技术攻关，提出新研驱逐舰型号应具备的基本特征和标志性技术，在总体的顶层牵引和统筹规划下，提出主要系统的推荐配置方案、舰总体和主要系统的主要战术技术指标。通过系统化概念构思设计和总体方案规划设计，进行多种总体概念方案的设计、比较和优化，提出较优的功能实现方式和初步技术状态，综合形成满足驱逐舰作战使用需求的总体概念方案。

驱逐舰概念设计包含"功能指标规划"与"总体方案规划"两个过程（图2-1）。

"功能指标规划"过程的目标集中于概念设计中的由需求向功能的映射上，工作重点在于根据驱逐舰型号将承担的使命任务，通过需求分析，进行合理的总体功能规划、系统划分、主要装备的配置和主要战术技术指标勾画，以满足驱逐舰的作战使用功能需求。这一过程主要包括需求设计阶段和功能设计阶段两个阶段。

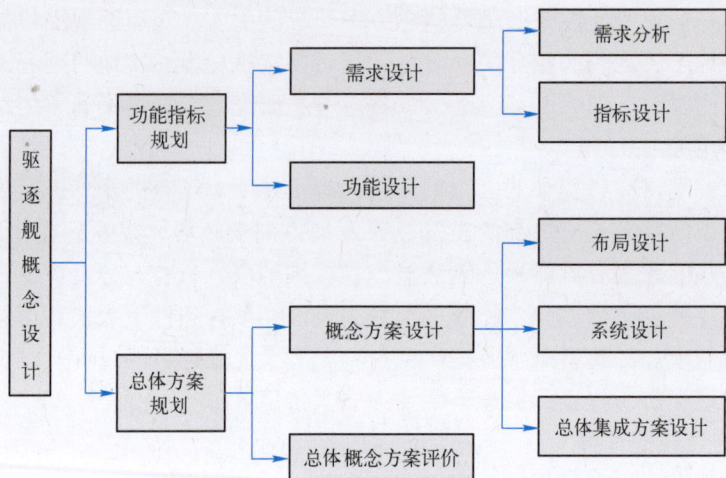

图 2-1 ▍驱逐舰概念设计框架

"总体方案规划"过程的目标则是集中于概念设计中的结构化实现上，工作重点是在"功能指标规划"阶段确定的总体功能规划、主要装备配置、主要技术指标等基础上，通过系统化概念构思设计，得到各系统较优的功能实现方式和初步技术状态，综合形成可行的总体概念多方案，并进行多方案对比和综合评价，提出满足驱逐舰作战要求的最优的总体概念方案。这一过程主要包括方案的综合阶段和方案的评价阶段两个阶段。

1. 需求设计阶段

需求设计是在海军舰船装备发展战略、装备体制和装备规划计划论证需求分析的基础上，从驱逐舰发展战略、承担的作战任务等方面分析提出驱逐舰的发展需求。主要包括军事形式分析、驱逐舰作战任务与能力要求分析和装备发展需求分析。分析提出主要作战使用性能要求和初步指标，主要作战使用性能指标包括主要总体性能、作战能力、作战保障能力和作战适用性等四方面。

2. 功能设计阶段

在需求设计的基础上，根据驱逐舰型号所承担的使命任务和主要作战使用性能指标，通过分析进行功能抽象，形成具有可操作性的功能目标，提出各主要系统划分及系统功能。主要设计内容包括功能分类与定义、功能分析、功能综合设计等。

在功能抽象化过程中，忽略个别性和偶然性，突出普遍性和任务核心，有利于表达总功能的本质，形成新颖的方案。

3. 概念方案设计阶段

多方案构建研究是依据前述设计阶段形成的主要作战使用性能指标与功能目标，针对驱逐舰型号装备的特点，加大高技术应用含量，适度提高研制起点，在舰总体的顶层规划和统筹构思设计下，充分探索各系统较优的功能实现方式，在此基础上，通过综合集成设计和系统化构思设计，综合形成可行的多种总体概念方案。

概念方案主要描述驱逐舰的舰型、主尺度和排水量等总体性能、船体结构和材料以及主要系统的组成、功能和性能指标等。

4. 总体概念方案评价阶段

概念设计的最终结果是提供最优的方案，而方案的优劣需要通过综合对比来评判和确定。因此，驱逐舰概念设计的最后一个阶段，主要内容就是针对形成的驱逐舰总体概念多方案，从效能、费用、风险等方面，建立相应的评价指标体系，选择合适的评价方法，对上述多方案进行全面、准确、客观、有效的综合评估，优选出一个或多个满足驱逐舰作战使用需求的备选总体概念方案。

2.4 主要特征

从以上驱逐舰概念设计的论述可以看出，驱逐舰概念设计除了具备产品概念设计所共有的创新性、多样性、层次性等特征外，还具有以下几个基本特征。

1. 设计信息残缺性

驱逐舰概念设计阶段区别于其他设计阶段的显著特点之一就是设计信息的残缺性，信息的残缺性主要包括设计的知识积累偏少、设计信息缺乏、信息抽象、定性信息偏多，以及信息不确定等。

由于处于设计的初始阶段，因此设计信息的不完整、不一致、不精确，甚至是模糊的特性，使得难以在概念设计阶段进行准确的定量描述，导致了从问题空间到解空间的映射求解过程的不良结构问题[3]，表现为驱逐舰概念设计信息是离散的、定性的、不精确的、不确定的、不完全的。

由于信息残缺，使得概念设计阶段在确认需求、抽象功能、开展技术方案构思等工作时，可能会面临难以正确量化聚焦的难题。因此，如何在设计世界所需要的定量化为主的表述和模糊信息世界所体现出的定性化表征之间铺设桥梁，即寻找分析处理模糊信息的定性、不确定、不完全知识和近似推理的有效方法，完成对不确定问题的求解，是概念设计阶段工作的一项挑战。

2. 整体协调相关性

整体协调相关性是驱逐舰具有的最基本和最重要的特性。驱逐舰是一个由众多不同层次的系统组合而成的巨系统，各级系统的各要素虽然具有各自不同的性能和要求，但它们组合后形成驱逐舰巨系统即驱逐舰总体后，必须服从驱逐舰总体功能的要求，相互间需协调和适应。驱逐舰总体功能的实现，并不是也不可能是某个系统单独作用的结果，总体功能的好坏，最终体现在它的组合效能上。因此，驱逐舰概念设计过程中，确定各系统的性能要素以及它们之间的联系时，必须从整体着眼、从全局出发，并不要求所有的要素都具有完美的性能。若所有要素的性能都十全十美，而其组合后的总体效能统一性和协调性差，也得不到令人满意的总体概念设计方案，相反，即使某些要素的性能并不很完美，但能够与其他相关要素处于很好的统一和协调中，往往能使驱逐舰总体概念设计方案具有令人满意的效能。

驱逐舰概念设计阶段，在很大程度上基本确定了驱逐舰型号的体系结构、基本功能和总体效能，因此，必须在确保总体效能发挥、注重整体统一性和协调性的基础上，综合明确各系统功能及其之间的关系，并将之组合后形成综合效能优良的总体设计方案。整体协调相关性既是驱逐舰概念设计的重要特征之一，也是决定驱逐舰最终性能的主要因素之一。

3. 多学科耦合性

驱逐舰概念设计所涉及的学科门类多，是典型的知识密集型的综合学科。同时，驱逐舰概念设计过程中的各学科之间耦合关系复杂。舰船作为一个大系统，由各功能分系统组成，各组成分系统之间具有强耦合关系，以实现其功能；同时舰船总体设计是一项具有高度综合的复杂系统工程，各系统内各种因素的变化都会影响到总体的综合效能，总体设计牵一发而动全身，如为了减少舰船的航行阻力，希望舰船长度长，但是这又会与舰船结构强度和稳性发生矛盾；为了提高舰船的耐波性，希望增加干舷高度，但这又会引起舰船重心升高，初稳性下降，等等。在概念设计阶段就必须考虑各学科之间的耦合性，舰总体设计以资源整合、共享、分配、调度等手段，在各分系统内部强耦合关系的基础上，进行各分系统的有机集成，从过去追求个别或局部性能的设计模式，转变为通过借鉴先进设计思想，达到总体性能、系统架构、作战能力和经济性等方面的并行设计与均衡优化，使舰船成为一个具有高度综合效能的一体化大系统。

4. 多层面复杂性

概念方案研究的复杂性是由共特点决定的，概念方案研究，各种信息匮乏，研究人员面对的都是抽象的、定性的信息，这无疑又增加了海军舰艇概念方案研究的复杂性。

驱逐舰装备自身具有高度的复杂性，驱逐舰是由许多系统组成的一个巨系统，包括舰总体、动力系统、电力系统、武器系统等，而各系统之间又相互作用、相互影响，在不同的矛盾之间又存在着关联，使设计变得更复杂，如为了提高螺旋桨的效率，希望采用低转速的螺旋桨，但是为了减轻动力装置的重量和尺寸，又希望采用高转速的动力装置，再如，装备和设施增加与排水量的矛盾、技术需求与全寿期费用（经济性）的矛盾，等等，因此，总体设计时不仅内容多，而且还要考虑各系统之间的复杂耦合关系以及综合性能的权衡，采取有效的办法来解决这些错综复杂的矛盾，使设计出的舰船能以最小的代价获取发挥最大综合能力的目的。

总体设计工作量大带来的设计复杂性。驱逐舰总体设计不仅要完成大量的计算、仿真、试验及图纸的设绘，还要开展大量的工程协调、平衡和迭代，与陆军的战车、空军的战机等装备总体设计相比，驱逐舰总体设计工作量呈几何级数增加[2]。图 2-2 是美国研究人员得出的各类装备设计工作量图[4]，充分说明了舰船总体设计的工作量之浩大。

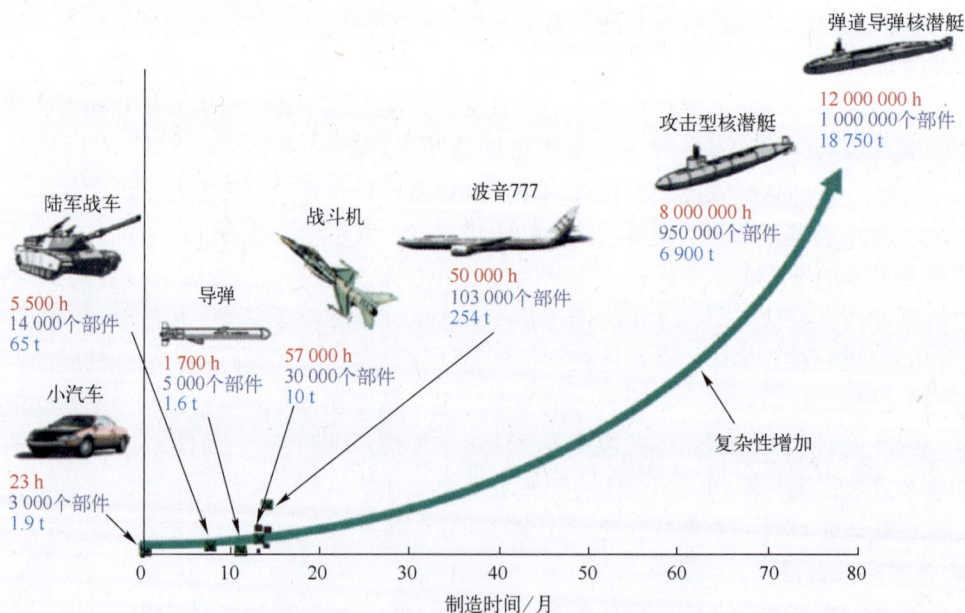

图 2-2 ▌舰船与其他装备工作量比较图[4]

2.5 > 基本原则与流程

2.5.1 基本原则

驱逐舰概念设计除了应遵循产品概念设计所共有的需求原则、适应原则、经济效益原则、生态原则、结构设计及材料选用原则、人性化原则等原则外，还应遵循以下几个基本原则。

1. 需求牵引原则

以往驱逐舰装备发展研究过程中，前期目标概念图像的确定通常以专家经验为主，缺少多方案探索和综合评估优化研究过程，在舰船总体方面，仍然存在着需求牵引不够、顶层集成不足的问题，而与此同时，由于存在各种复杂的约束条件和限制因素、设计原理及设计路径的选择也具有多样化的特征，而设计本身又是一个需要依靠已有知识和经验为基础的创造过程，因此，在设计的前期阶段，要实现较高层次的设计创新确实具有相当的难度。

从加大总体创新设计力度与提升驱逐舰装备综合效能水平出发，理想的模式是在立项综合论证之前或初期，即概念设计阶段，根据作战需求，同时综合考虑技术可行性和经费需求等方面，在整个概念设计过程中，以需求为牵引，深化需求分析，紧紧围绕需求来提出驱逐舰装备设计的指标要求，充分发挥创新思维，加深总体方案的分析、研究、评估，形成满足所提出的设计指标的驱逐舰装备概念方案。

2. 技术推动原则

科学技术的发展历来都是与需求相辅相成、互相促进的，一方面，新的科学技术成果会激发新的需求产生，另一方面，需求也在不断地促使科技朝着新的目标发展。就好像没有导弹武器技术的诞生，就没有驱逐舰导弹化的延伸需求，而当这一需求应技术产生时，又随之带动了针对这一需求而开始的一系列延展性技术的发展，两者之间相互刺激、有机互动，最终使得需求不断扩大、技术不断成熟、驱逐舰综合能力不断提升。

无论现代和未来的科技如何发展，设计始终是让科技最终产生实际应用价值的桥梁。驱逐舰概念方案设计要以科学技术发展水平为基础，以已有技术成果或近期可能获得的技术成果为支撑，在技术上要力尽所能地将那些经过努力可望得以实现的先进技术应用于概念设计方案中，推动驱逐舰装备能力的提升与发展。

3. 效费合理原则

对于复杂的驱逐舰装备进行概念方案设计，要从效能、费用、风险等诸方面，用系统工程的理论与方法，对多种可行的概念方案进行综合评估和优化，提出拟发展的最优方案，供领导或决策部门抉择。

概念方案的关键评估要素是效费比，即在一定的投资强度条件下，要获得最佳的作战效果，或运用尽可能少的资源获得尽可能高的作战效果。在统筹考虑效能、风险、经费三者综合平衡原则的同时，既要增加军事技术和武器装备发展带来的其他效益，又要合理利用国家资源，并充分利用成熟技术以减少经费投入等。

在考虑和比较概念方案费用时，不但要考虑和比较它们的研制费和采购费，而且要考虑和比较它们的全寿命周期费用，包括论证、研制、鉴定、定型、生产、训练、使用、维修直至退役处理的全寿命过程各个环节的费用。

4. 风险可控原则

驱逐舰研制周期长达数年，可谓"十年磨一舰"，在驱逐舰研制过程中，新的技术将不断涌现，用户的期望也将随之提高，同时，由于行政和技术决策者对于未来舰船先进性的过高预期，往往有较多的新研系统和设备与总体处于同步研制阶段，甚至落后于总体研制进度，导致总体方案始终处于一种动态的调整过程，技术状态难以控制和固化，给总体设计及研制带来难以把控的技术、进度和费用的风险[2]。

如美国最新研制的 DDG1000 驱逐舰采用了穿浪内倾船型，搭配以 80 单元的垂直发射单元和两座 155mm 先进的大口径舰炮，具有强大的濒海作战和对岸火力支援能力；但由于采用大量的新技术而导致进度推迟、费用上涨、排水量增加，随着威胁的多样化，其防空和战区反导能力又凸显不足，美国军方不得不放弃该舰的批量建造，而谋求 DDG51 级 Flight ⅡA 批次的续造及后续 Flight Ⅲ 批次的建造。这是产品后期设计阶段已经很难甚至不能纠正概念设计阶段的设计缺陷和风险的典型事例。

概念设计结果对最终产品的性能起着决定性作用，驱逐舰概念设计阶段，必须重点对新技术、新系统、新设备的研制风险进行分析、评估，科学合理地在技术创新与工程可实现性之间进行综合权衡，规避技术风险，防患于未然，确保提出的总体概念设计方案风险可控、目标可实现。

2.5.2　基本流程

驱逐舰概念设计阶段，基本的任务就是瞄准预定的需求，借助创新思维，通过一系列螺旋递进式的规划、设计、分析、决策，产生出满足要求的合理技术方案（图 2-3）。

1. 需求分析

设计的源头来自需求，需求设计是通过各方面的综合分析，提出驱逐舰的发展需求。

需求分析主要包括军事形势分析、海军作战任务与能力要求分析、装备发展需求分析等内容。

军事形势分析主要包括国家安全环境分析、军事威胁分析等内容。

海军作战任务与能力要求分析主要包括作战任务分析、作战目标分析、作战能力需求分析等内容。

装备发展需求分析主要回答需要什么样的舰艇装备以满足作战能力需求问题。

2. 指标设计

在需求分析的基础上，应分析提出主要作战使用性能要求和初步指标，作为概念设计的预定目标与设计输入。

主要作战使用性能指标设计主要包括主要总体性能、作战能力、作战保障能力和作战适用性，以及主要系统指标等方面的内容。

主要总体性能方面，主要包括排水量、主尺度、航速、续航力和自持力、适航性、稳性、不沉性、操纵性等指标要素。

作战能力方面，主要包括防空能力要求、反潜能力要求、对海打击能力要求、对陆打击能力要求等指标要素。

作战保障能力方面，主要包括感知能力要求、指挥控制能力要求、导航能力要求、信息

```
                    ┌─────────────┐
                    │   需求分析   │
                    └─────────────┘
┌──────────────────┐       │
│ 军事形势分析、作战任务 │       ▼
│ 与能力要求分析、装备发 ├──▶┌─────────────┐
│ 展需求分析        │    │   指标分析   │
└──────────────────┘    └─────────────┘                ┌──────────────────┐
                            │                           │ 确定总体性能、作战能 │
                            ▼                  ◀─────────┤ 力、作战保障能力、作 │
                    ┌─────────────┐                      │ 战适用性,以及主要系 │
                    │   指标细化   │                      │ 统等方面的指标要求   │
                    └─────────────┘                      └──────────────────┘
┌──────────────────┐    │        │
│ 提出主要战术技术指 ├────┘        ▼
│ 标取值范围        │         ┌─────────────┐
└──────────────────┘         │   功能分析   │◀──────┐
                             └─────────────┘       │    ┌──────────────────┐
                                 │            ◀────────┤ 进行各主要系统功能 │
                                 ▼                 │    │ 分类与分析        │
                             ┌─────────────┐       │    └──────────────────┘
                             │   功能综合   │       │
                             └─────────────┘       │    ┌──────────────────┐
                                 │            ◀────────┤ 进行功能综合设计,提 │
                                 ▼                 │    │ 出各主要系统架构   │
                       ┌───────────────┐           │    └──────────────────┘
                       │ 总体方案布局规划 │           │
                       └───────────────┘           │    ┌──────────────────┐
                            │                       │    │ 主尺度论证、型线设 │
                            ▼                  ◀─────────┤ 计、区域规划设计以 │
┌──────────────────┐  ┌───────────────┐       │    │ 及外形设计等      │
│ 各系统主要配套设备组成、│  │ 子系统方案设计   │       │    └──────────────────┘
│ 主要性能指标分析、与总 ├─▶└───────────────┘       │
│ 总体接口设计等。各系统 │       │                   │
│ 技术方案设计等      │       ▼            否        │
└──────────────────┘  ◇───────────────◇────────────┘
                       〈 子系统方案是否可行 〉
                       ◇───────────────◇
                            │ 是
                            ▼
                       ┌───────────────┐         ┌──────────────────┐
                       │ 总体集成方案设计 │         │ 总体布置设计,全舰战术技术 │
                       └───────────────┘    ◀─────┤ 指标计算分析,舰总体多因素 │
                            │                     │ 集成设计,综合权衡构造多个 │
                            ▼                     │ 总体概念方案      │
                  否   ◇───────────────◇          └──────────────────┘
        ◀────────────〈 评估总体方案    〉         ┌──────────────────┐
                     〈 是否满足需求    〉    ◀─────┤ 作战效能评估、风险评 │
                      ◇───────────────◇          │ 估、费用评估      │
                            │ 是                  └──────────────────┘
                            ▼
                       ┌───────────────┐
                       │ 形成总体概念方案 │
                       └───────────────┘
                            │
                            ▼
                       ┌───────────────┐
                       │ 编制概念方案    │
                       │ 设计文件        │
                       └───────────────┘
```

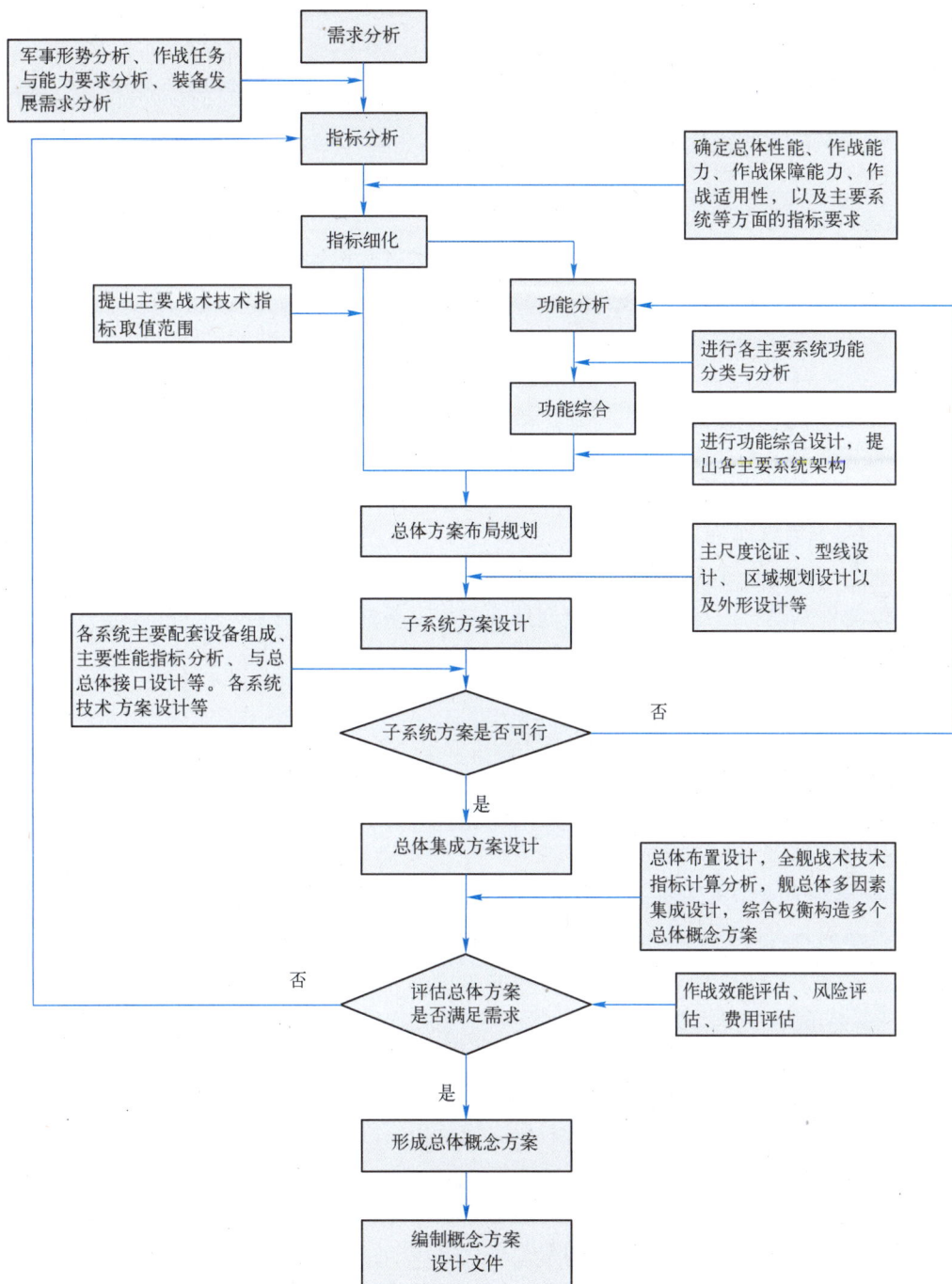

图 2-3 ▎驱逐舰概念设计基本流程示意图

对抗能力要求、舰载机配置要求等指标要素。

作战适用性方面,主要包括可靠性、维修性、保障性和安全性、隐身性、兼容性、生命力等指标要素。

主要系统指标方面,主要包括船体结构、船舶装置、推进系统、电力系统、船舶辅助系统、作战系统等的性能指标要素。

3. 功能设计

在需求设计与指标设计的基础上，通过分析进行功能抽象，形成具有可操作性的功能目标，提出各主要系统划分及系统功能。

功能设计的主要内容包括功能分类与定义、功能分析、功能综合设计等。

4. 概念方案设计

概念方案设计主要包括总体布局设计、系统技术方案设计、总体集成方案设计等内容。

总体布局设计主要包括主尺度论证、型线设计、区域规划设计以及外形设计等内容。

系统技术方案设计主要包括各系统主要配套设备组成、主要性能指标、对总体的要求等内容。

总体集成方案设计主要是依据主要作战使用性能要求，在总体布局设计以及各主要系统技术方案的基础上，通过舰总体性能计算分析和综合集成设计，构造多个可行的总体概念方案。

5. 总体概念方案评价

总体概念方案综合评估包括作战效能评估、风险评估和费用评估等三个方面。

作战效能评估是对驱逐舰装备在典型任务和想定条件下，完成使命任务的能力和效率的评价。

风险评估主要对技术风险、进度风险和经费风险进行评价。

费用评估主要估算概念方案的全寿期费用需求。

6. 提出备选概念方案

在总体概念方案综合评估的基础上，优选出在效能、费用和风险三方面综合最优的一个或几个典型方案，作为备选概念方案。

7. 编制概念方案设计文件

概念方案设计文件主要有总体概念方案说明书、概念方案外形图、重要综合作战使用性能估算书、主要系统概念设计说明书、重要舱室位置图、人员编制表等。

2.5.3 基本要求

1. 充分考虑先进性

发展武器装备应该一代比一代先进，概念设计中要瞄准世界先进舰船及装备的技术发展方向，做好顶层规划，制定合理可行的技术途径，在技术创新和技术储备的基础上，与先进的作战思想相结合，合理使用高新技术，尽量尝试以最新的可实现的先进技术应用来满足需求，保证驱逐舰装备的战术技术性能和整个系统具有一定的先进性，同时也要有较好的可靠性、维修性、保障性、安全性。

2. 充分考虑可行性

技术永远不能游离于需求之外，甚至凌驾于需求之上，任何一个先进技术的出现和应用，其前提都是为了促进需求的满足，而非一味技术冒进并带来需求异化的不良后果。概念设计应从技术成熟度、资源可用性、保障能力水平等方面，对装备发展的可行性尤其是技术可行性进行认真分析，合理应用最新的科学技术，在科技和需求之间寻找平衡，使需求建立在可行的基础上，避免概念设计结果与客观现实相互脱离而成为空中楼阁。

3. 充分考虑经济性

实现功能是概念设计结构化设计阶段的出发点，但如果一味追求系统或体系功能的叠加、扩大，不仅会影响其主要功能的体现和发挥，而且容易导致系统体系结构人为复杂化，组成驱逐舰产品的功能载体数量也会大量增加，导致开发、建设成本和后期维护、维修、使用费用提高。因此，要在满足综合效能要求的前提下，以较少的资源代价，获得最大的经济与军事效益。

4. 充分考虑系统性

系统是指由具有特定功能的、相互间具有有机联系的、按一定结构形式组合成的若干要素共同构成的一个统一整体。驱逐舰装备作为大系统，本身既有若干分系统组成，又在一定条件下存在于更大的系统中，系统之间相互联系、相互依赖、相互制约、相互作用。在驱逐舰概念设计中，任何设计对象都可以被认为是一个特定的系统，必须贯彻系统性要求，强调整体性，重视相关性，把握目的性，区分层次性。

5. 充分考虑创新性

概念设计并不只是局限于总体技术方案的设计，它应包括设计人员对设计任务的理解、设计灵感的表达、设计理念的发挥，并充分体现设计人员的智慧和经验[5]。概念设计的核心是创新设计，在概念设计过程中，方案选择的自由度大，产品创新的空间大[6]，因此，概念设计应充分发挥和保持创新欲望、激发设计灵感，在各种条件下、从各种源泉获得启发，寻找处理设计问题的种种途径，形成新颖的、有效的、满足需求的各种可能方案并进行优选。

参 考 文 献

[1] 邵开文，马运义. 舰船技术与设计概论 [M]. 北京：国防工业出版社，2005.

[2] 徐青. 舰船总体设计流程分析 [J]. 中国舰船研究，2012，7（5）：1-2.

[3] 谢清. 定制产品功能——结构映射原理、方法及关键技术研究 [D]. 杭州：浙江大学，2007.

[4] General Dynamics Electric Boat. The VIRGINIA classsubmarine Program：a case study [J]. General Dynamics Electric Boat，2002.

[5] 邹慧君. 机械系统概念设计[M]. 北京：机械工业出版社，2002.

[6] 李凌乐. 食品机械设计新理念探究[J]. 中国市场，2015（20）：52.

第3章
驱逐舰概念设计方法

　　驱逐舰概念设计过程是一个极为复杂的系统工程，具有持续的周期长，涉及的学科多，过程复杂和状态多变等特点，基本的任务就是瞄准预定的需求，借助创新思维，通过一系列螺旋递进式的规划、设计、分析、决策，产生出满足要求的合理技术方案。一方面，概念设计阶段由于设计信息残缺性，使得难以在概念设计阶段进行准确的定量描述，需要通过类比法、列举法、功能思考法、头脑风暴法等设计方法将在设计世界所需要的定量化为主的表述和模糊信息世界所体现出的定性化表征之间铺设桥梁；驱逐舰概念设计所涉及的学科门类多，是典型的知识密集型的综合学科；同时，驱逐舰概念设计过程中的各学科之间耦合关系复杂，需要通过借鉴先进设计思想，如多学科优化设计方法、协同设计方法、TRIZ（创造性解决问题的方法）设计理论、生物进化算法等，达到总体性能、系统架构、作战能力和经济性等方面的并行设计与均衡优化，使舰船成为一个具有高度综合效能的一体化大系统。驱逐舰概念设计方法指的是为使驱逐舰概念方案满足总体需求以及判断其是否满足概念设计原则所采用的优化设计和评估手段，以需求牵引和技术推动等原则，借助创新思维，通过一系列螺旋递进式的规划、设计、分析、决策，产生出满足要求的合理技术方案，实现总体布局规划设计、系统技术方案设计、总体多方案集成设计等内容，它是科学设计方法在驱逐舰概念设计中的应用。驱逐舰概念设计方法具有多学科交叉的特点，它融合了信息技术、系统工程、知识工程、管理科学、创造工程等领域的知识。驱逐舰概念设计方法重视各系统方案的设计、开发和创新，强调综合运用优化设计、系统工程和计算机技术等学科知识，探索多种解决概念设计问题的科学途径。驱逐舰概念设计方法分为基本设计方法与创新设计思维和技法两个方面，基本设计方法主要基于工程经验总结为基础，利用知识工程和数学而形成的经验、公式、图表等作为概念设计的手段，通过近似或类比等方法进行驱逐舰概念设计；概念设计的核心是创新设计，创新设计思维和技法是从基本设计方法发展起来的，把经验、类比的设计观点，变成逻辑的、推理的系统设计观点，采用动态、多变量的、多方案的、扩散性的设计思维方式。本章重点从基本设计方法、创新设计思维和技法两个方面，描述了驱逐舰概念设计切实可行的方向和具体的设计方法。

3.1 ▷ 基本设计方法

3.1.1 系统设计方法

1. 基本概念

产品系统设计是将对象事物当作一个整体的系统加以认识和研究，从全局出发，将其各组成部分看作是子系统或要素，通过整合，建立起互相之间有机联系以及系统与外界环境之间的有机联系。产品系统设计中各个要素之间环环相扣，层层相联，构成有机的设计方法系统[1]。基于系统设计方法的驱逐舰概念设计是从整体上把握设计过程中舰总体与各一级系统的相互联系、协调统一，充分体现各级设计师的设计思想和设计理念，使驱逐舰概念设计目标的最优和实现整个研制过程的最优。系统分析和综合评价是系统论的基本方法，系统分析是系统综合的前提，通过系统分析，为设计提供解决问题的依据，加深对设计问题的认识，启发设计构思[2]。

2. 系统分析

驱逐舰概念设计方案的系统分析是将实现作战任务与能力、舰总体指标通过分析得到各主要系统功能、指标和相应的主要设备组成。在系统分析过程中，需要考虑驱逐舰各系统诸多的影响因素，并且这些因素之间存在相互关联和相互影响，很难用简单的定量分析得到各因素对驱逐舰概念设计目标决策的影响程度。

驱逐舰概念设计方案是将主要作战能力、主要作战保障能力和主要作战适用性等一系列的设计输入转换成舰总体和各主要系统相应的设计输出，这些设计输出反映了驱逐舰既定的总体目标。很显然，舰总体和各主要系统的设计输出应该具有有序性和必要的反馈性。有序性就是概念设计方案中舰总体和各主要系统的功能、指标是有序的、相互制约、又能协调地工作，保证了驱逐舰工作的有效性和整体性。反馈性是将舰总体和某些各主要系统的信息进行反馈实现各下属子系统协调和有效控制，以保证舰总体和各主要系统能精确和有效地发挥效能。从现代控制系统角度来看，具备反馈的系统才能称为一个好系统。

1）系统分析的要素[3],[4]

一般情况下，驱逐舰概念设计方案进行系统分析的要素，有以下四个。

（1）目标。经过系统分析后确定的目标应是必要的、有根据的、可行的。这是驱逐舰概念设计方案的根据，也是分析驱逐舰概念设计方案的出发点。

（2）备用方案。这是达到驱逐舰概念设计方案目标的若干可供选择的方案，以供后期进行比较和选择。

（3）指标。这是对可行方案进行分析的依据，是衡量概念设计目标的具体标志。对于驱逐舰概念设计方案的指标主要有舰总体指标、主要作战性能指标、船型、船体结构、主要系统性能指标等。

（4）模型。根据驱逐舰的主要作战能力、主要作战保障能力和主要作战适用性等要求，用若干参数或指标来描述各主要系统功能性能。通常来说，对于某一驱逐舰概念方案可以用一个包含多项评价指标和指标评价值的评价体系来描述各主要级系统的模型，模型包括概念模型和图式模型等。

2）系统分析的程序[3],[4]

（1）驱逐舰概念设计方案总功能的分析与确定。通过作战使用需求和部队要求等相关调查分析、发现问题，明确驱逐舰概念设计方案的目标。明确要求，就易于确定驱逐舰的研制要求。需求分析时，要求论证其合理性、可行性和经济性。同时，提出几种可行性方案并供后期选择和择优。

（2）各主要系统功能体系的构造。将驱逐舰的主要作战能力、主要作战保障能力和主要作战适用性等要求通过合理的分解，从而设法构造各主要系统的功能体系。由此表达了各主要系统功能的构成、功能的关系和研制要求的实现，同时还可得出各子系统功能、设备子功能的主要参数。

（3）驱逐舰概念设计方案的评价和择优。确定评价指标体系对驱逐舰概念设计方案可能采用的方案进行评价和择优，得到最佳方案。

3. 系统综合评价

驱逐舰概念设计方案的拟定和设计，最终的目标是得到最优的概念方案，通过系统综合可对概念方案的由来进行评价确定。因此，系统设计方法是通过系统分析的手段将结果进行归纳、总结、完善和改进，并在新的要求上进行系统综合评价。从驱逐舰研制的整个过程来看，系统综合评价在各个设计阶段都是需要的[4]。

对于驱逐舰概念设计方案，其目标就是实现主要作战能力、主要作战保障能力和主要作战适用性。实现这些目标存在诸多相互关联和相互影响的因素。因此，对于驱逐舰概念设计方案需要建立一个综合评价体系，通过综合性的评价确定最优的概念方案。

1）综合评价的基本原则[4],[5]

（1）综合评价的客观性。评价的目的是为了决策。因此评价是否客观，就会影响决策是否正确。为了保证评价的客观性，要求评价资料的全面性和可靠性；防止评价人员的倾向性，评价人员组成要有代表性。

（2）概念设计方案的可比性。即要求各个方案在实现基本功能上有可比性和一致性。有的方案在实现个别功能方面优点突出或有新颖独特之处，只能表明它在这方面的优越之处，不能代替它在其他方面所能实现的要求，更不能掩盖它在其他方面存在的不足之处。否则，会失去综合评价的作用，犯"突出一点，不顾其余"的错误。这种主观片面的做法，显然不利于评选最优方案。

（3）建立概念设计阶段的评价指标体系。评价指标体系是全面反映系统目标要求的一种评价模式。因此，评价体系应该主要考虑驱逐舰概念设计方案总功能所涉及的各方面要求和指标，不要考虑或少考虑其他方面或其他设计阶段的要求。建立评价指标体系一定要体现科学性、全面性和专家的经验。

2）系统综合评价的步骤[4]

（1）确定系统综合评价的指标体系。对于驱逐舰概念设计方案的评价指标体系一般应包括实现舰总体指标、主要作战性能指标、船型、船体结构、主要系统性能指标等评价指标，这些大类和具体的评价项目均要与驱逐舰概念设计方案密切相关。在建立系统评价体系时，应尽可能广泛地听取这一领域内权威专家的意见和建议。

（2）确定各大类和具体评价指标重要程度的权系数。确定权系数，实际上是使评价指标体系对各种比较特殊的用途和特殊的使用工况的驱逐舰概念设计方案从整体上进行调整。

使系统评价指标体系有更大的灵活性、广泛性、实用性，使系统评价指标体系有更大的适用范围。

（3）对舰总体和系统的方案进行逐项评价，得到综合评价指标值，为概念方案综合评价提供必要的条件。

（4）对所设计的舰总体和各系统方案进行逐项评价，得出各单项评价指标值。

（5）对舰总体和各系统单项评价指标进行综合，得出评价指标体系各大类的评价值。

（6）最后进行系统的综合评价。综合驱逐舰概念设计方案各大类指标的评价值，得出整个方案的总评价值。根据总评价值对多个概念设计方案进行排序，得到最优方案。在得到最优概念方案时，还应考虑生产制造的工艺水平，总装厂的条件、设备单位的技术力量等。

图 3-1 表示了上述驱逐舰概念设计方案系统综合评价的步骤。

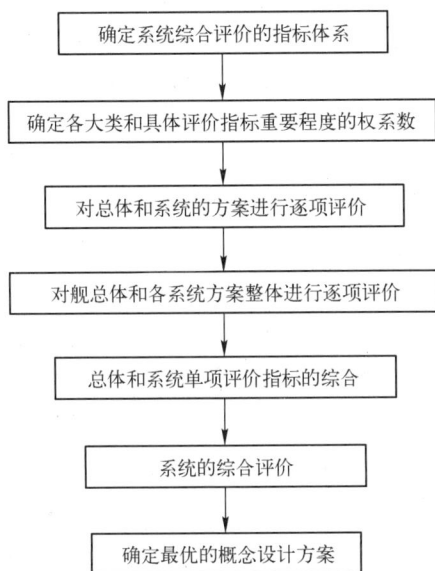

图 3-1 ▌系统评价的步骤

3.1.2 层次分析方法

在系统设计过程中，需要考虑的影响因素非常多，而这些因素之间又经常是相互关联、互相影响的，无法用简单的定量方法分析比较各因素对目标决策的影响程度，为了寻求对这类系统问题的有效解决方案，有学者提出了层次分析法这一系统决策分析方法。

层次分析法（Analytic Hierarchy Process，AHP 法）。AHP 法属于运筹学理论，20 世纪 70 年代由美国匹兹堡大学著名运筹学家 T. L. Satty 教授在为美国国防部进行"根据各个工业部门对国家福利的贡献大小而进行电力分配"课题研究中首次提出[6]。AHP 法作为一种决策工具，其优点是在对复杂的决策问题的本质、影响因素及其内在联系等进行深入准确分析的基础上，采用少量的定量信息将决策思维数学模型化，从而为多目标复杂决策问题提供相对简单的决策手段[6]。目前 AHP 法已被广泛应用于船舶设计等诸多专业领域。

1. 基本原理及流程[7,8]

AHP 法是一种多目标决策方法，运用网络系统分析理论，根据决策问题的性质和总目标，将影响复杂问题的各种因素进行分解提炼，形成目标层、准则层、方案层等一个有序多层次的结构系统（图3-2），然后对各层次运用定量与定性相结合的方法进行分析，并对决策方案进行排序选优。

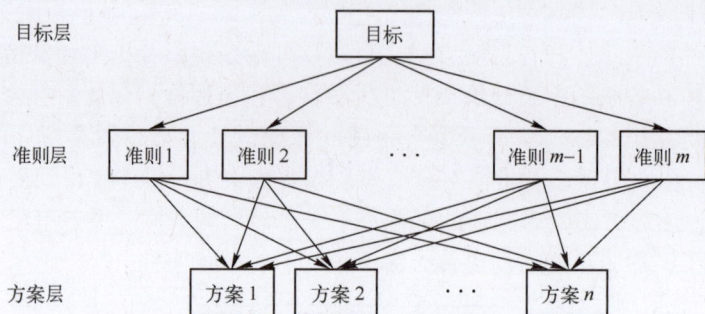

图 3-2 ▎AHP 法层次结构模型[8]

AHP 法的原理包括递阶层次结构原理、标度原理和排序原理。

1）递阶层次结构原理

一个复杂的问题可分解为它的目标、约束准则和方案等因素，按照不同属性把这些因素分组形成互不相交的层次，上一层的因素对相邻下一层次的全部或部分因素起着支配作用，形成按层次自上而下的逐层支配关系，而每一层都要通过两两比较，导出它们包含的因素的相对重要性排序权值，具有这种性质的层次称为递阶层次结构。这种递阶层次的分解与综合的研究思想在自然科学和社会科学中已被广泛采用。人们的决策思维中的分解与综合，人们的逻辑判断，也常常具有递阶层次原则的特点。采用 AHP 法的递阶层次结构会使面临的问题在一定程度上反映了系统的有序性，它提供了一种深入认识和处理系统的方式，把看来杂乱无章的各种复杂的决策因素统一起来，按系统的功能与行为进行深入研究。因此，以递阶层次思想作为决策思维的一种方式，是 AHP 法的核心。

表 3-1 所示为递阶层次结构模型。其中最高层通常只包含一个要素，一般为概念设计方案的总功能；最低层称为方案层，通常设置方案的各种备选方案。中间层称为准则层，列出用来衡量是否达到目标的各项评价准则和评价标准等。

表 3-1 ▎递阶层次结构模型[10]

目标层	G	最高层
准则层	$C_1 C_2 \cdots C_k \cdots C_{m-1} C_m$	中间层
方案层	$B_1 B_2 \cdots B_k \cdots B_{n-1} B_n$	最低层

2）标度原理

AHP 法规定了测度方式，其测度是通过两两比较判断给出的。比较的依据是标度，这种标度用的是 1~9 整数及其倒数来表示，叫比例标度。在同一准则下对元素进行两两比较，并不要求对被比较元素的属性有专门知识，标度结果组成判断矩阵，一般不具有一致性，这种不一致性是符合客观世界的复杂性和人们认识的多样性的，在实际生活中是存在的。比例标度法便于在判断不一致或者互相矛盾的情况下对被比较元素进行标度，而由此求得的导出标度仍是对某种属性的一个合理测度。

3）排序原理

AHP 法单一准则下的排序问题实质上是由一组元素两两比较得到重要性测度组成的判断矩阵 $P=(b_{ij})_{n\times n}$，它具有正值、互反性和基本一致性。并且和排序测度 W 之间具 $PW=nW$ 关系。在一致性情况下，比较测度 P 与排序测度 W 之间可以转化为（3-1）式[8]

$$(P-nI)W=0 \tag{3-1}$$

求解未知的 W，从矩阵代数 Perron-Frobineus 理论知，正矩阵的实特征根所对应的归一化特征向量是唯一的，而最大的特征根 λ_{max} 可通过求解[8]

$$PW=\lambda_{max}W \tag{3-2}$$

得到。因此，把式（3-2）看成比较测度 P 与导出测度 W 的关系，从而单一准则下的排序问题化为对式（3-2）的求解。这种特征根法是解决从比较测度求出排序权值的一种方法。

运用 AHP 法进行分析的基本流程如图 3-3 所示[9]。

2. 构造判断矩阵和计算相对权重[9,10]

1）构造判断矩阵

判断矩阵是将层次结构模型中同一层次的要素相对于上层的某个因素，相互间作成对比较而形成的矩阵。以表 3-2 所列的层次结构为例，方案层的备选方案 B_1、B_2、$\cdots$、B_n 相对上层的准则 C_k 作成对比较，可构成下面的判断矩阵 P_{C_k-B}，如表 3-2 所列。

表 3-2 中，b_{ij} 是以 C_k 为准则对 B_i 与 B_j 哪个更好来确定代表好的程度的数值。

对于 C_k 为准则（例如工作性能）如何确定表 3-2 中元素 b_{ij}，考虑到大多数准则比较往往是模糊的，哪个方案更好，或稍差等，为了使其定量化，往往引入判断标度。通常使用 1~9 标度法，如表 3-3 所列。

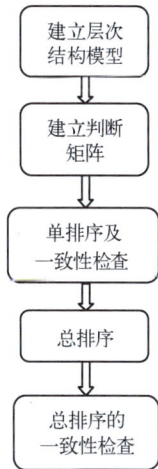

图 3-3 ┃ AHP 法步骤框图

图框内容：建立层次结构模型 → 建立判断矩阵 → 单排序及一致性检查 → 总排序 → 总排序的一致性检查

表 3-2 备选方案 B 对准则 C_k 的判断矩阵 P_{C_k-B} [10]

C_k	B_1	B_2	$\cdots$	B_j	$\cdots$	B_n
B_1	b_{11}	b_{12}	$\cdots$	b_{1j}	$\cdots$	b_{1n}
B_2	b_{21}	b_{22}	$\cdots$	b_{2j}	$\cdots$	b_{2n}
$\vdots$	$\vdots$	$\vdots$		$\vdots$		$\vdots$
B_i	$\vdots$	$\vdots$		b_{ij}		$\vdots$
$\vdots$	$\vdots$	$\vdots$		$\vdots$		$\vdots$
B_n	b_{n1}	b_{n2}	$\cdots$	b_{nj}		b_{nn}

表 3-3 1~9 标度说明[10]

标 度	说 明
1	表示 B_i 与 B_j 相比，两个要素同等好
3	表示 B_i 比 B_j 稍微好一些
5	表示 B_i 比 B_j 明显好
7	表示 B_i 比 B_j 好得多
9	表示 B_i 比 B_j 绝对好
2，4，6，8	表示两相邻标度的中间值

通过比较得到的判断矩阵 $\boldsymbol{P}=[b_{ij}]_{n\times n}$ 具有以下特性[10]：

$$\left.\begin{array}{l}(1)\,b_{ij}>0\\[4pt](2)\,b_{ii}=1\\[4pt](3)\,b_{ij}=1/b_{ji}\end{array}\right\}\quad i,j=1,2,\cdots,n \tag{3-3}$$

根据以上特性，可以证明一个 n 阶的判断矩阵只有 $n\cdot(n-1)/2$ 个元素。对于如表 3-1 所列的层次结构，准则层中有 m 个元素，因此可以建立 m 个判断矩阵，即[10]

$$P_{C_k-B}\quad(k=1,2,\cdots,m) \tag{3-4}$$

同样道理，准则层对目标层只有一个判断矩阵，即[10]

$$P_{G-C}\qquad 为 1 个$$

所以表 3-1 所列的层次结构总共需要构造 $m+1$ 个判断矩阵。

很明显，在构造判断矩阵时应充分采纳专家的意见，使之更加符合客观实际，更具科学性。

考虑到驱逐舰概念设计方案比较复杂，它由多个一级系统组成，我们可按每一系统或者二级系统构造相应的判断矩阵，确定若干个可供采用的方案。然后，再选定若干系统方案并在概念设计方案整体上构造判断矩阵。

2）计算权重

权重计算的方法有多种，这里仅介绍方根法：

首先，计算判断矩阵 $\boldsymbol{P}[b_{ij}]_{n\times n}$ 中每行所有元素的几何平均值，得到向量 $\boldsymbol{M}$，$\boldsymbol{M}=[m_1 m_2 \cdots m_n]^{\mathrm{T}}$，其中[10]

$$m_i=\sqrt[n]{\prod_{j=1}^{n}b_{ij}}\qquad(i=1,2,\cdots,n) \tag{3-5}$$

其次，对列向量作归一化处理，得到相对权重向量 $\boldsymbol{W}$，$\boldsymbol{W}=[W_1 W_2 \cdots W_n]^{\mathrm{T}}$，其中[10]

$$W_i=\frac{m_i}{\sum\limits_{j=1}^{n}m_j} \tag{3-6}$$

所谓归一化，是指：

$$0\leqslant W_i\leqslant 1\qquad(i=1,2,\cdots,n)$$

$$\sum_{j=1}^{n}W_i=1$$

最后，计算判断矩阵 $\boldsymbol{P}$ 的最大特征值 $\lambda_{\max}$，其近似计算式如下[10]：

$$\lambda_{\max}=\frac{1}{n}\sum_{i=1}^{n}\frac{(p\boldsymbol{W})_i}{W_i} \tag{3-7}$$

式中：$(p\boldsymbol{W})_i$ 为权重向量 $\boldsymbol{W}$ 右乘判断矩阵 $\boldsymbol{P}$ 得到的列向量中的第 i 个分量。

$\lambda_{\max}$ 将用于判断一致性检验。

3. 判断矩阵的一致性检验[10]

1）完全一致性

根据矩阵理论，若正互反矩阵 $\boldsymbol{P}=[b_{ij}]_{n\times n}$ 对所有的 $i,j=1,2,\cdots,n$，均有 $b_{ij}=b_{ik}/b_{jk}$ 成立，则称 $\boldsymbol{P}$ 具有完全一致性。此时正互反矩阵 $\boldsymbol{P}$ 具有唯一非零的最大特征值 $\lambda_{\max}$，且 $\lambda_{\max}=n$。实际上，由于正互反矩阵的 $b_{ii}=1(i=1,2,\cdots,n)$ 且令 $\lambda_{\max}=\lambda_1$，可得到

$$\lambda_{\max} + \sum_{i=2}^{n} \lambda_i = n, \text{则} \sum_{i=2}^{n} \lambda_i = 0 \tag{3-8}$$

2）一致性检验指标

人们在对复杂问题涉及的因素进行两两比较时，不可能作到判断的完全一致性，总会存在估计误差。这将导致判断矩阵的特征值和特征向量也带有偏差。设 P' 为带有偏差的判断矩阵，其最大特征值和特征向量设为 $\lambda'_{\max} = n$ 和 W'。因为 $b_{ii} = 1(i = 1, 2, \cdots, n)$，又设 $\lambda'_{\max} = \lambda_1$，可得[10]

$$\lambda'_{\max} + \sum_{i=2}^{n} \lambda'_i = n \tag{3-9}$$

通常 P' 的 $\lambda'_{\max} \geq n$，而 $\lambda'_{\max} - n$ 就是除 $\lambda'_{\max}$ 以外的其余所有特征值的代数和。与完全一致性相比较[10]：

$$\lambda'_{\max} - n = -\sum_{i=2}^{n} \lambda_i \tag{3-10}$$

就表征了 P' 的偏差程度，由此一致性检验指标 $C \cdot I$ 构造如下[10]：

$$C \cdot I = \frac{\lambda_{\max} - n}{n - 1} \tag{3-11}$$

由式（3-11），对于任意的判断矩阵，当 $\lambda_{\max} = n$ 时，$C \cdot I = 0$，则判断矩阵具有完全一致性；$C \cdot I$ 的值越大，P' 的估计偏差也就越大，偏离一致性的程度就越大。

3）随机一致性指标

通常判断矩阵的阶数 n 越高，其估计偏差值随之增大，一致性也越差，因此对高阶判断矩阵的检验应适当放宽要求。为此引入随机指标 $R \cdot I$ 作为修正值，以更合理的随机一致性指标 $C \cdot R$ 来衡量判断矩阵的一致性[10]。

$$C \cdot R = \frac{C \cdot I}{R \cdot I} \tag{3-12}$$

通常只要 $C \cdot R \leq 0.10$，则认为 P' 具有满意的一致性，否则必须重新调整 P' 中元素的值。式（3-12）中 $R \cdot I$ 的值，可根据判断矩阵的阶数从表3-4中选取。二阶及以下的判断矩阵总是具有完全一致性。

表3-4 随机一致性指标中 $R \cdot I$ 的取值[10]

n	1	2	3	4	5	6	7	8	9	10
$R \cdot I$	0	0	0.52	0.89	1.12	1.26	1.36	1.41	1.46	1.49

4. 层次总排序[10]

层次总排序就是根据层次单排序得到的结果来计算组合权重。然后，通过比较各要素组合权重的大小，得到要素的相对重要顺序，依此确定对备选方案的评价。

对于表3-1所列的递阶层次结构，设准则层 C 对目标层 G 的相对权重列向量为 $\boldsymbol{\alpha} = [\alpha_1 \quad \alpha_2 \quad \cdots \quad \alpha_m]^T$，方案层 B 对 C 层各项准则 C_1，C_2，$\cdots$，C_m 的权重列向量分别记为 W_1，W_2，$\cdots$，W_k，$\cdots$，W_m，其中：$W_k = [w_{1k} w_{2k} \cdots w_{nk}]^T$ 是 B 层方案对准则 $C_k(k = 1, 2, \cdots, m)$ 的相对权重列向量。由此构成组合权重计算表3-5，其中 $\boldsymbol{\Sigma}$ 为 $\Sigma_{j=1}^{m}$ 的简写。

表 3-5 组合极重计算表

C α B	C_1 C_2 $\cdots$ C_m α_1 α_2 $\cdots$ α_m				组合权重 V
B_1	W_{11}	W_{12}	$\cdots$	W_{1m}	$V_1 = \sum \alpha_i W_{1i}$
B_2	W_{21}	W_{22}	$\cdots$	W_{2m}	$V_2 = \sum \alpha_i W_{2i}$
$\cdots$	$\cdots$	$\cdots$	$\cdots$	$\cdots$	$\cdots$
B_n	W_{n1}	W_{n2}		W_{nm}	$V_n = \sum \alpha_i W_{ni}$

实际上，由相对权重列向量 W_1，W_2，$\cdots$，W_m 可构造相对权重矩阵 $W = [W_1 W_2 \cdots W_m]$，则组合权重 V 可按式（3-13）计算：

$$V = W \cdot \alpha \tag{3-13}$$

3.1.3 公理设计方法

1. 基本概念

公理设计（Axiomatic Design，AD）的概念是由美国麻省理工学院（MIT）的 Nam P. Suh 教授于 20 世纪 70 年代末提出的。Nam P. Suh 教授于 1990 年在 *The Principles of Design*[11] 一书中正式提出公理设计理论。公理设计理论建立在设计公理基础之上，最终目标是为设计建立一个科学基础，通过为设计师提供一个基于逻辑和理性思维过程及工具的理论基础来改进设计活动[12],[13]。

公理设计方法的目的是为设计师提供一种自顶向下设计的思维方法和设计范式，以提高设计的创造性、决策力并减少设计方案的随意性和迭代过程。公理设计理论是对大量成功设计实例进行分析归纳，从而抽象出设计过程本质[13]。

公理设计方法的核心包括：域、层次结构、Z 形映射和两个设计公理[14]。

2. 基本原理

1）域

域是 AD 中最基本也是最重要的概念。AD 中设计过程可以用四个域表示：用户域、功能域、物理域和过程域。用户域反映用户需求（Customer Attributes，CAs），功能域是满足用户需求的一系列的产品功能需求（Functional Requirements，FRs）和约束（Constraints，Cs）的集合，物理域是实现功能需求设计参数（Design Parameters，DPs）的集合，过程域是为生产由 FRs 定义的产品而制定的过程变量（Process Variables，PVs）[15]。

设计过程就是四个域之间自顶向下的映射过程，如图 3-4 所示[15]。

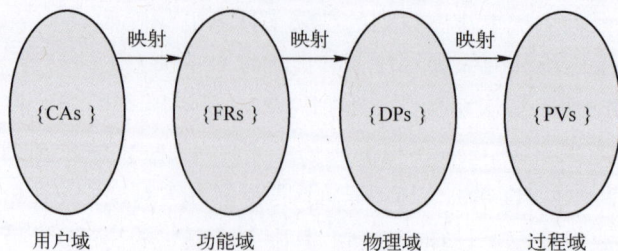

图 3-4 域、映射[15]

2）层次结构和 Z 形映射

设计就是一个从功能需求向设计参数映射并从总体到系统再到分系统再到设备逐级分解的过程。功能域与结构域之间的关系如图 3-5 所示，根节点 FR_0 是对驱逐舰功能的一种抽象概括，从 FR_0 开始，先将其映射到结构域选择实现 FR_0 的参数 DP_0，然后根据 DP_0 将 FR_0 向下分解为一列子功能需求 FR_1，FR_2，$\cdots$，FR_n，然后分别确定实现 FR_1，FR_2，$\cdots$，FR_n 的设计参数向量 DP_1，DP_2，$\cdots$，DP_n，如此进行映射和分解，直至所有的功能需求得到满足、叶节点参数是产品的最终设计结果为止。从上向下逐级分解的过程就形成了功能需求和设计参数的层次结构，它非常清晰地描述了各个设计域的工作及相互关系[16]。

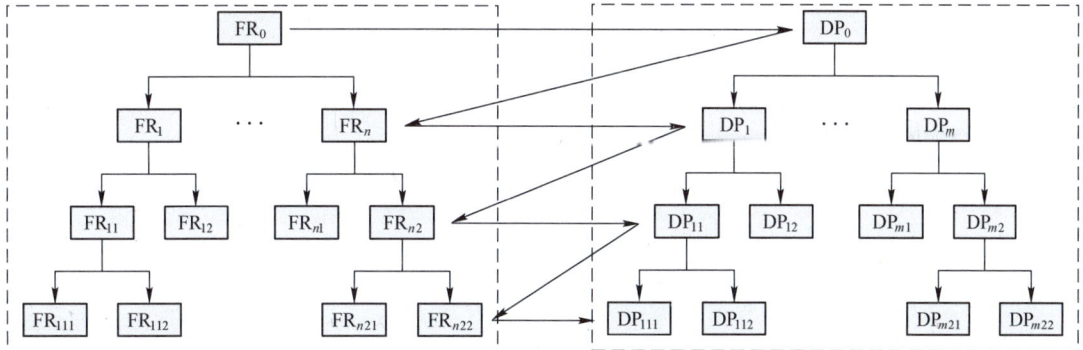

图 3-5 ▍层次结构和 Z 形映射[15]

如图 3-5 所示，从一个域到另一个域之间的来回往复映射、向下分解称为 Z 形映射。通过 Z 形映射，实现了不同域之间的转换。功能域、物理域、过程域之间通过 Z 形映射联系在一起，当某个域中一个参数发生变化，其他域中的相应参数也会发生变化，设计人员可以据此掌控设计过程，减少设计过程中的修改工作，提高设计效率与准确性。

3）设计公理

公理 1（独立公理）[15],[16]：保持 FRs 之间的独立性。当有两个以上的 FRs 之时，设计方案必须满足每一个功能需求，而不影响其他的功能需求。因此，必须选择一组恰当的 DPs 去满足 FRs 并保持它们的独立性。独立公理要求设计的功能独立，而不是物理设备上的独立。

公理 2（信息公理）[15],[16]：使设计中的信息含量最少。指在满足独立公理的所有设计方案中，具有最少信息含量的设计就是最好的设计。因为信息含量是由概率确定的，所以信息公理说明了信息量最小的设计具有最大成功可能性。

独立公理可以使满足驱逐舰设计要求的功能需求最少，保证了驱逐舰系统结构的简单性，信息公理则为确定最优设计方案提供了依据。

基于上述两条公理，已推导出 16 个定理与 8 条推论。

4）设计矩阵与独立性的度量

FRs 与 DPs 之间的映射关系可用数学方程来表示[17]：

$$F_{n \times 1} = A_{n \times m} D_{m \times 1} \tag{3-14}$$

式中：F 为在某一设计层次，功能域中的一系列功能需求向量；D 为结构域中相应的一系列设计参数向量；A 为设计矩阵。

设计矩阵 A 的元素用偏微分表示[17]：

$$A_{ij} = \partial F_i / \partial D_j \tag{3-15}$$

可以用设计矩阵 A 来反映功能设计的独立性。根据设计矩阵 A 的结构形式，可将设计分为三种情况：非耦合设计、准耦合设计和耦合设计[17]：

（1）当 A 为对角矩阵时，表示 DPs 可以独立地满足 FRs，为非耦合设计。

（2）当 A 为三角矩阵时，表示 DPs 需要以正确的顺序排列才能满足独立公理，为准耦合设计。

（3）当 A 为非对角矩阵、非三角矩阵时，为耦合设计，不能保证 FRs 全部被满足，不满足独立公理，必须进行解耦处理。

5）设计评价的度量——信息量

对于同一个功能需求，不同的设计者可能提出满足独立公理要求的不同设计方案[18]。信息公理的积极意义就在于对于给定设计提供了一个可量化的设计优劣评估准则[15]，并且使从这些设计方案中寻求最优方案成为可能。

根据信息公理，信息量最小的设计具有最大成功可能性，为最佳设计。信息量 I 一般由实现功能需求 F_i 的可能性（当设计参数（驱逐舰能力）在允许的误差范围内时，相应的功能需求（设计要求）在允许范围内的可能性）来表示[17]：

$$I_i = -\log_2 P_i \tag{3-16}$$

式中：P_i 为 F_i 得到满足的概率。

对于有 n 个功能需求的驱逐舰，其信息总量为[17]

$$I = -\log_2 P_{\{n\}} \tag{3-17}$$

式中：$P_{\{n\}}$ 为 n 个功能需求得到满足的联合概率。当设计方案为非耦合设计时，设计方案的信息总量为[17]

$$I = -\sum \log_2 P_i \tag{3-18}$$

当所有的功能需求被满足的概率都等于 1 时，其需要的信息含量为零[16]。相反，当功能需求被满足的概率为零时，则需要的信息含量就是无穷多。

3. 设计流程及实施要点

AD 为产品概念设计过程提供一个基于逻辑的理论框架[18]。对于驱逐舰，采用 AD 进行概念设计就是从驱逐舰的任务使命、作战海域、作战对象等顶层需求出发，通过对舰总体、一级系统（船体及船舶装置、推进系统、电力系统、全舰保障系统、作战系统等）、二级系统（一级系统的子系统，也称功能系统）、重要设备等不同层级的设计依次归集到用户域、功能域、物理域和过程域，自顶向下在所给的设计目标层次上对功能要求和设计参数进行分解。功能要求向低层分解时，低层功能要求要与高层设计参数相适应，这样就形成了"功能要求 $\xrightarrow{\text{映射}}$ 设计参数 $\xrightarrow{\text{分解}}$ 低层功能要求"的往复过程[18]，如此进行直到确定驱逐舰的总体及各系统、关键设备概念方案。

采用 AD 方法进行驱逐舰概念设计是一个从需求域向功能域再向物理域映射的过程，其关键是通过需求分析提出使命任务和作战使用要求，在此基础上综合权衡费效比和风险，提出满足驱逐舰作战要求的最优的总体概念设计方案。

设计流程如图 3-6 所示。

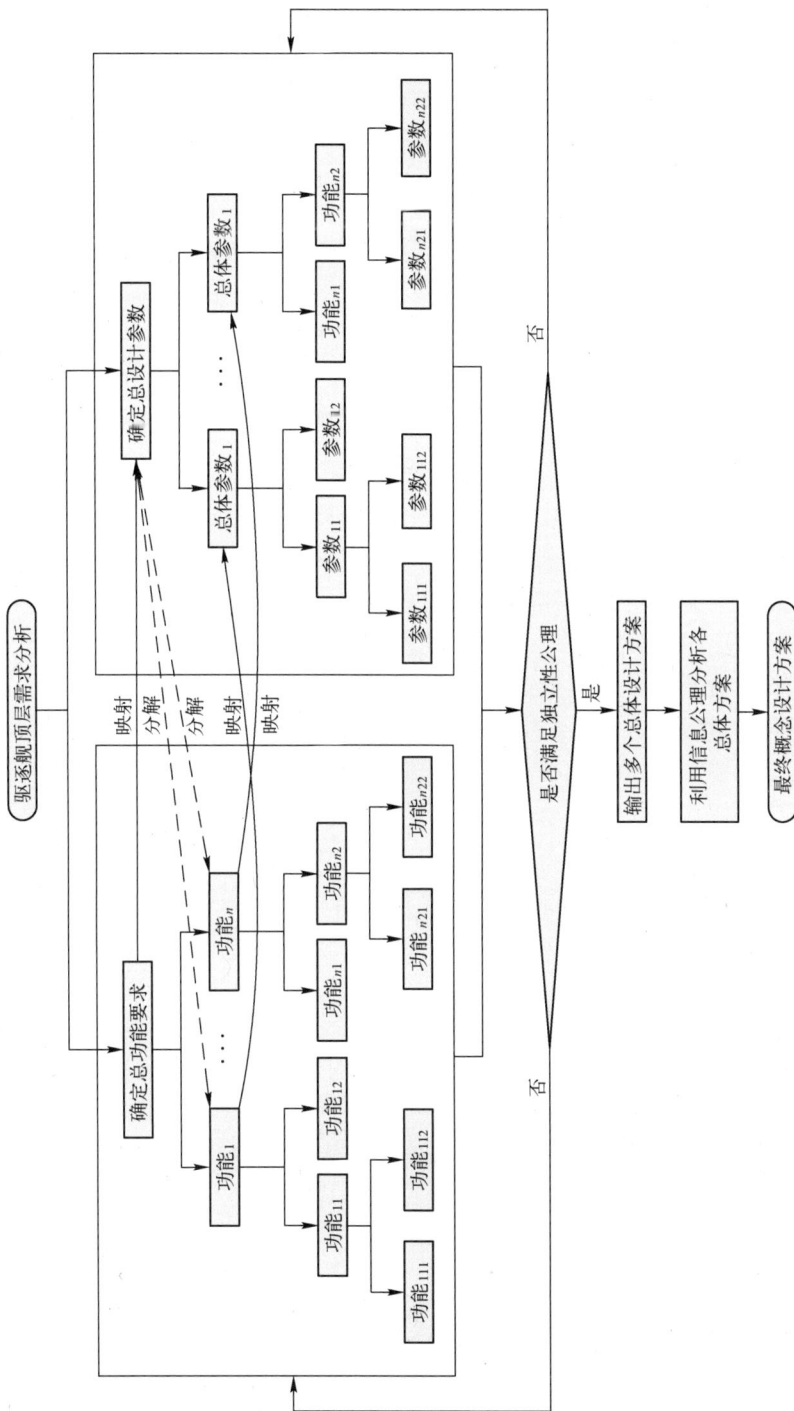

图3-6 驱逐舰AD设计流程图

实施要点如下：

（1）需求分析：分析驱逐舰的国内外发展规律，研究我国海军舰艇装备发展战略、装备体制和装备规划对驱逐舰的需求，结合我国已有的驱逐舰系列和装备技术发展水平，明确未来驱逐舰装备和技术的发展需求，定义 CAs。

（2）由用户需求形成设计目标：将比较模糊的用户需求转化为对驱逐舰设计的能力要求（如航速、续航力、作战能力、适航性等）以及相关约束条件（如排水量、主尺度、隐身性），定义设计过程中功能域向量。

（3）确定总功能要求及总设计参数：在需求分析的基础上，根据驱逐舰所承担的使命任务，从作战任务性质、敌方威胁、战场使用条件等影响作战的主要因素，分析提出驱逐舰总体性能、作战能力、作战保障能力和作战适用性等主要使用性能要求，确定设计的总体思路，提出排水量、主尺度、航速、续航力、适航性、人员编制、攻击能力、拦截目标能力、探测感知能力、舰载机能力、隐身性、兼容性、生命力等初步总设计参数及取值范围。

（4）对功能要求及总设计参数进行映射分解：根据功能要求，基于设计师的设计经验、分析计算及创造力，选择相应的设计参数实现所需功能，并基于设计参数和独立性公理对功能要求进行分解，在不违背设计约束的前提下可选择较多的设计参数，以构思多个设计方案[18]。进行分解时，子功能必须是独立的，在满足其父功能需求和设计约束下力求个数最少，当所有功能需求得到满足、设计参数不需进一步分解就可直接实现时停止分解。

（5）独立性判断：根据功能要求和所选设计参数之间的关系确定设计矩阵，根据独立公理要求，应使设计矩阵为对角阵或三角阵[18]，否则为不满足独立公理的耦合设计，需要重新对功能和设计参数进行分解实现解耦。

（6）确定最佳方案：利用信息公理，对产生的各设计方案的信息量进行计算分析，确定最佳概念设计方案。

（7）在确定驱逐舰总体概念方案的基础上，再按图3-6采用 AD 方法从高层级向低层级（从总体概念到详细细节）逐级展开求解，也就是对舰总体→系统→分系统→重要设备逐级采用 AD 方法进行设计，将高层级的决策作为下一层级的设计目标，建立各层级的功能域、物理域，逐级确定各系统、分系统、重要设备概念方案。

4. 公理设计的不足及发展趋势

1）公理设计的不足

AD 使产品设计可以遵循大家所公认的公理，从而使产品设计由经验设计变为科学设计，为新产品的创新设计提供了理论性指导，同时也为设计目标提供了一个全面而系统的框架。主要存在以下不足：

（1）AD 的框架是在对大量成功设计实例进行分析归纳，抽象出设计过程本质而形成的[15]，侧重于设计的理论和方法而不是算法和工具，对于设计概念方案的具体实现和解决问题的方法涉及相对较少（例如，从功能域到物理域具体的映射实现方法）。在利用 AD 进行设计的过程中，AD 的公理、定理和推论一般是用来进行评价和决策：告诉设计者什么样的概念方案是一个较好的方案[15]，但对于如何产生一个好的概念方案存在不足。

（2）对于信息量采用其成功概率计算，而成功概率用实现功能需求的可能性来计算。在概念设计阶段，由于设计知识的不精确性和不完备性，难以事先确定各功能需求的设计范围和系统范围的确切数值，从而导致信息量计算的不准确性，影响对设计方案评价的有效性。

（3）AD 的独立公理要求，当要同时满足多个功能要求时，必须设法得到无耦合设计或者准耦合设计。在实际设计过程中，很多设计参数通常会影响到 2 个以上的功能要求，设计师通常依靠直觉和经验寻找新的设计参数，使其仅仅影响与其相对应的功能要求，很多时候得出的设计参数不能满足独立公理的要求，造成了设计的耦合。特别是对于复杂系统而言，由于设计对象的复杂性或现有知识的局限性，耦合设计经常不可避免地出现[15]。虽然 AD 给出了计算耦合度的方法，但未提供明确的解决耦合设计的方法。

（4）AD 只能解释两个不同域之间的相互关系，并不能描述同一域中各设计因素之间的相互关系，对设计修改再设计缺乏有效的指导。

（5）AD 注重创新设计，缺乏对设计中知识、经验的获取以及获取知识、经验所依赖的智力资源的关注[15]，而实际设计中，往往会利用设计经验和知识。

2）公理设计的发展趋势

AD 的主要发展趋势为：充分利用优化设计理论不断完善理论本身，通过与计算机技术、计算智能和其他设计理论方法的集成提高解决实际工程问题的能力，重视应用软件的开发与数据库和知识库的建立[15]，[19]。主要表现在：

（1）完善耦合问题处理的方法，包括解耦的方法和在无法消除耦合时的耦合设计的迭代寻优方法；扩展信息量计算方法、拓展信息量内涵，提高对不完全性和模糊性的指标信息评价能力。

（2）与稳健设计、并行设计、模块化设计、TRIZ 设计、质量功能配置（QFD）、创新设计、优化设计和可靠性设计等多种设计理论方法集成。例如，通过 TRIZ 中的冲突矩阵解决、物场分析、知识库效应库等方法解决 AD 中的耦合或准耦合设计问题[20]；利用正交试验和方差分析确定设计变量对各设计目标的影响程度，从而确定主要的设计参数[15]；当设计问题可以用数学模型表达时，就可以应用优化设计方法进行求解。

（3）与计算智能相结合，将神经网络、模糊理论、遗传算法计算智能融入 AD 框架中，充分利用智能控制、并行运算、模糊处理和自适应性等特点[15]，为解决复杂系统的设计以及概念设计阶段信息不精确、不确定和不完备、难以建立数学模型的情况提供新的方法和手段。

利用当前经验建立知识库，以数据库开发软件将计算机辅助设计引入到概念设计领域，设计开发通用性强的计算机辅助 AD，利用计算机强大的计算能力来进行辅助概念设计，降低设计的难度。

3.1.4 类比法[21]

各种事物虽然千差万别，但其中往往存在不同程度的对应和类似之处，可以从类比中得到创新成果。比较、分析同类功能的实现原理，由此找出解决问题的方法，称为类比法。

"它山之石，可以攻玉"就是这种方法的生动写照。类比法以比较为基础，将陌生与熟悉、未知与已知进行对比，这样，由此物及于彼物，由此类及于彼类，可以启发思路，提供线索，触类旁通。采用类比法的关键是本质的类似，要分析本质的类似之处，也要认识类比对象之间的差别，避免生搬硬套，牵强附会。类比法需借助原有知识，但又不能受其束缚，应善于异中求同，同中求异。创造性的类比思维并不基于严密的推理，而是源于自由想象和超常的构思。类比对象之间的差异越大，其创造设想才越富新颖性。类比法有多种形式，在原理设计中常用的类比形式有拟人类比、直接类比、因果类比等。

1. 拟人类比法

拟人类比是将人设想为创造对象的某个因素，将自身思维与创造对象融为一体，将创造对象拟人化，把非生命对象生命化，由此得到有益的启示，提出解决问题的有效方案。如德国化学家凯库勒在探索苯分子结构时，全身心投入研究，感到自己就是苯分子，并且意想到原子排着长长的队伍，舞动着、回转着、变幻着，忽而纤纤一线，忽而首尾相接，宛如蛇在行进。凯库勒由此悟到苯分子是碳原子的环结构，为有机化学理论奠定了基础。

2. 直接类比法

直接类比法是将求解对象直接与类似的事物或现象作比较。采用直接类比进行原理设计，不仅简单、快速，而且可以避免盲目思考。类比对象的本质特征越接近，则原理方案设计的成功率就越大。例如，根据天文望远镜原理制成的航海、军事、观看演出、儿童使用的望远镜，尽管它们的外形和用途不同，但实现功能"观看远处"的原理完全一样。

3. 因果类比法

当两个事物之间有某些共同属性，根据一事物因果关系推测出另一事物因果关系的思维方法称为因果类比法。采用因果类比法，需要联想，并且善于寻找过去已确定的因果关系，由此发现事物的本质。例如，加入发泡剂的合成树脂中充满微小孔洞，具有省料、轻巧、隔热、隔声等良好性能。日本人铃木运用因果类比法，联想到在水泥中加入发泡剂，结果发明了一种具有同类性能的新型建筑材料——气泡混凝土。

3.1.5　列举法[22]

列举法是一种针对某一具体事物的特定内容（如特点、优缺点、属性等）进行分析，并将其全面地罗列出来，用以激发创新设想，找到发明创新主题的创新技法。列举法从本质上讲是一种分析法。它是把整体分解成部分，把复杂的事物分解成简单的要素。分别加以研究的思维模式。列举法对于创新设计非常实用。它可以帮助人们克服感知不足的阻碍，促使人们深入到事物的方方面面进行思考，从而产生丰富的创新设想。

建立在列举分析基础上的常用创新技法有属性列举法（Attribute Listing Technique）、希望点列举法、缺点列举法、信息列举法和成对列举法等。

希望点列举法和成对列举法常用于开发新产品，而缺点列举法、属性列举法、信息列举法等则常用来进行老产品改造。

1. 属性列举法

属性列举法，也称特性列举法，是美国内布拉斯加大学（University of Nebraska）的克劳福德（Robert Crawford）教授于1954年提出的一种著名的创意思维策略。此法强调使用者在创造的过程中观察和分析事物或问题的特性或属性，然后针对每项特性提出改良或改变的构想。

属性列举法是将决策系统划分为若干个子系统（即把决策问题分解为局部小问题），并把它们的特性列举出来，然后将这些特性加以区分，划分为慨念性约束、变化规律等，并研究这些特性是否可以改变，以及改变后对决策产生的影响，研究决策问题的解决方法。此法的优点是能保证对问题的全面研究。

属性列举法的适用范围：革新或发明具体事物，特别适用于对轻工业产品的改进。此法也适用于行政措施、机构体制及工作方法的改造。

1）属性列举法的原理

克劳福德认为每个事物都是从另外的事物中产生发展而来的。平常的创新都是对旧物改造的结果，所改造的主要方面是事物的特性。属性列举法首先对需革新、改进的对象进行深入细致的观察、分析，尽可能分门别类地列举该事物的各种不同的特征或属性，然后确定应该改善的方向及实施方法，也就是说用可取而代之的各种属性加以置换。实践证明，需要解决的问题越小、越简单直观，运用属性列举法就越容易获得成功。

2）属性列举法的操作程序

运用属性列举法的一般步骤：

（1）先将改造对象的特征或属性全部列出来。例如把一个产品分解成一个个零件，每个零件功能如何、特性怎样、与整体的关系如何都列举出来，制成一览表。对于驱逐舰这类过于复杂的对象，则应先将对象按系统分解后，再造一个目标较为明确的发明或改进课题，逐个突破。

（2）从三个主要方面进行特征列举。

① 名词特征：指采用名词来表达的特征。如事物的全体、部分、材料、制造方法等。

② 形容词特征：指采用形容词来表达的特征。主要指事物的性质，如颜色、形状、大小等。

③ 动词特征：指采用动词来表达的特征。主要指事物的功能，包括在使用时涉及的所有动作。

（3）在各项目下试用可替代的各种属性加以置换，引出具有独创性的方案。

进行这一步的关键是要力求详尽地分析每一特性，提出问题，找到缺陷，再试从材料、结构、功能等方面加以改进。在运用属性列举法时，对事物的特性分析得越详细越好，并且尽量从各个角度提出问题，以便得到众多的启示。

（4）提出方案并对方案进行论证，使产品能够满足人们的需要。

3）其他形式的属性列举法

实际操作中也可从以下方面对课题对象进行分析：

（1）物理特性：如软、硬、导电性、轻、重等。

（2）化学特性：如怕光、易氧化生锈、耐酸碱等。

（3）结构特性：如固定结构、可变可拆结构、混合结构等。

（4）功能特性：如能吃、可玩、可当礼品等。

（5）形态特性：固体、液体、气体、等离子体。

（6）自身特性：事物本身的结构、形状、感观方面的特性。

（7）用途特性：事物可以用于哪些方面。

（8）其他特性：如色、香、味、形方面的特性等。

（9）使用者特性：适合哪些人使用，有何特征。

（10）经济特性：其生产成本、销售价格、使用成本等。

2. 希望点列举法

人们很早以前就有"顺风耳"和"千里眼"、上天和入地的"希望"。经过一代又一代人的不懈努力，现在我们都如愿以偿了。雷达、收音机、电视机就是"顺风耳"和"千里眼"，宇宙飞船和探地火箭就是"上天"和"入地"。

希望点列举法是一种不断地提出"希望……"等理想和愿望，进而探求改善和解决问题的对策的技法。希望人人皆有，许多东西都是根据人类的希望与需求创造出来的。例如，人们希望像鸟一样飞上天，于是就发明了气球、飞机……

希望点列举法提出的希望有些是从缺点直接转化而来的，对事物某方面的不满，可进一步转变为对此缺点改进的希望。但与缺点列举法相比，希望点列举法能从正面、积极的因素出发来考虑问题，不受现有事物的约束，可以把旧事物整个看成缺点，这样易产生较大的突破，能够在更大程度上开阔思考问题的空间。

1）希望点列举法的原理

希望是人们内心期待达到的某种目的或期待出现的某种情况，是人类需求心理的反映。一种需求满足之后，又会出现更高的需求，人们的需求永远都不可能得到满足，因而也就总是存在着希望。希望代表着人们的某种新企盼，希望点的背后隐藏着事物的新问题和新矛盾。创新者从社会需要或个人愿望出发，通过列举希望点来形成创新目标或课题。

希望点列举法主要依靠自由联想来推动列举活动，是一种主动型的创新方法。

随着物质生活和精神生活水平的不断提高，人们对生活中各种事物的期望也越来越高，因此，即便是对于同一种产品，希望点列举创新设计也永远都是大有作为的。当然，可能部分希望点现在看来还只是梦想，但是，随着现代科学技术的发展，将来必有一天所有的梦想都将成为现实。一切美好的东西，不怕做不到，就怕想不到。只要我们敢于异想天开，创新就离我们不远了。

2）希望点列举法的基本类型

按照是否有明确、固定的创造对象，可以把希望点列举法分为两大类：

（1）目标固定型。即目标集中在已确定的创造对象上，通过列举希望点，形成该对象的改造和创新的方案。有人将其简称为"找希望"。

（2）目标离散型。即开始时没有固定的创造目标和对象，通过对全社会、全方位、各层次的人在各种不同的时间、地点、条件下的希望点的列举，寻找创新的切入点以形成有价值的创造课题。它侧重于自由联想，特别适用于群众性的创造发明活动。有人将此类希望点列举法简称为"找需求"。为了相对集中，也可以在列举前规定一个范围。

3）希望点列举法的操作程序

运用希望点列举法进行创新设计，除了要勇于"狂想"之外，还应该大致地遵循一些原则，并且掌握一些基本的思考和分析的方法。

（1）了解人们的需求心理。希望实际上是人类需求的反映，因而，利用希望点列举法进行创造发明就必须重视对人类需求的分析。大千世界，各种各样的人有各种各样的需求。希望是人们内心需求的一种反映，要收集、列举希望点，首先就必须对人们的需求心理有一个清楚的认识。由于生产力的飞速发展，供不应求的时代已经成为过去，社会已经跨入一个多元化、有选择的时代。我们该怎样去寻找人们新的需求呢？首先我们应该知道，人类有哪些需求。

马斯洛理论（Maslow's Hierarchy of Needs）把需求分成生理需求、安全需求、感情上的需求、尊重的需求和自我实现的需求五类，依次由较低层次到较高层次排列。隐藏在这些需求形式后面的是人们各种各样的观念与心理，例如求美心理、求异心理、求实心理、求全心理、求新心理、求奇心理、求快心理、求廉心理、求健心理、求胜心理、求稳心理等。从上述不同的需求和心理层次出发，便可以发现和列举出人们对于事物的各种希望，从而找到创新的点子。

① 生理需求（Physiological Needs）。这是人类维持自身生存的最基本要求，包括衣、食、住、行等方面的要求。如果这些需要得不到满足，人类的生存就成了问题。在这个意义上说，生理需求是推动人们行动的最强大动力。马斯洛认为，只有这些最基本的需要满足到维持生存所必需的程度后，其他的需要才能成为新的激励因素，同时，这些已相对满足的需要也就不再成为激励因素了。

② 安全需求（Safety Needs）。这是人类要求保障自身安全、摆脱失业和丧失财产威胁、避免职业病的侵袭、接受严格的监督等方面的需要。马斯洛认为，整个有机体是一个追求安全的机制，人的感受器官、效应器官、智能和其他能量丰要是寻求安全的工具。甚至可以把科学和人生观都看成是满足安全需要的一部份。当然，当这种需要一旦相对满足后，也就不再成为激励因素了。

③ 感情上的需求（Love and Belonging）。这一层次的需要包括两个方面的内容。一是友爱的需要，即人人都需要伙伴之间、同事之间的关系融洽或保持友谊相忠诚；人人都希望得到爱情，希望爱别人，也渴望得到别人的爱。二是归属的需要，即人都有一种归属于一个群体的情感。希望成为群体中的一员，并相互关心和照顾。感情上的需要比生理上的需要来得细致，它和一个人的生理特性、经历、教育、宗教信仰都有关系。

④ 尊重的需求（Esteem）。人人都希望自己有稳定的社会地位，要求个人的能力和成就得到社会的承认。尊重的需求又可分为内部尊重和外部尊重。内部尊重是指一个人希望在各种不同情境中有实力，能胜任，充满信心，能独立自主。总之，内部尊重就是人的自尊。外部尊重是指一个人希望有地位、高威信，受到别人的尊重、信赖和高度评价。马斯洛认为，尊重的需求得到满足，能使人对自己充满信心，对社会满腔热情，体验到自己活着的用处和价值。

⑤ 自我实现的需求（Self-actualization）。这是最高层次的需要，它是指实现个人理想、抱负，发挥个人的能力到最大程度，完成与自己的能力相称的一切事情的需要。也就是说，人必须干称职的工作，这样才会使他们感到最大的快乐。马斯洛提出，为满足自我实现需求所采取的途径是因人而异的。自我实现的需求是在努力实现自己的潜力，使自己越来越接近自己所期望的人物。

值得注意的是，在分析需求心理的时候，应该兼顾社会不同经济层次、不同年龄、不同文化、不同种族、不同群体等的人的需求。有时如果把目光投向个别特殊的群体（如聋哑人、孤寡老人等），反而可以创造奇迹。

（2）列举、收集希望点。在列举希望点时，应该注意三点：科学性，必须遵循自然规律；实用性，必须符合生活习惯、遵循准则、经济价值等各方面的要求，应是社会的希望、大众的希望；可能性，必须充分考虑自己的能力，是否有实现的可能。

列举、收集希望点，可以采用如下方法：

① 多观察、多联想。列举希望点必须紧扣人们的需求，为此，我们应该注意观察人们在日常、生活、学习、工作中流露出来的种种希望，并且积极展开联想，构想出满足人们希

望的产品设计方案。

② 对用户、经销商甚至全社会广泛征求意见，或进行抽样调查。用户、经销商对产品的使用性能非常了解，他们的意见往往能切中要害，为创新方案提供好点子。

③ 采用智力激励法，召开希望点列举会。希望点列举法若与智力激励法联合使用，能收到更好的效果。召开希望点列举会是充分列举希望点的一种有效方法，在列举会上可以互相启发，产生连锁反应。

（3）希望点的分析与鉴别。

① 表面希望与内心希望的鉴别。对于任何事物，人们都有表面希望与内心希望。在分析希望点的情报资料时，若仅以表面希望来构思课题或方案，容易造成失误。因此，必须谨慎地进行鉴别，以列举出人们心中真正的希望。

② 现实希望与潜在希望的鉴别。在列举的希望中，从时间上看，有现实希望与潜在希望之分，二者分别对应现实需求与潜在需求。国外有关资料介绍，在社会对产品的需求中，潜在需求占 60%~70%。正因为如此，世界著名企业无不重视对潜在需求的研究。

搞发明创造，既可针对现实希望动脑筋，也可抓住潜在希望做文章。前者要"审时度势，兵贵神速"；后者要"高瞻远瞩，暗度陈仓"。

③ 一般希望与特殊希望的鉴别。一般希望是大多数人的希望，特殊希望是少数人的希望。列举希望点搞创新时，应着重考虑一般希望，由此形成的创新成果更容易得到社会的广泛认可和接受。当然对少数人（残肢人、左利手、特殊生活习惯者等）的特殊希望，也应适当加以考虑，社会绝不能遗忘他们的需求和期望。

3. 缺点列举法

缺点一般指原理不合理、材料不得当、无实用性、欠安全、欠坚固、易损坏、不方便、不美观、难操作、占地方、过重、太贵等，也可从现行的生产方法、工艺过程中发现缺点，或从成本、造价、销售、利润等方面找出缺点，或从管理方法上找缺点。

克服缺点就意味着进步，意味着产品的更新。缺点列举法是通过发散思维发现和挖掘事物的缺点，并把这些缺点列举出来，然后再通过分析，从中选出亟待解决、最容易下手、最有实际意义或最有经济价值的内容作为创断主题来进行产品改进设计的方法。每发现一个缺点，提出一个问题，就找到了创新发明的课题。

1）缺点列举法的原理

"金无足赤，人无完人"说明世界上任何事物都不可能十全十美，总存在这样或那样的缺点。如果有意识地列举分析现有事物的缺点，并提出改进方案，就可以创新。这种方法简便易行。

此法主要是围绕着原事物的缺陷加以改进，一般不改变原事物的本质与主体，是一种被动型的创新方法。它可用于对老产品的改进上，也可对不成熟的新设想、新产品做完善工作，另外还可用于企业的经营管理方面等。

2）缺点列举法的操作程序

利用缺点列举法进行创新，一般要经过以下几个步骤：

（1）做好心理准备。缺点列举法的运用基础就是发现事物的缺点，挑出事物的毛病。尽管任何事物都有缺点，但并不是所有的人都会挑缺点。应用缺点列举法时，首先要有某种"不满心理"和追求完美的精神。

（2）列举缺点。列举缺点的方法有：

①用户调查法（用户至上原则）。企业改进产品时，可以把缺点列举法与征求用户意见结合起来，通过销售、售后服务、意见卡等渠道广泛征集，因为用户提出的意见有时是生产设计人员所不易想到的。缺点列举法的关键是要把事物的缺点罗列全面，因此，应该尽可能广泛地征集意见。对产品而言，一个简单的办法就是以适当的形式征求广大用户的意见。

② 对照比较法。俗言道："不怕不识货，就怕货比货""尺有所短，寸有所长"。可将需改进的产品与同类产品集中在一起，从比较中找不足，甚至对名牌产品吹毛求疵，以找到能改进的点。利用此方法开发新产品起点高、跨度大，且容易成功。对于已经成型的产品，可以将同类型的多种产品在功能、特性、质量、价格、外观等方面进行全面比较，找到相互之间的差距，从而列举出自身的缺点，设计出超过同类型产品的新产品。对于尚处于开发设计阶段的产品，应注意与国内外先进技术相比较，以发现设计中的缺点，及早改进，确保产品的技术先进性。

③ 会议法。启发大家找出分析对象的缺点。会议有 5~10 人参加，会前须明确改革的主体，在会上发动与会者围绕这一主题尽量列举各种缺点，越多越好，另请人将提出的缺点逐一编号，记录在一张张小卡片上。会议讨论的主题宜小不宜大，如果主题过大，则须将主题分成若干小主题，分层次解决，这样，原有的缺点就不会被遗漏。

（3）分析、整理缺点，确定创新目标。运用缺点列举法收集到的缺点可能五花八门，并不是所有的缺点都需要改进。分析与鉴别主要缺点，一般可以从影响程度和表现方式两方面入手。不同的缺点对事物特性或功能的影响程度不同，在缺点的表现方面，既要注意那些表面的缺点，更要注意那些内在的缺点，在某些情况下，发现内在缺点比发现表面缺点更有创新价值。

（4）针对主要缺点进行改进设计或逆向思维。在明确需要克服的缺点之后，就要有的放矢地进行创造性思考，并通过改进设计获得较完善的方案，进而创造出更合理的事物。

值得一提的是逆向思维与缺点列举法的关系。发挥逆向思维，是指针对对象中已经列举出的缺点，不采取改进措施，而是从反面考虑如何利用这些缺点，从而做到"变害为利"的一种创新技法。

3.1.6 功能思考法

功能思考法从功能定位的角度，广泛开展思考，以实现功能定位的原理方案。如洗衣机的功能定位是洗涤衣服，考虑到脏衣服是由于吸附了灰尘、污渍、汗液等。因此，洗干净衣服的关键是"分离"各种污渍，分离的方法有：①机械分离法，例如，通过吹、吸、抖、扫、洗、刷、捶、搓、揉等方法将各种污渍从衣服中分离出来；②物理分离法，例如，通过静电吸附衣服上的各种污渍，使各种污渍从衣服中分离出来；③化学分离法，通过化学溶剂溶解各种污渍，并且使其挥发，也可以使各种污渍从衣服中分离出来。由此可见，从功能定位角度出发，可以设计出不同种类的原理方案[21]。

驱逐舰应具备安全地向舰载直升机和无人机加注喷气燃料的能力，根据相关需求，驱逐舰喷气燃料设施一般包括下列功能：

（1）具备油舱间调驳喷气燃料的功能。

（2）具备对喷气燃料进行过滤和消静电的功能。

（3）具备对舰载直升机进行压力、重力加油和接收其重力卸油的功能。

（4）具备向舰外排放喷气燃料功能。

（5）具备对喷气燃料舱进行液位测量功能。

（6）具备对喷气燃料舱进行安全透气的功能。

（7）具备喷气燃料相关舱室可燃气体监测和报警的功能。

（8）具备控制泵组起停，加油流量、压力调节和超压回流卸放等控制功能。

此外，还根据使命任务的需求，确定驱逐舰喷气燃料设施是否需要具备海上接收喷气燃料补给的功能。

为实现上述功能，驱逐舰喷气燃料设施的工作原理为通过离心加油泵实现对舰载直升机和无人机进行重力、压力和悬停加油以及重力放油作业，此外还需污油泵能够将储油舱、日用舱和沉淀舱的污油抽送到污油舱，并能将污油舱的污油输送到舰外。每个油舱配有透气装置、液位测量装置和底部排污管路。泵组通过磁力起动器能够实现泵组的本地、远程控制，并能够进行泵组急停的操作。可燃气体监测可燃气体报警仪与其探测器布置舱室中的风机和油泵交联，当舰上装载喷气燃料后，即启动本系统，将风机开关置于自动挡，当某探测器测得该处可燃气体浓度达到 20%LEL 时，报警仪发出声、光报警，自动开启有关舱室的风机，同时向损管中心报警。当可燃气体浓度达到 50%LEL 时，除继续报警外自动关闭油泵。当可燃气体浓度下降至 5%LEL 时，自动消警，风机自动关闭，但油泵必须在报警解除后由人工启动。

根据驱逐舰的功能需求及喷气燃料设施的工作原因，在概念设计阶段，舰上就应考虑设计储存油料的舱室（日用舱、储油舱、沉淀舱和污油舱）、加油泵舱及加油站用于喷气燃料的相关设施存放及作业。其中储油舱的容量应结合舰载机的耗油量、出动架次及母舰的承载能力综合考虑。

3.2 〉 创新设计思维和技法

3.2.1 概述[4]

美国未来学家阿尔温·托夫勒在其《第三次浪潮》一书中，把人类历史上的文明划分为三个时期，即：第一次浪潮，农业经济文明时期，时间大约为公元前 1750 年左右；第二次浪潮，工业经济文明时期，时间大约为 1750—1955 年；第三次浪潮，为现在正在进行的阶段，称为信息经济文明阶段。

火的发现和使用、新石器与弓箭的发明和使用，使人类由原始社会迈向农业经济社会。

蒸汽机的发明并广泛应用于工业生产的各个部门，使人类由农业经济社会发展至工业经济社会。

微电子和信息产业的革命，为工业经济的信息化加速发展创造了前提，使人类社会开始进入信息经济文明阶段。

众所周知，人类社会发展的历史也是科学技术发展的历史，人类社会进步依靠科学技术的发现、发明和创造。

在 20 世纪，由于科技的迅速进步和生产效率的大幅度提高，全球经济总规模（GDP 总值）增长了 20 多倍，由 1 万多亿美元增加到 30 万亿美元。而在全球经济高增长中，科技进步的贡献也由 20 世纪初的 5% 左右上升到 60%~70%，科技进步（或称科技创新）已成为一个国家富强的源泉，成为人类文明的重要动力[23]。

有人认为，近 30 年来科学技术上的发明创造超过以前 2000 年的总和，说明社会对创新的需求越来越迫切，人们对于产品创新设计的要求也日益提高。

3.2.2 产品创新

1. 创新的内涵[21]

人类在科学、艺术、生活以及其他各种实践活动领域中，产生具有经济价值、社会价值、生态价值、使用价值等的新思想、新理论、新方法和新产品的各种复杂的活动称为创新[4]。

创新是社会发展的必然趋势，产品创新是指为了达到预定的目标，创造具有市场竞争优势产品的过程。

产品创新是企业谋生存、求发展的生命线，在市场竞争日趋激烈的时代，一个生产企业，只有时时注意用户需求、甚至是创造需求，设计和生产出用户需求的新产品，才能在竞争中立于不败之地，走在时代的前列。

"需要"是人类没有得到某些基本满足的感受状态，"欲望"则是人类想要得到某些具体满足物的愿望。现实生活和生产中，人类的需要未必很多，但是，随着科学技术的发展和生产能力的进步，人类的眼界越来越开阔，会由此激发出较多的欲望，这种欲望可能无穷无尽。"需要"和"欲望"表现在市场上，就是用户对各种各样产品的需求，虽然，任何一种产品的市场容量都是有限的，但是，对新产品的追逐常常是无限的，当市场的产品结构大于市场的需求结构时，就会产生供给过度，造成这种现象的深层原因，实质上就是产品创新不足、产品宽度狭窄。例如，计算机移动存储设施发展的历程就充分显示出产品创新是解决供给过度、满足用户新需求的有效措施。最早的计算机移动存储设施是软盘，随着计算机技术的迅速发展及其应用的普及，当软盘的容量即将不足以满足用户存储需求时，产品制造商相继开发出大存储量的 U 盘和移动硬盘，而一段时间后，当 U 盘和移动硬盘即将趋于供应饱和状态时，既可以用于存储，又可以用于听音乐看视频的 MP3 和 MP4 等电子产品相继开发面世，既解决了产品供应饱和问题，同时又满足了人类新的需求。计算机移动存储设施的发展历程，一方面反映了人类的欲望随着科学技术的进步会不断更新，另一方面说明产品创新是解决供给过度的根本性手段，也是人类进步和发展的必然结果。

引入新产品或提供产品的新质量是产品创新的内涵，即：产品创新必须在产品的质量、成本和差异性等方面上有所突破。

随着科学技术的迅猛发展，技术创新成果全面深刻地影响着人类的生活方式、生产方式、流通方式，以致国际社会地位，美国、欧洲等发达国家把科学技术创新作为国家的基本发展战略，在全球范围获得了明显的政治、经济、军事等竞争优势地位。因此，一个国家必须建立自主创新的技术发展体系，尤其是事关国防安全的关键技术和涉及主导产业及装备制造业的尖端技术，依靠自己的力量，拥有以自主创新为核心的技术发展战略体系和能力，才能根本上实现国家的跨越式发展。

2. 创新的层次

产品创新主要表现在产品的设计上，图 3-7 表示概念设计过程基本模型。因此，产品创新可以在不同层次上体现出来，一般来说，层次越高处的创新，它的创新层次越高，对产品的影响也就越大，例如，需求层的创新不但开发出一种崭新的产品，而且会产品设计产生很大的影响[24]。

在产品概念设计中，方案求解所需的设计信息是残缺的，对设计人员的约束也相对较少，因而设计的自由度是整个产品开发过程中最大的，自由度大，创新的空间也大，但设计的知识积累较少，不确定的因素较多，构成一对矛盾体。因此，概念方案求解过程是发挥创造力可能取得最大效果的过程，同时也是带来决策风险最大的过程。设计过程中决策的影响、创新设计空间、设计知识三者之间的关系曲线如图 3-8 所示。显然，概念设计阶段的设计自由度和创新设计空间是最大的，是产品设计过程中最富有创新潜力的阶段。

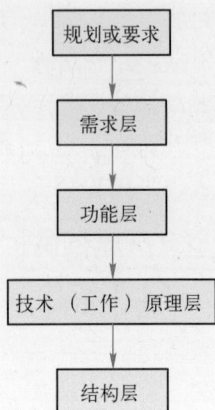

图 3-7 ▎概念设计过程模型示意图[24]

概念设计阶段的创新设计活动可以在产品设计过程中的多个层次上进行，具体表现为：功能层次创新、原理层次创新、结构层次创新等方面。例如，变异功能结构；选用不同的工作原理；改进或替换功能载体的结构特征或形状特征；甚至是更新整个设计理念。这些创新设计活动都属于概念设计范畴[21]。

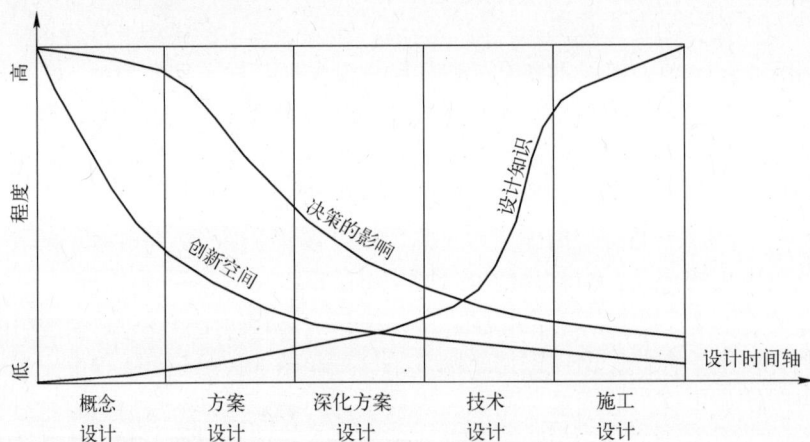

图 3-8 ▎创新空间、设计知识、决策的影响三者关系示意图

1）功能层次创新[21]

功能设计是将需求分析的结果抽象为功能目标，即确定产品功能。当产品功能确定之后，可以通过功能结构（功能系统）描述产品功能的分解与综合情况。因此，概念设计阶段功能层次上的创新，可以通过变异功能分解及综合方式，即通过变异功能结构实现产品创新。

产品概念设计初期，进行功能分解与综合、拟定功能结构时，选用不同的功能元、采用不同的功能分解形式及综合方式，就会形成不同的功能结构，实现产品的创新[25]。

功能层次的创新，主要依靠设计者具备的学科领域知识、设计经验和创造性抽象思维能力。

2）原理层次创新[21]

产品功能结构（功能系统）确定之后，变异功能结构中的功能元的原理解，即可实现产品在原理层次上的创新。如果产品总功能的功能结构中含有两个以上功能元，则总功能原理方案的创新，可以通过形态学矩阵中不同行元素的组合实现。

由此可见，同一种功能设计结果，运用不同的原理方案，设计结果也会存在较大差异。

新型原理解的发明创造与各个学科领域的研究成果及发展情况密切相关，也与设计者的经验及其掌握知识的深度和广度有较大的关联性。

3）结构层次创新[21]

概念设计过程中的结构层次创新，是从实现原理方案的功能载体结构特征出发，在结构化设计阶段，通过变异产品中各类功能载体的结构特征，改变功能载体之间的功能联结，例如，置换功能载体，改变功能载体之间的相对位置，变异功能载体的形状特征、尺寸大小，等等，实现产品结构层次的创新。

产品结构层次的创新与变形设计非常相似，结构层次创新、形状变异的操作机制，与模块化设计中特征模型的特征操作机制、变量模型的变量操作机制类似。

功能层次的创新要求设计者具有较好的抽象思维能力；原理层次的创新要求设计者具有丰富的科学领域知识，了解不同学科的研究成果和发展动态；而结构层次的创新则要求设计者具有丰富的结构设计经验、良好的形象思维能力和艺术鉴赏能力，同时还需掌握产品使用对象的心理特征。

产品概念设计阶段各个层次的创新，存在一定的相对独立性，同时各个层次的创新也会相互影响、相互制约，仍以手表设计为例，采用机械原理实现功能"显示时间"，手表的内部结构一定是机械传动系统，通常是由若干个齿轮构成的齿轮轮系；如果采用石英振荡原理实现功能"显示时间"，手表的内部结构则是带有石英震荡器的电子线路板。由此可见，采用不同的"显示时间"原理方案，手表的内部结构也就会不同。

3. 创新的机制

创新机制可以概括为技术推动机制和需求牵引机制两种类型[21]。

技术推动机制是通过科学或技术发现，实现技术创新，在新技术的指导下开发新产品。在技术推动机制作用下，产品创新是由技术发展的推动作用而产生[21]。

需求牵引机制则是根据需求构思新产品，经过新产品的研制、开发，最终满足市场需求。需求牵引机制中，产品创新源于市场需求和对产品的技术需要[21]。

在技术推动型机制中，科学技术的重大突破或新的技术成果是创新的原动力，是驱使技术创新活动得以产生和发展的根本原因。而需求牵引型机制中，技术创新活动以市场需求为出发点，明确产品技术的研究方向，通过技术创新活动创造出满足市场需求的产品[21]。

产品创新动力，实质上是技术推动和需求牵引共同作用的结果，技术推动型创新与需求牵引型创新交互作用的结果是不断形成新产品。技术发展创造出新产品，将潜在的市场需求激发为现实的市场需求，同时又会刺激需求目标的提高，形成新的潜在需求，再次引起人们对技术的追求。技术发展一旦形成体系，就会推动自身向前发展，其本身就具有前瞻性和创新性。另外，技术的发展可能超出需求的想象力，从而以全新的方式创新产品，提供新需求并满足新需求[21]。

考察人类物质文明发展史，可以发现，大部分工具和器械的发展都经历了漫长的时间，有些甚至经过许多世纪的渐进演变，才进化成现在的形式和式样。多数器具随着时间推移逐渐发生变化，每一次变化都是为了满足用户的需求，或者是为了使器具得到某种新的性能。

世界工业文明的发展史实际上就是一部技术创新与完善的历史[21]。

舰船及其武器装备的发展和演变的历史，充分体现了技术推动与需求牵引之间的相互作用，以及技术创新和不断完善的过程。

舰船是一座反映其所处时代科学技术成就的复杂的水中建筑物。船舶不仅是人类进行航运、开发渔业和海底矿藏等水中资源的有力工具，而且它从诞生之日起，便与战争结下了不解之缘，被运用于军事目的，从木帆战船到铁甲炮舰、导弹核舰艇，无不凭借其特性，在古今中外的历代战争中取得了赫赫战果。

船舶产生的历史，几乎同人类的历史一样久远。据记载，早在公元前 2000—公元前 600年，叙利亚沿岸的腓基尼人（称海上民族）就有了较先进的船舶，他们模仿鱼和水中哺乳动物来建造船的形状，用划桨和风帆驱动，并且知道商船与战船应该有不同的船型，因此腓基尼人凭借舰船的优势横行地中海与非洲沿岸，开拓殖民地和进行掠夺性贸易。公元前800—公元前 600 年造船技术传入希腊，后于公元前 500 年左右在萨拉米海战中打败波斯，控制地中海。1588 年英国在海战中击败西班牙，1756 年和 1805 年又两次在海战中击败法国，确立了大西洋霸主的地位。

在美洲，1898 年美国击败西班牙取得加勒比海的控制权。

在波罗地海，1700 年彼得大帝全歼瑞典舰队成为波罗的海的霸主，17—18 世纪沙俄凭借舰船的优势将势力范围从黑海扩至爱琴海。

在东方，15 世纪中国明朝时代，郑和曾率船队先后七次下西洋，创下了航海史上的壮举。1624 年海军强国荷兰占领我台湾，1662 年郑成功率战船 350 艘收复了台湾。

18 世纪沙俄横行鄂霍次克海，继而称雄于北太平洋。

纵观以上所述的战争，大都是利用了先进技术的战船而获胜并控制了海洋。16 世纪以前的战船在首部装有撞角，用来冲击敌舰，在高高的艏楼和艉楼上设有弓箭和石块，并进行面对面的格斗。16 世纪中叶，火炮技术获得充分发展，火炮开始装备在战船上，作战时，战船首先用火炮攻击敌舰，待将敌舰摧毁或重创后再靠近敌舰。到 1850 年，已可造 5000t 的木质战列舰，舰上装有 120 门火炮，并可在海洋上做长途安全航行。

在近代，19 世纪 80 年代由英国和爱尔兰人相继进行了鱼雷武器和鱼雷潜艇的研究，很快就变为各国海军的重要武器，如第一次世界大战中德国所显示的那样。继而，在水面舰艇上也装备了鱼雷，后来还特别发展了速度高、目标小、机动灵活的鱼雷快艇。

第二次世界大战前后，科技的发展使得航空母舰已成为当时的主力舰，它所携带的飞机能投放炸弹和鱼雷，其威力远比战列舰上的火炮大得多。在这期间，装有小口径速射炮的驱逐舰、装有各种类型新武器的巡洋舰都被大量建造。

第二次世界大战后，由于科学的进步和技术的创新使舰船进入到现代发展阶段，用核动力、新型武器（特别是舰舰导弹和舰空导弹）、信息技术、隐身技术、电磁对抗技术、高新设备和材料……等装备起来的各种舰艇，都竞相发展、日新月异，出现了前所未有的发展势头。在军备竞赛期间和近代的马岛战争、印巴战争、中东战争、海湾战争、科索沃战争、阿富汗战争以及美国对伊拉克的战争，都投入了大量的用先进技术和武器装备设计建造的舰船。

电子战装备在海军舰船的迅速发展与广泛应用，也是技术推动和需求牵引共同作用的典型实例。过去，虽然电子战兵器作为一种作战手段，已经存在于海军舰船多年，然而，许多国家海军偏重使用重武器和硬武器，而对电子战兵器这种软武器持有一定的怀疑态度，电子战兵器的重要性在当时尚未完全为人们所认识，由于电子对抗兵器主要用于对敌方电子设施进行干扰、欺骗等，如果没有一场实战，就很难证明它的有效性。自从1973年10月中东战争，埃及、以色列海军进行了一场导弹艇对抗战以后，实战充分显示了电子战的巨大威力。其后，许多国家海军开始认识到当前和未来的军事威胁程度，逐渐重视采用电子战兵器来加强舰船的电子侦察和对抗能力，一方面努力发展电子战技术水平与装备能力，另一方面，电子战在海军舰船上也逐渐占据了比较重要的地位。

舰船及其武器装备的发展和演变的历史，反映了军事需求是推进海军舰船产品不断创新的根源，同时也体现出人类科学技术创新的进程和发展也极大地推动了海军舰船突飞猛进的蓬勃发展。

4. 基于知识管理的创新机制[26],[27]

随着知识经济的迅猛发展，驱逐舰研制创新已经从依赖数据、信息和仪器转向各种智力资本的开发、积累和应用，以及各种知识的不断流动、转换与交融。知识的产生、创造和应用是一个进化的复杂过程，它贯穿于驱逐舰研制各阶段创新的始终，忽视对各种形态的技术知识的了解和管理，必然会影响其创新成效。

1）创新过程与知识管理

创新过程是一个流程和系统相结合的过程，图3-9给出了复杂产品系统创新过程模型。

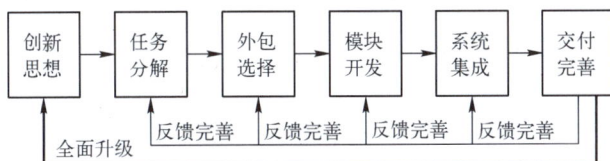

图 3-9 复杂产品系统创新的过程模型[26]

根据图3-9所示模型，产品设计师在获得复杂产品任务之后，根据前期提出的整体解决方案，分析整个系统框架以及功能需求，划分若干模块，然后评估和选择外包供应商，接下来由各模块组织研发团队进行研制，模块完成之后的系统集成是复杂产品系统创新的独特阶段，需要协调调试各个模块。产品交付之后，是长时间的跟踪完善过程。

每一阶段都依赖对知识的需求，其过程实质上是一种知识流，包括知识的产生、开发、转移和应用，体现了跨学科知识的融合与集成。将知识管理引入复杂产品系统创新过程中，使知识管理与跨组织的业务流程相结合，可优化创新流程效率。

关于复杂产品系统创新六阶段的主要内容、主要目的、对知识以及知识管理实践的需求，见表3-6。

表 3-6 创新六阶段对知识以及知识管理实践的需求[26]

创新阶段	创新思想	任务分解	外包选择	模块开发	系统集成	交付完善
主要内容	用户需求信息搜寻；技术引导；系统功能性描述	系统框架分析；划分模块	分包商的全面选择和评价	内嵌式开发、协调控制；创新活动全面开展	模块对接、辅助协调；模块集成、仿真联调、技术融合	实际调试、用户培训、系统升级完善；技术应用，最终验收和反馈

创新阶段	创新思想	任务分解	外包选择	模块开发	系统集成	交付完善
主要目标	创新思想形成；需求初步定义	模块划分；各模块间协调机制的确定	分包合同的形成	各模块的研发活动的完成	集成后的整个系统正常运转	圆满交付、做好跟踪服务
知识需求	发现现实或潜在的市场需求、最新技术	了解各模块的关键技术、信息、接口技术、运行原理	准确预测、合理评价、选择的技能	前沿科学知识、技术知识、生产技能、接口程序	集成开发商学习关键性技术、用户对系统的审核反馈知识	用户的学习能力、持续升级系统/产品的技术能力
有关知识管理实践的需求	知识储备；多方沟通；主动学习；政府的激励	团队内部进行正式沟通；与用户单位的沟通	搜集及判断分包商的相关信息（技术能力、经营能力、信用），建立资料库	建立项目式组织有利于知识利用、共享合作；组建专门的信息系统；过程监控和及时的反馈	跨组织的沟通、知识的转移；推行相互合作和知识共享的文化；搭建完善的集成仿真平台支撑创新过程	知识扩散、传播、沉淀；跟踪学习新知识；培养知识型员工，营造良好的员工学习氛围；建立用户资料库

表 3-6 反映了六阶段都涉及跨组织的协作和知识的交流，但每一阶段对知识及知识管理需求的侧重点有所不同：

（1）在创新思想阶段，主要是原有知识储备和新知识在起作用，建立在这些知识的基础上，集成开发商才能快速识别机会，将用户模糊的需求形成清晰的技术需求概念。

（2）任务分解阶段的前提是集成开发商要对各模块的关键技术、信息、接口技术、运行原理有所了解；大多数复杂产品系统是根据系统功能进行划分模块，需要与用户单位的沟通，各模块间协调机制的确定需要团队各模块成员之间的沟通。

（3）由于模块本身的复杂性以及贯串在整个研发过程中的不确定性，使得对分包商的选择要异常的谨慎，需要对其进行全面估计，因此，这一阶段对集成商的准确预测、合理评价及选择分包商的技能要求较高；另外，还要搜集及判断分包商的相关信息，建立相应的资料库。

（4）在模块开发阶段，各模块研发团队需掌握前沿科学知识、技术知识、生产技能及接口程序来完成自己的任务，并组建专门的信息系统以监控研发过程和及时反馈出现的问题；各模块之间协调以及与用户之间的协调工作是十分重要的。

（5）系统集成过程中出现的一些新问题会涉及到各模块间的协调运作，需要联合调试来解决，这就需要跨组织的沟通，推行相互合作和知识共享的文化；集成开发商必须逐渐掌握关键性技术，以体现对整个复杂产品系统的控制主导作用。

（6）交付完善阶段的关键是技术的交接和转移，需要营造良好的员工学习氛围，使用户很快掌握操作和维护技能；在交付之后，集成开发商仍需长期跟踪，不断学习新知识以升级完善系统。

2）基于知识管理的复杂产品系统创新机制构成及相互作用模式

通过将知识管理导入复杂产品系统创新过程的剖析，基于知识管理的复杂产品系统创新机制大体分为学习机制、组织机制、技术机制三大部分，它们共同形成了复杂产品系统创新机制的主体框架，通过发挥自身的作用，共同促进创新活动的开展。它们之间的关系用图 3-10 来表示。

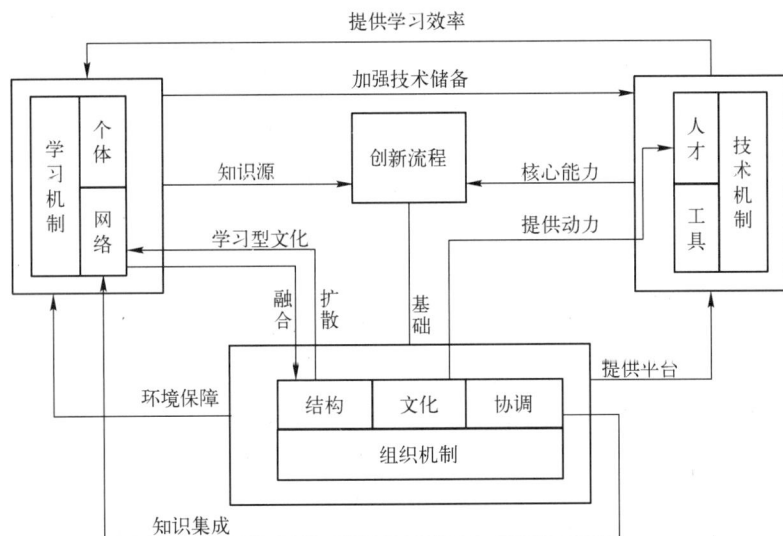

图 3-10 基于知识管理的复杂产品系统创新机制模型[26]

三个机制的作用是不一样的，每个机制的要素也在其中起作用。组织机制包含组织结构、组织文化、组织协调三个要素，项目制组织形式是复杂产品系统创新的支撑，各种创新活动在积极创造、鼓励的文化氛围及网络成员间的协调、沟通、合作中展开，这样才能集成网络中各领域的技术，实现信息、知识和物质资源的共享，鼓励团队成员提高创新技能。知识型团队成员的培养、关键技术的掌握、设备系统的完善等构成的技术机制是复杂产品系统创新的核心能力。学习机制不但直接为创新提供知识源，同时也是丰富技术储备、提高人才技能、熟练操作技术工具的过程。反过来，团队成员技能水平和对技术工具的熟练程度，也会影响个体和网络的学习效率。

（1）学习机制。复杂产品系统创新过程中面临着产品复杂性、技术复杂性和过程复杂性的特点，使各实体之间相互依赖程度越来越高，这就要求组织之间彼此能充分沟通，也就要求组织通过互动学习提高自身能力，消除技术创新复杂性带来的合作障碍。

建立这种有效的创新学习机制（见图 3-11），由于复杂产品系统的创新是由市场和技术共同驱动，组织基于自身的技术（知识）储备，调查分析其经营环境，识别发现某些特殊客户的需求或预测新技术带来的社会效益。通过对市场需求的识别初步形成创新的概念构想，比较组织既有的技术基础，就能不断地发现知识缺口，继而进行技术（知识）获取。有效的技术获取方法能够降低技术开发成本、降低市场进入壁垒、分散风险、缩短开发时间等。知识获取的过程需要一系列的流程来支持：制定策略—组织人员—技术监督—技术评估—协商—技术合作。获取的知识有机地整合成与项目相关的系统知识，然后通过知识转化的过程，实现组织知识和个人知识的转化，隐性知识和显性知识的转化，从而实现知识的积累和创新。通过知识的应用，将知识、信息、技术、物质转化为用户满意的复杂产品系统。复杂产品系统生产是独一无二的，因此很少有惯例性的学习，尽管如此，知识的利用并不是学习过程的终结，因为在复杂产品系统开发准备和实施过程当中有很多相同和类似的环节，如产品和系统的设计、合作伙伴的选择、各种资源的有效整合等，这些经验都可作为这个网络组织的知识沉淀，从而提高组织的知识存量和复杂产品系统的开发能力。整个形成一个不断循环、不断积累的过程。

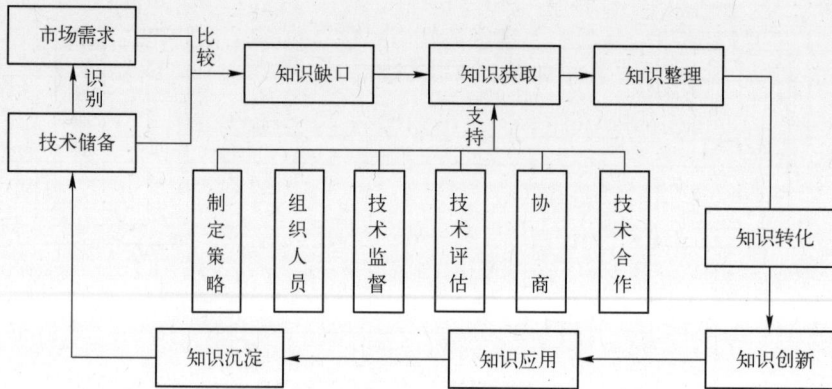

图 3-11 ▎基于知识管理的复杂产品系统创新学习机制[26]

（2）组织机制。系统集成商从创新网络中获得知识，并将获得的新知识融合到项目开发过程中，同时还将项目开发过程中产生的知识扩散到创新网络中，以实现用户要求的功能，完成复杂产品系统的研制（参考图 3-11）。因此，建立有效的组织机制是复杂产品系统创新的基石。

下面从组织形式、组织文化、组织协调三方面来探讨复杂产品系统创新的组织机制。

① 考虑到复杂产品系统的项目通常是由跨组织的多职能项目小组承担，项目制组织是适合于复杂产品系统创新的组织形式。所谓项目制组织，是指以项目作为组织生产、创新和竞争活动的基本单元的组织形式。项目制组织能够灵活地配置各种资源，方便完成与外界的技术沟通与交流，随时根据新知识的出现、相关技术的变化、政府政策的要求和客户反馈意见调整产品的设计和生产。基于项目制组织的集中性和灵活性，可以获得满足资源分配需要、设计最优化、保证质量、信息沟通及时、应对偶发事件的经济性。

② 项目文化的多元化是复杂产品系统跨组织合作创新的主要障碍，由于不同组织参与项目的目标不同，导致了团队成员的核心价值观不同、组织凝聚力不强、团结性差等现象。除了核心组织文化对项目文化产生主要影响外，其他参与项目的组织文化也会对项目文化产生很大的影响。因此，需要营造一个便于交流的开放环境：培养团体成员的风险意识，激励学习和创新，反对机械和守旧，鼓励团队成员交流知识和贡献知识。科学的激励制度对营造组织的竞争环境、促进组织的健康发展、提高组织的竞争力有着不可低估的作用。

③ 复杂产品系统创新最终成败与否取决于各模块之间协调以及与客户之间的协调工作。各个项目小组在开发自己模块的同时，必须兼顾到其他模块的研发情况，在组织网络建立的同时，由各成员企业的高级管理人员组成联盟管理委员会，负责合作各方的协调工作，有两种协调方式：一是由复杂产品系统的集成开发商定期根据需要与供应商以及最终用户集中到一起召开技术联络会议；二是客户派出技术人员分别参与到一些模块的实际开发过程中。实际上，对于最终用户而言，与供应商之间的直接对话、直接参与研制是与普通产品创新的重要区别。

（3）技术机制。技术被看作是一种特殊的知识或知识的一种形式，复杂产品系统的特征之一是多技术系统，在各个模块内嵌各种技术，还需要大量跨领域的技术人才。下面从人才和技术工具两方面入手研究技术机制。

① Rothwell 将"创新中的关键人物的出现，有效的产品创导者和技术守门人"列为产品创新成功相关的一个方面。由于复杂产品系统具有知识密集性，要求具有知识管理概念和能力的人才队伍，并且掌握一定的技术。项目经理担任项目系统性管理的重任，以及向高级管理层和项目干系人汇报重要的项目信息，他需要掌握整个项目的概念，起到沟通、协调促进技术交流和反馈的作用。集成开发商也是很重要的角色，他们需要了解各模块的关键技术、信息、接口技术、运行原理。技术人员要有精湛的技术和专业知识，这是系统成功开发的关键。在复杂产品系统订单的获取过程中，需要技术专家综合以往技术知识和经验，展望复杂产品系统所涉及到的主导技术，提出整个系统的初步构架和解决方案。进行系统分析和系统测试时，会出现许多意料之外的技术问题和协调问题，这时有必要加大高级技术人员和管理人员的参与度。因此，应当建立有效的机制引进人才、稳定研制队伍、培养各级成员的技术能力和创新能力。

② 软硬件技术基础设施构成了复杂产品系统创新的基础条件和硬件支撑，而技术工具使用的便利性和有效性，则可以大大提高团队成员的工作效率。复杂产品系统创新过程中涉及的基础技术工具通常包括产品开发过程中的支持系统、不同职能部门间的通信系统、创新分析及管理工具、CLS、CAD、模拟系统、文档管理系统、数据挖掘技术、搜索引擎、专家系统以及群件技术等。随着信息知识的发展，跨国界的项目成员能够突破空间限制，以"虚拟团队"的形式共同开发复杂产品系统。因此，以知识管理为基础的复杂产品系统创新机制的建立特别需要信息技术工具的支持。

3.2.3　创新思维

"创新思维又称变革思维，是探索未知事物，并反映其本质和内在、外在有机联系，具有新奇广义模式的一种可以物化的高级复杂思维活动，是一种有自身特点和创见性思维，体现想象和现实的有机结合、思维扩散和思维集中的辩证统一、抽象思维和灵感思维的对立统一。"创新思维是一种人类高度发达的思维形式，着眼于针对需要解决的问题提出独立见解和构想，最终实现富有新意、实用价值的产品或服务过程。创新思维是一切创新活动的源泉，也是创新主体需要具备的重要素质。一般认为创新思维主要表现为逻辑思维和非逻辑思维。"逻辑思维又称抽象思维，是认识过程中用反映事物自身属性和事物间共性的概念作为基本思维形式，并对其概念进行判断、推理、反映现实的一种思维方式；非逻辑思维主要指联想、形象思维、灵感和顿悟等多种方式[28]。"

创新思维是抽象、形象、直觉、灵感、联想、发散、收敛、分解、合并、逆向、横纵向、对比等多种思维形式的综合体，是情感、意志、动机、理想、个性等智力与非智力因素的统一体，是人类认识世界、改造世界过程中感性与理性辩证统一体，以其广阔的思维内容、独特的思维结构、多维的思维角度及突破的思维过程等特征向传统的思维方式提出挑战，显示其活力与魅力[28]。

1. 创新思维的特点[4]

创新也就是创造，一般情况下，创新是从已有认识的基础上向未知的拓展，由此获得的新思想，只要对本人是新的，便在思维上经历一个创造过程。

但是创新成果的社会认定，则必须通过确证属于"前所未有"的，学术成果和工程产品是否创新，都需通过查证，要求证实是否首先研究成功，否则不能算是创新成果。

创新思维最主要的特点，表现为思维对存在的能动性，应用创新思维的成果去影响世界。创新思维还表现在联想能力，使思维向多方向扩展，称为发散性思维。

创新思维有时会表现出飞跃的性质，通过直觉和想象得到科学技术的创新成果，想象力在创新中十分重要。爱因斯坦说过："想象力比知识更重要，因为知识是有限的，而想象力概况世界上的一切，推动着进步。"

创新思维有时会表现在综合思维上，包括智慧的融合能力，吸取前人科研成果的精华进行巧妙的结合得到新的成果，能把不同的概念和现象进行提炼得出新的概念，取得新的成果。

2. 创新思维的原理[4]

创新思维主要有以下几种基本原理。

1）发展原理

就是要打破旧的条条框框、建立新事物。例如，飞机的发明是打破"比空气重的不能飞起来"的传统结论而得到；又如自动包装机械是在手动的、半自动的基础上发展起来的；再如缝纫机是打破了手工缝纫方式——一枚针、一条线的缝纫，而采用一枚针、两条线的锁式线迹缝纫方式创造出来的。

2）发散原理

就是不局限于目前的解决问题办法，而是多方面去思考问题。例如，机械中的传动形式不能只局限于机械传动，还可以采用液压、气动、电动等传动型式；又如，以车代步，不要只看到目前常用的轮子滚动，还可以借鉴人的两脚步行、兽类的四脚行走、蛇类的游动行走、蚯蚓的伸缩行走等。思路一开阔，步行机械型式就大量涌现，很多问题就可以豁然开朗。

3）触发原理

就是采用多观察各种事物，获取各种信息，以此触发创新出新的产品。例如，美国工程师杜里埃创造汽化器，是从妻子喷洒香水的雾化现象得到启示；又如，人们通过鸟类的飞翔，触发创造出飞机。原来两个看来互不相关的事物，通过触发就联系在一起了，人们常说的"心有灵犀一点通"就是这个道理。

3. 创新思维的灵感[4]

灵感是创新思维中的一种奇特现象，灵感是一种人们自己无法控制、创造力高度发挥的突发性心理现象。人们在进行科学技术创新活动过程中以未经考虑和完全没有意料到的方式突然获得的异常强大的创新能力。灵感状态下产生的设计方案或科研成果具有高度的独创性，是不可模仿的。科技人员在灵感状态下思想情感的表达十分敏捷和有序，并伴随着高涨的亢奋情绪。

灵感绝不是不可捉摸的唯心现象，而是创新思维过程中奇特的唯物过程，我们必须正确的了解它、利用它，把创新活动推向高潮。灵感的产生是创新者对某个问题长期实践、经验积累和思考探索的结果，它是在某种现象启发下的现象，或者是在不经意的一瞬间使紧张思考的大脑得以放松时所产生的，灵感在人们科学研究和创新设计中，起着不可轻视的作用。

历史上如爱因斯坦、门捷列夫、达尔文、牛顿、爱迪生等世界著名的科学家、发明家，都曾遇到过"灵感"。灵感不是有意识的逻辑思维的直接后果，德国数学家高斯求证一条定理，花了几年时间没有解决，有一次，突然像闪电一样想出来了求证的方法，他说"我自己也说不清楚是什么导线把我原先的知识和使我成功的东西连接起来"。

从许多灵感出现的例子来看，灵感的产生有一些是偶然得到的外界信息的启发，有一些是当时人在做一件毫不相干的事情时得到启发，甚至有时是在梦中得到灵感。例如俄国科学家门捷列夫是在梦中绘出化学元素的周期表。由此看来，我们不能直接控制灵感的产生，也无法为灵感产生创造直接条件，但是采取一些有益的办法，可能会帮助产生灵感：

（1）有意识地探索问题解决方案，进行紧张的思考，使脑海充分激荡起来。

（2）用意志努力摒除各种妨碍创新的意识。

（3）充分联想，使人的各个"认识单元"的小球生长出便于与其他概念结合的触须，加大与其他小球组合的概率。

（4）如果经过意识的努力，艰苦地探索后仍然找不到问题的答案，只好将问题暂时搁置。在紧张后的放松中，产生障碍的意识随之松弛之后，在潜意识中得到问题的解答。

在舰船概念设计过程的前期构思中，一般难以用逻辑思维得到满意的结果，而设计师的灵感往往产生奇特的效果。从取得解决问题的思路的过程来看是一种突发现象，是依靠直觉和想象来实现的。但是，从概念设计全过程产生方案的具体步骤来看，演绎和逻辑推理的方法仍然在设计过程中占据着十分重要的地位，从这层意义上来说，概念设计要完全依赖设计灵感来实现是有相当难度的。因此，这里要特别强调的是，并非所有创新一定都要通过灵感的环节，不少设计经过有意识的思考就能找到合适的创新性解决方法，所以有意识地去创新是不可缺少的步骤。

4. 创新思维的模式[4]

创新思维的基本模式或基本活动方式主要有以下几种。

1）发散思维

又称扩散思维，它是以某种思考对象为中心，充分发挥已有知识和经验，通过联想、类比等思考方法，使思维向各个方向扩散开来，从而产生大量的构思，求得多种方法和获得不同的结果。例如，以一辆汽车为例，从发散思维进行思考，可以想到许多用途：客车、货车、救护车、消防车、洒水车、邮车、冷藏车、食品车等。

2）收敛思维

它是将尽可能多的方案，利用已有知识和经验进行思考，从中选出最佳方案。例如，某一机器中的动力传动，可能的方案有齿轮传动、蜗杆涡轮传动、带传动、链传动、液力传动等，在此基础上，利用收敛思维，根据具体条件和要求，进行分析判断，选出最佳方案。

3）侧向思维

它是利用其他领域的观点、知识、方法来解决问题。侧向思维要求设计人员知识面广，思维敏捷，能够将其他领域的信息与自己头脑中的问题联系起来。例如，从大蓟花籽上有很多小钩能粘在衣服上，发明了尼龙拉链。

4）逆向思维

它用反向去思考问题。例如，法拉第从电能生磁，想到了磁能不能产生电流，从而制造出第一台感应发电机。

5）理想思维

就是理想化思维，即思考问题时要简化，制订计划要突出，研究工作要精辟，结果要准确，这样就容易得到明确的创造性结果来。

5. 创新能力的开发[4]

1）确立创新的姿态

为了提高创新能力，首先要确立创新的姿态。概念设计面向的是未来的需求、探索的是未来的方向，需要设计师去从这些未来的需求中寻找可能的创新方法来形成创新产品，没有创新的欲望就不会有创新的行动，也就不会有创新的结果。有了创新的愿望，就会锐意进取、开拓创新，最终得到创新的成果。

转炉炼钢法的发明人贝塞尔曾经说过："比起许多研究同一问题的人来，我有一个极有利的条件，那就是我没有被长期既定的惯性形成固定观念的束缚，造成偏见，我也未受害于认为现存一切都是对的那种普遍的观念。"说明克服种种束缚，投身于创新是多么的重要。

2）具备广泛的知识

现代社会科技发展日新月异，"科技创造价值，设计成就未来"，科学技术成果在概念设计中的作用举足轻重。现代的创新需要多方面的综合知识，有人说过，没有综合化就不会产生伟大的文化和伟大的人物。从心理活动的规律来看，具有广泛兴趣的人往往能够保持较强的创新能力。爱因斯坦曾经自我分析说："我没有别的天赋，我只有强烈的好奇心。"

为了克服思路狭窄，最好扩大关心事物的范围。杨振宁教授曾给学生建议一种"渗透性学习方法"，认为知识是相互渗透和扩散的，知识的积累更是如此，他认为知识太专门化的学生不容易向科学技术中活跃的领域发展。

扩大知识面，首先需要有开拓思维的意愿，同时还应该养成良好的自学能力与习惯。

3）提高素质的训练

提高思维素质必须培养自己克服困难、坚忍不拔的毅力。概念设计是对未来产品的前瞻预测与可能性的探索，无论是所采用的技术，还是可能实现的功能，都只是设计师设想中的理想状态，并不一定有百分之百坚实的现实技术支持，故而本身可能具有很大的不确定性。一项创新成果的产生总是要遇到各种各样意想不到的障碍，没有坚持到底的决心，就会流于创新的表层，成效甚少。

创新是一种前瞻性的探索，这就意味着概念设计需要有敏锐的时代触角和嗅觉，能在平日里发现那一闪即过的关于未来的迹象与机会，因此，设计者要加强创新思维的训练，如进行发散性思维锻炼，发展联想能力，提高创新能力。平时可经常做"智力游戏""脑筋急转弯"等的活动提高创新能力。同时还可以对某一问题进行"举一反三"地提出解决办法。

同时，设计者也需要有清晰的认识，正确的主观性引导是完成优秀设计的前提因素，但是也决不能自以为是，不管合理与否都把自己的主观意愿强加于设计之上，要努力避免"为设计而设计"，勇于克服固执于不合理的设想、错误的观点，始终把握创新设计的正确方向。

4）掌握创新的技巧

创新技法目前大约有不下 300 多种，其中最常见的也有 10 多种，如智力激励法、列举法、设问法、联想法、类比法、组合法、形态分析法、物物分析法等。掌握一些别人行之有效的创新技法，可以有助于创新者开动脑筋，打开思路，提高创新效果。

3.2.4　创新法则[4]

创新法则是创造性方法的基础，主要的创新法则如下。

1. 综合法则

综合法则在创新中应用很广，先进技术成果的综合、多学科技术的综合、新技术与传统技术的综合、自然科学与社会科学的综合，都可能产生崭新的成果。例如，数控机床是机床的传统技术与电子计算机新技术的综合，人机工程学是自然科学与社会科学的综合。

2. 还原法则

又称抽象法则，它是研究已有事物的创造起点，抓住关键，将最主要的功能抽出来，集中研究实现该功能的手段或方法，以得到最优结果。如洗衣机的研制，就是抽象出"清洁""安全"主要功能和条件，模拟人手洗衣的过程，使洗涤剂和水加速流动，达到洗净的目的。

3. 对应法则

相似原则、仿形移植、模拟比较、类比联想等都属于对应法则。如，机械手是人手取物的模拟；木梳是人手梳头的仿形；用两栖动物类比，得到水陆两用坦克；由蝙蝠探测目标的方式，联想发明了雷达，等等，都是对应法则的应用。

4. 移植法则

它是把一个研究对象的概念、原理、方法等运用于另外研究对象并取得成果的法则，是一种简便有效的创造法则。它促进学科间的渗透、交叉、综合。例如，在机械化的机器中，移植了电子计算机技术、传感器技术，得到了崭新的机电一体化系统。

5. 离散法则

综合是创造，离散也是创造，将研究对象加以分离，同样可以创造发明多种性产品。例如，音响是扬声器与收录机整体分离的结果；脱水机是双缸洗衣机分离出来的。

6. 组合法则

将两种或两种以上技术、产品的一部分或全部进行适当的结合，形成新技术、新产品，这就是组合法则。例如，台灯上装钟表，压药片机上加压力测量和控制系统等。

7. 逆反法则

用打破习惯的思维方式，对已有的理论、科学技术、方法持怀疑态度，往往可以引出神奇的发明。例如，虹吸原理就是打破"水往低处流"的固定看法而产生的，多自由度差动抓斗是打破传统的单自由度抓斗思想方法而发明的。

8. 仿形法则

自然界各种生物的形态可以启示人类的创造。例如，模仿鱼类的形体来造船；仿鸟类形体建造飞机；仿贝壳建造餐厅、杂技厅、剧院，使结构轻便坚固；其他如鱼游机构、蛇行机构、爬行机构等都是生物仿形的仿生机械。

9. 群体法则

科学的发展，使创造发明越来越需要发挥群体智慧，集思广益，取长补短。群体法则就是发挥"群体大脑"的作用。

灵活运用各种创造法则，可以使我们在构思功能原理方案时，开阔思路，寻求创新的灵感。

因此，了解产品创新类型，掌握产品创新机制与法则，培养产品创新思维，学会产品创新技术与方法，科学制定产品的创新战略，才能将创新设想通过产品得以实现。

3.2.5 创新技法

随着技术创新日渐成为经济发展的主要驱动力，创新方法也日渐成为该领域研究的焦点。最早的创新方法可追溯到公元4世纪的启发法，目前已有300多种具体方法，典型创新方法包括启发法、头脑风暴法、TRIZ等，具体见表3-7[29]。

表 3-7 典型创新方法[29]

技术创新阶段	主要创新方法	创新方法特性和视角
远古研究阶段（4世纪初至19世纪末）	启发法	基于已有经验
	头脑风暴法	智力交流和激励
	形态分析法	组合原理
近代研究阶段（20世纪初至20世纪50年代）	综摄法	两大原则、四大技巧，类比原理
	"5W2H"分析法	设问分析
	奥斯本检核表法	设问、筛选，避免遗漏
	TRIZ	采用组合、分解等方法解决矛盾
	属性列举法	将物品或事物分为名词、动词、形容词，进行特征变换与构想
	假说检定NM法	通过联想、逆向思维、类比、组合等方法解决矛盾
现代研究阶段（20世纪60年代至今）	信息交合法	组合原理
	六顶思考帽法	变化思维角色
	公理化设计	独立性公理和信息公理指导
	SIT创新法	局部优化与替代

然而，随着基础科学研究和科学技术的迅猛发展，新兴学科和交叉性学科不断涌现，创新理论研究被打下了新烙印。上述方法虽然从不同视角引导并启发了技术创新问题解决思路，但借助传统创新方法构建技术创新进化路径已逐渐显现出时代、领域及专业局限性，亟需更为系统、呈现时代特征的技术创新方法来指导技术进化路径构建[29]。

1. 多维创新要素与创新法则[29]

多维创新要素与创新法则包含九大创新维度及九种创新法则，其中每个维度均可细分为若干子要素；同理，每种创新法则均可细分为若干子原理。将上述子要素与子原理进行耦合可构建完整的创新路径，这种创新方法具有多维空间、直观、多样兼具普适性、动态性与开放性等特点。具体如图3-12所示。

1）九大创新维度

通过总结多领域创新活动发现，创新可视为一项涉及多种创新要素和创新方法的复杂系统工程，随创新要素、结构、系统、环境、边界条件、时间-空间参数等的变化而变化，同时又不断生成新的模式，转化为新的形态，其本质是一个要素集成、网络建构和结构化过程。

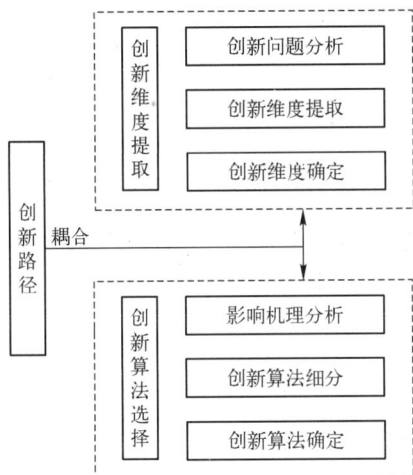

图 3-12 ▌创新过程[29]

因此，为深入揭示创新活动本质、形态、演化过程、机制、特征及其规律，阐明多种现象间的内在联系，采用统计分析方法搜集、整理、提取技术创新领域相关产品创新要素，并将 TRIZ 创新理论中 39 个工程参数进行聚类分析，结合现代电子信息技术、新能源技术、化工技术及生物技术等新兴产业相关技术创新中涉及的创新要素，总结出九大创新维度，几乎可以覆盖所有产品的创新发明问题，具体内容如下（图 3-13）：

（1）空间维：是指在空间方面的表象与特征，包括方向、位置、形状、体积等。

（2）环境维：是指作业、动作、构筑物、生活、生化反应、物体运动、采掘物赋存与改变的环境参数，包括光照、湿度、压力、温度等。

（3）结构维：是指零件、部件、设备、设施之间的联系方式，包括连接关系、空间关系等。

（4）功能维：是指事物或方法所发挥的有利作用、效能的总称，包括运动、产生效能、作业方式与人工智能等子要素。

（5）机理维：是指为实现某一特定功能，在一定系统结构中各要素内在工作方式以及各要素在一定机制下相互联系、相互作用的运行规则和原理，机理包括形成要素及其相互关系两个方面，而根据机理运行规则和原理，包括实现功能的原始物理理论、化学理论和生物理论等基本原理。

（6）材料维：是指材料构成、特性、相态、形状。

（7）动力体系维：是指包括机器或产品能量从动力源出发，到流动方式、传递过程、储存方式以及中介物与媒介等过程所涉及的生产要素与方式。

（8）时序维：是指与时间先后顺序相关的流程，包括作业先后顺序、工艺顺序、时间顺序等。

（9）人机关系维：机是指广义的机，包括人工作的对象、工具和环境，人机关系指是人与工作对象、工具、环境的互动关系。

2）九种创新算法

创新算法是解决创新问题的具体方法，其来源于对创新过程中不同表现形式的总结。具体如下：以现有知识和物质探索构成系统的机体结构、功能和相互关系以及内在技能和运行机理、方式，聚类分析 TRIZ 创新理论中 40 个发明原理和 76 个标准解，结合检核表法、系统化创新方法（Systematic Inventive Thinking，SIT）、形态方格法等创新理论，探索多领域创新活动中的不同表现形式，同时结合产品创新、工程创新过程中创新要素的内在变化规律，整理与剖析多领域科技创新成果、发明专利和经验技巧，深度挖掘形成的九种创新算法机制。依次为：

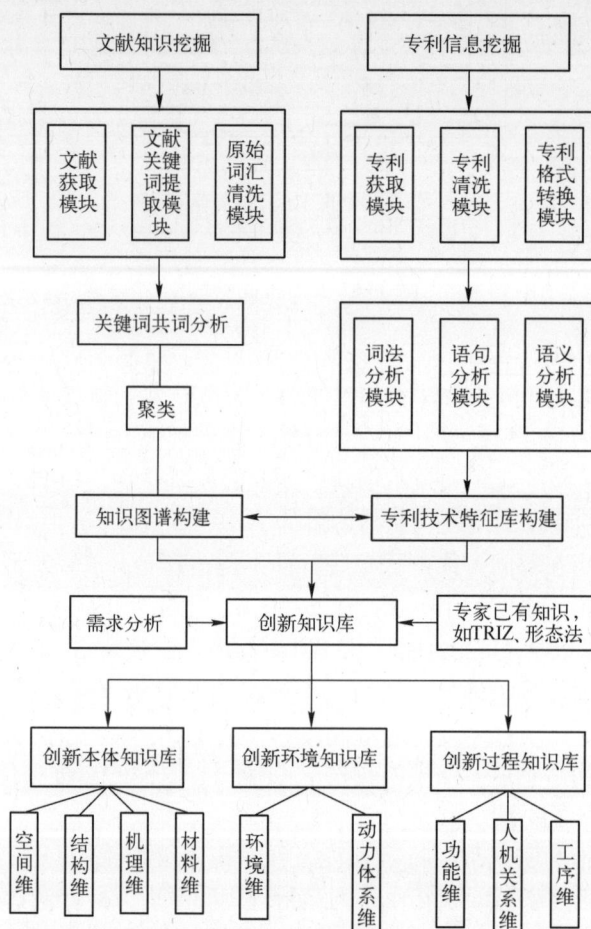

图 3-13 ▍九大创新要素部分提取过程[29]

（1）分解与去除：从构成产品或系统组件（不可再分的最小单元）入手，按层级将产品或系统分解为不可再分的最小单元，通过去除、拆除、分割、分离等方式移除冗余组件或有害组件，达到精简产品或系统的目的。

（2）局部优化：是指按产品与系统组件或维度要素非质变量化与非量化调整及优化，此处局部优化重点强调优化与调整、非本质化改变与变化，具体是指以上述维度及二级子要素为研究对象，通过参数调整、性能改善或其他优化技术方法，使产品或系统局部达到最优解状态。

（3）组合与集成：组合是指同种性能或不同种性能要素或要素个体结合成整体，集成是指一些孤立要素或元素通过某种方式改变原有分散状态集中在一起并产生联系，从而构成一个相互联系、有机结合的整体，同时也是统筹利用外部环境、内部关系的集合。其不仅包括维度要素的重新集合，还包括要素与其他方法耦合后的集合以及要素集成后新功能的挖掘。

（4）替代：是指创新要素的更换与代替。

（5）动态化：赋予创新要素随时间、空间、环境、条件而变化的能力，使系统产生非稳定、周期、连续有益等状态，从而达到某种状态下的最优。

（6）自服务：通过改变系统部件的关系（相对位置、体积、质量、作用方式等），或者通过增添部件与否等措施，利用系统本身废弃的能量、材料等要素，通过产品或系统内部自我调节与优化，达到自我服务、自我保护、自我维护、均衡运行等性能改善的目的，尽可能减少系统对除本系统之外的其他系统的依赖作用，其是理想系统的一个重要组成部分。

（7）友好化：改变维度要素与环境的作用关系，协调人—机—环境之间的交互关系，通过对人类肌体生理特征、认知特征、行为特征、人体适应特殊环境的能力与极限等属性特征的了解，使得产品或系统中涉及的创新要素利用资源最少，环境损害程度最小，实现变害为利、综合利用、共生等人–机–环协调友好的目的。

（8）柔性化：将外形、壳体、功能、相态、作用、速度、位置等要素平和化。

（9）智慧化：是指由现代通信与信息技术、计算机网络技术、行业技术、智能控制技术汇集而成的针对某一方面的具体应用。

针对发明问题不同，大至行业领域，小至发明创造，可采用不同创新维度和创新法则耦合形成多种创新路径，构建某一行业领域完整、系统的创新方案，并将其用于创新实践。同时，可对现有的创新方案进行评价与优化，择优选择并实施专利布局、专利导航、专利围剿与专利对抗，为技术创新指明方向。

3）九维九法与多种创新方法的关系

如图3–14所示，多维创新要素与创新法则基本涵盖了传统创新方法涉及到的创新维度和方法，且经过维法耦合后覆盖面更广。因此，结合多维创新要素与创新法则构建技术进化路径，可在有效融合传统技术创新方法优势的同时实现技术创新路径的优化，使得技术进化路径具备更强的科学性、普适性与较小的时代局限性。基于此，基于多维创新要素与创新法则的技术进化路径，可为多领域技术创新提供理论基础。

在技术进化路径研究综述分析并阐述多维创新要素和创新法则原理的基础上，可将多维创新要素与创新法则融入技术进化路径构建中，构建一种基于多维创新要素与创新法则的技术进化路径，如图3–15所示。

通过对问题进行分析以揭示问题本质，进而采用创新方法，可从根本上解决技术创新问题。该阶段可采用九维引导方法，通过九维概念使工程技术人员理清技术创新问题可能涉及的物质和资源，以有效帮助工程技术人员快速准确甄别问题的本质。

2. 形态综合方法[10]

1）基本概念

形态综合法，是一种系统搜索的方法。它的思维方式属于"穷尽法"。形态综合法是系统地对多种因素可能的排列组合进行搜寻，找出一切可能存在的方案，以免丢失有潜力的方案。

图 3-14 所示内容：

检核表法
SIT
TRIZ ✿分解与去除
信息交合法

TRIZ ✿局部优化

形态法
检核表法
SIT
TRIZ ✿组合与集成
信息交合法
假说检定NM法

形态法
检核表法 ✿替代
TRIZ

TRIZ ✿动态化

SIT
TRIZ ✿自服务

SIT
TRIZ ✿友好化

TRIZ ✿柔性化

形态法
SIT ✿智慧化

创新路径

九种创新算法 ⟷ 九大创新维度

耦合

空间维 ✿假说检定NM法

环境维

结构维 ✿公理化设计
✿形态法

功能维 ✿公理化设计
✿检核表法
✿形态法
✿属性列举法

机理维 ✿属性列举法

材料维 ✿属性列举法
✿形态法

动力体系维

工序维 ✿属性列举法
✿公理化设计
✿假说检定NM法

人机关系维 ✿公理化设计

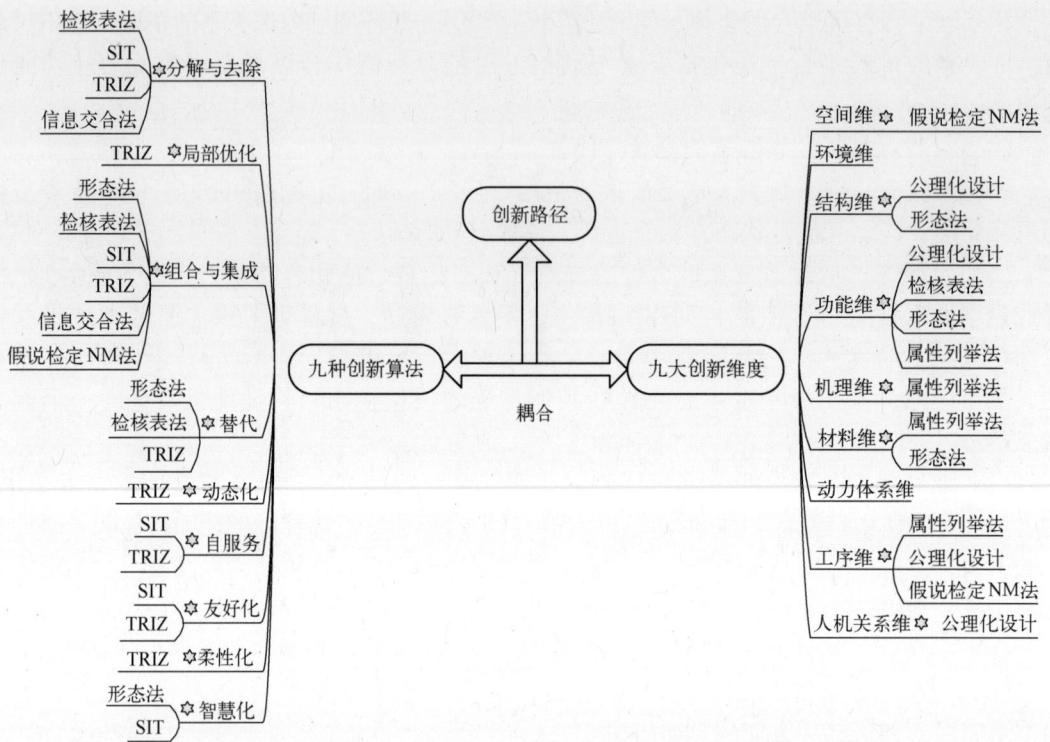

图 3-14 ▍九维九法与多种创新方法关系[29]

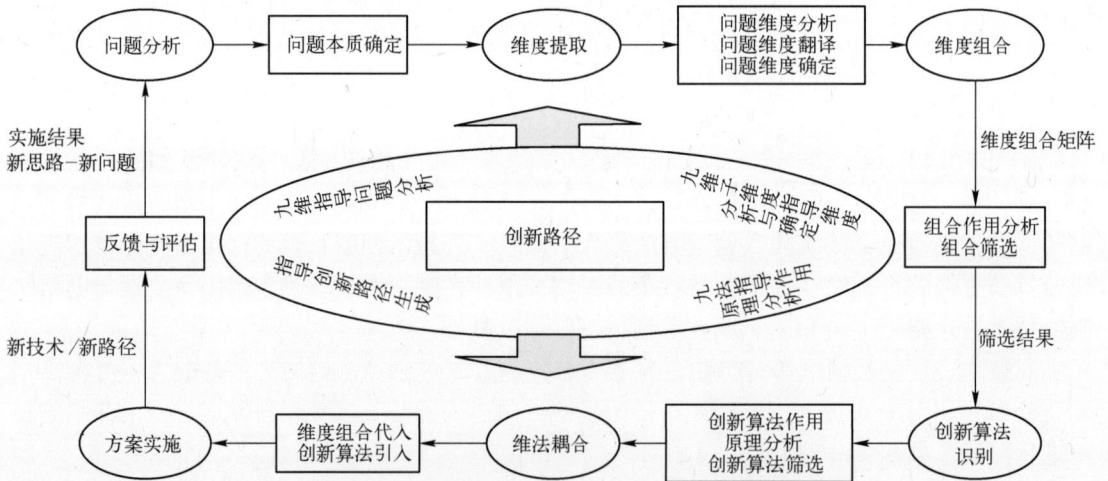

图 3-15 所示内容：

问题分析 → 问题本质确定 → 维度提取 → 问题维度分析/问题维度翻译/问题维度确定 → 维度组合

实施结果
新思路-新问题

反馈与评估

新技术/新路径

方案实施 ← 维度组合代入/创新算法引入 ← 维法耦合 ← 创新算法作用原理分析/创新算法筛选 ← 创新算法识别

创新路径

九维指导问题分析
九维分子维度与指导确定维度
九法原理指导分析作用
指导创新路径生成

维度组合矩阵

组合作用分析/组合筛选

筛选结果

图 3-15 ▍基于多维创新要素与创新法则的技术进化路径[29]

　　形态综合法的要点是将系统分成若干部分，对每个部分先寻求其可能的解法，然后对它们的各种组合一一加以考虑，并得出各种可能的方案。

　　如果产品分成的部分数量较多，而且每个部分又有很多的解法，那么它的组合方案数量会过于巨大，造成"方案爆炸"。为了便于评价、决策，需要限制每个部分解法数量，使方案数不要太多。为便于选择综合最优方案，一般应按好坏程度进行方案排序，从较好的若干方案中加以选择。

形态综合法又称形态学矩阵法，它将产品的各部分与其解法以矩阵形式列出，并用组合方法获得各种解决方案。

图 3-16 表示了形态综合法的求解过程。即将产品分解成若干子系统，通过寻求方法获得各子系统的解。再用形态学矩阵，组合成若干个产品的方案。最后通过评价决策，确定最佳产品方案。

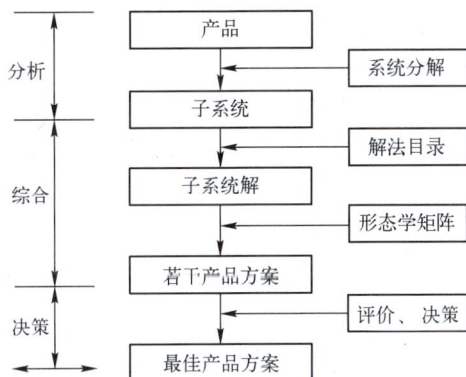

图 3-16 ▎形态综合步骤[10]

2）子系统的求解

以驱逐舰机械运动系统为例，它的子系统就是各个执行机构。执行机构的功用是完成某一执行动作。因此，可按执行动作的类型将机构进行分类，并按运动和动力特性要求对各类机构进行表述，以便选择合适的执行机构。表 3-8 说明执行机构的特性和类别。

表 3-8 执行机构的特性和分类[10]

机构类别 / 特性	匀速转动机构	非匀速转动机构	往复移动机构	往复转动机构	间歇转动机构	间歇摆动机构	实现运动轨迹	刚体导引机构	实现其他功用机构
	……	……	……	……	……	……	……	……	……
运动类型及机构 工作性能 动力性能 经济性 结构紧凑性									

表 3-8 中具体的执行机构及其特性可以参见机械工业出版社的《现代机械设备设计手册》相关内容。从某种意义上说表 3-8 就是执行机构的解法目录的组成形式。每类执行机构中有不少具体的机构。

同时，还可以将表 3-8 形式的内容建立知识库，便于进行计算机辅助机械运动系统方案设计。

3）子系统解的组合

对于驱逐舰机械运动系统，将要求实现的执行动作列为纵坐标，将各执行动作的解列为横坐标，构成形态学矩阵如表 3-9 所列。

表 3-9 机械运动系统解的形态学矩阵[10]

执行动作 ＼ 执行机构	1	2	3	4	⋯	n_1
V_1	M_{11}	M_{12}	M_{13}	M_{14}	⋯	M_{1n}
V_1	M_{21}	M_{22}	M_{23}	M_{24}	⋯	M_{2n}
⋮	⋮	⋮	⋮	⋮		⋮
V_i	M_{i1}	M_{i2}	M_{i3}	M_{i4}	⋯	M_{in}
⋮	⋮	⋮	⋮	⋮		⋮
V_m	M_{m1}	M_{m2}	M_{m3}	M_{m4}	⋯	M_{mn}

表中 m 为执行动作数目；n_i 为第 i 个执行动作可采用的执行机构个数。

根据组合原理，它能组出 N 种机械运动方案[10]：

$$N = n_1 \times n_2 \times \cdots n_i \cdots \times n_m \tag{3-19}$$

3. 协同设计方法

1）基本概念

为了以更短的市场响应，更低的设计成本赢得市场，学术界和工业界力图从全局的角度减少"抛墙式"过程，先后提出了并行工程（Concurrent Engineering，CE）、计算机支持的协同工作（Computer Supported Cooperative Work，CSCW）、计算机支持的协同设计方法（Computer Supported Cooperative Design，CSCD）等概念。

1984 年，麻省理工学院和数字设备公司首次提出了 CSCW 概念。CSCW[30] 是一个利用网络与通信技术、多媒体技术及分布式技术等，将时间和空间上分离而工作上相互依赖的多个成员及其活动有机地组织起来，以共同完成某一项任务的分布式计算机系统。

1988 年，美国防御分析研究所完整给出了 CE 的定义[30]：即对产品及其相关过程（包括制造和支持）进行一体化设计的一种系统化的工作模式。它强调在产品设计初期，将产品全寿期各阶段的因素与对应各部门协同考虑，提高设计各阶段的并行度和协同程度。

更进一步，将计算机辅助设计理念（CAD）、工程和组织管理（CE）以及分布式计算系统（CSCW）等有机融合，形成了 CSCD 的概念：为完成某一设计目标，由两个或两个以上设计主体通过一定的信息交换和互相协调机制，分别以不同的设计任务共同完成这一设计目标[31]。CSCD 是一种全球化视角下的设计理念和工程管理模式，它涉及设计行为模式和组织管理的变革、工作流的重构、分布式计算系统的开发等。它具有以下几个特点：

（1）分布性。跨部门、跨企业，甚至跨行业的设计者不受地域限制，基于分布式协同系统开展协同工作。

（2）异构性。分布式的协同设计者，往往导致工作平台（如共享的数据源、求解知识的表达方式、操作系统、硬件结构等）具有异构性。

（3）时效性[32]。一个任务完成后对应的 CSCD 群组随之解散，对于新的任务重新组建。

（4）并发性和一致性[32]。系统允许用户同时操作，需要维护数据的一致性。

2）关键技术[30]

从广义概念上看，计算机支持的协同设计包括 CSCW 在设计领域中的一切相关理论和应用技术，大体上可以分为角色协同、信息协同、过程协同和计算协同及其软件实现技术，如图 3-17 所示。

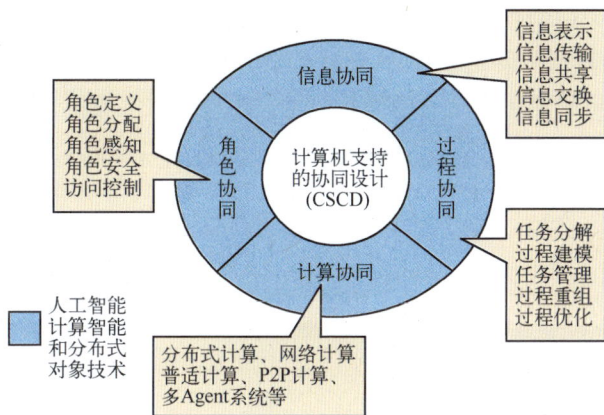

图 3-17 ▎协同设计关键技术[30]

（1）角色协同：采用角色概念对协作参与者进行包装，在准确清晰的角色定义和角色规范的基础上，为协同设计提供灵活的角色调整、转换、感知、控制机制，实现协同设计系统的高效性和灵活性，主要研究协同设计中角色定义、角色分配、角色转换、角色群体感知、角色安全和访问控制等问题。

（2）信息协同：通过信息技术为协同设计系统提供"人—机""机—机""机—人"和"人—人"交互的信息协作功能，主要研究协同设计中的信息如何表示、如何传输、如何更新、如何同步、如何在协作参与者之间共享和交换等问题。

（3）过程协同：通过设计过程规划、工作流管理等手段为协作参与者提供异步的协同工作环境，它主要研究协同设计中的任务如何组织、如何部署和监控，对设计过程进行规划、协调、重组、优化，以及如何应用工作流技术建立任务管理与协作平台等问题。

（4）计算协同：将网络上分布的各个计算单元/实体整合在一起协同工作的协同计算方法，其主流技术包括分布式并行计算、网格计算、普适计算、P2P 计算、多 Agent 系统等。

角色协同、信息协同、过程协同和计算协同是相互联系、相互作用，综合地在实际应用中发挥作用，同时人工智能/计算智能和分布式对象技术的理论和方法也和协同设计方法紧密结合，渗透到协同设计理论和系统实现的各个层面。

从狭义概念上看，CSCD 技术又具体体现在 CSCW 和 CAD 技术的有机结合上，即将角色协同技术、过程协同技术、信息协同技术和计算协同技术具体应用到传统 CAD 系统中，综合运用 CSCW 技术对传统单机 CAD 系统进行改造，以支持 CAD 环境下的群体协同工作。因此，CSCD 同时具有 CSCW 和 CAD 两方面的特征，一般包括以下研究内容和关键技术：

（1）体系结构研究。包括系统设计、系统构架、集成框架、体系结构风格等。

（2）多学科信息的表示与融合。包括协同设计多领域共享产品模型的表达、建立与显示方法。

（3）信息的共享与交换。包括产品数据管理、产品信息交换、一致性维护、资源描述、发现和查询等。

（4）网络通信技术。包括网络拓扑结构、通信协议，各种应用服务等。

（5）安全性与加密技术。由于协同设计依赖网络传输，在传输过程中信息容易被窃取、篡改或破坏。因此需要研究相关的安全手段。

（6）分布式对象技术。采用一种可分布、可互操作的面向对象机制，是实现协同设计系统的核心技术，需要采用标准化对象构建技术，遵循开放性原则，建立集成系统平台，实现遗存的异构系统的有效集成和重复利用。

（7）工作流技术。包括工作流系统设计、工作过程建模等实现异步协同设计的核心支撑技术。

（8）全域协作信息模型。由于协同设计系统需要支持上下游的数据链，所以对系统的柔韧性要求较高，还需要提供一个通用的、高效的协作信息模型，该协作信息模型可以随着设计进程的深入动态进行演进，可以动态地对协作信息模型进行添加、修改，并且与此协作信息模型相关的其他应用模块也能及时反应和更新。

（9）协作任务分解和调度。将复杂的协同设计任务分解成若干个小粒度的协作子任务，并把这些协作子任务分配给到最合适的设计节点上完成，是实现协同设计的一种重要手段。它需要涉及协作子任务划分粒度的控制、协作子任务的分配和协作子任务的规划平衡等问题。

（10）协作交流支持工具。协同设计系统必须能够提供有效的协同设计与交流工具，使得多专业设计人员能够跨越时间和空间的限制，共同去完成协作任务。常用的协作支持工具包括在线同步交流、电子邮件、多媒体远程视频会议、应用白板、远程共享和控制工具等。

4. TRIZ 设计理论[33],[34],[35]

传统的概念设计中，设计师们根据设计任务书或用户的直接要求，凭借个人经验或以往的设计实例，产生初始的设计方案，然后不断地修改、完善。如果证明概念设计已经满足要求，则可转入下一设计阶段，否则还要返回到概念设计的起始阶段。这种方法具有明显的试凑性质。TRIZ 设计理论法的发明者从一开始就认为，发明问题遵循共同的原理，这种原理可以从各个设计领域中抽象出来，再应用到各个设计领域中去，从而指导不同领域的设计，这种设计理论称为普适性设计理论。TRIZ 是基于知识、面向人的发明问题解决系统化方法学。

首先，TRIZ 是基于知识的方法。①TRIZ 是发明问题解决启发式方法的知识，这些知识是从全世界范围内的 250 万件专利中抽象出来的；②TRIZ 大量采用自然科学及工程中的效应知识；③TRIZ 利用出现问题领域的知识，这些知识包括技术本身、相似或相反的技术，或过程、环境、发展及进化。

其次，TRIZ 是面向人的方法。TRIZ 中的启发式方法是面向设计者的，而不是面向机器的。该理论本身是基于将系统分解为子系统，以及有害功能和有用功能的区分等。这些都取决于问题和环境，本身就具有主观性和随机性。计算机软件仅仅起支持作用，根本不能完全代替设计者，只需要对处理这些随机性问题的设计者们提供方法与工具。

最后，TRIZ 是系统化方法。运用 TRIZ 解决问题的过程是一个系统化的能方便应用已有知识的过程。最后，TRIZ 是发明问题解决理论。TRIZ 研究人类进行发明创造、解决技术难题过程中所遵循的科学原理和法则，并将这些原理和法则用于解决设计中遇见的问题。

TRIZ 工具可以分成两组：

（1）分析工具。分析工具帮助定义、描述和模拟问题，它包括：发明问题的解决算法（ARIZ）；物质—场分析；创新问卷调查表（ISQ）；问题描述器。

（2）基于知识的工具。基于知识的工具来源于人类创新的经验所获得的知识的积累、组织和构造，为使用者提供了最高水平的问题解决价值，它包括：技术的演化模式，40条创新原理；分离原理；76条标准解决方案；创新指导；经挑选的创新实例；算子系统。

如何在驱逐舰概念设计阶段快速地产生一个有竞争力的新概念，实现舰船的快速创新是当今设计领域的前沿课题，又是造船界希望尽快运用的成果。发明问题解决理论（TRIZ）对创新有明确的定义、有较为完整且可操作的原理，是发明创造方法学的真正开始，很适合概念设计中对创新的要求。

1）工具的挑选

目前，TRIZ包括分析工具和基于知识的概念开发工具。其中，分析工具提供了辨认和形式化问题的方法和计算机工具，其包括物质—场分析、ARIZ。物质—场分析是一种对具体问题进行定义并将问题模型化的方法，而ARIZ则是根据物质—场分析定义的问题模型来导出解决问题的具体方法。概念开发工具包括克服系统对立问题的典型技法、发明问题标准解决方案、物理化学几何效果工学应用知识库等，其中，克服系统对立问题的典型技法是利用40个发明原理指明解决问题的关键和解决对策的探索方向，而发明问题的标准解决方法则是首先将发明问题按其物质—场模型进行分类，然后再将各类相似问题的解决方法标准化、体系化。在探索具体问题的解决对策时，实现某些功能所需的物理、化学、几何学等具体原理，则由物理化学几何学效果工学应用知识库提供。根据描述问题的类型（按照参数、功能、冲突等），运用TRIZ解决该问题的框架见图3-18，来解决问题，该框架图还可用于挑选合适的工具。

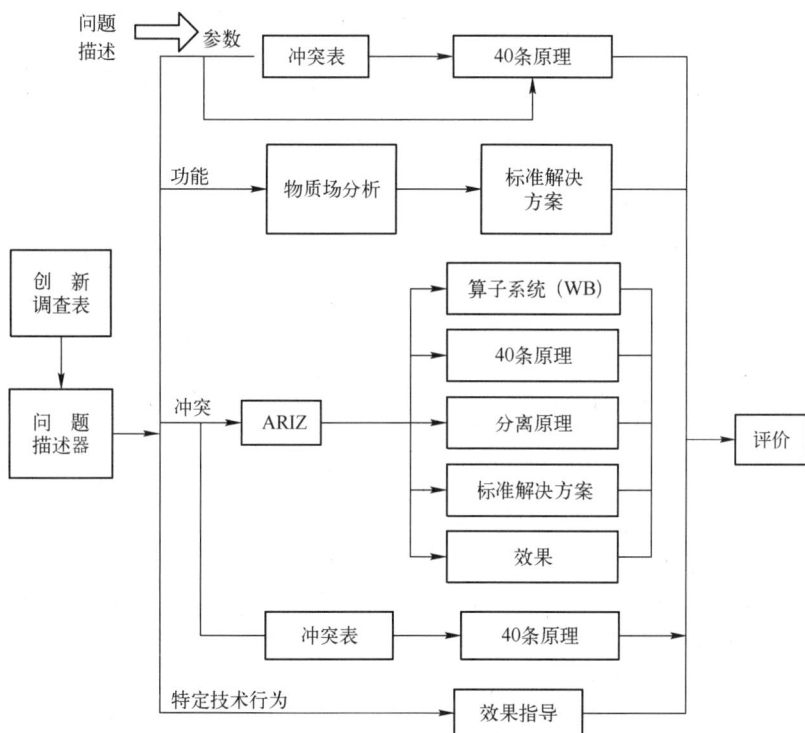

图 3-18 ▎TRIZ 解决问题框架图[34]

当问题按照特定参数（重量减少）描述时，要选择以下工具：冲突表、40 条创新原理和算子系统。选择的工具不应包括以下工具：物质场分析、76 种标准解决方案、ARIZ 和分离原理。

算子系统是一个复杂的、包含许多内在连接的类似网络的工具，因此只能在软件的环境下才可以完全实现。理想改进器系统包含了算子系统的一个简化版本，改进器设计用于改进产品的典型技术参数。重量就是一个那样的参数，使得改进器成为包容环问题的合适的解决工具。创新工作台是专业的问题解决软件产品，它包括：创新问卷调查表（ISQ）；问题描述器；算子系统；创新指导；经挑选的创新实例。

TRIZ 概念设计模型如图 3-19 所示。TRIZ 的核心是产品进化理论，图 3-19 中所示即为产品进化的一个完整周期。根据产品的技术成熟度预测可以估计当前产品处于婴儿期、成长期、成熟期还是退出期。产品处于不同时期，应采用不同的新产品开发策略。图 3-17 中的"现有产品"既可以是本企业的现有或原有产品，也可以是市场上的现有或原有产品。为了赢得竞争优势，企业就必须开发出性能更加优越的新产品。通过分析现有产品和顾客（潜在）需求，就会发现产品中存在冲突，这个冲突一般既可以用技术冲突来描述，也可以用物理冲突来描述，根据情况，将当前冲突抽象为 TRIZ 中通用的技术工程参数或是物理参数来描述。在抽象层次上，根据 TRIZ 理论的 40 条发明原理，寻求冲突的抽象解，最后针对具体的工程领域，将抽象解还原为具体的领域解。该领域解用图或文字的方式表达，即为概念设计结果。此结果又作为下一次产品创新设计的起始点，该过程不断往复循环，形成了产品的进化。

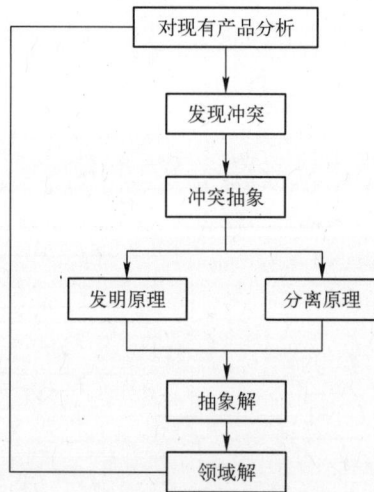

图 3-19 ▎TRIZ 概念设计模型[35]

2）冲突解决原理

（1）冲突的定义。TRIZ 理论认为，发明问题的核心是解决冲突，未克服冲突的设计不是创新设计。

产品设计的目的是功能的实现。当改变某些零件、部件的设计以提高产品的某方面性能时，可能会影响到与这些被改进的零件、部件相关的其他零件、部件，从而导致其他方面的性能受到影响，如果这些影响是负面的，则设计过程中出现了冲突。

TRIZ 理论研究的冲突主要分为物理冲突和技术冲突。物理冲突是指为了实现某种功能，一个子系统或元件应具有一种特性但同时又出现了与此特性相反的特性。技术冲突是指一个作用同时导致有用及有害两种结果，也可以指有用作用的引入或有害效应的消除导致一个或几个了系统或系统变坏。

（2）技术冲突解决原理。通过对 250 万件专利的详细研究，TRIZ 理论提出用 39 个通用工程参数描述冲突。实际应用中，首先要把一组或多组冲突用该 39 个工程参数来表示。利用该方法把实际工程设计中的冲突转化为一般的或标准的技术冲突。这些工程参数见表 3-10，表中的参数可以分为三类：通用物理及几何参数、通技术负向参数、通用技术正向参数。负向参数的含义是指该参数变大时，系统或子系统的性能变差。正向参数的含义则是指该参数变大时，系统或子系统的性能变好。

表 3-10 通用工程参数名称表[35]

序　号	通用工程参数名称	序　号	通用工程参数名称
1	运动物体的重量	21	功率
2	静止物体的重量	22	能量损失
3	运动物体的长度	23	物质损失
4	静止物体的长度	24	信息损失
5	运动物体的面积	25	时间损失
6	静止物体的面积	26	物质或事物的数量
7	运动物体的体积	27	可靠性
8	静止物体的体积	28	测试精度
9	速度	29	制造精度
10	力	30	物体外部有害因素作用的敏感性
11	应力与压力	31	物体产生的有害因素
12	形状	32	可制造性
13	结构的稳定性	33	可操作性
14	强度	34	可维护性
15	运动物体作用时间	35	适应性及多用性
16	静止物体作用时间	36	装置的复杂性
17	温度	37	监控与测试的困难程度
18	光照度	38	自动化程度
19	运动物体的能量	39	生产率
20	静止物体的能量		

TRIZ 理论基于全世界范围内大量的发明专利的分析，提出了 40 条发明原理，用以指导技术冲突的解决和设计的创新。这些发明原理见表 3-11。

表 3-11　发明原理名称表[35]

序　号	发明原理名称	序　号	发明原理名称
1	分割	21	紧急行动
2	分离	22	变有害为有益
3	局部质量	23	反馈
4	不对称	24	中介物
5	合并	25	自服务
6	多用性	26	复制
7	套装	27	低成本、不耐用的物体代替昂贵、耐用的物品
8	质量补偿	28	机械系统的替代
9	预加反作用	29	气动与液压结构
10	预操作	30	柔性壳体或薄膜
11	预补偿	31	多孔材料
12	等势性	32	改变颜色
13	反向	33	同质性
14	曲面化	34	抛弃与修复
15	动态化	35	参数变化
16	未达到或超过的作用	36	状态变化
17	维数变化	37	热膨胀
18	振动	38	加速强氧化
19	周期性振动	39	惰性环境
20	有效作用的连续性	40	复合材料

　　Altshuller 还在此基础上，建立了冲突解决矩阵，用以构建问题空间与解空间的映射关系。运用冲突解决矩阵，设计人员可以基于通用工程参数对问题（冲突）的描述，选择相应的解决原理见表 3-12。

表 3-12　冲突解决矩阵[33]

通用工程参数		恶化的通用工程参数				
		1	2	…	38	39
改进的通用工程参数	1	空	—	…	26. 35 18. 19	…
	2	—	空	…	…	…
	…	…	…	空	…	…
	38	28. 26 18. 35	…	…	空	…
	39	…	…	…	…	空

　　冲突解决矩阵是一个 40×40 的矩阵，其中第 1 行和第 1 列为顺序排列的标准工程参数序号。除第 1 行和第 1 列，其余 39 行和 39 列形成一矩阵，其元素为一组数字或为空，这组数字代表解决相应冲突的发明原理序号。

（3）物理冲突解决原理。常见的物理冲突有几何类、材料及能量类、功能类等。

TRIZ 理论在总结物理冲突解决的各种研究方法的基础上，提出了采用分离原理解决物理冲突的方法：空间分离、时间分离、基于条件的分离、整体与部分的分离。

英国 Bath 大学的 Mann 通过研究提出，解决物理冲突的分离原理与解决技术冲突的发明原理之间存在关系，如表 3-13 所示。

表 3-13 分离原理和发明原理的对应关系[33]

分 离 原 理	发 明 原 理
空间分离	1、2、3、4、7、13、17、24、26、30
时间分离	9、10、11、15、16、18、19、20、21、29、34、37
整体与部分分离	12、28、31、32、35、36、38、39、40
条件分离	1、7、25、27、5、22、23、33、6、8、14、25、35、13

确定物理冲突及分离原理的类型后，40 条发明原理及工程实例可帮助设计者尽快确定新的设计概念。

（4）冲突解决原理在设计过程中的应用。如图 3-20 所示，冲突解决原理解决设计冲突的流程如下：首先确定设计中的冲突，将冲突的描述标准化，其次对于技术冲突或物理冲突分别采用相应的冲突解决工具得到问题的通用解，最后通过类比设计问题和相关设计实例，确定待解决问题的具体解决方案。

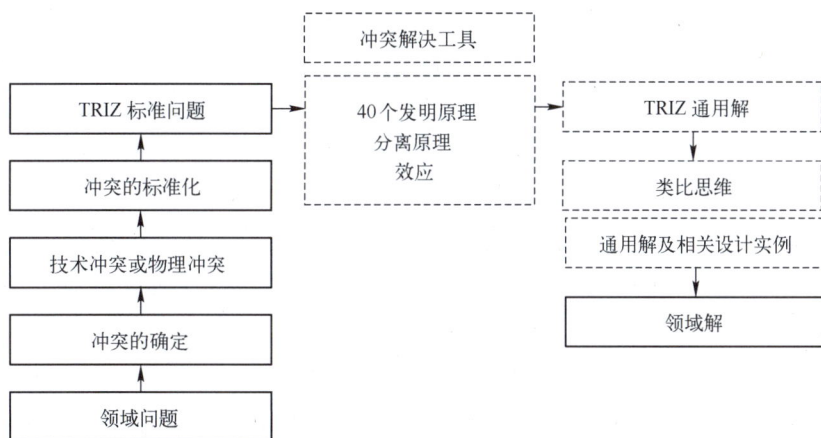

图 3-20 ▍冲突解决原理解决设计冲突的流程图[33]

5. 多学科优化设计方法

1）基本概念

1982 年，美籍波兰人 J. Sobieski 在研究大型结构优化问题求解的一篇文献中提出了多学科优化设计的思想；在其随后发表的一系列文章中，对多学科优化设计问题进行了进一步的阐述，并提出了基于灵敏度分析的多学科优化设计方法[36]。其主要思想[37]是：将复杂系统分解为几个简单的学科或子系统，对各个学科或子系统分别进行设计与优化，同时充分考虑各个学科之间的耦合作用，利用有效的设计优化求解策略和分布式并行计算机网络系统来组织和管理整个复杂系统的设计过程，通过充分利用各学科相互耦合所产生的协同效应，获得系统的整体最优解。

美国国家航空航天局（National Aeronautics and Space Administration，NASA）有一个清楚的定义[37]，即：通过充分探索和利用系统中相互作用的协同机制来设计复杂系统和子系统的方法论。可表达为[37]：

$$\Delta_{\text{Design}} = \left(\sum_i \Delta_{\text{Displine},i} \right) + \Delta_{\text{MDO}} \tag{3-20}$$

等式左边表示的是基于多学科优化设计后得到的总效益，等式右边的第一项表示的是基于各个学科优化设计得到的效益和，第二项表示的是由于引入学科集成，即考虑多学科之间相互耦合作用所产生的效益。这个等式清晰地表达了应该充分探索设计中不同学科之间的相互作用，得到最优的设计，以产生最大的效益。

2）常用术语

学科：抽象的概念，可理解为系统中本身相对独立、相互之间又有数据交换关系的基本模块[38]。以舰艇为例，学科可以指水动力、船体结构等所说的学科，又可以指系统的实际物理部件或分系统，如船体、船型等。

设计变量：用来描述工程系统的特征、在设计过程中可被设计者控制的一组相互独立的变量[30]。设计变量分为系统设计变量（在整个系统范围内起作用）和局部设计变量（在某一学科范围内起作用，也称学科变量或子空间设计变量）。

状态变量[30]：用来描述工程系统的性能特征的一组变量。一般需通过分析模型得到状态变量。例如，将图3-21中将A子系统看作水动力子系统，将B子系统看作结构子系统，通过水动力分析模型得到的压力分布，就是子系统A的状态变量，用YA表示，通过结构分析模型得到的变形，就是子系统B的状态变量，用YB表示。

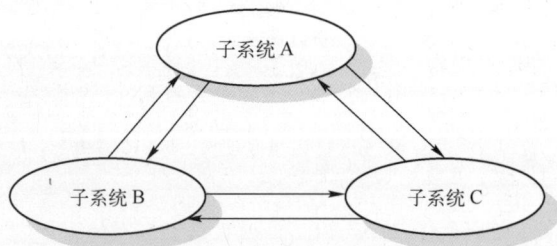

图 3-21 ▌非层次系统[30]

状态变量可以分为系统状态变量（表征整个系统性能或特征的参数）、学科状态变量（属于某一学科的状态变量，也称子空间状态变量）和耦合状态变量（对某一学科进行分析时，其他学科的状态变量）。

约束条件[36]：系统在设计过程中必须满足的条件，一般分为等式约束和不等式约束。也可以系统约束（在整个系统级所需要受到的约束）和学科约束（在各个学科范围内所要受到的约束）。

系统参数：用于描述工程系统的特征、在设计过程中保持不变的一组参数[36]。注意与设计变量的区别。

学科分析[39]：也称子系统分析或子空间分析，以该学科设计变量、其他学科对该学科的耦合状态变量及系统的参数为输入，根据某一个学科满足的物理规律确定其物理特定的过程。

系统分析[39]：给定设计变量，求解状态变量 Y、通过求解系统的状态方程，使之满足约束条件，达到目标函数从而得到系统状态变量的过程。

子系统分析：给定设计变量和其他子系统的状态变量，求解该子系统状态变量的计算过程[30]。在多学科优化设计问题中，子系统分析有时指单学科分析。

一致性设计：在系统分析过程中，由设计变量及其相应的满足系统状态方程的系统状态变量组成的一个设计方案[36]。

可行设计：满足所有设计要求或设计约束的一致性设计[39]。

最优设计[36]：使目标函数最小（或最大）的可行设计。最优设计可分为局部最优和全局最优设计。

3）求解步骤

（1）对研究对象实施系统分解。在充分考虑各学科之间的相互影响和耦合作用的基础上，将研究对象分解为多个子系统。每个子系统可在相对独立的环境中分析，一方面可以有效利用单个学科领域的专家知识，另一方面便于并行处理复杂系统。系统分解技术大致分为两类：层次分解和非层次分解。

图 3-22 所示的是层次分解方法[40]。层次分解的过程中，信息只在上下级子系统之间进行传递，同级子系统之间不发生信息交换，因此可以并行完成同一级的分析与优化；每个子系统只有一个上级子系统，但可以有多个下级子系统；每个上级子系统提供系统控制信息，而下级子系统提供反馈信息。当每一级的子系统都收敛且系统也收敛时，即达到最优设计。

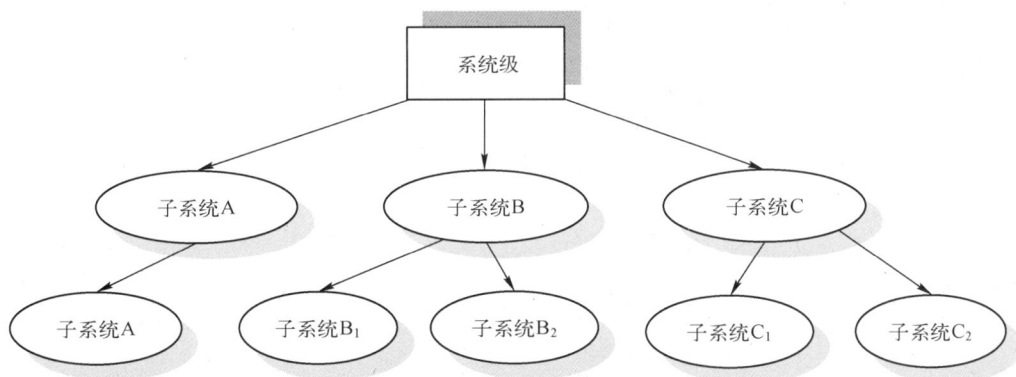

图 3-22 ▎层次分解[40]

当所要优化的工程系统的子系统耦合非常严重的时候，就不能进行层次分解，只能选择非层次分解[40]。图 3-21 所示的是非层次系统的非层次分解。非层次分解的最大优点就是各个子系统之间的信息交换，充分体现系统中的耦合现象。

（2）对各系统进行学科分析。对分解子系统以满足的物理规律进行分析，确定该学科的目标函数、设计变量及约束条件等。如图 3-21 中子系统 A 为水动力子系统，可以采用水动力学的知识实现子系统 A 的分析。

（3）构建子系统级优化模型。在各系统学科分析的基础上，分别建立各子系统的优化模型。

（4）建立系统级多学科优化模型。针对研究对象，确定系统级目标函数、设计变量、状态变量、系统参数以及约束条件等。结合各子系统优化模型，构建系统级多学科优化模型。

（5）求解。主要采用单级优化设计方法和多级优化设计方法求解。主要区别在于：系统级和子系统级中是否分别优化及子系统模块分解和约束处理。常用的单级优化设计方法有多学科可行方法、单学科可行方法、同时分析优化算法等。目前，具有代表性的多级（两级）优化设计方法有并行子空间优化方法、协同优化方法、BLISS 方法等。

此外，复杂问题不可避免地涉及大量的设计变量和耦合变量，直接导致了巨大的计算成本，在求解时可能涉及灵敏度分析与近似模型两种技术。通过用灵敏度信息一方面可以明确各子系统间的强耦合关系，另一方面减少设计变量的个数，提高计算效率，降低计算复杂性。近似模型则是通过构造相对简单的函数以替代高精度的、复杂的学科模型，同时保持模型精度，将学科分析从优化进程中分离出来以便以近似函数耦合到优化算法中。通过多次优化迭代循环而得到实际问题的近似最优解。

6. 生物进化算法

随着科学技术的不断进步和电子计算机技术的广泛应用，传统的优化算法因为自身存在的局限性和不足，已无法满足不同复杂问题的求解需求。20 世纪 80 年代至今，基于生物进化的优化算法先后出现，如遗传算法、人工神经网络算法、粒子群算法、支持向量机算法以及混合优化算法等[41]，这些算法通过模拟或揭示某种自然现象或过程而得到发展，其核心涉及数学、生物进化、物理学、人工智能和统计学等多门学科，为解决复杂问题提供了新的方法和手段。

1）遗传算法 [42],[43]

遗传算法是一类借鉴生物界的进化规律（适者生存，优胜劣汰遗传机制）演化而来的自适应概率性随机化迭代搜索算法。1975 年，美国 Michigan 大学的 J. H. Holland 教授在从事机器学习时注意到，学习不仅可以通过单个生物体的适应来完成，而且可以通过一个种群的许多进化适应来加以实现，Kenneth De Jong 将这种算法用来解决优化问题。

Holland 研究遗传算法是从设计和实现一种能应付变化的、不确定环境的鲁棒性好的自适应系统开始。他认为这种系统的自适应是从所处的环境中随时得到反馈的函数关系，因而形成了我们今天称为简单遗传算法的再生计划（Reproductive Plan）。这种简单的遗传算法只是一类具有固定种群（Population）规模、个体用固定长度的基因链的抽象模型。根据适应度（Fitness）来随机地选择双亲，并按交叉（Crossover）和变异（Mutation）算子来产生新的种群。

遗传算法的特点是它的算法中不包含待解决问题所持有的形态。它是从改变基因的配置来实现问题的整体优化的，因而属于自下而上的优化方法。类似于生物的进化过程，遗传算法处理的是变量集合的编码而非变量本身。它直接对结构对象进行操作，不存在求导和函数连续性的限定；具有内在的隐并行性和更好的全局寻优能力；采用概率化的寻优方法，能自动获取和指导优化的搜索空间，自适应地调整搜索方向，不需要确定的规则。遗传算法的这些特点已被人们广泛地应用于组合优化、机器学习、信号处理、自适应控制和人工生命等领域。它是现代有关智能计算中的关键技术之一。

遗传算法的步骤：

遗传算法利用复制、交叉和变异等遗传操作来模拟自然进化，完成问题的全局优化，利用遗传算法的具体步骤及运算过程示意图如图 3-23 所示。

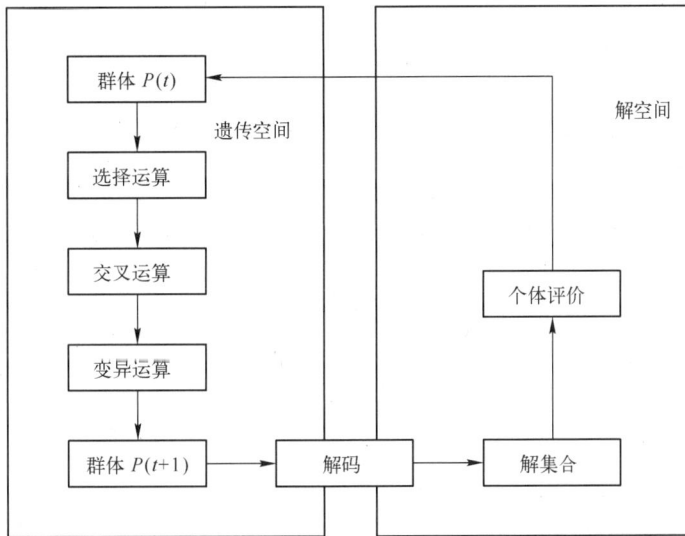

图 3-23 ▌遗传算法运算过程示意图[43]

（1）编码方案。可以选用简单的二进制编码。主要考虑二进制编码便于进行的交叉、变异算子等过程。许多改进的遗传操作都是在二进制编码的基础上提出的。

（2）初始群体的设定。编码设计后是初始群体的设定，这里关键有两点：①初始群体中的每个个体成员如何产生；②初始群体数目 n 的设定。并将这 n 组值转化为相应的二进制编码串组成初始群体。

（3）选择策略。采用基于排序选择法的改进方法。即让父代、子代适应度共同参与排序，固定群体的大小，保留适应度较高的前一部分个体组成新的子代，从而使种群保持不断进化的趋势，算法的收敛度不断提高。

（4）交叉、变异操作。采用强制变异，即交叉时，强制变异算子先使两个相同个体中的一个变异，再进行交叉。这是针对选优时出现的超级个体现象而提出的，超级个体会使交叉失效，陷入局部搜索。采用强制变异可避免准最优解迅速占领整个群体引起的算法不成熟收敛。

2）人工神经网络（ANN） [44],[45]

（1）人工神经网络基本概念。利用机器模仿人类的智能是长期以来人们认识自然、改造自然的理想。自从有了能够存储信息、进行数值运算和逻辑运算的电子计算机以来，其功能和性能得到了不断的发展，使机器智能的研究与开发日益受到人们的重视。1956 年 J. McCarthy 等人提出了人工智能的概念，从而形成了一个与神经生理科学、认知科学、数理科学、信息论与计算机科学等密切相关的交叉学科。人工神经网络是人工智能的一部分，提出于 20 世纪 50 年代，兴起于 20 世纪 80 年代中期，近些年已经成为各领域科学家们竞相研究的热点。

人工神经网络（Artificial Neural Network），或称为类神经网络，是指模仿生物神经网络的资讯处理系统。人工神经网络较确切的定义为：

人工神经网络是一种计算系统，包括软件与硬件，它使用大量简单相连的人工神经元来模仿生物神经网络的能力。人工神经网络是生物神经元的简单模拟，它从外界环境或者其他神经元取得资讯，同时加以非常简单的运算，输出其结果到外界环境或者其他人工神经元。

人工神经网络系统反映了人脑功能的许多基本特性，但它并不是人脑神经系统的真实写照，而只是对其作某种简化、抽象和模拟，这也是当前的现实情况。是目前对人脑神经及其智能机理的研究水平所能做到的，对人脑智能机理的简化、抽象和模拟是人工神经网络研究的基本出发点。

（2）人工神经网络基本原理。要充分了解人工神经网络，首先必须对生物神经网络有所了解。生物神经网络是由巨量的神经细胞（Neuron），或称神经元组成的，神经细胞的形状与一般的细胞有很大的不同，它包括：①神经核（Soma），即神经细胞呈核状的处理机构；②轴突（Axon），即神经细胞呈轴索状的输送机构；③树突（Dendrites），即神经细胞呈树枝状的输出输入机构；④突触（Synapse），即神经树上呈点状的连接机构。

当神经元透过突触与树突从其他神经元输入脉波信号后，经过神经核处理，产生一个新的脉波信号，如果脉波信号足够强并超过一定的值时，就产生一个尖峰状的脉冲电位，称为突触后电位（Post Synaptic Potential，PSP）。PSP 在正的方向增大到一定值时，神经元就产生并发放脉冲。能产生正 PSP 的突触为兴奋性突触；否则为抑制性突触。如脉冲信号经过的是兴奋性突触，则会增加脉波信号的速率；如是抑制性突触，则会减少脉波信号的速率。因此，脉波信号的速率同时取决于输入脉波信号的速率及突触的强度。而突触的强度可视为神经网络储存资讯的能力，神经网络的学习即相当于调整突触强度。

从信息加工这个角度看，在神经元所具有的各种机能中最重要的是，在突触处对许多输入在空间和时间上进行加权的性质，以及神经元细胞的阈值作用。人工神经网络是由许多的人工神经细胞（Neural Cell）组成，人工神经细胞又称人工神经元（Artificial Neuron 类神经元）或处理单元（Processing Element），每一个处理单元的输出以扇状送出，成为其他许多处理单元的输入。处理单元的输出值与输入值关系式，一般可用输入值的加权乘积和的函数来表示。

（3）人工神经网络的运作过程。人工神经网络的运作过程分为两个阶段：

① 学习过程。学习过程是网络依学习演算法，从范例中学习，以调整网络加权值的过程。分为监督式学习、无监督式学习、联想式学习。学习演算法可以分为三类：监督式学习演算法、无监督式学习演算法、联想式学习演算法。每个演算法基本上都是从能量函数推导得到的。能量函数用来衡量网络的学习效果，因此，网络的学习过程实际上是使能量函数极小化的过程。

② 回想过程。回想过程是网络依回想演算法，以输入资料决定网络输出资料的过程。可以分成监督式回想、无监督式回想、联想式回想。

在神经网络中发生的动力学过程有两类：快过程与慢过程。

① 快过程是神经网络的计算过程，它是神经网络活跃状态的模式变换过程。神经网络在输入的影响下进入一定的状态，这种外界刺激的兴奋状态会迅速演变进入平衡状态。这样，具有特定结构的神经网络就定义出一类模式变换。

② 慢过程是神经网络的学习过程，在该动力学过程中，神经元间的连接强度将根据环境信息发生缓慢的变化，并将环境信息逐步储存于神经网络中，形成永久的记忆，或称为长期记忆。慢过程的目的是形成一个具有一定结构的自组织系统，从而把环境信息的统计规律反映到自身结构上来。

3）粒子群算法 [46],[47]

（1）粒子群算法的特点分析。粒子群优化算法（Particle Swarm Optimization，PSO），是由 Kennedy 和 Eberhart 于 1995 年首次提出的一种基于迭代的寻优算法。该算法是对鸟群社会行为的模拟，PSO 算法和遗传算法类似，是一种基于群体（Population）的优化算法，每个粒子通过和其他粒子进行信息交互，调整自己的进化方向，以及避免陷入局部最优。

粒子群优化算法和遗传算法有很多共同之处：两者都随机初始化种群，都使用评价函数来衡量个体的优劣程度，并根据由评价函数得到的适应值来进行一定的随机搜索。

但与基于达尔文"适者生存，优胜劣汰"进化思想的遗传算法不同，PSO 算法是通过个体间的协作来寻找最优解，它的概念更简单、效率更高、更容易实现：

① 粒子群优化算法没有遗传操作，如交叉（Crossover）和变异（Mutation），而是利用个体在解空间中的随机速度来改变个体，其解群相对进化代数而言，表现出更强的随机性，其计算复杂度比遗传算法低。

② 粒子具有"记忆"的特性，它们通过"自我"学习和向"他人"学习，使其下一代解有针对性地从"先辈"那里继承更多的信息，从而能在较短的时间内找到最优解。

③ 与遗传算法相比，粒子群优化算法的信息共享机制是很不同的：在遗传算法中，染色体互相共享信息，所以整个种群的移动是比较均匀地向最优区域移动；在粒子群优化算法中，信息流动是单向的，即只有占据粒子群中最好位置的那个粒子将信息给其他的粒子，这使得整个搜索更新过程跟随当前最优解。

由以上分析可以看出粒子群优化算法在多数的情况下，比遗传算法更快地收敛于最优解，因此在解决某些优化问题时显示出更优越的性能和优势。

（2）实现步骤及参数分析。PSO 算法把优化问题的解抽象成粒子，如果把粒子想象成一只鸟，从一组解出发寻求最优解的过程就类似于鸟群寻找食物的过程。PSO 算法的流程如图 3-24 所示。

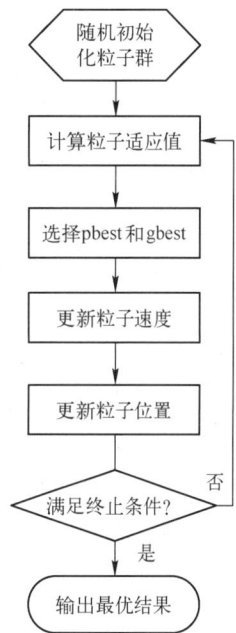

图 3-24 ▎PSO 算法的流程图[47]

我们用数学语言来描述这个过程：假设在一个 N 维的搜索空间中，每一个粒子 i 都有一个 N 维的位置向量 $\boldsymbol{X}_i$ 和速度向量 $\boldsymbol{V}_i$。$\boldsymbol{X}_i$ 用于计算粒子的适应值，适应值的大小反映粒子与最优解的近似程度，对于最小化问题，适应值越小，对应的解越好；而 $\boldsymbol{V}_i$ 则用来修正粒子的位置。粒子通过记忆 2 个量来改变位置，一个是粒子在寻找最优解的过程中所经过的最好位置（记为 pbest），另一个是粒子群中最好的那个粒子的位置（记为 gbest）。

Kennedy 和 Eberhart 最早提出的原始 PSO 算法采用如下公式来更新粒子状态[47]：

$$\begin{cases} \boldsymbol{V}_i(t+1) = \boldsymbol{V}_i(t) + C_1 \mathrm{rand}()\,(\,P_i(t) - \boldsymbol{X}_i(t)\,) + C_2 \mathrm{rand}()\,(\,G(t) - \boldsymbol{X}_i(t)\,) \\ \boldsymbol{X}_i(t+1) = \boldsymbol{X}_i(t) + \boldsymbol{V}_i(t+1) \end{cases} \tag{3-21}$$

式中：t 表示第 t 次迭代；$P_i(t)$ 为第 t 次迭代后第 i 个粒子所记忆的 pbest；$G(t)$ 为第 t 次迭代后整个群体记忆的 gbest；2 个 rand( ) 为独立的 $[0,1]$ 之间的随机数；C_1 和 C_2 为学习因子，均取固定值 2。在实际操作中，为避免算法收敛过快，还需引进一个阈值 $V_{\max}$，用来保证 V_i 不超过区间 $[-V_{\max}, V_{\max}]$。

原始 PSO 算法涉及的参数主要有如下几种[47]：

① 粒子种群大小 M：粒子种群大小的选择视具体问题而定，但是一般设置粒子数为 20~50 个。实际上对于大部分的问题，10 个粒子已经足够可以取得很好的结果，但是对于比较复杂的问题或者特定类型的问题，粒子数也可以取到 100 或 200。

② 粒子的长度 N：粒子的长度等于问题解的维数。

③ 粒子的最大速度 $V_{\max}$：粒子的解在每一维上都有一个最大速度限制值 $V_{\max}$，用来对粒子的速度进行限制，使速度控制在 $[-V_{\max}, V_{\max}]$ 范围内。该值一般由用户自己设定。$V_{\max}$ 是一个非常重要的参数。如果 $V_{\max}$ 值过大，则粒子可能会飞过最优区域；另外如果 $V_{\max}$ 值太小，则可能导致粒子无法跳出局部最优，无法对局部最优以外的区域进行充分的探测。假设搜索空间的某一维定义为区间 $[-X_{\max}, X_{\max}]$，则通常 $V_{\max} = k \times X_{\max}$，$k \leq 0.2$，每一维都用相同的设置方法。

④ 学习因子：为了确定学习因子 C_1 和 C_2 对算法性能的影响，Kennedy 做了大量计算。PSO 算法的速度更新公式分为三部分：$V_i(t)$ 是"惯性"部分，表示粒子对上一次迭代速度的继承；$C_1 \mathrm{rand}( )(P_i(t) - X_i(t))$ 是"认知"（Cognitive Term）部分，表示粒子从自身学习的成分；$C_2 \mathrm{rand}( )(G(t) - X_i(t))$ 是"社会"（Social Term）部分，表示粒子从群体学习的成分。对于 PSO 算法的速度更新公式，当 $C_2 = 0$ 时对应"认知模型"；当 $C_1 = 0$ 时对应"社会模型"；当 $C_1 = C_2$ 时对应"完全模型"。Kennedy 通过大量计算得出如下结论："认知模型"只考虑粒子本身的信息，缺少社会信息的交流和共享，所以收敛速度慢；"社会模型"只考虑群体因素，倾向于向群体学习，收敛速度比较快，但容易早熟。为了平衡群体因素和个体因素的影响，普遍认为 $C_1 = C_2 = 2$ 效果较好。

⑤ 迭代终止条件：迭代终止条件一般设为最大迭代次数、计算精度或最优解的最大凝滞步数。

粒子群优化算法是通过粒子间的相互作用发现复杂搜索空间中的最优区域，是一类随机全局优化技术。其优势在于简单容易实现而且功能强大。目前，粒子群优化算法最成功地运用是在进化神经网络方面，对其研究才刚起步，相对其他较成熟的进化算法，还没有形成系统的分析方法和一定的数学基础，应用范围较小。随着研究的进一步深入，该算法将会应用到越来越多的领域中。

4）支持向量机算法 [47],[48],[49]

支持向量机（Support Vector Machines，SVM）是由 Vapnik 及其领导的 AT&T Bell 实验室研究小组提出的一种新的非常有发展前景的机器学习方法。SVM 理论源于 Vapnik 在 1963 年提出的用于解决模式识别问题的支持向量方法。这种方法从训练集中选择一组特征子集，使得对特征子集的线性划分等价于对整个数据集的分割。这组特征子集称为支持向量（Support Vector，SV）。在此后近 30 年中，对 SV 的研究主要集中在对分类函数的改进和函数的预测上。在 1971 年，Kimeldorf 提出使用线性不等约束重新构造 SV 的核空间，解决了一部分线性不可分问题，为以后的 SVM 研究开辟了道路。1990 年 Grace、Boser 和 Vapnik 等人开始对 SVM 技术进行研究，并取得突破性进展。1995 年，Vapnik 提出了统计学习理论。较好地解决了线性不可分问题，正式奠定了 SVM 的理论基础。

（1）支持向量机核心思想。为了最小化期望风险的上界，存在两种解决方案：一种方案是固定 VC 置信度，使经验风险最小；另一种方案是固定经验风险，使 VC 置信度最小。神经网络采用的是第一种方案，而 SVM 采用的是第二种方案。支持向量方法最初来源自对数据分类问题的处理。对于数据分类问题，SVM 方法的机理可简单地描述为：寻找一个满足分类要求的分割平面，并使训练集中的点距离该分割平面尽可能地远，即寻找一个分割平面，使其两侧的空白区域最大，这是 SVM 方法的核心思想之一。数据点集的超平面分割图如图 3-25 所示。在很多情况下，训练集中的数据是线性不可分的，Vapnik 等人提出使用 SVM 作为超平面分割方法的扩展。使用 SVM 进行数据集分类工作的流程如图 3-26 所示。

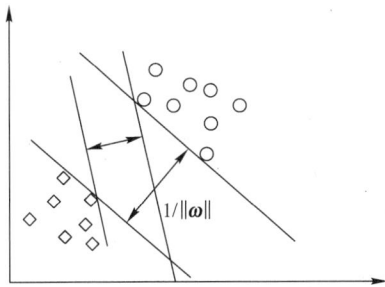

图 3-25 ▌数据点集的分割平面[47]

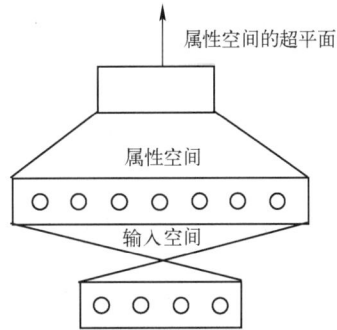

图 3-26 ▌SVM 的工作原理[47]

首先，通过预先选定的一些非线性映射将输入空间映射到高维属性空间，使得在高维属性空间有可能对训练数据进行线性超平面分割计算，避免了在原空间进行非线性曲面分割计算，如图 3-27 所示。

SVM 数据集形成的分类函数具有这样的性质：它是一组以 SV 为参数的线性（对于线性支持向量的情况）或者非线性（对于非线性支持向量的情况）函数的组合，因此分类函数的表达式仅和 SV 的数量相关，而独立于空间的维度。在处理高维输入空间的分类时，这种方式尤其有效。SVM 在处理非线性可分问题时需要将低维的输入空间映射到高维的属性空间去，当使用不同的映射函数，生成的属性空间的维度变化很大。如果对每一输入向量在高维属性空间的像进行计算的话，计算量将很大，SVM 通过定义核心函数来解决这一问题。即将分类中涉及的像空间的内积用一核函数来代替，从而简化了计算量，这也是 SVM 方法的另一核心思想。SVM 处理分类问题时，使分类平面与临近样本距离为最大，同样，SVM 也能够处理回归问题，使回归函数尽可能平滑，因此泛化能力强。常用核函数有以下几个。

① 线性核函数：

$$K(\boldsymbol{x}_i, \boldsymbol{x}_j) = \boldsymbol{x}_i^{\mathrm{T}} \cdot \boldsymbol{x}_j$$

② d 多项式（Polynomial）核函数：

$$K(\boldsymbol{x}_i, \boldsymbol{x}_j) = (\boldsymbol{x}_i^{\mathrm{T}} \boldsymbol{x}_j + 1)^d$$

③ 径向基（RBF）核函数：

$$K(\boldsymbol{x}_i, \boldsymbol{x}_j) = \exp(-\parallel \boldsymbol{x}_i - \boldsymbol{x}_j \parallel^2 / \sigma^2)$$

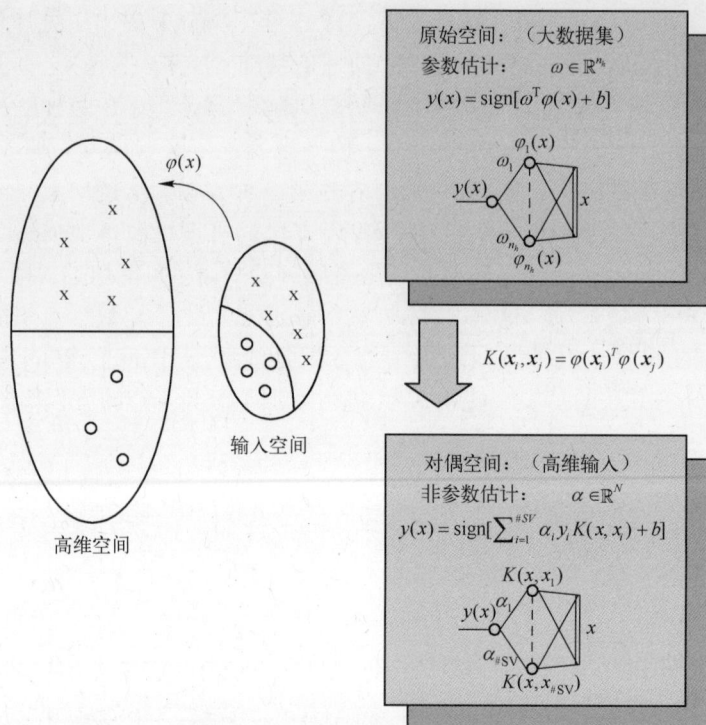

图 3-27 ▌支持向量机映射关系[47]

④ 双曲正切（Sigmoid）核函数：

$$K(\boldsymbol{x}_i, \boldsymbol{x}_j) = \tanh[v \cdot (\boldsymbol{x}_i^{\mathrm{T}} \cdot \boldsymbol{x}_j) + \theta]$$

（2）支持向量机回归原理。对于回归型支持向量机，首先考虑用线性回归函数 $f(x) = \boldsymbol{\omega} \cdot x + b$ 拟合数据 $\{x_i, y_i\}$，$i = 1, \cdots, n$，$x_i \in R^d$，$y_i \in R$，这样，函数回归问题就可以描述为如何寻找一个函数 $f \in F$，使得损失函数最小。

ε 不敏感损失函数定义为[47]：

$$|y - f(x, \boldsymbol{\omega})|_\varepsilon = \begin{cases} 0 & |y - f(x, \boldsymbol{\omega})| \leqslant \varepsilon \\ |y - f(x, \boldsymbol{\omega})| - \varepsilon & \text{其他} \end{cases} \tag{3-22}$$

式中：$\boldsymbol{\omega}$ 为待辨识参数；ε 为给定精度。

把回归估计问题定义为对一个损失函数进行风险最小化的问题，用 SRM 原则进行风险最小化时，最优的回归函数是通过在一定的约束条件下最小化泛函，当采用 ε 不敏感损失函数时，最小化约束条件为[47]：

$$\begin{cases} y_i - \boldsymbol{\omega} \cdot x_i - b \leqslant \varepsilon \\ \boldsymbol{\omega} \cdot x_i + b - y_i \leqslant \varepsilon \end{cases} \quad i = 1, 2, \cdots, n \tag{3-23}$$

优化目标为最小化 $\|\boldsymbol{\omega}\|^2/2$，统计学习理论指出，在这一优化目标下可以取得好的推广能力。考虑到允许拟合误差的情况，引入松弛因子 $\xi_i \geqslant 0$ 和 $\xi_i^* \geqslant 0$，则式（3-23）变成[47]

$$\begin{cases} y_i - \boldsymbol{\omega} \cdot x_i - b \leqslant \varepsilon + \xi_i \\ \boldsymbol{\omega} \cdot x_i + b - y_i \leqslant \varepsilon + \xi_i^* \end{cases} \quad i = 1, 2, \cdots, n \tag{3-24}$$

优化目标转变为最小化[47]：

$$\min \parallel \boldsymbol{\omega} \parallel^2 / 2 + C \sum_{i=1}^{n} (\xi_i + \xi_i^*) \tag{3-25}$$

式中：常数 $C > 0$，C 表示了对超出误差 ε 的样本的惩罚程度。这是一个凸二次优化问题，引入 Lagrange 因子 α_i，α_i^*，η_i，η_i^{*} [47]：

$$L(\boldsymbol{\omega}, b, \xi, \xi^*) = \frac{1}{2} \parallel \boldsymbol{\omega} \parallel^2 + C \sum_{i=1}^{l} (\xi_i + \xi_i^*) - \sum_{i=1}^{l} \alpha_i (\varepsilon + \xi_i - y_i + \boldsymbol{\omega} \cdot x_i + b)$$
$$- \sum_{i=1}^{l} \alpha_i^* (\varepsilon + \xi_i^* + y_i - \boldsymbol{\omega} \cdot x_i - b) - \sum_{i=1}^{l} (\eta_i \xi_i + \eta_i^* \xi_i^*) \tag{3-26}$$

求偏导得[47]

$$\begin{cases} \dfrac{\partial L}{\partial \boldsymbol{\omega}} = \boldsymbol{\omega} - \displaystyle\sum_{i=1}^{l} (\alpha_i - \alpha_i^*) \cdot x_i = 0 \\[3mm] \dfrac{\partial L}{\partial b} = \displaystyle\sum_{i=1}^{l} (\alpha_i - \alpha_i^*) = 0 \\[3mm] \dfrac{\partial L}{\partial \xi_i} = C - \alpha_i - \eta_i = 0 \\[3mm] \dfrac{\partial L}{\partial \xi_i^*} = C - \alpha_i^* - \eta_i^* = 0 \end{cases} \tag{3-27}$$

将式（3-27）代入式（3-26），得到原问题的对偶问题[47]：

$$\max : W(\alpha, \alpha^*) = \sum_{i=1}^{l} y_i (\alpha_i - \alpha_i^*) - \varepsilon \sum_{i=1}^{l} (\alpha_i + \alpha_i^*)$$
$$- \frac{1}{2} \sum_{i,j=1}^{l} (\alpha_i - \alpha_i^*)(\alpha_j - \alpha_j^*)(x_i \cdot x_j)$$
$$\text{s. t.} \quad \begin{array}{l} \displaystyle\sum_{i=1}^{l} (\alpha_i - \alpha_i^*) = 0 \\ 0 \leqslant \alpha_i, \alpha_i^* \leqslant C \end{array} \qquad i = 1, 2, \cdots, n \tag{3-28}$$

求解式（3-28），得到回归函数[47]：

$$f(x) = (\boldsymbol{\omega} \cdot \boldsymbol{x}) + b = \sum_{i=1}^{l} (\alpha_i - \alpha_i^*)(\boldsymbol{x}_i \cdot \boldsymbol{x}) + b \tag{3-29}$$

式中：$(\boldsymbol{x}_i \cdot \boldsymbol{x})$ 为向量 $\boldsymbol{x}_i$ 与向量 $\boldsymbol{x}$ 的内积；α_i，α_i^* 只有小部分不为 0，它们对应的样本就是支持向量。

在非线性情况下，可以把样本 $\boldsymbol{x}$ 通过非线性映射 $\varphi(\boldsymbol{x})$ 映射到高维特征空间 H，并在 H 中求解最优回归函数。这样，在高维空间中的线性回归，就对应于低维空间中的非线性回归。因此，在最优回归函数中采用适当的核函数 $K(\boldsymbol{x}_i, \boldsymbol{x})$ 代替高维空间中的向量内积 $\varphi(\boldsymbol{x}_i) \cdot \varphi(\boldsymbol{x})$，就可以实现某一非线性变换后的线性拟合，而计算复杂度却没有增加。此时最优化问题可转化为[47]

$$\max : W(\alpha, \alpha^*) = \sum_{i=1}^{l} y_i (\alpha_i - \alpha_i^*) - \varepsilon \sum_{i=1}^{l} (\alpha_i + \alpha_i^*)$$
$$- \frac{1}{2} \sum_{i,j=1}^{l} (\alpha_i - \alpha_i^*)(\alpha_j - \alpha_j^*) K(\boldsymbol{x}_i \cdot \boldsymbol{x}_j) \tag{3-30}$$

回归函数变为[47]：

$$f(\boldsymbol{x}) = \sum_{i=1}^{l} (\alpha_i - \alpha_i^*) K(\boldsymbol{x}_i \cdot \boldsymbol{x}) + b \tag{3-31}$$

7. 概念/思维导图法[50],[51],[52]

托尼·博赞发明思维导图的目的在于充分挖掘人类大脑的潜力，实现思维过程的可视化，激发大脑所固有的创造力。按照一定的规则来绘制思维导图就是为了促进大脑的自由发展，从不清晰的思考和混乱的结构中创造秩序。

1）概念/思维导图的概念

"概念图"是一种用节点代表概念、连线表示概念间关系的图示方法。它是美国康乃尔大学的诺瓦克博士根据奥苏贝尔的学习理论提出的并将其应用于教学，使之成为了一种教学工具。它除了用作辅助学生学习的工具外，还是教师和研究人员分析评价学生对知识的理解和构建的方法，也是人们产生想法（头脑风暴），设计结构复杂的超媒体、大网站以及交流复杂想法的手段。概念图在国外特别是欧美国家比较盛行，人们对它进行了深入的研究和广泛的实践应用。

思维导图是英国学者托尼·博赞在 20 世纪 60 年代初期所创。他首先将其应用于训练一群被称为"学习障碍者""阅读能力丧失"的族群，这些被称为失败者或曾被放弃的学生，很快地变成好学生，其中更有一部分成为同年级中的佼佼者。1971 年开始将托尼·博赞开始将他的研究成果集结成书，慢慢形成了放射性思考和思维导图的概念。思维导图是一种将放射性思考具体化的方法。放射性思考是人类大脑的自然思考方式，每一种进入大脑的资料，不论是感觉、记忆或是想法——包括文字、数字、符号、食物、香气、线条、颜色、意象、节奏、音符等，都可以成为一个思考中心，并由此中心向外发散出成千上万的分支，每一个分支代表与中心主题的一个连结，而每一个连结又可以成为另一个中心主题，再向外发散出成千上万的分支……，这些分支连结可以视为你的记忆，也就是你的个人数据库。人类从一出生即开始累积这些庞大且复杂的数据库，大脑惊人的储存能力使我们累积了大量的资料，经由思维导图的放射性思考方法，除了加大资料的累积量外，更将数据依据彼此间的关联性进行分层分类管理，使资料的储存、管理及应用因更系统化而增加大脑运作的效率。同时，思维导图善用左右脑的功能，藉由颜色、图像、符号的使用，不但可以协助我们记忆、增进我们的创造力，也让思维导图更轻松有趣，且具有个人特色及多面性。

简单地说，思维导图源自脑神经生理的学习互动模式，并且具有放射性思考能力和多感官学习特性。

2）概念/思维导图的用途

（1）概念图的用途。概念图给我们带来了什么？带来的是学习方法和学习技巧的变革、学习内容和过程的拓展，也是我们思考问题方法的发展。

学会思考、学会学习是学生学习成功的关键。教育学和心理学的研究表明，可视化学习——通过直观图表达信息，通过直观图将思维过程显化，借助直观图管理、鉴别各种信息，借助直观图提出创意——有利于学生掌握学习方法，学会思考问题。概念图正是实现这种可视化学习的方法，它对学生学习的影响可以体现在如下方面：

① 显化思维过程。向学生展示思维过程，如何组织和建立各种知识之间的关系，使新的概念更容易被理解和接受。

② 强化理解。让学生用自己的语言理解他们学习的内容，帮助他们吸收消化知识信息。

③ 整合新知识。图形能够促使学生构建起新旧知识的联系和区别，将它们整合为一体。

④ 识别错误。在一张概念图中能够反映出学生对概念和概念间关系的认知水平，从而纠正错误。

（2）思维导图的用途。思维导图在我们的生活、学习和工作的很多方面都可以应用，它是一个不断在发展和完善的工具，同时它也是一门在不断精练和提高的技术。它的应用如下：

① 笔记（阅读、课堂、学习、面试、演讲、研讨会、会议记录……需要记录要点时）。当接收信息时，用思维导图作记录，将要点以词语记下，把相关的意念用线连上，加以组织，方便记忆。用思维导图的好处是无论信息表达的次序如何，都能放在适当的位置上。每个意念都是以词语表达的，容易记忆。在画思维导图的过程中，可帮助了解及总结信息及意念。

② 温习（预备考试、预备演说……需要加深记忆时）。将已知的资料或意念从记忆中以思维导图画出来，或将以往画的思维导图重复画出，这能加深记忆，而思维导图也能帮助组织意念，令意念更清楚。

③ 小组学习（头脑风暴、小组讨论、家庭/小组计划……需要共同思考时）。小组共同创作思维导图。首先由各人画出自己已知的资料或意念，然后将各人的思维导图合并及讨论，并决定哪些较为重要，再加入新意念，最后重组成为一个共同的思维导图。在此过程中，每个组员的意见都被考虑，提升团队归属感及合作。共同思考时，也可产生更多创意及有用的意念。最后的思维导图是小组共同的结晶，各组员有共同的方向及结论。

④ 创作（写作、学科研习、水平思维、新计划……需要创新时）。首先将所有环绕主题的意念都写下来，包括新的意念，不可能发生的；不用理会对或错，然后休息，再将意念组织合并，重新画出思维导图，但不要将不可能的划去。以为重要的意念可能有所改变。再休息，让脑放松，这时候创意可能产生。然后将思维导图改写。在这个过程中，思维导图帮助我们将大量的意念联系起来，产生新的意念，而且中心目标十分清楚。

⑤ 选择（决定个人行动，团体决议，设定先后次序，解决问题……需要作出决定时）。当有多个意念要求我们去选择及作出决定时，思维导图可以帮助我们更全面及清晰地明白该问题。首先将需要考虑的因素、目标、限制、后果及其他可行性，用思维导图画出来，再将所有因素以重要程度或喜恶加以权衡，最后尝试作出决定。

⑥ 展示（演讲、教学、推销、解说、报告书……需要向别人说出自己思想时）。当我们需要向别人讲解自己的想法时，思维导图可以协助我们在预备时清楚自己的构思，令我们的演说更具组织性及更容易记忆。在演说时利用思维导图可令听众容易明白，不用阅读长篇大论的文字。演说者也不用将预备好的字句读出来，令演说能更配合听众的需要，增加双方的交流。如果有发问时，演讲者可灵活地在思维导图上处理扩张，不会迷失在其他思路上，无论演说者还是听众对所说内容印象更深刻。

⑦ 计划（个人计划、行动计划、研究计划、问卷设计、写作、预备会议……需要行动前思考时）。当我们要进行计划时，思维导图可帮助我们将所有要留意的意念写出来，再组织成清楚、有具体目标的计划。设计思维导图时，是环绕主题思考，不会迷失方向。完成设计后很容易组织及书写出报告，别人阅读计划时很容易了解计划脉络，容易跟进。

3）概念图和思维导图的区别

（1）从知识表示的能力看，概念图能够构造一个清晰的知识网络，便于学习者对整个知识架构的掌握，有利于直觉思维的形成，促进知识的迁移。思维导图呈现的是一个思维过程，学习者能够借助思维导图提高思维能力。可以通过概念图直观快速地把握一个概念体系，可以通过思维导图理清思维的脉络，并可供自己或他人回顾整个思维过程。

（2）从创作方法上看，思维导图往往是从一个主要概念开始，随着思维的不断深入，逐步建立的一个有序的图；而概念图则是先罗列所有概念，然后建立概念和概念之间的关系，一幅概念图中可以有多个主要概念。

（3）从表现形式上看，思维导图大多是通过带顺序标号的树状的结构来表示，而概念图则需要通过网状结构来呈现。

（4）从应用领域看，现在思维导图的软件往往是在企业中有着广泛的应用，其目的是借助可视化手段促进灵感的产生和创造性思维的形成；而概念图从开始到现在都是为了促进教学效果，最初是作为评价的工具，后来得到推广，成为教和学的策略。

4）概念图和思维导图的联系

应用思维导图进行创作的结果是一个主题下的带有回放功能（表现为顺序编号）的图，称为有向图。如果去掉顺序的编号，就可成为与该主题相关的概念图。因此可以认为，思维导图的创作结果是概念图。

在这里，我们考虑到实际的应用价值，从适合教学的角度出发进行选择，既然概念图和思维导图有相似的地方，它们都有使思维可视化的功能，而且绘制步骤也基本一致，因此，我们在下文的应用中不再区分概念图和思维导图，只要能够实现我们的教学目的，不论什么"图"，都是好图（"黑猫白猫，逮住耗子就是好猫"）。当然，不是说理论的研究不必要，只是不是我们讨论的重点罢了。

5）绘制思维导图的基本步骤

（1）将中心主题置于中央位置，整个思维导图将围绕这个中心主题展开。

（2）大脑不要受任何约束，围绕中心主题内容进行思考，画出各个分支，及时记录下瞬间闪现的灵感。

（3）留有适当的空间，以便随时增加内容。

（4）整理各个分支内容，寻找它们之间的关系，并且要善于用连线、颜色、图形等表示。

6）绘制思维导图的技法

技法是为了让我们绘制出的思维导图更能够反映大脑的工作过程，提高思维导图的应用水平，最终形成自己的独特思维导图和思考方式，见图 3-28 所示。

（1）突出重点。为了改善记忆和提高创造力，在思维导图中必须强调重点。突出重点的方式很多，首先就是要尽量多地使用图像，不仅中心主题中用图像，在整个思维导图中都要尽量多地采用图像，因为图像能够吸引眼睛和大脑的注意力，可以触发无数的联想，并且是帮助记忆的一种极有效的方法，图像还能够使人感到愉悦。除了图像之外，还可以更多地使用颜色或者通过层次的变化以及间隔的设置、线条的粗细等方式，突出思维导图中的重点。

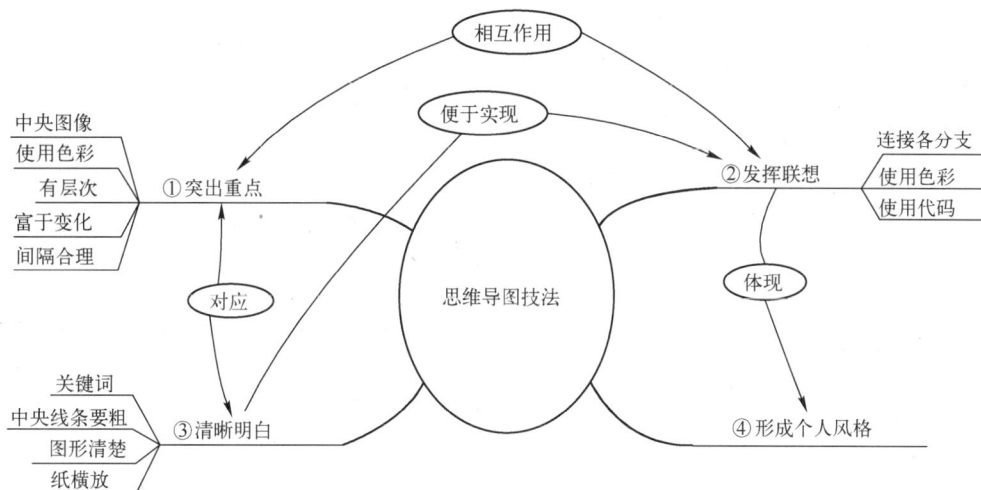

图 3-28 ▎绘制思维导图的技法[52]

（2）发挥联想。联想也是改善记忆和提高创造力的一个重要因素，它是大脑使用的另一个整合工具，是记忆和理解的关键。强调重点的各种方式有利于产生联想，同样，用于联想的方法也能用于强调重点。箭头能够引导眼睛，所以可以将思维导图的一部分与另一部分用箭头连接起来，给你的思想一种空间指导，用思维导图通过联想浑然一体。此外，使用和色彩和代码——对勾、圆圈、三角、下划线等，同样也可以拓展联想。

（3）清晰明白。清晰明白的思维导图能够给人以美感，增强感知力。为了实现清晰明白，分支上最好使用关键词，书写要尽量工整；线条的粗细要有区别，特别是与中心主题相连的线条要粗；横放纸张能够让你的图有更大空间；很多种方式都可以让思维导图更清晰明白。

（4）形成个人风格。在上述的基础上，每个人能够画出自己的思维导图，逐渐就可以形成个人风格。具有个性的思维导图显示的是思维导图创造者的大脑工作成果。

为了让自己的思维导图发挥更大的作用，要及时进行复习，不仅能够完善和修改某些内容，还可以加强联想，托尼·博赞给出了最好的复习时间间隔。

这样，思维导图就成为了不断向前发展的长期记忆的一部分。

8. 头脑风暴法[53-56]

头脑风暴法是以小组讨论某问题的形式，通过发散思维、思维激励，形成创新的方法。此方法是美国人 A·F·奥斯本在 1938 年首创的，头脑风暴原理是精神病理学的一个术语，指精神病人的胡思乱想，奥斯本借用来形容创造性思维自由奔放、打破常规和激烈涌现的特点。

头脑风暴法一般通过一种特殊的小型会议，使参加会议的人员围绕某一专题，相互启发、激励，相互取长补短，引起创造性设想的连锁反应，产生众多的创造性成果。与会人员一般不超过 10 人，时间一般 20min~1h 之间。会议目标要明确，事先要有所准备，会议的主要原则为：

（1）鼓励自由思考，随心所欲，设想新异。

（2）不允许批评别人的设想。

（3）推迟评价，不过早定论。

（4）有的放矢，不泛泛空谈。

（5）与会者一律平等，不提倡少数服从多数。

（6）力求组合、改进、从数量中求质量。

（7）及时归纳总结各种设想，记录在案留作下次会议再议。

此法可以获得数量众多的有价值的新设想，有广泛的使用范围。

例如，要改进建筑用悬臂式起重机，可召集技术人员和工人若干，分成四组，采用头脑风暴法进行讨论。然后，将四个小组的见解整理分类，汇编出如图 3-29 的一览统计图[4]。

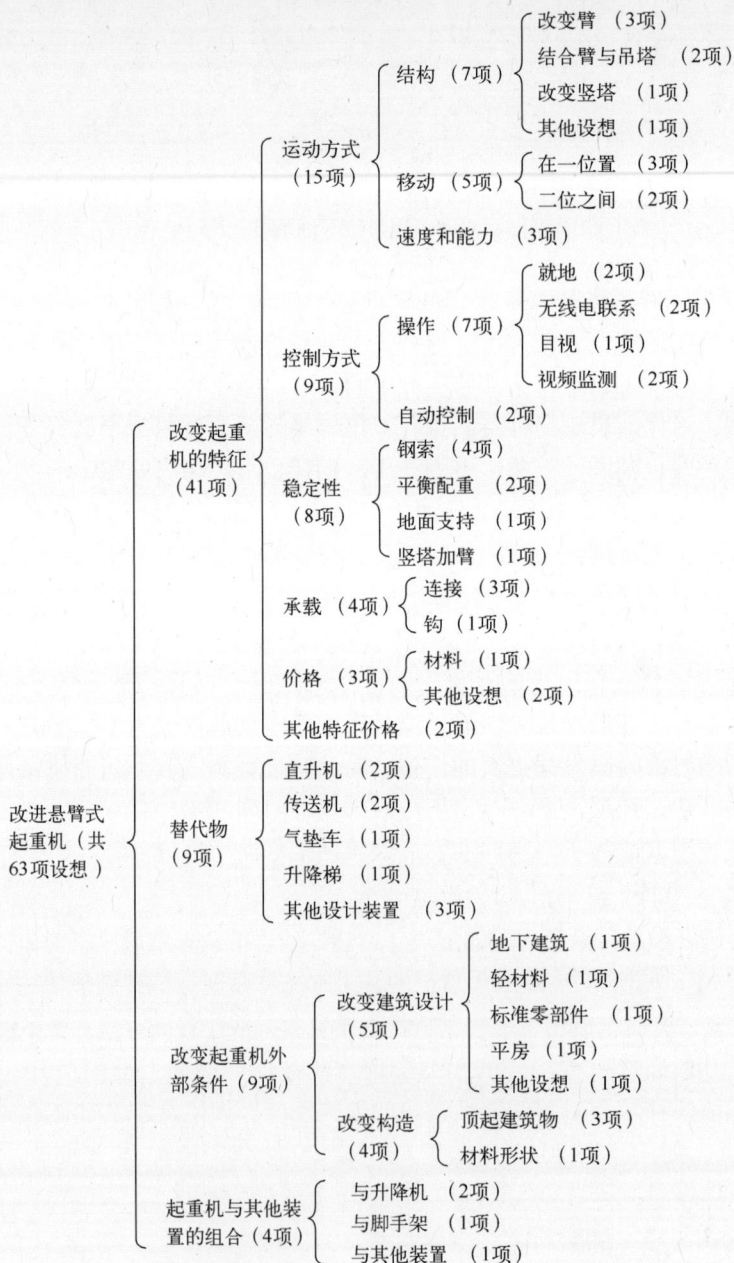

改进悬臂式起重机（共63项设想）

- 改变起重机的特征（41项）
  - 运动方式（15项）
    - 结构（7项）
      - 改变臂（3项）
      - 结合臂与吊塔（2项）
      - 改变竖塔（1项）
      - 其他设想（1项）
    - 移动（5项）
      - 在一位置（3项）
      - 二位之间（2项）
    - 速度和能力（3项）
  - 控制方式（9项）
    - 操作（7项）
      - 就地（2项）
      - 无线电联系（2项）
      - 目视（1项）
      - 视频监测（2项）
    - 自动控制（2项）
  - 稳定性（8项）
    - 钢索（4项）
    - 平衡配重（2项）
    - 地面支持（1项）
    - 竖塔加臂（1项）
  - 承载（4项）
    - 连接（3项）
    - 钩（1项）
  - 价格（3项）
    - 材料（1项）
    - 其他设想（2项）
  - 其他特征价格（2项）
- 替代物（9项）
  - 直升机（2项）
  - 传送机（2项）
  - 气垫车（1项）
  - 升降梯（1项）
  - 其他设计装置（3项）
- 改变起重机外部条件（9项）
  - 改变建筑设计（5项）
    - 地下建筑（1项）
    - 轻材料（1项）
    - 标准零部件（1项）
    - 平房（1项）
    - 其他设想（1项）
  - 改变构造（4项）
    - 顶起建筑物（3项）
    - 材料形状（1项）
- 起重机与其他装置的组合（4项）
  - 与升降机（2项）
  - 与脚手架（1项）
  - 与其他装置（1项）

图 3-29 ┃头脑风暴法关于改进悬臂式起重机设想统计图[4]

在此基础上，再召开审查会议，挑选出最为、最有前途的见解，并审查其可行性。

1）头脑风暴方法在驱逐舰概念设计的应用

运用头脑风暴法进行驱逐舰概念设计讨论时，常用的手段有两种：一是递进法，即首先提出一个大致的想法，所有设计师在此基础上进行引申、次序调整、换元、同类、反向等思考，逐步深入；二是跳跃法，不受任何限制，随意构思，引发新想法，思维多样化，跨度大。在概念设计过程中，设计师系统的每个设计师都要积极思考，充分表现出专业技能和个性化的思维能力，进而在较短的时间内产生大量的、有创造性的、有水准的创意。

2）驱逐舰概念设计中头脑风暴法的应用流程

（1）确定驱逐舰概念设计议题。首先应该明确要讨论的概念设计议题，使设计师明确通过这次会议需要解决什么问题，如本次议题是驱逐舰总体构型和功能定位设计。

本次会议有一名主持人、一名记录员。主持人负责在会议进程中启发引导，掌握进程。如通报会议进展情况；归纳发言的核心内容；活跃会场气氛；或者让大家冷静一会儿，认真思索，继续组织下一个发言高潮等。记录员主要是记录全体设计师的想法，保留最大信息量；同时也要参与讨论，提出自己的意见。

（2）会前准备。为了使头脑风暴会议取得较好的效果，需在会前做一点准备工作。如收集一些国内外驱逐舰概念设计的资料给大家参考；同时，设计师在参与会议之前，要对于驱逐舰总体构型及各系统功能有一定的了解。本次会议参加12人，为了减弱互相造成的影响，采用的是自由发言方式。本次会议初步安排30~45分钟左右，具体操作由主持人掌握。

（3）热身放松。主持人宣布开会后，先说明会议的规则，然后随便谈点有趣的话题或问题，让设计师的思维处于轻松活跃的境界。如果所提问题与会议主题有着某种关联，人们便会轻松自如地导入会议议题，效果自然更好。

（4）宣布议题。由主持人公布会议主题——驱逐舰总体构型和功能定位设计，并利用投影仪介绍驱逐舰总体的功能和特点，以及国内外驱逐舰设计的现状和发展情况，主持人介绍时须简洁、明确，不可过分周全，否则，过多的信息会限制人的思维，干扰思维创造的想象力。

（5）畅谈阶段。为了使设计师能快速了解议题，畅所欲言，需要制订规则：①不私下交谈；②不妨碍他人发言，不去评论他人发言，每人只谈自己的想法；③发表见解简单明了，一次发言只谈一种见解。主持人宣布这些规则后，引导大家自由想象，自由发挥，真正做到知无不言，言无不尽。畅谈阶段，在各系统功能方面，各系统设计师畅谈系统设计构想、存在问题、总体资源消耗及需要进行重点研究突破的关键技术等。在总体构型设计方面，设计师们参照国内外先进舰艇的构型，根据功能定位、隐身性能等提出整体构想。

（6）深化讨论。经过畅谈阶段的认识和铺垫，主持人可引导设计师把重点转移到主题——驱逐舰总体构型和功能定位设计上面来。主持人可针对总体构型设计考虑的主要方面控制讨论的进程，例如驱逐舰哪个方面的功能你最关注；目前国内外的驱逐舰总体构型你觉得满意吗；如果在现有的总体构型基础上再设计，还有什么需要完善的；什么样的设计更符合部队的使用需求等。然后将类似的设计总体构思列表并加以分析，扩大或缩小所讨论问题的范围，整合部分构想。

（7）设计构想筛选阶段。会后一天内，主持人要继续向与会者了解大家会后的新想法和新思路，以补充会议记录，并将大家的想法整理成若干方案，主要分为实用型构想和幻想型构想两类。前者是指目前现有技术及船厂工艺技术可以实现的设想，后者指目前的相关技术工艺尚不能完成的设想。由专家评审小组根据驱逐舰总体构型和功能定位设计的一般标准，找到实用型构想和幻想型构想的最佳结合点，然后对因此产生的各种构想进行分析和判断。在每个判断轮次中，专家们分别投票选出一个合理的方案，投票 8 轮后，统计得票数，反复比较，优中择优，最后确定 2~4 个最佳构想。这些最佳构想是众多设计创意的优良组合，是集体思考的智慧结晶。

3.2.6　应用实例

1. 层次分析法在驱逐舰船型多方案优选中的应用实例[57]

在驱逐舰船型论证阶段，在满足航行性能、总布置和作战效能的前提下，初步拟定 4 个可行的方案，即 B_1，B_2，B_3，B_4（具体方案略），以现代舰船设计中比较重要的 4 个因素，即快速性、耐波性、隐身性和造价为判断准则，通过方案的比较构造判断矩阵，并进行分析计算，得到最优的船型方案。

1）建立层次结构模型

采用咨询专家的办法构造判断矩阵，并进行层次单排序计算。

船型方案的各项技术、经济指标（准则层中的各要素）计算或估算后，优劣次序如下：

快速性：$B_3 > B_4 > B_1 > B_2$；

耐波性：$B_2 > B_1 > B_4 > B_3$；

隐身性：$B_1 > B_2 > B_3 > B_4$；

造价：$B_4 > B_2 > B_3 > B_1$。

两两比较时的标度采用咨询专家的办法，其计算结果见表 3-14~表 3-18。

表 3-14　判断矩阵 $G-C$（相对于总目标 G 而言，指标层 C 各因素之间的相对重要性）[57]

G	C_1	C_2	C_3	C_4	W	指标
C_1	1	1/3	1/5	2	0.107	$\lambda_{max} = 4.068$
C_2	3	1	1/3	5	0.265	$CG = 0.023$
C_3	5	3	1	7	0.567	$RG = 0.900$
C_4	1/2	1/5	1/7	1	0.061	$CR = 0.025$

表 3-15　判断矩阵 $C-B$（相对于指标层因素 C_i 而言，方案层 B 各因素之间的相对重要性）[57]

C_1	B_1	B_2	B_3	B_4	W	指标
B_1	1	2	1/5	1/3	0.113	$\lambda_{max} = 4.034$
B_2	1/2	1	1/6	1/4	0.071	$CG = 0.011$
B_3	5	6	1	2	0.522	$RG = 0.900$
B_4	3	4	1/2	1	0.294	$CR = 0.013$

表 3-16 判断矩阵 $C\text{-}B$（相对于指标层因素 C_2 而言，方案层 B 各因素之间的相对重要性）[57]

C_2	B_1	B_2	B_3	B_4	W	指　标
B_1	1	1/3	3	2	0.233	$\lambda_{max}=4.051$
B_2	3	1	5	4	0.545	$CG=0.017$
B_3	1/3	1/5	1	1/2	0.084	$RG=0.900$
B_4	1/2	1/4	2	1	0.138	$CR=0.019$

表 3-17 判断矩阵 $C\text{-}B$（相对于指标层因素 C_3 而言，方案层 B 各因素之间的相对重要性）[57]

C_3	B_1	B_2	B_3	B_4	W	指　标
B_1	1	3	5	6	0.564	$\lambda_{max}=4.136$
B_2	1/3	1	4	3	0.259	$CG=0.45$
B_3	1/5	1/4	1	1	0.103	$RG=0.900$
B_4	1/6	1/3	1/2	2	0.075	$CR=0.051$

表 3-18 判断矩阵 $C\text{-}B$（相对于指标层 C_4 而言，方案层 B 各因素之间的相对重要性）[57]

C_4	B_1	B_2	B_3	B_4	W	指　标
B_1	1	1/5	1/3	1/7	0.056	$\lambda_{max}=4.077$
B_2	5	1	2	1/3	0.241	$CG=0.026$
B_3	3	1/2	1	1/5	0.132	$RG=0.900$
B_4	7	3	5	1	0.571	$CR=0.029$

2）层次总排序

各方案相对于船型方案优选总目标的层次排序结果如表 3-19 所列。

表 3-19 相对于船型方案优选总目标的层次排序[57]

准则层 C		C_1 (0.107)	C_2 (0.265)	C_3 (0.567)	C_4 (0.061)	B 层次总排序权值	指　标
方案层 B	B_1	0.113	0.233	0.564	0.056	0.397	
	B_2	0.071	0.545	0.259	0.241	0.313	$CG=0.033$
	B_3	0.522	0.084	0.103	0.132	0.144	$RG=0.900$
	B_4	0.294	0.138	0.075	0.571	0.145	$CR=0.037$

以上层次总排序的结果表明，B_1 方案的总排序值最大，即采用方案 1 具有明显的优势，这与我们用常规方法进行的方案选择结果相同。

3）结论

（1）层次分析法思路简单明了，不需要建立复杂的数学模型，层次清楚，计算简捷，便于使用，特别是对类似船型方案优选的这种多目标多方案的决策分析，十分有效。

（2）采用层次分析法对船型方案进行优选，能够充分利用船型数据，通过构造判断矩阵将问题中的定性分析与定量计算结合起来，增加了决策的科学性，有省时、省力、适用的优点，它不仅可以得到最优方案，而且可以得到各方案的优先次序（排序权值），能反映众多专家的意见，不失为一种有效的决策方法。

（3）在船型论证时，还涉及许多因素，如作战能力、燃油储备、总布置、重量重心裕度等，同时也是现代舰船设计中比较注重的因素。但是层次分析法的特点就是其应用不受评判因素的多少的制约，而且影响因素越复杂，层次分析法越能显示其优势。因而层次分析法在舰船船型多方案优选中，具有广泛的应用前景。

2. 基于改进免疫遗传算法求解舰上物资调度的应用实例

舰船进行补给接收时，露天甲板和补给接收站通常堆满了各类补给物资，如何高效地完成各类物资的转运直接决定着补给作业的效率和水面战斗舰艇的作战损失时间，因此寻求一套高效的物资转运方案不仅具有较高的理论价值，更满足了系统设计的迫切需要，具有强烈的现实意义。

此类带约束的物流配送问题（Capacitated Vehicle Routing Problems，CVRP）一直是学术界的 NP 难题，即给定约束条件，问题的解空间有限，并且随着物流配送规模的增大，计算量呈指数增长，求解过程十分复杂，耗时大。下文将提出一种基于改进的免疫遗传算法，通过加大变异率，增强群体多样性，有效求解舰上物资转运问题。

舰上物资转运问题是一个典型的组合优化问题。问题的目标是：如何利用有限数量的转运工具实现对补给物资的配送需求，每次转运工具的运输距离总长度不超过其最大行驶距离，同时其承重量不能超过其最大的载重量，目标是使转运时间最短，在转运时间与运送的路径总长为正比的条件下，即使得各车辆行驶的长度之和最短。舰上物资转运问题主要包括物资、转运车辆、补给站、仓库、转运网络、约束条件和目标函数等要素[58]。

（1）转运物资。转运物资是配送的对象。可将每个仓库需求的物资看成一批物资。每批物资都包括品名、包装、重量、体积等属性[58]。

（2）转运工具。转运工具是物资的运载工具。其主要属性包括装载量、一次输送的最大行驶距离、配送前的停放位置及完成配送后的停放位置等[58]。转运工具的装载量是指转运工具的最大装载量和最大装载容积。在配送决策中，转运工具的装载量可以相同，也可以不同。转运工具在配送前的停放位置可以在舰上某个配送位置，完成配送任务后，对其停放的位置要求可以分为以下几种情况：①必须返回出发点；②必须返回某配送位置[58]；③可以停放在任意配送位置。转运工具一次配送的行驶距离的要求可以分为无距离限制和有距离限制。

（3）物资堆垛区。物资堆垛区是指进行集货、分货、配货、配装、送货作业的配送中心。在配送系统中，物资堆垛区的数量可以只有一个，也可以有多个；物资堆垛区的位置可以是确定的，也可以是不确定的。对于某个物资堆垛区，其存放的物资可能有一种，也可能有多种，其配送的物资可能能够满足全部仓库的需要，也可能仅满足部分仓库的需要。

（4）仓库。仓库的属性包括存放物资的数量、需求物资的满足程度等。在配送系统中，仓库的需求物资可能大于转运工具的最大装载量，也可能小于转运工具的最大装载量；而系统全部仓库的物资需求总量可能超过全部转运工具的总装载量，也可能低于全部转运工具的总装载量[58]。

仓库需求货物的时间，是指要求物资送到（或取走）的时间，对配送时间的要求可分为以下几种情况：①无时间限制；②要求在指定的时间区间内完成配送任务；③越宽越好。

（5）配送网络。配送网络是由顶点（指物资堆垛区、仓库、转运工具配送位置）、无向边和有相弧组成的。边、弧的属性包括方向、权值和交通流量限制等。某运输网络中可能仅有无向边；也可能仅有有向弧；还可能既有无向边，又有有向弧。配送网络中边或弧的权值可以表示距离或时间，边或弧的权值变化分为以下几种情况：①固定，即不随时间和车辆的不同而变化；②虽时间不同而变化；③虽转运工具的不同而变化；④既随时间不同而变化，又随转运工具不同而变化。对配送网络中的顶点、边或弧的流量要求分为以下几种情况：①无流量限制；②边、弧限制，即每条边、弧上同时行驶的转运工具有限；③顶点限制，即每个顶点上同时装、卸物资的转运工具有限；④边、弧、顶点都有限制[58]。

（6）约束条件。舰上物资转运问题应满足的约束条件主要包括：①满足所有仓库对物资品种、规格、数量的要求；②在允许通行的时间进行配送（有可能某些转运工具的配送时间有要求）；③转运工具在配送过程中的实际装载量不得超过其最大的允许装载量。

（7）目标函数。对舰上物资转运问题，可以只选用一个目标，也可以选用多个目标。常用配送总距离最短作为此类问题的目标，配送距离与转运工具的耗油量、磨损程度以及操作人员的疲劳程度直接相关，对配送任务的效率有很大影响。由于配送里程计算简便，它是确定配送路线时选用最多的指标。同时其余可选用的目标函数包括：运力利用最合理。该指标要求使用数量较少的转运工具完成配送任务，并使转运工具的满载率最高，以充分利用车辆的装载能力[58]。

综合以上内容，舰上物资转运问题可以描述为：从物资堆垛区用多种转运工具向多个仓库送货，每个仓库的位置和需求物资数量确定，每个转运工具的装载量确定，要求合理安排转运工具的路线，使完成物质配送时间最短。在建立数学模型之前，先对舰上物资配送问题作以下假设和说明：

（1）每条配送路径的长度不超过汽车一次配送的最大行驶距离[59]。

（2）每个仓库的需求必须满足，每个转运工具只有一条行驶路线，期间可以为多个仓库服务[59]。

（3）封闭式配送，即每个转运工具的路线的开始和结束位置都在配送中心。

该问题的数学模型为：

$$\min z = \sum_{k=1}^{K} \left[\sum_{i=1}^{n_k} d_{r_{k(i-1)}r_{ki}} + d_{r_{kn_k}r_{k0}} \mathrm{sign}(n_k) \right] \qquad (3\text{-}32)$$

$$\sum_{i=1}^{n_k} d_{r_{k(i-1)}r_{ki}} + d_{r_{kn}r_{k0}} \mathrm{sign}(n_k) \leqslant D_k \qquad (3\text{-}33)$$

$$0 \leqslant n_k \leqslant L$$

$$\sum_{k=1}^{K} n_k = L \qquad (3\text{-}34)$$

$$R_k = \{ r_{ki} \mid r_{ki} \in \{1, 2, \cdots, L\}, i = 1, 2, \cdots, n_k \} \qquad (3\text{-}35)$$

$$R_{k1} \cap R_{k2} = \phi (\, \forall\, k_1 \neq k_2) \qquad (3\text{-}36)$$

$$\mathrm{sign}(n_k) = \begin{cases} 1 & n_k \geqslant 1 \\ 0 & n_k < 1 \end{cases} \qquad (3\text{-}37)$$

式中：K 为配送系统所用的配送转运工具数量；L 为所需配送的仓库数量；D_k 为第 k 个转运

工具的最大行驶距离；d_{ij} 为仓库 i 到 j 的运输距离；d_{0j} 为堆垛区到各需求点的距离；n_k 为第 k 个转运工具配送的仓库数量（$n_k=0$ 表示未使用第 k 个转运工具）；R_k 为第 k 条路径；r_{ki} 为仓库在路径 k 中的顺序为 i（不包括堆垛区），令 $r_{k0}=0$ 表示堆垛区。

采用改进的免疫遗传算法[60]实现以上舰上物资转运问题的求解，具体步骤如下：

（1）抗体编码。采用自然数编码，用 0 表示堆垛区，用 $1,2,\cdots,L$ 表示各仓库。由于在堆垛区有 K 个转运工具，最多存在 K 条配送路径，每条配送路径都始于堆垛区。为了在编码中反映转运工具配送的路径，采用增加 $K+1$ 个虚拟配送中心的方法，分别用 $L+1$、$L+2$、$\cdots$、$L+K-1$，这 $L+K-1$ 个互不重复的自然数的随机排列就构成了一个配送方案[60]。

（2）初始群体的确定。随机产生一种 $1\sim L+K-1$ 互不重复自然数的排列，即形成一个个体。设群体规模为 M，则通过随机产生 M 个这样的个体，即形成初始群体[60]。

（3）提取疫苗。免疫算子为目标免疫。对于舰上物资配送问题，从一个仓库出发前往下一个目标仓库，一般应首先考虑距离当前位置最近的仓库。其次，根据特征信息制作免疫疫苗。在最终解决方案里，在最短（最佳）路径里必然包括或者说很大概率上包括了相邻需求点中距离最短的路径[61]。

（4）计算抗体适应度和亲和度。对于某个个体所对应的配送路径方案，要判定其优劣，一是要看其是否满足配送的约束条件；二是要计算其目标函数值（即各条配送路径的长度之和）。对每个个体对应的配送路径方案，要对各条路径逐一进行判断，看其是否满足约束条件，若不满足，则该条路径定义为不可行路径，最后计算其目标函数值[59]。对于某个个体 j，设其对应的配送路径方案的不可行路径数为 N_j（$N_j=0$ 表示该个体对应一个可行解），其目标函数值为 Z_j，则该个体的适应度 F_j 可表示为[59]

$$F_j = \frac{1}{Z_j + M_j G} \tag{3-38}$$

式中：G 为每条不可行路径的惩罚权重。

抗体间的亲和力是衡量抗体与抗体之间相似性的重要指标。大多数免疫遗传算法选择信息熵的方法计算抗体间亲和力，这一方法在求解基于二进制抗体编码时效果较好。由于舰上物资配送问题采用基于自然数的编码方式，采用欧几里得距离（Euclidean）作为度量亲和度的指标。抗体 $a_1,a_2,\cdots,a_n$ 与 $b_1,b_2,\cdots,b_n$ 之间的欧几里得距离为[62]

$$d = \sqrt{\sum_{1 \leq i \leq n} (a_i - b_i)^2} \tag{3-39}$$

d 值越大，表示两者的相似程度越低；如果 $d=0$，则表示两个抗体完全相同。

（5）终止条件判断。终止条件一般采用限定迭代次数和连续几次迭代中记忆单元的最好解都无法改善的混合形式。当满足条件时，算法结束，输出结果；否则继续往下执行[62]。

（6）克隆变异。采用多重的高频变异的方式操作，保证每个克隆个体的倒立位置不同，随机选取两个倒位基因点，将这两点之间的基因段首位倒转过来形成新的抗体[62]。

（7）克隆选择。对于每个经过高频变异后的克隆子群 $A_i(i=1,2,\cdots,n)$，若存在变异后抗体 $B_i = \{A'_{ij} \mid \max f(A'_{ij}) \mid j=1,2,\cdots,q_i-1\}$，使得[62]

$$f(A_i) < f(B_i) \quad A_i \in A \tag{3-40}$$

则用 B_i 取代原抗体 A_i，更新抗体群，实现信息交换。否则，保留父代原始抗体 A_i[62]。

（8）接种疫苗。在第 k 个转运工具配送的第 k 条路径中，与仓库 r_{ki} 距离最近的仓库为 r_{kj}，两者并非直接连接，而是处在第 k 条路径中的两端：$r_{k(i-1)}-r_{ki}-r_{k(i+1)}$ 和 $r_{k(j-1)}-r_{kj}-r_{k(j+1)}$。则，当某一个个体中的某一段路径 $\delta=\{r_{k0},r_{k(i-1)},r_{ki},r_{k(i+1)},\cdots,r_{k(j-1)},r_{kj},r_{k(j+1)},\cdots,r_{kn}\}$，对其进行路径调整为 $\delta_c=\{r_{k0},r_{k(i-1)},r_{ki},r_{kj},r_{k(i+1)},\cdots,r_{k(j-1)},r_{k(j+1)},\cdots,r_{kn}\}$。这种调整过程即为免疫疫苗的注射过程[62]。

（9）疫苗选择。免疫选择指每次遗传操作后，随机抽取一些个体注射疫苗，然后进行免疫检测，即对接种了疫苗的个体进行检测。若适应度提高，则继续；反之，若其适应度仍不如父代，说明在注射疫苗的过程中出现了退化现象，这时该个体将被父代中所对应的个体所取代。通过免疫疫苗的检测能够很好地提高群体的适应性，加速迭代过程[62]。

（10）群体更新。判断是否满足迭代终止条件（条件一般设定为迭代次数），若满足则终止迭代，确定当前种群中的最佳个体作为算法最终寻求解，否则转向（3）重新迭代[62]。

通过以上的算法流程，应用 Matlab 软件仿真平台可完成对舰上物资配送各类实际算例问题的求解。

3. 长锚链堆积的多刚体动力学仿真应用实例

将锚链运动过程抽象为大范围相对运动物体构成的多刚体动力学模型，利用基本力学原理建立能适用于任意拓扑的程式化动力学数学模型，通过数值计算得到锚链各时间历程的姿态，从而实现锚链的运动模拟。

锚链运动过程中存在大量不连续碰撞的运动现象，导致系统在运动过程中自由度会发生突变，这种变拓扑的动力学仿真涉及到碰撞与间隙的动力学模型、接触点的判断以及系统拓扑切换条件等问题，目前常规的动力学仿真软件在计算这类问题时因为运动构件多，计算过程容易出现病态，难以求出有效解。针对这些问题，将长锚链多刚体系统分为部件、约束、力和自定义部分，并为其中每一个部件建立 6 个一阶动力学方程（描述力和加速度关系）和 6 个一阶运动学方程（描述位置与速度的关系），为每一个约束列出若干代数约束方程（方程的数目与其限制的自由度数目相同），形成一种针对长锚链运动的动力学模型[63]。

首先对长锚链入舱开链式系统用序号递增的方式进行编码，并建立相应的基础坐标系 $nX_NY_NZ_N$ 和局部坐标系 $kX_kY_kZ_k$。并且坐标原点位于铰链轴上，Z 轴与铰链轴重合[64]。

在具有 N 个连接体组成的多体系统中，任意取出一个编码为 k 柔性体，运用标准有限元分析软件进行分析。假设第 k 柔性体是由 $ns(k)$ 个刚性节点相互连接而成，第 k 柔性体上的第 j 节点用 jk 表示，与第 k 柔性体固接的坐标系用 $kX_kY_kZ_k$ 表示。在此坐标系中，通过有限元分析可以得到第 k 柔性体的结构质量矩阵 $\boldsymbol{M}_s(k)=\text{diag}\{\boldsymbol{M}_s(jk)\}R^{6n_s(k)\times 6n_s(k)}$ 和结构刚度矩阵 $\boldsymbol{K}_s(k)R^{6n_s(k)\times 6n_s(k)}$ [64]。再由结构质量矩阵和结构刚度矩阵建立二阶微分方程：

$$\boldsymbol{M}_s(k)\ddot{q}_k+\boldsymbol{K}_s(k)q_k=0 \tag{3-41}$$

式中：q_k 为在第 k 柔性体固结的坐标系 $kX_kY_kZ_k$ 中的广义坐标。解此微分方程的特征值，得到第 k 柔性体的模态向量矩阵 $\boldsymbol{P}(k)=\text{col}\{\boldsymbol{P}_j(k)\}$ [64]。其中，$\boldsymbol{P}_j(k)$ 表示第 j 节点的模态向量，表述为

$$\boldsymbol{P}_j(k)=[P_{ij}(k),L,P_{mj}(k)] \tag{3-42}$$

由于结构质量矩阵和结构刚度矩阵是坐标系 $kX_kY_kZ_k$ 中的耦合矩阵，需要将其转化为模态向量下的广义质量和广义刚度矩阵[64]：

$$M_p(k) = \begin{bmatrix} \boldsymbol{P}^{\mathrm{T}}(k)\boldsymbol{M}_s(k)\boldsymbol{P}(k) & \boldsymbol{P}^{\mathrm{T}}(k)\boldsymbol{M}_s(k)\boldsymbol{B}^{\mathrm{T}}(k) \\ \boldsymbol{B}(k)\boldsymbol{M}_s(k)\boldsymbol{P}(k) & \boldsymbol{B}(k)\boldsymbol{M}_s(k)\boldsymbol{B}^{\mathrm{T}}(k) \end{bmatrix} \tag{3-43}$$

$$K_p(k) = \begin{bmatrix} \boldsymbol{P}^{\mathrm{T}}(k)\boldsymbol{M}_s(k)\boldsymbol{P}(k) & 0 \\ 0 & 0 \end{bmatrix} \tag{3-44}$$

式中：$\boldsymbol{B}(k)$ 为将第 k 柔性体上的所有节点的节点坐标速度变换为坐标系 $kXkYkZk$ 下速度的变换矩阵[64]。

从长锚链的柔性多体链上，任取一个柔性体 k 进行受力分析，它受到外侧第 $k-1$ 柔性体的广义约束力 $\boldsymbol{f}(k-1)$ 的作用，内侧第 $k+1$ 柔性体的广义约束力 $\boldsymbol{f}(k)$ 的作用。同时，它还受自身的重力作用。因此，柔性体 k 的结构动力学方程为[64]

$$\boldsymbol{M}_m(k)\ddot{\boldsymbol{q}}_k + \boldsymbol{C}_m(k)\boldsymbol{q}_k + \boldsymbol{K}_m(k)\boldsymbol{q}_k = \boldsymbol{f}(k) - \boldsymbol{\Phi}(k,k-1)\boldsymbol{f}(k-1) - \boldsymbol{G} \tag{3-45}$$

式中：$\boldsymbol{C}_m(k)$ 为阻尼系数矩阵，$\boldsymbol{\phi}_{(k,k-1)}$ 为柔性多体系统体内变换矩阵算子，$\boldsymbol{G}$ 为广义坐标系的重力矩阵。对式中的 k 取值，$k=1,2,\cdots,N$，可以递推出多体系统结构动力学方程[64]：

$$\boldsymbol{M}\ddot{\boldsymbol{q}} + \boldsymbol{C}\dot{\boldsymbol{q}} + \boldsymbol{K}\boldsymbol{q} = \boldsymbol{T} \tag{3-46}$$

式中：$\boldsymbol{M}$ 为系统广义质量矩阵算子；$\boldsymbol{C}$ 为系统广义阻尼矩阵算子；$\boldsymbol{T}$ 为广义力向量。由于方程是通过对系统中所有的连接体局部坐标下的结构动力学方程递推到基础坐标下而得到的，这样就可以在基础坐标下对整个系统进行模态分析，得到相应的系统模态向量，用 Ritz 法求出低阶固有频率[64]。

从柔性体 k 的结构动力学方程分析中可以看出，如果把 $\boldsymbol{f}(k)$ 看成 Rm 维状态向量，$\boldsymbol{\phi}_{(k,k-1)}$ 看成 Rm×m 维状态转移矩阵，其他项的组合看成是动态噪声驱动矩阵 $\boldsymbol{\Gamma}(k) \in Rm \times r$ 与白噪声 $W(k) \times Rr$ 的乘积。此动力学方程变成卡尔曼滤波的标准形式。借助卡尔曼滤波和 Bryson-Frazier 平滑波，将柔性多体系统的连续时间状态空间表达式变为离散时间状态空间表达式。在递推的每一步都可以确定连接铰链上振动特性。这样从根本上提高了结构动力学分析的运算效率 $O(n)$ 和运算结果的精确度[64]。

基于锚链运动过程中，无论是接触或者碰撞，均满足动量守恒和动量矩守恒的原理，利用拉格朗日理论对现有求解器的积分计算方法进行优化。计算接触力大小是冲击函数模型。冲击函数模型是一种非线性弹簧-阻尼模型，涉及的参数较多，计算量较大，但是由于速度为连续，可以计算出碰撞力，在一定程度上可以较真实的模拟出接触碰撞过程。因此接触碰撞仿真多用冲击函数法。冲击函数法计算的接触力由两部分组成：一种是弹性力；另一种是阻尼力，其中阻尼力是由相对速度产生的，函数式如下[65]：

$$F\_\mathrm{impact} = \begin{cases} 0, & q > q_0 \\ k\delta^e - c_{\max} \cdot \dot{q} \cdot \lambda, & q < q_0 \end{cases} \tag{3-47}$$

式中：$\delta = q_0 - q$；$\dot{q} = \mathrm{d}q/\mathrm{d}t$；$\lambda = \mathrm{step}(q, q_0 - d, 1, q_0, 0)$；$q_0$ 为两个即将接触的刚体初始距离；q 为两刚体实际距离；d_q/d_t 为两个刚体间的相对速度；k 为刚度系数；e 为碰撞力指数；$c_{\max}$ 为最大的阻尼系数；d 为切入深度，它决定何时阻尼力达到最大[65]。

为了使阻尼力在刚体碰撞过程中保持连续，式中采用了分段函数，其形式为 $\mathrm{step}(x, x_0, h_0, x_1, h_1)$[65]。

$$
\text{step} = \begin{cases} h_0 & x \leqslant x_0 \\ h_0 + a \cdot \Delta^2 (3 - 2\Delta) & x_0 < x < x_1 \\ h_1 & x \geqslant x_1 \end{cases} \tag{3-48}
$$

式中：$a = h_1 - h_0$；$\Delta = (x - x_0)/(x_1 - x_0)$。

为了描述判断刚体系统在碰撞过程中的接触状态，假设存在 n_p 个有可能会发生接触情况的接触点 I_p，检验每个运动时刻这些接触概率较大的的接触点有多少满足发生碰撞的条件，即确实存在接触。那么发生了碰撞的 n_s 个点形成集合 I_s。对于集合 I_s 中的点，它与某个刚体的最近距离肯定为零，即它们之间的法向的相对距离 $g_N = 0$，需要进行碰撞状态判断计算。I_s 中满足法向的相对速度 $\dot{g}_N = 0$ 的 n_k 个接触点，表示为集合 I_k。I_k 中的点需要计算接触碰撞力。当为持续接触时，$\ddot{g}_N = 0$，如果 $\ddot{g}_N > 0$，表示接触状态终止。接触终止即可用法向相对加速度 $\ddot{g}_N$ 也可用法向接触力 λ_N 确定。接触状态判断图见图 3-30，算法描述流程图见图 3-31[65]。

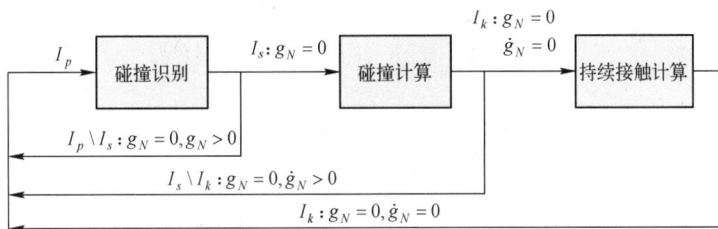

图 3-30 ▌接触状态判断图[65]

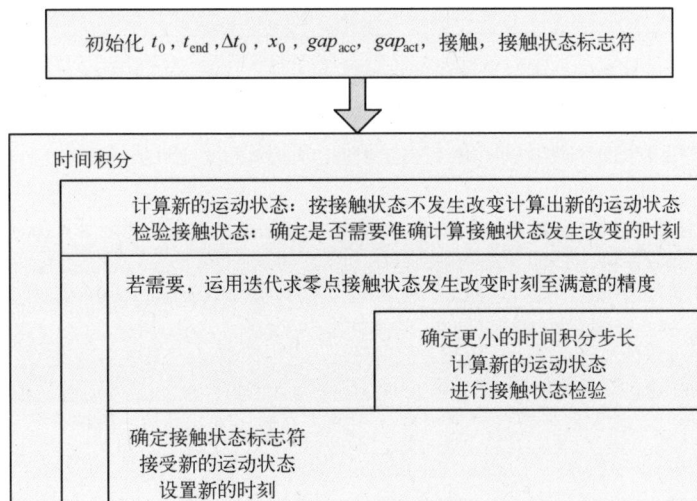

图 3-31 ▌算法描述流程图

利用此方法通过多套测试数据分析，得到若干锚链堆积参数与锚链个数的关系式：堆积高度 h 与锚链个数 n 之间满足关系式 (3-49)，堆积体积 V 与锚链个数 n 之间满足关系式 (3-50)，堆积近似圆底面直径 D 与锚链个数 n 之间满足关系式 (3-51)[65]，图 3-32 给出了不同锚链数量仿真堆积效果图。

$$
h = 10^{0.795} \times n^{0.957}，令 k_{11} = 10^{0.795}，则 h = k_{11} \cdot n^{0.957} \tag{3-49}
$$

$$V = 10^2 \times n^{3.35}, \text{令 } k_{12} = 10^2, \text{则 } V = k_{12} \times n^{3.35} \tag{3-50}$$

$$D = 10^{0.843} \cdot n^{1.16}, \text{令 } k_2 = 10^{0.843}, \text{则 } D = k_2 \cdot n^{1.16} \tag{3-51}$$

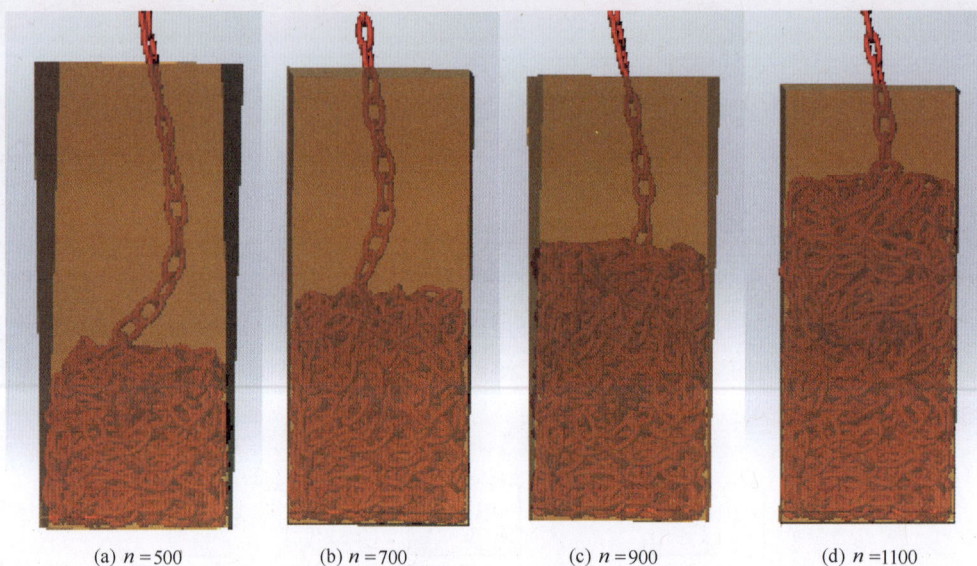

(a) $n = 500$　　　　(b) $n = 700$　　　　(c) $n = 900$　　　　(d) $n = 1100$

图 3-32 ▎不同锚链数量仿真堆积效果图

参 考 文 献

[1] 斯塔姆. 面向对象的系统分析与设计 [M]. 北京：清华大学出版社，2005.

[2] 顾文波. 工业设计中的系统设计思想与方法 [J]. 艺术与设计（理论），2011，38：116-117.

[3] 邓志滔. 面向工业设计的铣刨机三维建模及运动仿真 [D]. 成都：四川大学，2005.

[4] 邹慧君. 机械系统概念设计 [M]. 北京：机械工业出版社，2002.

[5] 娄建国. 机械运动方案的模糊综合评价 [J]. 绍兴文理学院学报（自然科学版），2002，22（2）：67-70.

[6] 柴修伟. 水下钻孔爆破施工过程事故的安全评价 [D]. 武汉：武汉理工大学，2005.

[7] 耿方方. 光缆线路中继电保护业务的可靠性评估 [D]. 保定：华北电力大学（河北），2008.

[8] 李祚泳. 层次分析法（AHP）及其最新进展 [J]. 成都气象学院学报，1992，23（4）：82-86.

[9] 吕顺利，杨济海，邓伟，等. Apriori-AHP 算法在电力通信网业务风险评估中的研究及应用 [J]. 计算机与数字工程，2018，46（4）：667-671.

[10] 闻邦椿. 机械系统概念设计与综合设计 [M]. 北京：机械工业出版社，2015.

[11] Suh N P. The Principles of Design [M]. New York：Oxford University Press，1990.

[12] Suh N P. Axiomatic design：advances and applications [M]. New York：Oxford University Press，2001.

[13] 程贤福，肖人彬. 基于公理设计的优化设计方法与应用 [J]. 农业机械学报，2007，38（3）：117-121.

[14] 程贤福. 基于公理性设计的企业电子商务策略研究 [J]. 商业研究，2005，322：196-199.

[15] 肖人彬，蔡池兰，刘勇. 公理设计的研究现状与问题分析 [J]. 机械工程学报，2008，44（12）：1-11.

[16] 穆瑞. 基于公理化设计的质量功能配置研究 [D]. 哈尔滨：哈尔滨工程大学，2006.

[17] 戴胜. 基于功能基的公理化设计与 TRIZ 集成设计研究 [D]. 南京：南京航空航天大学，2009.

[18] 田启华．杨红梅．基于公理设计的产品概念设计方法研究［J］．中国工程机械学报，2007，5（4）：404-408.

[19] 秦雪梅，黄雁威，夏琴香，等．旋压成形齿槽的有限元模拟分析［J］．锻压装备与制造技术，2012，6：79-81.

[20] 贺晓明．基于 AD 与 TRIZ 组合的产品创新设计体系［D］．广州：华南理工大学，2011.

[21] 唐林．产品概念设计基本原理及方法［M］．北京：国防工业出版社，2006.

[22] 王坤茜．产品设计方法学［M］．湖南：湖南大学出版社，2015.

[23] 冯晓宪．入世后人才流动市场化态势与对策［J］．科学管理研究，2004，22（4）：93-97.

[24] 马淑梅，李爱平，陈彬．逆向工程与计算机辅助产品创新［J］．机械设计与制造，2005，5：160-161.

[25] 唐林，邹慧君．机械产品方案创新设计的 CAD 方法及实现模型［J］．机械设计与研究，1999，4：20-22.

[26] 伍佳妮，夏维力．基于知识管理的复杂产品系统创新机制研究［J］．情报杂志，2008，11：130-133.

[27] 陈劲，周子范，周永庆．复杂产品系统创新的过程模型研究［J］．科研管理，2005，26（2）：61-67.

[28] 郭建伟．创新思维视野下汽车概念设计构思的二维表达研究［D］．武汉：武汉理工大学，2013.

[29] 冯立杰，史玉龙，岳俊举，等．多维创新要素与创新法则视角下的技术进化路径研究［J］．科技进步与对策，2016，21：1-10.

[30] 王凯．面向飞机总体布置的协同设计关键技术研究［D］．南京：南京航空航天大学，2010.

[31] 黄国言，郭徽．基于 XML 的协同设计中数据交换方法的研究［J］．计算机工程与设计，2007，24：6000-6002.

[32] 杨会霞，陈飞明，杨文堤，等．协同设计技术应用研究［J］．武汉科技学院学报，2005，5：40-43.

[33] 高常青，黄克正，马飞，等．TRIZ 理论在产品概念设计中的应用［J］．组合机床与自动化加工技术，2005，10：78-83.

[34] 何川，张鹏，陈利琼．TRIZ 在概念设计中的应用［J］．四川大学学报（工程科学版），2003，5：19-23.

[35] 乐万德，王可，陆长德，等．基于 TRIZ 的产品概念设计研究［J］．机械科学与技术，2003，4：531-534.

[36] 冯佰威．基于多学科设计优化方法的船舶水动力性能综合优化研究［D］．武汉：武汉理工大学，2011.

[37] 肖蜜．多学科设计优化中近似模型与求解策略研究［D］．武汉：华中科技大学，2012.

[38] 操安喜．载人潜水器多学科设计优化方法及其应用研究［D］．上海：上海交通大学，2008.

[39] 吴小萌．空间机动平台总体多学科设计优化技术研究［D］．西安：西北工业大学，2015.

[40] 赵敏，崔维成．多学科设计优化研究应用现状综述［J］．中国造船，2007，3：63-72.

[41] 李小坤．基于动态模拟的竖直埋管地源热泵系统优化研究［D］．武汉：华中科技大学，2012.

[42] 秦小莉．基于遗传算法的煤低温干馏过程优化［D］．西安：西安科技大学，2011.

[43] 方悦．基于嵌入式的变鳍型减摇鳍控制器研究［D］．哈尔滨：哈尔滨工程大学，2010.

[44] 郭劲松．基于人工神经网络（ANN）的水质评价与水质模拟研究［D］．重庆：重庆大学，2002.

[45] 范睿．基于遗传算法的神经网络洪水预报研究与应用［D］．哈尔滨：哈尔滨工程大学，2005.

[46] 刘国安．粒子群算法改进研究及其在图像检索中的应用［D］．哈尔滨：哈尔滨工程大学，2008.

[47] 宋佳．支持向量机在大型船舶航向控制中的应用研究［D］．哈尔滨：哈尔滨工程大学，2009.

[48] 萧嵘，王继成，张福炎．支持向量机理论综述［J］．计算机科学，2000，27（3）：1-3.

[49] 翟永杰．基于支持向量机的故障智能诊断方法研究［D］．保定：华北电力大学，2004.

[50] 曹莎莎．知识显性化及知识流程研究［D］．上海：东华大学，2012.

[51] 夏恩伟. 思维导图在高中地理教学中应用的研究 [D]. 长春：东北师范大学，2008.

[52] 齐伟. 概念图/思维导图 [J]. 软件导刊，2005，5：9-11.

[53] 杨静. 头脑风暴法在产品概念设计中的应用研究 [J]. 科技创新导报，2010，15：12.

[54] 王辉艳，武锐，吕代中. 头脑风暴综述 [J]. 吉林省经济管理干部学院学报，2005，5：53-55.

[55] 朱崇贤. 工业设计系列讲座-（二）设计思维与创造技法 [J]. 机械设计与研究，1992，3：44-48.

[56] 何蓉. 浅谈公安情报分析方法中的头脑风暴法 [J]. 情报杂志，2011，30：111-113.

[57] 姚雷，李国安，段宏. 层次分析法在大型水面舰船船型多方案优选中的应用 [J]. 中国舰船研究，2006，3：12-14.

[58] 郎茂祥. 配送车辆调度问题 [J]. 物流技术，2013，126：62-64.

[59] 陈远. 物流配送车辆优化调度的研究 [J]. 广西轻工业，2011，10：70-71.

[60] 元霞，陈森发. 基于改进小生境 GA 的有时间窗物流配送路径优化问题研究 [J]. 管理工程学报，2006，1：79-83.

[61] 马佳，高立群，邹豪. 求解车辆路径问题的免疫遗传算法 [J]. 仪器仪表学报，2006，6：2324-2326.

[62] 袁其帅，刘云朋. 基于人工免疫原理的网络入侵检测系统的应用与研究 [J]. 科技通报，2014，11：131-135.

[63] 李纯金，刘志强，王明强，等. 基于虚拟样机技术的 VLCC 锚系运动仿真研究 [J]. 船舶工程，2008，6：35-38.

[64] 赵强，吴洪涛，朱剑英. 多体系统结构动力学建模 [J]. 南京航空航天大学学报，2006，4：442-446.

[65] 李英豪. 基于包络原理的锚唇曲面设计及锚系运动参数优化 [D]. 镇江：江苏科技大学，2013.

第**4**章

需 求 设 计

4.1 › 需求设计概述

　　需求设计是整个产品开发生命周期的最前端过程，对整个产品开发能否成功有着至关重要的作用。驱逐舰开展概念设计首先需要明确作战需求，主要根据国家战略、作战任务、外部威胁、作战对象分析、武器装备在未来战争中的地位和作用、现役系统装备存在的问题、经济实力和科技水平等来确定具体需求。

　　驱逐舰需求设计过程起始于国家在这个时期赋予海军的使命任务，军方基于这些使命任务提出装备建设的需求，细化到不同舰艇需要完成的功能需求，终止于舰艇的概念方案或者项目建议书及相关技术图纸文件等。

　　在当前重点开展装备信息化建设的今天，只有准确把握当前国家战略需要，了解市场或军方用户需求，以用户需求为中心来指导产品的概念方案，只有满足了用户需要，以用户需求为导向，才能设计出受到市场认可的产品。

4.1.1 需求的定义

　　军事装备学上认为，军事需求是指为实现预定军事战略目标和战争目的对所需条件及其要求的总称。所谓需求，即指根据特定的作战任务要求，分析、探求各种可满足作战要求的解决办法或武器装备，也就是说提出采用何种办法或获取何种武器装备来实现特定领域的作战任务。

　　需求设计具体到工程应用上，就是考虑如何把用户需求转变为工程功能需求。驱逐舰需求设计的定义，即以交战过程为概念基础，通过可行性研究将作战功能需求扩展为详细的总体、系统和设备设计输入的过程。由于整个驱逐舰的设计过程是自上而下的，属于超大的系统工程，存在一个工程的目标和实效的问题。目标要求太低，价值不大，适应不了现代战争的需要；目标太高，实现起来困难，旷日持久，那就是"拖、降、涨"，即进度拖，指标降，经费涨，也不行[1]。这些问题，在国外也有不少典型例子。例如，20 世纪 70 年代，美军针对苏联军队搭载反坦克导弹的武装直升机的威胁，需要研制一型在行进中为陆军部队提供保护的师属自行高炮系统，美国国防部于 1977 年 4 月批准了"师属防空系统"（DIVAD）发展项目，要求该系统能够为装甲部队、机械化部队和步兵师提供有效的防空火力以对付敌武装直升机和无人机等，并可为我方军事基地、重要建筑和军用设施提供足够的防空火力。通过竞标，美国福特宇航公司的 40mm 自行高射炮方案获得胜出。然而，随着研制计划的实施，到了 1982 年，该项目受到越来越多的批评，首先，它的单价几乎是需要掩护的 M1 主战坦克的 3 倍，其次，该高炮主要性能指标及可靠性指标无法满足现阶段的对抗要求，即苏联的新式的武装直升机"米-28"已完成列装，具备发射远程反坦克导弹能力，超出该型自行火炮射程范围。于是，1985 年 8 月美国国防部宣布"DIVAD"计划下马，该自行火炮平均每门价格高达 680 万美元，是人类历史上最为昂贵的自行火炮之一，结果却是无法适用于战争对抗的实际需求，只能遭到淘汰。

因此，在驱逐舰需求定义上要确定两点：第一是军事能力需求，要求针对未来作战对手现有和未来军事能力做出准确判断与评估，并根据这些能力来确定和发展自己未来应拥有的海上作战力量，最终明确未来驱逐舰在海上作战体系中的需求定位；第二是作战能力需求，即要深入分析研究近代海战历史，通过了解海上作战的特点和装备发展趋势，对我们面临的未来海上作战样式做出准确判断；同时，按照未来海上体系对抗的要求，明确下一代驱逐舰应具备的作战能力需求和装备优先升级发展路线。

4.1.2 需求的初步描述

既然是工程设计，就没有普遍的对象，只有具体的目标，也不应有统一的模型，而应有独特的样式。也就是说，在整个工程设计中，有些可以统一与标准化，有些则不宜强求千篇一律，目的是给创造性留出一个较多的空间。这里提出的需求设计，仅是从一般意义上对舰艇设计的要求或者舰艇在概念设计阶段或方案设计阶段一般情况下应具备的内容。因此在驱逐舰概念设计初步需求的阐述方面，既要确定问题的基本性质，使其能全面反映问题形态的各个主要成分，向设计者提供比较全面的实际信息，确保设计者能够准确地掌握问题的基本特征，同时应避免添加一些不必要的约束性细节信息。因为，不必要的约束信息会限制或误导设计者的设计思路。对设计者而言，需要慎重、恰当地定义设计目标，避免陷入预定的解决问题的模式中[1]。

例如，从用户需求的角度开发一型驱逐舰，需要重点考虑这型军舰作战用途、作战海域、作战对象和作战保障等方面的设计内容。那么在概念设计之初用户需求尚不明确的情况下就不要限定作战用途，对于小型国家（如东南亚或非洲国家）一般以近海防卫作战使用为主，则应重点考虑中小吨位、高航速和操作灵活性；对于大中型国家（如巴西、阿根廷等）作为中远海作战使用，则应主要考虑大中吨位、适航性和较强的打击能力的战舰。同样，在作战海域方面，如果是靠近极区的国家有极区航行需求，则需要开展极区导航功能，甚至破冰功能等设计；如果用户希望在大风浪条件下保持作战能力，则需要考虑高海况情况下武器的适应性，以保证武器在高海况条件下正常使用；如果用户不具备海外基地补给弹药等重要物资的能力，则需要考虑远洋情况下与补给船之间的匹配性设计需求。

因此，可以看出，在一个产品概念设计阶段不宜限定太多的边界条件，需要结合不断变化的市场需求，而是根据产品阶段性特点进行具体分析，在后续不断市场调查不断逼近情况下，选择一个最适合的完成路径。

同时，对于驱逐舰概念设计的需求初步描述时，应注意下述几个方面。

（1）建立整个驱逐舰工程研制的目标。需求描述应围绕最终目标进行，以完成最终目标为开展需求设计的出发点[1]。

（2）明确性能和工作特性要求。在需求描述中明确工程需要满足的性能要求和完成规定的任务应具备什么样的工作特性[1]。

（3）建立全系统、全寿命观点。要从全系统设计、全寿期管理的角度开展需求描述。注重除驱逐舰之外的辅助装备（如码头设计、消耗品的补给运输等）的配套适应及保障问题，因为整体效能的充分发挥是与全局观念分不开的。如果在论证、设计、研制时，只注意驱逐舰本身设计而忽视综合保障诸要素，将造成主装备与综合保障诸要素不匹配，必将制约整个驱逐舰综合效能的发挥[1]。

4.1.3 需求分析

1. 需求分析的内容

要使一艘水面舰艇军事价值达到最大，需求分析应从以下三个维度进行：功能度、可购买性、系统完整性三块内容[1]。

1）功能度

（1）正确和迅速的行动：在不明朗和高风险态势下，能够正确估计并迅速响应的概率。

（2）区域控制：对战斗空间内所有的威胁有效作战的能力。

（3）攻击发射：对远距离目标的攻击能力。

（4）火力：对于标准环境和参考的目标群，所期望的每单位时间对付目标的能力。

（5）有效作用距离：不考虑地理位置，与战斗空间内的标准类型目标交战的能力。

（6）容许环境苛刻度：对于干扰作战行动的人为和环境源的承受能力。

（7）生存能力：避免被击中和战斗伤害的能力[1]。

2）可购买性

该舰在使用花费上与之相平衡的作战能力[1]。

3）系统完整性

能遂行执行任务，并在全部战备时间内保持可执行任务状态的能力[1]。

2. 需求分析的基本步骤

驱逐舰概念设计的目标，是使建造的水面舰艇在当前复杂国际斗争形势或针对国家在该时期内特殊战略任务中的军事价值达到最大。需求分析应基于各种典型作战样式分析得出作战功能的运用构想，从而进行总体作战能力需求分析，描述出未来该驱逐舰产品应具有何种总体作战能力。一般而言这种描述相对比较概括，只简单提出大致的方向和一些宏观目标。为了设计驱逐舰装备发展的总体思路和系统分析的需要，必须对总体作战能力进行分解并进行详细描述，使之具体化。通过作战能力分解，导出对该型驱逐舰在各方面作战能力的需求，确定相应的作战功能和效能。开展需求分析就是为了围绕这个目标进行。其中，需求分析主要是通过以下步骤完成。

（1）任务分解。任务分解的目的在于将驱逐舰总体需求分解为各个方面的能力需求，并确定两者之间的关系。这些通常在功能需求流程图中表示。确定能力需求后，继而将其分组和排列形成初步的能力需求体系结构。

（2）需求分配。把作战需求转化为性能需求、物理需求、寿命期费用等形式，并把它们分配到功能系统体系结构的分系统中。功能体系结构不仅详细说明了为了满足作战需求，舰总体及系统所要实现的功能或完成的任务，而且详细说明了为满足作战需求，舰总体及系统所要实现的功能或完成的任务，而且详细说明了如何完成任务以及完成任务的方式等。接着，初步确认完成舰总体及系统功能和所分配需求元素（设备、人或计算机程序）。

（3）权衡和最优化。最佳的设计是通过在候选的各需求元素中以反复迭代方式权衡其性能和费用来确定的。在这个过程中，通过变换这些元素，确定最终的物理元素。

（4）综合和确定。这里要进行各需求元素的联合和组织，以保证它们形成一个合适的功能实体。通常是依靠全系统建模的分析手段来完成这个工作，这就保证了在较低层次元素级权衡和最优化之后，确保设计上能够满足用户的需求[1]。

4.2 > 基于信息残缺性的需求分析

4.2.1 主要内容

1. 军事形势分析

军事形势分析主要是以世界战略格局对本国的威胁和安全环境可能造成的影响为重点而进行的宏观预测分析，其目的是研究国际安全环境发展对国家安全的影响，从总体上为装备发展需求分析提出指导方向和远景目标，主要从政治态势、军事态势和地理环境方向进行考虑[2]。

1）政治态势分析

政治态势分析是分清敌友、明确阵线，找出能联合与可以联合，以及情况变化后可能转化或倾向于敌的对象，以便于确定现实与潜在的敌人，确定打击目标的指向和响应的政治与军事对策。分清敌友、确定打击指向的根本条件，是看与国家安危和维护国家权益有无矛盾、矛盾的激化程度与对手的对策措施，即对本国生存利益与发展利益的损害程度。国家利益是分清敌友阵线的首要条件，国家利益也有当前利益与长远利益之分，有时两者利益是一致的，也有许多时候两者是矛盾的。在两者矛盾的时候，要根据国家战略与军事战略的目标权衡利弊得失，根据国家的最高决策确定战略目标。所以在研究分析政治态势时，必须站在国家长远和全局利益上考虑问题，自觉树立全局观念[2]。

2）军事态势分析

军事态势分析是进一步研究现实与潜在作战对象的军事实力、部署情况与作战能力，分析敌我军事对比的有利与不利条件，及其对本国安全威胁和国家权益破坏的可能样式和程度，以确定我军事行动的基本方针和武器装备发展的重点。敌我军事实力和能力的对比是复杂的动态变化过程，政治态势的变化和利益冲突可能对战争的进程与结局，对战略与战役作战的态势造成重大影响。在估量军事斗争态势时，要涉及集团的成员国或位于地区内的非成员国。因此，分析研究问题时，还应充分考虑地区集团力量的影响[2]。

3）地理环境分析

地理环境分析是研究未来战场和自然条件对我军兵力使用和建设的影响，以及由此所产生的有利与不利条件。所以，在很大程度上决定着我方战场准备。从地理角度看战略环境，首要的是要看各战略力量的关系及其所处地理位置所形成的地理格局或战略地理态势，以及我方在这一格局或态势中的位置与作用[2]。

2. 作战任务与能力要求分析

作战任务分析是根据作战构想、在特定的战场态势下，依据作战威胁和作战环境分析得出的科学结论，结合军队运用原则和使命任务特征，在一定条件约束下对作战任务进行的详细分解与深入研究[3]。

作战能力分析主要是根据面临的军事威胁分析所确定的战争类型和军事战略目标，提出作战装备的主要作战任务，分析未来的战场环境和自然环境条件，并在拟制的作战想定基础上，通过体系仿真等手段分析装备对应的作战能力，了解装备目前存在的技术差距和今后重点发展的方向[3]。

1）作战对象分析

通过分析未来主要作战对象和军事大国的作战理论、作战方针及发展趋势，了解主要作战对象在攻防战役中的主要战斗特点，分析主要作战对象的兵力结构和可能的部署情况，确定主要作战对象的作战能力和主战装备的水平及军事人员编制情况[3]。

2）未来战场主要特征和作战样式分析

当前，人类正从工业时代逐步进入信息时代，计算机、通信和网络等技术正在改变着我们的社会，也改变着未来的战争形态，信息化武器装备直接用于战争，促使战争形态发生巨大变化，只有敏锐把握未来军事斗争的发展趋势，认清战争形态改变带来的新变化，才能合理确定适应新时代要求的装备发展。分析未来战争的基本作战样式、战场规模、作战方向与地域，战争类型按规模可分为核战争和常规战争。根据当前世界军事发展，未来战争将以局部战争为主要类型，兵器运用则是以高技术常规武器运用为主要特点。根据作战对象与我存在的利益冲突及可能对我造成的威胁，分析作战方向和地区，以及在各个作战方向和地区作战的特点[3]。

3）未来可能面临的基本作战任务分析

预测未来的作战样式和未来高新技术与新概念武器运用情况及战争的特点，根据我军在未来战争中的地位和作用分析各类武器装备在未来战争中的地位、作用及其战术技术性能、战斗编成与数量、战役战术运用和战斗行动特点，可能运用的武器装备，各种有利和不利的因素等，提出武器装备的基本使用要求，并分析对武器装备发展的影响[3]。

4）作战环境分析

分析是进攻作战还是防御作战；作战地域的地理环境和战场环境；未来作战环境（包括在陆、海、空、天、电敌我对抗过程中可能遇到的自然环境、诱发环境、电磁信号环境和其他特殊环境等）对武器装备发展的要求[3]。

3. 驱逐舰能力需求分析

随着科学技术的突飞猛进，特别是以计算机技术和信息技术为代表的新兴技术的迅猛发展，现代战争的作战样式已经发生了巨大变化。20世纪80年代的海湾战争的表明，作战双方的对抗不再是双方主战武器在火力和机动力方面的较量，而是由多种武器装备在情报、通信、信息处理及后勤保障配合下的综合作战能力的较量，即体系和体系的全面对抗。要完成一个大规模的作战任务，不能只靠一种武器装备，必须配合使用多种武器装备，并对其进行统一的综合保障及指挥控制、通信。

驱逐舰作为一个相对独立的完整节点，可以独立完成任务，也可以作为节点在体系中完成相应的作战任务。一般根据海军作战力量体系要求，驱逐舰在体系作战中可作为主要兵力参加航空母舰编队、联合机动编队和两栖作战编队，遂行远海机动作战任务、近海综合作战任务和两栖作战任务。驱逐舰在体系对抗中作为远海机动作战力量体系、近海机动力量体系的重要组成部分，在航空母舰编队、驱护编队、两栖编队内承担防空、反潜、反舰/对陆等防护与攻击任务。

1）驱逐舰参加航空母舰编队的能力需求

在航空母舰编队中，驱逐舰主要部署在内层担负区域抗导、区域反潜、鱼雷防御、编队指挥、区域防空等任务。

在区域抗导方面，航空母舰是敌方反舰导弹攻击的重点目标，驱逐舰在编队内应当具备区域抗导能力，尽可能多地抗击来袭导弹，且围绕航空母舰形成火力抗击圈。

在区域反潜方面，针对航空母舰编队水下威胁，驱逐舰应当具备区域反潜作战能力，提高反潜作战的反应速度，先敌发射鱼雷武器，降低敌潜艇对航空母舰及其编队内其他舰艇的威胁。

在鱼雷防御方面，鱼雷是敌方潜艇兵力突击航空母舰编队的重要武器，对航空母舰的安全构成了严重威胁。驱逐舰应当具备鱼雷防御能力，尽可能远地发现和抗击来袭鱼雷，且围绕航空母舰形成鱼雷防御圈。

在编队指挥作战方面，航空母舰编队的作战指挥十分复杂，需要以航空母舰编队指挥所为核心的多个指挥所共同完成，驱逐舰可以承担若干方面作战的指挥任务。

在区域防空中，部署在内层的驱逐舰应当具备区域防空作战能力，必要时拦截少量突破外层防御的敌机，阻止敌机使用反舰导弹、精确制导炸弹攻击航空母舰。

在对陆打击方面，航空母舰编队中的驱逐舰，携带对地巡航导弹时，可以担负对陆打击任务。

2）驱逐舰参加联合机动编队的能力需求

参加联合机动编队遂行作战任务时，驱逐舰主要是在驱护舰编队中遂行防空作战、反舰作战和反潜作战等任务。

在预警侦察方面，应当有完善的对空、对潜传感器，确保在强干扰条件下对飞机、导弹的探测和在复杂水文条件下对潜艇、鱼雷的探测。对空能对多目标、多批次、多方向空中目标的探测，并保障舰空导弹和舰炮武器的作战使用。对潜能先敌发现和保障鱼雷武器的作战使用。驱护舰编队除了驱护舰装备各类传感器外，还要搭载一定数量的舰载直升机，担负驱护舰编队的对空、对潜预警侦察任务。

在指挥控制方面，驱护舰编队中应当有 1 艘以上驱逐舰具备联合机动编队指挥能力，保障联合机动编队指挥所完成对所属兵力的指挥与协调，特别是要完成航空兵与驱护舰编队协同作战的组织指挥。

在抗击飞机方面，应当有远程区域防空导弹，与驱护舰编队内其他驱逐舰一起，协同掩护航空兵完成抗击来袭敌机的任务，特别是要抗击中低空飞机。驱护舰编队在与空中突击群的对抗中处于劣势，必须与掩护航空兵协同防空。掩护航空兵负责远程拦截，驱逐舰主要应负责本编队一定范围内的拦截任务。

在抗击反舰导弹方面，超声速反舰导弹、高超声速反舰导弹是联合机动编队未来面临的主要威胁，驱逐舰应具备对超声速反舰导弹、高超声速反舰导弹的抗击能力。

3）驱逐舰参加两栖编队的能力需求

两栖编队是两栖作战力量的基本编成，作为两栖作战、海上兵力投送的核心力量，必要时也担负综合制海任务。在两栖作战中，驱逐舰担负海区警戒和火力支援任务。

岛屿进攻作战和岛礁区进攻作战的战役实施，一般按先期作战阶段、登陆作战阶段、岛上作战阶段三个阶段组织实施。

在先期作战阶段，主要有夺取制信息权作战、夺取制空权作战、夺取制海权作战、预先火力准备、预先扫雷破障等行动。一方面，驱逐舰要参加航空母舰编队或联合机动编队，遂行夺取制空制海制信息权的任务；另一方面，驱逐舰要参加预先火力准备，重点摧毁敌海岸防御地域内的目标，削弱敌抗登陆防御能力。

登陆作战阶段，主要有上船、航渡、突击上陆、抗敌反击夺占登陆场等行动。一方面，驱逐舰要参与航空母舰编队或联合机动编队，担负海区警戒任务，为两栖输送护航；另一方面，驱逐舰参与直接火力准备，保障登陆部队快速上陆，并协助第一梯队粉碎敌反突击。

岛上作战阶段，主要有割裂敌防御体系、夺控敌要害目标、分歼合围控制全岛等行动。一方面，驱逐舰要参与航空母舰编队或联合机动编队，建立海上封锁体系，切断敌各防御集团的海上联系；另一方面，驱逐舰要火力准备或突击，支援登陆部队的分割、夺控、穿插分割和歼敌行动。

4.2.2　主要过程与方法

1. 需求设计的过程模型

针对任何武器系统进行的建模仿真活动总是在特定的战争系统层次上进行的，武器装备模型的层次性是由战争系统本身固有的层次性所带来的。战争系统在整个层次体系采用的垂直结构由系统内嵌入的多重子结构组成，水平子结构由每一层内相互支持、相互作用或相互依赖的子系统组成，上一层达到目标的程度依赖于下一层结构的运行情况[4]。

需求模型的构建主要分为以下三个层次：首先构建一个呈放射状的思维导图（价值—需求—属性）去呈现设计者对产品的认知；其次，创建一个评分矩阵，通过为属性—需求和需求—价值矩阵中的一对元素之间的关系进行评估和赋值来给用户提供一个表达他们观点的机会；最后，通过该模型设计，将设计者和用户之间认知的相似性和差异性区分开来。这样设计者可以了解他们的认知结构相比用户有着怎样的差异，同时，也可以得到设计者和用户达成的共识，并以此用于指导设计。具体流程如图4-1所示[4]。

1）构建设计者的认知结构模型的步骤

认知结构模型的建立是由设计者完成的，通过认知结构模型可以获取设计者对于产品属性、用户需求、价值之间的相关性的认知[4]。

（1）编码建立——为便于用户根据方法目的链模型进行评分和赋值，将收集到的价值、用户需求、产品属性、邀请设计者进行编码和分类，编码要采用数值编码的形式，理清各要素之间的关系，同时，编码所反映内容必须清晰而全面[4]。

（2）将设计主题整个关键词放在纸的中心然后按照价值、需求、属性三个层次从这个中心向外扩展其范围。如图4-2所示[4]。

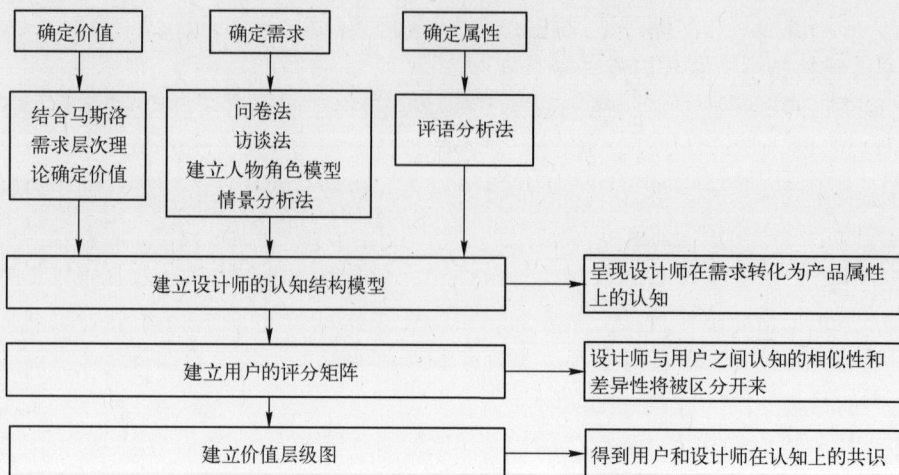

图 4-1 ▎用户需求到产品属性的转化过程[4]

（3）主要的分支将扩展出来形成树状圈，标注一个关键词在各自分支上[4]。

（4）所有较小的分支从主要分支中被扩展出来形成树状图；主要分支和较小分支的分支线粗细递减[4]。

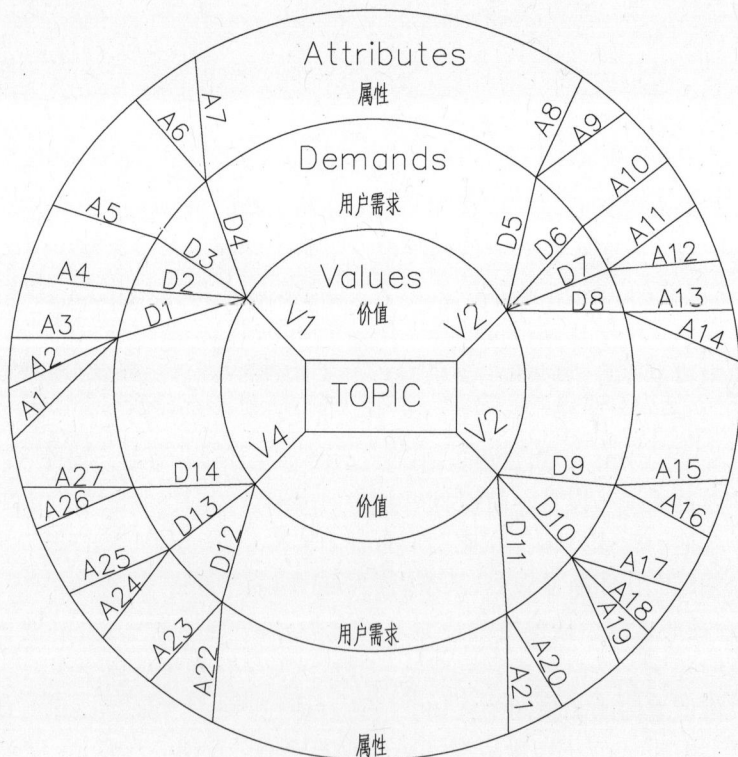

图 4-2 ▎建立基于残缺的认知结构模型

2）建立综合关联评分矩阵

建立综合关联评分矩阵是为了通过以用户评分的方式获得用户对产品属性、用户需求和价值之间的相关性认识。通过矩阵的形式量化地表达被访用户需求，通过数据整理分析，有助于整合和量化消费者的认知取向，并以建立的关联矩阵来构建出价值层级图，从综合关联矩阵可以看到，横轴和纵轴包含了所有编码，而矩阵的每格都有自己的含义，表示在阶梯矩阵中产品属性层的各元素与用户需求层的各元素之间的关联程度，或者用户需求层各元素与价值层各元素之间的关联程度[4]。

表 4-1 属性与需求之间的相关性评分表

	D1	D2	D3	D4	D5	D6	D7	D8	D9	...	D14
A1											
A2											
A3											
...											
A27											

表 4-2 需求与价值之间的相关性评分表

	V1	V2	V3	V4
D1				
D2				
D3				
...				
D14				

3）获取方法目的链

若设计者和用户在某一类需求类别、需求以及属性之间的关联程度上达成了共识，那么就能确定一条需求类别、需求和属性之间的关系链，以此类推，可以获得多条具有较强相关性的关系链[4]。下面以主炮需求设计为例进行说明，如表 4-3 所列。

表 4-3 方法目的链

V1—D1—A1	基本性能—身管寿命长—材料
V1—D2—A4	基本性能—操控简便—显控界面
V1—D3—A9	基本性能—装弹简便—装填方式
V1—D4—A11	基本性能—故障监测—弹药运转监测
V2—D5—A12	人机交互—自动接收信息—目标信息获取
V2—D6—A13	人机交互—快速确定打击方案—弹药使用方案
V2—D7—A14	人机交互—便于与上级指挥部门沟通—指挥电话
V3—D8—A15	高级性能—自动瞄准—自动化程度
V3—D9—A19	高级性能—自动瞄准—瞄准精度
V4—D10—A20	高级性能—情报获取—目指通道
V4—D11—A21	扩展性能—弹种识别—计数
V5—D12—A25	预留功能—寻飞弹侦查与识别—目标探测
V5—D13—A26	预留功能—高空气象信息获取—弹道修正

经过计算属性与需求，以及需求与价值之间的相关性，可以得到多条方法目的链，通过这些方法目的链，我们可以清楚地知道各个产品属性与各个用户需求以及价值之间的对应关系。可以明确用户的需求是在哪种价值的引导下产生的，通过哪一层属性来实现需求[4]。

4）建构价值层级图

通过方法目的链模型和关联矩阵可以得到设计者和用户对于产品属性、用户需求和价值这三层中各个要素之间的关系的共识，得到需求转化为产品属性的方法。由此可以得到几条指导设计的方法目的链，根据所得方法目的链构建价值层级图见图4-3，在层级图中所涉及的元素都可以采用编码内容作为依据，而连接的线条则以关联矩阵表中的链接顺序为主，价值层级图展现了产品的属性、利益和价值[4]。

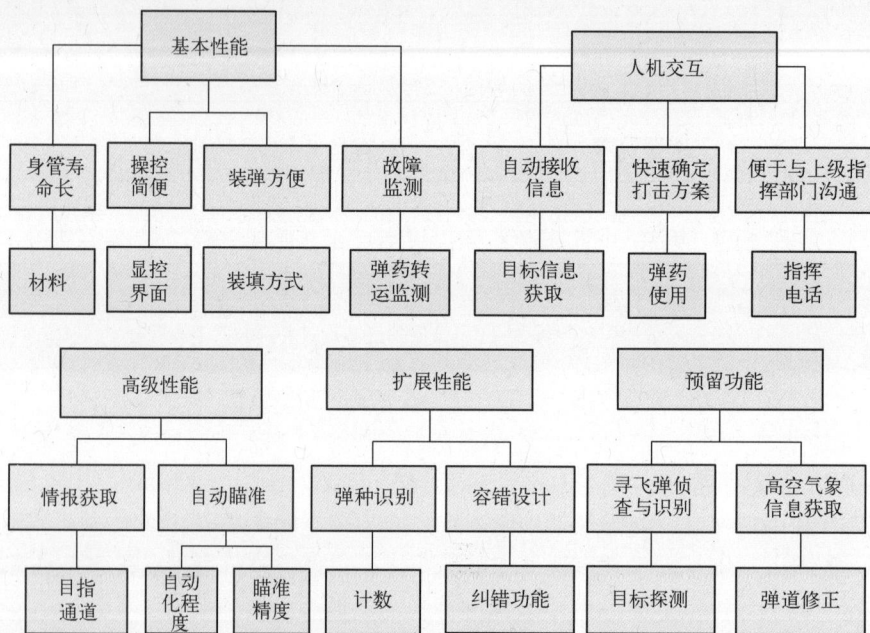

图4-3 ▌需求层级图

2. 获取需求

需求获取的方法包括资料收集、技术查询、专家咨询和调查研究。这些方法的描述看似简单，但做起来很复杂。目前这些方法还是最基本、最有效的需求获取方法，只是途径和技术手段多了，例如，可以通过上网进行资料收集、技术查询、专家咨询和调查研究，达到高效率获取一些需求的目的[5]。

1）资料搜集

（1）收集途径。资料收集的途径主要有以下几点：

① 通过图书馆查阅。

② 通过专业技术情报机构查阅收集。

③ 通过专业技术档案室查阅收集。

④ 通过院校、研究所、军工企业集团、军兵种机关等收集。

⑤ 通过互联网收集[5]。

（2）收集内容。收集内容比较广泛，只要是与本项目有关资料都应进行收集[5]。

（3）收集方式。

① 问卷、会议。按照指标体系和需求分析提纲，采用问卷或会议的方法，完成需求报告。

② 树立"靶标"。由研制部门（代理）在广泛调研或相关系统研制经验的基础上，代替使用部门提出需求报告，作为"靶子"，交使用部门修改、完善。

③ 文件获取。从有关作战条令、条例、规定等正式文件中，结合系统要求，抽取相关需求信息。

④ 技术示范方法。即所谓"技术推动"方法，由研制部门（代理）首先向使用部门通过模拟仿真等技术手段实现种种功能，启发用户自己提出自身的作战需求[5]。

2）技术查询

技术查询的途径与资料收集基本相同，只是技术查询的目的更加明确、内容通常有限，达到目的即可[5]。

3）专家咨询

专家咨询的方式可以书面咨询和当面咨询。咨询的内容一般分总体咨询和专题咨询。总体咨询是在论证开始阶段，对项目总体涉及的各方面内容进行广泛了解；专题咨询通常是在理解资料后，对不清楚的问题再去进行专家咨询，以求问题得到解决。咨询前事先应作好准备工作，编制咨询计划[5]。

4）调查研究

（1）调查研究的做法和步骤。

① 成立调研小组。

② 选择调研单位。

③ 编写调研提纲。

④ 制作调研表格。

⑤ 实施函调。

⑥ 实地（现场）调研。

⑦ 资料整理。

（2）资料收集途径。

① 通过调研收集。

② 到技术情报研究单位收集。

③ 查阅相关课题资料。

（3）专家咨询方式。

① 全面了解。

② 按专题咨询。

（4）技术查询的方法和目的。主要是通过权威情报研究单位，查询国内外同类装备发展水平和趋势，用语论证分析。

（5）获取内容。按照系统研制过程，需求获取内容包括分析任务需求、使用需求和功能需求等[5]。

3. 评估需求

根据驱逐舰需求设计中综合评价指标体系的指标集是由定性的、定量的，以及定性与定量相结合的指标组成的特点，应当采用适合于混合型指标体系的评价模型和评价方法。目前比较多的多目标决策方法是德尔菲法、层次分析法、模糊综合评判法、多属性效用分析法、数据包络分析法、理想点法等。此外，由于驱逐舰需求综合评价的复杂性，往往需要运用多种评估方法。这里重点介绍模糊综合评估法对需求进行评价[5]。

模糊综合评估就是以模糊数学为基础，应用模糊关系合成的原理，针对受到多种因素制约的对象，将一些边界不清、不易定量的因素定量化，按多项模糊的准则参数对备选方案进行综合评估，根据综合评估结果对各需求进行优先级排序[5]。

以一级递阶结构为例进行说明。一级递阶结构图和二级递阶结构图如图 4-4、图 4-5 所示[5]。

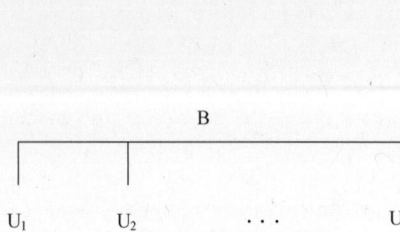

图 4-4 ▌一级递阶结构图[5]　　　　　　　　图 4-5 ▌二级递阶结构图[5]

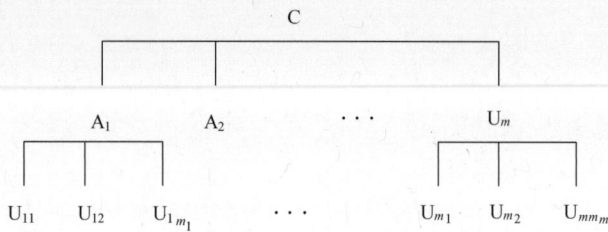

模糊综合评判模型如下[5]：

$$一级：B = A \cdot \begin{bmatrix} U_1 \\ U_2 \\ \vdots \\ U_m \end{bmatrix} = (b_1, b_2, \cdots, b_n) \tag{4-1}$$

$$二级：C = A \cdot B = A \cdot \begin{bmatrix} A_1 \cdot U_1 \\ A_2 \cdot U_2 \\ \vdots \\ A_m \cdot U_m \end{bmatrix} = A \cdot \begin{bmatrix} B_1 \\ B_2 \\ \vdots \\ B_m \end{bmatrix} = A \cdot (b_{ij})_{m \times n} \tag{4-2}$$

式中：n 为评语数。

同理，我们可以得到多级递阶结构模糊综合评判模型。

模糊综合评判法具体步骤如下：

（1）建立层次结构模型，确定因素集 U。

（2）确定权重系数 A。

（3）确定评语集 V。

评语集是由专家给出的评语所构成的集合，它的选取应符合人们对某类对象的评价。一般情况下：

$$V = \{v_j \mid j = 1, 2, 3, \cdots, n\}$$

式中：v_j 为第 j 种评语；n 为评语的总数。

评语集的元素名称和数量可以根据实际问题和实际需求来确定。例如，对装备和其他部分（元素）的水平，可以给出如下的评语集：

$$V = \{很好(v_1), 好(v_2), 较好(v_3), 一般(v_4), 差(v_5)\}$$

（4）确定隶属函数矩阵 $\boldsymbol{R}$。

隶属函数矩阵 $\boldsymbol{R}$ 是描述评价因素集和评语集关系的函数，它由表示因素属于某种评语程度的若干组评价向量构成：[5]

$$\boldsymbol{R} = \begin{bmatrix} r_{11} & r_{12} & \cdots & r_{1n} \\ r_{21} & r_{22} & \cdots & r_{2n} \\ \vdots & \vdots & \ddots & \vdots \\ r_{m1} & r_{m2} & \cdots & r_{mn} \end{bmatrix} \tag{4-3}$$

式中：r_{ij} 表示因素（指标）i 隶属于第 j 种评语的程度，$\sum_{j=1}^{n} r_{ij} = 1$。

（5）确定综合评判集 $\boldsymbol{B}$。

R 是集合 $\boldsymbol{U}$ 和 $\boldsymbol{V}$ 之间的一个模糊关系。根据模糊数学原理，$\boldsymbol{R}$ 确定了一个模糊映射，它把 $\boldsymbol{U}$ 上的一个模糊子集 $\boldsymbol{W}$ 映射到 $\boldsymbol{V}$ 上的一个模糊子集 $\boldsymbol{B}$。$\boldsymbol{W}$ 是映射的原像，B 是映射的像。借助于模糊变换[5]

$$\boldsymbol{B} = \boldsymbol{W} \cdot \boldsymbol{R} = (w_1, w_2, \cdots, w_m) \begin{bmatrix} r_{11} & r_{12} & \cdots & r_{1n} \\ r_{21} & r_{22} & \cdots & r_{2n} \\ \vdots & \vdots & \ddots & \vdots \\ r_{m1} & r_{m2} & \cdots & r_{mn} \end{bmatrix} = (b_1, b_2, \cdots, b_n) \tag{4-4}$$

（6）对 $\boldsymbol{B}$ 进行归一化处理。

令 $T = \sum_{i=1}^{n} b_i$

$$\boldsymbol{B}' = (b_1/T, b_2/T, \cdots b_n/T) = (b_1', b_2', \cdots b_n')$$

式中：$b_1' = b_1/T$ 表示最终评价目标隶属于第 i 种评语的程度。[5]

4. 处理需求

驱逐舰需求设计中处理需求是十分重要的一个环节，主要是驱逐舰需求设计所面向的用户除了对外观、性能指标、质量、经济性、全寿期管理等诸多方面有较高要求，在产品个性化，如出访、护航等非军事化行动中也占有相当大的需求比重，需要对用户提出的各种需求进行分类处理，而采用 Kano 模型可以实现对用户需求进行分类处理，同时又能够与产品特性有较好的关联性[6]。

该模型能很好地识别用户需求并对用户需求进行分类处理，体现了用户满意度与产品质量特性之间的关系。主要将用户需求分成以下几类：①基本需求（Must be Requirements），指用户认为此产品特性需求是理所当然的，当其满足或超额满足时用户满意度并不会得到提高；②期望需求（One Dimensional Requirements），指用户满意度与产品特性成正比；③兴奋需求（Attractive Requirements），指用户意想不到的产品特性，这类需求的缺失并不会导致用户的不满意[6]。

除上述三类需求外，还包括其他几类需求：①相反需求（Reverse Requirements），表示用户希望某产品属性具有相反的特性需求；②问题需求（Questionable Requirements），表示被调查的用户误解了调查者所提出的调查问题或者问题本身表述不正确；③无关紧要需求（Indifferent Requirements），表示用户对某产品特性的存在不关心或不感兴趣[6]。

1）用户需求调查表

为更好地识别用户需求的类型，Kano 模型为每个产品属性设置了两个相反的问题，分别表示当产品具备和不具备某项属性时，用户对此产品属性的反应。表 4-4 是 Matzler 和 Hinterhubei 所提出的 Kano 模型需求分类评估表。[6]

表 4-4　Kano 模型需求分类评估表[6]

用户需求		产品不具备某功能属性				
		喜欢	必须这样	保持中立	可以忍受	不喜欢
产品具备某功能属性	喜欢	Q	A	A	A	O
	必须这样	R	I	I	I	M
	保持中立	R	I	I	I	M
	可以忍受	R	I	I	I	M
	不喜欢	R	R	R	R	Q

注：A 表示兴奋型需求；O 表示期望型需求；M 表示基本需求；R 表示相反需求；I 表示无关紧要需求；Q 表示问题需求。

通过用户需求调查表和 Kano 模型需求分类评估表，可以对用户的需求进行分类。例如，经过调查统计后，对于某个产品功能属性，若有 50 人的选择是无关紧要需求、20 人的选择是基本需求、18 人的选择是期望需求、12 人的选择是兴奋需求，则根据频数最大优选法，认为该用户需求为无关紧要需求。在对用户需求统计时要去除问题需求和相反需求[6]。

2）用户需求权重计算

根据用户需求调查表收集到的用户需求信息，计算用户需求（CR）的相对权重。S 表示当产品具备某功能属性时对用户满意度的影响程度；D 表示当产品不具备某功能属性时对用户满意度的影响程度。S 和 D 的计算公式如下[6]：

$$S_i = \frac{A_i + O_i}{A_i + O_i + M_i + I_i} \tag{4-5}$$

$$D_i = \frac{M_i + O_i}{A_i + O_i + M_i + I_i} \tag{4-6}$$

在此假设用户需求得到满足和避免用户需求不满足是同等重要的，因此，针对每个用户需求 CR，选取 S 和 D 中权重较高的作为用户需求 CR 的绝对权重[6]，即

$$W_i = \max\left[\frac{S_i}{\sum\limits_{i=1}^{m} S_i}, \frac{D_i}{\sum\limits_{i=1}^{m} D_i}\right] \tag{4-7}$$

3）需求分析映射过程

利用 QFD 实现从需求空间向工程设计空间的映射。QFD 提供了一个将用户需求与产品设计结合的结构框架，它能系统地将用户需求转换成具体的产品工程特性。QFD 的核心是质量屋（House Of Quality，HOQ），在 HOQ 中包含以下参数关系[6]：

$$\sum_{i=1}^{m} W_i = 1, \tag{4-8}$$

$$AI_j = \sum_{i=1}^{m} W_i R_{ij} \tag{4-9}$$

$$RI_j = \frac{AI_j}{\sum\limits_{i=1}^{m} AI_j} \qquad\qquad (4-10)$$

式中：i 为 1，2，…，m，m 为用户需求数；J 为 i，2，…，n，n 为工程特征数；CR_i 为第 i 个用户的需求；DR_j 为第 j 个工程特性；W_i 为 CR_i 的相对权重；R_{ij} 为 CR_i 和 DR_j 间的相关系数；AI_j 为第 j 个工程参数 DR_j 的绝对权重；RI_j，为第 j 个工程参数 DR_j，的相对权重[6]。

4.3 > 指标设计

4.3.1 主要总体性能

驱逐舰具有机动性好、作战海域广、综合作战能力强等特点，是我海军主要水面舰艇兵力，在战时能执行警戒、护航、对空、对海和反潜，以及编队指挥、支援登陆和抗登陆等多种作战任务。在和平时期，承担反恐、维和、军事外交、军事威慑和反威慑、演习等非战争运用，作为国家的象征和海军实力的体现而受到人们的关注，是海军参加远海防卫作战、海上机动作战、近海防御作战、信息保障体系以及两栖作战等力量体系建设的重要组成部分。

驱逐舰的总体性能直接影响各系统及武器装备的安装平台、工作环境，与驱逐舰的发展目标、承担的使命任务、具备的作战能力紧密联系。总体性能的指标设计是驱逐舰概念设计中需求向功能映射的一个方面，主要包括排水量、航速、续航力、自持力、适航性、稳性、不沉性、操纵性、储备、人员编制等。

总体性能的指标设计一般采用定性和定量分析相结合方法，定性方面需要研究国内外相关驱逐舰的现状和趋势，对比各型驱逐舰的主要作战使用性能要求及总体性能指标，分析各主要总体性能的影响因素；定量方面需要运用先进的计算流体动力学仿真及优化技术，进行快速的方案调整、预报及优选。在总体性能指标设计中应处理好以下关系：

（1）处理好先进性与继承性的关系。面对一型新的驱逐舰，在论证其主要性能指标时，不仅需站在国际上船型及推进器设计的技术前沿分析各种先进技术，还要考虑国内现有的经验水平和技术储备，在继承以往舰船研制经验的基础上不断创新与提高的。

（2）处理好预研成果与工程实践的关系。总体性能设计是舰船设计最基础、最传统的学科分支之一，在长期的学科发展中沉淀形成了大量的预研成果，在指标设计中充分考虑这些预研成果应用在工程实践上的可行性，提高研制起点，将加大舰艇的高技术应用含量。

（3）处理好总体性能和总布置及其他系统设计之间的平衡关系。舰船本身就是各种系统的综合集成，舰船设计就是各种系统不断平衡协调的过程，总体性能也不例外，在指标设计时应考虑和其他系统的耦合牵连，例如，对于布置地位型船，主尺度需首要满足布置要求，续航力指标需要和推进系统联系起来。

（4）处理好各种总体性能之间的平衡关系。不同的总体性能均有其自身的影响因素，这些因素有些是相同的，例如，船宽同时对快速性、稳性有影响，而且影响方向还是相互制约的，因此在指标设计时需综合权衡，有所取舍，达到综合最优。

1. 排水量

排水量的确定应综合考虑舰的使命任务、电子武备配置以及总布置、航速、续航力、适航性、经济性等因素。从而更好地满足使命任务要求，配置更多的电子武备，保证续航力和适航性等要求出发，应尽可能增大排水量，而从保证航速和经济性等考虑，则应控制排水量。

目前，国外比较典型的代表驱逐舰装备技术发展水平的有美国"阿利·伯克"级（DDG-51系列舰）、DDG-1000级驱逐舰，日本"金刚"级、"爱宕"级，韩国KDX-3级以及英国45型驱逐舰。

1）DDG-1000级驱逐舰

根据美国海军最新公布的数据，DDG-1000的满载排水量14564t。探测系统有SPY-3多功能雷达和VSR广域搜索雷达、舰壳、拖曳阵声纳；舰艏有2座155mm隐身型先进舰炮系统，配备增程对陆制导炮弹；机库上方装2座57mm MK-110近防武器系统。上层建筑前后两舷有4座MK-57舷侧导弹垂直发射装置，共80个发射筒。可装载"标准"-2/3/6舰空导弹、"战斧"巡航导弹、"阿斯洛克"反潜导弹。可搭载2架MH-60R反潜直升机，或是1架直升机和3架RQ-8B"火力侦察兵"无人直升机，另外还搭载有2艘RIB无人艇[7]。

2）"爱宕"级

"爱宕"级驱逐舰标准排水量7700t，满载排水量10000t。武器系统为2座四联装90式SSM-1B反舰导弹发射装置；用于发射"标准"-2 Block ⅢB舰空导弹；"阿斯洛克"反潜导弹的MK-41型垂直发射系统，舰艏64单元、舰艉32单元，通常混合装载80枚"标准"-2 Block ⅢB和16枚"阿斯洛克"；2具三联装HOS 302鱼雷发射管，发射MK-46 Mod 5反潜鱼雷；1门MK45-4 127mm主炮、2座MK-15 Block ⅠB"密集阵"近防武器系统；1架SH-60K直升机。电子设备主要为SPY-1D（V）相控阵雷达、OPS-2E对海雷达、OPS-20对空雷达、SPG-62火控雷达、SQS-53C舰壳声纳，配备11/16号数据链[7]。

3）韩国KDX-3级

KDX-3级驱逐舰标准排水量7650t，满载排水量10290t。武器系统为4座四联装SSM-700K"海星"反舰导弹发射装置；80单元的MK-41型导弹垂直发射装置，配"标准"-2 Block ⅢB舰空导弹；48单元的韩国自研垂直发射装置，配32枚"天龙"对陆攻击巡航导弹和16枚"阿斯洛克"反潜导弹；2具三联装KMK-32 Mod3鱼雷发射管，发射K75"蓝鲨"反潜鱼雷；1门MK45 Mod 4型127mm主炮、30mm"守门员"近防武器系统；2架"超山猫"直升机[7]。

4）45型驱逐舰

英国45型驱逐舰是为替代42型而专门设计的，在航空母舰编队中主要担负防空任务。该舰满载排水量7300t。装备由"桑普森"多功能相控阵雷达、S1850M远程雷达、"席尔瓦"垂直发射装置、"紫菀-15"和"紫菀-30"舰空导弹等组成的"主防空导弹系统"（PAAMS）；配备1座MK-8 Mod 1型114mm主炮，预留2座四联装"鱼叉"Block Ⅱ反舰导弹和2座MK-15 Block IB"密集阵"近防武器系统待装（首舰服役时不安装）；搭载1架"山猫"或"默林"舰载直升机[7]。

通常可以根据作战能力的需求分析，参考电子武备配置类似的国外驱逐舰排水量，并结合国内舰载武器、电子设备的状况，经类比分析估算得到排水量的指标要求。若技术条件允许，可以根据以往的经验，对各主要系统的重量进行估算，从而确定排水量指标。

2. 主尺度

驱逐舰的主尺度主要包括设计水线长 L、设计水线宽 B、设计吃水 T、船型系数（方形系数 C_b、中横剖面系数 C_m、菱形系数 C_p、水线面系数 C_w）等。在确定主尺度指标时应考虑以下几个方面。

（1）与排水量的匹配。

（2）布置方面对主尺度的特殊需求根据全船功能区域划分，例如对最小的设计水线长可能会有要求，机舱、垂直发射区的布置一般对船宽有要求。

（3）各主尺度对静水力性能和航行性能的影响，例如，增加 L 对快速性、耐波性、航向稳定性有利，但对回转性不利；B 主要对稳性有影响，增大 B/T 对改善横摇、改善回转性有利；C_b 主要影响快速性和操纵性，从快速性角度，对应不同的傅汝德数，有相应的临界 C_b，一般不建议超过临界 C_b；C_w 主要影响耐波性，增大 C_w 对改善耐波形有利；C_p 的大小体现舰首尾端的胖瘦程度，主要影响高速时的兴波阻力，根据不同的统计分析结果，对应不同的傅汝德数，一般存在推荐的最佳 C_p。

对国外大型驱护舰的船型参数统计分析，结合国内驱逐舰的设计经验，归纳出驱逐舰的主要参数取值范围一般如下：

$$8 \leqslant L/B \leqslant 8.88$$
$$3.23 \leqslant B/T \leqslant 3.47$$
$$0.8 \leqslant C_m \leqslant 0.83$$

其中 C_p 取值在 0.6 附近，C_b 取值在 0.5 附近。

3. 航速

在确定新型驱逐舰航速指标时，应紧密结合其作战使用要求。为了保证驱逐舰在作战使用中具有较强的快速反应能力，其航速指标应与国外的驱逐舰相当，甚至略高，统计国外现有驱逐舰的航速范围，一般为 27~33kn，其中 30kn 左右居多。若驱逐舰承担了为航空母舰护航的使命，一般应保证其巡航速度与航空母舰一致，最大航速应高于航空母舰最大航速。

航速指标的确定主要受限于船体的流体性能和主机功率，主机的选取需要在现有的主机可选型范围内结合总体布置、主机重量等因素综合确定，船体的流体性能主要指阻力和推进性能。阻力性能主要受船长（或长宽比或长度排水体积比）、方形系数等主尺度以及设计水线、横剖面线等形状的影响，推进性能主要受推进器效率、艉部流场均匀性等影响。因此，在主尺度、排水量、主机功率等指标提出后，尽管还没进入模型试验阶段，没有精确的试验数据做支撑，但仍可以对航速进行初步预估，从而作为确定航速指标的依据，即从定量角度对指标进行分析。

预估方法可以分为基于母型换算和直接计算两大类，前者具体包括海军系数法、排水量换算法、基尔斯法等。海军系数法根据母型船的排水量、主机功率及航速可以估算设计船在新的排水量和主机功率下能达到的航速；排水量换算法根据母型船的排水量、速度、有效功率，在相同傅汝德数下可以预估设计船的航速或有效功率；基尔斯法主要是根据母型船与设计船之间相关主尺度的变化情况，对剩余阻力系数进行修正，得到设计船的剩余阻力系数，进而计算设计船的总阻力，为航速预估提供输入。这些方法在使用中，母型与设计船在主尺度、排水量、船体曲面形状方面的相似程度越高，预估的结果越精确。直接计算法指直接利用现有的各种软件对航速或阻力进行估算。例如，利用 Navcad 软件可以快速估算阻力，并选取软件自带的系列图谱桨预报航速；采用 Shipflow、FLUENT、CFX 等成熟的商业软件通过建立三维模型进行仿真求解，可以预报阻力。在直接计算法中，预报结果的精度主要取决于设计者的计算经验。

4. 续航力和自持力

驱逐舰的续航力和自持力指标设计与舰的作战使命任务紧密相连。对于续航力，首先分析航行至作战海域所需的航程，考虑往返并留出一定的航程裕量；对于自持力，需要分析作战海域往返所需航行时间加上遂行作战任务的时间，并留出一定的时间储备。

其次，续航力和自持力指标设计时还需结合舰船自身的装载能力，保证舱容能够满足装载需求。

另外，从补给角度考虑，对于编队航行，为减轻编队补给压力，应保证使舰的续航力和自持力在满足基本需求的前提下尽可能与航空母舰相当。

5. 稳性

驱逐舰的稳性，一般是对各种典型装载排水量状态提出相关指标要求，主要包括初稳性高、抗风能力、回转时最大静横倾角等内容。按照该指标要求，舰船未结冰状态、结冰状态均需要满足，但对于结冰稳性有特殊要求的舰船，稳性指标要求另行规定。此外，考虑到海上补给，一般还要求海补时能承受的极限风速不小于 1.2 倍海补时规定的风级所对应的额定阵风风速。

6. 不沉性

不沉性指标设计可借鉴国外同类型相当吨位舰船的不沉性状态，对于正常排水量超过 2500t 的驱逐舰，一般采取三舱不沉，争取达到四舱浸水不沉。

7. 适航性

驱逐舰的适航性与风、浪、海况等环境条件密切相关，主要包括横摇、纵摇、首摇、横荡、纵荡、升沉六自由度运动，线（角）速度及线（角）加速度，以及诸如甲板上浪、螺旋桨出水、首底砰击等耐波性事件与晕船率等[8]。驱逐舰作为海上作战平台，不仅需要保证自身的安全航行，更由于承载了各种武器设备，提供的是一个与陆上不同的运动环境，直接影响武器的作战效能。例如，横摇、纵摇、垂向加速度影响垂直发射系统工作，横摇、纵摇影响直升机安全起降、声纳工作等。因此，在制定适航性指标时，需要结合舰预定航行的海域，确定舰安全航行的海况要求；明确人员正常作业，使用各种武器设备的海况要求；明确海上补给的海况要求等。例如，驱逐舰作为航空母舰编队战舰时，考虑到与航空母舰配合使用，要求其适航性应与航空母舰保持一致，而安全起降直升机及有效使用武器时对适航性要素的具体要求，一般可参照武器设备研制提出的使用要求来确定。

据统计，驱逐舰一般都有不少于 70% 的时间处在有风浪的环境中，其耐波性直接影响舰载武器系统的作战使用性能、人员的舒适度以及风浪中的生命力。过去较长时间里主要根据静水中的性能来选择舰船的主尺度和船型，而现在由于耐波性理论的发展，以及试验技术的不断完善和电子计算机的应用，在早期阶段的舰船概念设计中对耐波性进行初步预报及评估，可以为耐波性指标的制定提供进一步的指导。

分析国外先进发达的海军装备技术强国，在耐波性预报及评估方面均形成了自己的方法。美国近二十年来重视发展大尺度船模试验和实船耐波性试验，分别建立了基于大尺度船模试验的耐波性外推技术和基于实船试验的耐波性衡准，依此分析实际风浪环境下的非线性运动及耐波性事件。基于舰船水动力学理论及方法，并依靠先进的计算机与算法技术，美国已拥有成熟实用的适用于不同船型的二维和三维线性与非线性频域方法，以及具有一定工程实用价值的二维和三维线性时域方法。俄罗斯在舰船工程设计中，更注重利用扎实的专业基础理论分析，并传统地沿用已掌握的模型试验技术开展舰船水动力及总体性能的设计分析，从系列船模试验与实船试航试验的对比分析中，综合总结出了具有实用价值且可靠的数据资料、设计图谱和经验公式，以快速响应地指导工程设计及其耐波性等总体性能的分析与选优。

国内对于耐波性预报较为成熟的方法为基于二维频域运动理论的切片法（主要是 STF（Salvesen，Tuck & Faltinsen 法），此外还开展了三维频域法、二维和三维时域法、以及二维半方法（2D+T）等研究。其中二维半方法是在二维频域与时域基础上建立起来的数值方法，考虑了流动纵向变化影响以及上游切片对下游切片流体动力干扰影响下的仿三维物面条件，使得高航速数值预报精度得到了显著提高。另外，采用成熟的商业软件也可进行耐波性预报，例如 Wasim、StarCCM+、OpenFOAM 等。

在耐波性评估方面，美国最早采用"运行效率"和耐波性"品质指数"下的综合耐波性指标评价理念及分析方法，近年抢先研究并开发基于多学科设计优化（MDO）的舰船综合航行性能分析与平台优化设计方法及仿真数学模型，使得包括快速性、耐波性、操纵性等总体性能综合最优，保证耐波性指标更合理。

1968 年和 1970 年莫尔通过一系列的船模系列自航试验，将设计论证阶段所能确定的主要参数和耐波性特征联系起来，提出莫尔计算公式，但莫尔公式是基于民船提出的，并不适用于军船的耐波性评估；1978 年奥尔森从完成作战任务能力的角度去评价舰船耐波性的优劣，提出了以作战舰船能够正常完成作战使命的时间百分数作为评价指标[8]，此方法的准确性建立在大量详细的海况分布、浪向概率、航速概率等资料的基础上；1981 年中国学者益其乐为耐波性评价提出了两个性能指标——综合运行效率和综合耐波性品质指数[8]，贝尔斯提出的著名轻型耐波性品级计算公式，用于耐波性综合效能的定量计算评价，给出船舶主尺度各耐波性能的定量关系，使用简便，但该方法没有考虑耐波性事件对耐波性的影响，并且该公式只适用于轻型舰船。

以上耐波性评估方法都存在较大的局限性，大都依赖于经验设计、船模试验、实船试验等。传统的经验设计缺乏完整充分的理论支撑，并且只能给出大致的定性分析，不具有客观性且缺乏说服力；船模试验、实船试验可得到直观、准确的耐波性指标值，但耗资巨大，过程复杂，在概念设计阶段，根本无法进行相应的船模试验；船模试验得出的经验公式适用范围过窄，无法引申到试验船模范围以外的船型，缺乏普遍性。

因此，舰船设计中尝试了一种引入客观熵权理想点法的舰船耐波性综合评估方法，该方法突破了传统的基于人为经验的定性评估方法，改进了常用的品级贝尔斯品级法中忽略耐波性事件对耐波性能的影响，适用于评价轻型舰船等缺陷，以主尺度参数、相同环境与航行条件下的摇荡运动、加速度以及重要耐波性事件作为评估的输入参数，定量地给出耐波性等级的单函数指标。该方法对传统熵权法的信息易丢失、熵权计算公式不够合理等不足进行改进，将改进后的熵权法与理想点法相结合形成熵权理想点法，该评估方法综合考虑了耐波性运动和耐波性事件对耐波性能的影响，评估结果更为客观。

8. 操纵性

操纵性是指舰船按照操舰者指令保持或改变其运动状态的性能，通常包括航向稳定性、回转性和转艏性。其中，航向稳定性与回转性之间存在一定的矛盾，在指标设计时需要权衡处理。

驱逐舰操纵性指标设计采用"功能分解、需求分析、综合权衡、指标确认"的工作流程，具体实施过程如表 4-5 所示。

表 4-5 驱逐舰操纵性指标设计工作流程

工作流程	具体事项
功能分解	将操纵性按照航向稳定性、回转性和转艏性进行分解，并将每一项分性能在实施过程中对舰其他性能所造成的影响列入相关影响因素表中，供后续开展需求分析时参考
需求分析[①]	对照操纵性功能分解及影响因素表，逐条分析概念设计中关系到操纵性的各项功能，对于每项功能所需的操纵性指标进行区间划分，并将每项功能的重要性进行排序或进行重要性权重因子分配
综合权衡	梳理各项功能所需的操纵性要求，获取其交集即可作为最终确认操纵性指标的基础数据。如发生某些功能对操纵性指标的要求未落在大多数功能要求的子集当中的情况，则需要根据该驱逐舰的实际情况进行综合分析协调，可应用需求分析中重要性排序结果或重要性计算结果辅助判断，最终确定驱逐舰操纵性各分项的指标区间
指标确认	将操纵性的三项分指标要求进行联合判断分析，尤其注意航向稳定性与回转性这一对直接相互影响的指标能否同时满足要求，确保所提出的操纵性指标在各分项指标所能达到的范围内。必要时，可根据初步概念方案对操纵性进行初步估算，以确保所提出的设计指标具有可实现性。结合上述工作，最终提出适合于该型驱逐舰的操纵性设计指标

① 说明：在进行需求分析的过程中，时常会发生某些功能对操纵性指标要求不明确的情况，此时，可采用如前节所述的"基于信息残缺性的需求分析"手段，通过对需求对象本质需求的剥离，提取该功能对操纵性的定量要求或定性要求

9. 设计储备

舰船总体性能方面应考虑的设计储备主要指重量重心。

重量重心是舰船设计的核心之一，对全船的总体性能具有举足轻重的影响，考虑到从舰船开始论证至建造完工整个过程历时近十年，且各种设备系统的技术状态是逐步明确的，在舰船的设计过程中经常出现设计输入相对滞后的现象，因此在各个设计阶段均应留有一定的重量重心储备，以应对设计及建造过程中对重量重心的消耗以及为后续现代化改装留出一定的余量。

重量重心的设计储备指标一般相对正常排水量提出。在概念设计阶段，设计储备应不低于方案设计阶段。

10. 人员编制

在分析驱逐舰人员编制指标时，需要考虑人员编制对舰总体方案中舰体容积、排水量等因素的影响，其影响不只体现在与人员编制直接相关的舱室和设备中，还包括与人员编制间接相关的舱室和设备。人员编制增加将直接引起舰体容积以及排水量需求的增加，并进而引起舰主尺度的增大。此外，由于舰的全寿命周期费用与舰的规模以及人员编制数量关系密切，因此人员编制增加必然还会引起舰全寿命周期费用的增加。

驱逐舰人员编制指标的确定通常以其使命任务为基础，根据各系统设备的操作使用需求

与工作强度，提出相应的组织结构、战位设置和作业更制，进而确定人员数量和人员级别。

例如，典型的驱逐舰人员编制结构如表4-6所列，对固定编制和临时编制均划分为若干部门。

表4-6 典型驱逐舰人员编制结构

	部　别
固定编制	舰级军官
	航海部门
	情电部门
	对海/对陆作战部门
	对空作战部门
	对水下作战部门
	通信部门
	航空部门（地勤分队）
	机电部门
	舰务部门
临时编制	编队指挥部门
	航空部门（空勤分队）
	航海部门气象分队
	情电部门侦听分队

4.3.2　主要作战能力

驱逐舰作为水面战斗舰艇的多面手，对于远海防卫作战、近海机动作战、两栖作战以及未来海上防空反导而言，都是不可或缺的主要战斗力。

一型驱逐舰的作战能力应与承担的使命任务和国家驱逐舰的发展目标相匹配，与总体性能和作战保障能力密切相关。作战能力指标主要包括对空作战能力、对海作战能力、对陆作战能力、对水下作战能力等方面。

考虑到一型驱逐舰从立项研制到形成有效战斗力，一般周期为近10年时间，在概念设计期间，进行面临的军事技术威胁分析时，不仅需要对现阶段主要作战对象的装备水平，还需要对未来10~20年内主要作战对象和潜在作战对象的装备引进、研发水平进行有效预判。一般驱逐舰需要考虑的军事技术威胁主要包括电磁威胁、空中威胁、水下威胁等三个方面。

电磁威胁主要指作战对象国家或地区装备或正在研制的预警机、电子战飞机、挂载电子对抗吊舱的战斗机、配置电子对抗系统的驱护舰等。

空中威胁主要指作战对象的空军飞机和海军的驱护舰编队、导弹快艇编队、潜艇等都能发射反舰导弹对我编队形成的威胁。其中威胁最大的是作战对象空军或航空母舰编队的多机种混合编队多方向饱和攻击。

水下威胁主要指作战对象的现役及后续常规潜艇、核潜艇等。潜艇兵力一般以单艇作战行动为主，在岸基指挥所的统一指挥下，在多个攻击方向和多个待机区域形成一定的战术配合，使用鱼雷攻击水面舰艇。

驱逐舰可单独遂行作战任务，也可参与编队并作为编队主要兵力的形式遂行作战任务，较为典型的编队主要包括：航空母舰编队、联合机动编队、两栖作战编队等。

航空母舰编队是海军发展远海防卫作战力量的需要，航空母舰遂行作战任务，必须有驱逐舰提供护航，担负航空母舰编队的防空作战、反潜作战、反舰作战和对陆打击任务。

联合机动编队是海军近海机动作战的核心力量，在联合机动编队中，驱逐舰担负防空作战、反舰作战和反潜作战任务，必要时还需要担负编队指挥作战任务。

两栖编队是两栖作战中两栖作战、海上兵力投送的核心力量，必要时也担负综合制海任务。在两栖作战中，驱逐舰主要担负海区警戒和火力支援任务。

对驱逐舰的主要作战能力需求进行论证分析，需要考虑作战对象的军事技术威胁，从编队、体系作战需求的角度出发，对驱逐舰需要具备的对空、对海、对陆、对水下作战能力等需求予以研究分析明确。

1. 对空作战能力

对空作战的主要任务是发现和抗击敌飞机，阻止其使用反舰导弹、制导炸弹等武器攻击编队内舰艇；发现和抗击来袭反舰导弹，消除或减轻其对编队内舰艇的威胁。

对空作战能力主要包括区域防空、中近程防空、末端拦导的能力。区域防空能力要求主要依据在其反导武器打击范围之外有效拦截导弹来确定，需要考虑区域防空导弹的抗击距离、最低抗击高度、抗饱和攻击能力、导弹携带数量等。中近程防空能力要求主要依据编队组成、反导任务分工、发射装置同时对付来袭反舰导弹数量和作战次数等来确定，需要考虑导弹抗击距离、最低抗击高度、抗饱和攻击能力、导弹携带数量等。末端拦导能力要求主要按照在目标指示能力范围内尽可能多次拦截来袭反舰导弹来确定，主要需考虑末端防空抗击多目标能力。具体能力需求分析如下。

1）区域防空

（1）区域防空导弹抗击距离。水面舰艇编队面临的主要威胁是敌突击飞机发射的空舰导弹。随着空舰导弹的射程越来越远，为有效应对反舰导弹的威胁，不能单纯依靠增加舰空导弹射程，而应当综合采用各种手段来遏制敌飞机防区外发射反舰导弹。首先要做好电磁隐身或进行电子干扰，削弱敌飞机、预警机的探测能力，限制敌飞机搭载的远程空舰导弹射程优势的发挥。其次，若以航空母舰编队形式遂行任务，驱逐舰要与空中掩护飞机进行合理分工，对于超过一定距离的目标由担负掩护任务的战斗机进行拦截。

区域防空导弹与战斗机任务分工，要尽可能地发挥我方掩护战斗机拦截来袭敌机的作用。同时，区域防空导弹的射程在舰艇平台承受能力和信息感知能力可以保障的前提下，要尽可能地远，能确保驱逐舰在没有掩护战斗机时或在没有掩护战斗机的方向，能尽可能远地抗击来袭飞机。

在确定区域防空导弹抗击距离需求时，需要综合考虑我方战斗机（包括远海防御作战航空母舰编队舰载战斗机和近海防卫作战陆基战斗机）与区域防空导弹的交接区域进行设定。理想的区域防空导弹射程为交接区的远端，能在敌方战斗机发射反舰导弹前对敌方战斗机实施抗击；基本需求为中端，能在敌方飞机发射反舰导弹后，最大程度地对敌方反舰导弹实施抗击。

即

$$\frac{v_m(R_{\max}-v_t T_0)}{v_m+v_t} < x < R_{\max} \tag{4-11}$$

式中：x 为本舰区域防空导弹抗击距离；R_{max} 为敌反舰导弹杀最大打击距离；v_t 为敌反舰导弹飞行速度；v_m 为本舰区域防空导弹飞行速度；T_0 为本舰系统反应时间。

（2）区域防空导弹最低抗击高度。低空突击是敌机对水面舰艇进行突击的主要样式，针对视距外低空目标，由于受本舰雷达视距的限制，区域防空导弹的射程将难以有效发挥。为了充分发挥驱逐舰区域防空导弹的射程，尽可能远地抗击来袭敌机，应当充分利用空中预警侦察兵力（特别是预警机）提供目标指示和中继制导的信息支援，抗击驱逐舰雷达视距之外低空突防的来袭敌机。

驱逐舰区域防空导弹最低抗击高度应充分考虑预警平台的信息保障支援，要求为在空中预警侦察兵力提供目标指示和中继制导的条件下，能抗击本舰雷达视距之外飞行低空突击的飞机。

（3）区域防空导弹抗饱和攻击能力。在航空母舰编队中，驱逐舰需要使用区域防空导弹抗击突破舰载机拦截进入内层防空区域的来袭敌机。

在驱护舰编队的典型编成中，驱逐舰担负驱护舰编队的区域防空任务。

敌多机种混合编队多方向饱和攻击时，可能采用多个攻击方向，理想需求为每艘驱逐舰能够完成分配方向全部来袭飞机的拦截任务。

航空母舰编队在进行防空作战时，在拦截来袭突击飞机方面舰载机应当担负一定比例以上的飞机。但在极端情况下，驱逐舰需要抗击全部来袭飞机。

联合机动编队在进行防空作战时，在拦截来袭突击飞机方面掩护战斗机应当担负一定比例以上的飞机。因此驱逐舰区域防空抗饱和攻击能力要求拦截掩护战斗机担负任务以外的飞机，并留有一定的裕量。

即

$$N > (1 - \rho) \cdot \sum_{i=1}^{j} m_i \qquad (4-12)$$

式中：N 为本舰区域防空抗饱和攻击批数；ρ 为我方飞机拦截敌来袭突击飞机比例；m_i 为敌方第 i 类飞机数量；j 为敌方飞机种类。

（4）区域防空导弹携带数量。驱逐舰参与航空母舰编队或联合机动编队时，需要根据在整个战争期间，编队需抗击敌多机种混合编队多方向饱和攻击的可能次数，计算驱逐舰区域防空导弹携带数量，应当能满足编队抗击敌多机种混合编队多次多方向饱和攻击的要求。超出抗击敌多机种混合编队次数的多方向饱和攻击的部分，则需要返回基地重新装填和进行海上补给。

理想需求为每艘驱逐舰能够完成每个方向全部来袭飞机的拦截任务，在进行区域防空导弹携带数量分析时，一般按抗击一架飞机使用一枚区域防空导弹进行计算。

航空母舰编队和联合机动编队需要对抗的饱和攻击飞机数量可参考区域防空导弹抗饱和攻击能力。

即

$$S > \frac{a \cdot N}{P} \qquad (4-13)$$

式中：S 为本舰区域防空导弹携带数量；N 为本舰区域防空抗饱和攻击批数；a 为抗饱和攻击次数；P 为拦截概率。

2）中近程防空

（1）中近程防空导弹抗击距离。中近程防空导弹是抗导体系中的主要环节，与末端防空武器、电子对抗系统等一起共同完成驱逐舰抗导任务。目前驱逐舰面临的主要威胁是对高超声速反舰导弹和马赫数 2~3 的反舰导弹。中近程防空导弹抗击距离应当与末端防空武器抗击距离进行协调，在来袭反舰导弹进入末端防空武器作战范围之前完成抗击。中近程防空任务，驱逐舰导弹抗击距离基本需求为能在末端防空导弹最大作战范围以外抗击反舰导弹。

即

$$R_{M\min} > R_{S\max} \tag{4-14}$$

式中：$R_{M\min}$ 为中近程防空导弹最小抗击距离；$R_{S\max}$ 为末端防空武器最大抗击距离。

（2）中近程防空导弹最低抗击高度。为了有效抗击来袭反舰导弹任务，驱逐舰中近程防空导弹最低抗击高度应当低于来袭反舰导弹的飞行高度。低空、超低空飞行是反舰导弹进行突破的主要方式之一。从国外目前反舰导弹技术和未来发展趋势看，反舰导弹突防飞行高度大致可分为 3m 以上、5m 以上和 10m 以上三个档次。依据作战使用要求和威胁情况，驱逐舰中近程防空导弹最低抗击高度理想需求应能抗击飞行高度为 3m 的反舰导弹；基本需求为能抗击飞行高度为 5m 的反舰导弹。

（3）中近程防空导弹抗饱和攻击能力。敌多机种混合编队多方向饱和攻击时，需要依据敌方可能采用的多个攻击方向，每个方向多架突击飞机，不同敌突击飞机携带反舰导弹数量进行抗饱和攻击能力计算。理想需求为能满足应付敌机突击群的要求。在航空母舰编队中，驱逐舰中近程防空作战主要包括：为航空母舰提供抗导支援的任务，减轻和解除来袭反舰导弹对航空母舰的威胁；完成本舰和本防空群的防空作战任务，减轻和解除来袭反舰导弹对本舰和本防空群的威胁。航空母舰编队在进行防空作战时，在拦截来袭突击飞机方面舰载机应当担负一定比例以上的飞机。但在分析驱逐舰中近程防空导弹抗饱和攻击能力要求时，需要考虑在极端条件下，在敌攻击方向上，未部署我舰载战斗机，敌突击飞机能将其携带的反舰导弹全部发射。在联合机动编队典型编成中，应以驱逐舰担负本编队的中近程防空作战任务，其他舰艇不具备中近程防空能力进行分析。联合机动编队在进行防空作战时，拦截来袭突击飞机方面掩护战斗机应当担负一定比例以上的飞机。因此驱逐舰中近程防空抗饱和攻击能力要求拦截掩护战斗机担负任务以外的飞机所发射的反舰导弹，并留有一定的裕量。

即

$$N > (1 - \rho) \cdot \sum_{i=1}^{j} m_i n_i \tag{4-15}$$

式中：N 为本舰中近程防空抗饱和攻击批数；ρ 为我方拦截敌来袭突击飞机比例（包括我方飞机和区域防空）；m_i 为敌方第 i 类飞机数量；n_i 为敌方第 i 类飞机带弹数量；j 为敌方飞机种类。

（4）中近程防空导弹携带数量。与区域防空导弹携带数量计算方法一致，驱逐舰参与航空母舰编队或联合机动编队时，也需要根据在整个战争期间，编队需抗击敌多机种混合编队多方向饱和攻击的可能次数，计算驱逐舰中近程防空导弹携带数量，应当能满足编队抗击敌多机种混合编队多次多方向饱和攻击的要求。超出抗击敌多机种混合编队次数的多方向饱和攻击的部分，则需要返回基地重新装填和进行海上补给。与区域防空导弹携带数量计算方法不同之处在于，计算中近程防空导弹数量时，需要考虑敌飞机不同波次攻击的组成和带弹数量，如若敌突击飞机分别为战斗机、反潜巡逻机和轰炸机，携带反舰导弹数量因机型而定，一般在首次突击中采用战斗机突击群，反潜巡逻机和轰炸机突击群主要用于后续突击。则理想需求为能满足应付一次战斗机突击和两次轰炸机突击的反舰导弹抗击要求。

即

$$S > \sum_{i=1}^{a} \frac{N_i}{P} \tag{4-16}$$

式中：S 为本舰中近程防空导弹携带数量；N_i 为本舰第 i 轮中近程防空抗饱和攻击批数；a 为抗饱和攻击次数；P 为拦截概率。

3）末端拦导

末端拦导主要考虑多目标抗击能力。

驱逐舰末端防空武器主要完成本舰防空自卫任务，主要是在中近程防空导弹抗击之后对来袭导弹进行后续抗击。末端防空武器是驱逐舰防空作战的最后一道硬杀伤防御层，必须对来袭反舰导弹可靠杀伤。

在计算驱逐舰末端拦导能力需求时，需要综合考虑舰载机拦截或掩护飞机拦截、区域防空、中近程反导等先期拦截能力进行计算，并留有一定裕量。

即

$$N > \left[(1 - \rho_1) \cdot (1 - \rho_2) \cdot \sum_{i=1}^{j} m_i n_i \right] / P \tag{4-17}$$

式中：N 为本舰中近程防空抗饱和攻击批数；ρ_1 为我方拦截敌来袭突击飞机比例（包括我方飞机和区域防空）；ρ_2 为我方区域防空导弹拦截敌来袭导弹比例；m_i 为敌方第 i 类飞机数量；n_i 为敌方第 i 类飞机带弹数量；j 为敌方飞机种类；P 为末端拦导拦截概率。

2. 对海作战能力

对海作战的主要任务是发现和攻击敌驱护舰编队、海上轻型舰艇编队，消除或减轻其对编队内舰艇的威胁，夺取对该海域的控制权。驱逐舰主要以参与航空母舰编队、联合机动编队的形式遂行对海作战任务。

对海作战能力主要包括反舰导弹、主炮对海、近区防卫的能力。反舰导弹能力主要考虑反舰导弹的射程、速度、携带量等。主炮对海主要考虑主炮对海射击有效射程、对海弹药携带量等。近区防卫主要需考虑防卫手段和防卫距离。具体能力需求分析如下。

1）反舰导弹

（1）反舰导弹射程。在航空母舰编队、联合机动编队中，驱逐舰遂行反舰作战任务时，应当尽可能地少机动甚至不机动，就能与舰载战斗机、攻击型核潜艇等反舰作战兵力达成合同攻击。

驱逐舰反舰作战距离需要考虑航空母舰编队舰载战斗机、联合机动编队掩护飞机、编队内其他的协同舰艇的作战范围，理想需求为反舰导弹的射程与舰载战斗机的反舰作战范围相当，能够与舰载战斗机实施合同突击。

从长远看，当反舰导弹射程提升，超过舰载战斗机反舰作战范围且有情报信息系统支持时，驱逐舰将可以担负起航空母舰编队的主要反舰作战任务。

即

$$X \geqslant R_{F\text{max}} \tag{4-18}$$

式中: X 为反舰导弹射程; $R_{F\max}$ 为我方舰载机最大反舰作战距离。

（2）反舰导弹速度。驱逐舰进行反舰作战时，其发射的反舰导弹应当以很高的速度迅速接近目标并突防，尽可能压缩敌抗击时间和减少敌抗击机会。

（3）反舰导弹携带量。航空母舰编队遂行反舰作战时，主要依赖舰载战斗机和攻击型核潜艇，必要时驱逐舰与舰载战斗机、攻击型核潜艇进行合同攻击。驱逐舰在航空母舰编队中执行监视、驱赶敌水面舰艇兵力时，也应当具备一定数量的反舰作战能力。

联合机动编队遂行反舰作战时，驱护舰编队与掩护战斗机、攻击型核潜艇进行合同攻击。针对作战对象的组成，1 艘驱逐舰具备攻击敌海上编队中一定数量的主要水面作战舰艇的能力时，我典型驱护舰编队在一次突击中就能重创敌驱护舰编队或导弹艇编队。

驱逐舰反舰导弹的携带量应当满足攻击敌海上编队中一定数量的主要水面作战舰艇的要求。在计算反舰导弹携带数量需求时，要结合我反舰导弹的打击能力，考虑作战对象对我反舰导弹的拦截能力，确保对作战对象的有效打击。

即

$$S>a+n_z+n_m+n_s \tag{4-19}$$

式中: S 为本舰反舰导弹携带量; a 为要求我方突防反舰导弹数量; n_z 为敌方区域防空导弹拦截来袭导弹数量; n_m 为敌方中程防空导弹拦截来袭导弹数量; n_s 为敌方末端防御拦截来袭导弹数量。

2）主炮对海

（1）主炮对海射击有效射程。驱逐舰主炮武器系统对海有效射程应当考虑满足两个方面的要求：对视距内一定范围的水面目标进行射击；弥补反舰导弹的火力空白，对反舰导弹最小射程内的水面目标进行射击。

综合以上因素，驱逐舰主炮系统对海有效射程需求为大于反舰导弹的最小射程。

（2）主炮对海弹药携带量。驱逐舰主炮武器系统对海弹药携带量应当满足一次执行任务期间打击多个水面舰艇目标，并造成目标严重毁伤的要求。

在尽心对海弹药携带量需求分析时，需要考虑本舰主炮武器系统的设计效率，作战对象舰艇的抗打击能力等因素进行综合评估。

即

$$S>x \cdot \left(\frac{n}{P}\right) \tag{4-20}$$

式中: S 为主炮对海弹药携带量; x 为要求我方打击目标批数; n 为毁伤目标命中敌弹药数量; P 为主炮射击效率。

3）近区防卫能力

近区防卫是在驻泊或锚泊期间，为防止恐怖袭击或敌特种兵破坏，驱逐舰应当具备防卫蛙人、快艇、小型飞机等的能力。

在进行近区防卫能力能力需求分析时，需要考虑作战对象的袭击破坏手段及相关能力，明确打击目标对象，针对性地提出本舰近区防卫所需要具备的防卫手段和对各目标的打击距离。

3. 对陆作战能力

对陆作战的主要任务是对敌指挥中心、机场、港口、导弹阵地、敌岸滩火力点和零散兵力等战略战役目标实施打击，削弱敌进攻能力、迟滞敌兵力行动，为编队夺取制空制海制信息权、火力准备、扫雷破障创造条件。

对陆作战能力主要包括巡航导弹对陆打击、主炮对岸打击的能力。巡航导弹对陆打击能力主要应用于航空母舰编队对陆作战，需要考虑巡航导弹射程、巡航导弹携带数量等。主炮对岸打击能力主要应于两栖编队对岸火力支援，需要考虑主炮对岸有效射程、主炮对岸弹药携带量等。具体能力需求分析如下。

1）巡航导弹对陆打击

（1）巡航导弹射程。编队内驱逐舰巡航导弹射程需求应与作战使用要求相适。巡航导弹射程应大于敌主要岸基作战飞机的作战半径，我舰在靠近我岸且我方掌握制空制海权的海域发射巡航导弹应能覆盖作战对象的主要海空军基地。

研究巡航导弹射程需求时，需要考虑驱逐舰参与编队的活动海域和所针对作战对象的目标区域等因素进行需求规划，满足遂行对陆打击任务需要。

（2）巡航导弹携带数量。在遂行对陆打击作战任务时，护航驱逐舰应当携带足够多的巡航导弹，与攻击核潜艇和舰载机一起，共同完成航空母舰编队对陆打击任务。

因此，研究驱逐舰巡航导弹携带数量需求时，需要综合考虑编队内其他兵力的配合，按照编队对陆打击任务的目标分配进行计算。

即

$$S > \sum_{i=1}^{j} m_i a_i \tag{4-21}$$

式中：S 为本舰巡航导弹携带数量；m_i 为分配给某驱逐舰打击的第 i 类目标数量；a_i 为打击一个第 i 类目标需要使用的导弹数量；j 为打击目标种类。

2）主炮对岸打击

（1）主炮对岸有效射程。驱逐舰进行主炮对岸有效射程需求分析时，结合参与两栖编队，需要考虑本舰主炮系统敌岸兵力视距外，火力覆盖敌岸远程、中近程火力阵地。同时还应该考虑射击视距内敌岸目标，本舰受敌雷障、岸炮和火箭炮等的威胁。理想需求为在敌视距外，火力覆盖敌岸远程火力阵地区域的范围。

（2）主炮对岸弹药携带量。两栖编队中驱逐舰主炮武器系统对岸弹药携带量应当满足对敌岸目标进行有效毁伤或持续压制的要求。

因此，研究主炮对岸弹药携带量需求时，需要综合考虑打击目标距离、范围，本舰主炮的射击效率等进行计算。

4. 对水下作战能力

对水下作战能力的主要任务是发现、驱赶和攻击企图攻击我编队内舰艇的敌潜艇，阻止其使用反舰导弹和鱼雷等武器攻击航空母舰及编队内其他舰艇；发现和抗击敌潜艇已经发射的鱼雷，消除或减轻其对编队内其他舰艇的威胁。

对水下作战能力主要包括区域反潜、鱼雷防御的能力。区域反潜能力主要考虑区域反潜鱼雷的射程和携带数量。鱼雷防御能力主要考虑鱼雷防御武器反鱼雷抗击距离。

结合驱逐舰参与的编队考虑，在抗击敌潜艇方面，应当有区域反潜鱼雷，具备先敌潜艇发射鱼雷的能力，与编队内舰载反潜直升机一起完成内层的反潜作战任务。线导鱼雷武器是我编队面临的主要水下威胁，敌潜艇在突破我外层防御圈进入内层防御圈时，可能使用航程较远的线导鱼雷对我编队实施攻击。为了达到遏制和阻止敌潜艇使用线导鱼雷武器攻击的目的，驱逐舰应当在敌潜艇使用线导鱼雷之前完成对敌潜艇攻击行动。

在鱼雷防御方面，应当具备较强的抗击鱼雷攻击的能力，与水声对抗系统一起为航空母舰提供一定程度的鱼雷防御支援。

在航空反潜方面，驱逐舰应当搭载一定数量的舰载反潜直升机，与编队内舰载反潜直升机、舰载反潜巡逻机一起完成编队的航空反潜作战任务。为了遏制和阻止敌常规潜艇使用潜射反舰导弹攻击航空母舰及其编队内水面舰艇，舰载反潜直升机应当与反潜驱逐舰一起完成内层防御圈的反潜作战任务。

1）区域反潜

（1）区域反潜鱼雷的射程。对于舰艇编队，最大的水下威胁为敌潜艇发射的线导鱼雷。敌潜艇使用远程线导鱼雷对我编队内航空母舰、驱逐舰等目标实施攻击时，一般在线导鱼雷最大航程的 $1/2 \sim 2/3$ 的距离上实施攻击，以提高命中概率，但不排除敌潜艇在线导鱼雷最大航程上发射。在进行区域反潜鱼雷射程需求分析时，应当综合考虑满足编队反潜火力打击圈的要求，本舰区域反潜鱼雷的射程应当保证在敌潜艇使用鱼雷武器攻击前对敌潜艇实施打击。

即

$$x > R_{max} - r \tag{4-22}$$

式中：x 为本舰区域反潜抗击距离；R_{max} 为敌远程线导鱼雷最大打击距离；r 为编队中我舰距离编队核心目标的要求配置距离。

（2）区域反潜鱼雷携带数量。根据编队的作战编组和各兵力任务分工，编队外层反潜任务由攻击型核潜艇和舰载反潜直升机、巡逻机担负，驱逐舰在内层主要担负防潜任务。在进行区域反潜鱼雷携带数量需求分析时，需要综合考虑同一方向敌潜艇数量、我单一驱逐舰需要负担的打击任务、极限条件下水下对抗复杂性能因素进行计算。

即

$$S > a \cdot N \tag{4-23}$$

式中：S 为本舰区域反潜鱼雷携带数量；N 为本舰区域反潜所分配的目标批数；a 为打击一批目标所需区域反潜鱼雷数量。

2）鱼雷防御

鱼雷防御武器反鱼雷抗击距离。除了在一定安全距离上完成抗击外，驱逐舰鱼雷防御武器反鱼雷的抗击距离，应当满足围绕我编队内高价值目标形成反鱼雷抗击圈的要求。进行鱼雷防御需求分析时，应该综合考虑编队内舰艇配置距离、编队对鱼雷抗击距离要求等因素进行计算。

4.3.3　主要作战保障能力

1. 感知能力

感知能力主要包括对空感知、对海感知、对水下感知能力。对空感知能力主要依据目标特性、防空导弹的性能确定；对海感知能力主要依据最大限度发挥我方反舰导弹射程来确定，可考虑利用编队内预警机、警戒机、舰载直升机和无人机等手段提供超视距目标指示；水下感知能力主要依据敌潜艇发射线导鱼雷之前对其进行打击和鱼雷防御需要来确定，最好先敌潜艇发现。

1）对空感知能力

对空感知能力主要指对飞机、导弹等空中目标的搜索发现、跟踪能力，驱护舰平台应与编队内其他兵力的传感器一起构成编队对空预警侦察体系，并保证本舰武器使用。对空能及时发现空中目标的威胁并保障舰空导弹和舰炮武器的使用及空战辅助指挥引导，与预警机等兵力一起完成编队对空探测任务。

驱逐舰对空感知能力需求，主要考虑本舰雷达对飞机探测能力、对反舰导弹探测能力等。具体能力需求分析如下。

（1）对空雷达对飞机探测能力。驱逐舰对空雷达对飞机探测能力应当满足保障区域防空导弹使用的要求，并兼顾对高空目标的预警探测。需要保障驱逐舰的区域防空导弹能在最大有效射程上拦截目标，并在尽可能远的地方发现高空来袭目标。

即

$$R_{max} > R_m \left(1 + \frac{v_t}{v_m}\right) + v_t (T_1 + T_0) \qquad (4-24)$$

式中：R_{max} 为本舰对空雷达探测距离；R_m 为本舰区域防空导弹最大打击距离；v_t 为敌反舰导弹飞行速度；v_m 为本舰区域防空导弹飞行速度；T_0 为本舰指控系统反应时间；T_1 为本舰雷达系统反应时间。

在进行对空雷达对飞机探测能力需求分析时，需要考虑作战对象飞机速度、飞行高度、雷达波反射截面积等因素，结合本舰区域防空导弹的针对作战对象飞机的拦截距离综合计算确定。

（2）对空雷达对反舰导弹探测能力。驱逐舰对空雷达对反舰导弹探测能力主要用于保障中近程反导导弹的作战使用，应当满足保障在最大有效射程拦截中高空反舰导弹目标的需求，同时还需要满足保障在最小有效射程以远抗击掠海飞行的反舰导弹的需求。

对于中近程反导导弹要在最大射程上抗击掠海飞行的反舰导弹，受雷达视距的限制，应当由空中预警侦察和目标指示兵力提供目标信息和中继制导。

在进行对空雷达对反舰导弹探测能力需求分析时，需要考虑作战对象反舰导弹的速度、飞行高度、拦截距离等因素计算确定。

舰载雷达探测视距的计算方法如下。

$$R = \rho 4.12 \left(\sqrt{h_1} + \sqrt{h_2}\right) \qquad (4-25)$$

式中：R 为本舰雷达探测视距（km）；ρ 为雷达低空探测视距修正系数；h_1 为本舰雷达架高（m）；h_2 为敌反舰导弹飞行高度（m）。

2）对海感知能力

对海感知能力主要指对水面舰船目标的探测能力，用于保障舰载反舰导弹在最大射程突击目标，同时还要保障主炮武器对目标的有效打击。对海信息感知包含视距探测和超视距探测。

在进行对对海感知能力需求分析时，需要考虑与需要保障的舰载反舰导弹和主炮武器系统射程相匹配。

当驱逐舰对海雷达难以进行超视距探测时，可以由航空母舰编队内的舰载预警机、舰载反潜巡逻机和舰载反潜直升机等提供目标指示。

3）对水下感知能力

对水下感知能力主要指对潜艇探测和对鱼雷探测的能力，驱护舰平台应与编队内其他兵力的传感器一起构成编队对潜预警侦察体系，并保证本舰武器使用。

驱逐舰对水下感知能力需求，主要考虑本舰声纳对潜探测距离、声纳对鱼雷探测距离等。具体能力需求分析如下。

（1）声纳对潜探测距离。驱逐舰声纳对潜艇探测能力应当满足形成编队反潜探测圈的要求。对于编队而言，最大水下威胁为敌潜艇发射的线导鱼雷。在编队内，驱逐舰声纳对潜艇探测距离应当保证其发现敌潜艇先于敌潜艇发现我编队核心舰艇。

在进行声纳对潜探测距离需求分析时，需要考虑敌潜艇类型、潜深、使用的线导鱼雷的最大航程、结合本舰编队形式综合计算确定。

（2）声纳对鱼雷探测距离。驱逐舰声纳对鱼雷探测能力应当满足保障反鱼雷武器使用和形成编队鱼雷告警圈的需求。保障反鱼雷武器使用的要求方面，应当能保障逐舰反鱼雷武器在有效射程范围内抗击目标。满足形成编队鱼雷告警圈的要求方面，在编队内层时，驱逐舰声纳对鱼雷探测距离应当能与其他护航舰艇一起围绕编队内核心舰艇形成鱼雷探测圈，提供足够的鱼雷告警时间。

在进行声纳对鱼雷探测距离需求分析时，需要考虑舰艇航速、水文条件、声纳发现目标后的目标识别和射击决策时间、敌鱼雷航行速度、本舰反鱼雷武器速度、作战距离等因素计算确定。

即

$$R_{\max} > R_m \left(1 + \frac{v_t}{v_m}\right) + v_t T_0 \tag{4-26}$$

式中：$R_{\max}$ 为本舰声纳对鱼雷探测距离；R_m 为本舰反鱼雷作战距离；v_t 为敌鱼雷航行速度；v_m 为本舰反鱼雷武器速度；T_0 为本舰系统反应时间。

2. 指挥控制能力

驱逐舰指挥控制能力需要依据参与编队指挥关系和指挥机构设置要求进行设定。

如航空母舰编队中，指挥功能由航空母舰担负，必要时由主要护航驱逐舰担负；防空作战、反潜作战、反舰作战和对陆打击的方面战指挥功能由主要护航驱逐舰担负；防空舰艇群指挥功能、航空兵空战辅助指挥功能由防空护航驱逐舰担负；反潜兵力群指挥功能由反潜护航驱逐舰担负。则针对参与航空母舰编队的驱逐舰而言，其理想的指挥控制能力应该包括防空方面战、反潜方面战、反舰方面战、打击方面战指挥能力；空战辅助指挥能力、防空舰艇群指挥能力、反潜作战群指挥能力、反舰作战群指挥能力、对陆打击群指挥能力。

3. 信息传输能力

驱逐舰作为整个海军的重要节点之一，其信息传输能力应与海军通信系统的任务和需求相匹配。驱逐舰信息传输分为外部信息传输和内部信息传输。其主要的能力需求包括：

（1）本舰与编队内各作战平台之间的指挥和协同信息的传输。

（2）本舰与岸基指挥所、友邻协同兵力之间的指挥、协同信息的传输。

（3）对舰载直升机、无人机进行归航、着舰时的指挥、引导通信。

（4）本舰进出港时所需的通信联络。

（5）本舰与民用船舶的通信联络。

（6）对外出访时本舰所需的通信联络。

（7）本舰在紧急情况下所需的应急通信、遇险救生通信。

（8）本舰内部指挥通信、勤务通信、广播报警、生活通信、闭路电视以及相关信息的传输与交换。

在具体进行驱逐舰型号设计时，以上能力的需求，根据对赋予驱逐舰的使命任务，可以进行增减。

4. 导航能力

驱逐舰的导航能力包括满足舰艇安全航行和保障信息化作战两个方面，其主要任务包括：引导舰艇编队按作战意图航行；为警戒探测、指挥控制、精确打击等作战任务提供信息支持；参与海洋气象环境信息收集，支持海战场建设。

基于以上任务，驱逐舰导航能力需求通常如下：

（1）自主定位能力。通过驱逐舰敏感自身运动而保持对位置状态的感知。

（2）接收外部信息定位能力。通过接收陆基、星基导航系统信号或者敏感自然环境的参数特征确定载体地理位置。

（3）姿态测量和传递能力。该能力是影响精确探测和制导武器精确打击的关键要素之一。要求驱逐舰导航系统能够精确测量舰艇线运动和角运动，能够向武器传递高精度姿态基准，支持武器初始对准。惯性导航是建立高精度姿态基准和向武器传递相关参数的最基本、最主要的技术手段。

（4）大气环境观测能力。具备完整的舰面气象要素测量能力，能够对危险航空天气、大气波导进行监测，保障制导武器和舰载直升机的作战使用。

（5）航海保障信息获取能力。具备接收国家、全军、海军的海洋气象保障机构提供的信息保障产品的能力。

（6）海洋环境探测能力。具备对所在海域的海水温度和水深等水文参数的测量能力。

（7）信息融合处理能力。能够对本舰的测量信息进行融合，实时生成统一的状态参数。能够将现场实测气象水文参数与中长期海洋保障产品进行同化处理。

（8）辅助分析决策能力。能够从气象海洋环境制约角度对作战方案进行评估，并具备短期临界危险航空天气分析预报、海洋环境诊断的能力。

5. 信息对抗能力

信息对抗能力要求指信息进攻能力、电子自卫对抗能力、抗干扰能力的要求。

驱逐舰的信息对抗，应当满足以下两个方面的要求。

一是在密集复杂电磁信号环境中，对敌星载和机载 SAR 成像雷达、机载和舰载预警探测雷达、火控雷达、导弹制导系统、识别信号、通信信号、数据链、武器引导和控制数据链等，截获、分析、处理和精确测量，提供信号参数、平台类型、威胁等级及可信度等。

二是对敌反舰导弹的末制导系统制导信息等实施防御性电子干扰。

在电子情报侦察方面，基本需求为能够侦察作战对象主要星载 SAR 成像雷达和机载 SAR 成像雷达信息；能够侦察作战对象的主要预警机探测雷达的信息；能够侦察作战对象的主要通信手段；能够侦察作战对象主要战斗机、攻击机的对海搜索、跟踪雷达的信息；能够侦察作战对象主要水面舰艇的对海搜索、跟踪雷达的信息。

在电子防御方面，能够侦收和干扰作战对象主要反舰导弹末端制导系统，阻止其有效捕捉目标；能够干扰、压制敌反舰导弹的引导和控制数据链；能够压制、破坏进入末端弹道反舰导弹的制导系统，协同近程防御武器系统完成对反舰导弹的拦截。

6. 舰载机配置及保障能力要求

舰载机配置要求主要包括驱逐舰搭载舰载机的数量要求和驱逐舰对舰载机的能力要求。目前，驱逐舰搭载的舰载机以舰载直升机为主，部分新型驱逐舰还可搭载舰载无人机。

舰载机的搭载数量主要由驱逐舰的作战使命需求及舰总体资源决定。目前，世界上绝大部分驱逐舰都具备搭载舰载直升机的能力，而大吨位的驱逐舰一般搭载两架舰载直升机，例如美国"朱姆沃尔特"级驱逐舰可搭载 2 架"海鹰"直升机或 1 架"海鹰"直升机及 3 架无人直升机。

舰载机要具备海上作战能力，首先需具备较好的耐腐蚀能力，能够承受海洋环境腐蚀。舰载机还需具备良好的机动性及操作性，能够在舰上复杂的气流场环境下安全降落。舰载机机身结构需具备足够的强度，能够承受在驱逐舰上受到的降落冲击、牵引载荷及系留载荷。舰载机应注重系列化发展，强调一机多型、多能，以便减少舰载机类别，降低其在驱逐舰上的保障难度。例如，美国"海鹰"直升机自 20 世纪 80 年代装备部队使用后，经过不断的改进优化，至今仍是美国海军驱逐舰主要装备的舰载直升机。

随着技术的发展及使命任务的需要，驱逐舰搭载的舰载直升机除承担传统的反潜及搜救任务外，还承担了反舰、空中预警、通信中继和反水雷等多种任务。反潜是舰载直升机最主要的任务，舰载直升机配置搜潜设备和攻潜设备后可远离母舰执行搜潜及攻潜任务，舰载直升机反潜具有速度快、隐蔽性好、范围大等优势。

为保证舰载机的正常作战使用，驱逐舰应能够为舰载机提供油、气、水、电及维修维护等基本保障资源。随着驱逐舰的作战范围面向远海，驱逐舰还应具备在高海况条件下保障舰载机安全起降、牵引及系留的能力，舰载机保障能力主要包括以下两方面。

1）舰载机保障级别

依据舰载机上舰执行不同的任务，驱逐舰应设置不同的航空保障设施，舰载机保障级别一般分为以下五个保障类别：

一类——提供直升机起降、停放、存放（设置机库）、供给和维护；

二类——提供直升机起降、停放和供给，视情况提供日常维护；

三类——仅提供直升机起降；

四类——提供直升机垂直补给悬停区；

五类——提供直升机悬停加油区。

目前世界上的新型驱逐舰为更好地发挥舰载机的作战效能，普遍是按照一类保障类别进行驱逐舰的相关设计。美军发现没有机库的早期"阿利伯克"级驱逐舰无法满足舰载直升机的全面维护保障需求，影响了舰载机的作战能力发挥，从"阿利伯克ⅡA"级驱逐舰开始，增加了双机库，提高了舰载机的保障类别，使得后续"阿利伯克"级驱逐舰的作战能力有了较大的提高。

2）起降和转运保障

驱逐舰在海上航行时会出现纵摇、横摇及升沉等多自由度的运动，并且驱逐舰机库舰艉部的紊乱气流也对舰载机在起降平台上的起降造成不利影响。舰载机能否在舰上安全起降及转运是决定舰载机正常发挥作战效能的重要因素，提高相应保障能力一直是各国海军关注的焦点。除优化舰船造型、提高舰载机的操控性能，世界海军强国普通投入大量资源来研制舰载直升机牵引装置以提高舰载直升机在舰上转运的海况，例如，美国先后研制了 RAST 系统及 ASIST 系统，法国研制了萨马赫牵引装置，俄罗斯主要采用钢索绞车牵引装置。

4.3.4 主要作战适用性

1. 六性

"六性"包括可靠性、维修性、测试性、保障性、安全性、环境适应性。概念设计阶段，总体层面主要考虑可靠性、维修性、保障性（Reliability，Maintainability and Supportability，RMS），本阶段确定的 RMS 指标，作为后续设计阶段确定定量要求和定性要求的依据。

根据驱逐舰的长寿命、任务时间长、装备可维修的特点，对概念设计阶段 RMS 参数进行了适用性分析，常用的 RMS 参数体系如表 4-7 所列。

表 4-7 概念设计阶段 RMS 参数体系

序　号	参 数 类 型	参 数 名 称
1	战备完好性	使用可用度 A_o
		固有可用度 A_i
2	可靠性	任务可靠性 $R(t)$
		使用寿命 L_{se}
		平均故障间隔时间（MTBF）
3	维修性	平均修复时间（MTTR）
4	保障性	平均保障延误时间（MLDT）
		备航时间

RMS 参数体系建立之后，对所研制的特定型号应确定其参数值，即 RMS 指标，一般包括目标值和门限值。概念设计阶段，在技术状态不确定、数据缺乏的情况下，RMS 指标确定的基本依据包括：

（1）型号研制需求。

（2）型号战术技术要求。

（3）费用和进度限制。

（4）国内技术基础、软硬件最高生产水平。

（5）国内外类似驱逐舰技术水平。

（6）国内驱逐舰的使用与维修保障方案。

（7）类似驱逐舰外场使用的可靠性、维修性、保障性经验和 RMS 数据。

RMS 指标可单独提出，但必须与总体性能指标相协调，RMS 相关指标之间也应该相互协调。RMS 指标确定的同时，还应确定寿命剖面、任务剖面、故障判别准则、维修方案、验证方法等，经评审后，纳入相关设计文件。

单个指标的确定往往采用类比法。类比法就是在研制型号 RMS 相关分析的基础上，考虑与相似型号之间的差异并确定差异系数，利用相似型号的 RMS 指标，确定研制型号 RMS

指标。相似型号之间的差异因素包括结构、功能、设计、材料和制造工艺、任务剖面、维修方案等。

随着"六性"设计技术的发展，"六性"设计逐渐由各自独立的单项设计转为一体化设计，特别是 RMS 一体化设计，以装备效能或装备战备完好性为目标，通过构建以 RMS 为参数的模型，经过计算和仿真等，得到合理的使用可用度和相关指标。

2. 隐身性

在作战需求牵引的基础上，依据作战需求分析得到武器装备隐身参数要求，并综合考虑当前技术水平、工程实现能力、时间进度要求和经费支持程度等制约因素以确定舰艇实际能达到的预期隐身性能，其目的在于为确定舰艇的总体特性提供决策依据。主要包括雷达波、声、红外、磁场、电场等隐身要求。其中：雷达波隐身要求依据在敌舰艇或反舰导弹发现我舰艇之前，我舰艇可进行武器攻击的要求确定我舰艇应达到的雷达波隐身程度，或根据本舰电子对抗效果确定；声隐身原则上要求在本舰和主要威胁的水声探测设备配置下能够做到先敌发现，根据本舰和主要威胁的水声探测设备配置，并综合考虑作战需求与技术可行性提出要求；红外隐身要求配合本舰红外对抗，满足本舰施放红外干扰的过程要求，满足本舰配置的红外质心干扰弹的战术性能要求；磁场强度要求依据舰艇作战使用要求，提出满足不同灵敏度磁引信水雷的要求；电场目标特性要求依据控制舰艇电场目标特性，降低被电场探测设备探测概率，降低被电场引信水中兵器攻击的风险。

1) 雷达波隐身性

舰艇雷达波反射截面积指标设计，一般应满足下列要求：

(1) 应降低舰艇正常使用状态下（三级海况）威胁入射余角 0°~3° 方位间的雷达反射截面（RCS）值，并要求该入射空域内总 RCS 值尽量小。

(2) 超过总 RCS 值的峰值方向一般不宜多于 6 个；所有峰值方向总的区间小于 18°。

(3) 雷达波反射面积一般应针对敌方雷达搜索频段，以及敌方雷达跟踪及末制导频段。

2) 声隐身性

设计中确保舰在作战使用状态下，其声目标强度小，且应尽可能分布均匀；超出平均目标强度较大的方向应尽可能少，且影响角度范围也尽可能小。

3) 红外隐身性

舰艇红外辐射设计限值一般应满足下列要求：

(1) 主要威胁频段应考虑为点红外和面红外两个窗口。

(2) 对于点红外频段的红外辐射，应降低其辐射强度，至少应低于舰艇所配备的红外诱饵弹辐射强度的 0.6 倍以下。

(3) 对于面红外频段的红外辐射，应使其辐射、反射强度与所处环境背景一致。

4) 磁场隐身性

应确保舰船在作战使用状态下，能具有并保持其所必需的磁特性要求，以防御被敌方磁感应武器损伤。

3. 兼容性

兼容性主要包括电磁兼容、火力兼容、声兼容、功能兼容要求。依据全舰电磁频谱特性，通过分析提出全舰电磁兼容管理和控制要求，并说明各系统设备在使用时机、电压、场强、电阻等方面的特殊要求。依据全舰各种武器布置和射界，提出全舰火力兼容要求；依据全舰各噪声源以及声学设备布置和使用要求，提出全舰声兼容要求；依据导弹共架发射、射频设备集成以及指火控一体化等要求，提出设备功能兼容要求。具体指标设计如下。

1）电磁兼容性

（1）在舰船总体电磁兼容性设计中，应对舰船不同航行工况下设备开启的时间特性、设备工作频率范围进行分析，对舰船天线布置、电引爆武器、舰载飞机及易燃挥发油类的布置进行分析，应符合总体电磁兼容性要求。

（2）各分系统接口、连接设计中，应充分考虑系统电磁兼容性要求。设备和分系统不仅应满足自身电磁兼容性要求，而且应满足系统电磁兼容性要求。

2）声兼容性

（1）水下声兼容性。应在舰船总体设计中对装舰设备的振动和空气噪声提出限值要求，并采取适当的隔振、阻尼、隔声等减振降噪措施。水声设备应在线路、信号处理设计中采取措施，提高抗水下自噪声的能力。

（2）空气声兼容性。语音通信系统应在设计中采取适当措施，提高抗背景噪声的能力并能正常工作；声报警装置应避免受声掩蔽的影响，且声压级至少应高于背景 6dB（A）。

3）火力兼容性

（1）舰载武器布置和安全射界的设计应充分考虑舰载武器的火力兼容性，避免多武器同时使用且交叉射击时在近距离上可能出现的危险，确保充分发挥舰载武器的综合作战效能。

（2）设置舰载武器的火力兼容控制设备，统一实施舰载武器的火力兼容控制。

（3）火力兼容控制设备或单元应安全可靠、反应快速，应既能全自动工作，又能实施人工监视和干预。

4. 生命力

生命力主要包括安全航行能力、抗沉能力、抗导弹或鱼雷攻击能力、抗水雷非接触爆炸冲击波能力、消防能力、三防能力。其中：安全航行能力一般根据编队作战使用要求，结合作战区域风浪情况以及国外同类装备水平提出定性要求；抗沉能力一般依据总体设计情况提出，也可参考国外同类型舰艇的水平；抗导弹或鱼雷攻击能力主要明确抗导弹或鱼雷攻击的类型、数量和遭受攻击后的抗毁伤程度；抗水雷非接触爆炸冲击能力主要明确水雷爆炸冲击因子及抗毁伤程度；抗水雷非接触爆炸冲击能力主要明确水雷爆炸冲击因子及抗毁伤程度；消防能力一般根据总体设计要求，提出防火、探火、灭火和防爆的基本要求；三防能力一般根据总体设计要求和作战威胁提出要求。

4.3.5 主要系统性能指标

1. 船体结构

驱逐舰船体结构的需求源自于用户，这个"用户"可以是海军订货部门，也可以是舰总体或舰上的其他系统。这种需求可能是固有需求，即所有的舰船船体结构都需要满足的需求；也可以是个性化的特殊需求，由该舰的特殊的使命任务、设备配置决定的。

对于驱逐舰船体结构来说，其固有需求就是船体结构需要保证舰船结构的密性，满足舰船在建造、下水、停泊、进坞和规定海域航行等过程中受到的各种形式的载荷的作用，保证其必要的强度和刚度，如总纵强度、总振动、挠曲变形等，使船体结构在规定的使用条件下不发生大的变形或断裂等破坏。这需要确定主要的船体结构材料；研究舰船的给定航行条件，确定舰船在各种规定的使用条件下作用于整个船体和局部构件的各种载荷的大小和性质；研究与这条船相适应的强度衡准，考虑到外力的变化和作用特性，确定船体构件作用应力与总变形的许用值。例如，舰船航行的海域、海况不同，其船体受到的波浪外载荷、冰载荷等也不同；舰船上配备的推进系统不同，其轴系转速、螺旋桨转速、主机转速不同，对船体结构固有频率要求也不同。

特殊需求则是根据这条船的使命任务需要、特殊的船型特征、总体性能需要、所装载的新型武器设备特性等的不同而带来的需求，这类需求主要是总体和其他系统对船体结构提出的，即需要研究在总体、其他系统提出的开口、构形、特定载荷作用等条件下船体局部构件的应力大小和分布、固有频率、刚度等。例如，从提高舰总体生命力需求出发提出的船体结构的抗爆抗冲击要求；由于总体性能需要设置的舭龙骨和艉压浪板、特殊构形的球鼻艏、低雷达波反射的上层建筑和桅杆等的结构设计；从舰船美学角度考虑，对船体外板提出的折角线、内倾、外飘、曲面等构形需求；一些新型武器设备对船体基座转运间的特殊构形需求、在甲板上大开口需求、对基座及其周围结构的刚度需求、承受发射冲击作用力的需求；天线、阵面对基座结构提出的共形要求等。下面对概念设计阶段主要的船体结构性能需求分别进行分析。

1）总强度

舰船结构总强度就是舰船在规定海域和海况下航行时船体主要承载构件在波浪外载荷作用下其应力在弹性范围之内，并且构件受压时具有足够的稳定性，以保证船体梁所能承受的极限载荷相对设计载荷具有一定的储备。船体结构设计时需校核外载荷作用下的船体总强度应力和极限强度储备。而船体的波浪外载荷根据舰船使命任务需要，航行的海域、海况不同、船型的不同会有不同。对于驱逐舰，其一般是需要全球航行的，但有些专门用途的舰船，可能只需要在中国沿海或较近的海域航行，其可能遭遇的波浪外载荷就不一样。由于舰船的球鼻艏形状不同、艏部舷侧外飘的角度不同，船体受到的波浪砰击载荷也会不同；船舶的船型、尺度不同，与之配套的外载荷估算、衡准等方法可能不同。

在设计初期设计输入非常缺乏的情况下，可以参考母型船通过经验公式进行外载荷的初步估算。舰船的船中最大波浪弯矩 M_{max} 基本与船的正常排水量 D 和设计水线长 L 成正比，最大剪力 Q_{max} 与船的正常排水量 D 成正比，因此在还没有开展型线和总布置设计、没有具体的重量分布数据的情况下，利用母型船的排水量、主尺度等相关参数，采用系数法可以估算出最大波浪弯矩值。静水弯矩系数 k_s、静水剪力系数 k_{Qs} 按式（4-27）、式（4-28）计算：

$$k_s = \frac{M_{s母}}{D_母 L_母} \tag{4-27}$$

$$k_{Qs} = \frac{Q_{s母}}{D_母} \tag{4-28}$$

波浪附加弯矩系数 k_w、剪力系数 k_{Qw} 按式（4-29）、式（4-30）计算：

$$k_w = \frac{M_{w母}}{D_母 L_母} \tag{4-29}$$

$$k_{Qw} = \frac{Q_{w母}}{D_母} \qquad (4-30)$$

那么，所估算舰船的最大波浪弯矩 M_{max} 是按式（4-27）、式（4-29）估算的静水弯矩和波浪附加弯矩的合成。最大波浪剪力 Q_{max} 是按式（4-28）、式（4-30）估算的静水剪力和波浪附加剪力的合成。波浪附加弯矩沿船长的分布有其规律性，一般船中区域最大，向艏艉两端逐渐减小直至为零。波浪附加剪力一般在船首和船尾 $L/4$ 区域处最大，向艏、艉和船中分别减小直至为零。另外，最大波浪附加弯矩也可以按式（4-31）估算，波浪附加剪力按式（4-32）估算：

$$M_w = C_m B L^2 \qquad (4-31)$$

$$Q_w = C_Q B L \qquad (4-32)$$

式中：C_m、C_Q 可根据母型船计算得到。

砰击振动弯矩与首部线型、船型参数、波浪参数和航速等相关。

一般单体驱逐舰在波浪中航行时可能承受的总纵弯曲载荷远大于横向弯曲载荷和扭转载荷，因此船体结构总强度主要校核总纵弯曲强度和剪切强度，一些特殊船型的船体结构具有较大的舷侧大开口或连续甲板大开口，或者左右舷结构明显不对称时，还需校核其扭转强度。船体总纵强度在概念设计阶段一般选取船中部典型横剖面进行校核，船中剖面一般总纵弯曲载荷最大，且船体中部会有贯穿多层甲板的主机进排气开口，使船体横剖面惯性矩降低，对该处进行总强度校核能一定程度上反映本舰的总强度情况。总强度校核中也会对极限强度进行校核，极限强度是指船体强力构件不发生屈服、失稳的条件下，船体剖面能够承受的最大弯矩，该弯矩值与总纵强度外载荷计算的弯矩之比需大于一定的系数，即极限强度储备，船体主要构件稳定性校核是总纵强度校核的重要一环。

所计算船体横剖面上任意构件的弯曲应力按式（4-33）进行计算：

$$\sigma = \frac{M}{W} = \frac{MZ}{I} \qquad (4-33)$$

式中：σ 为剖面计算构件处的正应力，MPa；M 为作用在船体上的弯矩，是计算得到的静水弯矩 M_s 和波浪附加弯矩 M_w 的合成弯矩（M_s+M_w），N·m；W 为剖面所计算构件一侧的剖面模数，cm^3；Z 为剖面中计算构件距中和轴的垂向距离，cm；I 为剖面对中和轴的惯性矩，cm^4。

所计算船体横剖面上任意构件的剪应力按式（4-34）进行计算：

$$\tau = \frac{QS}{It} \qquad (4-34)$$

式中：τ 为剖面计算构件处的剪应力，MPa；Q 为作用在船体上的剪力，是计算得到的静水剪力 Q_s 和波浪附加剪力 Q_w 的合成剪力（Q_s+Q_w），kN。S 为剖面中在要确定剪应力的构件上面（或下面）的部分横剖面面积对中和轴的静矩，$cm^2 \cdot m$；I 为剖面对中和轴的惯性矩，$cm^2 \cdot m^2$；t 为计算点处受剪构件的厚度之和，mm。

船体梁在总纵弯曲作用下会产生整体的弯曲变形，特别是对于驱逐舰这类使用高强度钢作为船体材料的舰船，有可能应力满足要求了，但挠曲变形会比较大，因此设计中应对船体整体挠曲变形进行计算校核。驱逐舰的最大挠度一般应不大于 $L/500$。

船体总强度计算除了采用经验公式计算外，采用有限元方法进行直接结构强度计算越来越广泛。船体结构总强度直接计算包括外载荷直接计算和结构应力直接计算两部分。外载荷直接计算较多采用三维频域线性计算和三维时域非线性计算方法来预报波浪载荷。总强度直接计算有采用全船结构有限元也可以截取舱段结构有限元模型，分析船体梁结构在总纵弯曲下的应力水平和分布规律。

2）总振动

船体的总振动是将船体作为一根两端完全自由的、质量沿船长不均匀分布的变截面梁，在干扰力的作用下产生的振动现象。对于常规驱逐舰，一般主要计算垂向和水平振动。

引起驱逐舰船体总振动的干扰力，主要是螺旋桨工作产生的一阶和叶频干扰力，以及主机的一阶、二阶不平衡力和力矩。

在概念设计阶段缺少详细输入的情况下，仅需将船体排水量、船长、型宽和型深等参数代入简化估算公式就可估算船体固有频率。当拟定船体结构初步方案、输入条件具备之后，船体总振动固有频率可采用传统的迁移矩阵法估算，该方法是将船体梁离散为若干段（一般分为20段）来进行计算的。另外，还可以采用有限元法进行船体总振动计算，建立船体结构有限元模型，将各段的船体质量和附连水质量作为质量单元，施加到相应段的有限元节点上，然后进行模态识别，得出船体前几阶的垂向和水平固有频率。

3）抗爆抗冲击能力

随着各国对武器性能不断研发和提高，各种对舰攻击武器在战争中所起的作用在发生着变化。航空母舰和舰载机出现之后，水面舰船的作战半径扩大，舰炮的攻击作用降低，转变为防御武器。攻击舰船的主要武器变为反舰导弹、鱼雷和水雷等。

随着信息技术和精确制导武器的不断发展，舰船在海战中受到攻击的概率显著提高，各国也越来越重视提高舰艇抗损伤能力。在1982年的马岛海战中，英国"谢菲尔德"号护卫舰被1枚"飞鱼"导弹命中重要部位，引发爆炸起火，大火迅速席卷全舰，使电源中断，该舰在很短的时间内沉没[9]，阿根廷第二大军舰"贝尔格拉诺将军"号巡洋舰，被两枚鱼雷击中沉没。而在1990年沙漠风暴行动中，美国"萨穆尔"号护卫舰、"第黎波里"号船坞登陆舰和"普林斯顿"号巡洋舰分别被水雷和鱼雷击中[9]；2000年美国"阿利·伯克"级导弹驱逐舰"科尔"号在也门的亚丁港补充燃料时遭橡皮艇装载炸药攻击，在舰身炸出一个大洞；这些攻击都没有造成致命的伤害，这与美国海军重视舰船生命力设计密切相关。英国"谢菲尔德"号驱逐舰遭导弹攻击后见图4-6，美国"科尔"号遭袭后见图4-7。国外一些水面舰船纷纷采用了新型防护结构，使船体结构的抗损能力有了较大提高。20世纪90年代初，德国的F123、F124"萨克森"级护卫舰采用了较多的抗损技术，特别是F124从上层建筑的前端至直升机库的尾端间设置了6个双层舱壁和3个纵向箱型梁（图4-8）两种结构防护技术，在尽量控制重量的情况下，将导弹及炸弹直接爆炸产生的气浪冲击破坏和弹片破坏限制在一定范围内，同时保持纵向总强度，防止船体受损断裂[9]。法国的"拉菲特"级护卫舰及法意联合研制的"地平线"级护卫舰在设计中都采用了"双层舱壁"，荷兰的LCF、挪威的F310护卫舰、英国的45型驱逐舰采用新型PRIMA双层舱壁[9]。美国海军新一代DDG-1000驱逐舰首次采用了双层舷侧船体结构，提高了该舰的抗爆、抗破损能力。因此，驱逐舰结构设计时考虑抗水下爆炸方面的要求是非常必要的。

图 4-6 ▌遭导弹攻击的英国"谢菲尔德"号驱逐舰[10]

图 4-7 ▌遭袭后的美国"科尔"号[11]

船体抗水下爆炸冲击能力是指船体抵抗鱼雷、水雷等常规装药水中攻击武器在水中爆炸所产生各种载荷的能力。水下爆炸分为远场爆炸、近场爆炸和接触爆炸,远场爆炸、近场爆炸都属于非接触爆炸。鱼雷和水雷战斗部多为爆破型战斗部。一般说来爆破型战斗部主要靠高能炸药爆轰产生的冲击波、高压爆轰产物以及高速破片联合对船体外板进行作用,其威力取决于装药量及炸药的能量密度。鱼雷和水雷可分别通过舷侧和船底对舰船进行攻击,非接触爆炸所产生的冲击波会使舰体局部外板板架产生较大的变形甚至总纵弯曲破坏,接触爆炸则可对相应的船体结构产生较大的破口甚至导致舰体断裂破坏。驱逐舰水下结构的设计主要以抵抗鱼雷、水雷非接触爆炸为主,可以考虑设置一些新型防护结构。

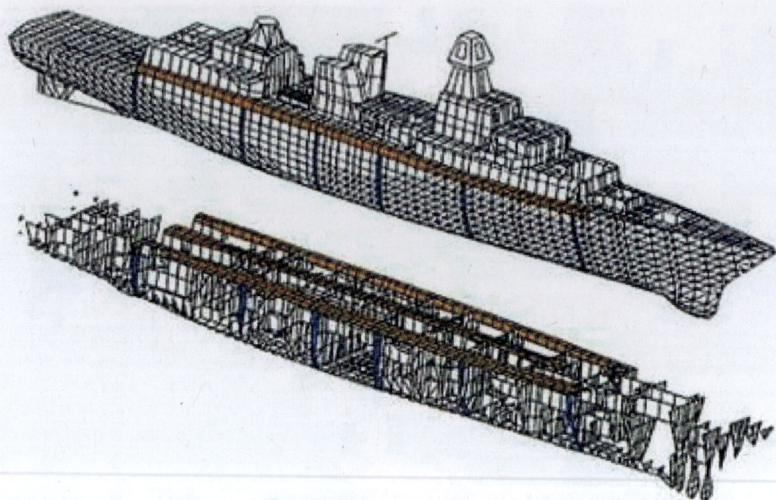

图 4-8 ▍ "萨克森" 舰箱形梁的设置位置[12]

概念设计阶段可根据驱逐舰的吨位、使命任务及与同类型船的类比初步提出结构抵抗水中武器攻击的能力需求。

2. 船舶装置

1）系统概述

驱逐舰船舶装置主要用于为舰船航行和作战机动提供最基础的操纵控制平台、实现本舰的安全驻泊、保障本舰在海上停泊或者航行状态下接收补给船的各类物资补给和人员传送并将补给物品输运到各自的存储地点、运送人员及货物、为母船进行系缆作业及舷部维护修理、在舰船遇险时为舰上人员提供海上浮具、对意外落水人员进行救助、满足战位通达与视野观察所需、防止船体及设备的腐蚀、为舰上人员提供良好的居住及工作环境条件、保障舰员的日常物质和精神生活需求等，是直接影响到舰船使用和舰员身心健康的重要系统。

2）系统性能指标设计工作流程

船舶装置管辖的范围广、内容多，各能力需求相对比较独立，既有作为普通船舶所需的标配能力，如操纵运动控制、安全驻泊等，也有作为水面舰船所特有的海上补给接收及转运能力，还有着力于舰员充分发挥战斗效能、提高长期海上作业执行能力的居住及生活保障能力。这些能力在执行设备层面有所重合，但在使用功能方面各有侧重，因此在进行船舶装置系统性能指标分析确认的过程中可按照各能力分别论证。以生活保障能力为例，介绍指标设计工作流程如表 4-8 所列。

表 4-8 生活保障指标设计工作流程

工 作 流 程	具 体 事 项
目标确定	根据驱逐舰使命任务与定位，通过对相关总体性能的需求（关联性）分析，对执行航行和作战任务的人员进行保障，确定设计目标等级
资源需求	按照提出的系统设计理念，根据驱逐舰人员编制的组成情况，对不同等级的舰员对应的居住及保障要求所需的总体资源进行预估，确定用于生活保障的资源需求
指标设计	经过需求综合分析，提出系统的各项性能指标

3）系统性能指标设计方法

船舶装置系统的性能指标分为重要指标和常规指标两类。

（1）常规指标。驱逐舰船舶装置性能指标通常都属于常规指标，即由标准规范所规定的、在各类驱逐舰设计中均需满足的性能指标。对于这些常规性能指标，由于其所代表的技术特点并非是驱逐舰概念设计所需体现的闪光点，因而并不需要在概念设计阶段——落实，只需选取其中可能对概念设计产生颠覆性影响的项目进行指标设计即可。如"为舰上人员提供海上浮具"的能力，虽然与人员编制、备铺数量、设备容量、备用率等多个因素相关，但落实到最终设计结果，就是海上浮具的配置数量，且该设备在布置上一般不会对驱逐舰造成大的影响，因此可不在驱逐舰概念设计中作为船舶装置的指标提出。按照这一原则，可提出驱逐舰概念设计阶段船舶装置所需提出的常规指标如下：

① 具有海上航行所需的运动控制能力，估算并确定转舵力矩和减摇鳍面积（如需）。

② 具有保障驱逐舰安全驻泊的能力，确定驻泊环境条件。

③ 具有接收海上物资补给的能力，确定补给接收时间。

（2）重要指标。驱逐舰船舶装置系统性能指标设计中首先需要确定的，是能够代表该型驱逐舰概念设计标志性技术的性能及其指标，如某驱逐舰在概念设计阶段提出"以人为本、减员增效"的设计理念，分解至船舶装置可认为该性能为"为舰船提供良好的居住及工作环境条件、保障舰员的日常物质和精神生活需求"。而该描述属于定性描述，既难以确定达到该指标所需满足的设计项目，又无法确定各设计项目所应达到的具体指标。由于性能指标的确定不仅与平台自身的特性相关，也与平台上所承载的武器系统的工作要求相关，还与对舰员持续作战能力的保障级别相关，具有需求来源多、目标图像不清晰、指标难以定量化等特点。因此船舶装置性能指标设计过程中需运用各种分析手段及方法。

4）运用定性分析法确定系统性能指标

船舶装置中涉及到的需求一般分为两种：一种是使用方难以提供清晰、准确的要求，只能描述模糊想法的需求（以下简称船舶装置第一类需求），如驱逐舰船舶装置中的洗衣能力需求，受不同环境条件、人群生活习惯、是否有接待活动等因素的影响而产生较大差异；另一种是与其他系统存在工作交接面，共同承担技术指标的需求（以下简称船舶装置第二类需求），如驱逐舰船舶装置需要与作战系统共同承担在高海况下保障直升机起降任务的需求，实际分解下来，船舶装置需要承担的是作战系统所需保障的直升机在高海况起降过程中对平台横摇角的控制要求。

船舶装置第一类需求由于主观性较强、需求不确定、调研结果过于离散等问题，通常不宜采用"专家评估法"，避免因主观因素对分析结果造成太大影响，引起设计不足或过设计等不良后果，更宜通过知识处理技术来对所收集的模糊需求信息进行处理，获得最接近真实需求的结果。船舶装置第一类需求主要用到了以下几种知识处理的定性分析方法。

（1）定性推理法。定性推理通过分析系统自身或本系统与其他各个相关系统之间的结构关系、功能关系等，得到从已知条件出发到结论的推理过程。该方法在分析过程中可以定性地预测各个部分的相互制约关系，或某部分对整体结构的影响，并指出变化趋势，帮助设计人员找到修改的办法，进而确定具体量化指标要求。如船舶装置在冗余设计需求分析中，通过对系统中各设备损坏机理及概率的定性推理，确定了机械设备、液压部件与电控设备的冗余比例，指导了系统及设备的设计。

（2）实例推理法。实例推理是借鉴以往驱逐舰的设计使用情况，从大量实例中查找或推理出能解决当前需求的办法。如船舶装置中非连续工作设备的可靠性指标在确定过程中发现无法采用普通机电设备长期连续工作的模式，按照标准《可靠性鉴定和验收试验》中所规定的方法来进行设备可靠性指标的确定与考核。为此，设计人员通过对驱逐舰就各类非连续工作设备在典型工作模式下使用频率情况的收集整理，在实战过程中统计这些设备的使用情况，最终利用实例推理的办法确定了非连续工作设备宜以使用次数作为考核指标，并确定了最终的技术指标。

（3）基于规则推理法。基于规则推理是指用统一的、特定的方式将常识、权威知识、经验等表现出来，模拟大脑分析事物的研究思路。如船舶装置中公共淋浴器的服务保障能力需求，就是通过建立"公共淋浴器服务保障对象"、"每日洗浴总时间限制要求"、"不同地域招收舰员生活习惯影响"、"舰员性别"、"环境温度影响"、"偶发性因素影响"等规则来建立推理网络，计算得到公共淋浴器的服务保障能力需求范围，再结合对现有驱逐舰实际使用调研情况、试验试航或护航期间的统计结果，以及尽量提高舰员洗浴服务需求的意愿等，对该指标进行综合分析并确定最终技术指标。

（4）迎合需求法。迎合需求是设计领域的传统设计方法，其原理利用市场调研获取用户需求，进而通过对用户显性需求与隐性需求的分析挖掘，提出符合用户期望的技术指标。这种基于用户预期构建产品需求的方法称为"迎合需求"。这也是目前大部分工业产品所采用的设计手段。

迎合需求的设计方法比较保守，但不确定性相对较低，据此完成的设计方案易于为大众所接受。有效实施迎合需求方法的关键在于如何全面正确地解读出用户内心深处的真实诉求。对此，可以利用扎尔特曼教授 1995 年在《看见消费者的声音——以隐喻为基础的广告研究方法》一文中所提出的扎尔特曼隐喻抽取技术（ZMET）来提取。ZMET 技术共有七个操作步骤。

① 招募受访者。典型研究需要招募 29 名受访者，每名受访者将得到设计团队对于所设计产品主题的介绍和指示，并让受访者用较长时间通过各种资源收集图片，并详述这些图片在研究主题上对受访者的意义。

② 引导式访谈。引导式访谈以一对一的形式进行，通过"阐述主题、遗漏的论点和影像、分类整理、抽取构念、最具代表性影像、相反的影像、感官影响、心智模式图、总结影像、短文或视频短片"的访谈步骤进行，深入获取受访者的内在需求。相比传统的结构性访问，引导式访谈更加有效和可靠，并且还可以获得更深入的相关信息。

③ 辨认关键的主题。设计团队回顾访谈记录，利用分类理论、感性理论和 Spiggle 处理定性数据的研究成果为基础，对关键主题进行辨认，并完成关键主题列表。

④ 数据编码。按照成对构念（Paired-construct）的方式进行数据编码。

⑤ 构建共识图。按照"大多数时间、大多数受访者的大多数想法为关键主题"这一原则，对受访者中的成对构念进行分析并构建共识图。此处有两个量化的标准：超过 1/3 的受访者提及的构念以及超过 1/4 的受访者提及的成对构念方能被纳入共识图。

⑥ 观察共识图。随机抽取受访者的访谈记录，分析该受访者与前后连续的受访者所抽取的构念之间的差异，借此了解共识图中包含的构念的覆盖率。

⑦ 描述重要的构念和共识（共同构念）关系。通过文字、图像、视频短片甚至实体模

型等方式来描述重要构念及构念关系，更好地与受访者沟通交流，确定其与受访者隐含需求的符合性。

迎合需求是驱逐舰船舶装置这类常规系统性能设计最重要也是最常用的手段。例如，驱逐舰船舶装置中的航行操纵控制系统在研制过程中，收到多方面对于横摇运动控制上的需求：有来自作战系统对于提高武器命中率而提出的平台稳定性要求，来自航空保障系统对于提升直升机安全起降工作概率而提出的横摇运动控制要求，来自总体性能降低舰员晕船率而提出的减小高海况下横摇角的要求，来自人机环工程对于提高舰员工作效率而提出的降低舰船运动幅度的要求等。虽然这些需求来自完全不同的多个系统，但其共同的诉求可归结为"减小驱逐舰的横摇角"。由此就可以得到驱逐舰航行操纵控制系统的性能应为"具有一个较小的横摇角"，也可以得到该系统的一个研究方向为"尽量减小舰船的横摇角"。面对各方面对于舰船横摇运动的控制要求均为减小横摇角，而设备实际所能实现的指标有限的现况，对于这类具有单一方向需求的性能指标的确定过程中，还需充分考虑设备的实际执行能力。

（5）需求牵引法。产品设计中以设计者自身设计理念为主导，在使用方未提出需求前，通过设计者/设计团队敏锐的感觉能力、训练有素并且擅于观察和思考的头脑产生出，并通过引导令使用方认可、接受的需求设计方法称为"牵引需求"。

需求牵引这种设计方法的创新性强，容易产生划时代的产品，但同时也具有较大的研制风险，在产品研制后期也可能存在因设计结果未能完全满足使用方的预期效果而导致研制失败的极端情况。"苹果教父"乔布斯是运用牵引需求设计手法的个中翘楚，经由他开发的iMac、iPod、iPad系列等，无不席卷市场、震惊业界。乔布斯的自传以及部分研究人员对他提出的产品需求设计思维的研究结果表明，"借用"与"联结"是赋予产品创新性理念，为产品带来与以往完全不同使用感受的关键点。

借用就是将其他行业优秀的设计理念应用到所设计的产品上，从而使之具有原行业产品的先进特征，为使用方带来超越本行业传统产品的新感受。

联结则是直接将其他行业的先进技术与所设计产品嫁接在一起，能使所设计的产品在保留自身所必须功能的同时还具有引入行业技术的先进性，为使用方带来更舒适的感受。

应用"借用"与"联结"的需求设计方法来开发新产品，所选取行业的差异越大，所得到的创新程度越高，所能给使用方带来的科技感也越强烈。如新能源汽车的代表美国特斯拉汽车，将传统工业产品汽车与日新月异的IT技术联结起来，应用笔记本电脑的锂电池及快速充电技术，随时可与互联网连接并通过谷歌地图导航，具有通过手机应用程序对车辆进行远程控制，掌握其位置、充电状态以及遥控车载空调等。通过这种"联结"，特斯拉汽车已然成为了一个移动终端，一个"行走的电子设备"，给驾驶者带来了强烈的科技感和与以过去完全不同的使用感受。

船舶界最为传奇的利用"借用"手法来牵引需求的实例来自于美国航空母舰的电磁弹射器。据称，由于老式的蒸汽弹射器结构复杂、体积重量大、使用效率低、推力不可控等原因，给航空母舰总体设计团队带来了极大的困扰。如何实现既能提高弹射速度又能降低设备故障率，且效率高、操作简单、价格适当的弹射方案？解决办法来的出乎意料。传言金点子来自几名年轻的工程师，他们在迪斯尼世界休假时，乘坐了"未来世界"中的"Test Track"游乐项目，该项目中的赛车能够在几秒钟的时间内将车辆连同其乘员一起加速至

60mi/h（1mi＝1.609km）（即96.54km/h），让乘坐者享受极速所带来的快感。游览完毕，弹射器的解决方案也就浮现在了眼前。目前，电磁弹射器已在美国"福特"级航空母舰上安家落户，正式成为美国海军装备的一员。

驱逐舰船舶装置在应用牵引需求从而确定系统技术指标方面尚处于探索阶段，所"借用"与"联结"的行业范围也多局限于相近的交通、建筑类，突破并不明显，但有限的实例也能带来令人满意的收益，并为后续研究设计所借鉴。例如，美国最新的DDG-1000型驱逐舰船舶装置中的海上补给接收与转运系统就将大型仓储及超市广泛应用的自动化立体仓库技术"借用"到了舰船上，通过攻克陆用产品舰用化的相关技术，实现了物资补给需求的自动申报、补给物资的自动转运、耗费物资的有序化管理等，同时减少了相关系统的人员编制、降低了舰员的劳动负荷、缩小了物资转运通道所需的空间等，为整个舰船的研制带来了多方面的效益。分析认为，DDG-1000型驱逐舰在发布任务书时仅提出"要增强在沿海水域的作战能力"，特别强调"驱逐舰的火力支援"和"近海作战能力"，希望"在设计中大量采用新技术，为其他在研项目以及未来的水面舰艇打好技术基础"，没有明确提出海上补给接收与转运系统自动化与智能化的需求，该项创新主要还是源自于设计团队自身的想法，属于牵引需求的范畴。在这个项目中，研究团队"借用"了陆用的自动化立体仓库技术，但没有直接把陆用技术的各项技术指标直接转接到舰用的仓储系统上，而是根据自动化立体仓库设计原理，充分考虑舰用环境条件的特点，对该系统舰用化后技术指标进行了适应性修改。

5）运用层次分析法确定系统性能指标

对于船舶装置第二类需求，量化过程一般需要提交技术指挥线进行决策。通常由设计者分别列出所涉及系统或设备达到不同技术指标时所需付出的代价及相关性能，如系统复杂程度、占用总体空间尺寸、重量重心分布、耗电量、操作人员学历/数量要求、采购费/后期维护费用、技术先进性、是否代表本系统技术未来发展方向等，参照层次分析法进行量化分析，并确定系统切割面的具体参数指标。下面就以该驱逐舰为例对船舶装置所承担的"以人为本"的部分利用层次分析法进行指标确定。

（1）确认需求。"以人为本"是一个比较模糊的设计概念，而且缺少必要的设计边界。对于驱逐舰设计而言，有限的资源难以满足全舰人员多种多样的物质和精神生活需求，必须进行抉择。然而，对于有着多样化任务的现代驱逐舰而言，什么样的生活需求是必不可少且能有效提高舰员精神状态的呢？对此，设计者应分别针对高级军官、普通军官、士兵进行多地域多轮次的访谈。访谈以预设问卷的形式为主，根据实际问题的答复情况进行探索性挖掘，尽量理清需求背后的实际内涵。通过访谈、辨识、编码、构建、观察、描述确定等一系列过程，最终确认驱逐舰船舶装置在"以人为本"上主要体现在"为全舰人员提供必要的居住保障、膳食保障、服务保障"三个方面，并具体落实在"人均最小居住面积、同时就餐率、服务类型及同时服务人数"几个关键点上。

（2）量化需求。在确定具体对象后，针对这几个指标的特点，采用"基于规则的推理"的量化方法进行具体指标值的分析量化。以人均居住面积指标为例，应首先对驱逐舰各类舰员的居住情况进行了调研访谈，并进行了跨级别与跨舰种的相互评分。又对基地人员、训练教员、护航人员等进行了调研访谈。考虑到人们的普遍心理是希望物质精神生活设施越丰富越好，需求是无上限的，因此，在保障必要需求和适度改善的大原则下，通过谈话发掘各类人员的真实诉求，通过互评判断各类人员的实际需求。特别需要听取有过长时间护航经历的设计人员的意见。将他们的意见作为中立意见重点参考。最终根据逻辑判断结果，综合各方真实合理的需求，提出满足驱逐舰负担能力的各类舰员人均住舱面积需求。

在具体指标的量化过程中，利用层次分析法的主观赋值法进行人均居住面积的指标确定化工作。基本流程如图4-9所示。

判断矩阵是将层次结构模型中同一层次的要素相对于上层的某个因素，相互间作成对比较而形成的矩阵。以表3-2所列的层次结构为例，方案层的备选方案 B_1、B_2、$\cdots$、B_n 相对上层的准则 C_k 作成对比较，可构成判断矩阵 P_{C_k-B}。

表中，b_{ij} 是以 C_k 为准则对 B_i 与 B_j 哪个更好来确定代表好的程度的数值。

对于 C_k 为准则（例如工作性能）如何确定表3-2中元素 b_{ij}，考虑到大多数准则比较往往是模糊的，哪个方案更好，或稍差等，为了使其定量化，往往引入判断标度。通常使用1~9标度法。

将参与评估人员分类划分为舰级军官、部门军官、高级士官、普通士官、士兵、义务兵对应备选方案中 B_1、B_2、$\cdots$、B_n。对各类参与评估人员的评估标度 C_k 定义如表4-9所列。

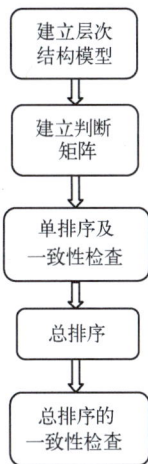

图4-9 ▌层次分析法分析步骤

表4-9 各类参与评估人员的评估标度定义表

相对重要性分数	1	3	4	5	9	2、4、6、8
定义	一样重要	稍微重要	明显很重要	重要非常多	极端重要	相邻判断的中值

利用评估标度 C_k 对各类人员进行两两比较确定各自的相对重要性，通过层次分析法求出最大平均值建立判断矩阵 P_{C_k-B}。结果如表4-10所列。

表4-10 最大平均值建立判断矩阵

	舰级军官	部门军官	高级士官	普通士官	士兵	义务兵
舰级军官	1	7/4	7/6	7/2	7/8	7/9
部门军官	4/7	1	2/3	2/1	1/2	4/9
高级士官	6/7	3/2	1	3/1	3/4	2/3
普通士官	2/7	1/2	1/3	1	1/4	2/9
士兵	8/7	2/1	4/3	4/1	1	8/9
义务兵	9/7	9/4	3/2	9/2	9/8	1

由此可计算得到两两对比的权重排序（表4-11）。

表 4-11 权重排序表

	舰级军官	部门军官	高级士官	普通士官	士兵	义务兵	权重值
舰级军官	1.0000	1.7500	1.1667	3.5000	0.8750	0.7778	0.1944
部门军官	0.5714	1.0000	0.6667	2.0000	0.5000	0.4444	0.1111
高级士官	0.8571	1.5000	1.0000	3.0000	0.7500	0.6667	0.1667
普通士官	0.2857	0.5000	0.3333	1.0000	0.2500	0.2222	0.0556
士兵	1.1429	2.0000	1.3333	4.0000	1.0000	0.8889	0.2222
义务兵	1.2857	2.2500	1.5000	4.5000	1.1250	1.0000	0.2500

将同类人员提出的士兵人均居住面积列表（表4-12）。

表 4-12 士兵人均居住面积

人员类型	舰级军官	部门军官	高级士官	普通士官	士兵	义务兵	综合值
居住面积/m²	2.68	2.85	3.57	3.22	2.79	2.88	2.95

由此可计算得到驱逐舰士兵人均居住面积宜控制在 2.95m² 左右。

按照上述计算方法，还可计算得到各级士官、士兵的人均居住面积、军官餐厅与士兵餐厅的同时就餐率、各类服务设施数量等指标。

经过上述几个步骤的研究分析，最终确定驱逐舰船舶装置在"以人为本"上的技术指标如下：

① 为全舰人员提供必要的居住保障，确定士兵人均居住面积约为 3m²。

② 为全舰人员提供必须的膳食保障，军官餐厅尽可能满足全部军官同时就餐，士兵餐厅一般应能容纳 1/2 以上士兵同时就餐。

3. 推进系统

驱逐舰推进系统，一般包括推进主机、减速齿轮装置、轴系、推进器、推进监控装置、推进辅助设备等，将主机的热能/电能转换为机械能，驱动轴系及推进器运转，为舰执行各种任务提供所需的推进动力，保证舰在规定的航速范围内正常航行，是舰实现其功能、使命任务的最基本的保障平台。按照推进主机的不同，驱逐舰推进系统主要可分为如下几类：

（1）蒸汽轮机推进系统（Steam turbine propulsion system）。

（2）柴柴联合推进系统（Combined Diesel and Diesel Gas Turbinepropulsion System，CODAD）。

（3）柴燃联合推进系统（Combined Diesel or Gas Turbine Propulsion System，CODOG 或 Combined Diesel and Gas Turbine Propulsion System，CODAG）。

（4）全燃联合推进系统（Combined Gas Turbine or Gas Turbine Propulsion System，COGOG 或 Combined Gas Turbine and Gas Turbine Propulsion System，COGAG）。

（5）柴电燃推进系统（Combined Diesel–Electric and Gas Turbine Propulsion System，CODLAG）。

（6）燃蒸联合推进系统（Combined Gas Turbine and Steam Turbine Propulsion System，COGAS）。

（7）综合电力推进系统（Intergrated Electric Propulsion System，IEPS）。

在概念设计阶段，排水量、航速和续航力等舰总体性能指标已经建立。为实现这些总体性能指标，需要确定的推进系统主要指标为主机总功率需求和燃油经济性。主机总功率需求取决于舰的航速需求和船体阻力（与舰的排水量、主尺度等有关），另一方面主机总功率也影响了舰的航速指标的实现，此外还要在最大航速功率需求的基础上考虑一定的功率储备。影响续航力的因素有多种（如电力系统、船舶保障系统燃油消耗），其中最为重要的因素就是推进主机的燃油经济性，因为推进主机的燃油消耗占续航力范围内全部燃油消耗的 70% 以上。

1）功率需求

推进系统的总功率是指可同时使用的全部推进主机在单位时间内所做功的多少，它决定了舰所能达到航速的高低。根据功率的性质，可分为有效推进功率 P_E 和主机总功率 P_s。

P_E 是指舰的推进功率：

$$P_E = R_t V_h \tag{4-35}$$

式中：V_h 为舰的设计航速；R_t 为航速 V_h 时的船体阻力。

P_s 是指主机输出端输出的总功率：

$$P_s = \frac{P_E(1+\theta)}{\eta_s \cdot \eta_0 \cdot \eta_h} \tag{4-36}$$

式中：η_s 为推进系统传动效率；η_0 为推进器效率；η_h 为船身效率；θ 为功率储备系数。

确定总功率需求就是要根据舰的有效推进功率和推进器效率、推进系统传动效率、船身效率、功率储备系数等确定推进主机总功率。

（1）推进系统传动效率 η_s。推进系统传动效率 η_s 按式（4-37）计算：

$$\eta_s = \eta_g \cdot \eta_a \tag{4-37}$$

式中：η_g、η_a 分别为减速装置、轴系传动效率。η_g 与减速装置的齿轮啮合功率损耗、轴承摩擦功率损耗、滑油飞溅和搅动功率损耗、离合器/液力耦合器功率损失等有关，η_a 与轴系运转时摩擦功率损耗有关，在减速装置及轴系结构等相关参数确定情况下计算可按照《机械设计手册》[13] 进行。概念设计时，η_g 和 η_a 的范围按以下确定[13-15]：

① 减速装置传动效率 η_g：齿轮箱（单级）取值范围为 0.985~0.99，齿轮箱（双级）取值范围为 0.97~0.98，摩擦离合器取值为 1.0，液力耦合器取值范围为 0.97~0.98。

② 轴系传动效率 η_a：机舱在舰中部取值范围为 0.965~0.975，机舱在舰尾部取值范围为 0.97~0.985。

（2）推进器效率 η_0。推进器效率 η_0 与推进器类型有关，一般螺旋桨的效率约为 0.65~0.70。

（3）船身效率 η_h。船身效率 η_h 与伴流系数和推力减额系数有关，一般取值为 0.97~1.03[14,15]，概念设计阶段可按 1.0 计算。

（4）功率储备系数 θ。为适应由于污底、风浪及排水量变化（如加改装）等所引起的舰船阻力增加，一般功率储备系数 θ 取 5%~10%。

综上，推进系统传动效率 η_s、推进器效率 η_0、船身效率 η_h、功率储备系数 θ 等可以根据设计手册、标准规范和经验值确定，确定主机总功率 P_s 需求的关键是确定在舰设计航速 V_h 时的有效推进功率 P_E。P_E 无成熟的计算方法，一般是通过船模试验得到。在概念设计阶段，可以采用海军系数法[15-16]、帕普麦利法[15] 和神经网络预测法等估算 P_E。

（1）用海军系数法估算有效推进功率 P_E。概念设计阶段，可采用"海军系数法[15-16]"进行估算所需的有效推进功率 P_E：

$$P_E = \frac{D^{2/3} \cdot V_h^3}{C_e} \tag{4-38}$$

式中：D 为重量排水量；C_e 为海军系数，根据相近傅汝德数（F_r，可反映舰的丰满/尖瘦程度）的母型船来估算。在已知母型船的航速 V_{h0}、排水量 D_0 和有效功率 P_{E0} 的情况下，C_e 用式（4-39）进行计算[15-16]：

$$C_e = \frac{D_0^{2/3} \cdot V_{h0}^3}{P_{E0}} \tag{4-39}$$

例如，拟设计正常排水量为 10000t、航速为 30kn 的驱逐舰。在没有船体模型试验数据的情况下，采用与其相近弗劳德数的母型舰来估算，假设母型舰的正常排水量为 6000t、航速为 28kn，相应的船体航行阻力为 1450kN。

① 计算 P_{E0}：

$$P_{E0} = R_t V_h = 1450 \times 28 \times 0.5144 = 20885 (kW) \tag{4-40}$$

② 计算 C_e：

$$C_e = \frac{6000^{2/3} \times 28^3}{20885} = 347.062 \tag{4-41}$$

③ 计算 P_E：

$$P_E = \frac{10000^{2/3} \times 30^3}{347.062} = 36110 (kW) \tag{4-42}$$

（2）用帕普麦利法估算有效推进功率 P_E。帕普麦利法又称图表法[15]，它是在总结分析大量的各种船模和实船试验数据的基础上建立的经验公式。其经验公式如下[15]：

$$P_E = \frac{\nabla}{L} \cdot \chi \cdot \sqrt{\psi} \cdot \frac{V_h}{C_1} \tag{4-43}$$

式中：∇ 为舰的排水体积（m^3）；L 为设计水线长度（m）；χ 为舰附体部分对阻力的影响系数，与轴数有关，对于单轴、双轴、三轴和四轴的舰分别取为 1、1.05、1.075 和 1.10；ψ 为船体丰满度系数，其值与船的宽长比 $\frac{B}{L}$（式中，B 为船的宽度）及方形系数为 $C_b = \frac{\nabla}{L \cdot B \cdot T}$（$T$ 为设计吃水深度）有关，$\psi = 10\frac{B}{L} \cdot C_b$；$C_1$ 为经验系数。

C_1 的数值可按船模和实船试验结果绘制的图表来选取，如图 4-10 所示。图表上，纵坐标为 C_1，横坐标 $V' = V_h\sqrt{\frac{\psi}{L}}$ 为相对速度。

上述方法适用于船型参数 $\psi = 0.3 \sim 1.2$、$B/T = 1.5 \sim 3.5$、$B/L = 0.09 \sim 0.25$、$C_b = 0.35 \sim 0.80$ 的各型船，船体外壳的粗糙度在图 4-10 中已考虑[15]。

式（4-43）没有考虑空气阻力，如果还要考虑空气阻力，则在所计算得到的有效功率基础上再加上一个百分数（一般 2% ~ 4%）[15]。

（3）用神经网络预测法估算有效推进功率 P_E。概念设计阶段，一方面可获得的与有效推进功率相关的参数较少，主要有排水量、设计航速、主尺度等，难以直接准确地计算出有

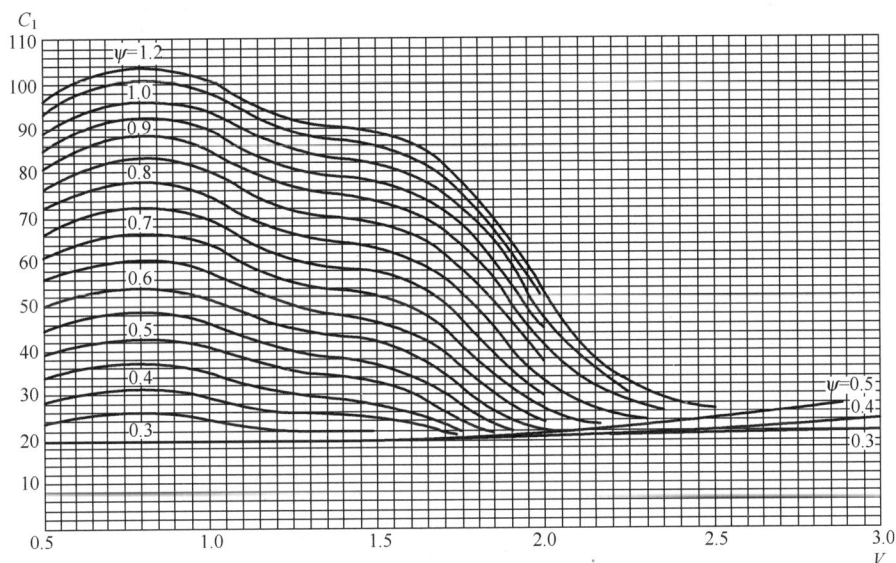

图 4-10 ▎经验系数 C_1 的选取[15]

效推进功率；另一方面，排水量、设计航速、主尺度等因素与船体阻力具有高度非线性的关系，使用常规建模方法需要在大量的类似船模和实船试验数据的基础上获得经验系数，很难为其建立一个准确的数学模型。人工神经网络（ANN）的发展为这一问题的解决提供了一种有效的方法。

人工神经网络模拟人脑神经系统并行、分布的结构特点，通过大量分布的神经元来存储信息，具有良好的自学习、自组织、自适应和容错能力，使其非常适合处理那些需要同时考虑多个因素的非线性函数逼近问题。人工神经网络多种计算模型，目前应用最为广泛和成功的是 BP 神经网络（Error Back Propagation Neural Network，误差反向传播神经网络），由美国加州大学的 D. E. Rumelhart 和 J. L. Mcclelland 等人于 1986 年提出[17]。

BP 神经网络分为输入层、隐含层和输出层，层与层之间采用全互连接方式，同一层神经元之间不相互连接[18]，图 4-11 是 BP 神经网络的典型结构示意图[19]。网络按照有监督的方式进行学习：当已知的样本（已知输入和期望输出）输入给网络后，输入信息经作用函数后经隐含层传向输出层，如果输出层不能得到期望的输出，则转入反向传播，将误差信号（网络输出与目标值之差）沿原来的连接通路返回，修改各层神经元间的连接权值，随着这种误差反向传播修订的不断进行，误差会逐渐减小直至满足精度要求为止（BP 神经网络能以任意精度逼近非线性函数）。当训练结束时，得到一组固定的神经元连接权值，即将学习得到的规则表达在网络的权值中[20]。利用这组神经元连接权值，根据未知样本的输入特性参数，可仿真得到预测结果。

图 4-11 中，I_i 为 BP 网络的输入参数，a_i 为输入层神经元的输出值，W_{ji} 为输入层神经元到隐含层神经元的连接权值，b_j 为隐含层神经元的输出值，W_{kj} 为隐含层神经元到输出层神经元的连接权值，c_k 为输出层神经元的输出值，l、m 和 n 为输入层、隐含层和输出层神经元的数量。则模型的各层输出值为[19]

$$a_i = f(I_i) \tag{4-44}$$

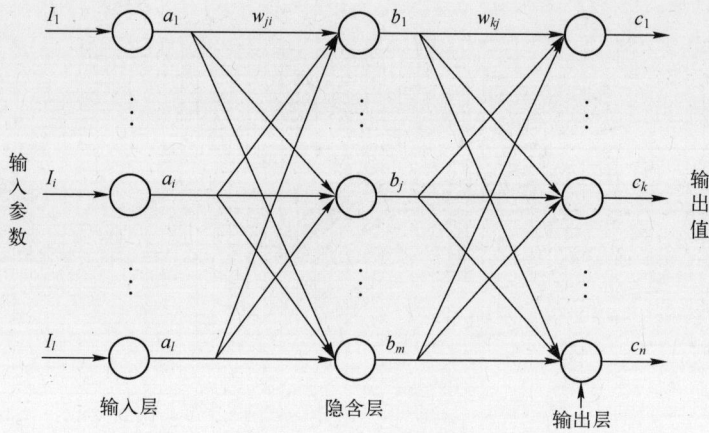

图 4-11 ▎BP 神经网络结构示意图[19]

$$b_i = f(s_i) \qquad s_i = \sum_{i=1}^{l} w_{ji} a_i + \theta_j \tag{4-45}$$

式中：θ_j 为隐含层的阈值。

$$c_k = f(t_k) \qquad t_k = \sum_{j=1}^{m} w_{kj} b_j + \theta_k \tag{4-46}$$

式中：θ_k 为输出层的阈值。

　　式（4-44）~式（4-46）中 $f(\ )$ 为传递函数[21]，一般为可微的单调递增函数，如 S 型函数 logsig：

$$f(x) = \frac{1}{1+e^{-x}} \tag{4-47}$$

双曲对数函数 tansig：

$$f(x) = \frac{1-e^{-x}}{1+e^{-x}} \tag{4-48}$$

以及线性函数 purelin：

$$E = kx + b \tag{4-49}$$

　　误差 E 为[19]

$$E = \sum_{p=1}^{N} E_p \tag{4-50}$$

式中：E_p 为样本 p 的输出误差。

$$E_p = \frac{1}{2} \sum_{k=1}^{n} (c_k - y_k)^2 \tag{4-51}$$

式中：y_k 为期望输出值。

　　连接权值调整的迭代公式为[19]

$$w_{kj}(p+1) = w_{kj}(p) + \varepsilon \left(-\frac{\partial E_p}{\partial w_{kj}} \right) + \alpha \left[w_{kj}(p) - w_{kj}(p-1) \right] \tag{4-52}$$

$$w_{ji}(p+1) = w_{ji}(p) + \varepsilon \left(-\frac{\partial E_p}{\partial w_{ji}} \right) + \alpha \left[w_{ji}(p) - w_{ji}(p-1) \right] \tag{4-53}$$

式中：ε 为学习步长，取正参数；α 为动量因子，为 $0 \sim 1$ 范围内的常数。

利用 BP 神经网络估算有效推进功率的流程框图如图 4-12 所示。

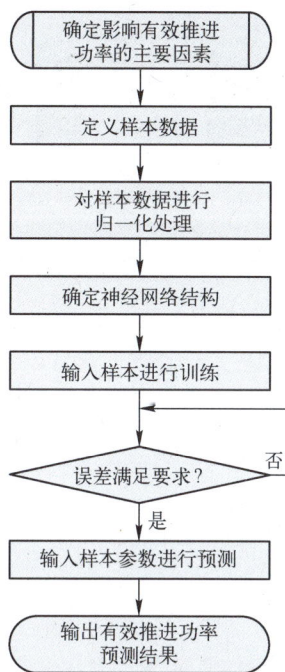

图 4-12 利用 BP 神经网络估算有效推进功率的流程框图

利用图 4-12 进行有效推进功率预测的一个计算实例如下：

（1）选取概念设计阶段可以获得并与有效推进功率相关的参数作为 BP 神经网络的输入参数，有排水量 D、设计航速 V_h、长宽比 L/B、宽度吃水比 B/T、方形系数 C_b 和中横剖面系数 C_m 等。

（2）已知某几型船的样本数据如表 4-13 所列。

表 4-13 某几型船的样本数据

输　入						输　出
D	V_h	L/B	B/T	C_b	C_m	P_E
5300	29	8.9	3.5	0.5	0.81	20000
5800	30	8.5	3.4	0.51	0.82	25000
6400	30	8.6	3.3	0.52	0.81	28500
6900	30	8.3	3.5	0.52	0.82	30000
14000	30	7.9	2.8	0.53	0.84	52000

（3）对上述样本数据进行归一化处理，使每个输入参数的范围为 $[-1, 1]$。

（4）建立三层 BP 网络模型，利用样本数据进行训练，根据网络输出值与目标值的误差 E 对网络结构（隐含层神经元元数量）、传输函数进行优化，从而确定 BP 神经网络结构，如图 4-13 所示。模型输入层有 6 个神经元，输出层有 1 个神经元，隐含层包含 12 个神经元，隐含层和输出层的传递函数均为 tansig，训练函数为梯度下降函数（即式（4-52）、式（4-53））。

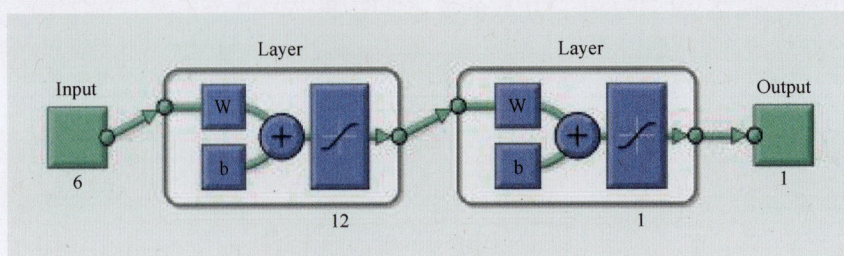

图 4-13 | 确定的 BP 神经网络结构

（5）训练过程的均方根误差曲线如图 4-14 所示，经过 36 次数迭代，误差达到规定值 10^{-5}。结果表明，以排水量、设计航速、长宽比、宽度吃水比、方形系数和中横剖面系数 6 个因素作为输入量、有效推进功率为输出量所建立的 BP 神经网络模型具有良好的收敛性，能反映排水量、航速和船型参数与船有效推进功率之间的非线性变化规律，具有较高的预测精度。

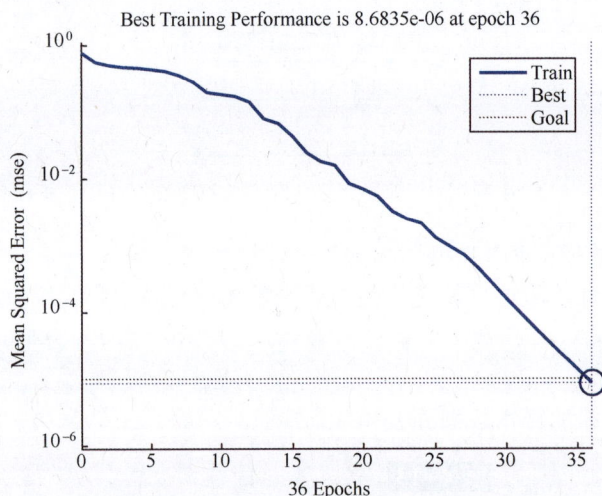

图 4-14 | 训练过程的均方根误差曲线

（6）假设待预测舰的参数 [排水量 设计航速 长宽比 宽度吃水比 方形系数 中横剖面系数] = [9000 30 8.6 3.3 0.53 0.83]，将舰的参数输入到上述步骤中训练好的神经网络，进行仿真计算，得到预测的有效推进功率 $P_E = 4676\text{kW}$。

2）燃油经济性

燃油经济性是与续航力紧密相关的技术指标。推进系统燃油经济性用舰航行每海里的推进主机燃油消耗量 q_{T_s} 来度量（一般指用舰以巡航航速航行每海里的燃油消耗量）。

燃油经济性指标要求取决于用户对舰的续航力要求以及燃油有效装载能力。提高推进系统燃油经济性不但可以可降低舰的燃油消耗费用，而且在舰的排水量和续航力要求确定情况下，还可以为装载更多的武器装备节省大量的舱室空间（驱逐舰燃油装载量一般占其排水量的 12%~20%）；在舰的排水量和燃油装载量一定的情况下，可以提高续航力。

在续航力 R、燃油有效装载 DW_{fu} 已知情况下，q_{T_s} 按式（4-54）设计[16]：

$$q_{Ts} = \frac{DW_{fu} - G_g - G_{aux} - G_{qt}}{R} (\text{kg/n mil}) \qquad (4-54)$$

式中：G_g 为续航力范围内发电机组燃油消耗量；G_{aux} 为续航力范围内辅锅炉燃油消耗量；G_{qt} 为续航力范围内其他设备（如小艇、炉灶等）燃油消耗量。

在已知推进功率 P_s、推进主机功率为 P_s 工况下每小时的燃油消耗率 q_s 的情况下，q_{Ts} 按式（4-55）计算：

$$q_{Ts} = \frac{P_s \cdot q_s}{V_h} (\text{kg/n mil}) \qquad (4-55)$$

式中：q_s 为推进主机在功率为 P_s 工况下每小时的燃油消耗率，kg/(kW·h)。

在船航速和主机功率需求一定的情况下，推进系统燃油经济性主要取决于主机的燃油消耗率 q_s。

由于不同类型主机燃油消耗率差别较大，即使同一种主机在高工况下运行的燃油消耗率要明显低于低工况下运行燃油消耗率。因此合理选择推进主机、提高巡航主机运行工况以及提高传动效率是提高燃油经济性的主要途径。不同类型推进主机的燃油消耗率如图4-15（参考文献［22］并结合当前舰用主机技术发展）所示。

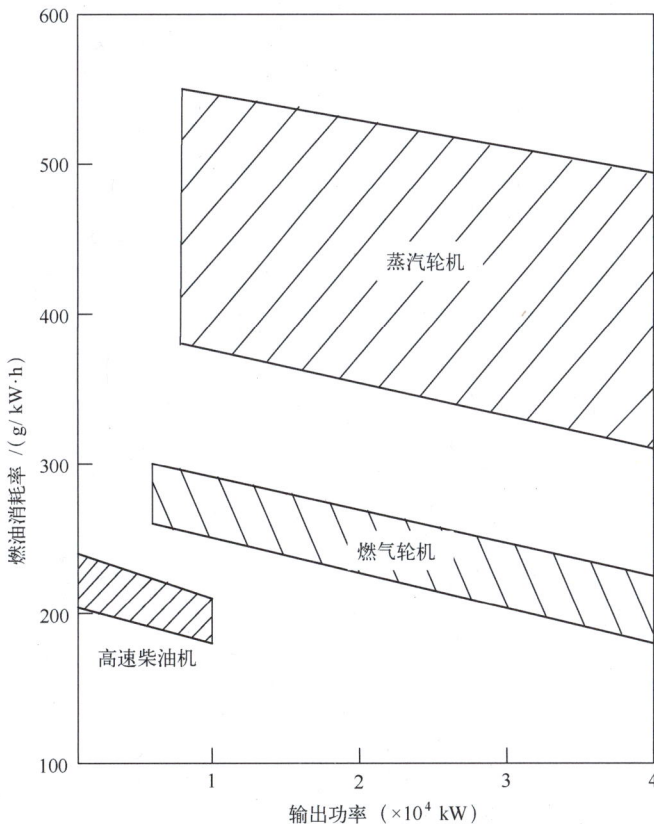

图4-15 ▎几种不同推进主机的燃油消耗率对比

由图4-15可知，在燃油经济性方面，柴油机燃油消耗率最低，燃气轮机比柴油机燃油消耗率稍高（大功率燃气轮机的燃油消耗率几乎与柴油机相当），蒸汽轮机是柴油机燃油消耗率的约 2 倍。不同工况下的燃油消耗率在主机选定后可根据主机的油耗特性曲线确定。

主机的燃油消耗率与其运行工况一般是非线性关系，随工况下降燃油消耗率快速增加。因此，一般来说，并非航速越低时，每海里的主机燃油消耗量越少。每海里的主机燃油消耗量取决于推进模式和主机运行工况及油耗特性，一般有一个主机燃油消耗量最低的经济航速。图 4-16 为某具有四台主机、双轴双桨推进船的推进系统燃油经济性曲线。

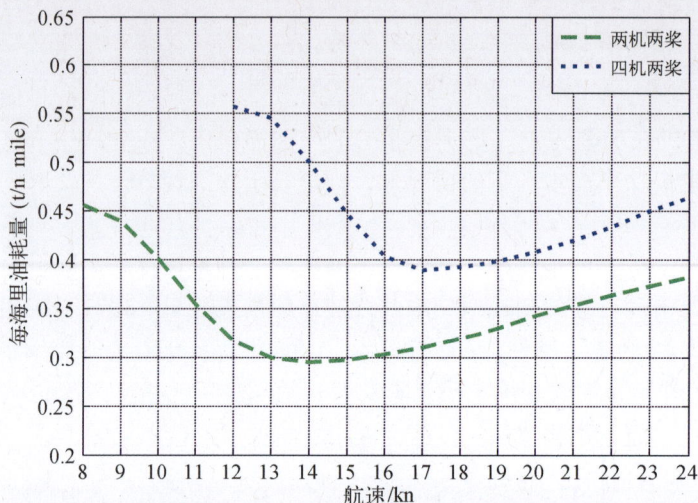

图 4-16 ▍某推进系统燃油经济性曲线

由于巡航状态是舰最为常用的工况，推进系统的燃油经济性主要取决于巡航时主机的燃油消耗率，一般用巡航时的燃油经济性作为设计指标。当巡航状态的功率小于 20% 全速航态功率时，一般不宜采用单一动力装置，应选择不同动力组合的联合动力装置，或选用单机经齿轮箱转换为多输出的推进轴系或轴带辅机，以确保巡航机组处于持续工况或不低于 60% 单机额定工况运行。

4. 电力系统

电力系统是为全舰各种用电设备提供安全可靠的电力保障，从发电机组等电源设备产生电能开始，经过电力传输和电力分配，以及为了提高供电安全性和可靠性，在供电网络设置必要的故障隔离和保护装置，通过采用电力监测与自动控制手段，提高供配电的自动化程度，完成不同工况下对电力负载的可靠供电。

在概念设计阶段，电力系统装机功率等级、电力系统的线制、额定电压、额定频率、额定功率因数、功率储备等指标，是概念设计阶段根据全舰的用电需求，同时考虑驱逐舰的发展趋势等因素综合权衡后确定的重要技术指标，这些指标既是驱逐舰需求设计的成果，也是电力系统开展下一步设计的重要输入。

舰船电力负荷估算主要是根据现阶段各个系统的预估负荷和未来现代化改装的需求面向中长期的负荷预估，其目的是提高负荷预估的准确性和合理性。舰船电力负荷估算的结果包括求出总电力负荷装机容量、各个系统电力负荷装机容量和各种工况电力负荷的预估值，为电力系统概念方案设计提供依据。

舰船电力系统用电需求的估算方法有很多种，如基于某个母型船的估算法，就是假设要开展概念设计的驱逐舰的用电设备和参照的母型船是一样的，这种估算方法的好处是比较简单和准确，缺点是受母型船的影响较大，不利于方案和技术的创新性，特别是不好解决新装备电力负荷的需求。假设在没有母型船的情况下，要进行电力负荷估算，需要在通用的舰船电力负荷估算方法的基础上，结合驱逐舰概念设计的特点，提出基于模糊层次分析法的驱逐舰概念方案设计阶段电力负荷估算方法和流程。

1）舰船电力负荷预测方法分析

舰船的使用时间一般按不少于 30 年考虑，概念设计阶段的电力负荷估算相当于长期负荷预测，电力负荷长期预测方法有时间序列法、回归分析法、趋势外推法等。

（1）时间序列法。时间序列法的基本原理是基于一定的时间间隔，采样并记录舰船电力负荷值，不同的时间间隔，具有不同的物理意义。如每隔 30s 采样记录形成的电力负荷序列，对于舰船电站的自动运行控制具有重要的意义，基于这种准实时的电力负荷序列，可以有效地控制发电机组转速和电压，使供电系统和负荷之间达到平衡；如果每隔 1 小时形成的电力负荷序列，则对于舰员值班的人员巡检安排具有重要的意义，因为如果在不同的时间段有明显的电力负荷变化，那么值班的舰员就应该提前制定好巡检部位和设备；如果每隔 1 天形成的电力负荷序列，那么对于舰船执行长期巡逻或护航任务的系统运行安排具有重要的指导意义，时间序列法的优点是对于已有舰船电力系统的运行具有准确的预测性，基于电力负荷序列值，根据需要，抽取其中能够反映系统运行特征的序列值，对于电力系统的运行管理具有重要的支撑作用，同时也能建立该型舰船的电力负荷数据库，作为以后同类型舰船的母型船数据[23]。对于新型的驱逐舰设计来说，可能会比较缺少母型船的时间序列电力负荷数据作为参考，因此，仅仅利用时间序列法不适用于驱逐舰概念设计阶段的电力负荷估算。

（2）回归分析法。回归分析法是规范中推荐的一种电力负荷预估方法，回归分析法的要点是建立舰船电力负荷与舰船吨位、尺度等典型总体参数的相关估算公式，首先利用已有舰船的电力负荷、吨位、尺度等参数求得回归系数，再基于估算公式对于目标舰船进行迭代计算，回归分析法包括一元线性回归和多元线性回归。回归法用于舰船电力负荷估算在特定的船型上具有优势，为了提高估算的准确性，还需要对估算结果进行分析和修正[23]。回归分析法用于舰船电力负荷估算也存在同样的问题，需要分析估算对象的具体特点，修正回归模型，从而提高估算的精度。

（3）趋势外推法。舰船电力负荷的增长和装备的发展有密切关系，舰船电力负荷随时间的变化也和季节有一定的关系，主要体现在春秋和冬夏不同的季节，即是否需要使用空调对于电力负荷的变换有较大的影响。因此，舰船电力负荷估算可以采用趋势外推法进行适当的改进。

（4）组合预测法。随着新研高耗能装备如高能武器等脉冲性负载的不断涌现，电力负荷特性根本性的变化对于负荷估算的方法也提出了新的挑战，基于单一方法进行电力负荷估算的弊端日趋明显，为了适应电力负荷快速发展带来的变化，要求将不同方法的估算结果进行组合，适当选取采用不同方法估算值的权重值，对于多个估算结果再次进行加权处理和估算，能够较好地发挥各估算方法的优点，使估算值更加接近真实值[24]。

（5）层次分析法。层次分析法的要点是将影响电力负荷估算的因素进行分类和排序，如吨位和尺度等总体参数放在第一层次，将舰船推进形式、电子武备发展趋势、舰船保障设备等系统级的参数放在第二层次，再将各个系统下的主要设备参数如单机功率、效率、负载系数、同时使用情况等放在第三层次，通过建立电力负荷估算的多个层次，能够清晰地建立目标船型电力负荷的估算区间，通过细分层次，适当选取估算参数，逐步缩小电力负荷的估算区间，就能得到较为理想的电力负荷估算值。层次分析法实质上是反映了设计师对于电力负荷估算阶段的合理划分和估算方法的合理选择，如果将层次分析法合理应用于舰船电力负荷估算，能够较好地满足不同阶段对于电力负荷估算精度的要求，具有良好的应用前景[23]。

（6）模糊层次分析法。在层次分析法的基础上，结合舰船概念设计阶段不确定因素较多的实际情况，采用模糊层次分析法，在概念设计阶段具有更大的优势。模糊层次分析法的特点是对于舰船总体参数和其他系统电力负荷需求参数的依赖相对较低，可以基于总体参数和其他系统电力负荷需求信息相对模糊的情况，合理建立不同层次的影响判断矩阵，使舰船概念设计阶段电力负荷的估算更加具有包容性[23]。

2）模糊层次法用于舰船电力负荷估算流程

层次分析法用于舰船电力负荷估算的要点是根据影响舰船电力负荷的因素，建立相应的判断矩阵，各个判断矩阵基本反映了影响舰船电力负荷估算因素的不同权重值，当然，权重值的选取需要结合具体的船型和舰船的使命任务等特点具体分析后合理确定[23]。

近年来，模糊层次法在量化判断矩阵的标度上取得了较大进展，不同的标度法具有不同的特点，"0-1"标度法是将影响因素简化为有或无，优点是明显直观，缺点是标度的跨度过大，不利于准确反映影响因素的实际作用效果；"0.1~0.9"九标度法是将影响值细分为九等分，根据影响因子的不同，可以选择不同的数字，优点是精细准确，缺点是计算量太大，不利于快速形成估算结果；在上述两种标度法的基础上，有学者提出五标度法，即在九标度法的基础上，适当扩大标度的跨度，在"0.1~0.9"之间选取 [0.1, 0.3, 0.5, 0.7, 0.9] 中的一个值，五标度法的优点是可以适当拉开不同影响因素权重的层级，可以较快地得到估算结果，并且有利于不同方案的排序和评估[23]。

在建立模糊判断矩阵后，由于矩阵较多，在不同的判断矩阵中，采用不同的标准可能会出现相同的影响因素取值不同，由此导致各个模糊判断矩阵之间的不一致，大量判断矩阵的不一致，严重时会导致最终结果的不准确甚至矛盾，为了避免这种现象发生，需要对各判断矩阵的取值进行调整，通过采取一定的措施，使各判断矩阵具有一致性，最终的目标是保证估算结果的合理性[23]，模糊层次分析法估算电力负荷流程如图4-17所示。

3）模糊层次法用于舰船电力负荷估算

现代舰船的电气化趋势越来越明显，基于电力作为能量传递和交换的主要形式，是现代舰船发展的一大技术特征，由此导致舰船的电力容量急剧增加，除了为推进系统、作战系统提供电力外，其他系统的设备电气化趋势也日趋明显，因此在电力负荷估算时应考虑这个因素。以下分析几个对电力负荷估算影响较大的因素。

（1）推进形式对于电力负荷估算的影响。如果舰船采用电力推进方式，则在进行舰船电力负荷估算时，应抓住影响负荷的最大因素即推进负荷开展估算工作。无论是传统的机械推进还是电力推进，从驱动螺旋桨的角度分析，输出的机械功率是一样的，存在的差异是当推进功率出现波动时，传统的机械推进是靠原动机相应的功率调节来满足功率波动的需求，电力推进则是需要通过驱动推进电动机的变频器或控制器采取适当的控制方式，降低推进电动机功率波动对于供电网络的功率扰动影响，因此，在进行采用电力推进舰船电力负荷估算时，建议在估算电力负荷时，除了计算静态的推进功率需求之外，还需要适当考虑推进功率波动带来的影响，通过电力负荷计算时考虑该波动因素的影响，适当提高电力负荷估算值，对于提高电力推进系统运行的稳定性有重要的意义。

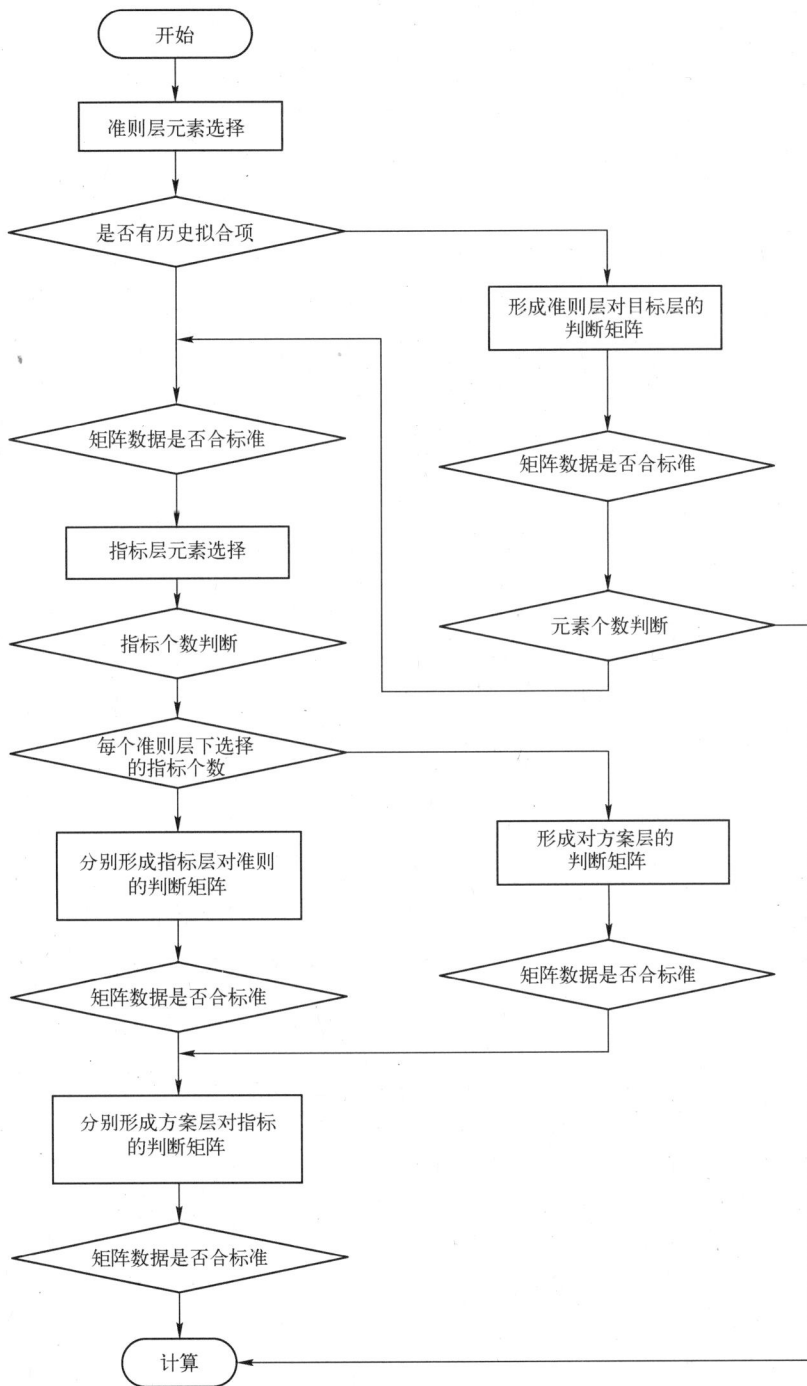

图 4-17 ▌模糊层次分析法估算电力负荷流程框图[23]

传统机械推进舰船电力负荷的变化与航速没有直接的联系，当舰船处于正常的航行状态时，保障推进的用电设备基本处于相对稳定的运行状态。如果是电力推进的方式，舰船的航速与电力负荷紧密相关，特别是舰船的最大航速的取值，对于电力负荷的需求影响很大，从而影响电力负荷估值的选取。

需要注意的要点是应考虑到从主配电板到推进电机之间存在较多的功率变换和传递环节，应考虑各个环节的功率损耗，加上为推进电动机提供的功率一起，作为电力推进系统的负荷。

（2）电子武备负载对于负荷估算的影响。电子武备负载包括编队指控及辅助设备、作战指挥系统及辅助设备、近程反导武器、舰载鱼雷防御武器、雷达、电子对抗、水声对抗等新型负载。雷达类负载的配置情况对于电力负荷的影响比较大。随着高能武器的快速发展，目前高能武器上舰的趋势越来越明显，高能武器的负载特点是瞬时功率大，在进行电力负荷估算时，需要合理对高能武器的瞬时功率、平均功率等进行分析和计算，保证电力负荷估算的合理性。

电子武备内负载的特点是更新换代周期短，是改换装阶段的影响电力负荷变化的主要因素，因此，在电力负荷估算时，需要将电子武备类负载的改换装因素考虑进去。

（3）平台保障类负载对于电力负荷估算的影响。平台保障类负载包括推进设备、甲板机械、舱室空调、风机、生活保障设备等，这类负载的特点是，在舰船的不同工况下，各类负载的运行状态不同，如舰船处于锚泊状态时，推进设备多数处于不工作状态；舰船处于航行状态，与推进设备、操纵设备相关的负荷对于电力负荷的影响比较大；在不同的季节和海区，空调类负载的运行对于电力负荷的影响是比较大的。

舰船上的电动风机和电动泵，为了保证能够顺利起动，克服一定的起动阻力力矩，一般在选用电动机时，需要适当提高电动机输出的机械功率。但在计算电动风机和电动泵负载时，一般是按照电动机的额定参数进行计算，由此导致实际测试时发现，电动机的工作电流较额定电流要小很多，为了提高电力负荷的计算准确性，一般是在计算电力负荷时，考虑负载的机械系数来处理，即考虑电动机输出的机械功率来计算，相对准确。通过设计和实际运行经验表明，平台类负载运行状态相对稳定，适当的选取计算系数，能够较好地估算平台类负载的电力负荷值。

（4）功率因数对于电力负荷估算的影响。舰船交流电力系统在运行过程中，供配电网络中传递的主要是有功功率，即将发电机组原动机输出的机械功率，通过发电机变换为电能后，再驱动电动机类的负载做功，因此，有功功率是电力负荷估算中关注的重点。通过分析可以发现，电动机的运行在消耗有功功率的同时，也会消耗一定的无功功率，无功功率是电动机正常运行不可缺少的环节。同时，网络中传递的无功功率对于维持系统的电压稳定也是有利的。

在传统舰船电力系统设计中，由于电动机负载在正常运行时的功率因数一般在 0.8 左右，加上系统中还有一定的电子和电阻类负载，因此，网络的等效功率因数比 0.8 要高，为了使系统的无功功率较为富裕，一般要求发电机按额定功率因数 0.8 设计，即要求发电机发出的无功功率能够满足全舰负载的无功功率需求。在实际运行中，由于多数电动机负载并未工作在额定点，以及实际工作的电动机负载较计算值要少，因此，电力系统在实际运行中，一般系统的功率因数比 0.8 要高。

对于采用电力推进的舰船，由于推进电动机需要变频器或控制器驱动，现代电力电子技术和控制技术可以使推进电动机的功率因数接近 1，因此，在综合电力推进的舰船中，发电机的功率因数可以适当取高，提高功率因数，对于提高发电机的效率和供配电网络的传递效率也是有宜的，因此，根据用电设备负载特性的不同，需要适当关注功率因数对于电力负荷估算的影响，核心目的还是提高系统负荷估算的准确性，提高系统的运行效率。

（5）网络损耗对于电力负荷估算的影响。舰船的用电设备和电源设备主要是通过配电开关、配电变压器等配电装置和电缆连接成一个网络，从电源端到负载端，电压呈现出从低到高变化的趋势，无论是配电开关、配电变压器还是电缆，均有一定的电阻，当有电流流过上述设备和电缆时，由于网络电阻的原因，会存在一定的功率损耗，发电机端输出的功率和用户端消耗的功率之差，即是供配电网络的功率损耗。

舰船电力系统中的用电设备标称电压有 380V、220V、24V 等，在用电设备功率一定的情况下，电压越低，设备的额定电流就越大，相应的流经供配电网络的电流也就越大，功率消耗与电流的平方成正比，因此，系统设计中，应注意尽量提高系统的额定电压和用电设备的额定电压，适当降低流经供配电网络的电流。通过分析可以发现，配电变压器的阻抗是供配电网络阻抗的主要成分，因此，应尽量少采用变压器，如果实在无法避免，则应注意控制变压器的空载阻抗在一定的范围内。

经过长期工程实践，发现 380V 电力系统的网络损耗接近负载额定功率的 5%。如果是中压电力系统，由于系统的额定电压显著提高，额定电流显著降低，则应分析系统的中压负载占全部负载的比例，如果主要负载是中压负载，则网络损耗的影响因素也会显著降低，反而是设备的效率对于电力负荷的计算有较大的影响，如果中压负载所占比例不大，则应将低压负载按传统的 5% 功率损耗，再综合考虑中压变压器以及中压网络的功率损耗，从而得到全网络的功率损耗值。

（6）电力负荷估算的影响。对于可能进行现代化改装的舰船，为了在整个使用寿命期内具有足够的电力，舰船最大用电工况所需电力一般应包括将来对电子设备、武器设备和某些电力设备进行现代化改造需要的增额，增额系数对新建水面舰艇为 20%~25%，舰船应急情况下的所需电力的增额系数为 20%。对于整个使用期内不会有较大变化的负载（如推进辅助机械设备、卸压载水泵）或不可能进行现代化改装的舰船，舰船最大用电工况所需电力都不须考虑增额系数。

（7）舰船电网稳定运行约束的影响。与陆地无穷大电网相比，舰船供电网络的特点是发电机组单机功率相对较小，系统容量相对有限，为了保证舰船航行安全和完成特定的任务，舰船电网保持运行的稳定性和供电的可靠性是舰船电力系统设计的基本目标，因此对于舰船电网的稳定运行提出了约束条件。一旦电力系统的配置方案确定，在增加电力负荷特别是大功率电力负荷时，不仅需要核算大功率负荷稳态运行时供电网络功率的匹配性，同时还需要计算大功率负荷起动和改变运行状态时，供电网络能否保持稳定，以及供电网络的品质是否符合设计要求。

电力负荷估算除了估算最大工况下的电力负荷需求之外，还应结合舰船总体的要求，合理划分电力系统的运行工况，除了需要初步估算各个工况的电力负荷需求是否和系统的配置方案匹配之外，还需要分析计算各个工况之间转换时，电力负荷的变动对于供电网络稳定性的影响，必要时，需要提前起动运行相应的发电机组以提高系统的抗扰动能力，或者设置相应的大功率装置起动之前的重载问询装置，避免大功率装置起动时机不合适导致供电网络失稳。

综合考虑上述因素，应用模糊层次分析法估算舰船电力负荷的流程如下：

（1）确定准则层对舰船电力负荷估算矩阵。母型船的电力负荷值、舰船的推进方式、电子武备发展趋势等几个因素对于舰船电力负荷估算的影响都比较大，但母型船的数据对估算结果的影响最大，需要在矩阵中给以较大的权重，如表4-14所列。

表 4-14 准则层对舰船电力负荷估算矩阵

准则——目标	母 型 船	舰船推进方式	电子武备发展趋势
母型船	0.5	0.9	0.8
舰船推进方式	0.1	0.5	0.3
电子武备发展趋势	0.2	0.7	0.5

（2）确定母型船估算矩阵。各种预测方法的母型船权重对电力负荷估算值有很大影响。不同预测方法对于电力负荷估算的权重是不一样的，基于母型船电力负荷对各种预测方法进行验证和改进，是很重要的一个环节，与此同时，也可以在上述验证和改进的结果基础上，得到母型船电力负荷估算矩阵，如表4-15所列。

表 4-15 方案层对母型船的估算矩阵

母 型 船	时间序列法	回归分析法	趋势外推法
时间序列法	0.5	0.7	0.4
回归分析法	0.1	0.5	0.1
趋势外推法	0.3	0.6	0.5

（3）确定指标层对准则层的判断矩阵。以电子武备发展趋势对电力负荷的影响为例，电子武备负载增长水平对负荷发展的影响较大。判断矩阵如表4-16所列。

表 4-16 指标层对准则层的判断矩阵

	一般电子武备更新发展	高能武器发展	运行方式
一般电子武备更新发展	0.5	0.1	0.3
高能武器发展	0.1	0.5	0.7
运行方式	0.3	0.7	0.5

（4）确定电子武备类负载对各预测法的判断矩阵。电子武备类负载受时间的影响较大，因为电子技术更新换代较快，因此电子武备隔一定的时间周期，就会进行相应的更新和换装，新的电子武备的电力负荷呈现出不断增长的趋势，本书以电子武备类电力负荷的增长水平对各预测法的判断矩阵（见表4-17）。

表 4-17 方案层对指标层的判断矩阵

电子武备发展	时间序列法	回归分析法	趋势外推法
时间序列法	0.5	0.2	0.1
回归分析法	0.2	0.5	0.3
趋势外推法	0.3	0.1	0.5

通过对判断矩阵进行计算，采用不同方法对燃气轮机推进驱逐舰和综合电力推进驱逐舰电力负荷的预测结果如表4-18所列。

表 4-18 FAHP 预测值与计算值比较（MW）

	FAHP 预测值	计 算 值	误 差
燃气轮机推进	4.5	4.8	6.25%
综合电力推进	83.5	81.5	2.45%

本节通过采用模糊层次法在舰船电力负荷估算中的应用，证明通过引入对电力负荷估算影响因素较大的判断矩阵，综合利用时间序列法、回归分析法和趋势外推法等，再利用模糊层次法对电力负荷估算数据进一步优化，发现可以提高电力负荷的估算精度。应用该方法，以某燃气轮机推进驱逐舰电力负荷估算为例，估算电力负荷需求值为 5MW 级，依据该值，可以开展电力系统的配置等进一步的设计工作。

5. 船舶保障系统

1）系统概述

船舶保障系统主要是为全舰总体性能、作战能力、作战保障能力、作战适用性等主要性能指标的实现实施保障的，间接为舰船总体目标实现提供支持的系统，是舰船控制、安全、供应和居住所要求的综合性的保障系统。船舶保障系统定位在最大限度地保障舰船的消防安全、舱室大气环境条件、舰员日常生活需求；对舰船可能发生的火灾、破损等损害进行实时监测、报警和及时有效的控制；在舰船遭受核、生、化武器攻击时，采取必要的侦、防、消等安全防护措施；对舰上其他系统和设备提供淡水、海水、蒸汽、氧气、氮气和压缩空气等必要的通用性资源保障，满足舰载机部分水、气需求；严格控制舰船对所在海域造成的环境污染等。

2）船舶保障系统性能指标的特征

船舶保障系统的性能指标具有如下两个方面的主要特征。

（1）多样性。船舶保障系统构成繁杂，需要保障的需求很多，且涉及到电气、机械、流体、自动控制等众多专业。船舶保障系统直接或间接为总体性能、作战能力、作战保障能力、作战适用性等主要性能的实现提供直接或间接的保障。这些需求所带来的对船舶保障系统的各项指标要求之间往往比较独立，没有相关性，称之为船舶保障系统性能指标的多样性特征。

例如，保障舱室大气环境条件的要求指标，以环境的温湿度要求为主，主要涉及机械、流体相关领域；保障损管实时监测、报警要求相关的指标，主要涉及电气、自动控制相关领域；保障消防安全要求的指标，涉及的范围则更广，涵盖电气、机械、流体、自动控制等多个领域。

即使是同种类型的指标，船舶保障系统笼统而广泛的特征使得其指标要求存在进一步的层次上的区别。例如，同样是舱室环境控制的指标，为保障舰船舱室人员工作环境舒适性的指标，是从人体舒适性控制角度出发的，着重点在舱室热湿环境控制和舱室空气组分的控制；为保障舰船电子设备运行的舱室环境温度控制指标，是从设备运行环境条件要求出发，着重点在舱室温湿度是否能满足设备的可靠和高效运转。

这种由于大量不同舰船功能保障需求所带来的多样性特征，使得船舶保障系统的性能指标种类非常多，且难以通过共性特征提取而形成统一描述的整个系统级性能指标。

（2）保障性。船舶保障系统性能指标的确定，核心是对总体及作战性能的向下分解，是基于总体性能、作战性能、作战保障性能，通过需求分析提出船舶保障系统及其下属各分系统的使命任务和作战使用要求，并以最大效能、最小费用、最高可靠性和最低风险为优化目标。因此船舶保障系统的性能指标的确定具有保障性。也正因为这种保障特征，船舶保障系统在性能指标的确定过程中具有滞后特征，并和电力系统等其他具有保障特征的系统一样，在其指标确定过程中具有迭代反复的特征。

滞后特征具体体现在，只有确定有关的总体性能、作战能力、作战保障能力、作战适用性等主要性能之后，将其作为输入，才可以确定船舶保障系统各个对应的保障指标能力。例如，只有确定了舰船电子设备的性能指标要求之后，才可能根据其对应的冷却需求确定电子设备冷却系统的相应指标。

迭代特征，体现的是指标确定过程中的往复过程。例如，在电力系统某些专用舱室的冷却容量指标确定过程中，往往需要先行根据电力系统初步设备配置提出的冷却需求配置相应的制冷设备，配置的制冷设备用电量提交电力系统之后，反过来又可能影响部分舱室设备的配电容量，配电容量的改变进而又改变电力系统的设备配置，从而提出了新的冷却需求。在这种反复迭代的过程中，才可以最终明确具体某些重点部位的冷却容量需求指标。

3）船舶保障系统性能指标的分类

船舶保障系统的性能指标，是以其保障的需求为基础进行确定的。船舶保障系统性能指标主要涵盖如下几个主要的类别。

（1）保障人员活动的性能指标。保障人员活动的指标，主要是指为舰上人员生理、精神、医疗、安全等提供保障的指标，如保障舱室空气品质，网络娱乐、医疗舱室洁净等级、核生化防护等相关的指标。

（2）保障装备工作的性能指标。保障装备工作的指标，主要是为装备在舰上的运行、储存、维护、安全等提供保障的指标。如保障装备运行冷却、存储环境温度、日常清洗、火灾防护等相关的指标。

（3）保障人机交互的性能指标。保障人机交互的指标，是为舰上人与人、装备与装备、人与装备之间的信息交互与共享提供保障的指标。如保障信息传输、辅助决策、模拟训练等相关的指标。

概念设计阶段，为了有效支撑总体概念方案，船舶保障系统一般应确定全舰冷却和供热总容量、海水淡化总能力、污水处理总能力、水灭火总容量、集防区滤毒通风总量等影响对全舰总体布局、重量或整体方案构架的相关指标。

4）船舶保障系统性能指标设计方法

船舶保障系统的指标设计是从获取需求开始的，其最终目标是提出船舶保障系统设计的核心指标。根据本章需求设计的整体框架，船舶保障系统的指标设计工作流程可以提炼概括为需求获取、需求评估、需求处理、初步可行性评估、性能指标确定共五个阶段。下面以全舰冷媒水冷却容量指标的确定过程为示例，具体描述船舶保障系统性能指标确定的过程和方法。

（1）需求获取。需求获取是船舶保障系统概念设计的首要环节，也是船舶保障系统性能指标确定的重要依据，在概念设计中占有十分重要的地位。船舶保障系统的设计需求可以分为显性需求和隐性需求两种。

显性需求指的是保障总体性能、作战能力、作战保障能力、作战适用性等主要性能指标达标，所必须满足的需求，这部分需求主要有三个来源：一是由舰总体向下分配提出；二是由被保障的关键装备根据其性能保障需求提出；三是由驱逐舰设计所需遵循的各类标准规范提出。其中驱逐舰设计所需遵循的各类标准规范的需求，一般采取穷举法，罗列后作为需求输入。

隐性需求指隐含的自下而上对系统设计优化，从而主动提高系统设计性能，提高保障水平所带来的那一部分需求。

需求预测是对部队使用和作战能力提高的潜在需求、系统技术发展方向进行预测。对隐性需求的响应，是提高船舶保障系统设计水平的重要推动力。需求预测不可主观臆断，应建立在充分的调查研究基础上，采用科学的分析与推断方法，开展需求预测。

需求预测的方法分为两大类：定性预测法和定量预测法。定性预测法是根据经验和现有的资料、信息对需求作出判断和评估；定量预测法则以驱逐舰设计中的历史数据为基础，通过一定的数学方法进行预测。定性预测法包括德尔斐（Delphi）法、焦点讨论法、主管概论法、前景分析法、历史对比法等；定量预测法包括时间序列预测法、因果关系预测法等。在驱逐舰概念设计实践中，通常同时采用多种方法联合起来开展需求预测工作。

以冷媒水资源保障为例，对全舰冷媒水保障能力进行需求分析。由舰总体分配及其他被保障关键系统、设备提出的保障要求可知，冷媒水需要向舱室空调、弹药舱空调、雷达设备、部分武器装备等提供冷却保障。上述冷媒水资源的保障基本功能的需求是显性需求；而进一步开展冷媒水管网结构优化设计以提高冷却管网负荷调节能力和运行可靠性，采用大温差低流冷媒水系统以减小循环水泵容量和管路尺寸、重量，采用智能化管网以实现管网的故障自动诊断与功能恢复等则可视为隐性需求，这些需求是从系统设计优化角度，以主动迎合技术发展趋势的姿态而提出的设计改进。

在上述需求中，舱室空调冷却容量（含弹药舱空调），一般采取时间序列预测法中的平均法进行预测，即以母型舰单位空调面积供冷需求为指标进行新设计驱逐舰空调冷却需求容量的预测。

$$Q = \rho \cdot \frac{Q_0}{A_0} \cdot A \tag{4-56}$$

式中：Q 为舱室空调冷却需求容量的预测值；Q_0 为母型舰空调冷却需求容量；A_0 为母型舰空调区总面积；A 为预计舱室空调区面积，与驱逐舰吨位及设计舰员数量等相关，可根据概念设计阶段总布置的区域划分等进行估计；ρ 为隔热设计调节系数。当舰船预计的隔热设计方案与母型不变时，取 1。

雷达设备、部分武器装备等提供冷却容量需求应该根据保障设备所需的冷却容量，综合考虑设备的运行工况、模式，取一定的同时工作系数后确定。

（2）需求评估。船舶保障系统设计的需求评估，主要目的是确认影响系统概念方案的重要需求。从需求评估的角度，船舶保障系统的需求可以分为常规需求和特殊需求两个部分。所谓常规需求，一般指的是由规范、标准所规定的，在各类驱逐舰设计中，均应满足的一般性需求，这类需求，不因概念方案的不同而有所不同，在驱逐舰的各设计阶段中将得到逐步的消化、落实。特殊需求，则指的是对概念方案产生较大影响的需求，在船舶保障系统的需求获取过程中，需要敏锐把握，重点分析可能对全系统概念设计产生较大影响的需求方面。

以冷媒水系统保障需求为例，常规冷媒水系统一般按照7℃供水温度进行冷却设计，某驱逐舰提出冷却资源统筹设计的需求，冷媒水主要用户中增加了电子设备冷却的保障需求，但由于雷达内部的防凝露要求，其冷却水供水温度只能控制在15℃±2℃范围内，这无疑将对该驱逐舰冷媒水系统的概念方案产生十分重大的影响。

（3）需求处理。需求处理是对需求进行阐述，拟定系统设计概要的过程，是将需求最终转化为概念方案的前置预演步骤。在需求处理过程中，设计师根据对需求的评估结果，首先对各种设计需求更加细化的分类，进一步判定概念设计的核心关注要点，同时根据这些要点，形成系统设计概要。系统的设计概要，是开展其可行性评估的基础。

核心需求的判定一般采用矩阵分析法进行。以冷媒水资源保障需求为例，其特殊需求和强制要求的合集，即可视为冷媒水保障的核心需求（表4-19）。

表4-19 概念设计阶段冷媒水保障核心需求判定

	强 制 需 求	期 望 需 求
特殊需求	保障电子设备冷却，供液温度15℃±2℃	实现管网的故障自动诊断与功能恢复
常规需求	舱室空调冷媒水供应，供液温度7℃	进一步简化管网结构，提高可靠性

上述强制需求，就是对系统设计的强制约束要求。如功能要求、技术要求等，是实现系统作战使命任务的核心；期望要求则体现的是在必要要求基础上的进一步要求，如尺寸、空间、维护要求等，是在作战使命任务上的有效完善和补充。只有在满足强制需求的基础上，尽可能满足和优化期望需求的方案才可成为好的概念方案。

系统设计概要是在前述需求获取、评估和处理的基础上形成的概念方案的前置预演。系统设计概要可以有一种，也可能有多种，其核心是明确系统的配置方案、代价资源要求。同样以冷媒水资源保障为例，典型的系统设计概要一般包括如下方面的内容：

① 预计的冷水机组装机配置容量、冷水机组配置数量，以及冷水机组的外形尺寸、重量、减振降噪指标等。

② 预计的冷媒水泵流量、压头，冷媒水泵的外形尺寸、重量、减振降噪指标、电力需求等。

③ 预计的冷却水泵流量、压头，冷却水泵的外形尺寸、重量、减振降噪指标、电力需求等。

④ 预计的冷媒水管网结构形式、管网的主管尺寸，管网规模大小、重量、电力需求等。

⑤ 预计的管网多工况运行调节、可靠性保障的实施路线和可行性。

（4）初步可行性评估。在需求处理及完成系统设计概要之后，就具备开展可行性评估的条件了。在驱逐舰概念设计中，可行性评估与总体设计过程密不可分。在指标设计过程中开展初步可行性评估可以起到审慎确定系统性能指标的作用，避免草率确定系统设计指标，造成概念设计实质阶段的工作反复的后果。也正因为如此，可行性评估阶段具有反馈特征，一旦可行性评估存在明显问题，指标设计的流程既可以返回到需求处理阶段，也可以返回到需求评估和需求获取阶段，对前期所做工作进行二次评判和修正，以获得最佳的设计效果。值得特别说明的是，总体性能、作战性能、作战保障性能等的保障需求并非全部都是固定不可调整的，在指标的确定过程中，可能存在协调缓冲的空间，不同系统之间的平衡和妥协，是达成综合指标最优的必经途径。

船舶保障系统的初步可行性评估，可采用相关的决策法，对系统设计概要中的各项指标达成所需的总体资源代价的情况进行可行性评估，如预计设备尺寸是否过大而导致安装空间不足、预计设备重量是否过重而导致重量超标、预计电力负荷过大而造成电力保障能力不足等，综合判断系统设计概要所提出设想的大致可行性，以保证基于这一概要方案明确的系统设计指标在先进性、合理性和可执行性上取得均衡。

（5）性能指标确定。完成可行性评估，意味着需求和达成需求的方法途径之间已经走完了一个反馈循环，需求本身得到了辨别和优化（评估后对需求的反馈协调），需求的落地途径具有一定的可执行性。此时就可以完成最后一步，确定船舶保障系统的性能指标了。以全舰冷媒水冷却容量指标为例，供给舱室空调、弹药舱空调、雷达设备、部分武器装备冷却用的冷媒水需求量化后的综合求和值，就是我们要确定的全舰冷媒水冷却容量指标。

总而言之，船舶保障系统的性能指标确定过程，实质就是需求获取、需求评估、需求处理和可行性评估过程中关键要素的分析和总结过程。

对于冷媒水保障的概念设计指标，除了前面作为示例的冷媒水冷却容量指标，我们一般还关心如下方面的内容：

① 冷媒水系统的冷却保障范围和功能定位。

② 冷媒系统的供液温度、温差。

③ 冷媒水系统的负荷调节能力范围。

④ 冷媒水系统的资源代价要求，如电力负荷、重量、振动噪声等。

以上指标均可以参照冷媒水冷却容量指标的确定过程开展指标设计，这里不再赘述。

6. 作战系统

1）系统概述

"作战系统"一般定义为："军用平台上用于执行警戒、跟踪、目标识别、数据处理、威胁估计及控制武器完成对敌作战功能的各要素以及人员的综合体。"

驱逐舰作战系统为驱逐舰平台用于执行远程警戒、搜索跟踪、目标识别、数据处理、威胁估计、辅助决策、指挥控制、作战方案制定等功能，完成对敌作战任务的指控、传感器、软硬武器、舰载机、通信、导航等要素的综合体。

概念设计阶段考虑的作战系统设计指标包括：信息感知设备的频率规划、探测距离、测量精度、视界范围；武器系统的打击手段、打击距离、杀伤效果等；通信系统的通信手段、传输距离、信道容量等；导航系统的导航方式、精度、适用范围等；指挥控制系统的结构形式、目标处理能力、系统目标指示能力、系统反应时间、综合显示和人机对话能力等。

由于作战系统各分系统相互关联，在进行概念设计阶段作战系统设计时尤其要注意各个分系统的匹配性、兼容性设计。

为适应现代军事信息化发展进程，驱逐舰作战系统在构建体系化作战能力时，需要对各作战资源进行有机的集成，从而形成多任务系统。驱逐舰作战能力的提升，也就是作战系统最大限度地对各类特定作战任务的适应性设计，需要分析对作战效能构成影响的各项要素，找出驱逐舰作战系统完成任务时，需要进行的各项活动，并梳理各活动构成的关键路径，以关键路径为主导，形成系统中各个部分构成的最佳组合的框架方案。即优化研究作战系统任务剖面，从而确定作战系统的性能指标需求。

2）系统性能指标设计工作流程

驱逐舰的对空、对海、对陆、对水下等主要作战能力，以及探测感知、指挥控制、信息传输、导航、信息对抗等保障能力，在不同的作战场景和作战任务中，均需要依托驱逐舰作战系统及其下属设备协同工作实现。因此，驱逐舰作战系统的系统性能指标应以实现作战能力需求为目的，围绕各作战任务剖面驱逐舰作战系统的资源使用需求，分析提出概念设计阶段驱逐舰作战系统的目标图像以及相关指标。

任务剖面的定义为："产品在完成规定任务的时间内所经历的事件和环境的时序描述"。作战任务剖面指的则是从战斗准备开始到完成典型作战任务这段时间所经历的事件和环境的总称。

从任务剖面的定义来看，需要从规定的时间、规定的环境、规定的产品和规定的事件等4个方面进行定义。武器装备作战任务剖面的构成要素主要从任务的时间、区域、环境、编成和规划等方面进行描述。

（1）任务时间。任务时间为任务从开始到结束的时间，针对复杂任务，可将任务划分为几个子阶段。一般舰艇作战任务剖面可简化为航渡、作战、撤离和返航等四个阶段。在进行驱逐舰概念设计阶段作战系统设计时，主要考虑舰艇作战阶段的任务剖面[25]。

（2）任务区域。任务区域是指舰艇作战所处的地理位置和地域范围，通常采用经度和纬度进行描述。一般在明确驱逐舰使命任务的同时，其主要任务区域的范围也随之明确[25]。

（3）任务环境。针对驱逐舰等水面战斗舰艇的作战任务，任务环境是描述影响作战效果的外部环境因素，主要包括如电磁、气象、水声、昼夜和海况等相关海战场环境。当任务时间和任务区域确定后，任务环境也随之确定[25]。

（4）任务编成。任务编成需要对作战单元和指挥关系进行描述，可以通过树型组织结构进行描述。例如，驱逐舰作战系统参与对空防御作战的作战单元有探测设备、软硬武器和指控系统等，各作战单元对应的指挥关系构成了特定作战任务编成[25]。

（5）任务规划。任务规划是指在任务时间段内，任务编成中各作战单元需完成动作的规划[25]。

驱逐舰概念设计阶段，全舰的作战系统使命任务已经基本明确。进行概念设计阶段作战系统设计时，需将给定的使命任务分解为作战系统需要完成的各项作战任务。明确作战任务后，从任务时间、区域、环境、编成和规划等方面对任务剖面进行划分，以任务剖面的形式对作战任务进行细化描述。每个任务剖面都需要由多个作战活动完成，作战活动的执行顺序构成一条路径即为"任务流程"。

在明确作战系统的任务剖面后，需要进行作战任务剖面优化。任务流程作为串联各作战任务剖面的关键路径，对全部作战任务流程进行设计，梳理后可以得到完整的作战任务剖面。即作战任务流程设计与作战任务剖面的设计基本等效，其设计成果为执行作战任务的信息流程或控制流程。因此，作战任务剖面优化设计，也既是作战流程的优化设计。作战流程由任务逻辑和组织逻辑这两个逻辑层面构成，任务逻辑体现的是任务的处理流程；组织逻辑体现的是参与执行任务的资源，包括部队、武器平台和基础设施等。作战流程就是"执行哪项作战任务需要在哪个阶段使用哪些资源"，其优化设计包括作战任务剖面的结构优化、参数优化以及动态优化[25]。

作战系统任务剖面结构优化，是指通过建立作战系统各组成执行作战任务时各事件之间的关系，适当改善调整事件结构，以提高系统的整体作战效能；作战系统任务剖面参数优化，是指在一定的任务条件下，选取优化参数和选择优化算法，保证某一优化指标最优时，对剖面相关参数选取和最优值的确定[25]。

动态优化是模拟系统完整的运行过程，通过流程选取、资源调度等手段，对系统运行过程进行优化。优化步骤如下。

（1）建立任务剖面活动模型。根据驱逐舰作战系统任务剖面的构成要素描述，可将各作战任务的任务剖面划分为反导导弹打击任务剖面和反导舰炮打击任务剖面。对应任务剖面的作战活动及活动之间的信息交互构成了任务剖面规划，如"信息感知"作战活动主要完成雷达对目标和武器的探测与跟踪任务，包含警戒探测、跟踪制导、二次识别和雷达状态反馈。关于指挥控制和武器交战作战任务，可按照同样的规则建立其活动模型[25]。

（2）任务剖面活动模型转换结构模型。结构模型即 Petri 网模型，Petri 网模型是一个基于图的数学形式化描述模型，用来描述并发系统。Petri 网是一个双边有向图，用库所（用圆圈表示）和变迁（用矩形表示）作为节点来表示。Petri 网的状态用库所中标记（用黑点表示）的分布来描述。一个变迁的实施条件是在它的所有输入库所中至少有一个标记，一旦一个变迁被实施，就从它的输入库所中取走一个标记，并往它的输出库所中增加一个标记[26]。

任务剖面的结构模型可通过活动模型直接转换得到，在进行转换时，将活动模型的各活动模块对应为结构模型（Petri 网模型）的变迁，活动模块上的箭头对应结构模型（Petri 网模型）的库所，在库所和变迁之间增加输入输出弧。根据活动模块之间箭头的连接形式，可分为以下两种情况[26]。

① 箭头有分支。活动模型上箭头的分支表示多个活动需要同一数据。在如图 4-18 所示的模型中，箭头表示数据流同时进入模块 2 和模块 3，那么在转换为 Petri 网模型时，需分解为 2 个库所 p1 和 p2，以分别作为变迁 T2 和 T3 的前集[26]。

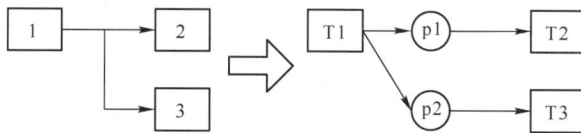

图 4-18 ▍箭头分支转换

② 箭头联合。用箭头联合表示多个活动产生同一类数据（或合成为一类数据），如图 4-19 所示。在转换为 Petri 网时，只需要用一个库所表示即可[26]。

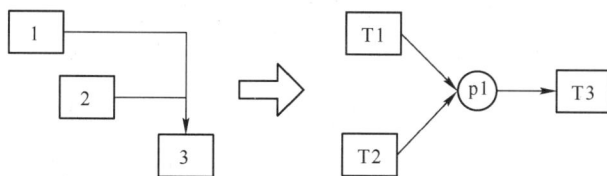

图 4-19 ▍箭头联合转换

（3）任务剖面结构优化。传统的静态流程优化分析采用的是 AOE（Activity on Edge，即边表示活动的有向图）网中的关键路径分析法（CriticalPath Method，CPM）。CPM 是复杂系统计划和控制实施的有力工具，是工程项目完成时间建模的最简单、有效的方法，并已应用于许多工程领域。

但由于动态流程中各项活动互相牵涉，且关键活动受多方面因素的影响，任何一项活动持续时间的改变都可能影响关键路径。为避免该问题，需要从系统结构方面分析，提取稳定的关键路径，从而对路径进行优化[25]。

采用结构分析方法分析作战系统任务剖面时，涉及事件行为建模。Petri 网采用可视化简单图形和形式化语言来描述离散事件系统的状态变化过程，如并发、同步、异步、死锁，使得复杂的系统结构和行为变得形象、直观、容易理解。此外，Petri 网有较好的数学描述，可方便人们从全局的观点开展和完成对复杂系统结构逻辑与动态行为的分析。通过 Petri 网的结构逻辑和动态行为分析，能找到系统中可进行优化的地方。Petri 网用于流程优化主要是对任务流程中的顺序执行过程进行重组：如果任务 1 和任务 2 由同一个资源完成，合并任务 1 和任务 2 为任务 3（称为合并优化）；如果任务 1 和任务 2 由不同的资源完成，且任务 1 的后置条件不构成任务 2 执行的前置条件，那么把顺序结构改为并行结构（并行优化）。如果没有顺序结构，则优化结束[25]。合并优化和并行优化的图形表示如表 4-20 所列。

表 4-20 顺序结构的合并优化和并行优化

顺序结构	
合并优化	
并行优化	

在实际指挥流程之中，合并省去了不必要的任务之间的交接手续，可以节约资源并缩短完成任务的时间。将任务的顺序执行改为并行执行，可以缩短任务的平均完成时间，提高作战效率。这两种优化方法实施的前提是严格考查原有流程，需在确保执行优化操作不会影响后续流程，同时也不会产生冲突的情况下方可实施[25]。

3）系统性能指标设计示例

不同的驱逐舰根据设定的各自使命任务的特点，作战任务剖面存在差异，在进行概念设计时，应针对具体问题，开展对应的研究分析。本书以末端拦导作战任务剖面为例进行作战系统部分重要性能指标设计工作流程的说明。

末端拦导作战是水面舰艇组织其近程防空导弹、反导舰炮和电子对抗等装备对敌方反舰导弹实施末端拦截与自卫，是驱逐舰防空的最后手段，末端拦导失败将直接导致我方舰艇毁伤。因此，末端拦导作战任务剖面是驱逐舰目前设计中需要研究的重要问题之一。

在进行驱逐舰作战系统末端拦导性能指标设计时，首先根据驱逐舰作战系统的末端拦导任务建立任务剖面的活动模型，依据活动模型直接转换得到结构模型（Petri 网模型），然后采用 Petri 网的流程优化方法对作战任务剖面进行结构优化，为作战系统的设计提供技术支撑。

（1）建立任务剖面活动模型。根据驱逐舰作战系统任务剖面的构成要素描述，可将末端拦导任务剖面划分为反导导弹打击任务剖面和反导舰炮打击任务剖面。对应任务剖面的作战活动及活动之间的信息交互构成了任务剖面规划，其中"信息感知"作战活动主要完成雷达对目标和武器的探测与跟踪任务，包含警戒探测、跟踪制导、二次识别和雷达状态反馈，各活动之间的信息交互如图 4-20 所示。关于指挥控制和武器交战作战任务，可按照同样的规则建立其活动模型[25]。

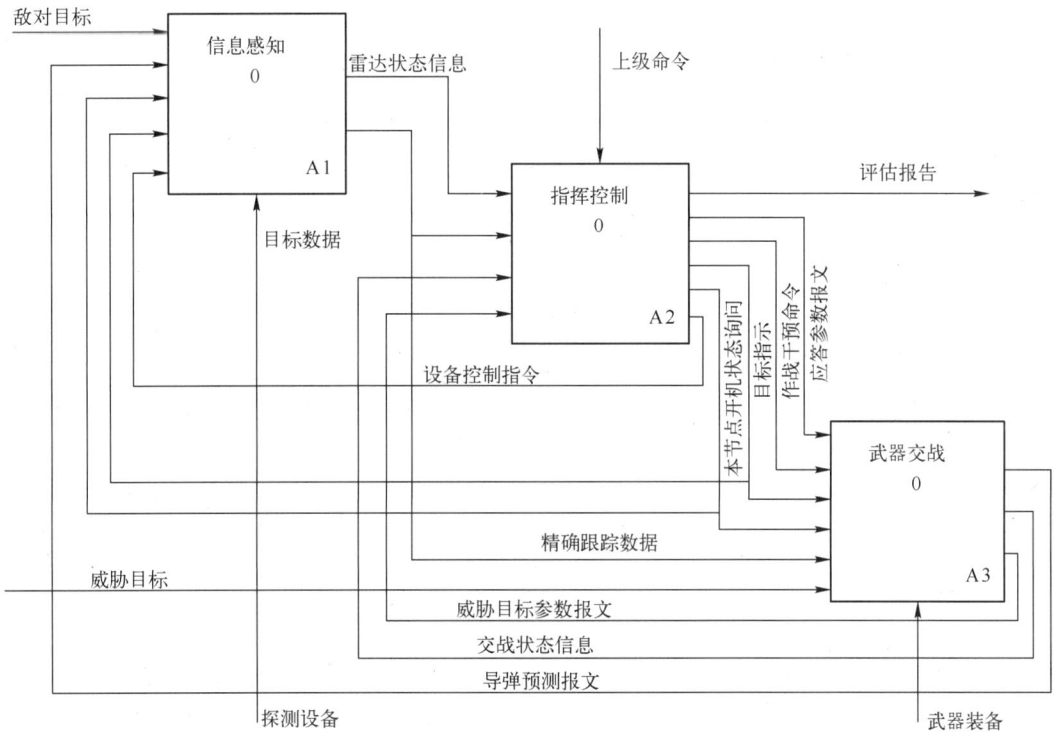

图 4-20 ▌作战系统任务剖面规划

其中"信息感知"作战活动主要完成信息感知设备对目标和武器的探测与跟踪任务，包含警戒探测、跟踪制导、二次识别和雷达状态反馈，各活动之间的信息交互如图 4-21 所示。关于指挥控制和武器交战作战任务，可按照同样的规则建立其活动模型[25]。

（2）结构模型转换及优化。水面舰艇对空自防御任务剖面的结构优化主要是通过减少不必要的作战活动，合并类似的作战过程来实现作战流程的优化，从而提高作战指挥效率。由"系统性能指标设计工作流程"中提出的转换规则，可将作战系统任务剖面活动模型（图 4-20 和图 4-21）转换为 Petri 网表示的结构模型，采用 Petri 网的流程优化方法来对任务剖面模型进行结构优化[25]。

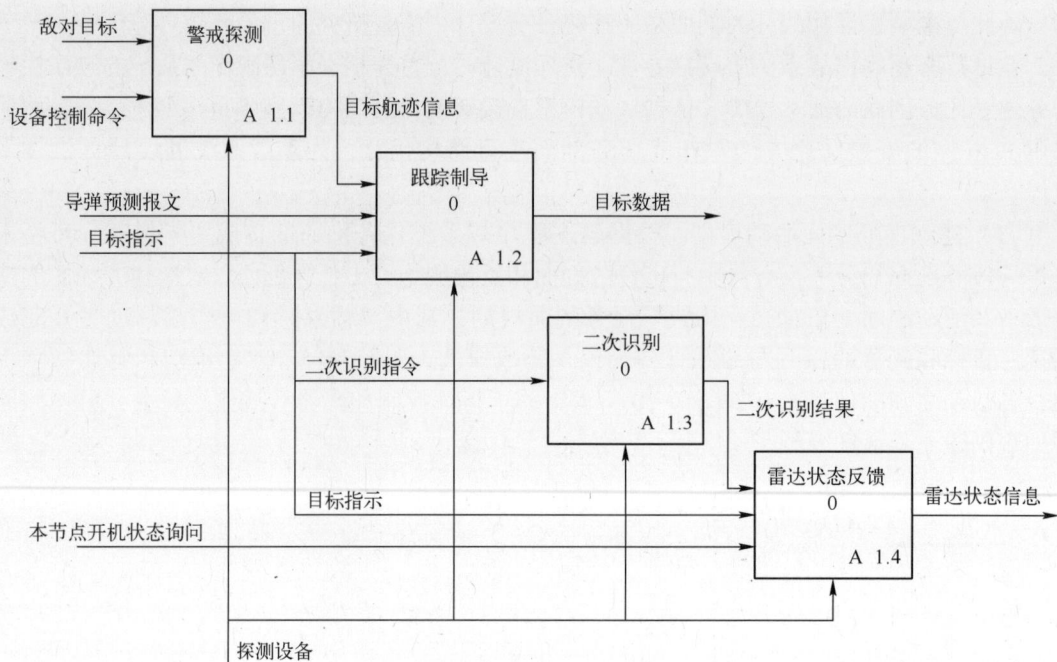

图 4-21 ▎信息感知活动模型

① 雷达探测系统结构优化。雷达探测系统的结构模型如图 4-22 所示。图 4-22 中灰色

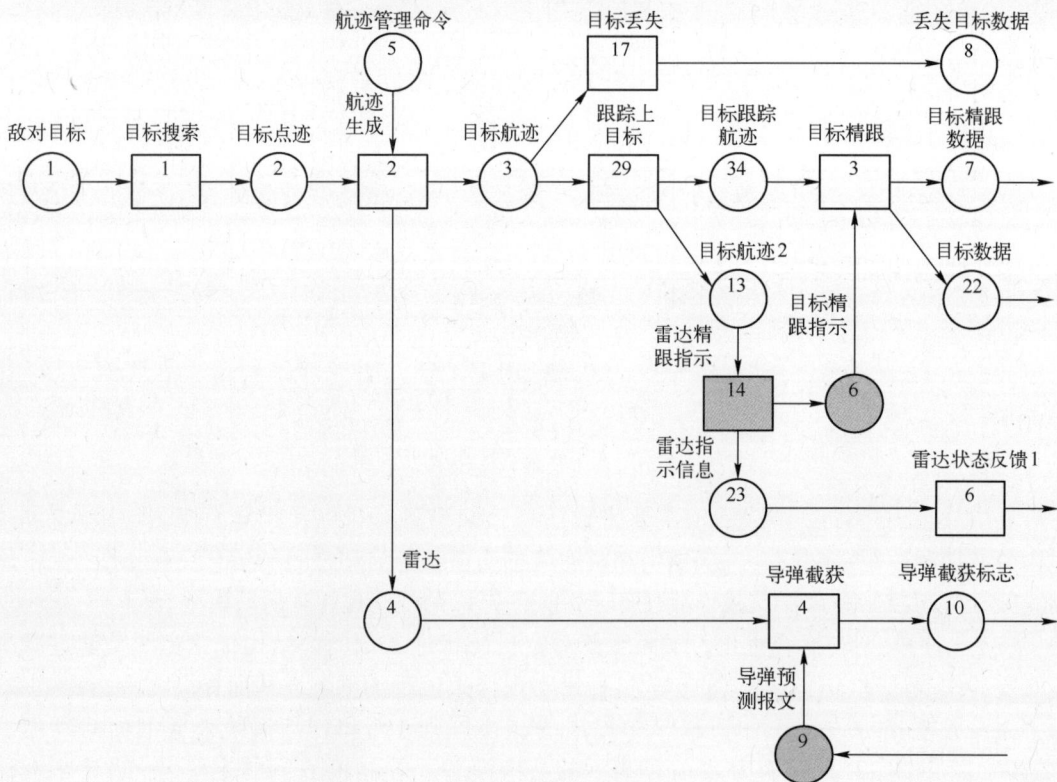

图 4-22 ▎雷达探测结构模型

变迁表示外部系统的作战活动，灰色库所表示外部系统事件执行产生的信息元素。其中"导弹预测报文"来自武器系统，事件"雷达精跟指示"由指控系统执行，产生的"目标精跟指示"用于引导雷达对目标进行精确跟踪。由图4-23可见，雷达在对目标进行精确跟踪时还需要等待指控下达的精跟指示，这样就存在等待延时，会导致作战反应时间增加。所以，可以考虑雷达对目标的精跟自动实现，以避免由系统之间信息交互所产生的时延[25]。

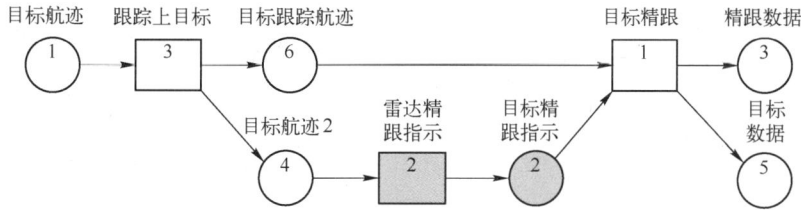

图4-23 ▍雷达对目标精确跟踪事件结构

② 指控系统结构优化。指控系统主要是采用探测系统提供的目标数据，对数据完成数据融合，形成态势信息，决策产生作战指令，从而指导武器对目标进行打击，其对应的结构模型如图4-24所示。[25]

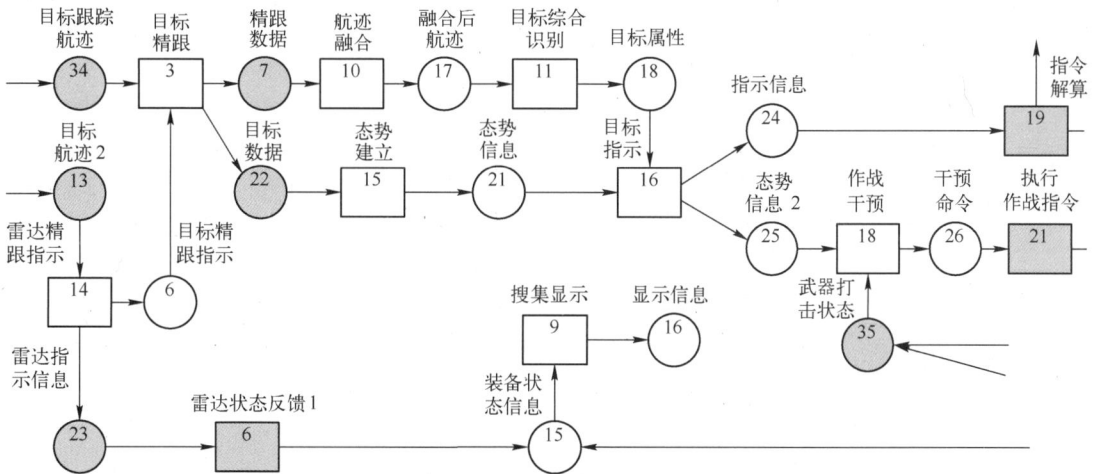

图4-24 ▍指控系统结构模型

从图4-24的结构模型中可见指控系统的航迹融合部分事件结构（图4-25），其中航迹融合和目标综合识别部分可以进行合并优化，这样在实际进行系统设计时，可以考虑将航迹融合和目标识别功能在一起实现，以缩短作战反应时间[25]。

③ 交战系统结构优化。水面舰艇在执行对空自防御作战任务时，可以采用火炮或导弹武器进行目标打击，其对应的武器交战系统结构模型如图4-26所示[25]。

从图4-26武器交战结构模型可见火炮和导弹对目标打击的事件结构，如图4-27所示。

由图4-27可见，对于火炮打击任务，火控解算和火炮发射是串联进行的，所以可采用合并优化，在实际系统实现时，将这两个功能尽量集成在一起完成。火控解算一旦完成，如果达到发射条件，马上下达发射指令，同时反馈打击状态，这可将反应时间缩短到最小。同理，导弹发射指令下达和弹道预测也应考虑在一起实现[25]。

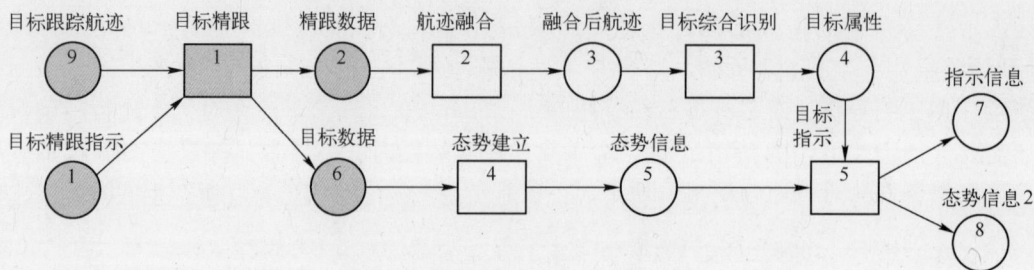

图 4-25 ▌ 航迹融合部分事件结构

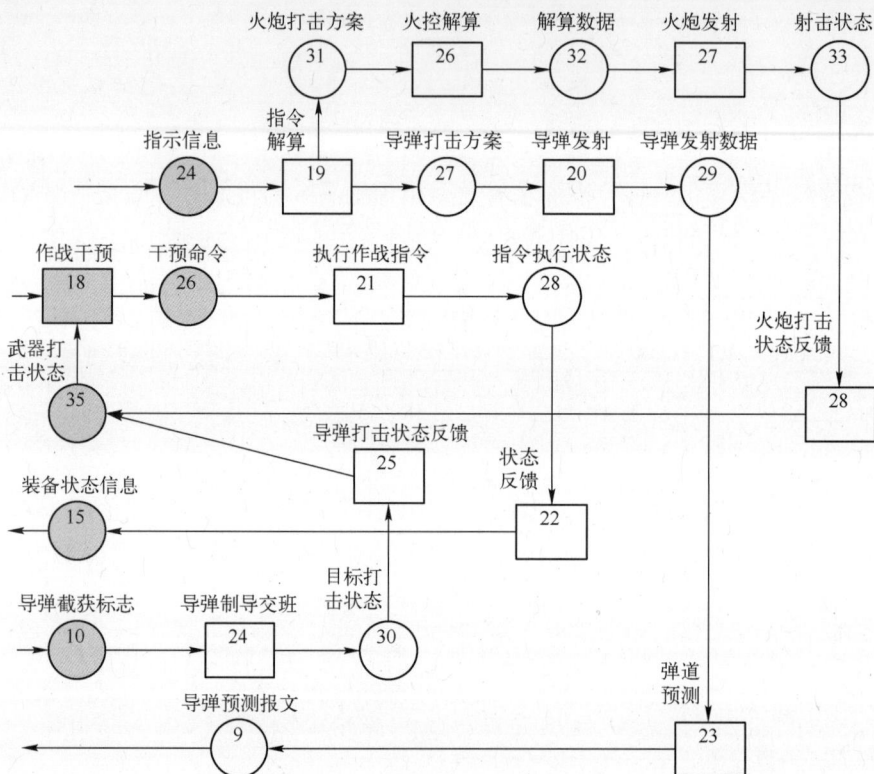

图 4-26 ▌ 武器交战结构模型

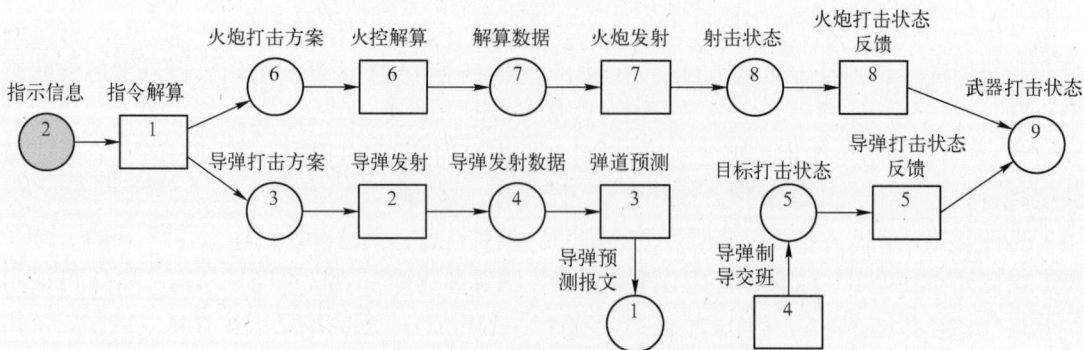

图 4-27 ▌ 火炮、导弹打击事件结构

参 考 文 献

[1] 戴自立. 现代舰艇作战系统 [M]. 北京：国防工业出版社，1999.

[2] 王凯，孙万国. 武器装备军事需求论证 [M]. 北京：国防工业出版社，2008.

[3] 赵海定，黄玺瑛. 装备需求工程导论 [M]. 北京：国防工业出版社，2013.

[4] 扈夏蒙，杨洪君. 概念设计阶段用户需求到产品属性的转化方法研究 [D]. 北京：北京服装学院，2015.

[5] 胡晓惠. 武器装备效能分析方法 [M]. 北京：国防工业出版社，2008.

[6] 聂大安，李彦，麻广林，马涛. 基于用户需求分类的同步多产品设计方法 [J]. 计算机集成制造系统，2010，06：1131-1137.

[7] 杨屹，程虹，王青. 国外驱逐舰发展对我舰艇装备发展的启示 [J]. 舰船科学技术，2010，32（5）：139-142.

[8] 熊文海. 船舶耐波性评价及其在航海安全中的应用 [D]. 武汉：武汉理工大学，2004.

[9] 张凤香，李炜. 杜俭业水面舰艇生命力技术的应用进展 [J]. 舰船科学技术，2005，27（3）：5-8.

[10] http://img.univs.cn/20111214/1/20111214215656324151256 8.jpg，2011-12-14.

[11] http://img.mp.itc.cn/upload/20170307/f05d4b80f83944ad862a7b99ba48daf7_th.gif，2017-03-07.

[12] http://cimg.163.com/news/0405/26/d02.jpg，2004-05-26.

[13] 成大先. 机械设计手册单行本第13篇 [M]. 北京：化学工业出版社，2004.

[14] 王强国，盛振邦. 船舶推进 [M]. 北京：国防工业出版社，1985.

[15] 朱树文. 船舶动力装置原理与设计 [M]. 上海：上海交通大学出版社，1984.

[16] 于洪亮. 船舶动力装置技术管理 [M]. 大连：大连海事大学出版社，2009.

[17] D. E. Rumelhart, J. L. MeClelland, eds. Parallel Distributed Proeessing：Explorationsinthe Mierostrueture of Cognition. Vol. 1. Cambridge. MA：MITPress, 1986.

[18] 杨立儒. 基于神经网络的电路故障诊断的研究与实现 [D]. 郑州：解放军信息工程大学，2010.

[19] 薄瑞峰. 基于计算智能的产品概念设计及应用. 北京：电子工业出版社，2011.

[20] 卞志家. BP神经网络辅助硝苯地平缓释液体硬胶囊的研制 [D]. 沈阳：沈阳药科大学，2007.

[21] 侯媛彬，杜京义，王梅. 神经网络 [M]. 西安：西安电子科技大学出版社，2007.

[22] 张世沛. 现代驱逐舰动力装置的选择 [J]. 国外舰艇科技动态，1983，199（11）：15-27.

[23] 赵云飞. 层次分析法在电力负荷预测中的应用研究 [D]. 武汉：华中科技大学，2005.

[24] 伊瑞. 电力负荷预测中的数学方法及应用研究 [D]. 长沙：中南大学，2006.

[25] 徐勇，杨翠蓉，杨子晨. 水面舰艇作战系统任务剖面结构优化 [J]. 中国舰船研究，2013，8（4）：97-102.

[26] 赵军富，靳荣，马胜梅，等. 基于Petri网化简技术的工作流模型合理性验证 [J]. 微计算机信息，2009，25（15）：219-211.

第**5**章
功能设计

概念设计采用的手段和方法，是依附于产品实体（或技术系统）的功能而设计，功能是产品（或技术系统）的实质，产品（或技术系统）是功能的载体，也是功能的实现方式，功能是产品（或技术系统）设计的初始要素，也是产品（或技术系统）设计的最终目标，它决定着产品（或技术系统）的意义[1]。功能是对产品（或技术系统）的具体效用或能够完成任务的抽象描述，也是评价产品（或技术系统）价值的重要标准，功能反映出产品（或技术系统）的特定用途和特性。功能目标的产生通常优于科学技术的发展，因此，功能设计往往是使科学技术转变为生产力的动力源，先进的功能设计要融合最新科技成果，适应当今社会需求变化的，高级水平的设计。

5.1 > 总体功能设计

5.1.1　基本概念

产品功能是指产品所具有的特定职能，是产品某种需求的一种属性。满足总体功用设计的最终目标即为实现功能，产品的功能设计的实质就是产品功能定义、功能分解、功能综合、功能结构实现并优化的过程[1]。通过需求设计阶段定出产品的设计纲要及技术指标，实现产品功能目标的设计过程就是功能设计，功能设计是将需求设计结果（产品设计任务书）抽象为功能目标的过程。

驱逐舰功能设计本质上是一个总体技术系统的功能设计，总体技术系统功能设计是从驱逐舰的任务需求设计开始的，以满足总体功能要求和战术指标要求为前提，在需求分析的基础上，根据驱逐舰所承担的使命任务，从作战任务性质、敌方威胁、战场使用条件等影响作战的主要因素，通过分析进行功能抽象，形成具有可操作性的功能目标，提出各主要系统功能及系统划分。将产品的功能设计思想映射到驱逐舰总体功能设计，驱逐舰总体功能设计主要工作包括功能分类、功能定义、功能分解和功能综合。

5.1.2　总体功能分类

产品的功能分类是根据产品及其部件的多种功能，按不同性质加以区分，按功能重要程度分为基本功能和辅助功能；按功能性质分为使用功能和美学功能；按用户需求分为必要功能和不必要功能；按量化标准分为过剩功能和不足功能[2]。

开展驱逐舰功能分类的目的是为了在总体设计中明确所需设计的目标功能，并实现其功能要求。驱逐舰从最顶层宏观角度来说，其功能就是对敌作战，但是在具体作战过程中所扮演的角色与所体现的功能又与作战任务需求密切相关。自从第一艘驱逐舰面世以来，驱逐舰的功能使命任务随着战争态势的变化、先进武器装备的发展而呈现出由简单单一作战任务功能模式逐渐发展成为综合多样化作战功能的态势。

早期19世纪70年代，驱逐舰实际上是一种大型的鱼雷艇，其主要功能是用鱼雷武器攻击敌舰，驱逐舰不仅肩负着打击敌人鱼雷舰艇的任务，同时还要负责在主力舰决战前对敌舰队实施鱼水雷攻击，削弱敌方兵力的任务；第一次世界大战中，驱逐舰已经具备了多用途性，并逐渐向大型化方向发展，所装备的武器越变越强，驱逐舰已经发展成了可以伴随舰队在远海大洋机动作战的舰队驱逐舰，虽然驱逐舰担负的任务日益广泛，但是鱼水雷集群攻击敌方舰队仍然是这个时期驱逐舰的主要任务；第二次世界大战，由于飞机已经成为重要的海上突击力量，加强防空火力的驱逐舰出现，针对严重的潜艇威胁，旧的驱逐舰改装投入到反潜和护航当中，驱逐舰在鱼雷攻击功能基础上逐渐增加了反潜、护航等功能。

第二次世界大战后随着科技的进步，驱逐舰的作战形式和武备都发生了巨大变化，驱逐舰的首要任务由以鱼雷攻击来对付敌人水面舰队的作战方式转变为防空、反舰、反潜的作战方式，防空专用的导弹和火炮逐渐成为驱逐舰的标准装备。随后，反潜直升机、电子设备、作战信息控制、指挥自动化系统、多样化配置的导弹垂直发射装置，用来防御反舰导弹的舰炮均被安装到了驱逐舰上，驱逐舰的武备和任务发生了巨大变化，驱逐舰脱离了以往辅助、功能简单化的角色，真正成为能够单独作战指挥战斗的主战舰艇，功能呈现多样化，装备有防空、反潜、对海等多种武器，既能在海军编队中担任进攻性的突击任务，又能担任作战编队的防空、反潜护卫任务，还可在登陆、抗登陆作战中担任支援兵力、以及担任巡逻、警戒、侦察、海上封锁和海上救援等任务。

纵观现代各国驱逐舰的发展，各国都在力图吸纳各种高新技术，越来越强调舰船的多用途功能，同时电磁炮、激光武器等尖端武器上舰，增强了打击能力和持续作战能力。驱逐舰将越来越趋向于高度通用化、多功能化、网络化、智能化、无人化等方向发展，作战功能和作战指标进一步提升，驱逐舰不再是一个局部的作战功能节点，而是架设在海、陆、空、天、潜五维空间中的全域作战功能节点，从而真正意义上地实现了战斗力最强、技术水平最先进、功能更加多样化的多用途水面战舰。

驱逐舰按各个功能的性质、用途和重要程度可以将其分为基本功能和辅助功能、目的功能、手段功能、使用功能、表现功能、必要功能和多余功能等。

驱逐舰的基本功能是满足作战任务需求、实施作战任务、发挥作战效能，体现驱逐舰的用途和使命价值，是驱逐舰最直接相关的功能。如果驱逐舰失去了基本功能，也就失去了它的使命价值。以现代驱逐舰为例，它的主要基本功能是在航空母舰编队中担负编队的远程防空、近程反导和区域反潜任务，担负护航水面舰艇的区域防空、反潜指挥和编队航空兵辅助指挥任务；在联合机动编队中担负编队指挥任务，以及驱护编队远程防空、近程反导和区域反潜任务；在两栖作战编队中担负远程防空、近程反导和区域反潜，以及编队掩护舰艇的指挥任务；单独或协同其他兵力攻击敌大中型水面舰艇；单独或协同其他兵力实施对陆打击作战。

驱逐舰辅助功能是对主要基本功能起支持和完善作用或附带的功能，与基本功能并存，使驱逐舰的功能更加完善，发挥最大功用效能。例如，海上侦察、巡逻、警戒、封锁、搜索及救援等任务功能均可作为辅助功能。

驱逐舰的所有功能都存在一个明确的目的，无论是基本功能还是辅助功能都可以认为是目的功能，一个功能往往又是实现某一目标的手段，因此也可称其为手段功能。驱逐舰的某一功能往往同时具有目的功能和手段功能两重性质。例如，驱逐舰的目的功能是装载作战武器实施对敌作战，其手段功能的效应则根据使用场合的不同而不同。如果驱护舰对海作战，其手段功能表现为击沉、摧毁或压制敌对水面舰艇、潜艇的攻击；对空作战，其手段功能表现为对敌方飞机和导弹实施拦截；在登陆作战中，其手段功能表现为作为火力掩护，压制和破坏海上和岸上的火力或军事设施。

驱逐舰的使用功能是体现其使用目的，实现其使用价值、直接满足部队使用要求的功能。例如，船体结构的使用功能是提供支撑结构强度，推进系统的使用功能是提供推进动力，作战武器的使用功能是打击与防御。表现功能是对产品进行美化、装饰作用的功能，通常与人的视觉、触觉、听觉等发生关系，影响用户的心理感受和主观意识，一般通过产品的造型、色彩、材料等方面的设计实现这一功能。例如，外观造型是舰船构型中首要影响体验性的因素。从整体比例与尺度来看，驱逐舰往往是狭长的舰船造型，表现功能是快速、机动。舰船采用直线、几何形和平面等表现手法，其表现功能是威严、正直、刚硬。舰船构型设计应在功能实现的同时兼顾形式美，产品功能和形式的有机融合。

必要功能是满足顶层设计所要求的任何功能，它可以是基本功能、辅助功能或者表现功能等，如果必要功能没有达到预定功能目标，则表现为功能不足。例如，驱逐舰的结构强度设计不合理，材料选用的不好，没有按照标准执行，造成结构强度不足，在遭受敌对武器攻击时，则抵抗武器攻击不受损坏的必要功能没有实现。多余功能是产品具有的，但产品并不需要或无法享用的功能，多余功能有时相对于使用环境不同表现不同，在驱逐舰设计中尽量不要产生附加的多余功能，要根除其多余的功能，多余功能不仅增加了设计、制造成本，而且浪费资源。

5.1.3　总体功能定义

驱逐舰的功能主要是结合驱逐舰的使命任务、设计要求，根据工程经验确定，低一级的功能定义可以根据高一级相应的功能展开确定。在确定功能时应广泛吸收相似产品的工程经验，并听取甲方、监督方、舰队等各方专家的意见和建议，确定功能的信息来源，科学合理进行驱逐舰总体功能定义。驱逐舰的总体功能定义体现了系统观点、行为观点和用途观点的主要思想，驱逐舰主要执行的最终任务是完成武器的运载并实施对敌作战，可以分为平台和作战武器两部分，平台主要起到武器的运载及作战保障作用，作战武器的主要作用是打击与防御。

驱逐舰的总体功能定义为在具有一定自主航行能力的海上平台结构上，装载各种各样的武器和电子系统，通过分析战场态势，实现平台功能和作战武器功能两部分有机的结合，实施各种打击任务。具体任务包括获取并输出所探测感知到的空中、水面、水下目标的各类信息（位置、速度、频率、红外、激光等），对我方武器跟踪、制导，对直升机引导等；参加航空母舰编队行动时，根据上级指挥授权，指挥所辖水面舰艇实施区域防空、区域反潜作战；对编队内航空兵实施辅助指挥引导；参加联合机动编队作战时，担任联合机动编队指挥任务；参加两栖编队作战时，担任编队掩护舰艇的指挥任务；对舰内外探测到的各类目标信息进行融合处理，形成战场态势，辅助指挥员制定作战方案；经指挥员指挥决策或作战干预后，对软硬武器、其他作战兵力进行指挥控制；在人工或自动指挥控制下，对敌空中、水面、岸基、水下目标进行交战对抗。

在概念设计过程中，不同的功能定义将会导致功能分解方法以及功能结构描述形式的差异，为此应该先确定功能的定义。功能是总体或技术系统特定工作能力的抽象描述，反映了总体与功能、实物特性和功能特性之间的抽象关系，功能定义就是对需求信息或产品的效能用科学、准确、简洁的语言进行抽象描述[3]。进行功能定义的意义表现为三个方面[1]。

1. 明确设计需求

功能定义实质上是抽象表达出需求的设计本质和核心，明确设计需求，以利用设计者找出实现功能的方式。

2. 利于功能分解

总体概念设计中的功能分解就是总体及其各个组成部分抽象成功能，进行功能定义有利于界定功能单元之间的内在联系。

3. 利于开拓设计思路

描述功能，通常会认为是一件非常简单的事情。在总体概念设计中，定义功能并非一件容易的事，它常常直接影响到总体概念设计方案的结果。

功能定义没有固定的模式，但是定义出的功能往往具有系统观点、行为观点和用途观点，系统观点的功能一般以描述物质、能量、信息输入输出关系的流程图来表示功能结构，当系统将输入转化为输出时，显示特定的功能[3]；行为观点的功能定义被认为是物理行为的抽象，在一定的工作环境下执行特定的行为，并产生相同的结果，这些相同的结果就是功能；用途观点的功能定义中包含用途、要求、意图等词，功能被描述为设计意图，对产品预期用途的定义[2]。

功能定义的表达方式常采用"动词+名词"的方式，如驱逐舰功能定义可定义为提供作战能力，推进系统功能定义为提供推进动力。抽象化的功能定义只描述功能，不涉及具体办法，仍以推进系统为例，主要是为舰船提供推进动力，至于推进的方式并没有涉及，可以是柴油机推进、燃气轮机推进、联合推进、电力推进等任何一种方式。功能定义中的名词尽可能具体，直至能够进行定量量度为宜，有利于定量分析，推进系统的功能定义"提供推进动力"比"提供航行能力"的功能定义好，因为"推进动力"更易实现直接量化，可以用功率表征，而"航行能力"无法直接实现量化。螺旋桨"转换推力"比"转换力量"功能定义好，因为"推力"更易实现直接量化，可以用推力值表征，而"力量"无法直接实现量化。

5.1.4　总体功能分解

概念设计功能分解是针对驱逐舰的用途和设计要求进行详细的分析，将驱逐舰的总功能目标分解成不同层次的功能单元，分别抽象描述总功能以及各功能单元，做出明确的功能定义，由此明确总功能和各功能单元的本质的内容，使每个功能单元在概念上相互区别，同时找出总功能和功能单元之间的内在联系，建立实现驱逐舰总体总功能的功能系统。

驱逐舰是一个复杂的产品，同时又是一个复杂的技术系统，由各项功能单元之间的相互关系构成驱逐舰的总体功能，最终实现作战任务。对于新研制的驱逐舰，需求和预期目标决定了驱逐舰总体及各系统级别的功能，为实现驱逐舰的功能，选择必需的系统、设备，任何不必要的系统、设备只是无谓地增加驱逐舰排水量并消耗有限的宝贵资源[4]，对于驱逐舰本身的用途和能力毫无作用。因此，在概念设计阶段的功能分解是至关重要的，以确保驱逐舰最终以最优的设计完成。驱逐舰总体功能分解主要有三个目的：

（1）功能是性能要求的基础，每项性能要求与至少一项功能有关，而且所有的功能来源于性能要求。

（2）功能生成系统框架，每一项功能都有一项功能和多项系统功能单元来完成，或一项功能单元可以执行一项或多项功能。

（3）功能分解是进行驱逐舰最大作战能力分析的重要元素，所有功能的组合决定了驱逐舰的作战使命。

驱逐舰总体功能和性能对下属各级功能起到决定性因素，下属各功能的要求也会约束和反馈给上级功能要求，驱逐舰总体及下属各级功能之间存在着功能和物理方面的相互约束，所有的功能必须以共存的设计来实现特定的驱逐舰总体功能。

驱逐舰具备的功能不是随意确定的，而应该紧密结合其使命任务，紧紧围绕作战任务的完成而展开。不能因为某项功能的缺失而导致驱逐舰整体功能的失败，也应尽量避免增加额外的功能产生对总体资源的过度占用。驱逐舰概念设计过程中，功能分解应是基于功能、流程集成的思路进行自上而下的逐级分解，形成一个工作分解结构层次体系，驱逐舰概念设计的功能分解应保持如下原则：

（1）层次性原则。按照逐步展开的方式进行相应的功能分解，找出所有工作状态和模式下可能的所有功能或子功能，包括功能的定义、所处的工作状态或任务阶段描述等。

（2）功能性原则。基于平台和作战武器功能流程为主线，对全舰系统进行构建一级系统。

（3）完整性原则。系统的划分应能完整、全面地反映舰艇的组成界面关系，要权衡驱逐舰设计的综合化程度。

（4）独立性原则。应保证各系统相对独立，系统间没有大的交叉，尽量使下一级功能系统/设备唯一从属于上一级系统。

（5）平衡性原则。同级系统的规模、重要程度应基本相当，避免不均衡的现象。

（6）需求性原则。综合分析驱逐舰在功能、性能、物理、人机、安全等各方面的需求，应使所有的需求信息通过功能组织架构进行表达。

驱逐舰作为一个产品，从广义来说是一种海上军事武器，用于海上军事用途，主要功能是利用武器进行目标探测与跟踪、火力打击、目标毁伤效果评估等作战任务，除了作战任务外，还包含着为作战任务及舰本身提供水、电、油、气保障，向作战区域航渡及返航，为舰上人员提供环境、膳食生活保障等任务，以及必要时刻的损害管制、三防等。根据上述驱逐舰总体功能及分析原则，驱逐舰总体功能分为三个主功能元，分别为漂浮与航行功能、作战功能、作战保障功能如表 5-1 所列。

表 5-1	驱逐舰总体功能分解	

总 功 能	分 功 能	功 能 元
对敌作战	漂浮与航行	构建合适外形
		抗打击能力
		海上漂浮能力
		提供空间环境
		航行能力
		加减速前进及倒退
		提供机械及武器用电
		提供舰员正常生活用电
		提供舱室大气环境
		预防平台火灾发生
		提供淡水
		提供海水
		装载及转运燃滑油
		提供气动及其他流体设备动力源
		信息传输
		接受补给
		转运机械设备
		控制舰船运动姿态
		实施救生、打捞
		保证舱室密闭性
		提供人员通达性
		隔热、保温
		屏蔽、隐身
		防火、耐火
		防腐、防污
	作战保障	警戒目标
		情报处理
		作战指挥
		目标打击
		相互通信
		实施对抗
		舰船导航
		武器转运
		弹药供给
		武器存储

总　功　能	分　功　能	功　能　元
对敌作战	作战功能	导弹发射
		舰炮射击
		鱼雷发射
		深弹发射
		机载反潜

1. 漂浮与航行功能

漂浮与航行功能主要是起着支撑、运载作战装备，并将之运输到规定的作战区域，保障其成功完成作战任务的作用。实现装备装载功能的这一载体应该是一个水上工程建造物（简称平台），这样的建造物首先是具有一定的外形，具有漂浮在水上的功能，并兼有使敌方感觉威严之感；在建造、下水、修理、航行等过程会受到各种不同的外力，以及作战时受到武器的攻击力时，具有一定的抗损性，需具备承受各种力及敌方攻击功能；工作人员、作业设备要在这个建造物上工作及作业，这个水上工程建造物则应该为其上面的工作人员、设备提供相应的工作环境；庞大的水上建造物要在海上根据不同的海域到达不同的指定位置，要达到指定的位置需要具备推进功能，就像汽车一样，在移动过程中也需要加速、减速、倒车、停车等功能；工作人员、机械设备、作战武器在建造物上工作所需要的能源最终是来源于电能，因此需要具备产生电力供应的功能。

作为舰上工作人员生活、工作的厂所，需要为其提供洁净的大气环境、淡水需求，则应具备提供舱室舒适环境功能；为了保证结构平台上人员、机械设备安全，应该具备一定的消防安全功能；平台上主机、电站等设备的燃油及润滑油消耗需要燃油、滑油转运功能来实现；一些机械设备及阀件除了需要电力作为动力源以外，压缩空气或者其他流体也可以作为动力源，为此则需要提供气动及其他流体设备动力源功能来实现；水上结构物除了具备前进后退功能外，也需要转向，海上恶劣的海洋环境经常会影响到平台的稳定性，为此需要具有控制舰船运动姿态功能；平台要实施长距离远海作战，远距离的燃料、物资消耗依赖海上补给功能来实现；平台上的抛锚停泊、系泊、小艇收放、直升机的起飞与降落由转运和存储功能来实现；人员一旦受到生命威胁时，需要通过救生措施来保障人员安全，需具备救生功能；平台因装卸物品、人员通达、通风采光、维修保养要求，需要在各部位设置能按需启闭的关闭设备功能，以及相应的通道设施和为保证人员通达安全的扶梯栏杆等功能；由船体结构围成的各类型舱室因需设置成具有隔热、保温、减振、降噪、防火、耐火、防腐、防污、屏蔽、隐身等功能。

2. 作战保障功能

作战保障功能分解的过程实际上是一个作战态势流程分析过程，作战流程本质上应该是探测、判断、决策、行动的全过程，而且每一环节又相互作用。作战态势的判断则需要探测功能来保障，称其为警戒目标功能，需要在指定的警戒范围内，对战场全天候昼夜监视，监视搜索及发现并跟踪目标，提供完整的战术环境；在警戒探测相关目标信息的基础上，结合本舰的特征信息，进行信息相关和数据融合，这一过程实施称为情报处理功能；情报处理功能实现后，则需要构成以目标航迹表为主体的战术环境数据库，通过人机交互作用显示各种反映战术态势和实时信息库，称为作战指挥功能。

作战指挥决策下达的下一阶段就是实施计算机辅助进行目标威胁判断，人机交互制定作战方案，组织武器通道，实施目标指示和战勤管理，准确计算出目标运动参数所需的射击诸元，实施对目标进行攻击，这一过程的功能统称为目标打击功能；整个作战过程中离不开信息的交互和信息的共享，主要包括指挥通信、协同通信、情报警报通信、后方通信和信息共享，统称为相互通信功能；随着电子技术和信息技术的发展，电子战也作为武器战的一种重要形式，包括雷达对抗、通信对抗、光电对抗和水声对抗，统称为实施对抗功能；作战过程中除了武器发挥效能作用外，还需要正确引导舰船按预定航向航行至目的地，并向舰艇武器装备及指挥控制系统提供各种实时信息，以保证舰艇安全航行和有效地使用舰载武器，这一功能称其为导航功能。舰船要实施武器打击，必然要装载武器，包括攻击和防御任务的武器及其跟踪器、控制设备等部件，这一功能称作武器供给功能，将武器弹药从舰上干货补给站运到弹药舱这一过程的实施由转运功能来实现，容纳武器弹药的相关功能由存储功能来实现。

3. 作战功能

舰船作战功能的打击环节的实现，主要依赖于各种舰载武备和弹药，包括了各种承担攻击和防御任务的武器及其跟踪器、控制设备等，具体可以分为舰炮、导弹、鱼雷、深水炸弹、舰载机等。针对不同作战对象，可以细分为：舰炮发射功能，主要实现对近程海上目标、岸上目标及空中目标的作战任务；导弹发射功能，主要实现对超视距海上目标、敌陆上纵深高价值目标的打击任务和对远程来袭飞机、反舰导弹的拦截防御作战任务；鱼雷发射功能，主要实现对敌方潜艇及无人潜器的水下作战任务；深弹发射功能，主要实现对敌方潜艇或鱼雷的水下作战任务；机载反潜功能，主要实现远距离对敌方潜艇搜攻潜任务。

5.1.5　总体功能综合

功能分解是将总功能分解为底层的基础功能单元，并对每个功能单元进行明确的定义。功能综合设计则是把分解后的基础功能单元按照一定的关系组合成一个完整的整体，同一个总功能，可以通过不同功能单元的组合实现。功能的综合设计不仅定义了各个基础功能单元，也确定了各功能单元彼此间的组成关系，各基础功能单元之间的内在联系可简化为串联式组合、并联式组合、反馈式组合、选联式组合四种组合形式。

1. 串联式组合

每个功能元依次顺序连接，前一个功能单元的输出是下一个功能元的输入，以这种方式连接的功能元叫串联式组合方式，反映了功能元之间的因果关系、操作顺序关系等。功能结构中体现为若干个功能元之间的顺序连接。以燃气轮机推进系统为例，燃气轮机主要是实现能源发生功能元，齿轮箱主要是实现功率传递功能元，燃气轮机发出的功率则是齿轮箱传递功率的功能输入源；发电机组产生的电能是配电的功能输入源。

2. 并联式组合

每个功能单元具有独立的输入，但是每个功能单元的输出为同一个输出；或者每个功能单元的输入具有同一个输入，但是每个功能单元的输出又是各自的输出；这两种类型功能元组合形式属于并联式组合。以柴燃联合动力装置为例，燃气轮机和柴油机都是不同的能源发生功能元，但是它们的输出都为同一个输出，即均是发出推进功率。

3. 反馈式组合

功能元组合时，如果一个功能元的输入是另一个功能元的输出，同时这个功能元的输出又是另一个功能元的反馈输入源，这种组合方式叫反馈式组合。两个功能元互相辅助实现。以燃油自动调驳为例，实施调驳功能元的输入是监测功能元的输出，同时调驳功能元的输出包括液位的变化，又作为是监测功能元的反馈输入元。

4. 迭联式组合

迭联式组合中每个功能单元都有独立的功能，组合后的输出则是各个功能元输出运动的迭加，从功能实现角度来看，迭联式组合，一个功能元必须以另一个功能元为基础才能实现其功能。这种迭联式组合方式往往用于系统较为复杂、较为庞大的功能综合。以推进系统为例，包括能源发生功能单元、功率传递功能单元、机组保障功能单元、监测控制功能单元，只有将其中的所有功能单元输出叠加起来才能实现其推进总功能。

通过上述介绍功能综合的四种方式以及区别特点，对于驱逐舰这一庞大复杂、分支又多的总体功能系统来说，显然采用迭联式组合方式更加适合。通过5.1.4节功能分解，有必要将漂浮于航行功能元的下属相关的独立功能元与电子信息处理功能元、武器打击功能元并列更易于工作统筹，更易于专业管理。漂浮与航行功能下属的功能元中构造外形、承受载荷与强度、具有浮性特征的这些子功能元相互依存、相互耦合，迭联式输出构成了船体结构的功能；舰船运动于驱逐舰航行有关的功能单元迭联式输出构成推进系统的功能；与全舰发电、配电过程有关的功能单元迭联式输出构成电力系统的功能。

具有舰船运动控制、海上补给及救生、"站位通达、通风采光"、"防腐防污"和"减振降噪隔热"等功能单元的迭联式输出构成船舶装置功能；所有涉及舱室环境控制、安全、供应和居住等功能单元迭联式输出构成全舰保障系统的功能范畴；作为武器打击，与作战保障交互最为密切，二者相辅相成，将此功能合并，归结为作战系统总功能。经过上述功能综合，驱逐舰总体功能系统包含装载平台功能、舾装功能、推进功能、供配电功能、全舰保障功能和作战功能。

驱逐舰总体功能系统如图5-1所示，根据功能综合后的各项系统功能具体如下：

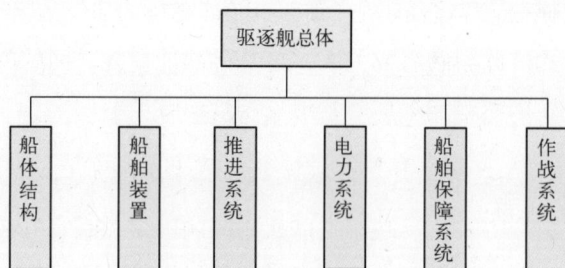

图5-1 ▌驱逐舰总体功能系统

船体结构功能系统的功能是"提供一个具有漂浮特性，且强度和振动特性满足要求的平台"，基本功能主要有：使舰船具有一定的合适外形；使舰船具有漂浮的能力；使舰船在规定的海况和气候条件下都能迅速而顺利地航行；能经受住敌方的攻击，使自己受到最小的损失；应为舰员、舰载系统和设备提供尽可能满足要求的环境。

船舶装置系统的功能是"实现舰船静动态运动控制、海上补给及救生功能"，保证舰船的安全驻泊，在舰船遇险时为舰上人员提供海上浮具，实现站位通达、视野观察、保温隔热、防腐防污等功能。

推进系统的功能是应能将能源，以热能、电能等形式最终转化为机械能，为舰船航行提供动力、匹配螺旋桨转速以获得最佳的推进效率、传递主机功率并转化为推力、实现推进系统的监测与控制、保障系统稳定可靠运行所需的功能。

电力系统的功能是由舰船电站、变电设备、配电系统组成的供电系统，应向舰船上所有系统的一切用电设备连续安全地供电。舰船主电站、主配电系统应确保为保持舰船处于正常工作状态和满足舰员正常生活所需负载的供电，而不需求助于应急电站（电源）舰船；应急电站（电源）、应急配电系统及事故配电系统应确保当舰船处于各种紧急状态（包括战斗和应急工况）下，向保证舰船作战与安全所需重要负载的供电。

船舶保障系统的功能是向全舰提供通用性资、控制环境污染、对舰船可能遭受的各类袭击等危险或隐患进行实时监测、预警和报警，并及时采取有效措施进行控制，消除危险或将危害减小到最低程度；为舰员提供物质需求和精神生活需求等。

作战系统的功能是以指控系统为管理中心，利用舰上配置的软硬武器、舰载直升机、探测设备、通信、导航等设备来执行警戒、跟踪、目标识别、数据处理、威胁估计及控制武器完成对敌作战，摧毁敌方目标。

5.2 船体结构

5.2.1 功能分类与定义

船体结构在保证自身的强度和刚度并装载各类武器、设备和人员的同时，还要满足总体设计的要求，其功能应包括：

（1）保证自身强度和刚度，实现基本装载功能。

（2）实现总体设计的构形。

（3）具有一定的抵抗武器攻击的能力。

在以上三个功能中，实现基本装载功能、实现总体设计的构形为基本功能，具有一定的抵抗武器攻击的能力为辅助功能。驱逐舰的主要功能就是装载武器、设备，具备海上航行作战的能力。而船体结构作为海上移动的平台，其最基本的功能就是要保证其能承受各种外部的海洋环境载荷、内部的所装载武器、设备的安装和使用载荷、其他重量载荷等，实现其装载平台功能。驱逐舰要能够在海上机动作战，快速性是其重要的性能之一，而船体型线对舰船快速性有非常重要的影响，最终总体设计的型线要依靠主船体结构设计来实现，因此船体结构的构形功能也是其基本功能。驱逐舰吨位多在几千吨至上万吨之间，为了实现其作战使命任务，一般尽可能多地配备各种武器、天线等装备，提高其主动攻击及主动防御能力，受尺度限制，能够给予结构防护的空间和重量都非常有限，不可能像航空母舰那样在比较大的区域内实行多舱防护，因此靠船体结构本身来被动抵抗武器攻击不会是其主要功能，只能是次要功能。

功能（1）和功能（3）也是船体结构的使用功能，表征其使用价值，是满足各种设备、人员使用要求、提高自身抗打击能力的功能。功能（2）既是使用功能也是表现功能，一方面它的构形满足了总体快速性、雷达波隐身性等使用性能，同时它与舰船的外形美观、威武雄壮等视觉效果直接相关。

功能（1）如果从"保证自身强度和刚度"功能来说，它是船体结构的手段功能，从"实现基本装载平台"功能来说它是目的功能。功能（2）和功能（3）都是船体结构的目的功能，是船体结构设计需要达到的目地。

上述三个功能都是船体结构的必要功能，任何一个功能达不到设计指标要求都会影响舰船的使用性能。

实现基本装载功能主要就是指舰船装载武器、设备、人员等各类装载物，船体结构为各类装载物提供满足强度和刚度要求的平台，并实现舱室分隔。

实现总体设计的构形主要是指：总体设计在舰船排水量、主尺度、船型系数和船型特点确定以后，为了实现其快速性、总布置等性能要求并兼顾造型美观设计了整个船体外形，船体结构设计需要按照总体的构形要求为输入，将构形落实在船体结构上。如图 5-2 为美国"朱姆沃尔特"级驱逐舰的特殊构形，图 5-3 为英国"无畏舰 2050"概念设计方案。

图 5-2 ▎美国"朱姆沃尔特"级驱逐舰的特殊构形[5]

具有一定的抵抗武器攻击的能力主要是指船体结构具有一定的抵抗鱼雷、水雷、导弹等常规装药水中兵器、空中武器爆炸所产生各种载荷的能力，具有一定的抗空中核爆冲击波超压的能力。

图 5-3 ┃ 英国"无畏舰 2050"概念设计方案[6]

5.2.2 功能分解

根据前述功能分类中阐述的船体结构的三个功能，进行功能逐级分解细化，船体结构的总功能的二级子功能就是实现基本装载功能、实现总体设计的构形、能抵抗部分武器攻击等三项，其结构框图如图 5-4 所示。

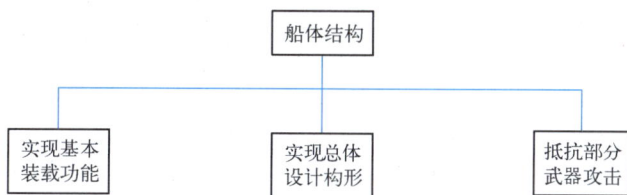

图 5-4 ┃ 船体结构一级功能分解图

1. 基本装载功能

船体结构要实现基本装载功能，首先要能保证密性，除了船体外板、上甲板的密性，还有下层甲板、舱壁、上层建筑外围壁、上层建筑甲板、球鼻艏、轴包套等的气密、水密等；其次，船体结构自身要有足够的强度和刚度，在规定气候条件下承受各类载荷作用，能保证船体结构安全；再次，作为武器设备的安装平台，要能提供有足够强度的安装基座，满足一定的振动特性要求；最后，船体结构需根据总布置要求设计舱室分隔。因此，实现基本装载功能这一子功能又可以分解为保证结构的密性，承受波浪外载荷，承受舷外水压力、破损压头、飞溅水压头等局部载荷，作为武器和设备支撑，提供容纳各类装载物的分隔舱室等五个子功能，其结构框图如图 5-5 所示。

保证船体结构的密性这一功能意味着，结构设计时需要根据水密区划要求来设计船体结构，必须保证水密和气密的船体外板、甲板、舱壁等结构上不能有多余的开孔，板与板之间的连接焊缝、节点设计要合理，避免腐蚀影响水密性。主船体、上层建筑，还有一部分附体，如球鼻艏等，都有需要保证密性的功能。

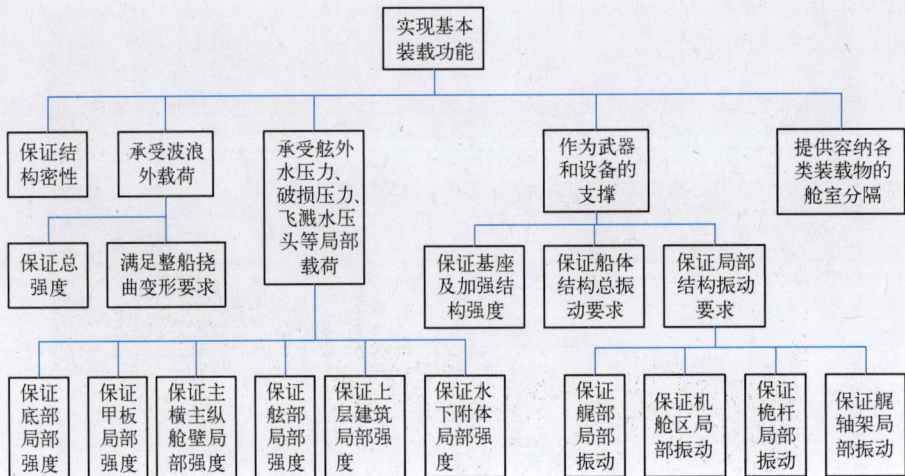

图 5-5 ▌实现基本装载功能分解图

波浪外载荷包括船舶在静水中的载荷、船舶在波浪中的附加载荷以及船舶与波浪相对运动引起的冲击载荷，指引起整个船体总纵弯曲变形的载荷，包括静水弯矩、波浪附加弯矩、砰击振动弯矩、波浪附加剪力等。静水弯矩、波浪附加弯矩、波浪附加剪力由重力和浮力沿船长分布的不平衡产生（图 5-6、图 5-7）。砰击振动弯矩则是由于艏部砰击产生，当船舶在波浪中纵摇时，船首底部从水中露出，当船底再次入水时，由于船与波浪之间存在相对加速度，船首底部会受到极大的水动力冲击，这种现象就是艏部砰击，它会引起船体梁的弯曲振动。承受波浪外载荷意味着船体结构需要保证船体梁的总纵强度，不产生较大的船体挠曲变形，不发生整体性破坏。这一功能主要由主船体结构来保证，对于有强力上层建筑的舰船，强力上层建筑也参与保证总强度。

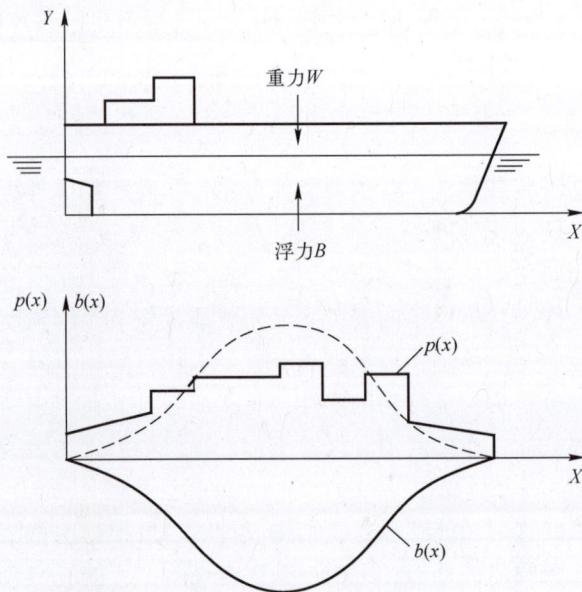

图 5-6 ▌引起船体梁弯曲的重力和浮力

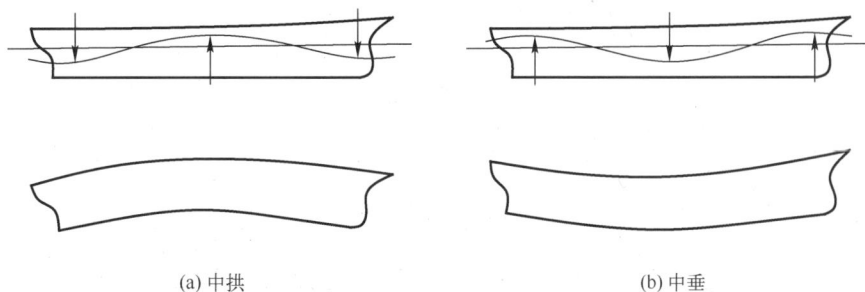

(a) 中拱   (b) 中垂

图 5-7 ▎船体梁的弯曲状态

　　舷外水压力、破损压力、飞溅水压头、冰载荷等载荷也是由波浪产生的，但是这些载荷不会作用于整个船体，它只作用于局部结构，会造成局部结构的变形或破坏，虽然不会像总纵变形和破坏那样造成舰船灾难性后果，但它有时也会导致严重的海损事故。底部和舷部结构需承受舷外水压力，水线附近的外板需承受冰载荷，主横、主纵舱壁、保证不沉性的甲板需承受破损压力的作用，露天甲板和上层建筑外围壁需承受飞溅水压头的作用。

　　驱逐舰上安装的武器设备众多，设备基座及其加强结构作为设备的支撑和固定结构须有足够的强度，有些还有刚度和频率要求。对船体结构及基座设计要求较高的主要设备有主机、推力轴承、舰炮、导弹发射装置、雷达天线等，图 5-8 为俄罗斯"光荣"级巡洋舰的大型武器基座。有些大型基座及其加强结构需要与船体结构设计一起考虑。例如，对于主机这种重量较重、有不平衡力作用的大型运动机械设备的基座设计时，就要结合底部纵桁、肋板的布置设计一起统筹考虑；而舰炮后座力较大，且炮座内部会有一套输弹和转弹装置，通常在船体内部需设置转运间、甲板上有较大的开口，炮座需结合甲板、周围舱壁结构等一起设计。驱逐舰上一般配置的各种天线五花八门，随着隐身性越来越受到重视，过去上层建筑上天线林立的状况正在逐渐减少，天线阵面化、与结构共形设计成为上层建筑、桅杆设计的趋势。上层建筑、桅杆的围壁也兼具了天线基座的功能。图 5-9 为美国"朱姆沃尔特"级驱逐舰的一体化复合材料上层建筑，图 5-10 为美国"斯普鲁恩斯"级驱逐舰的封闭桅杆。设备要正常工作，让舰上人员感觉舒适，需要结构平台振动环境满足要求，即船体梁结构的固有频率要避开主机、螺旋桨、桨轴工作时的激励频率，一些局部结构的频率也要避开激励频率。

图 5-8 ▎俄罗斯"光荣"级巡洋舰的大型武器基座[7]

图 5-9 ▎"朱姆沃尔特"级驱逐舰的一体化复合材料上层建筑[8]

图 5-10 ▎"斯普鲁恩斯"级驱逐舰上的封闭桅杆[9]

提供容纳各类装载物的舱室分隔这一功能主要是由次舱壁和轻围壁结构来实现的。其中，液舱围壁需能承受高达舱顶的压头或空气管压头载荷。

2. 实现总体构型功能

实现总体设计构形这一子功能又可以分解为实现总体设计的主船体构型、上层建筑构形、附体构形三个子功能，其结构框图如图 5-11 所示。总体设计为了实现其快速性、总布置等性能要求设计了整个主船体型线，船体结构需要以船体型线为输入设计主船体结构，实现主船体分层和外部构形；总体设计根据总布置需要、雷达波隐身要求、舰艇美观需要等设计了上层建筑的分层及外部构形，船体结构需要以上层建筑的构形要求为输入进行结构设计，实现上层建筑的构形。总体设计从整船快速性、稳性、操纵性、支撑舵轴和螺旋桨、悬吊舵板等需要考虑设计了球鼻艏、舭龙骨、轴包板、艉轴架、挂舵臂等附体的线型，船体结构需要根据附体线型及其强度、功能需要设计出各种附体的结构。图 5-12 和图 5-13 分别为英国 45 型驱逐舰和意法联合"地平线"级驱逐舰外形。图 5-14 为美国"朱姆沃尔特"级驱逐舰的球鼻艏构形。

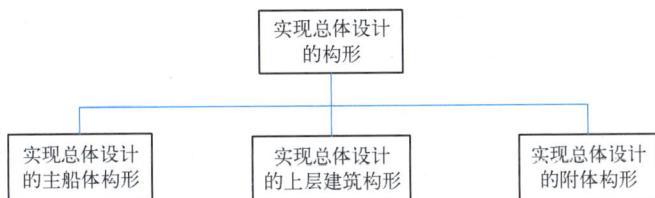

图 5-11 ▎实现总体设计构形功能分解图

图 5-12 ▎英国 45 型驱逐舰外形[10]

图 5-13 ▎意法联合"地平线"级驱逐舰外形[11]

3. 抵抗武器攻击功能

能抵抗部分武器攻击这一子功能又可以分解为承受一定的空中核爆冲击波超压作用、承受一定的常规空中武器攻击、承受一定的水下武器攻击三个子功能，其结构框图如图 5-15 所示。承受一定的空中核爆作用主要指各层上层建筑的前后端壁、侧壁及露天甲板能承受一定的核爆炸冲击波超压，板架的最大相对变形量满足要求。

承受一定的常规空中武器攻击主要指在一定装药量的导弹攻击下船体结构发生毁伤但仍能保证不发生断裂等颠覆性破坏。像美国"朱姆沃尔特"级驱逐舰的设置舷侧垂发弹库（图 5-16）的目的是为了将靠近中线面的区域留给先进舰炮系统和直升机起降使用，但同时由于舷侧设置了连续的弹库纵壁，相当于设置了舷侧防护结构，当舰船舷侧遭受攻击发生爆炸时，可将大部分爆炸能量导向船外，从而减轻了对舰船结构的毁伤，提高了舰船生命力。

另外很多舰船在内部舱壁上设置轻型复合材料防护装甲也是这一功能的体现，它能对一定质量、一定速度的高速破片进行必要的防护，避免重要部位设备和人员受到波及。

图 5-14 ▍美国"朱姆沃尔特"级驱逐舰的球鼻艏构形[12]

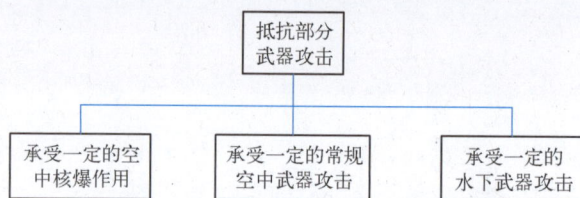

图 5-15 ▍实现总体设计构形功能分解图

(a)

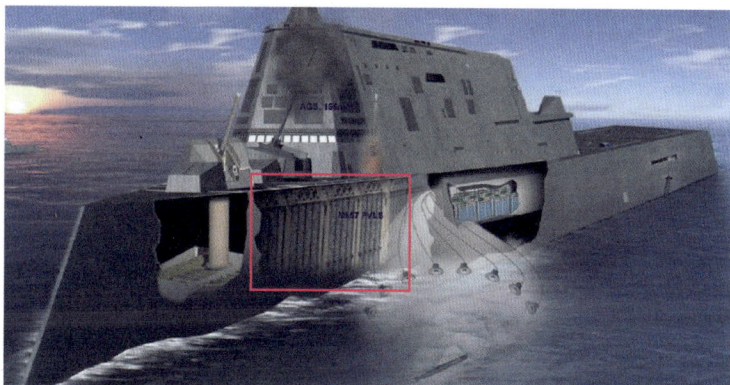

(b)

图 5-16 ▌美国 "朱姆沃尔特" 级驱逐舰的舷侧垂发弹库[13,14]

承受一定的水下武器攻击主要指主船体水下结构能抵抗一定装药量的鱼雷、水雷非接触爆炸，一些大型驱逐舰也能抵抗一定的接触爆炸作用，主要通过在主船体内部设计防护结构来实现。

5.2.3　功能综合设计

经过功能分解可知，驱逐舰船体结构的这些三级子功能很难依靠某一部分结构单独完成，因为船体的横向、纵向、上部和底部结构是一个相互连接、相互支撑的有机整体。虽然每个功能元都有自己相对独立的输入，但功能元的输出却是相互交融的，有的单个功能元的输出相对独立，也有的几个功能元对应同一个输出，还有单个功能元对应多个输出，因此船体结构的功能属于多输入并联式多输出复合式结构。

各个功能元之间的内在联系是通过功能元之间的组合方式来表示的。功能系统就是某些具有特征属性的功能元的集合。

船体结构功能＝{特征属性＝{属性1，属性2，…}|功能元1，功能元2，功能元3，…}

特征属性可以包括一种或多种功能元属性。特征属性的选择方式决定了船体结构功能的构成，如表5-2所列。例如，保证底部局部强度、保证舷部局部强度、保证甲板局部强度、保证主横（纵）舱壁局部强度这几个功能元都属于保证主船体局部强度功能的范畴，保证基座及加强结构强度这个功能元主要也是保证主船体局部强度功能的范畴，提供容纳各类装载物的舱室分隔这个功能元实际上就是要保证轻次围壁的局部强度，它属于保证主船体和上层建筑局部强度功能的范畴。这就是多个功能元组合成一个功能元组，其功能输出都对应主船体结构的设计。

表 5-2　功能综合

序号	功能元组	功 能 元	特 征 属 性	分系统
1	实现基本装载功能	保证底部结构密性	保证主船体密性	主船体
		保证舷部结构密性		
		保证甲板结构密性		
		保证主横（纵）舱壁结构密性		

序号	功能元组	功能元	特征属性	分系统
1	实现基本装载功能	保证上层建筑外壁密性	保证上层建筑密性	上层建筑
		保证上层建筑甲板密性		
		保证上层建筑内壁密性		
		保证球鼻艏密性	保证水下附体密性	水下附体
		保证轴包套密性		
		保证舭龙骨密性		
		保证总强度	保证主船体总强度	主船体
		满足整船挠曲变形要求	保证主船体刚度	主船体
		保证底部局部强度	保证主船体局部强度	主船体
		保证甲板局部强度		
		保证主横（纵）舱壁局部强度		
		保证舷部局部强度		
		保证基座及加强结构强度		主船体
		提供容纳各类装载物的舱室分隔	保证主船体、上层建筑局部强度	上层建筑
		保证上层建筑局部强度	保证上层建筑局部强度	上层建筑
		保证艉轴架局部强度	保证水下附体局部强度	水下附体
		保证球鼻艏局部强度		
		保证舭龙骨局部强度		
		保证挂舵臂局部强度		
		保证船体结构满足总振动要求	保证主船体总振动	主船体
		艉部局部振动	保证主船体局部振动	主船体
		机舱区局部振动		
		桅杆局部振动	保证上层建筑局部振动	上层建筑
		艉轴架局部振动	保证水下附体局部振动	水下附体
2	实现总体设计的构形	实现总体设计的主船体构型	保持主船体外形	主船体
		实现总体设计的上层建筑构形	保持上层建筑外形	上层建筑
		实现总体设计的附体构形	保持水下附体外形	水下附体
3	能抵抗部分武器攻击	承受一定的空中核爆作用	保证上层建筑强度和刚度	上层建筑
		承受一定的常规空中武器攻击	保证主船体结构破损强度和刚度	主船体
			保证上层建筑结构破损强度和刚度	上层建筑
		承受一定的水下武器攻击	保证主船体结构破损强度和刚度	主船体

1. 船体结构的系统组成

将船体结构作为系统可以分为以下几部分组成，见图5-17。

（1）主船体结构。主船体结构主要包括甲板及平台结构、舷侧结构、底部结构、主横舱壁、轻次围壁、基座等。

（2）上层建筑结构。上层建筑结构主要包括上层建筑甲板、上层建筑外壁、上层建筑内壁、舷墙、桅杆等。

（3）水下附体结构。水下附体结构主要包括球鼻艏、艉轴架、轴包板、舭龙骨、挂舵臂等。

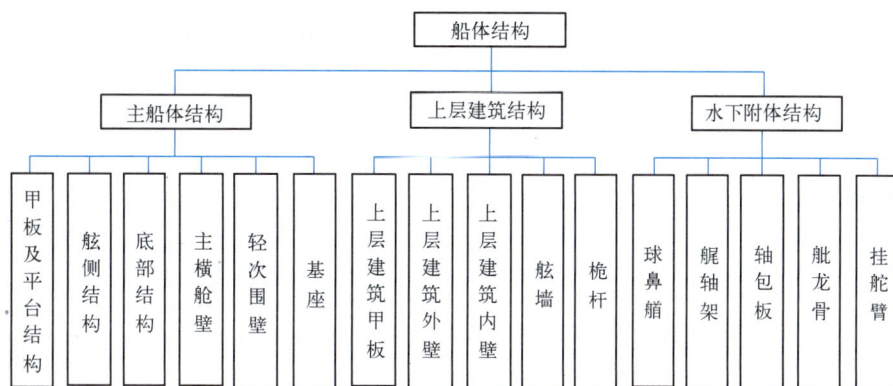

图 5-17 船体结构的组成

船体结构
├── 主船体结构
│   ├── 甲板及平台结构
│   ├── 舷侧结构
│   ├── 底部结构
│   ├── 主横舱壁
│   ├── 轻次围壁
│   └── 基座
├── 上层建筑结构
│   ├── 上层建筑甲板
│   ├── 上层建筑外壁
│   ├── 上层建筑内壁
│   ├── 舷墙
│   └── 桅杆
└── 水下附体结构
    ├── 球鼻艏
    ├── 艉轴架
    ├── 轴包板
    ├── 舭龙骨
    └── 挂舵臂

2. 主船体结构

主船体结构功能为保证船体的水密性；参与船体的总纵弯曲，保证船体的总纵强度及甲板稳定性；承受静水压力、设备重量以及运转负荷、液体载荷、冲击载荷等负荷，保证局部强度。驱逐舰为了承受总纵弯曲，一般为纵骨架结构形式，主要由纵向骨架、横向骨架相互支撑、连接而成。

舰体纵向骨架由龙骨、纵桁和纵骨组成，参加总纵弯曲，保证总强度。

甲板纵桁主要参与保证甲板板架稳定性，并作为普通横梁的刚性支座。底部的龙骨和底纵桁是承受建造、下水、坐坞、碰撞和搁浅等多种状态下对船体的作用力的主要构件。

纵骨作为板的刚性支座，承受并传递板传来的载荷，并保证板的稳定性。

舰体横向框架由横梁（强横梁）、肋骨（强肋骨）和肋板组成，保证船体总横强度，保证舰体横向剖面形状不变形。

强力甲板一般可以看作整个船体梁的上翼板，参与总纵弯曲和扭转，保证总强度；各下层甲板也参与总纵弯曲，应保证其稳定性。在中垂状态下，强力甲板主要承受纵向弯曲压力作用，保证其稳定性；承受局部载荷，保证局部强度。除强力甲板外的各下层甲板主要承受局部载荷，保证局部强度；各层甲板作为舷侧肋骨的刚性支座承受其传来的舷外水压力、冰区载荷等的作用。

舷部结构可以看作整个船体梁的腹板，参与总纵弯曲和扭转，承受剪力，保证总强度，并承受局部载荷的作用，保证局部强度。也作为甲板和船体底部的支座，承受垂向力的作用。

底部结构可以看作整个船体梁的下翼板参加总纵弯曲和扭转，保证总强度。在中拱状态下承受纵向弯曲压力作用，保证其稳定性。它承受舷外静水压力、水动压力的作用、舰船坐墩时的支反力、在舰船受武器攻击时的巨大冲击力作用，保证其局部强度和刚度。

主横舱壁保证船体总横强度。它作为船体空心薄壁梁的刚性横隔板，维持船体横剖面形状不变。在舱段破损进水时横舱壁在破损压力作用下，保证局部强度。它在各种武器设备产生的集中力作用下，保证局部刚度。主横舱壁也是甲板、底部、舷部和纵舱壁的刚性支座，承受和传递其作用力。

轻次围壁主要用于分隔舱室。也支撑安装其上的小型仪器、设备的基座。它应保证自身的刚性。

基座主要支撑设备，承受设备重力、摇摆惯性力、不平衡力和发射后座力等各类作用，保证足够的强度和刚度，并将所受的载荷传递到船体的刚性构件上。有些基座还要满足一定的固有频率的要求。

3. 上层建筑结构

强力上层建筑参与总纵弯曲、扭转，保证总强度。在中垂状态下，该处甲板主要承受纵向弯曲压力作用，保证其稳定性；承受局部载荷，保证局部强度。

除强力上层建筑以外的其他各层上层建筑一般设计为不参与总纵弯曲的轻型结构。它承受波浪飞溅水压力，保证其局部强度，保证上层建筑结构的外形不变；承受设备重力及其惯性力、空中核爆冲击的作用，保证强度和刚度达到各种电子设备及天线的安装和使用要求。

4. 水下附体结构

球鼻艏结构承受艏部波浪砰击作用，保证局部强度和刚度，保证形状不变，对于装有通信声纳的球鼻艏，还具有一定的透声功能。

艉轴架支撑螺旋桨及轴，保证局部强度和刚度，并需满足一定的频率储备要求，艉轴架支臂与周围船体外板及纵横向构件焊接。

轴包套保护桨轴并改善艉部流场，承受外部水压力，保证局部强度。

舭龙骨增加船体横摇阻尼、减少横摇角，承受船体横摇时作用其上的载荷，保证局部强度和刚度。

挂舵臂作为舵的支撑结构，保证自身局部强度，承受传递来的舵板推力，其上端托掌结构与其周围船体外板及纵横向构件焊接，以保证与船体的牢固连接。

5.3 > 船舶装置

5.3.1 功能分类与定义

船舶装置系统的功能是为舰船实现驱逐舰航行操纵、锚泊、系泊、拖曳、物资补给接收和储运、人员登换乘、救生救助；确保舰员日常出入方便及通行安全，满足站位通达与视野观察需要；有效防止驱逐舰腐蚀和污损、延长维修间隔时间等，通过隔热、保温、抑制噪声和内部装饰等措施为舰员提供良好的居住及工作环境条件、保障舰员的日常物质和精神生活等。

为实现船舶装置系统的功能，依据系统功能的特点可将其分解为四个分功能。

1. 舰船操控功能

舰船操控功能主要用于为驱逐舰航行和作战机动提供最基础的操纵控制平台，保障本舰在海上停泊或者航行状态下接收补给船的各类物资补给和人员传送，并将补给物品输运到各自的存储地点。

2. 舰船驻泊功能

舰船驻泊功能主要用于实现本舰的安全驻泊，为驱逐舰进行系缆作业及舷部维护修理，为舰上人员提供良好的居住及工作环境条件。

3. 舰船防护功能

在舰船遇险时为舰上人员提供海上浮具，对意外落水人员进行救助，确保舰员日常出入方便及通行安全，满足站位通达与视野观察需要，防止船体及设备的腐蚀。

4. 舰船服务功能

舰船服务功能主要是保障舰员的日常物质和精神生活需求。

图 5-18 所示的黑箱代表一个驱逐舰锚泊系统，其总功能是在不同风、浪、流的海洋环境中实现驱逐舰的安全停泊。驱逐舰锚泊系统中，可以采用不同的功能原理方案，例如可以采用常规的抛锚停泊，也可以通过动力控制系统。在常规的抛锚停泊中，可以抛艏锚，也可以抛艉锚。收藏锚的装置可以采用锚唇、明式锚穴或暗式锚穴。黑箱法就是通过分析研究，确定为实现功能目标的技术原理。

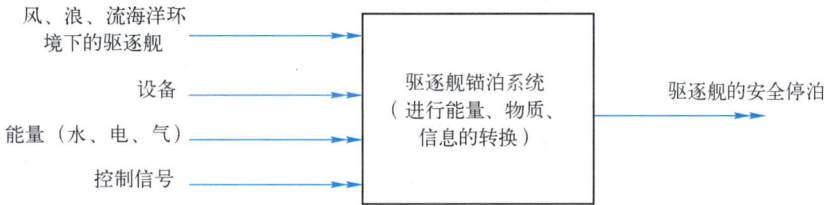

图 5-18 ▌驱逐舰锚泊系统的黑箱描述

通过"黑箱法"确定驱逐舰船舶装置的总功能为：主要实现驱逐舰航行操纵、锚泊、系泊、拖曳、物资补给接收和储运、人员登换乘、救生救助等重要功能；确保舰员日常出入方便及通行安全，满足站位通达与视野观察需要；有效防止驱逐舰腐蚀和污损、延长维修间隔时间等，通过隔热、保温、抑制噪声和内部装饰等措施为舰员提供良好的居住及工作环境条件、保障舰员的日常物质和精神生活等。船舶装置系统各分功能见表 5-3。

表 5-3 驱逐舰船舶装置系统功能表

总功能	分功能	功能元	功能元描述
船舶装置系统功能	舰船操控功能	海图作业	为舰艇导航制订航海计划，并根据航海计划实时进行航行监视等
		运动控制	按照驾驶的要求来保持或改变舰船的航行方向
		物资补给接收	保障舰船在规定海况的航行状态下，能实现消耗燃料、食品、弹药的补充及人员传送。进而提高舰艇的活动半径、续航力和战斗力，有效地保障舰船执行任务时的在航率和远航能力
		补给物资转运	
	舰船驻泊功能	锚泊	在规定水深的港口或停泊地将舰船与海床可靠连接
		拖曳系泊	保障船舶在停泊地不被风、浪、流移位，无论是停靠码头、锚地系水鼓还是进坞，均需通过拖曳系泊保障舰船正浮安全
		居住保障	通过合理规划住舱布置位置和数量，合理配备舱内生活设施，保证舰员舒适和便利的居住环境
	舰船防护功能	人员通达	通过设置舰船设备分类中的舱面属具，包括关闭设备、梯、栏杆/扶手等装置，保障舰船所处界面总体性能的要求和舰员出入方便和安全等要求
		装饰、阻燃、隔热、防结露	通过设置地板覆盖和绝缘材料实现舰船内部装潢美观、阻燃、隔热保温、防结露等，确保驱逐舰有较好的工作和生活环境
		防腐防污	通过敷设油漆涂料，实现舰船的防腐蚀与防污损，延长舰艇维修间隔时间及防止海生物附着，减少舰艇的阻力等作用
		小艇收放	运送人员及货物，为母船进行系缆作业及舷部维护修理，必要时可用于进行救助和抢滩登陆等
		救生	在舰艇遇险时，使船上人员安全迅速撤离舰艇并在水上维持生命
	舰船服务功能	膳食服务	通过合理规划舰艇的膳务舱室及其设施的配置，保证食品运输的快速性、膳食制作的多样性以及就餐的便利性
		服务保障	通过合理规划相关保障舱室及其设施的配置，有效保障舰员生活、休闲娱乐、医疗的需求得到有效满足

5.3.2　功能分解

一个产品或系统通常具有多项功能，按不同方式可将功能分为不同类别：按功能性质可分为基本功能、辅助功能；按功能用途可分为手段功能、目的功能或使用功能、表现功能；按功能重要程度可分为必要功能和附加功能。功能的不同分类方法实际上是从不同角度解析功能，从而更好地对功能进行定义和设计。由于基本功能是产品主要的、不可缺少的要素，也是设计产品的基础，因此按照基本功能和辅助功能将船舶装置系统各子系统的功能进行分类，见图5-19。

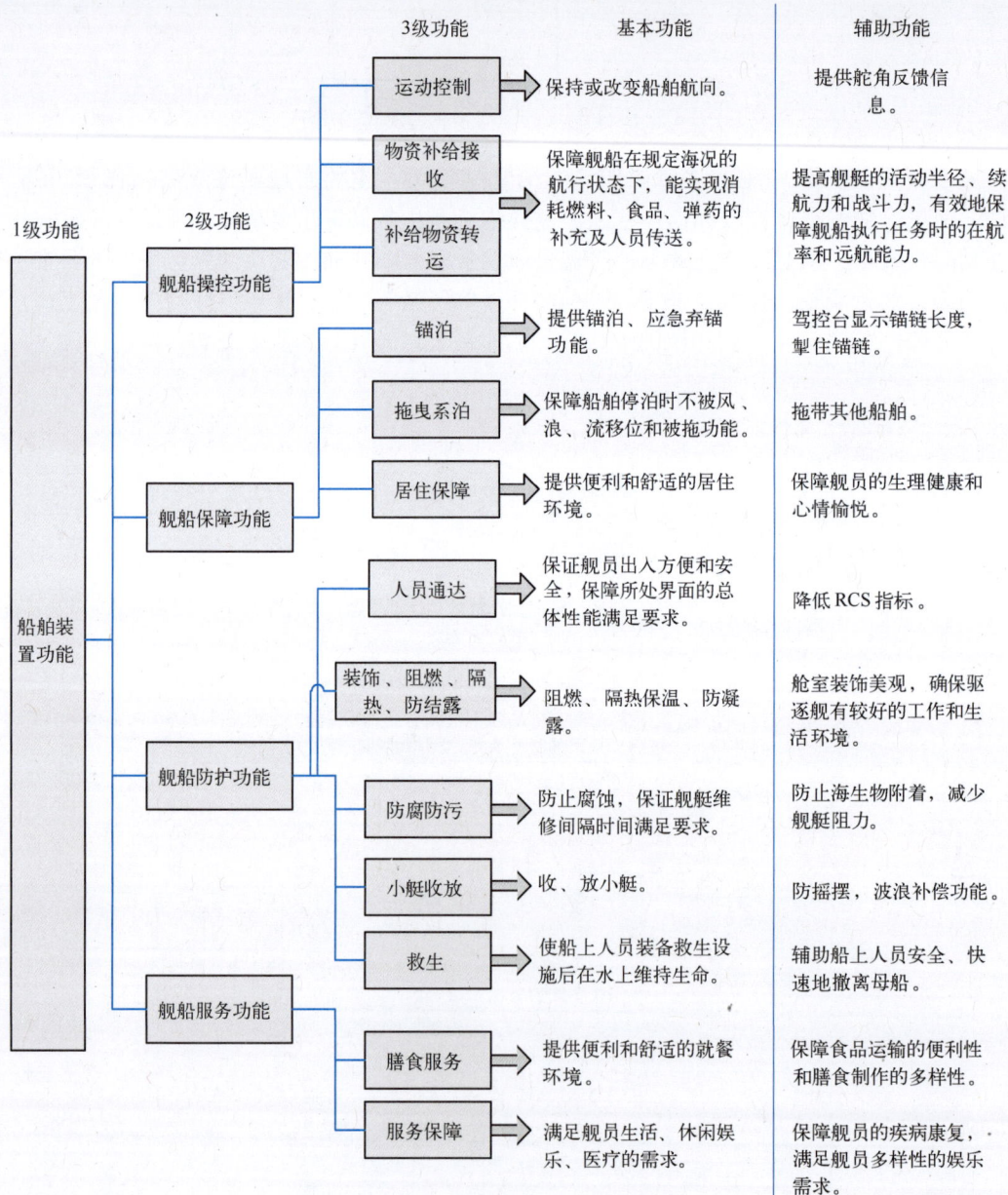

图 5-19 ▌船舶装置系统子系统的功能分类

通常在进行功能分解时一般采用功能分解法，即将总功能分解为多个功能元，再分别对这些较简单的功能源求解，最后综合形成一个对总功能求解的功能方案。采用此种方法不仅简化了实现系统总功能的功能原理方案的构思方法，同时有利于设计师开拓思路，发挥创造性思维，摆脱同类设计的束缚，从而更容易得到优化的功能原理方案。确定系统的总功能和约束之后，就可以进行总功能的分解。

功能结构反映的是各功能元之间的结构关系，这种结构关系是一种目的与手段的关系。在功能结构中，清晰的体现出功能系统的分解框架和逻辑关系，形象地表达一个技术系统或产品的设计思路，是拟定系统或产品概念设计方案的基础。用"功能结构"和"功能元"可以比较形象地描述实现系统总功能的整体架构，使设计初期的抽象理念和思维具体化和确定化，为后续设计工作的具体实现提供了可把握和执行的基础。

从船舶装置系统概念设计的顶层要求出发，本文对于功能仅分解到设备的主要功能层级，对于设备内部的功能不再进一步分解。船舶装置系统功能分解步骤见图 5-20。

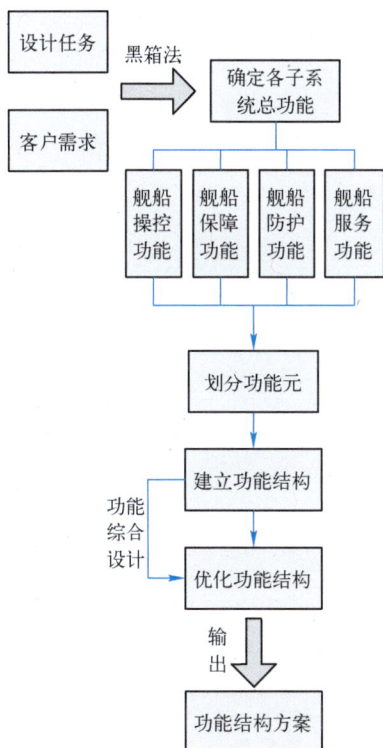

图 5-20 ▌船舶装置系统功能分解步骤图

1. 舰船操控功能

舰船操控功能主要用于为驱逐舰航行和作战机动提供操纵平台，保障本舰各类物资的补给接收及转运。因此，舰船操控功能主要由运动控制功能、海上补给接收功能、补给物资转运功能组成。舰船操控功能组成见表 5-4。

表 5-4 舰船操控功能组成表

总　功　能	分　功　能	功　能　元	功能元描述
舰船操控功能	海图作业	海图计划制定	辅助航海人员制定航行计划
		航行状态监视	监视航行计划执行情况并提供危险报警信息
	舰船运动控制	自动操舵	通过配置舵、液压舵机、自动操舵仪实现保持和改变舰船航向/航迹的自动控制功能
		手动操舵	通过手动转动自动操舵仪舵轮使舵装置按舵轮给定舵角指令转舵并跟随到给定舵角的操舵功能
		应急操舵	应急操舵一般是在操舵装置电气控制线路出现故障时或应急状态才使用，直接在机旁操纵，其权限最高。在舵机舱设应急液压手操部位，人力应急操舵是通过人力应急泵和人力应急操舵控制器来实现
		信息获取支持	接收获取舰船航行计划、舰船运动状态、海上运动目标、海区地理/水文/气象环境、操舵/减摇鳍装置、舰船电力/动力/损管状态及主要舱室和舰面场景等信息；对信息进行采集、归类、筛选处理、管理等，以集中显示航行指挥信息
		状态监测与报警	以形象直观的方式显示舰船航行态势、舰船平台主要系统工作状态、主要舱室和舰面场景视频；能够对触礁搁浅、相撞危险程度进行判断报警；对影响航行安全的故障（操舵/操机失灵、失电等）和事件（火灾、进水等）进行显示报警，以组织航行指挥和处置突发情况
		航行辅助保障	通过航行辅助设备、雾笛控制器、视窗刮水/加热装置及控制设备等实现航行辅助保障功能
		舰船横摇角控制	通过控制减摇鳍减小舰船航行的横摇角
	海上补给接收	横向干货补给	通过横向干货补给接收装置实现干货的补给
		横向液货补给	通过横向液货补给接收装置实现液货的补给
		纵向液货补给	通过纵向液货补给接收装置实现液货的补给
		垂直补给接收	通过直升机实现货物的垂直补给
		靠帮补给接收	通过靠帮补给接收装置实现物资的补给
	补给物资转运	物资垂直转运	通过升降机、货物电梯实现物资的垂直转运
		物资水平转运	通过水平输送装置实现物资的水平运输
		转运管理	通过数据采集识别处理设备、终端设备、管理软件实现物资的科学调度

1）海图作业功能分解

海图作业功能由海图计划制定功能和航行状态监视功能组成。

（1）海图计划制定功能分解。海图计划制定功能辅助舰员制定航行计划，辅助生成运动方案。主要由舰员在航海工作台上操作实现。

（2）航海状态监视功能分解。航海状态监视功能主要是监视制定的航海计划的执行情况，形成航行统一态势，并提供危险报警信息。主要是航海工作台自动提供避碰报警、走锚报警、碍航报警、偏航报警的报警信息。

2）运动控制功能分解

运动控制功能由舰船航向控制功能和舰船横摇角控制功能组成。

（1）舰船航向控制功能分解。舰船航向控制功能是按照驾驶的要求来保持或改变驱逐舰的航行方向（图 5-21）。舰船航向控制功能通常由舵、舵机和自动操舵仪等实现。舵机的功能为转舵，自动操舵仪的功能为按照驾驶员的要求解算操舵角并将操舵指令发送至舵机，两者之间的功能为串联。

（2）舰船横摇角控制功能分解。舰船横摇角控制功能是通过减摇装置控制舰船航行时的横摇角以改善舰船的适航性、舰员的工作和生活环境，提高武器装备的使用海况，增强舰船的作战能力和探测设备的工作效率，提高舰载机正常使用海况，提高海上补给的能力的重要功能，如图 5-22 所示。减摇装置是以减小舰船横摇角为目的特种装置。在传统船舶设计中应用最广泛的减摇装置主要有减摇鳍装置、减摇水舱及舭龙骨。

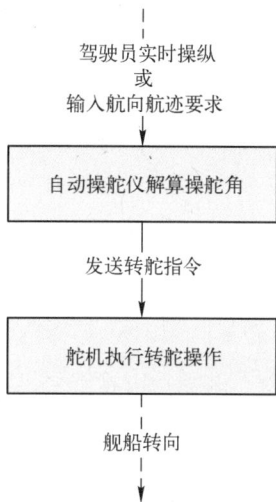

图 5-21 ▌舰船航向控制功能分解　　图 5-22 ▌舰船横摇角控制功能分解

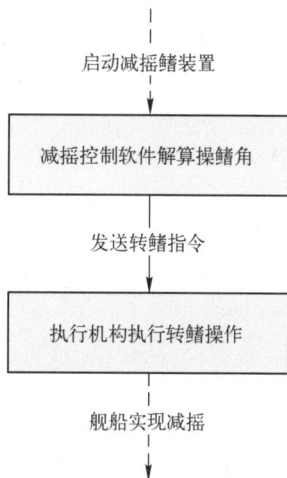

其中：舭龙骨设计简单、安装容易，一般船舶均有配置，但减摇效果有限；减摇鳍装置的升力与航速的平方成正比，在舰船中、高速航行时减摇效果较好，当航速低于 8kn 时，基本无减摇效果，一般应用于对减摇效果要求较高的高速舰船；减摇水舱的减摇效果要低于减摇鳍装置，但使用时无航速限制，一般应用于中、低航速船舶。如果条件允许宜采用减摇鳍和减摇水舱相结合的配置方案，既可满足舰船中、高航速的减摇效果，也可弥补零航速和低航速时减摇鳍减摇效果不佳的缺陷。但通常驱逐舰总体资源有限，一般无法同时配置减摇鳍装置和减摇水舱，因此根据驱逐舰使命任务的特点一般只配置减摇鳍装置。减摇鳍装置是在舰船航行时通过鳍叶上产生的水动力升力形成与外力引起的舰船横倾力矩相反的扶正力矩，从而减小舰船横摇幅值的一种特种装置。

3）海上补给接收功能分解

海上补给接收功能由横向干货补给功能、横向液货补给功能、纵向液货补给功能、垂直补给接收功能、靠帮补给接收功能组成，同时为保障以上功能的顺利实现，需配置夜间补给接收灯光信号装置、补给接收转运通信联络设备等辅助，如图 5-23 所示。

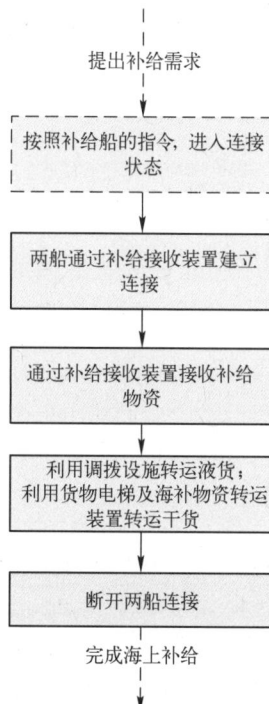

图 5-23 ▌海上补给接收与转运系统功能分解

4）补给物资转运功能分解

驱逐舰为维持其海上生命力和战斗力，需在海上航行中接收各种物资的补给，物资通常存储在相应的仓库中，多个仓库集中分布，形成仓库群。补给物资转运属于复杂的物流过程，转运的起点在主甲板或露天平台的补给接收站，转运的终点为物资存储仓库，物资转运发生在露天部位、平台以及舱内，运送量大，运送路线长，是一个耗费时间长、占用人力多、劳动强度大的复杂过程[15]。

驱逐舰进行海上补给接收时，露天甲板补给站通常堆满了各类物资，补给物资转运系统设计的优劣直接影响着补给作业的效率。因此，对于驱逐舰来说，拥有一个快速高效的物资转运系统十分重要。

驱逐舰物资转运功能通常由垂直转运功能和水平转运功能和物资管理功能组成，垂直转运功能一般由升降机、货物电梯等垂直转运设备实现，用于完成补给物资在舰内不同甲板之间的垂直运输。水平转运功能，主要实现补给物资在海补平台、露天甲板、舱内通道等处的物资水平运输。转运管理功能用以科学调度物资转运作业，一般由数据采集识别处理设备、终端设备、管理软件等设备实现。

2. 舰船驻泊功能

舰船驻泊功能主要保障驱逐舰安全航行、系泊防台，为舰上人员提供良好的居住及工作环境条件。舰船驻泊功能由锚泊功能、拖曳系泊功能、居住保障功能组成。舰船驻泊功能见表5-5。

表 5-5　舰船驻泊功能组成

总 功 能	分 功 能	功 能 元	功能元描述
舰船驻泊功能	锚泊	抛锚	通过抛落锚实现锚固定于海床上，保障船舶的安全锚泊
		起锚	收起并固定好锚以满足船舶航行要求
	拖曳系泊	拖曳	通过拖曳装置实现母舰的拖带（非必须）或被拖
		系泊	通过系泊机械将母舰缆索与码头、其他舰船或浮筒可靠连接
	居住保障	居住需求保障	通过生活舱室家具、设施的布置保障舰员舒适的休息、生活
		工作需求保障	通过工作舱室家具、设施的布置保障舰员正常的工作

1）锚泊功能分解

锚泊功能是在规定水深的港口或停泊地将驱逐舰与海床可靠地连接，其功能分解如图5-24所示。锚泊功能由锚、锚链、掣链器、锚绞盘、弃锚器等多个设备组成，其中，锚为最终的执行设备，锚链为力的传递设备，掣链器、锚绞盘、弃锚器等为控制锚及锚链运动装置的执行设备。其中，掣链器的功能为掣住或掣开锚链，锚绞盘为起抛锚，弃锚器为弃锚，三者之间的关系为串并联混合。

2）拖曳系泊功能分解

拖曳系泊功能是在驱逐舰停泊时能将驱逐舰与码头、其他舰船或浮筒可靠系结（如图5-25）。拖曳装置用于应急情况下与其他舰船进行相互拖曳。拖曳系泊功能通常由拖曳装置和系泊装置实现。拖曳装置一般由拖索、拖桩、导缆孔、连接眼板和速脱属具等组成。系泊装置主要由系泊属具和系泊机械组成，系泊属具主要包括系缆索、系缆索导向和固定设备（包括带缆桩、导缆孔、导缆器等）、系缆卷车、撇缆和收缆设备，系泊机械包括用来收绞缆索的系缆绞盘或绞车。其中，缆索为连接舰船与码头带缆桩的执行部件，导缆孔为导向部件，系缆绞盘为执行收紧缆索的执行机构，各设备之间为串联关系。

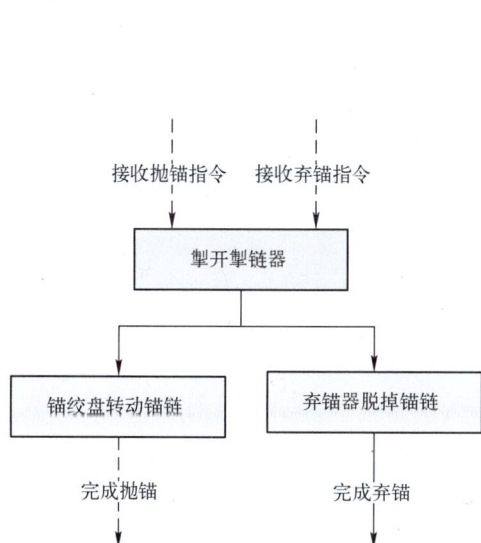

图 5-24 ▌锚泊功能分解

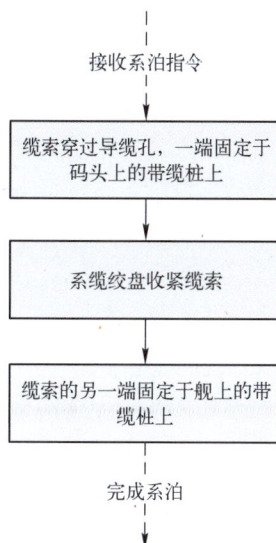

图 5-25 ▌拖曳系泊功能分解

3）居住保障设施

居住舱室是驱逐舰舰员最基本的生活空间，良好的住舱环境是舰员身心健康的基本保证。驱逐舰居住舱室的设计应充分重视居住环境的舒适性和便利性，合理规划住舱布置位置和数量，合理配备舱内生活设施。

3. 舰船防护功能

舰船防护功能主要包括人员通达功能，装饰、阻燃、隔热、防结露功能，防腐蚀防污功能。人员通达功能是船体属具的配置需满足所处界面总体性能的要求和舰员出入方便和安全等要求；装饰、阻燃、隔热、防结露功能是通过舱室分隔和表面覆盖实现，确保驱逐舰有较好的工作和生活环境；防腐蚀与防污损功能通过舰船敷设对应油漆涂料实现，以延长驱逐舰维修间隔时间及防止海生物附着，减少驱逐舰的阻力等作用。同时，保证驱逐舰收放小艇作业以及在紧急情况下能将人员迅速地撤离，实现舰员站位快速到达、方便伤病员转运。舰船防护功能组成见表5-6。

表 5-6 舰船防护功能组成

功　能	分　功　能	功　能　元	功能元描述
舰船防护功能	船体属具	人员水平通达	在舱壁开口上设置满足不同密性要求的、能按需启闭的门、盖
		人员垂直通达	在甲板开口上设置满足不同密性要求的、能按需启闭的盖，并在开口下设置梯
		人员安全保障	为保障舰员的安全，在有跌落风险的位置设置栏杆、扶手
		通风采光	在舱壁开口上设置满足不同密性要求的、能按需启闭的窗
	装饰、阻燃、隔热、防结露	装饰	通过内装材料的设置实现舱室装饰
		阻燃	通过设置绝缘和表面覆盖实现舱室的阻燃
		隔热	通过设置绝缘和表面覆盖实现舱室的隔热
		防结露	通过设置绝缘和表面覆盖实现舱室的防结露

功　能	分　功　能	功　能　元	功能元描述
舰船防护功能	防腐防污	防腐	综合运用选材与结构防腐技术、防腐涂层选型和配套设计实现驱逐舰防腐
		防污	综合运用选材与结构防污技术、防污涂层选型和配套设计实现驱逐舰防污
	小艇收放	布放小艇	通过小艇收放装置将小艇从存放位置安全地转移到水面上
		回收小艇	在适合环境下，通过小艇收放装置将小艇从水面上安全地转移到存放位置
	救生	设施布放	人员穿戴救生设备或将救生设备布放在安全海域
		人员撤离	人员通过救生设备撤离母舰至安全区域

1）船体属具功能分解

船体属具功能是指驱逐舰因装卸物品、人员出入、通风采光、维修保养等要求，在其主船体、上层建筑、分舱舱壁、液舱等部位的开口上需设置具有不同密性要求的、能按需要启闭的关闭设备和通行设备。关闭设备包括门、窗、盖等设备，通行设备包括梯、栏杆/扶手等装置。

2）装饰、阻燃、隔热、防结露功能分解

装饰、阻燃、隔热、防结露功能主要是通过设置舱室分隔和表面覆盖实现。

舱室分隔装饰力求美观，线条明快，结构简单，色调和谐。内装材料根据舱室的功能及环境需求选取。所有装饰材料产品首先应满足相关标准规范的安全性检测要求，还应能有不同的色彩及图案供选择，表面应易清洁、耐磨损等。舱室封面板不得妨碍通道的顺畅，并保证舱室门的启闭以及设备的使用操作和维修保养。独立围壁不参与主船体及上层建筑强度，仅用于局部舱室分隔的舱壁。隔断板主要用于卫生舱室隔断。

表面覆盖包括舱室绝缘与地板覆盖，舱室绝缘需具有满足舱室耐火界面的等级要求，并具有对舱室隔热、保温、防结露及抑制噪声等功能。在同时有防火和绝缘要求的部位，只敷设防火材料。水平界面处绝缘敷盖与甲板敷盖和覆层协调处理，一般可不同时敷。地板覆盖按用途一般分为甲板铺材、甲板敷料、甲板铺材黏结剂和其他甲板防护材料等。

3）防腐防漏功能分解

驱逐舰防腐防漏功能，是指在驱逐舰总体、系统和设备设计过程中采取的一系列措施实现防止腐蚀和腐蚀引起的漏水、漏油、漏气。驱逐舰防腐防污功能是在腐蚀原因和机理分析、腐蚀环境和影响因素分析的基础上，综合运用选材与结构防腐技术、防腐防污涂层选型和配套设计、阴极保护技术、电绝缘和介质隔离技术以及密封防漏技术，攻克关键技术和难点，解决腐蚀和三漏问题，延长防腐期效，从而提高驱逐舰的防腐防污能力。

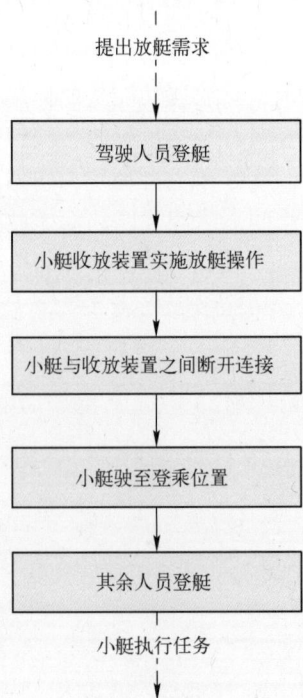

提出放艇需求

驾驶人员登艇

小艇收放装置实施放艇操作

小艇与收放装置之间断开连接

小艇驶至登乘位置

其余人员登艇

小艇执行任务

图 5-26 ┃ 小艇收放功能分解

4）小艇收放功能分解

小艇收放功能由小艇和小艇收放装置实现，如图 5-26 所示。小艇用于运送人员及货物，训练舰员，为母舰进行系缆作业及舷部维护修理等，必要时可用于进行救助等。小艇收放装置用于快速安全地释放和回收小艇。

驱逐舰配备的小艇指舰载工作艇和交通艇。小艇收放装置是将小艇从存放位置安全地转移到水面上的设施，其主要由吊艇架和起艇机组成，小艇作为实施任务的载体，主要用于承载指定人员及货物，小艇收放装置主要用于将小艇在存放位置与海面的转移。两者之间的关系为串联。

5）救生功能分解

救生功能是在应急情况下能将人员转移到安全地带或脱离险境。救生功能主要是由救生设备实现，驱逐舰救生系统的设备包括救生筏、救生衣、救生圈、人员撤离索和救生抛绳器等，如图 5-27 所示。

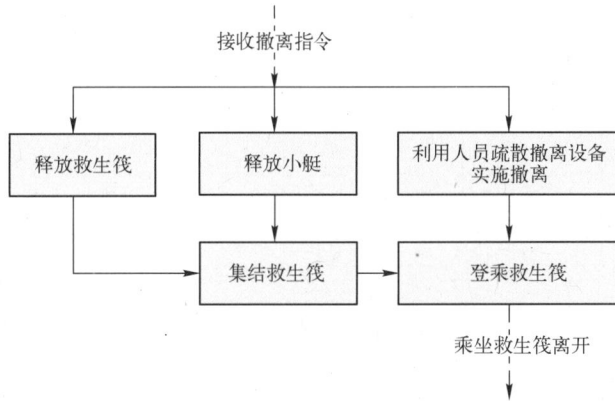

图 5-27 ┃ 救生功能分解

驱逐舰在航行时难免会遇到由于自然条件突然恶劣、意外事故、战损等不可预料因素而导致破损或处于危险状态，合理配置数量充足的救生设备，是保障驱逐舰上人员生命安全的重要环节。

救生装置包括群体救生设备、个人救生设备和人员疏散撤离设备。其中，群体救生设备可以同时对多人提供服务，个人救生设备可对单人提供服务，人员疏散撤离设备用于将人员由舰上转移至海面。各设备之间的功能为串并联混合。

4. 舰船服务功能

舰船服务功能是通过卫生设施、膳务设施、休息室设施、医疗设施、娱乐设施的设置和分布，保障舰员舒适的舰上生活、居住、休闲、娱乐。驱逐舰上的生活舱室虽与航空母舰相比规模数量较少，但种类众多，包括住舱、厨房、餐厅、卫生间、娱乐和休息室、医疗舱室、洗衣房、健身房、超市、理发室、邮局等。在舱室空间资源十分有限的条件下，驱逐舰生活舱室的设置和布置，应在保障主要工作舱室和设备舱室布置的基础上，统筹各类生活舱室布置需求，尽可能改善生活保障流程、舱室环境和生活条件，保证生活设施功能的有效发挥。舰船服务功能包括膳食保障功能、服务保障功能，见表 5-7。

表 5-7　舰船服务功能组成

总 功 能	分 功 能	功 能 元	功能元描述
舰船服务功能	膳食保障	膳食供应保障	通过各类烹饪、物资输送设备的设置保障舰船的膳食制作及供应
		膳食储存保障	通过各类物资仓储库的设置保障舰船自持力期间各类食品的有效储存
		就餐保障	提供合理的就餐设施，保障有序的就餐环境
	服务保障	衣物洗涤保障	通过洗涤设施的布置保障本舰衣物的有效、有序洗涤处理
		医疗保障	通过医疗设施的布置保障舰员日常疾病的诊治以及战时的战伤紧急救护
		卫生保障	通过盥洗、淋浴、厕所设施的布置保障舰员盥洗、淋浴、入厕等卫生需求
		娱乐、休闲保障	通过文体器材的设置向舰员提供文化学习、体育锻炼、生活娱乐服务

1）膳食保障功能分解

膳食保障功能是驱逐舰日常生活重要的保障内容之一，在长达几个月的部署周期内，优质的膳食服务可在很大程度上保证舰员身心健康，提高工作积极性。驱逐舰膳务舱室及其设施的配置主要注重食品运输的快速性、膳食制作的多样性以及就餐的便利性。

2）服务保障设施

服务保障功能通过布置卫生舱室及其设施、洗衣舱室及其设施、医疗舱室及其设施、文体娱乐舱室及其设施等实现，服务保障设施的设计和配置应充分考虑舰员日常生活多样性和方便性的需求，保障舰员的身心健康。

5.3.3　功能综合设计

功能分解是将总功能分解为底层的基础功能单元，并对每个功能单元进行明确的定义。功能综合设计则是把分解后的基础功能单元按照一定的关系组合成一个完整的整体。

根据对船舶装置系统的功能分解，对各个功能元进行综合设计，具体见表 5-8。

表 5-8　船舶装置功能综合

功 能 元	分系统（功能元组）	功能元（群）	特 征 属 性
海图计划制定	海图作业	甲板机械系统	通过各种甲板机械的设置满足舰船停泊、航行、补给、遇险等不同的任务需求
航行状态监视			
自动操舵	舰船运动控制系统		
手动操舵			
应急操舵			
信息获取支持			
状态检测与报警			
航行辅助保障			
横摇控制			
抛锚	机械式转运系统		
起锚			
拖曳			
系泊			

功 能 元	分系统（功能元组）	功能元（群）	特 征 属 性
布放小艇	机械式转运系统		
回收小艇			
设施布放			
人员撤离			
横向干货补给	海上补给和接收系统		
横向液货补给			
纵向液货补给			
垂直补给接收			
靠帮补给接收			
物资垂直转运			
物资水平转运			
转运管理			
人员水平通达	舾装系统	船体属具与舱室设施系统	通过各种船体属具和舱室设施保证舰上舱室设施和环境条件满足舰员在舰上生活、工作、娱乐的需求
人员垂直通达			
人员安全保障			
通风采光			
装饰			
阻燃			
隔热			
防结露			
防腐			
防污			
居住需求保障	生活保障系统		
工作需求保障			
膳食供应保障			
膳食储存保障			
就餐保障			
衣物洗涤保障			
医疗保障			
卫生保障			
娱乐、休闲保障			

功能元属性的多重性决定了装置系统功能构成的多样性。根据所选的特征属性不同，会产生不同的功能元组合，较为典型的一种为：

（1）甲板机械系统：为舰船实现驱逐舰航行操纵、锚泊、系泊、拖曳、物资补给接收和储运、人员登换乘、救生救助。

（2）船体属具与舱室设施系统：确保舰员日常出入方便及通行安全，满足站位通达与视野观察需要；有效防止驱逐舰腐蚀和污损、延长维修间隔时间等，通过隔热、保温、抑制噪声和内部装饰等措施为舰员提供良好的居住及工作环境条件、保障舰员的日常物质和精神生活等。

5.4 推进系统

5.4.1 功能分类与定义

驱逐舰推进系统的主要功能是将燃料的化学能以热能或电能等形式最终转化为机械能、匹配主机与推进器转向、将机械能转换为舰的推力或拉力、实现舰以规定的航速航行。推进系统作为驱逐舰的心脏，其功能可以分为以下五类。

1. 将燃料的化学转化为机械能功能

将燃料和空气混合燃烧的产生的化学能转化为高温的燃气，通过高温燃气做功，将热能转化为机械能，推动转子运转。

2. 匹配主机与推进器转速和转向功能

改变输入端到输出的转速及旋转方向，从而使主机到推进器的转速及旋转方向匹配。

3. 将机械能转换为对舰的推力功能

通过与海水的相互作用力，将输入的扭矩转化为对舰的推力或拉力、将输入的旋转运动转化为舰的前进或后退。

4. 保障推进系统持续运行功能

为推进系统提供满足要求的燃油、滑油、冷却水、压缩空气等工作介质等，保障系统可持续稳定运行。

5. 推进监测、控制和安全保护功能

感知、传输、监测、显示并存储推进系统状态信息，在状态异常时报警；通过推进模式和主机-推进器联合控制实现规定的航速，当系统状态异常时进行安全保护。

上述五类功能既相对独立又相互制约、影响，是推进系统的基本功能和必要功能，任何一类功能达不到要求都会影响推进系统总功能的实现。

5.4.2 功能分解

推进系统的功能复杂，难以直接求得满足总功能的方案，需要根据推进系统的任务剖面和功能需求将其向下逐层分解，得到可以求解的功能元。分解过程一般采用功能分解图（功能树）/功能分解表表示。由此明确推进系统总功能与各分功能、二级分功能和功能元之间的关系。

推进系统设计需求是系统功能设计的输入条件。在明确推进系统设计需求的基础上，推进系统功能一般按图 5-28 所示的流程进行分解。

（1）确定推进系统总能。设计师从舰的使命任务和对推进系统的功能需求出发，确定推进系统设计任务的核心，提炼抽象出推进

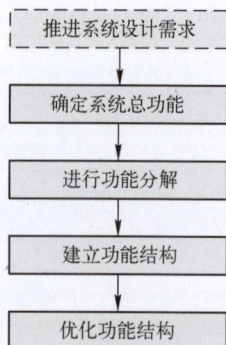

图 5-28 ▎推进系统功能分解一般流程

系统所要实现的总功能，合理表述推进系统的功能目标或原理，确定推进系统的功能边界。

确定推进系统总功能时，往往伴随推进系统类型或技术原理的选择。推进系统类型或技术原理也是进行功能分解的基础。为实现推进系统用途和功能需求而选择合理推进型式或技术原理，决定了系统总体性能的品质、性能和操作方法。在满足推进系统的用途和功能需求的前提下，选择合适的推进型式或技术原理，是得到简单经济的技术方案的前提。例如，设计一套用于6000t级驱逐舰的推进系统，首先要确定其推进型式，是柴燃联合推进、全燃推进还是综合电力推进，不同的推进型式在系统复杂性、费用、燃油经济性、续航力等方面差别较大。

（2）进行功能分解。根据推进系统任务剖面、运行工况、工作过程等对系统总功能及下级功能进行分解，以使其最终可求解。其中任务剖面是向下分解的重要依据。进行分解时，通常先考虑完成主要功能所需的工作过程和动作，再考虑完成辅助功能的工作过程和动作。

推进系统的功能复杂，应从总功能到基本功能再到二级功能逐级向下分解。进行分解时，尽量直接采用已知结构来实现复杂的功能元，功能分解在较高的复杂层面上就可以停止。对于系统中要进一步开发或新开发的结构，则继续进行分功能分解，直到可直接求解的功能元层次为止。

（3）建立功能分解图/表。功能分解图/表是将系统总功能向下逐级分解所形成的不同功能之间的逻辑关系，是功能系统逻辑关系的外在表现形式，包括上下级功能之间的目的-手段关系（在功能分解图中上级功能是下级功能的目的功能，而下级功能是上级功能的手段功能）、不同功能单元之间的能量、运行和信息传递转换关系[16]。功能分解图/表是一个由目的到手段，逐步向下延伸，同时又逐步向外扩展的树状结构。

通过系统的功能分解图/表，可以了解总功能与各下一级功能、不同分功能之间及功能元之间的关系，进而可以将求得的各功能元解有机地结合起来，以得到系统的方案。功能分解图/表在考察功能元之间的关系时，一般应先寻求系统中为实现总功能而必然有的先后次序关系或相互保证关系。这种关系既可涉及各功能元之间的关系，也可涉及一个功能元自身输入和输出量之间的关系。

（4）优化功能结构。满足系统总功能的功能结构不止一种。在建立系统功能分解图时一般主要考虑四个方面的因素：功能实现的可能性、实现功能的复杂程度、是否易于获得原理方案、能否满足特定的功能要求。基于此确定最佳的功能结构方案。

1. 推进系统总功能

采用"黑箱"法来描述推进系统的总功能。即把待设计的推进系统看作内容未知的一个"黑箱"，将需求分析后得到的设计任务书（设计要求书）中规定的输入、输出要求和约束条件作为"黑箱"的输入、输出。"黑箱"的输出与输入间差别和相互关系即反映出推进系统的总功能。

推进系统的输入主要有燃油、滑油、液压油、空气、冷却水、蒸汽、电以及运行指令等，输出为产生使舰前进的推力或后退的拉力，约束条件为航速、续航力、机动性、生命力等。推进系统的总功能"黑箱"表示如图 5-29 所示。

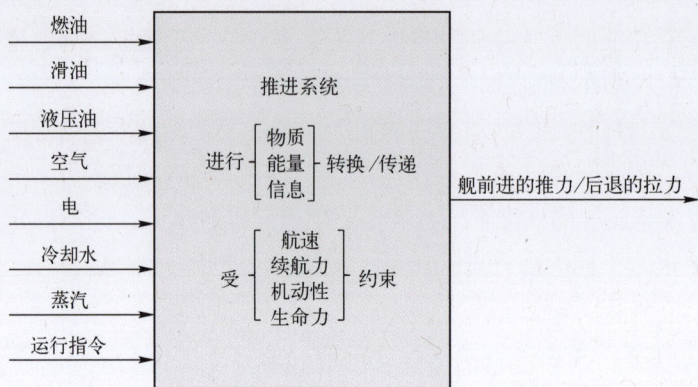

图 5-29 ▌推进系统总功能"黑箱"模型

2. 功率发出功能

功率发出实际上是将燃料的化学能转化为机械能，是产生推进动力的源头。为实现该功能，一般来说需要具备如下的功能：

（1）需要供应提供化学能的介质燃料和空气，通过燃烧进行能量转化，产生高温燃气膨胀做功，并将做功后的烟气排出；

（2）需要在未燃烧做功前驱动转子运转，使其达到点火转速；

（3）为转子运行提供润滑，使功率能持续输出；

（4）要对能量转换的快慢和多少进行监控；

（5）要减少功率输出时向舱室和船体传递的噪声、热量及振动；

（6）要监控主机箱装体内是否发生火情并进行灭火。

将燃料的化学转化为机械能的功能结构如表 5-9 所列。

表 5-9 将燃料的化学转化为机械能功能分解表

总功能	分 功 能	功 能 元	功能元描述
将燃料的化学能转化为机械能	能量转化	起动辅助驱动	在主机起动前，通过外力等驱动主机运转达到点火转速
		燃烧做功	将油气混合物燃烧，并利用燃烧产生的高温燃气做功，驱动转子运转
		输出功率	将燃烧做功功率输出到传动装置
	隔热、降噪和密封	隔热吸声	降低设备辐射噪声和表面温度
		防止水进入	防止水通过箱装体进入到主机
		低温加热	当箱装体内温度过低时进行加热，使箱装体内保持合适的温度
		箱装体照明	为箱装体内部提供照明
	隔振、冲击防护	隔振	衰减从设备传递到船体的振动能量
		限位	限制主机的位置，防止主机运行中发生过大的位移
	主机火情监控	主机火情探测	监测推进主机箱装体内的温度或火焰信号，异常时报警
		主机灭火	当发现箱装体发生火情，释放灭火剂进行灭火

总功能	分功能	功能元	功能元描述
将燃料的化学能转化为机械能	主机监控	油门控制	改变主机的油门开度，从而调节其燃油供给量，以改变主机的功率/转速输出
		主机监测保护	监测主机运行状态，在异常时进行油门限制、降工况或停机保护
	提供主机润滑介质	滑油泵出	从油舱吸入并形成一定压力的滑油
		滑油过滤	除去滑油中的杂质颗粒
		滑油加热	通过热交换提高滑油温度
		滑油回收	将润滑冷却使用后的滑油收集到滑油舱柜，供循环使用
	提供燃料	燃油泵出	从油舱吸入并形成一定压力的燃油
		燃油过滤	除去燃油中的杂质颗粒和水分
		燃油预热	在主机运行前，通过热交换提高燃油温度
		燃油回油冷却	使用热交换降低主机燃油回油温度
		燃油压力调节	根据主机进口燃油压力与设定的值的差值调节主机进口燃油压力
		燃油速关	紧急情况下，快速切断主机提供燃料
	主机进气	进气滤清	除去进气中的水分、盐和粉尘
		进气加热	当进气温度过低时对进气进行加热
		进气噪声抑制	降低主机进气噪声强度
		应急旁通	当进气滤清堵塞严重时，进气不经进气滤清直接供给主机
	主机排气	引射冷空气降温	通过负压将冷却器引入到排气中，降低排气温度
		喷水降温	通过向排气喷淋雾化的水，降低排烟温度
		排气噪声抑制	降低主机排气噪声强度
		烟气排放	将主机的烟气排放到大气中

3. 匹配转速、转向功能

匹配主机与推进器转速和转向功能是实现功率输出与吸收匹配的保证和将机械能进行传递的通道。为实现该功能，一般来说需要具备如下的功能：

（1）需要使全部主机的旋转方向与推进器的旋转方向（一般舰上的多个推进器旋转方向不同）匹配；

（2）主机输出转速较高，而推进器工作转速较低，需要根据两者的速比进行减速；

（3）将减速后的功率传输至船体外的推进器，并保证功率传递轴穿过水密舱壁的密封；

（4）为转向匹配和减速功能的持续实现提供润滑；

（5）实现主机功率的接入和脱开，并在脱开主机时可实现后传动的低速盘车，后传动故障不能工作时进行锁定、不允许其转动；

（6）功率分支驱动，以在后传动正常运转时供应自身所需的滑油、冷却水等；

（7）对转向匹配、减速和功率传递等功能的实现状态进行监测。

匹配主机与推进器转速和转向的功能结构如表5-10所列。

表 5-10 匹配主机与推进器转速和转向功能分解表

总 功 能	分 功 能	功 能 元	功能元描述
匹配主机与推进器转速和转向	减速及转向匹配	转向匹配	改变输入端到输出的旋转方向，从而使各主机与推进器的旋转方向匹配
		功率输入	主机将功率输入到齿轮箱
		减速	将主机的输入转速减小到与推进器匹配的转速
		功率输出	将主机输入的功率经减速增扭后输出
		接入/脱开功率输入	实现齿轮箱与主机的连接或脱开
	盘车锁轴及分支驱动	功率分支驱动	将泵与齿轮箱相应的齿轮轴连接，齿轮箱运转时可驱动泵运转
		盘车	在主机不启动的情况下缓慢地驱动轴系运转
		锁轴	锁定减速装置及相应的轴系，使其无法运转
	后传动监测	承受推力	承受海水施加给推进器反作用力
		测量推力	测量海水施加给推进器反作用力大小
		测量轴系功率	测量轴系推转速及扭矩，由此得到轴系推进功率
		后传动机旁状态监测	监测齿轮箱、轴系运行状态，在异常时进行报警
	传递功率	连接功率输入端	连接齿轮箱功率输出端
		传递功率	将齿轮箱输入功率传递至推进器
		连接推进器	连接推进器功率输入端
	轴系连接、支撑及密封	支撑轴系	承受轴系静载荷和运转时的动载荷
		连接轴系	实现各轴端之间的连接
		轴系穿舱密封	确保舱室进水时不会通过轴孔流入另一舱内
		轴系艉轴密封	确保海水不会通过艉轴孔流入舱内
		消除轴系与船体电位差	消除轴系与船体之间因不同材质产生的电位差，减少轴系轴颈与轴承轴瓦的电火花及电腐蚀
	提供运行润滑介质	滑油泵出	从油舱吸入并形成一定压力的滑油
		滑油过滤	除去滑油中的杂质颗粒
		滑油加热	通过电加热或蒸汽等加热介质对滑油进行加热
		滑油回收	将润滑冷却使用后的滑油收集到滑油舱柜，供循环使用

4. 推力转换功能

将机械能转换为对舰的推力是推进系统能量转换的最终目的。为实现该功能，一般来说需要具备如下的功能：

（1）通过推进器与海水及船体的相互作用力，将输入推进器的旋转运动转换为对舰的推力；

（2）对推力大小及方向进行调节；

（3）对机械能转换为对舰的推力的能量转换的快慢和大小进行监测报警；

（4）为机械能转换为对舰的推力功能的持续实现提供满足要求的工作介质。

将机械能转换为对舰的推力的功能结构如表 5-11 所列。

表5-11 将机械能转换为对舰的推力功能分解表

功　能	基本功能	功　能　元	功能元描述
将机械能转换为对舰的推力	将扭矩转换为推力	将扭矩转换为推力	将输入的扭矩转化为对舰的推力或拉力
	推力大小及方向调节	调节推力大小	改变推进器与海水相互作用力的大小
		调节推力方向	改变推进器与海水相互作用力的方向，从而实现舰的前进或后退
	推进器监测报警	推进器监测报警	监测推进器运行状态，在异常时进行报警
	提供推进器动力源	推进器工作介质泵出	吸入并形成一定压力的推进器工作介质
		推进器工作介质过滤	除去推进器工作介质中的杂质颗粒和水分
		推进器工作介质加热	通过热交换提高推进器工作介质温度
		推进器工作介质回收	将使用后的推进器工作介质收集供循环使用
		推进器工作介质冷却	通过热交换降低推进器工作介质温度

5. 保障推进运行功能

保障推进系统持续运行功能是实现推进系统总功能的重要保障。为实现该功能，一般来说需要具备如下的功能：

（1）将水分和杂质从燃油中分离，实现燃油的净化，为主机提供满足要求的燃油；

（2）实现滑油的注入、输送；

（3）实现推进器工作介质的注入；

（4）向推进系统各用户提供满足要求的压缩空气；

（5）为推进系统燃油、滑油、推进器工作介质和相关机械结合部位提供冷却海水，并将从船舶保障系统接入应急海水作为冷却的备用手段；

（6）为设备清洗、密封等提供淡水。

保障推进系统持续运行的功能结构如表5-12所列。

表5-12 保障推进系统持续运行功能分解表

功　能	基本功能	功　能　元	功能元描述
保障推进系统持续运行	净化燃油	燃油泵出	从油舱吸入并形成一定压力的燃油
		燃油净化分离	将水分和杂质从燃油中分离
	移注滑油	滑油注入	向滑油舱注入滑油
		滑油输送	将滑油从一个舱输送到另一个舱
		滑油过滤	除去滑油中的杂质颗粒和水分
	推进器工作介质注入	推进器工作介质注入	向推进器工作介质存储舱注入推进器工作介质
	供给压缩空气	空气吸入增压	吸入空气并压缩
		压缩空气干燥过滤	除去压缩空气中的杂质颗粒和水分
		压缩空气存储保压	存储压缩空气并保持其压力不变
		压缩空气减压	减小压缩空气压力以匹配用户需求

功　能	基本功能	功　能　元	功能元描述
保障推进系统持续运行	供给冷却及清洗介质	海水过滤	除去海水中的杂质颗粒
		海水泵出	吸入并形成一定压力的海水
		海水冷却	用海水作为介质降低被冷却对象温度
		海水排放	将用于冷却后的海水排至舷外
		接入应急海水	从船舶保障系统接入应急海水作为冷却的备用手段
		接入洗涤淡水	从船舶保障系统接入洗涤淡水作为推进系统设备冷却或清洗的介质
		淡水清洗	用淡水清洗推进系统设备
		淡水冷却	用淡水作为工作介质冷却推进系统设备

6. 推进监控、安保功能

推进监测、控制和安全保护功能是实现规定航速和保障推进系统稳定、安全、可靠运行的主要手段。为实现该功能，一般来说需要具备如下的功能：

（1）采集推进系统的运行相关状态信息、机舱视频、主机箱装体火警等，传输至控制站（室）进行集中监测、显示、报警和存储，并对推进系统辅助设备进行远程遥控操作；

（2）实现推进系统的自动、半自动和机旁手动操作控制，并实现控制方式及控制部位的转换；

（3）当主车钟故障时，具备将车令传至推进系统操作部位的备用手段；

（4）在推进系统运行状态异常时，具有紧急停机、越控、降工况保护、停机保护等安全保护手段；

（5）可在舰上模拟推进系统运行场景实现对舰员的操作训练。

推进监测、控制和安全保护的功能结构如表5-13所列。

表 5-13 推进监测、控制和安全保护功能分解表

总　功　能	分　功　能	功　能　元	功能元描述
推进监测、控制和安全保护	推进监测报警	系统状态监测显示	对系统态信息采集、传输，并在人机界面显示、存储
		系统状态异常报警	在系统状态参数异常时进行声光报警
		机舱视频监控	用视频查看机舱主要设备状态及人员位置
		主机箱装体火警远程监控	远程监测主机箱装体火警，并远程进行灭火控制
		推进辅助设备控制	实现推进辅助设备的远程遥控控制
	推进控制	自动控制	根据推进手柄或车钟指令，按程序控制主机功率或转速、推进器推力大小及方向调节参数
		半自动控制	远程遥控分别调节主机功率或转速、推进器推力大小及方向
		机旁控制	在机舱推进装置机旁手动控制主机功率或转速、推进器推力大小及方向
		应急传令	当主车钟故障时，将车令传至推进系统操作部位的备用手段
		推进模式转换	从一种推进模式转到另一种推进模式，如从两机两桨推进转换到四机两桨推进
		控制部位及控制方式转换	控制方式从机旁手动、半自动、自动中的一种转换到另一种；控制部位从机旁、集控室、驾驶室中的一个转换到另一个

总 功 能	分 功 能	功 能 元	功能元描述
推进监测、控制和安全保护	推进安全保护	紧急停机	在急情况下，在任何工况下现推进系统的快速停机的手段
		越控	撤消推进控制系统的某些安全保护动作，使推进装置在一定时间内强制运行以保证舰的安全
		起动联锁	当设定的起动条件不具备时，使推进系统无法起动，以保证系统安全
		推进系统降工况保护	推进系统运行时，当状态参数出现异常并可能对推进系统产生危害时，系统自动降低运行工况
		推进系统停机保护	推进系统运行时，当状态参数出现重要异常并可能对推进系统产生严重危害时，系统自动自动停机
	在舰训练	在舰训练	通过在舰上模拟推进系统运行场景实现对舰员的操作训练

5.1.3 功能综合设计

将分解后的一系列推进系统功能元按照一定的逻辑关系自下向上进行组合：先由功能元组合生成分系统（功能元组），再由分系统（功能元组）组合生成系统（功能元群）。

根据功能元的功能特点和转换原理，可赋予功能元各种属性，如功能元的输入、输出、应用对象、使用范围等，一方面可区分不同类型的功能元，另一方面便于将相关的功能元进行组合。如燃油过滤功能元，其输入和输出均是燃油，据此可找出与其相关的功能元，如燃油泵出、燃油过滤、燃油预热、燃油净化分离等进行组合。

分系统（功能元组）就是某些具有特征属性的功能元的集合：

分系统(功能元组)=｛特征属性=［属性1，属性2，…］｜功能元1，功能元2，…｝。

系统（功能元群）是某些具有密切关联或相似特征属性的分系统（功能元组）的集合。

推进系统功能综合设计的一般原则如下：

（1）根据逻辑关联度进行组合：先将逻辑关联度密切的功能元进行组合，然后对逻辑关联度较低的功能元进行组合。

（2）选取具有相同属性的功能元进行组合。

（3）对功能相同或相似的功能元进行合并。

（4）使各功能系统相对均衡。

（5）最后将没有组合的相对独立的功能元组成功能系统。

根据以上原则，对推进系统各功能元进行综合：

（1）将表5-9中与表5-10中的提供润滑介质功能（包括滑油泵出、滑油过滤、滑油加热、滑油回收等功能元）进行合并，再与表5-12中的移注滑油功能（包括滑油注入、滑油输送、滑油过滤等功能元）进行合并、组合，形成滑油系统分系统（功能元组）。

（2）将表5-9中的提供燃料功能（包括燃油泵出、燃油过滤、燃油预热、燃油回油冷却、燃油压力调节、燃油速关等功能元）与表5-12中的净化燃油（包括燃油泵出、燃油净化分离等功能元）进行合并、组合，形成日用燃油分系统（功能元组）。

（3）将表5-9中的主机进气功能（包括进气滤清、进气加热、进气噪声抑制、应急旁通等功能元）、主机排气功能（包括引射冷空气降温、喷水降温、排气噪声抑制、烟气排放）生成进气系统（功能元组）、排气系统（功能元组）。

（4）将表5-11中的提供推进器动力源功能（包括推进器工作介质泵出、推进器工作介质过滤、推进器工作介质加热、推进器工作介质回收、推进器工作介质冷却等功能元）与表5-12中的推进器工作介质注入功能元进行组合，形成推进器工作介质分系统（功能元组）。

（5）在步骤（1）～（4）的基础上，将表5-12中的剩余的功能元进行组合，分别形成压缩空气系统（功能元组）、海水冷却系统（功能元组）、淡水冷却及清洗系统（功能元组）。

（6）将步骤（1）～（5）生成的分系统组合形成推进辅助系统（功能元群）。

（7）将表5-9中的油门控制功能元合并到表5-13中的机旁控制功能元，将表5-9中的主机监测保护功能元与表5-13中的起动联锁、推进系统降工况保护、推进系统停机保护等功能元进行合并。

（8）在步骤（7）的基础上，将表5-13中的推进控制功能（包括自动控制、半自动控制、机旁控制、应急传令、推进模式转换、控制部位及控制方式转换等功能元）与推进安全保护功能（包括等紧急停机、越控、起动联锁、推进系统降工况保护、推进系统停机保护功能元）进行合并，生成推进控制系统（功能元组）。

（9）将表5-10中的后传动监测（包括测量轴系功率、后传动机旁状态监测等功能元）、表5-11中的推进器监测报警功能元合并到表5-13中的系统状态监测显示功能元，在此基础上生成推进监测系统（功能元组）。

（10）在步骤（8）～（9）的基础上，组合形成推进监控系统（功能元群）。

（11）将表5-9中的剩余的功能元进行组合，分别形成发动机系统（功能元组）、箱装体及底架系统（功能元组），再组合形成主机系统（功能元群）。

（12）将表5-10中的传递功率功能（包括连接功率输入端、传递功率、连接推进器等功能元）、轴系连接、支撑及密封功能（包括支撑轴系、连接轴系、轴系穿舱密封、轴系艉轴密封、消除轴系与船体电位差等功能元）合并到表5-11中，生成轴系及附件系统（功能元组）。

（13）生成推进器系统（功能元组），并与轴系及附件系统（功能元组）组合形成轴系及推进器系统（功能元群）。

（14）将表5-10中的剩余的功能元进行组合，分别形成主齿轮箱系统（功能元组）、齿轮箱附属系统（功能元组），再组合形成齿轮减速系统（功能元群）。

推进系统功能综合表如表5-14所列。

表5-14 推进系统功能综合表

功 能 元	分系统（功能元组）	系统（功能元群）	特 征 属 性
起动辅助驱动	发动机系统	主机系统	能量转换及环境保证
燃烧做功			
输出功率			
隔热吸声	箱装体及底架系统		
防止水进入			
低温加热			
隔振			
限位			
主机火情探测			
主机灭火			
箱装体照明			

功　能　元	分系统（功能元组）	系统（功能元群）	特　征　属　性
转向匹配	主齿轮箱系统	齿轮减速系统	转速转向匹配与承受推力
功率输入			
减速			
功率输出			
承受推力			
功率分支驱动			
盘车	齿轮箱附属系统		
锁轴			
接入/脱开功率输入			
测量推力			
连接功率输入端	轴系及附件系统	轴系及推进器系统	功率传递及转换
传递功率			
连接推进器			
支撑轴系			
连接轴系			
轴系穿舱密封			
轴系艉轴密封			
消除轴系与船体电位差			
测量轴系功率			
将扭矩转换为推力	推进器系统		
调节推力大小			
调节推力方向			
燃油泵出	日用燃油系统	推进辅助系统	燃油、滑油、推进器工作介质、空气、海水、淡水等推进系统持续运行保障资源
燃油过滤			
燃油预热			
燃油回油冷却			
燃油压力调节			
燃油速关			
燃油净化分离			
滑油泵出	滑油系统		
滑油过滤			
滑油加热			
滑油回收			
滑油注入			
滑油输送			
空气吸入增压	压缩空气系统		
压缩空气干燥过滤			
压缩空气存储保压			
压缩空气减压			

功 能 元	分系统（功能元组）	系统（功能元群）	特 征 属 性
海水过滤	海水冷却系统		
海水泵出			
海水冷却			
海水排放			
接入应急海水			
接入洗涤淡水	淡水冷却及清洗系统		
淡水清洗			
淡水冷却			
进气滤清	进气系统		
进气加热			
进气噪声抑制			
应急旁通			
引射冷空气降温	排气系统		
喷水降温			
排气噪声抑制			
烟气排放			
推进器工作介质泵出	推进器工作介质系统		
推进器工作介质过滤			
推进器工作介质加热			
推进器工作介质回收			
推进器工作介质注入			
推进器工作介质冷却			
系统状态监测显示	推进监测系统		
系统状态异常报警			
机舱视频监控			
主机箱装体火警远程监控			
推进辅助设备控制			
自动控制	推进控制系统	推进监控系统	推进监控
半自动控制			
机旁控制			
应急传令			
推进模式转换			
控制部位及控制方式转换			
紧急停机			
越控			
起动联锁			
推进系统降工况保护			
推进系统停机保护			
在舰训练	在舰训练系统		

根据所使用功能综合设计原则的不同，会产生不同的功能元组合。通过以上的综合设计，得到推进系统较为典型的一种功能元组合为：

（1）主机系统：为推进装置提供动力。

主机系统={能量转换及环境保证|{发动机系统|起动辅助驱动，燃烧做功，输出功率，…}，{箱装体及底架系统|隔热吸声，防止水进入，低温加热，…}，…}。

（2）齿轮减速系统：匹配主机与推进器的转向和转速。

齿轮减速系统={转速转向匹配与承受推力|{主齿轮箱系统|功率输入，转向匹配，减速，…}，{齿轮箱附属系统|承受推力，功率分支驱动，锁轴，…}，…}。

（3）轴系及推进器系统：将经齿轮减速系统转换后的功率传递至推进器，并将输入的扭矩转化为对舰的推力或拉力，实现舰的前进或后退。

轴系及推进器系统={功率传递及转向|{轴系及附件系统|连接功率输入端，传递功率，连接推进器，…}，{推进器系统|将扭矩转换为推力，调节推力大小，调节推力方向，…}，…}。

（4）推进辅助系统：为推进系统提供满足要求燃料和滑油、推进器工作介质、冷却水、压缩空气等工作介质等，保障系统可持续稳定运行。

推进辅助系统={推进系统运行保障资源|{日用燃油系统|燃油泵出，燃油过滤，燃油压力调节，…}，{滑油系统|滑油泵出，滑油过滤，滑油输送，…}，{压缩空气系统|空吸入增压，压缩空气干燥过滤，压缩空气存储保压，…}，{海水冷却系统|海水过滤，海水泵出，海水冷却，…}，{淡水冷却及清洗系统|接入洗涤淡水，淡水清洗，淡水冷却，…}，{进气系统|进气滤清，进气加热，应急旁通，…}，{排气系统|引射冷空气降温，排气噪声抑制，烟气排放，…}，{推进器工作介质系统|推进器工作介质泵出，推进器工作介质过滤，推进器工作介质加热，…}，…}。

（5）推进监控系统：对推进系统机设备运行状态进行实时监测、控制和管理，实现舰以规定的航速安全航行。

推进监控系统={推进监控|{推进监测系统|系统状态监测显示，系统状态异常报警，机舱视频监控，…}，{推进控制系统|自动控制，半自动控制，机旁控制，…}，{在舰训练系统|在舰训练，…}…}。

5.5 电力系统

5.5.1　功能分类与定义

电力系统的功能是为全舰各类用电设备在不同工况下提供可靠的电力保障，通过电缆将电源设备、变电设备、配电设备和用电设备连接成一个有机的整体，根据运行工况和用电设备需求的不同，分别实现正常供电、应急供电、事故供电、监测与控制以及故障隔离保护等功能。电力系统的功能主要是为用电设备提供电力，根据系统运行情况的不同，电力系统的功能主要可以分为以下几类。

1. 正常供电功能

正常供电功能是指电力系统在正常运行情况下，为全舰各个系统和设备提供符合要求的电能，主要通过发电机组、变压器、配电箱、岸电等电源和配电设备实现。

2. 应急供电功能

应急供电功能是指在应急情况下，为全舰重要系统和设备提供应急电力，主要通过应急发电机组、蓄电池、电力电子变换装置、应急配电板等设备实现。

3. 事故供电功能

事故供电功能是指在事故情况下，为全舰重要系统和设备提供应急电力，主要通过发电机组、事故配电网络等设备实现。

4. 监测与控制功能

监测与控制功能是指在通过监测与控制装置对电源设备、配电设备等进行监测与控制，及时发现电力系统存在的故障，保障电力系统可靠、稳定地运行。

5. 故障隔离保护功能

故障隔离保护功能是指电力系统和设备在发生各种故障时，通过保护装置的选择保护作用，实现对故障设备和区域的隔离，能有效地防止事故扩大并保持对非故障电路的连续供电。

电力系统的功能是指通过电源设备、电力变换和分配设备、监测与控制装置等实现电力的产生、变换、分配以及系统运行的自动监测控制和系统保护与故障隔离。电力产生主要是指原动机拖动发电机，先将化学能转换为机械能，再将机械能转换为电能，也可以通过蓄电池组将化学能转换为电能；电力变换是指通过变压器、电力电子变换装置等将电源变换为与用电设备电制匹配的电力；电力分配是指通过具备保护与故障隔离功能的主配电板、配电中心、区域配电板、分配电箱等设备将电能合理分配至全舰的各个区域和用户；系统监测与控制功能主要是通过监测与控制装置，实现系统和设备运行状态的自动监测与控制。

5.5.2 功能分解

按照电力系统功能分类方法，驱逐舰电力系统的功能是满足各类用电设备在各个工况下的用电需求，为了实现各个工况下的供电，需要不同功能设备的组合，由具有不同功能的设备，如发电、配电、监测与控制、保护等设备，通过合理的综合和集成，从而使电力系统具有操作功能，实现目的功能的要求。

从用户需求作为起点开始分析，驱逐舰电力系统的主要功能是为全舰用电设备提供连续、安全、可靠的电源，为全舰各设备的正常工作提供电力保障。为便于分析，更好地满足用户的用电需求，电力系统运行工况可以分为正常工况、应急工况、事故工况等，每种运行状态对于电力系统的功能要求有所差异。

对电力系统的总功能进行分解，为了实现各种工况下的安全可靠供电，需要系统具有相应的监测控制功能以及故障隔离保护功能，由于电力系统的功能和组成都非常复杂，本节将对电力系统各个功能进行分解分析，最后分解到功能元，即设备级的功能，功能元既是实现系统功能的基础，同时也是设备功能设计的重要输入和依据。

按照前文的分析，电力系统的一级功能包括正常供电功能、应急供电功能、事故供电功能、监测与控制功能、保护与故障隔离功能。各个功能之间相对独立，有所侧重，同时，各个功能之间又有相互联系和影响。例如，监测与控制功能和保护与故障隔离功能之间，随着对某个设备或区域的故障保护与隔离功能的实现，为了实现总的供电功能要求，则监测与控制功能会实根据设备的用电需求，实时调整发电机组的运行状态，同时为重要设备重新恢复供电路径，实现故障隔离后的恢复供电。

1. 正常供电功能

正常供电功能指的是在正常情况下，根据负荷和使用要求的不同，运行相应数量的发电机组，通过变电功能和配电功能等环节为电力系统提供具有较高电能品质、满足负载需求的电能。正常供电功能分解如表 5-15 所列。

表 **5-15** 正常供电功能分解表

总功能	分功能	功能元	功能元描述
正常发电功能	化学能或热能转换为机械能	一次能量转换	根据初始能量的种类（如蒸汽、柴油、燃油等）设置合适的一次能量转换装置
		转速调节与控制	根据电网频率的波动，适时调节与控制能量转换装置的转速，保证电网频率的稳定
	机械能转换为电能	转速匹配	将原动机和发电机的转速匹配，使发电机输出的电能满足电网频率的要求
		二次能量转换	通过电磁变换装置将机械能转换为电能
		电压调节与控制	根据电网电压的波动，适时调节与控制励磁装置，保证电网电压的稳定
	能量转换保障功能	燃油保障	为一次能量转换装置提供燃油保障
		进排气保障	为一次能量转换装置提供进气和排气保障
		润滑保障	为一次、二次能量转换旋转设备提供润滑保障
		海水冷却保障	根据需求，为一次、二次能量转换装置提供海水冷却保障
		淡水冷却保障	根据需求，为一次、二次能量转换装置提供淡水冷却保障
		通风冷却保障	根据需求，为一次、二次能量转换装置提供通风冷却保障
		压缩空气保障	对能量转换装置起动提供能量
		电源保障功能	为能量转换装置的起动、运行提供电源保障
	一次电能传输与分配功能	电源端能量输出	将能量变换装置产生的电能传输至一次配电网络
		电源能量的分配	根据全舰不同区域电力需求的不同，合理分配不同电源装置的功率输出
正常变电功能	电压变换功能	降压变换	根据用户的需求，将电源电压进行适当降低变换以匹配负载的电压
		升压变换	根据用户的需求，将电源电压进行适当升高变换以匹配负载的电压
		电隔离变换	将潮湿区域用电设备与主电网进行电气隔离，保证用电设备的用电安全，提高主电网的绝缘性能
	频率变换功能	降频变换	根据用户需求，对电源频率进行适当的降低变换
		升频变换	根据用户需求，对电源频率进行适当的升高变换
	电流变换功能	整流变换	将交流电源变换为满足用户需求的直流电源
		逆变变换	将直流电源变换为满足用户需求的交流电源
正常配电功能	一次配电功能	一次电能传输	根据全舰将电源端的电能可靠传输至各个区域的配电装置
		一次电能分配	根据全舰电力负荷的分布情况，合理分配电源端的电能至各个区域的配电装置
		一次网络状态监测	对电力主网络的保护装置状态、功率分布等进行监测，全面掌握系统主网络的运行状态

总 功 能	分 功 能	功 能 元	功能元描述
正常配电功能	区域配电功能	二次电能传输功能	根据各个区域的用户需求，将电能通过区域配电装置可靠传输至相应用户或舱室配电装置
		二次电能分配	根据各个区域的用户需求，将电能通过区域配电装置合理分配至相应用户或舱室配电装置
		二次网络状态监测	对电力区域配电的保护装置状态、功率分布等进行监测，掌握区域配电网络的运行状态
	舱室配电功能	舱室电能传输	在各个舱室内，将电能可靠传输至相应的用户
		舱室电能分配	在各个舱室内，将电能合理分配至相应的用户
	岸电供电功能	岸电接入	将码头提供的电能传输接入舰船电力系统
		岸电/舰电转换	根据舰船航行还是靠岸状态的不同，按需要实现岸电/舰电相序自动对准，不断电转换
		岸电监测	对岸电的电压、电流、功率等进行监测，便于值班人员观察控制

2. 应急供电功能

应急供电是在主电网失电的情况下，迅速起动应急发电机组向重要设备供电，以保证应急条件下重要设备供电的可靠性。为了实现应急供电功能，应急供电功能必须独立于正常供电功能，并用于当主发电机和备用发电机不工作时，须保证对舰船重要的用户提供电能。在主电源有故障时，应急电源必须对应急用电设备供电。应急电源容量必须足以向应急情况下安全必需的所有设备供电。应急供电功能分解见表5-16。

表5-16 应急供电功能分解表

总 功 能	分 功 能	功 能 元	功能元描述
应急发电功能	化学能转换为机械能或电能功能	一次能量应急转换	根据初始能量的种类（如柴油、燃油等）设置合适的应急一次能量转换装置，输出机械能或电能
		转速调节与控制	根据电网频率的波动，适时调节与控制能量转换装置的转速，保证电网的频率的稳定
		高过载	提高原动机的功率冗余，保证应急工况下的高过载能力
		可靠快速的起动	配置双能源起动方式，提高机组的起动成功率
		定期自检	对自动起动装置进行定期的检验，确保应急功能的有效性
	机械能转换为电能	转速匹配	将原动机和发电机的转速匹配，使发电机输出的电能满足电网频率的要求
		二次能量应急转换	通过电磁变换装置将机械能转换为电能
		电压调节与控制	根据电网电压的波动，适时调节与控制励磁装置，保证电网电压的稳定
	能量转换保障功能	燃油应急保障	为一次能量转换装置提供燃油保障
		进排气应急保障	为一次能量转换装置提供进气和排气保障
		润滑应急保障	为一次、二次能量转换旋转设备提供润滑保障
		海水冷却应急保障	根据需求，为一次、二次能量转换装置提供海水冷却保障
		淡水冷却应急保障	根据需求，为一次、二次能量转换装置提供淡水冷却保障
		通风冷却应急保障	根据需求，为一次、二次能量转换装置提供通风冷却保障
		压缩空气应急保障	对能量转换装置起动提供能量
		应急电源保障	为能量转换装置的起动、运行提供电源保障

（续）

总　功　能	分　功　能	功　能　元	功能元描述
应急发电功能	一次电能传输与分配功能	电源端能量输出	将应急能量变换装置产生的电能传输至一次配电网络
		电源能量的分配	根据全舰不同区域电力需求的不同，合理分配不同电源装置的功率输出
应急变电功能	应急电压变换功能	降压变换	根据用户的需求，将电源电压进行适当降低变换以匹配负载的电压
		升压变换	根据用户的需求，将电源电压进行适当升高变换以匹配负载的电压
		电隔离变换	将部分应急用电设备与主电网进行电气隔离，保证用电设备的用电安全
	应急频率变换功能	降频变换	根据用户需求，对电源频率进行适当的降低变换
		升频变换	根据用户需求，对电源频率进行适当的升高变换
	应急电流变换功能	整流变换	将交流电源变换为满足用户需求的直流电源
		逆变变换	将直流电源变换为满足用户需求的交流电源
应急配电功能	正常应急电源转换功能	自动电源转换	正常电源失电时，自动转换为应急电源供电
		手动电源转换	自动电源转换功能丧失时，可由人员通过手动转换的方式，为重要负载提供应急供电路径
	交流应急配电功能	交流应急主配电	根据全舰的应急用户需求，将应急电能传输分配至各区域的应急配电板或交流负载
		交流应急分配电	根据各个区域的应急用户需求，将电能通过应急分配电装置合理分配至交流应急用户
	直流应急配电功能	直流应急主配电板	将应急蓄电池组的电能分配至全舰各个区域的直流应急配电板或直流应急用户
		直流应急分配电	将每个区域直流应急配电板的电能分配至直流应急分配电箱或直流应急用户
	应急负荷控制功能	应急负荷顺序投入	根据应急用户的重要程度和运行的需要，待应急电网电压稳定后，按时间顺序投入相应的负荷
		应急负荷限制切除	根据应急用户的重要程度，综合应急供电能力和应急负荷的运行状态，限制应急负荷的供电范围

3. 事故供电功能

事故供电功能是指舰船交流配电功能在战斗工况下遭受局部损害时，对重要负载实施的继续供电。在舰上应设置事故供电功能，当主电力网络部分损坏时，通过事故供电网络能直接将发电机的电能输送给消防泵、舵机等设备。事故供电功能分解见表5-17。

表 5-17 事故供电功能分解表

总　功　能	分　功　能	功　能　元	功能元描述
事故发电功能	主发电功能	能量转换	事故工况下，切断正常电能输出，为事故电力网提供能量转换（将化学能转换为机械能，机械能转换为电能）
		转速调节与控制	根据事故供电网络频率的波动，适时调节与控制能量转换装置的转速，保证电网的频率的稳定
	应急发电功能	化学能转换为机械能或电能	根据事故工况下的用电需求，应急发电功能应具备高过载功能、可靠快速的起动功能等
		机械能转换为电能	将机械能转换为应急电能，对于额定电压的建立速度要求具有快速性，以满足应急负载的需求

总功能	分功能	功能元	功能元描述
事故配电功能	事故电力传输功能	固定电能传输	事故工况下，通过特定路径和特定敷设方式的固定电缆传输电力
		临时电能传输	根据事故工况下的应急用户分布位置，全舰电力负荷的分布情况，合理分配电源端的电能至各个区域的配电装置
	事故电力组网功能	快速建立事故电力网	事故情况下，克服主电网已损坏的困难，通过临时拉敷的网络，实现为特别重要负载的紧急供电
		就近电能传输	为事故用电设备提供多路事故供电路径，根据事故用电设备的具体位置，就近接通事故供电网络，实现就近电能传输
	事故电力分配功能	取电	事故工况下，在应急负载的用户端，使应急用户具备从事故电网取电的功能
		防误插	事故工况下，设置相应的联锁功能，以保证只有当插头与插座可靠对接后，开关才将电路接通，避免出现误插现象
		水密	各种事故电力装置的外壳防护型式均应具有水密功能

4. 监测与控制功能

相对于前文的目的功能而言，电力系统监测与控制功能在某种程度上可以理解为操作功能，无论是装置的自动调节参数，还是通过人为的操作以实现机组的起动、停机、并车或解列等，都可以理解为操作功能。和前文的分析一致，电力的监测与控制功能是在概念设计已经取得了初步的成果后，如发电功能和配电功能已基本清楚的情况下，才具备开展监控功能分解和设计。监测与控制功能分解见表 5-18。

表 5-18 监测与控制功能分解表

总功能	分功能	功能元	功能元描述
电站监控功能	原动机监控功能	原动机状态监测	根据原动机种类的不同，监测原动机的转速、燃油压力、滑油压力、冷却水温度等参数，对原动机的运行状态进行全面监测
		原动机转速控制	根据接受到的电网频率波动信号，控制原动机的转速，保证电网的频率的稳定
	发电机监控功能	发电机状态监测	根据发电机种类的不同，监测发电机的转速、滑油压力、冷却水温度、绕组温度等参数，对发电机的运行状态进行全面监测
		发电机电压控制	根据接受到的电网电压波动信号，控制发电机的励磁装置，保证电网电压的稳定
	主断路器监控功能	主断路器状态监测	对主断路器的合断状态、流经电流大小等进行监测
		主断路器遥控	通过相应的驱动机构，实现在不同部位对主断路器的分断或闭合操作功能
	供电网络监控功能	主断路器联锁	根据供电网络的运行原则，为了保证供电安全，在主断路器之间设置联锁功能，防止出现超过额定数量的机组并联、形成环网等危害系统安全的现象
		功率传输控制	根据不同工况下运行的不同区域的发电机组，按照跨接电流最小的原则，合理控制供电网络的电能分配与传输
配电监控功能	主配电开关监控功能	主配电开关监测	对主配电装置的开关进行监测，掌握对应区域或设备的供电状态
		主配电开关遥控	通过相应的驱动机构，实现在不同部位对主配电开关的分断或闭合操作功能
	区域开关监控功能	区域开关监测	对区域配电装置的开关进行监测，掌握该区域用电设备的供电状态
		区域开关遥控	通过相应的驱动机构，实现在不同部位对区域配电开关的分断或闭合操作功能

总 功 能	分 功 能	功 能 元	功能元描述
配电监控功能	重要负载监控功能	负载供电状态监控功能	实现对于重要负载的电量信号进行采集和处理、显示、控制等功能
		电源转换控制	实现主用电源、备用电源、应急电源等不同供电来源的转换控制功能
	配电网络监控功能	负荷投切控制	根据对系统的负荷需求和电站的供电功率进行检测判断，必要时对非重要负荷进行卸载控制，以保证系统运行的安全性和稳定性
		配电网络绝缘监测	对配电网络的绝缘电阻在线监测，实现对主配电板及各区配电板低绝缘故障支路的自动判定

5. 故障隔离与保护功能

电力系统保护功能的核心是通过保护装置的动作，有效隔离故障区域，同时应实现非故障区域的正常运行，保证电力系统的供电可靠性。故障隔离与保护功能分解见表5-19。

表 5-19 故障隔离与保护功能分解表

总 功 能	分 功 能	功 能 元	功能元描述
电站故障保护功能	原动机紧急停机保护功能	原动机超速保护	根据原动机种类的不同，为了保护原动机的安全，当原动机的转速超过某一设定值时，原动机自动紧急停机
		滑油压力过低保护	根据原动机种类的不同，为了保护原动机的安全，当滑油压力低于某一设定值后，原动机自动紧急停机
	原动机延时停机保护功能	滑油压力低保护	根据原动机种类的不同，为了保护原动机的安全，当滑油压力低于某一设定值后，原动机延迟一段时间后自动停机
		冷却水温度高保护	根据原动机种类的不同，为了保护原动机的安全，当冷却水温度高于某一设定值后，原动机延迟一段时间后自动停机
	发电机紧急停机保护功能	发电机轴承滑油流量过低	根据发电机种类的不同，为了保护发电机的安全，当滑油压力低于某一设定值后，机组自动紧急停机
		发电机内部短路	当发电机发生内部短路时，为了保护发电机的安全，机组应自动紧急停机
	发电机延时停机保护功能	发电机绕组温度高	根据发电机种类的不同，为了保护发电机的安全，当发电机绕组温度高于某一设定值后，机组应延时停机
		欠电压保护	当发电机输出电压持续低于某一设定值时，机组应延时停机
	主配电板保护功能	汇流排短路保护	当汇流排发生短路故障时，汇流排应能承受短路电流的导致的电动力和温升，保护装置切除短路部位后，余下的汇流排应能正常工作
		汇流排过载保护	当汇流排发生过电流故障时，汇流排应能承受较大电流的影响，保护装置切除过电流部位后，余下的汇流排应能正常工作
	网络故障保护功能	短路保护	供电网络发生短路故障时，相应的保护装置应具备短暂延时后分断相应断路器的功能，以提高供电系统的供电连续性
		过电流保护	供电网络发生过电流故障时，相应的保护装置应具备长延时后分断相应断路器的功能，以提高供电系统的供电连续性
配电网络故障保护	配电装置保护功能	短路保护	配电装置出现短路故障时，能够分断短路电流，瞬时切除短路故障，实现故障隔离功能
		过电流保护	配电装置出现过电流故障时，能够根据过电流的特性，延时后切除过载支路，实现故障隔离
	配电网络保护功能	短路保护	配电网络发生短路故障时，对应的保护开关应瞬时动作，切除故障部位，避免故障蔓延，保护网络中其他设备的正常运行
		过电流保护	配电网络发生过电流故障时，对应的保护开关应延迟一定时间后动作，切除故障部位，避免故障的扩大，保护网络中其他设备的正常运行
		欠电压保护	当配电网络中的电压长时间低于某一设定值时，为了保护用电设备的安全，应将相应的配电开关分断，确保相应用电设备的安全

5.5.3 功能综合设计

电力系统功能综合设计主要是按照 5.5.2 节分析的电力系统应具备的功能单元进行整合，将具有同类功能的多个功能单元组成一个子系统或分系统，将具有互相关联的多个子系统或分系统组成一个系统，再明确各个子系统和分系统的功能实现方式，使电力系统具备要求的功能。

电力系统的功能非常多，从便于管理和操作的角度出发，对 5.5.2 节分析的各个功能进行了合并，初步将电力系统的功能分为发电功能、配电功能和电力监测控制功能。发电功能是电力系统的核心和源头，配电功能是将负载和电源有效连接的重要环节，电力监测与控制功能为舰员操控电力系统提供了重要的界面和接口。电力系统功能综合表见 5-20。

表 5-20 电力系统功能综合

功能元	分系统（功能元组）	系统（功能元群）	特征属性
化学能机械能转换	正常供电分系统	供电系统	为配电网络提供符合品质要求的电源
机械能电能转换	正常供电分系统	供电系统	为配电网络提供符合品质要求的电源
能量转换保障	正常供电分系统	供电系统	为配电网络提供符合品质要求的电源
电能传输	正常供电分系统	供电系统	为配电网络提供符合品质要求的电源
保护与故障隔离	正常供电分系统	供电系统	为配电网络提供符合品质要求的电源
化学能机械能应急转换	应急供电分系统	供电系统	为配电网络提供符合品质要求的电源
机械能电能应急转换	应急供电分系统	供电系统	为配电网络提供符合品质要求的电源
能量转换应急保障	应急供电分系统	供电系统	为配电网络提供符合品质要求的电源
应急电能传输	应急供电分系统	供电系统	为配电网络提供符合品质要求的电源
供电网络保护与故障隔离	应急供电分系统	供电系统	为配电网络提供符合品质要求的电源
化学能电能应急转换	应急供电分系统	供电系统	为配电网络提供符合品质要求的电源
主电力分配	交流配电分系统	配电系统	为全舰用电设备提供符合品质要求的电源
区域电力分配	交流配电分系统	配电系统	为全舰用电设备提供符合品质要求的电源
舱室电力分配	交流配电分系统	配电系统	为全舰用电设备提供符合品质要求的电源
交流配电网络保护与故障隔离	交流配电分系统	配电系统	为全舰用电设备提供符合品质要求的电源
蓄电池充放电	直流配电分系统	配电系统	为全舰用电设备提供符合品质要求的电源
区域电力分配	直流配电分系统	配电系统	为全舰用电设备提供符合品质要求的电源
直流配电网络保护与故障隔离	直流配电分系统	配电系统	为全舰用电设备提供符合品质要求的电源
事故电力输出	事故配电分系统	配电系统	为全舰用电设备提供符合品质要求的电源
事故电力传输	事故配电分系统	配电系统	为全舰用电设备提供符合品质要求的电源
事故电力网保护与故障隔离	事故配电分系统	配电系统	为全舰用电设备提供符合品质要求的电源
原动机监控	电站监控分系统	电力监控系统	通过电力系统监测与控制，实现系统安全稳定运行
发电机监控	电站监控分系统	电力监控系统	通过电力系统监测与控制，实现系统安全稳定运行
电站主开关监控	电站监控分系统	电力监控系统	通过电力系统监测与控制，实现系统安全稳定运行
交流配电开关状态监控	配电监控分系统	电力监控系统	通过电力系统监测与控制，实现系统安全稳定运行
直流配电开关状态监控	配电监控分系统	电力监控系统	通过电力系统监测与控制，实现系统安全稳定运行
事故配电开关状态监控	配电监控分系统	电力监控系统	通过电力系统监测与控制，实现系统安全稳定运行
电力网络状态监测显示	电力网络监测分系统	电力监控系统	通过电力系统监测与控制，实现系统安全稳定运行
电站间功率流向指示	电力网络监测分系统	电力监控系统	通过电力系统监测与控制，实现系统安全稳定运行
电力网络绝缘状态监控	电力网络监测分系统	电力监控系统	通过电力系统监测与控制，实现系统安全稳定运行

为了实现电力系统的功能，电力系统应具有发电功能模块、配电功能模块、电力监控功能模块等，每个模块有相应的设计特点，以配电功能的设计为例，具体功能设计如下。

配电功能设计主要是结合全船的水密区域划分和负荷分布情况，根据供电网络结构，采用合理的配电网络结构，实现为所有用电设备提供可靠的电源。

配电功能主要是由主配电板负载屏、区域配电板（内部安装含两路电源转换设备）、两路电源转换装置和分配电箱等组成。主要功能是将电站发出的电能通过负载屏，区域配电板和分配电箱等馈送到各电力用户（含事故电力网络），以保障各用户发挥其特定的功能。

为了便于负荷分配，一般配电网络分为配电一次网和配电二次网。直接从主配电板负载屏获得供电的负载中心和从主配电板负载屏向这些负载中心或重要用户直接供电的电缆以及主配电板负载屏等属于一次网，从负载中心引出的馈线以及分配电箱属于二次网。

在配电网络结构明确的基础上，结合全舰的防火和水密分区情况，考虑将全舰分为若干个配电区域，同时具体的区域边界根据实际电力负荷的分布情况以及总布置图来确定。每个区域内的负载中心从不同的电站获得两路电源，负载中心的数量由该区域内电力负荷的分布情况而定，每台负载中心配电的用户一般在同一个分段内。

配电网络的保护主要是在各级配电设备中设置合理的保护功能，主配电网络的保护应设置合理的多级保护，排列顺序是：起动器（或控制箱）（第1级）──→分配电箱（第2级）──→负载中心（第3级）──→负载屏（第4级）。第1级按电流整定保护相应的设备，其余三级按电流原则分级整定动作电流值以保护配电网络，做到选择性。设计时必须根据不同供电要求采用不同的保护级数。起动器（或控制箱）保护组件一般采用热继电器，分配电箱、负载中心、负载屏一般采用塑壳断路器作为保护组件。安装在负载屏内的塑壳断路器应能分断整个配电系统内可能出现的最大短路电流。

在电源端分配估算需考虑的几种因素：电站的运行模式对于配电网络的影响以及配电系统针对这种运行模式所采取的应对原则；电站的运行模式转换时配电网络带载情况预估以及可能产生的影响；电力系统局部故障或破损时对电站系统的影响；大功率负载投切时对电站系统的影响；了解用电设备的使用模式，选取合理的同时系数。目的是合理分配负载使得电站在某种运行模式下能够稳定运行，在运行模式转换时尽可能少地影响到其他负载。在分配过程中尽可能做到各主配电板间等分负荷，以保证电站分区供电负载平衡及有利于相互转换。

满足对重要用电设备两路供电要求，由不同电站分别供电，提供正常电源和备用电源；保证两路电源转换，设置自动或手动电源转换装置，转换时设定一定的延时转换时间；为减少馈线电缆，在主配电板和分配电箱之间的负载密集区设置区域配电板（专用配电板、配电中心）等；主配电板负载支路、区域配电板（专用配电板、配电中心）和分配电箱应有一定数量的备用路数，备用开关的电流整定值应兼顾预期使用的开关电流整定值。两舷电源转换装置（开关）从两个电站取得电源，其输入电源有两路，其中一路为主用电源，一路为备用电源，在主用电源失电的情况下，可转换到备用电源供电。

正常配电功能对于用电设备来讲非常重要，因为舰船上特性差异巨大的众多用电设备，都是通过配电功能这个环节实现为设备的供电功能。正常配电功能和正常变电功能关系密切。例如，对于厨房、洗衣房等类似的舱室设备，考虑到舱室环境恶劣，可以配置隔离变压器。

5.6 船舶保障系统

5.6.1 功能分类与定义

船舶保障系统的主要功能是为舰船提供通用性条件保障。舰船作为人与装备的有机体，其保障功能可以分为以下三类：

（1）人员活动保障功能。人员活动保障功能主要是为舰上人员生理、精神、医疗、安全等提供保障。人员是舰船活动的主体，是功能的决策者与使用者，是实现舰船使命任务的决定性因素。

（2）装备工作保障功能。装备工作保障功能主要是为装备在舰上的运行、储存、维护、安全等提供保障。

（3）人机交互保障功能。人机交互保障功能主要是为舰上人与人、装备与装备、人与装备之间的信息交互与共享、辅助决策、模拟训练等提供保障功能。

船舶保障功能的基本特点如下。

1. 通用性

所谓通用性，是指船舶保障系统提供的保障对象范围多、空间分布广、时间跨度大。从保障对象上说，可以是人员、设备，也可以是舰船上的舱室；从保障空间来说，其功能几乎涵盖全舰所有舱室及部位；从保障时间来说，船舶保障系统涵盖舰船全服役周期的各个阶段。因此，船舶保障系统没有特定的保障对象、保障空间，也没有特定的保障时间。

2. 保障性

所谓保障性，是指船舶保障功能往往不作为独立的功能存在，而是为实现舰船目标功能提供的保障。

保障功能的意义在于实现其保障对象完成目标任务。如果离开了保障的对象及目标，保障功能就没有意义。为了完成目标任务，需要将注意力集中在任务本身，船舶保障系统的功能就是提供这样的条件保障，降低外部因素对执行目标任务的干扰。保障设施对舰员来说是黑匣子，舰员不需要关心这些保障设施是如何工作的，所以保障的功能往往是不被感知或者仅在需要时才被感知。例如舱室大气环境适宜的情况下，舰员能够保持良好的工作效率，会忽略空调通风设施对他产生的影响，但如果温度过高，"热"这种负面效应就会被舰员感知，空调通风设施的存在性才会被感知，一旦被感知，说明保障功能可能出现问题。

3. 多样性

所谓多样性，是指船舶保障系统的功能繁多，而且各个功能之间的关联性较弱，总体特征参数不明显。如淡水、压缩空气、大气环境、网络等，这些功能之间是相互对立的，对舰船的主尺度、作战能力、快速性等总体特征参数影响也较小。而电力供应、航行动力等，由于其装机容量及功率是总体特征参数之一，有专门系统进行保障，不作为船舶保障系统的内容。

5.6.2 功能分解

船舶保障系统的功能分解应结合保障系统通用性、保障性及多样性的基本特点，面向用户，从设计需求出发，确定其保障功能，实现良好的用户体验。

需求设计作为系统功能设计的设计输入，直接决定了保障系统的功能。对设计需求，本身也是个不断认识提高的过程，有些需求非常明确，而有些需求则不一定能被明确提出或意识到。舰船设计需求中，除了要考虑总体方案需求、用户反馈需求等显性需求外，还要考虑隐性需求。隐性需求往往取决于设计师敏锐的感觉能力、训练有素并且善于观察和思考的头脑产生的需求信息。而隐性需求，一旦被感知，应尽量加以分析及研究，将其转化为显性需求。

功能元是功能的基本单位，通过船舶保障系统的功能分解，可以将每种保障类型的基本功能分解成若干功能元。

1. 人员活动保障功能

心理学家马斯洛基于人类的本能，将人类的需求像金字塔一样从低到高依次分为五种，分别是：生理需求、安全需求、社交需求、尊重需求和自我实现需求[17]。生理需求、安全需求等低层次需求对条件保障的依赖性较高，而更高层次的需求更多地依赖于制度保障、文化保障。从条件保障设计上，我们应尊重人的本能需求，按人员的要求保障层次，从低到高依次分为生理保障、安全保障及精神保障（图5-30）。人员活动保障功能分解见表5-21。

图5-30 ▌人的需求保障层次

表5-21 人员活动保障功能分解

总 功 能	分 功 能	功 能 元	功能元描述
生理保障功能	食品保障功能	食品冷藏	根据食物的种类（如肉类、蔬菜、水果等）提供相应的食品长期储存所需的环境温度
		食品保鲜	消除蔬菜、水果等在储藏过程中产生的催熟气体；提供蔬菜、水果等长期储存所需要的湿度
	饮用水保障功能	饮用水补给	通过岸补、海补、海水淡化等方式将淡水补充到饮用水舱
		饮用水供水	将饮用水舱的水通过加压送至各个饮用水用户
		海水淡化	通过反渗透、蒸馏等方式将海水转化成淡水
		饮用水消毒净化	对饮用水进行消毒净化处理
		饮用水矿化	调节饮用水中的矿物质含量
	洗涤保障功能	洗涤水补给	通过岸补、海补、海水淡化等方式将淡水补充到洗涤水舱
		洗涤水供水	将洗涤冷水或洗涤热水通过加压送至各个洗涤水用户
		洗涤水转驳	洗涤水在各个水舱之间进行调驳
		海水淡化	通过反渗透、蒸馏等方式将海水转化成淡水
		洗涤水消毒	对洗涤水进行消毒处理
		洗涤水加热	将洗涤冷水进行加热成为洗涤热水
		洗涤灰水收集	将淋浴、盥洗、厨房等产生的灰水收集至专门液舱或容器
		洗涤灰水处理	对淋浴、盥洗、厨房等产生的灰水进行处理
		洗涤灰水排放	将洗涤灰水排至舷外或岸接
	空气品质保障功能	空气温度调节	升高或降低舱室空气温度
		空气湿度调节	升高或降低舱室空气湿度
		通风换气	将舱内空气与舱外空气进行交换
		空气净化	对空气中的有害气体、异味气体、颗粒物等进行净化处理

总 功 能	分 功 能	功 能 元	功能元描述
生理保障功能	如厕保障功能	淡水冲洗	通过淡水进行清洗
		海水冲洗	通过海水进行清洗
		黑水收集	将各个卫生单元的排泄物收集至专用设备或容器
		黑水处理	将人员排泄物进行消毒、降解等处理
		黑水排放	将黑水排至舷外或岸接
安全保障功能	火灾防护保障功能	火灾探测	对火灾进行探测
		火灾报警	探测到火灾后发出报警
		水灭火	通过海水对火灾进行灭火，主要用于扑灭 A 类火灾
		高压细水雾灭火	将淡水或海水通过高压雾化后进行灭火，主要用于扑灭 A 类、B 类、C 类、E 类火灾
		卤代烷灭火	通过卤代烷灭火剂进行灭火，主要用于扑灭 A 类、B 类、C 类、E 类火灾
		水成膜泡沫灭火	将海水与水成膜泡沫灭火剂混合后进行灭火，主要用于扑灭 A 类、B 类火灾
	抗沉保障功能	浸水监测	对舱室意外浸水进行监测
		浸水报警	对舱室意外浸水进行报警
		应急排水	将舱室意外浸水排至舷外
		压载水注排	通过压载水的注排调整舰船姿态
	毒害气体防护保障功能	毒害气体探测	对有毒、有害气体进行探测
		毒害气体报警	探测到毒害气体后发出报警
		个人防护	通过个人防护器材，如防毒面具、防毒衣等对人员进行防护
		集体防护	通过对集防区进行滤毒及超压，对集防区内的人员进行防护
		通风换气	将舱内空气与舱外空气进行交换
		防排烟	对火灾中产生的烟气进行消烟、排烟、防烟等处理
	核辐射防护保障功能	辐射探测	对核辐射强度进行探测
		辐射报警	探测到核辐射超标后进行报警
		水幕防护	通过在舰表面建立持续性流动水膜防止核沾染在舰表面集聚
	医疗保障	医疗废水收集	将医疗废水收集至专用设备或容器
		医疗废水处理	将医疗废水进行消毒、降解等处理
		医疗废水排放	将医疗废水排放至舷外或岸接
		空气净化	对空气中的有害气体、异味气体、颗粒物等进行净化处理
		空气温度调节	升高或降低舱室空气温度
		空气湿度调节	升高或降低舱室空气湿度
		通风换气	将舱内空气与舱外空气进行交换
精神保障功能	外界信息沟通保障功能	互联网接入	通过互联网与外界进行信息交互
		电视接入	通过电视与外界进行信息交互
		电话接入	通过电话与外界进行信息交互
	娱乐保障功能	互联网接入	通过互联网与外界进行信息交互
		电视接入	通过电视与外界进行信息交互
	学习保障功能	互联网接入	通过互联网与外界进行信息交互
		电视接入	通过电视与外界进行信息交互

生理保障是人员对食物、水、空气等最基本的生理需求保障，是对人员最低级别的保障，如果人员的生理得不到保障，这种保障的缺失就会被人员强烈感知，可能影响到人员的工作效率。

安全保障是人员对自身安全需求的保障，体现在人身保护、医疗等方面，也是较低级别的保障，这种保障的缺少也会被人员较强的感知，可能影响到人员执行任务的效率及能力。

精神保障是人员对精神需求的保障，体现在社交、娱乐及学习等方面的保障。是较高层次的保障，有利于激励军人的荣誉感及使命感，在精神保障的驱动下，可充分发挥主观能动性，发扬吃苦耐劳的军人精神。

2. 装备工作保障功能

装备工作保障功能是对装备在运行、储存、维护等全寿命周期内进行的保障功能。装备保障功能应与装备相匹配，装备要发挥最佳的使用效能，不仅取决于装备自身功能，还要依赖装备保障资源的有效性以及装备健康管理等综合因素。装备保障功能分解见表 5-22。

表 5-22 装备保障功能分解

总 功 能	分 功 能	功 能 元	功能元描述
运行保障功能	驱动保障功能	压缩空气驱动	通过压缩空气驱动装备工作
		蒸汽驱动	通过蒸汽驱动装备工作
		海水驱动	通过海水驱动装备工作
	冷却保障功能	淡水冷却	通过淡水对装备进行冷却
		海水冷却	通过海水对装备进行冷却
		冷媒水冷却	通过冷媒水对装备进行冷却
		空气冷却	通过空气对装备进行冷却
	加热保障功能	蒸汽加热	通过蒸汽对装备进行加热
		电加热	通过电对装备进行加热
		淡水加热	通过淡水对装备进行加热
	清洗保障功能	淡水清洗	通过淡水对装备进行清洗
		海水清洗	通过海水对装备进行清洗
		压缩空气清洗	通过压缩空气对装备进行清洗
	排放保障功能	灰水排放	对装备工作中产生的灰水进行排放
		积水排放	对装备工作中产生的积水进行排放
		油污水排放	对装备工作中产生的油污水进行排放
		污油排放	对装备工作中产生的污油进行排放
		压缩空气排放	对装备工作中产生的压缩空气进行排放
		烟雾排放	对装备工作中产生的烟雾进行排放
		蒸汽排放	对装备工作中产生的蒸汽进行排放
	运行环境保障功能	空气温度调节	升高或降低舱室空气温度
		空气湿度调节	升高或降低舱室空气湿度
		通风换气	将舱内空气与舱外空气进行交换
		空气净化	对空气中的有害气体、异味气体、颗粒物等进行净化处理
	运行状态监控功能	状态监控	对装备状态进行监测与控制
		平台网络通信	通过平台网络实现装备本地与远程的信息交互

总　功　能	分　功　能	功　能　元	功能元描述
储存保障功能	储存环境保障功能	空气温度调节	升高或降低舱室空气温度
		空气湿度调节	升高或降低舱室空气湿度
		通风换气	将舱内空气与舱外空气进行交换
	储存状态监控功能	状态监测	对装备状态进行监测
		平台网络通信	通过平台网络实现装备本地与远程的信息交互
维护保障功能	清洗保障功能	淡水清洗	通过淡水对装备进行清洗
		海水清洗	通过海水对装备进行清洗
		压缩空气清洗	通过压缩空气对装备进行清洗
	维修环境保障功能	空气温度调节	升高或降低舱室空气温度
		空气湿度调节	升高或降低舱室空气湿度
		通风换气	将舱内空气与舱外空气进行交换
	维护状态监控功能	状态监测	对装备状态进行监测
		平台网络通信	通过平台网络实现装备本地与远程的信息交互
安全保障功能	火灾防护安全保障功能	火灾探测	对火灾进行探测
		火灾报警	探测到火灾后发出报警
		水灭火	通过海水对火灾进行灭火，主要用于扑灭 A 类火灾
		高压细水雾灭火	将淡水或海水通过高压雾化后进行灭火，主要用于扑灭 A 类、B 类、C 类、E 类火灾
		卤代烷灭火	通过卤代烷灭火剂进行灭火，主要用于扑灭 A 类、B 类、C 类、E 类火灾
		水成膜泡沫灭火	将海水与水成膜泡沫灭火剂混合后进行灭火，主要用于扑灭 A 类、B 类火灾
	抗沉保障功能	浸水监测	对舱室意外浸水进行监测
		浸水报警	对舱室意外浸水进行报警
		应急排水	将舱室意外浸水排至舷外
		压载水注排	通过压载水的注排调整舰船姿态
	爆炸防护安全保障功能	爆炸气体检测	对爆炸气体浓度进行监测
		爆炸预警	对爆炸气体浓度进行预警
		惰性气体抑爆	通过 1301、氮气等惰性气体对爆炸危险舱室进行抑制处理
		通风换气	将舱内空气与舱外空气进行交换

3. 人机交互保障功能

信息化是现代舰船的基本特征之一，人和装备作为信息网络的节点，既是信息的产生者，也是信息的处理者。人机交互保障功能主要是为舰上人与人、装备与装备、人与装备之间的信息交互与共享、辅助决策、模拟训练等提供保障功能，使舰船更安全、更可靠、更高效地完成使命任务。人机交互保障功能分解见表 5-23。

表 5-23 人机交互保障功能

总 功 能	分 功 能	功 能 元	功能元描述
人机交互 保障功能	信息共享 功能	信息采集	对装备状态信息进行采集
		平台网络通信	通过平台网络实现装备本地与远程的信息交互
		信息存储	通过公共数据库实现数据存储
	辅助决策 功能	信息采集	对装备状态信息进行采集
		平台网络通信	通过平台网络实现装备本地与远程的信息交互
		信息融合	通过信息融合为辅助决策提供依据
	模拟训练 功能	信息采集	对装备状态信息进行采集
		平台网络通信	通过平台网络实现装备本地与远程的信息交互
		场景模拟	通过场景模拟实现人机交互训练
	信息安全 功能	传输安全	通过冗余设计等措施实现信息传输安全
		存储安全	通过备份等措施实现信息存储安全
		采集安全	保障数据采集的完整可靠性
		使用安全	通过权限等措施实现信息共享的安全

5.6.3 功能综合设计

根据功能元的功能特点，可赋予功能元各种属性。功能元的属性是功能特性的具体体现，是一种功能元与另一种功能元之间相互区别的标志。功能元从不同的角度有不同的属性，如介质、使用频率、服务对象等。例如，饮用水功能，从介质上讲，饮用水的淡水属性，可以将其与其他以海水为介质的功能元区分开；从使用频率上将，饮用水具有全天候常年使用的属性，可以将其与某些在夏季等特定时间段使用的功能元区分开；饮用水的服务对象属性，可以将其与某些只为设备提供淡水服务的功能元区分开。

功能系统就是某些具有特征属性的功能元的集合：

保障功能系统＝{特征属性＝{属性1，属性2，…}｜功能元1，功能元2，功能元3，…}

特征属性可以包括一种或多种功能元属性。特征属性的选择方式决定了功能系统的构成。

构成功能系统的特征属性一般按照以下原则进行选取：

（1）相近原则。构成功能系统时，应选取功能相近的属性，以便系统内部功能相近似。

（2）关联原则。构成功能系统时，应选取相互关联的属性，以便系统内部功能具备关联性。

（3）均衡原则。构成功能系统时，选取特征属性应使各个系统功能的体量较为均衡，避免不同系统之间的体量差别太大。

根据以上原则，对各个功能元的属性进行归纳，将相近或关联的属性进行组合，形成功能系统的特征属性。船舶保障系统功能综合见表5-24。

表 5-24　船舶保障系统功能综合

功 能 元	分系统（功能元组）	系统（功能元群）	特 征 属 性
饮用水补给	饮用水系统		
饮用水供水			
饮用水消毒净化			
洗涤水补给	洗涤水系统		
洗涤水供水			
洗涤水转驳			
海水淡化			
洗涤水消毒			
洗涤水加热			
盥洗			
淡水冷却			
淡水加热		资源供应系统	饮用水、洗涤水、压缩空气、冷媒水、蒸汽等通用资源
淡水清洗			
压缩空气清洗	压缩空气系统		
压缩空气驱动			
压缩空气排放			
冷媒水冷却	冷媒水系统		
蒸汽加热	蒸汽系统		
蒸汽加湿			
蒸汽吹洗			
蒸汽驱动			
锅炉排烟			
蒸汽排放			
海水驱动	日用海水系统		
海水排放			
海水清洗			
海水冷却			
空气温度调节	舱室大气环境控制系统		
空气湿度调节			
空气净化			
通风换气			
食品冷藏			
食品保鲜			
灰水收集	环境污染控制系统	环境控制系统	环境控制
灰水处理			
灰水排放			
黑水收集			
黑水处理			
黑水排放			
油污水收集			
油污水处理			
油污水排放			

（续）

功 能 元	分系统（功能元组）	系统（功能元群）	特 征 属 性
卤代烷灭火	消防系统	损害管制系统	损害管制
水灭火			
高压细水雾灭火			
水成膜泡沫灭火			
抑爆			
应急排水	姿态平衡系统		
积水排放			
压载水注排			
个人防护	核生化防护系统		
集体防护			
水幕防护			
信息采集	损管监控系统		
火灾探测			
火灾报警			
气体检测			
浸水监测			
浸水报警			
信息采集	信息采集系统	平台网络系统	信息通信
采集安全			
平台网络通信	信息传输系统		
传输安全			
信息存储	信息存储系统		
存储安全			

功能元属性的多重性决定了保障系统功能构成的多样性。根据所选的特征属性不同，会产生不同的功能元组合，通过以上的综合设计，得到较为典型的一种为：

（1）资源供应系统。向全舰提供洗涤水、饮用水、冷媒水、蒸汽、压缩空气、氮气等通用性资源。

保障功能系统＝{通用资源|{饮用水|饮用水补给,饮用水供水,饮用水消毒净化,…},{压缩空气|压缩空气驱动,压缩空气排放,压缩空气清洗,…},{蒸汽|蒸汽加热,蒸汽加湿,蒸汽驱动,…},…}

（2）环境控制系统。提供适合全舰人员、装备等工作和生活的环境温度、湿度，排除有害气体；对生活和工作废弃物进行收集、处理、转运和排放，控制环境污染。

环境控制系统＝{舱室大气环境|空气温度调节,空气湿度调节,空气净化,…}∪{环境污染|灰水处理,黑水处理,油污水处理,…}

（3）损害管制系统。对舰船可能遭受的各类火灾、爆炸、破损、核生化袭击等危险或隐患进行实时监测、预警和报警，并及时采取有效措施进行控制，消除危险或将危害减小到最低程度。

损害管制系统＝{危险源|{火灾、爆炸|{水灭火，高压细水雾灭火，惰性气体抑爆，…}，{浸水|应急排水，积水排放，压载水注排，…}，{核生化污染|个人防护，集体防护，水幕防护，…}，…}∪{损害监控|火灾监控，爆炸气体监控，核辐射监控，…}

（4）平台网络系统。对全舰平台主要系统（设备）进行实时监测、控制和管理；对平台的使用进行综合管理、综合保障和辅助决策；实现全舰平台主要系统之间的信息共享和必要的互操作；实现平台系统信息与作战系统及舰外信息的交换。

平台网络系统＝{信息通信|信息采集，信息传输，信息存储，…}

5.7 作战系统

5.7.1 功能的分类与定义

作战系统是指舰艇平台上用于执行、警戒、跟踪、目标识别、数据处理、威胁估计及控制武器完成对敌作战功能的各要素及人员的综合体。

作战系统功能定义是能够组织本舰各传感器及早发现敌方目标、获取目标信息，可迅速进行识别、分类，向指挥员提供清晰、全面的作战态势，协助指挥员迅速、准确地确定作战方案，以控制各种武器打击目标。

从实现各种作战功能的角度，可将作战系统分为以下四类：

（1）探测感知类功能。

（2）指挥控制类功能。

（3）交战防御类功能。

（4）作战保障类功能。

5.7.2 功能分解

依据探测感知功能、指挥控制功能、交战防御功能和作战保障功能共四个功能类型，我们开展功能分解的工作。

1. 探测感知功能

信息获取功能主要是获取并输出所探测感知到的空中、水面、水下目标的各类信息（位置、速度、频率、红外、激光等），对我方武器跟踪、制导，对直升机引导等。其中主要探测感知功能分解如表 5-25 所列。

表 5-25 探测感知功能分解

总 功 能	分 功 能	功 能 元	功能元描述
探测感知功能	目标探测功能	对空目标探测	对远程、中程、近程空中目标进行搜索
		对海目标探测	对超视距海面目标进行主、被动探测；对视距内海面目标进行探测
		对水下目标探测	对潜艇目标进行搜索，对鱼雷目标进行警戒和主被动报警
	目标跟踪功能	对空目标跟踪	对远程、中程、近程空中目标进行跟踪
		对海目标跟踪	对超视距海面目标和视距内目标进行跟踪
		对水下目标跟踪	对潜艇目标和鱼雷目标进行跟踪

总 功 能	分 功 能	功 能 元	功能元描述
探测感知功能	目标识别功能	对空目标识别	对飞机目标进行识别
		对海目标识别	对海上目标进行识别
	电子侦察功能	信号侦察	对雷达信号、激光信号和通信信号进行侦察
		信号截获	对雷达信号、激光信号和通信信号进行截获
		信号定向	对雷达信号、激光信号和通信信号进行定向
	制导保障功能	导弹跟踪	对我方舰空导弹跟踪
		导弹制导	对我方舰空导弹制导
		弹丸跟踪	对我方舰炮弹丸跟踪
		弹道指令修正	对我方信息化弹药、鱼雷进行指令修正
		水柱测量	对我方舰炮着点水柱进行测量
	信号输出功能	输出目标视频	输出探测到的目标视频
		输出目标点迹	输出探测到的目标点迹
		输出目标航迹	输出探测到的目标航迹
		输出目标电磁辐射信号	输出探测到的目标的电磁辐射信号
		输出目标通信信号	输出探测到的目标通信信号
		输出目标情报信息	输出探测到的目标情报信息
		输出武器目标跟踪信息	输出探测到的武器目标跟踪信息

2. 指挥控制功能

指挥控制功能主要是对舰内外探测到的各类目标信息进行融合处理，形成战场态势，辅助指挥员制定作战方案；经指挥员指挥决策或作战干预后，对软硬武器、其他作战兵力进行指挥控制。其中主要指挥控制功能分解如表 5-26 所列。

表 5-26　指挥控制功能分解

总 功 能	分 功 能	功 能 元	功能元描述
指挥控制功能	提供综合战场态势功能	接收信息	接收本舰传感器信息和设备状态信息，接收舰外情报、目标数据信息
		信息融合	对信息进行融合处理
		目标综合识别	对目标信息进行综合识别
		形成态势	形成综合的战场态势
	辅助指挥功能	分析敌我态势	辅助指挥员分析敌我态势
		威胁判断	辅助指挥员进行威胁判断
		通道组织	辅助指挥员进行方面作战通道组织
		方面作战	辅助指挥对空、对海/对陆、对水下等方面作战
		设备操控	支持操作人员完成对舰载电子、武器装备操控
	舰载机指挥与控制功能	直升机指挥控制	对舰载直升机进行指挥、引导、控制
		无人机指挥控制	对无人机进行指挥、引导、控制
	备用指挥功能	备用作战指挥	战损时，提供备用作战指挥功能
		应急作战	作战指挥系统故障时，组织可使用武器通道

3. 交战防御功能

交战防御功能主要是在人工或自动指挥控制下，对敌空中、水面、岸基、水下目标进行交战对抗。其中主要交战防御功能分解如表 5-27 所列。

表 5-27　交战防御功能分解

总功能	分功能	功能元	功能元描述
交战防御功能	抗击来袭飞机功能	武器控制	操作武器控制台对舰炮或导弹进行舰炮诸元装订、导弹参数设定等控制操作
		抗击拦截轰炸机	利用本舰远程防空导弹对来袭的拦截轰炸机进行抗击
		抗击歼击机	利用本舰远程防空导弹对来袭的歼击机进行抗击
		抗击武装直升机	利用本舰远程防空导弹对来袭的侦察武装直升机进行抗击
		拦截无人机	利用近程防空导弹对无人机进行抗击
	拦截导弹功能	武器控制	操作武器控制台对导弹进行参数设定等控制操作
		中段拦截弹道导弹	利用动能拦截弹对大气层外中段弹道导弹进行拦截
		末端高层拦截弹道导弹	利用防空导弹对再次进入大气层内的弹道导弹在末端高层进行拦截
		末端低层拦截弹道导弹	利用防空导弹对再次进入大气层内的弹道导弹在末端低层进行拦截
		中程拦截掠海飞行巡航式反舰导弹	利用中程防空导弹对敌方来袭导弹实施中段拦导
		末端对掠海飞行巡航式反舰导弹	利用末端防空导弹武器系统实施末端拦导
		末端拦截低微波特性反舰导弹	利用近程反导舰炮武器实施末端拦截
	电子干扰功能	干扰敌方飞机	对敌方飞机机载雷达实施有源/无源干扰
		干扰敌方舰船	对敌方舰船雷达实施有源/无源干扰
		干扰敌方导弹	对敌方导弹导引头实施有源/无源干扰
		干扰敌方通信	对敌方通信实施有源干扰
	对海面目标打击功能	武器控制	操作武器控制台对舰炮或导弹进行舰炮诸元装订、导弹参数设定等控制操作
		舰炮射击	对视距内海面目标，在武器有效射击区域内利用舰炮实施打击
		弹药装填	对舰炮弹鼓装填弹药
		弹药发射	弹药进入舰炮发射弹位，进行发射
		引信装订	弹药在发射弹位进行引信测合与信息装订
		火控解算	利用火控台进行射击诸元解算
		火控信息发送	利用火控台向舰炮进行信息发送
		对空和对海目标跟踪	利用跟踪雷达对空中目标、海上目标进行跟踪
		弹丸跟踪	利用跟踪雷达对弹丸进行跟踪
		对岸上目标跟踪	利用光电跟踪仪对岸上目标进行跟踪
		激光测距	利用光电跟踪仪进行激光测距
		弹丸初速测定	利用测速雷达进行弹丸初速测量
		弹丸初速数据发送	利用测试雷达控制设备发送初速数据
		舰舰导弹	利用反舰导弹对海面目标实施打击

总功能	分功能	功能元	功能元描述
交战防御功能	对海面目标打击功能	导弹航路规划	利用武控台进行对陆巡航导弹航路规划、拼接等
		导弹海上航路规划	利用武控台进行对海导弹路规划等
		筒弹补气	利用补气控制设备进行筒弹补气
		导弹参数设定	利用武控台进行导弹参数计算、装订等
		设备供电	利用武控电源进行武器控制设备的加电
		导弹装填	利用补给装填设备进行导弹装填
		导弹转运	利用弹药转运设备进行导弹转运
		导弹储存	利用发射架进行导弹舰上储存
		导弹发射	利用发射架进行导弹发射
		导弹初始对准	利用舰载惯性导航设备和局部基准进行导弹初始对准
		导弹加电	利用通用供电电源进行导弹加电
		导弹发射弹位协调	利用通用协调管理机进行导弹发射弹位排序
		导弹发控信号装订	利用通用发控设备进行导弹发射控制信号装订
		拦截海面小目标	利用近程反导舰炮拦截海面小型无人艇和舢板等小目标
	对水下目标作战功能	武器控制	操作反潜控制台对鱼雷进行参数装订、射前检查等操作
		打击敌方潜艇	利用我方直升机空投鱼雷、舰载鱼雷对水下潜艇目标进行梯次拦截
		拦截敌方无人潜器	利用我方直升机空投鱼雷、舰载鱼雷对无人潜器进行梯次拦截
		干扰敌方潜艇声纳	利用水声对抗器材干扰敌方潜艇声纳
		干扰敌方鱼雷	利用声干扰器干扰敌方潜艇鱼雷导引声纳
		诱骗敌方鱼雷	利用声诱饵诱骗敌潜艇发射的线导、声自导鱼雷
		鱼雷硬杀伤	利用悬浮式拦截弹对中近距离来袭鱼雷实施硬杀伤
		鱼雷控制信息设定	使用鱼雷发控仪进行鱼雷参数设定
		鱼雷火力控制解算	使用鱼雷指挥仪进行诸元解算
		鱼雷弹道修正参数计算	利用鱼雷控制台进行鱼雷弹道计算
		鱼雷弹道修正指令发送	鱼雷控制台利用舰上射频设备发送鱼雷弹道修正指令
	对岸上目标实施打击功能	对岸火力支援	登陆战中利用大口径舰炮实施对岸上碉堡、兵力集结点实施火力支援和覆盖
		对陆精确打击	利用远程对陆巡航导弹对重要建筑物、机场跑道实施精确打击
	近区防卫功能	探测水下蛙人目标	利用反蛙人声纳探测水下蛙人目标
		探测水面小型快艇	利用昼夜观瞄设备探测水面小目标
		指挥与发射控制	利用发射控制设备进行诸元解算
		打击水下蛙人目标	利用反蛙人火箭炮打击水下蛙人目标
		水面目标软杀伤	利用强光眩目和声能拒敌武器对水面目标进行告警、驱逐
	直升机/无人机作战功能	巡逻反潜	利用直升机自带浮标和反潜鱼雷等进行巡逻反潜
		应召反潜	利用直升机携带反潜鱼雷，根据舰外目标指示信息，实施应召反潜
		侦察监视	利用无人机对敌方舰船进行侦察监视
		电子侦察	利用无人机收集敌方电子频谱信息
		通信中继	利用无人机进行弹与舰之间的信息中继
		火力校射	利用无人机对舰炮实施火力校射

4. 作战保障功能

作战保障功能主要是提供作战所必需的导航、通信、时间统一等信息以及火力兼容、电磁兼容、数据记录、状态检测与监控、对准保障等服务。同时，为舰载机执行任务提供备战、备航保障。其中主要作战保障功能分解如表 5-28 所列。

表 5-28 作战保障功能分解

总 功 能	分 功 能	功 能 元	功能元描述
作战保障类功能	航空保障功能	飞行指挥	包括飞行指挥决策支持功能、指挥权交接功能、飞行监视功能、领航指挥功能等
		空勤指挥	包括飞行计划辅助制订、视频回放功能、航电规划功能、任务规划功能、飞行资料管理功能等
		舰面勤务指挥	包括舰面设备状态监视功能、舰面作业支持功能等
		舰载机状态管理	对舰载机的状态进行监控和管理
		信息保障	包括导航信息接收与处理功能、任务保障能力显示功能、作战任务接收与处理功能等
		灯光助降	为舰载机驾驶员提供助降灯光标志，保证直升机安全起降和作业
		无人机引导回收	包括目标探测功能、着舰引导功能、复飞辅助决策功能等
		牵引转运	保障舰载机在机库及起降平台间安全转运
		系留固定	保障舰载机在起降平台及机库上安全系留
		机载武备保障	包括检查鱼雷、导弹、航空深弹等机载弹药及实现机载弹药在弹库及起降平台间的转运、储存等
		航空供电	包括对用电设备进行通电检查、维修及启动发动机等
		加油及放油	包括接收喷气燃料补给、油舱间调驳喷气燃料、喷气燃料过滤和消静电、舰载机压力和重力加油、接收舰载机重力放油及向舰外卸载喷气燃料等
		舰载机冲洗	包括舰载机的除盐清洗、性能还原清洗及吹风干燥功能等
		舰载机液压油维护	包括舰载机液压系统功能试验和维护检查、局部清洗及对舰载机液压油箱加油等
		静电接地	用于消散舰载机在舰上加油、停放、维护及悬停作业时的静电
		舰基维护保障	用于保障舰载机舰上使用及维护相关工作
		随机维护保障	用于完成定检及以下预防性维修工作和部分修复性维修工作
	导航信息保障功能	提供导航基准信息	为舰上武器、雷达等用户提供航向航速信息、舰艇姿态等基准信息
		传递对准	为舰上武器、雷达等用户提供初始对准信息
		系统监视与管理	对导航系统运行情况进行监视与集中管理
		多源信息融合及信息分发	将各传感器提供信息分类融合，并将融合后数据分发到舰艇上各用户
		气象要素探测	对舰面及本舰附近气象要素进行探测
		危险天气监测预报	对舰艇航行区域危险天气情况进行监测与预报
		系统模拟	模拟舰艇导航系统运行情况
	通信保障功能	卫星通信	利用卫星通信设备与编队内作战平台、航空母舰舰载机通信能力
		短波通信	利用短波设备与编队内作战平台、航空母舰舰载机通信能力
		超短波通信	利用超短波通信设备与编队内作战平台、航空母舰舰载机通信能力
		数据链传输	战术数据传输能力

总 功 能	分 功 能	功 能 元	功能元描述
作战保障类功能	通信保障功能	归航引导	直升机归航引导通信保障能力
		无人机测控与信息传输	具备舰载无人机测控及信息传输能力
		民船通信	进出港时所需的通信联络及与民用船舶的通信联络
		遇险救生	国际海事遇险救生通信和符合我国海军要求的遇险救生通信能力
		应急通信	具备应急通信能力，在主电源故障时，以直流电方式工作，提供舰内、外基本通信保障
		信息传输	具备复杂电磁环境或无线电静默时水面舰艇编队内舰舰之间的信息传输能力
		内部通信	舰内指挥通信、勤务通信、广播报警、生活保障通信、收看闭路电视及卫星电视的通信能力
		综合监视	对本舰重要战位、部位及周围海面的视频监视能力
		网络连通	本舰停靠码头时，具备与岸基通信网络的连通能力
		一体化网络	构建覆盖全舰重要区域、承载各类综合业务、支持不同应用接入、提供传输服务保障的一体化传输网络，为作战、通信和平台管理等业务应用系统及之间的互联互通提供公共信息接入、传输和交换平台
	作战辅助功能	接收舰外授时	接收卫星发播的标准时间并与之保持高精度的同步
		提供时间基准	向各设备提供统一时间基准信息
		状态监控	集中显示作战系统状态、平台信息，辅助指挥员监视作战系统状态，为指挥员决策提供支持
		通道管理	实时检测、录取和显示作战系统通信数据
		火力兼容	实时录取武器系统数据及状态信息，自动判断各武器间的火力兼容的必要条件，发出武器禁射、避让或告警信号
		电磁兼容	接收并处理电子、武器的工作状态信息，按照电磁兼容管理规则和措施，发出电磁兼容管理的控制指令，实施全舰电磁兼容管理控制
		模拟训练	训练环境及态势的模拟与控制
		零位对准	舰艇服役后作战系统所属各个传感器、武器系统、导航等零位的复查及作战系统零位对准

5.7.3 功能综合设计

作战系统作为一个基于战斗使用的复杂功能单元集合，需要适应瞬息万变的战术态势情况，必须建立一个有效的并能很好地协调和控制各功能单元的多维系统，需要通过对各部分功能单元进行良好协调和平衡，进行高度的综合设计。

因此我们根据舰艇的使命任务，研究以各种先进技术为基础的作战系统各分系统及设备的可能用途、使用时采用的战略战术，研究建议采用的新的作战系统与现有的作战系统相比具有哪些潜在优点，或者研究对潜在的新系统最有效的那些参数的范围。并考虑该作战系统研制出来后，在整个编队体系中的作用，能够承担什么任务，实现什么功能，即需要通过构建基于任务的若干个功能系统来实现本舰在编队体系中的所分配的任务。基于体系作战的考虑，我们分析驱逐舰应该承担的使命任务如下：

（1）在航空母舰编队中担负编队远程防空、近程反导和区域反潜任务，担负护航水面舰艇区域防空、反潜指挥任务和编队航空兵辅助指挥任务。

（2）在联合机动编队中担负编队指挥任务；以及驱护舰编队远程防空、近程反导和区域反潜任务。

（3）在两栖作战编队中担负编队的远程防空、近程反导和区域反潜任务，以及编队掩护舰艇指挥任务。

（4）单独或协同其他兵力攻击敌大中型水面舰艇。

（5）单独或协同其他兵力实施对陆打击作战。

根据以上使命任务，将驱逐舰的各功能元进行合理组合，构建所满足任务需求的作战系统功能系统如表 5-29 所列。

表 5-29 作战系统各功能系统构建

功 能 元	分系统（功能元组）	系统（功能元群）	特 征 属 性
对空目标探测	对空探测雷达	射频系统	对海面目标和远程、中程、近程空中目标探测与识别。电子侦察、电子情报收集、有源干扰和无源干扰。为反舰导弹和主炮对海/对陆打击、中远程防空导弹武器防空反导及近程、末端武器防御提供信息保障
对空目标跟踪			
导弹跟踪			
导弹制导			
弹丸跟踪	对海探测雷达		
弹道指令修正			
对海目标探测			
对海目标跟踪			
水柱测量			
信号侦察	电子侦察设备		
信号截获			
信号定向			
干扰敌方飞机	电子对抗设备		
干扰敌方舰船			
干扰敌方导弹			
干扰敌方通信			
对空目标识别	敌我识别设备		
对海目标识别			
输出空中目标视频	系统处理设备		
输出空中目标点迹			
输出空中目标航迹			
输出空中目标电磁辐射信号			
输出空中目标通信信号			
输出空中目标情报信息			
输出武器目标跟踪信息			

功　能　元	分系统（功能元组）	系统（功能元群）	特　征　属　性
对水下目标探测	回声声呐	水声系统	对敌潜艇的警戒、搜索和跟踪，并为反潜武器提供目标指示，与己方潜艇的水下通信
对水下目标跟踪			
对水下目标探测	拖曳线列阵声纳		
对水下目标跟踪			
输出水下目标点迹	系统处理设备		
输出水下目标航迹			
接收信息	指挥控制设备	作战指挥系统	担负单舰、协同编队实施作战管理与指挥控制。支持载舰实施对空、对水下和对海/对陆作战指挥。支持对舰载直升机和无人机实施指挥、引导
信息融合			
目标综合识别			
形成态势			
分析敌我态势			
威胁判断			
通道组织			
方面作战			
设备操控			
直升机指挥控制			
无人机指挥控制			
武器控制	武器控制设备	远程舰空导弹武器系统	担负编队区域防空作战任务，主要用于拦截空中飞机类目标，包括轰炸机、歼击轰炸机、攻击机、武装直升机等，并具有拦截部分反舰导弹能力
抗击拦截轰炸机	远程防空导弹		
抗击歼击机			
抗击武装直升			
弹道导弹中段拦截			
末端高层拦截弹道导弹			
武器控制	武器控制设备	中程舰空导弹武器系统	担负编队区域反导作战任务
末端低层拦截弹道导弹	中程防空导弹		
中程拦截掠海飞行巡航式反舰导弹			
武器控制	武器控制设备	近程防空导弹武器系统	担负末端反导防御任务
近程拦截导弹	近程反导导弹		
近程拦截无人机			
武器控制	武器控制设备	近程反导舰炮武器系统	拦截导弹，并兼顾打击飞机和其他来袭的空中目标，必要时打击其有效射程内的敌海上小型目标
末端拦截临空飞机	近程反导舰炮		
末端拦截低微波特性反舰导弹			
拦截海上小型目标			

功 能 元	分系统（功能元组）	系统（功能元群）	特 征 属 性
打击敌方潜艇	鱼雷	舰载反潜武器系统	利用本舰或舰外和目标信息，计算武器射击参数，综合控制武器在有效射程内对敌潜艇目标实施中程、近程打击
拦截敌方无人机潜器	鱼雷		
鱼雷控制信息设定	控制设备		
鱼雷火力控制解算	控制设备		
武器控制	控制设备		
鱼雷弹道修正参数计算	鱼雷指令修正设备		
鱼雷弹道修正指令发送	鱼雷指令修正设备		
对水下目标探测	主被动鱼雷报警声纳	水下防御系统	对来袭鱼雷实现远距离上的被动探测、识别和报警、近距离上的定位和跟踪，实现水下防御统一指挥与软硬武器综合控制，干扰敌潜艇的鱼雷导引声纳，诱骗、干扰和摧毁来袭鱼雷
对水下目标跟踪	主被动鱼雷报警声纳		
干扰敌方鱼雷	水声对抗器材		
干扰敌方潜艇声纳	水声对抗器材		
诱骗敌方鱼雷	水声对抗器材		
鱼雷硬杀伤	悬浮式拦截弹		
弹药装填	舰炮	主炮武器系统	实施对岸上、海上目标实施炮火攻击，兼顾对空防御
弹药发射	舰炮		
引信装订	舰炮		
火控解算	火控设备		
火控信息发送	火控设备		
对空和对海目标跟踪	跟踪雷达		
弹丸跟踪	跟踪雷达		
对岸上目标跟踪	光电跟踪设备		
激光测距	光电跟踪设备		
弹丸初速测定	测速雷达		
弹丸初速数据发送	测速雷达		
导弹航路规划	远程对陆导弹	对海对陆导弹武器系统	攻击敌方典型大中型水面舰艇目标或重要陆上目标
导航海上航路规划	远程对海导弹		
筒弹补气	补气控制设备		
导弹参数设定	武器控制设备		
设备供电	武控电源		
导弹装填	导弹装填设备	通用垂直发射系统	协调各导弹武器系统发射时序，为导弹提供发射控制、导弹供电等
导弹转运	导弹装填设备		
导弹储存	导弹发射架		
导弹发射	导弹发射架		
导弹初始对准	局部基准		
导弹加电	导弹供电电源		
导弹发射弹位协调	通用协调管理机		
导弹发控信号装订	发控设备		

功 能 元	分系统（功能元组）	系统（功能元群）	特 征 属 性
探测水下蛙人目标	反蛙人声纳		
探测水面小型快艇	昼夜观瞄设备		在本舰驻泊、锚泊时，对本舰周围
指挥与发射控制	发控设备	近区防卫武器系统	近区水下、水面小型运动目标进行防
打击水下蛙人目标	反蛙人火箭炮		御，保障舰艇安全
水面目标软杀伤	强光眩目和声能拒敌武器		
巡逻反潜			
应召反潜			在本舰规定海区内可执行巡逻反
侦察监视	舰载直升机无人机	舰载机系统	潜、应召反潜、侦察、救护和运输等
电子侦察			任务
通信中继			
火力校射			
飞行指挥	塔台飞行指挥台		
空勤指挥	空勤终端		
舰面勤务指挥	舰面勤务指挥终端		
舰载机状态管理	机务管理终端		
信息保障	数字机柜		
灯光助降	助降灯光设施		
无人机引导回收	无人机着舰引导雷达		
牵引转运	牵引设施		
系留固定	系留座及系留索具	航空保障系统	为舰载机完成空中任务提供备战、
机载武备保障	雷弹转运装置		备航保障，包括起降指挥，地勤保障
航空供电	直流、中频电源设备		作业等保障任务
加油及放油	喷气燃料设施		
舰载机冲洗	两用冲洗车		
舰载机液压油维护	液压油车		
静电接地	直升机接地装置		
舰基维护保障	舰基维护保障设备		
随机维护保障	随机维护保障设备		
提供导航基准信息	舰艇运动状态测量分系统		
传递对准			
航海作业	航海作业分系统		为本舰及编队提供基础信息保障。
系统监视与管理	系统管理与信息		为舰艇提供航海信息保障，引导舰船
多源信息融合及信息分发	分发分系统	导航系统	航行；为舰艇提供时空运动和海洋大 气环境等信息支持；兼顾海洋环境信
气象要素探测	海洋大气环境保障分系统		息收集，支持海战场环境建设
危险天气监测预报			
系统模拟	辅助保障设备		

功 能 元	分系统（功能元组）	系统（功能元群）	特 征 属 性
卫星通信	卫星通信设备	通信系统	保障本舰对外的作战指挥、协同、报知通信、战术数据的传输；保障本舰对舰载机指挥通信、归航引导和情报数据传输；保障本舰内通、勤务通信、广播报警、生活通信、闭路电视、视频监视；保障本舰应急通信、遇险救生通信；保障本舰进出港及国际海事通信联络；保障本舰停靠码头时，与岸基通信网络的接入和互通；保障对外出访所需的通信联络
短波通信	短波通信设备		
超短波通信	超短波通信设备		
数据链传输	数据通信设备		
归航引导	飞机指挥引导通信设备		
无人机测控与信息传输	数据通信设备		
民船通信	应急与遇险救生通信设备		
遇险救生	应急与遇险救生通信设备		
应急通信	应急与遇险救生通信设备		
信息传输	综合信息传输设备		
内部通信	舰内通信保障设备		
综合监视	舰内通信保障设备		
网络连通	一体化传输网络		
一体化网络	一体化传输网络		
接收舰外授时	时统设备	作战辅助系统	为作战系统提供时统、数据记录、电磁管理、火力兼容等辅助功能
提供时间基准	时统设备		
状态监控	综合监视设备		
通道管理	记录重演设备		
火力兼容	火力兼容管理设备		
电磁兼容	电磁兼容管理设备		
模拟训练	模拟训练管理设备		
零位对准	作战系统零位对准设备		
备用作战指挥	备用作战指挥设备		

作战系统功能元种类繁多，相互之间关联性较强，通过不同的功能元组合，以"探—控—打—保"为主线，基于作战任务形成的功能系统如下：

（1）射频系统。

（2）水声系统。

（3）作战指挥系统。

（4）远程防空导弹武器系统。

（5）中程防空导弹武器系统。

（6）近程防空导弹武器系统。

（7）近程反导舰炮武器系统。

（8）舰载反潜武器系统。

（9）水下防御系统。

（10）主炮武器系统。

（11）对海对陆导弹武器系统。

（12）通用垂直发射系统。

（13）近区防卫武器系统。

（14）舰载机系统。

（15）航空保障系统。

（16）导航系统。

（17）通信系统。

（18）作战辅助系统。

参 考 文 献

［1］唐林．产品概念设计基本原理及方法［M］．北京：国防工业出版社，2006．

［2］秦晋．面向功能的创新概念设计问题研究［D］．合肥：合肥工业大学，2007．

［3］王军．基于功能的机电产品概念设计方法研究与应用［D］．武汉：武汉理工大学，2009．

［4］孙泽鹏，张昊．民用飞机的功能定义及方法研究［J］．广东科技，2015，10：46-49．

［5］http：//i3.sinaimg.cn/jc/p/2008-02-05/U1335P27T1D484563F3DT20080205093508.jpg，2008-02-05．

［6］http：//photocdn.sohu.com/20150901/Img420250610.jpg，2015-09-01．

［7］http：//www.sinaimg.cn/dy/slidenews/8_img/2011_51/204_57402_626695.jpg，2011-12-11．

［8］http：//n.sinaimg.cn/default/9_img/upload/3933d981/w1600h1254/20171206/-PLk-fypikwu1330247.jpg，2017-12-06．

［9］https：//gss1.bdstatic.com/-vo3dSag_xI4khGkpoWK1HF6hhy/baike/c0%3Dbaike180%2C5%2C5%2C180%2C60/sign=affe0652a3d3fd1f2204aa6851274e7a/1ad5ad6eddc451daacbe9997bdfd5266d0163205.jpg，2018-09-06．

［10］https：//upload.wikimedia.org/wikipedia/commons/thumb/b/bf/HMS_Daring-1.jpg/1280px-HMS_Daring-1.jpg，2013-05-12．

［11］https：//upload.wikimedia.org/wikipedia/commons/thumb/2/2b/Nave_Caio_Duilio.jpg/1280px-Nave_Caio_Duilio.jpg，2011-03-12．

［12］https：//timgsa.baidu.com/timg？image&quality=80&size=b9999_10000&sec=1534700083535&di=435dee5db79a34eeb11fd3b4ffb3d51f&imgtype=0&src=http%3A%2F%2Fimg4.cache.netease.com%2Fphoto%2F0001%2F2013-11-25%2F9EHD415G4T8E0001.jpg，2013-11-25．

［13］https：//timgsa.baidu.com/timg？image&quality=80&size=b9999_10000&sec=1534700632458&di=06be5b0dc0bbaa4df5f155c46291db43&imgtype=0&src=http%3A%2F%2Fimg2.huanqiu.com%2Fattachment2010%2F2014%2F0513%2F20140513042002159.jpg，2014-05-13．

［14］https：//timgsa.baidu.com/timg？image&quality=80&size=b9999_10000&sec=1534700030469&di=4444f90d255b57d9ed8fdb7618d88a96&imgtype=0&src=http%3A%2F%2F5b0988e595225.cdn.sohucs.com%2Fq_70%2Cc_zoom%2Cw_640%2Fimages%2F20180728%2Fd06787d416554f35bdda306956c76397.jpg，2018-07-28．

［15］金迎村，宗砚，王皎．大型舰船物资转运瓶颈解析计算及分段优化方法［J］．中国舰船研究，2016，11（1）：121-127．

［16］闻邦春．机械系统概念设计与综合设计［M］．机械设计手册第，5版单行本．北京：机械工业出版社，2014．

［17］亚伯拉罕．马斯洛．动机与人格［M］．3版．许金声，译．北京：中国人民大学出版社，2009．

第 **6** 章
总体方案规划设计

产品概念设计过程是从需求开始，于概念产品设计方案终止。概念设计是一个创造性阶段，设计师须综合分析前期掌握的大量信息资料，运用其经验、洞察力和创新能力，构建一系列可能达到预期目标的方案，并从各种可能的方案中寻求各种问题的解决办法。

"总体方案规划设计"过程是概念设计中从功能域到结构域的映射过程之一，是一种以满足前期需求设计和功能设计中所明确的使命任务、主要作战使用性能要求及初步指标、主要系统划分及其功能等设计输入为前提，统筹考虑技术先进性、可行性、经济性、系统性以及创新性，利用现代先进设计方法和技术手段，充分论证寻找各系统功能实现的优化解，并将各个分散的功能系统有机整合形成综合效能优良的总体概念多方案的创造性活动。

驱逐舰总体方案规划设计的主要内容包括总体布局设计、各系统技术方案设计、总体方案集成设计等。本章将重点阐述驱逐舰总体布局设计、各系统（包括船体结构、船舶装置、推进系统、电力系统、船舶保障系统、作战系统）设计的基本原则与方法以及总体集成方案的构造原则与方法等。

6.1 > 布局设计

驱逐舰作为一个形状、尺寸、结构复杂的水上兵器，为保障其有效执行作战任务，首先必须具有一定的几何尺度和排水体积以形成足够的空间和浮力来承载所必需的各类有效装载（包括电子武器装备、机电设备、辅助设备、人员、燃油、淡水等）；其次必须具有适当的建筑形式和合理的总体布置以使舰体内有限空间得到充分利用，达到有效发挥各系统、设备使用效能的目的；此外，还必须具有可靠的结构强度来确保航行和使用安全。

驱逐舰总体布局设计主要是一个基于需求设计和功能设计提出的主要性能指标和功能要求，开展主尺度、排水量等总体资源规划论证，并合理规划舰的整体布局，形成基本概念方案的过程。各装舰系统设备及主要舱室均是以满足自身的功能和性能要求为目标来进行布置的，它们之间既组成一个有机的整体，又相互存在着一定的矛盾。因此，总体布局设计的过程既是一个多专业协同、反复迭代、螺旋上升的过程，又是一个充满矛盾、解决矛盾的过程，是总体方案规划设计中一项十分复杂且关键的工作内容，其复杂性体现在涉及面非常广，必须布置大量的武器、装备以及各类工作、生活、服务保障舱室；其关键性则体现在其设计结果直接决定总体概念方案的优劣，对舰的战斗力、生命力等产生直接影响。

概念设计阶段总体布局工作的主要内容包括主尺度论证、型线设计、区域规划设计以及外形设计等，这一阶段形成的主要成果包括总体性能文件（包括舰型、主尺度、排水量和吃水、浮性和稳性、快速性、续航力和自持力、适航性、操纵性、不沉性、储备与裕度等；其中储备和裕度包括排水量、主机功率、电站功率等）、型线方案、概念方案外形图（包括俯视图、侧视图和三维外形图，能够直观展示出船体和上层建筑外形，以及推进系统、舱面武器装备、主要电子设备等重要设备的布置）。

6.1.1 设计基本原则

1. 主尺度论证原则

主尺度是舰船主要几何特征表达要素，通常指船长（设计水线长）、型宽（设计水线宽）、型深、设计吃水。主尺度论证是驱逐舰研制中的关键一环，其目标主要是提出合理可行的主尺度方案，以满足全舰总体布置空间需求，排水量与全舰重量相互匹配并留有一定储备，可通过船型设计优化以满足稳性、快速性、操纵性等总体性能要求。

在驱逐舰主尺度论证时一般遵循以下原则。

1）与船型设计相匹配

驱逐舰作为海军兵力构成中用途最广泛的舰种，具有适航性好、航速较高、生存能力强、用途多和综合战斗能力强等特点[1]。驱逐舰的设计首先应保证其作战效能能得到有效发挥，为主要电子、武器装备的上舰提供充分的布置空间；此外，驱逐舰的使命任务亦对其快速性、操纵性和耐波性等航行性能提出了较高的要求。主尺度是开展型线设计的重要前提，其参数合理与否直接影响舰的静力性能和航行性能。故主尺度论证需综合权衡好总布置需求与航行性能需求之间的关系，合理选择长宽比、型深等参数。

2）合理控制排水量和空间储备

为满足舰船多样化任务的需要，现代舰船的装备日益增加，现代驱逐舰等大型水面舰船常常被设计成接近排水量和稳性的总体设计限值（稳性衡准值或不沉性或快速性），以使它们能够携带较多的现代军械和电子设备在海上高速航行[2]。由于舰船动力装置功率的限制，为满足快速性要求，舰船被设计得长宽比较大和负载（作战系统）重量与舰重量之比较高[2]。为提高舰的生存能力，保障舰船的未来用途，就必须从源头开始重视重量和重心高度的设计，并确保舰船留有适量的使用期裕度。随着主尺度的明确，驱逐舰的排水量和舰内空间也就随之确定了。因此，为降低后续设计阶段的重量、重心控制与总布置设计风险，应全面关注影响舰船主要性能的舰载电子、武器装备、机电设备等重要设备以及生活、环境、备件等在早期设计阶段难以量化明确的空间和重量、重心需求，避免空间、重量、重心与实际需求不匹配；同时应考虑因储备过大引起的主尺度、排水量增加而带来的一系列不利影响（如建造成本增加，使用经济性降低等），故主尺度论证时需要综合考虑预留适当的排水量、空间容积及稳性储备，确保全寿期可行。

3）螺旋递进、多方案选优

舰船设计是多参数、多目标、多约束的求解和优化问题[3]。由于概念设计阶段输入存在较大的不确定性，难以提出较为详细的设计方案，因此，最初粗估得到的主尺度完全有可能不符合要求，只有通过多轮循环迭代修正[3]，才能逐渐逼近较为理想可行的方案。

2. 型线设计原则

型线设计是驱逐舰总体设计的重要内容，是性能计算、结构设计、各种布置和建造放样的依据，型线设计的优劣将直接影响舰的航行性能、使用及建造等方面。

型线设计是在船型、主尺度以及船型系数初步确定基础上开展的。在开展型线设计之前需要充分研究总布置要求，参考相近的母型船资料，确定合适的船体形式，初步估算排水量和船型系数，如方型系数、水线面面积系数等。这些是开展下一步工作的基础。

型线设计主要从以下几方面进行考虑。

1）应具有良好的航行性能

快速性是影响驱逐舰经济性的关键因素，进行型线设计时，一般将快速性放在首位，同时需兼顾稳性、耐波性、操纵性，从而使航行性能实现综合优化。

2）应满足总体布置要求

型线方案应满足总布置对甲板面积和舱室容积的需求以及机舱和设备的布置、浮态调整等要求。

3）考虑船体结构的合理性和工艺性

船体外板曲面弯曲要合理，便于建造。尤其是在构造驱逐舰首、尾的型线时，型线如设计为过于复杂的曲面，不仅增加建造的工时，而且不易保证施工的质量，影响结构强度和刚度[4]。从工艺性角度出发，船体表面尽可能采用可展曲面或平面与折角线组成的简易线型，但如对快速性带来不利影响时，还需根据具体情况加以权衡。

4）构建和谐美观的外形

外形设计应美观、威武。在型线设计上主要考虑舰首、尾、甲板边线和外露折角线的美观[3]协调性，并兼顾隐身性的要求。

在型线设计中需要考虑的因素和要求很多，甚至有些要求可能相互矛盾，故在型线设计时需综合权衡确定。

3. 区域规划原则

结合近年来驱逐舰发展的现状以及发展趋势，总结区域规划应遵循的基本原则如下：

（1）立足于装备的功能要求谋划全局，提升作战效能。应符合主要作战使用性能的要求，保证各种装舰武器系统、装置、设备和器材等的功能发挥[1]，提高舰的综合作战能力和生存能力。

（2）全局规划合理紧凑，节省总体资源。区域规划的目的就是保证全舰空间布局的合理性，提高全舰空间资源的有效利用，保证舰员工作和生活的方便、舒适，应使得全舰布局整体协调，各区域的功能分配合理，各区域内舱室布置紧凑。

（3）把握"生命力、安全性第一"的基本原则，严控总体风险。生命力和安全性的实现通过消耗总体资源来实现，与空间、重量的控制设计相矛盾，同时也影响着系统、设备的设计和使用。如防火、水密、气密等区域的划分均直接影响结构设计及重量、通道规划以及消防、配电、空调分区的数量等。在设计中严禁以牺牲总体生命力和安全性为代价来换取设计、使用的便捷性。

（4）考虑区域之间的相互关联性，提高操作使用的方便性。在进行区域规划时，应充分考虑各区域之间的关联性及深化设计的可行性。例如，人员生活区与工作区之间应尽量靠近，提高人员在紧急情况下跑位便捷性。在保证生命力的基础上，同一系统的设备应就近布置，提高操作使用的方便性，还可以降低对总体资源的消耗。

概念设计阶段区域规划工作主要是完成主横隔壁划分、甲板分层、总体布局规划等，下面简要阐述主横隔壁划分、甲板分层以及总体布局规划的基本设计原则。

1）主横隔壁划分

影响主横隔壁划分的因素包括生命力要求、重要设备布置、防火主竖区设计等。在船舶曲面产生之后，如何合理地进行主横舱壁划分一直是舰船设计中的一个关键节点，任何一道主横隔壁的调整都将有可能影响到其他舱壁变化，因此舰船主横隔壁划分是一个不断反复、螺旋优化的过程。

美国于 1962 年在美国造船与轮机工程师学会年鉴上发表了"美国水面舰船的稳性和浮性衡准"，对长度超过 300 英尺的战舰提出了应能承受壳板破口长度等于 15%垂线间长的迅速进水。该基于经验性的衡准表明舰船越大，或军事意义越重大，以及搭载人员越多，应能承受更大破损的这一基本原则上是一致的。

20 世纪 50 年代，苏联总结第二次世界大战的海上航行和战斗破损经验，对驱逐舰提出了总长不小于 20%垂线间长的相邻三舱进水的不沉性要求，同时也提出了允许最小隔舱长度的要求。

主横隔壁的距离或数量要考虑到武器的破坏半径，舱壁的距离应不小于武器的破坏半径。除此之外，还可根据技术装备的布置、舱室用途及舱室所在的位置来综合考虑，例如：垂直发射导弹的弹库需要根据需装载发射单元的数量、布置形式、维修空间等确定合理的长度；舰船两端的横舱壁间的距离相对要短些，以此控制舰船破损进水的量，不会因大量进水导致纵倾过大而使干舷不足的情况。

主横隔壁划分基本原则如下：

（1）以满足不沉性的基本要求为首要原则。

（2）主横隔壁的位置应考虑主要机电设备的生命力要求，保障全舰在有限范围破损情况下的基本电力供应和推进需求。

（3）依据主要系统设备的装舰需求，合理划分功能区域，确定各主横隔壁位置，确保充分利用舱室空间。

（4）尽量使装舰载荷纵向、横向分布均衡协调，为舰具有良好的浮态提供基础。

2）甲板分层

驱逐舰各层甲板分布着各类电子、武器设备赖以作战运行和全舰人员赖以生活、工作的各种装备与设施。甲板分层设计的合理与否直接影响这些装备所组成的各种系统功能能否得以充分发挥，因此，甲板分层也是概念设计阶段总体方案规划设计的关键问题之一。

舰船垂向以水平的或者带有脊弧的甲板或平台分隔，主船体内甲板一般是纵向连续的，平台则为局部区域设置甲板。

甲板层数的多少，通常视舰船的大小及使命而定，一般可分为单层甲板船、双层甲板船或多层甲板船等。驱逐舰一般为多层甲板船，自上而下顺序命名为 1 甲板、2 甲板……

除机舱及特殊用途的舱室外，一般甲板之间的高度约在 2.2~3.0m 范围内，既要满足人员的活动需求，也要使主船体内的空间资源得到合理利用。

3）总体布局规划设计

为舰员提供"安全、高效、舒适、愉悦"的舱室环境是总体布局规划设计时应遵循的基本原则，具体如下：

（1）应首先满足舰船设计的主要性能指标和功能要求，如主尺度限制，重量、重心控制，安全性要求，生命力要求，电磁兼容和隐身性要求，现代化改装的空间和总体资源储备要求、防火和气密要求等[1]。

（2）应以使用需求为牵引，作业流程为主线，优化功能区域设计，规划总体布局，便于指挥、战斗和人员、物质的通行，最大限度地减少相互间的妨碍和干扰[5]，为提高使用效率创造条件。

（3）应尽量根据功能分区来规划舱室布局，相邻舱室布置具有合理性。

（4）舰员长期生活在空间狭小、噪声源多、空气潮湿、生活单调的驱逐舰内部环境中，总体布局设计中应考虑尽量给舰员提供舒适、愉快的生活环境，按照相对独立、就近设置的原则来规划住舱区、卫生保障区、服务保障区等生活保障功能区，贯彻以人为本的理念，提高生活保障水平。

（5）舱室布局应具有良好的通达性，便于指挥、联系和维修。

舱室布局划分和通道规划设计相互关联，互相影响，是一个有机整体，在总体布局规划设计中应将两者进行统筹考虑[1]。总体布局规划的最终目的是完成全舰重要舱室的空间布置，最终反映成果就是总布置图，基本流程如图6-1所示[1]。

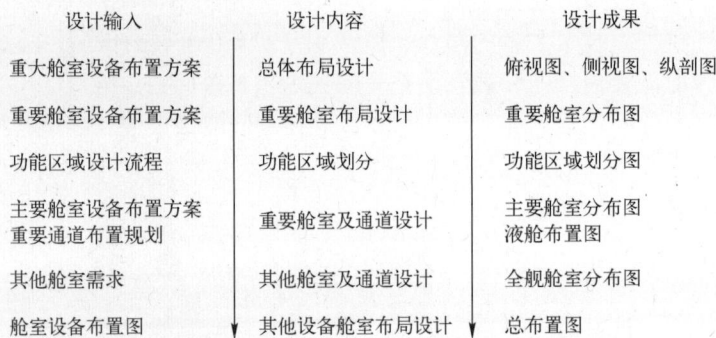

设计输入	设计内容	设计成果
重大舱室设备布置方案	总体布局设计	俯视图、侧视图、纵剖图
重要舱室设备布置方案	重要舱室布局设计	重要舱室分布图
功能区域设计流程	功能区域划分	功能区域划分图
主要舱室设备布置方案 重要通道布置规划	重要舱室及通道设计	主要舱室分布图 液舱布置图
其他舱室需求	其他舱室及通道设计	全舰舱室分布图
舱室设备布置图	其他设备舱室布局设计	总布置图

图 6-1 ▌总体布局规划基本流程[1]

4. 外形设计原则

舰船外形设计是技术和艺术的结合[1]，旨在功能和形式这两个相互影响的因素之间寻求一种和谐、统一的平衡状态，会贯穿概念设计、方案设计、深化方案设计直至技术设计阶段。

纵观舰船外形设计的历史，舰船的外形设计随着科学技术的进步和电子武器装备的发展而变化发展，不同时期的舰船外形存在一定的差异，其外形虽变化巨大，结构繁简不一，但也始终遵循着一些基本原则，即：

（1）外形设计应以实现舰船的作战功能为首要目标，确保稳态、稳性、兼容性、隐身性、安全性、适配性等总体技术性能的实现，在功能实现的同时兼顾形式美[1]。

（2）外形设计应根据舰船的战术定位和海军用户的期望，通过重组资源和知识结构，在理念的更新、构成的变化以及使用方式的改进等方面，不断加强设计创新，实现更为新颖、精良、简约、唯美的产品属性[1]。

（3）外形设计应突出海军文化，应富有威慑力和压迫感[1]，体现其作为战斗武器装备的威武雄壮。

（4）外形设计应彰显人文关怀，引导海军官兵对舰船产生认同感和归属感[1]。

（5）外形设计应结合特定时期科学技术水平条件，尽可能遵循统一与变化、主从与重点、均衡与稳定、对比与微差、节奏与韵律、比例与尺度等形式美法则[1]，营造突显其功能特点、风格和时代特征的美观外形。

舰船外形设计在浮态、稳性等强约束条件下，受到作战需求、技术发展、总体性能、海军文化和设计风格等因素影响，其中作战需求、技术发展、总体性能是影响舰船构型的技术因素，也是主要影响因素；海军文化和设计风格是影响舰船构型的艺术因素，和舰船所处的地域、时代等密切相关[1]。

6.1.2　主要设计方法

1. 主尺度论证方法

由于舰船的主尺度各主要要素对空船重量、舱容及建筑构型、静力性能和航行性能等技术性能的影响规律各不相同，因此试图一次就确定一组主尺度要素来满足上述所有约束条件是有困难的，即使满足了全部的约束条件，也不一定是最佳方案。所以，主尺度的确定必须要有合理的步骤和科学的方法[6]。

新设计舰船无论有无母型或相近船型参考，其主尺度确定的基本思路都是一致的，即确定设计思想，分析设计输入，预估给出一个初始的主尺度方案，然后进行一系列的性能校核计算，选取合适的选优衡准，经过多轮循环迭代，逐步得到最佳方案。具体步骤如图 6-2 所示。

驱逐舰主尺度确定可采用的方法如下：

（1）母型法：有相似母型时，可直接根据母型船参数进行变换。

（2）统计资料法：无相似母型时，则可通过选择足够多的比较可靠的同类型舰船资料，通过回归分析得到一个接近设计需求的初始主尺度方案[3]。

（3）变参数法（网格法、变值法）：围绕初始主尺度方案，选定合理的主要参数变化范围，组成一系列设计方案（参数网格），对每个方案都进行性能分析计算，然后根据设计者选定的衡准，优选出最佳方案[3]。

（4）逐步优化方法：以某一任意选定的初始方案为基础，按照预先设定的数学模型，在一定的约束条件下逐步优选，获得最优方案。优化也可以结合网格法进行，用适当的评估方法，作出正确的判断，从而获得优化方案[3]。

（5）神经优化分析法：运用随机神经网络系统理论进行优化设计，通过随机搜索算法，求解全局最优解，这是一种智能化的方法，避免了传统的逐步优化的方法搜索不到全局最优解的可能[3]。

（6）公理设计法：通过建立功能要求与主尺度的映射关系，分解并求解设计矩阵以获得主尺度。这是一种结构化可重复方法，可以最大限制地减少迭代次数。

下面以基于公理设计的方法为例，对概念设计阶段主尺度论证进行说明。

主尺度论证的核心问题是如何确定多个设计量、参数之间的最佳组合，确保对应的状态量符合舰船指标，达到性能最优。传统的主尺度确定方法（预估多个设计量、参量，然后进行校核计算，经多轮循环迭代，逐步得到最佳方案）是基于母型条件的较优解。若将主

```
                         ┌──────────────┐
                         │  作战使用需求  │
                         └──────┬───────┘
              ┌─────────────────┼─────────────────────┐
              ▼                                        ▼
        ┌──────────┐                            ┌──────────┐
        │ 作战能力需求 │                            │ 其他性能需求 │
        └────┬─────┘                      ┌─────┴────────────┘
             ▼                            ▼
   ┌ ─ ─ ─ ─ ─ ─ ─ ─ ┐   ┌ ─ ─ ─ ─ ─ ─ ─ ─ ─ ─ ─ ┐
   │ ┌───────────┐  │   │┌──┐┌──┐┌──┐┌──┐       │
     │ 电子天线配置 │            │直 │…│电 ││推 │
   │ └───────────┘  │   ││升 │  │力 ││进 │       │
     ┌───────────┐        │机 │  │系 ││系 │
   │ │ 武器防护配置 │  │   ││保 │  │统 ││统 │       │
     └───────────┘        │障 │  │配 ││配 │
   │ ┌───────────┐  │   ││需 │  │置 ││置 │       │
     │ 武器弹药配置 │            │求 │  │  ││  │
   │ └───────────┘  │   │└──┘  └──┘└──┘       │
   └ ─ ─ ─ ─ ─ ─ ─ ─ ┘   └ ─ ─ ─ ─ ─ ─ ─ ─ ─ ─ ─ ┘          ┌──────────────┐
             ▼                     ▼                          │ 稳性、自给力、 │
        ┌──────────┐                                         │ 机动能力要求   │
        │ 初步布局方案 │                                         └──────┬───────┘
        └────┬─────┘                                                 │
             ▼                                                       ▼
   ┌──►┌──────────┐◄ ─ ─ ─ ─ ─ ─ ─ ─ ─ ─ ─ ─ ─ ─ ─ ─►┌──────────┐
   │   │ 初步主尺度参数 │                                     │ 初步型线方案 │◄───┐
   │   └────┬─────┘                                     └────┬─────┘    │
   │        ▼                                                │          │
   │   ┌──────────┐      ┌──────────┐                        │          │
   │   │ 水密分舱   │─────►│ 重量、重心估算 │◄───────────────────┘          │
   │   └──────────┘      └────┬─────┘                                   │
   │                          ▼                                         │
   │  否        ╱◇◇◇◇◇◇◇◇◇◇◇◇◇◇◇╲        否                              │
   ├─────────◄ 重量与浮力匹配 ╲──────────────────────────────────────────┤
   │           ╲◇◇◇◇◇◇◇◇◇◇◇◇◇◇◇╱                                         │
   │                          ▼                                         │
   │                   ┌──────────┐                                     │
   │                   │ 主要性能核算 │                                     │
   │                   └────┬─────┘                                     │
   │                        ▼                                           │
   │   否        ╱◇◇◇◇◇◇◇◇◇◇◇◇◇◇╲        否                              │
   └─────────◄  满足指标  ╲──────────────────────────────────────────────┘
               ╲◇◇◇◇◇◇◇◇◇◇◇◇◇◇╱
                        ▼
                 ┌──────────┐
                 │ 输出方案   │
                 └──────────┘
```

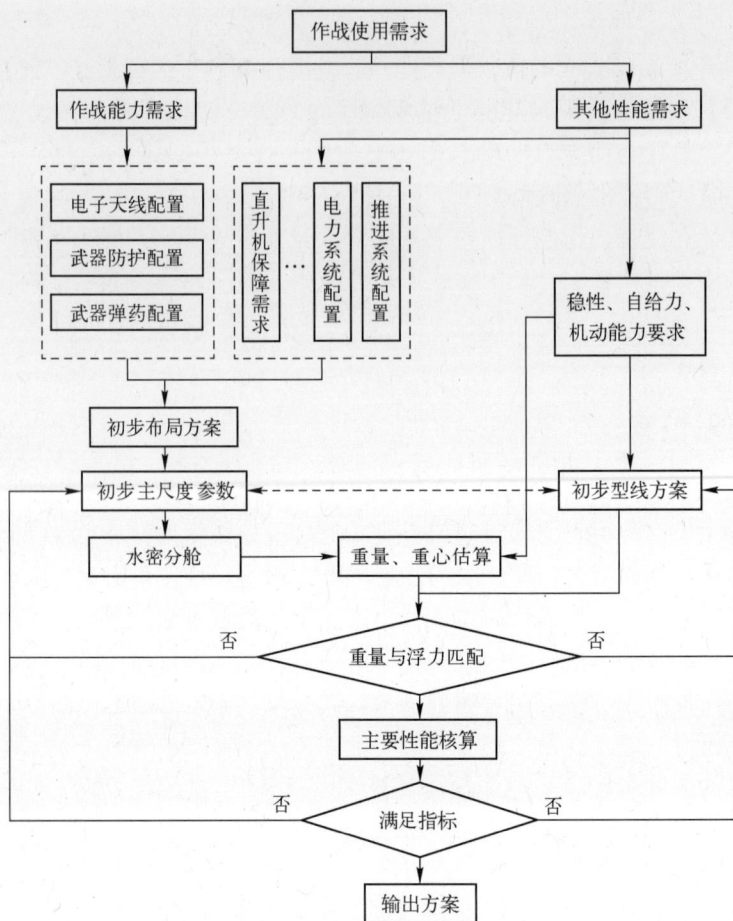

图 6-2 ▌ 主尺度论证基本流程

尺度确定过程看作是求解给定或选定的战术技术指标与设计量、参量组成的联立方程式，那么通过求解数学方程即可获得主尺度。

公理设计方法（具体见第 3 章公理设计方法），是用设计参数表达每个具体需求，通过构建并求解设计方程 $\{FR\}=[A]\{DP\}$，就可获得设计参数。其中，$\{FR\}$ 为功能需求向量，$\{DP\}$ 为设计参数向量，$[A]$ 为设计矩阵（反映 FR 和 DP 间的相互作用，若设计参量 DP_j 影响功能需求 FR_i，则矩阵第 i 行第 j 列的元素表示为 X，若不影响则用 0 表示。），于是

$$FR_i = \sum_j A_{ij}DP_j \tag{6-1}$$

公理设计法的分解过程实质反映的是 FR 与 DP 之间的映射过程和层次。当分解至某 FR 与 DP 对时，若选用的 DP 是成熟的无需重新设计的组件或系统，则分解停止。若是需要新研产品，则继续分解，直到所有的下一层级 DP 不再需要重新设计为止。最低的分解层被称为叶级，对应的 DP 被称为叶节点。

为了在公理设计的框架下实现主尺度的论证，首先建立设计矩阵与约束，然后基于第 5 章的驱逐舰功能，建立功能需求向量 $\{FR\}$ 与设计参数向量 $\{DP\}$ 的映射关系，同时构建并求解设计方程 $\{FR\}=[A]\{DP\}$，获得主尺度。

1）设计矩阵、约束构建分析

驱逐舰作为海上舰船平台，首先要有浮性、稳性，且具有一定的强度要求。其次，为了保证机动航行，需要拥有充足的推力克服阻力实现预期的航速。接着，为了保障舰上设备的运转需要有充足的电力供应。最后考虑设备均需安装在驱逐舰上，同时操作设备的人也要住在驱逐舰上，具有面积和容量两个几何约束。因此，驱逐舰设计时需要满足的设计约束如下：

（1）C_1＝设计排水量＝总重量。

（2）C_2＝保证初稳性（$GM > 0$）。

（3）C_3＝装机功率≥所需推进功率。

（4）C_4＝装机电力≥所需电力。

（5）C_5＝可用总体积≥所需总体积。

（6）C_6＝可用总布置面积≥所需布置面积。

第 5 章将驱逐舰分为六大功能（具体分析见第 5 章），本节简化为水面漂浮、操控和保障服务、水上航行、提供电能、资源保障及打击目标，分别对应船体功能系统、船舶装置系统、推进系统、电力系统、船舶辅助系统以及作战系统。对应的 **FR** 和 **DP** 分别如表 6-1 所列。

表 6-1 驱逐舰功能需求与设计参数对

FR_1＝水面漂浮	DP_1＝船体功能系统
FR_2＝操控和保障服务	DP_2＝船舶装置系统
FR_3＝水上航行	DP_3＝推进系统
FR_4＝提供电能	DP_4＝电力系统
FR_5＝资源保障	DP_5＝船舶辅助系统
FR_6＝打击目标	DP_6＝作战系统

那么，构建由 $\{FR_1, FR_2, FR_3, FR_4, FR_5, FR_6\}$ 映射到 $\{DP_1, DP_2, DP_3, DP_4, DP_5, DP_6\}$ 的设计过程，即生成设计矩阵 $[A]$。需要认真分析 **FR** 和 **DP** 间的相互作用，如下：

（1）FR_1（水面漂浮功能）受到全部所述的 $DP_1 \sim DP_6$ 的影响。DP_1（船体功能系统）主要关注重量与浮力的平衡问题以及装载能力。驱逐舰的重量由所有的设计系统（由 DP 构建）组成，于是满足用约束 C_1。由于重量与所有 **DP** 强相关用 X 表示。此外装载能力还需满足结构安全性、稳性等要求，需满足约束 C_2。一旦设计出船体就产生了船体内部的可用空间、可用面积，因此需满足约束 C_5、C_6。舰船运行时燃油、淡水等消耗导致排水量变化，为固定排水量设计时一般采用设计水线。因此增加约束 C_7＝始终在设计水线（D_{WL}）运行。

（2）FR_2（操控和保障服务功能）主要由 DP_2（船舶装置系统）满足，FR_2 与 DP_2 强相关用 X 表示。减摇鳍会影响驱逐舰的横摇，但在设计中作为船体附体进行设计，因此 FR_2 与 DP_1 弱相关，用 x 表示。

（3）FR_3（水上航行功能）主要由 DP_3（推进系统）满足，用 X 表示。若存在辅助推进单元或船首推进器，则 FR_3 与 DP_2 之间存在弱相关性，用 x 表示。同时，航行能力也取决于 DP_1，因此是 FR_3 与 DP_1 强相关，用 X 表示。只有当装机功率≥所需推进功率，驱逐舰才能航行，因此需要满足约束 C_3。对于非核动力，若没有燃油驱逐舰也无法航行，于是增加约束 C_8 携带充足的燃油以保证续航力。

（4）FR_4（提供电能功能）功能由 DP_4（电力系统）满足，用 X 表示。通过母型可以估算电力负荷，由此确定电力系统的发电能力，以满足约束 C_4。

（5）FR_5（资源保障功能）主要由 DP_5（船舶辅助系统）满足，用 X 表示。

（6）FR_6（打击目标功能）主要由 DP_6（作战系统）满足。为了实施打击敌方目标，驱逐舰必须配置适当的武备。由于驱逐舰需要在运动中打击敌人，一方面需要保持机动的状态，另一方面需保持一定的平衡性，DP_2，DP_3 均与 FR_6 存在弱相关性，用 x 表示。

通过定义通用的驱逐舰六种必要 FR_s 和 DP_s，并分析了 FR_s 和 DP_s 对应的相关作用关系，基于式（6-1）就可以产生如下设计矩阵，

$$
\begin{Bmatrix} FR_1 \\ FR_2 \\ FR_3 \\ FR_4 \\ FR_5 \\ FR_6 \end{Bmatrix} = \begin{bmatrix} X & X & X & X & X & X \\ x & X & 0 & 0 & 0 & 0 \\ X & x & X & 0 & 0 & 0 \\ 0 & 0 & x & X & 0 & 0 \\ 0 & 0 & 0 & x & X & 0 \\ 0 & x & x & 0 & 0 & X \end{bmatrix} \begin{Bmatrix} DP_1 \\ DP_2 \\ DP_3 \\ DP_4 \\ DP_5 \\ DP_6 \end{Bmatrix} \tag{6-2}
$$

公理设计法需实现以下三角为特征的设计矩阵，从而实现耦合功能的解耦设计。显然式（6-2）不是以下三角为特征的矩阵，不满足独立公理。需要进一步分解，最终实现解耦。在继续分解之前，需要建立功能要求 **FR** 与约束的对应关系。此外为了实现这种解耦设计，在设计过程中增加约束条件。约束与 6 个功能需求之间的对应关系如表 6-2 所列。

表 6-2　约束与 6 个功能需求之间的对应关系表

约　束	FR
C_1 = 设计排水量 = 总重量	FR_1
C_2 = 确保初稳性（$GM > 0$）	FR_1
C_3 = 装机功率 ≥ 所需推进功率	FR_1, FR_3
C_4 = 装机电力 ≥ 所需电力	FR_4
C_5 = 可用总体积 ≥ 所需总体积	FR_1
C_6 = 可用总布置面积 ≥ 所需总布置面积	FR_1
C_7 = 始终在设计水线（D_{WL}）运行	FR_1
C_8 = 携带充足的燃油以保证续航力	FR_1, FR_3

2）基于设计矩阵的叶节点分解分析

由于式（6-2）需要进一步分解直到最终实现解耦。每一个 **FR** 和 **DP** 均会分解出各自的叶节点，直到 **DP** 是已有系统或组件，所有关于 **DP** 选择的设计决策都满足独立公理，从而支撑设计方程完整的层次实现。

（1）FR_1 和 DP_1 对。全部系统集成在一个平衡漂浮在水上，并能以规定的速度航行的具备一定强度的平台上。船体形式不是叶节点，需要根据 DP_1 形成的功能进行分解，即选择适当的第一级 **DP** 满足第一级子 **FR**，选择适当的第二级 **DP** 满足第二级子 **FR**，……工程实践中通常选用已有的系统或组件以降低成本和降低风险，并据此估算重量、面积、体积和电力

需求等。同时这些系统或组件也满足 $FR_2 \sim FR_6$。在概念设计阶段，系统重量估算越精确，船体 FR_1 设计越精确。

第一个 **FR** 和 **DP** 子对（$FR_{1.1}$ 与 $DP_{1.1}$）如表 6-3 所列，并满足解耦设计方程式（6-3）。式（6-3）只确定了单体船型（水线以上和水线以下）的重要特征，适合于单体船。若要满足基本装载功能，船体外形所构成的几何体需满足约束 C_5 和 C_6。对于单体船，驱逐舰所有系统的重量需由 $DP_{1.2}$（排水量）来满足。为了保证航速必须使总阻力最小，因此需要选择合适的棱型系数（Cp）、水线面系数（Cwp）等。

表6-3 FR_1 和 DP_1 子对

$FR_{1.1}$ = 基本装载功能	$DP_{1.1}$ = 船体外形
$FR_{1.2}$ = 支撑驱逐舰所有系统的重量	$DP_{1.2}$ = 排水量
$FR_{1.3}$ = 总阻力最小	$DP_{1.3}$ = 船型系数

$$\begin{Bmatrix} FR_{1.1} \\ FR_{1.2} \\ FR_{1.3} \end{Bmatrix} = \begin{bmatrix} X & 0 & 0 \\ 0 & X & 0 \\ 0 & 0 & X \end{bmatrix} \begin{Bmatrix} DP_{1.1} \\ DP_{1.2} \\ DP_{1.3} \end{Bmatrix} \tag{6-3}$$

船体结构要实现基本装载功能（$FR_{1.1}$），首先要能保证密性（$FR_{1.1.1}$），除了船体外板、上甲板的密性，还有下层甲板、舱壁、上层建筑甲板等的气密、水密等；其次，船体结构自身要有足够的强度和刚度（$FR_{1.1.2}$），在规定气候条件下承受各类载荷作用，能保证船体结构安全；船体尺寸需满足所有设备的布置（$FR_{1.1.3}$）；最后，船体结构需根据总布置要求设计舱室分隔（$FR_{1.1.4}$）。保证密性一方面需对驱逐舰进行水密区域划分（沿船长方向划分为若干区域），另一方面船体结构设计需根据水密区划来设计。因此 $FR_{1.1.1}$ 由水密区域划分（$DP_{1.1.1}$）来实现。船体结构自身足够的强度通过总纵强度（$DP_{1.1.2}$）保证。为了设备的布置，纵向方向上驱逐舰船长须大于线性布置所有设备长度之和，横向方向上船宽需大于线性布置所有设备宽度之和。此外，由于诸多设备难以在一层甲板上完全布置，需垂向方向上分层布置。于是，$FR_{1.1.3}$ 是通过驱逐舰尺度范围（$DP_{1.1.3}$）实现的。而 $FR_{1.1.4}$ 则是通过垂向方向上的分层（$DP_{1.1.4}$）实现的。表 6-4 列出了 $FR_{1.1}$ 与 $DP_{1.1}$ 对，设计方程见式（6-4）。

表6-4 $FR_{1.1}$ 与 $DP_{1.1}$ 对描述表

$FR_{1.1.1}$ = 保证密性	$DP_{1.1.1}$ = 水密区域划分
$FR_{1.1.2}$ = 保证强度	$DP_{1.1.2}$ = 总纵强度
$FR_{1.1.3}$ = 实现设备线性布置	$DP_{1.1.3}$ = 船体尺度范围
$FR_{1.1.4}$ = 舱室分隔	$DP_{1.1.4}$ = 分层

$$\begin{Bmatrix} FR_{1.1.1} \\ FR_{1.1.2} \\ FR_{1.1.3} \\ FR_{1.1.4} \end{Bmatrix} = \begin{bmatrix} X & 0 & 0 & 0 \\ 0 & X & 0 & 0 \\ 0 & X & X & 0 \\ x & 0 & 0 & X \end{bmatrix} \begin{Bmatrix} DP_{1.1.1} \\ DP_{1.1.2} \\ DP_{1.1.3} \\ DP_{1.1.4} \end{Bmatrix} \tag{6-4}$$

$DP_{1.1.3}$需要额外的分解，因为船长需大于驱逐舰纵向方向上线性布置所有设备的总长度，船宽需大于驱逐舰横向方向上线性布置设备的总宽度，故$FR_{1.1.3}$与$DP_{1.1.3}$对描述见表6-5，其设计方程见式（6-5）。约束C_7限制了$DP_{1.1.3}$的选择，如表6-5所列。

表6-5 $FR_{1.1.3}$与$DP_{1.1.3}$对描述表

$FR_{1.1.3.1}$=方便纵向布置	$DP_{1.1.3.1}$=设计水线长（L_{WL}）
$FR_{1.1.3.2}$=方便横向布置	$DP_{1.1.3.2}$=设计水线宽

$$\left\{ \begin{matrix} FR_{1.1.3.1} \\ FR_{1.1.3.2} \end{matrix} \right\} = \begin{bmatrix} X & 0 \\ 0 & X \end{bmatrix} \left\{ \begin{matrix} DP_{1.1.3.1} \\ DP_{1.1.3.2} \end{matrix} \right\} \tag{6-5}$$

$FR_{1.3}$（总阻力最小）分解过程如下：总阻力主要由剩余阻力、摩擦阻力和空气阻力组成。为了实现总阻力尽可能小就需要分别使剩余阻力、摩擦阻力和空气阻力最小。由于剩余阻力与船型系数相关，通过选择合适的船型系数$DP_{1.3.1}$从而达到剩余阻力最小的目的。而摩擦阻力与水线以下船体与水相互作用有关，空气阻力与水线以上面积相关，于是通过改变水线以下船体与水相互作用$DP_{1.3.2}$、水线以上区域$DP_{1.3.3}$达到摩擦阻力、空气阻力最小的目的。$FR_{1.3}$与$DP_{1.3}$对见表6-6，设计方程式见式（6-6）。

表6-6 $FR_{1.3}$与$DP_{1.3}$对描述表

$FR_{1.3.1}$=最小化剩余阻力	$DP_{1.3.1}$=船型系数
$FR_{1.3.2}$=最小化摩擦阻力	$DP_{1.3.2}$=水线以下船体与水相互作用
$FR_{1.3.3}$=最小化空气阻力	$DP_{1.3.3}$=水线以上区域

$$\left\{ \begin{matrix} FR_{1.3.1} \\ FR_{1.3.2} \\ FR_{1.3.3} \end{matrix} \right\} = \begin{bmatrix} X & 0 & 0 \\ 0 & X & 0 \\ 0 & 0 & X \end{bmatrix} \left\{ \begin{matrix} DP_{1.3.1} \\ DP_{1.3.2} \\ DP_{1.3.3} \end{matrix} \right\} \tag{6-6}$$

水线以下船体与水相互作用$DP_{1.3.2}$需进一步分解。由于船体与水之间的相对运动产生粘性阻力，而粘性阻力的大小又与船体和水接触面面积成正比。因此，可通过（船体和水之间的相对运动，粘性阻力）、（船体和水接触面，湿表面积）两对FR与DP子对确定叶节点，设计方程如式（6-7）描述，具体见表6-7。

表6-7 $FR_{1.3.2}$与$DP_{1.3.2}$对描述表

$FR_{1.3.2.1}$=船体和水之间的相对运动	$DP_{1.3.2.1}$=粘性阻力
$FR_{1.3.2.2}$=船体和水接触面	$DP_{1.3.2.2}$=湿表面积

$$\left\{ \begin{matrix} FR_{1.3.2.1} \\ FR_{1.3.2.2} \end{matrix} \right\} = \begin{bmatrix} X & 0 \\ 0 & X \end{bmatrix} \left\{ \begin{matrix} DP_{1.3.2.1} \\ DP_{1.3.2.2} \end{matrix} \right\} \tag{6-7}$$

（2）FR_2和DP_2对。驱逐舰的操控和保障服务功能FR_2可以分解为操控功能$FR_{2.1}$与保障服务功能$FR_{2.2}$。操控功能$FR_{2.1}$由操控系统$DP_{2.1}$满足，而保障服务功能$FR_{2.2}$则由保障服务系统$DP_{2.2}$实现。FR_2与DP_2对见表6-8，设计方程如式（6-8）所示。

表 6-8 FR_2 与 DP_2 对描述表

$FR_{2.1}$=运动操控	$DP_{2.1}$=运控操控系统
$FR_{2.2}$=保障服务	$DP_{2.2}$=保障服务系统

$$\begin{Bmatrix} FR_{2.1} \\ FR_{2.2} \end{Bmatrix} = \begin{bmatrix} X & 0 \\ 0 & X \end{bmatrix} \begin{Bmatrix} DP_{2.1} \\ DP_{2.2} \end{Bmatrix} \tag{6-8}$$

显然，$FR_{2.1}$ 与 $FR_{2.2}$ 均可以继续分解。操控功能 $FR_{2.1}$ 可分为锚泊功能 $FR_{2.1.1}$ 和减摇功能 $FR_{2.1.2}$。锚泊功能 $FR_{2.1.1}$ 由锚泊系统 $DP_{2.1.1}$ 满足。减摇功能 $FR_{2.1.2}$ 由减摇鳍 $DP_{2.1.2}$ 来实现。表 6-9 列出了 $FR_{2.1}$ 与 $DP_{2.1}$ 对，设计方程如式（6-9）所示。锚泊系统不是叶节点还可以继续分解，具体不展开了。

表 6-9 $FR_{2.1}$ 与 $DP_{2.1}$ 对描述表

$FR_{2.1.1}$=锚泊	$DP_{2.1.1}$=锚泊系统
$FR_{2.1.2}$=减摇	$DP_{2.1.2}$=减摇鳍

$$\begin{Bmatrix} FR_{2.1.1} \\ FR_{2.1.2} \end{Bmatrix} = \begin{bmatrix} X & 0 \\ 0 & X \end{bmatrix} \begin{Bmatrix} DP_{2.1.1} \\ DP_{2.1.2} \end{Bmatrix} \tag{6-9}$$

保障服务功能 $FR_{2.2}$ 可分解为补给舰上所需物资（食物与弹药等）、保障船员食物供应及救生系统三个子功能。$FR_{2.2}$ 与 $DP_{2.2}$ 对描述见表 6-10，设计方程如式（6-10）所示。显然 $FR_{2.2.1}$ 与 $FR_{2.2.2}$ 均可以继续分解，这里不再赘述。

表 6-10 $FR_{2.2}$ 与 $DP_{2.2}$ 对描述表

$FR_{2.2.1}$=补给舰上所需物资（食物与弹药等）	$DP_{2.2.1}$=补给系统
$PP_{2.2.2}$=保障船员食物供应	$DP_{2.2.2}$=食品储存、供给系统
$FR_{2.2.3}$=救生系统	$DP_{2.2.3}$=救生艇

$$\begin{Bmatrix} FR_{2.2.1} \\ FR_{2.2.2} \\ FR_{2.2.3} \end{Bmatrix} = \begin{bmatrix} X & 0 & 0 \\ 0 & X & 0 \\ 0 & 0 & X \end{bmatrix} \begin{Bmatrix} DP_{2.2.1} \\ DP_{2.2.2} \\ DP_{2.2.3} \end{Bmatrix} \tag{6-10}$$

（3）FR_3 和 DP_3 对。推进系统由主机系统、齿轮减速系统、轴系及推进器系统、推进辅助系统、推进监控系统组成，可见推进系统并非叶节点，需要对推进系统进行进一步分解，以实现 DP_3 的功能。通过选择 **FR** 与 **DP** 子对实现层级及子层级的分解，FR_3 与 DP_3 对（见表 6-11）遵循设计方程式（6-11）。

通过推进主机 $DP_{3.1}$ 可实现由推进力驱动驱逐舰持续航行的功能（$FR_{3.1}$），$DP_{3.1}$ 可选用新研原动机或已有的原动机。通过海军系数法估算所需推进功率，在此基础上考虑约束 C_3 的要求。通过减速齿轮（$DP_{3.2}$）将原动机的输出功率转化为恒定转速（r/m）以满足推进功率需求。输出功率的运行范围影响了所需的减速比，于是 $FR_{3.2}$ 与推进主机（$DP_{3.1}$）强相关。而螺旋桨将推进功率转换为水的作用力推动驱逐舰运动（$FR_{3.3}$），调距桨或定距桨（$DP_{3.3}$）均可满足此要求。本书考虑采用调距桨，同时 $FR_{3.3}$ 与 $DP_{3.2}$ 强相关。继续按照上述

分析方法分解 $DP_{3.1}$、$DP_{3.2}$ 及 $DP_{3.3}$ 至所有相应叶级，这里具体不展开。

表 6-11 FR_3 与 DP_3 对描述表

$FR_{3.1}$＝产生推进力使驱逐舰持续航行	$DP_{3.1}$＝推进主机
$FR_{3.2}$＝以恒定转速（r/m）提供推进力	$DP_{3.2}$＝减速齿轮
$FR_{3.3}$＝将推进功率转为水的作用力推动驱逐舰运动	$DP_{3.3}$＝调距桨

$$\begin{Bmatrix} FR_{3.1} \\ FR_{3.2} \\ FR_{3.3} \end{Bmatrix} = \begin{bmatrix} X & 0 & 0 \\ 0 & X & 0 \\ 0 & X & X \end{bmatrix} \begin{Bmatrix} DP_{3.1} \\ DP_{3.2} \\ DP_{3.3} \end{Bmatrix} \tag{6-11}$$

（4）FR_4 和 DP_4 对。电力系统 DP_4 满足 FR_4 提供电力的功能。提供电能功能分解为发电功能、配电功能和电力监测控制功能。通过选择合适的系统以满足和实现这三项子功能，同时对每一项子功能选择适当的设计参数，完全以非耦合方式实现 FR_4。式（6-12）描述了 FR_4 与 DP_4 对（见表6-12）的设计矩阵方程。$DP_{4.2}$ 与 $DP_{4.3}$ 均为叶级，$DP_{4.1}$ 除外，可继续分解。

表 6-12 FR_4 与 DP_4 对描述表

$FR_{4.1}$＝发电	$DP_{4.1}$＝发电机
$FR_{4.2}$＝配电	$DP_{4.2}$＝电气配电板
$FR_{4.3}$＝监控	$DP_{4.3}$＝监控设备

$$\begin{Bmatrix} FR_{4.1} \\ FR_{4.2} \\ FR_{4.3} \end{Bmatrix} = \begin{bmatrix} X & 0 & 0 \\ 0 & X & 0 \\ 0 & x & X \end{bmatrix} \begin{Bmatrix} DP_{4.1} \\ DP_{4.2} \\ DP_{4.3} \end{Bmatrix} \tag{6-12}$$

（5）FR_5 和 DP_5 对。资源保障功能 FR_5 主要由资源供应功能（$FR_{5.1}$）、环境控制功能（$FR_{5.2}$）及损害管制功能（$FR_{5.3}$）构成。而这三项子功能可分别由资源供应系统（$DP_{5.1}$）、环境控制系统（$DP_{5.2}$）、损害管制系统（$DP_{5.3}$）来实现。FR_5 与 DP_5 对具体描述见表6-13，设计方程如式（6-13）所示。

表 6-13 FR_5 与 DP_5 对描述表

$FR_{5.1}$＝资源供应	$DP_{5.1}$＝资源供应系统
$FR_{5.2}$＝环境控制	$DP_{5.2}$＝环境控制系统
$FR_{5.3}$＝损害管制	$DP_{5.3}$＝损害管制系统

$$\begin{Bmatrix} FR_{5.1} \\ FR_{5.2} \\ FR_{5.3} \end{Bmatrix} = \begin{bmatrix} X & 0 & 0 \\ 0 & X & 0 \\ 0 & 0 & X \end{bmatrix} \begin{Bmatrix} DP_{5.1} \\ DP_{5.2} \\ DP_{5.3} \end{Bmatrix} \tag{6-13}$$

资源供应功能 $FR_{5.1}$ 主要作用是向全舰提供洗涤水、饮用水、冷媒水、蒸汽、压缩空气、氮气等通用性资源，即主要实现水资源供应、蒸汽供应及空气供应三项资源供给。于是可分别通过水资源供应系统（$DP_{5.1.1}$）、蒸汽供应（$DP_{5.1.2}$）及空气供应（$DP_{5.1.3}$）予以实现相应的三项子功能。除了蒸汽供应 $DP_{5.1.2}$ 外，$DP_{5.1.1}$ 与 $DP_{5.1.3}$ 均可继续分解。$FR_{5.1}$ 与 $DP_{5.1}$ 对具体见表6-14，设计方程如式（6-14）所示。

表 6-14　$FR_{5.1}$ 与 $DP_{5.1}$ 对描述表

$FR_{5.1.1}$ =水资源供应	$DP_{5.1.1}$ =水资源供应系统
$FR_{5.1.2}$ =蒸汽供应	$DP_{5.1.2}$ =蒸汽供应系统
$FR_{5.1.3}$ =空气供应	$DP_{5.1.3}$ =空气供应系统

$$\begin{Bmatrix} FR_{5.1.1} \\ FR_{5.1.2} \\ FR_{5.1.3} \end{Bmatrix} = \begin{bmatrix} X & 0 & 0 \\ X & X & 0 \\ 0 & X & X \end{bmatrix} \begin{Bmatrix} DP_{5.1.1} \\ DP_{5.1.2} \\ DP_{5.1.3} \end{Bmatrix} \tag{6-14}$$

环境控制功能 $FR_{5.2}$ 的目的是提供适合全舰人员、装备等工作和生活环境的温度、湿度，排除有害气体；对生活和工作废弃物进行收集、处理、转运和排放，控制环境污染。即由舒适的环境温度和湿度、控制环境污染两项子功能构成。$FR_{5.2}$ 与 $DP_{5.2}$ 对具体见表 6-15，设计方程如式（6-15）所示。

表 6-15　$FR_{5.2}$ 与 $DP_{5.2}$ 对描述表

$FP_{5.2.1}$ =提供舒适的环境温度和湿度	$DP_{5.2.1}$ =辅机监控系统
$FP_{5.2.2}$ =控制环境污染	$DP_{5.2.2}$ =处理设备

$$\begin{Bmatrix} FR_{5.2.1} \\ FR_{5.2.2} \end{Bmatrix} = \begin{bmatrix} X & 0 \\ 0 & X \end{bmatrix} \begin{Bmatrix} DP_{5.2.1} \\ DP_{5.2.2} \end{Bmatrix} \tag{6-15}$$

（6）FR_6 和 DP_6 对。5.7 节指出以"探—控—打—保"为主线，作战系统的功能可分为：探测感知类功能、指挥控制类功能、交战防御类功能及作战保障类功能。

探测感知功能（$FR_{6.1}$）主要是获取并输出所探测感知到的空中、水面、水下目标的各类信息（位置、速度、频率、红外、激光等），对我方武器跟踪、制导，对直升机引导等；由舰上配备的探测感知系统（$DP_{6.1}$）实现。指挥控制功能（$FR_{6.2}$）主要是对舰内外探测到的各类目标信息进行融合处理，形成战场态势，辅助指挥员制定作战方案；经指挥员指挥决策或作战干预后，对软硬武器、其他作战兵力进行指挥控制；由舰上配备的指挥控制系统（$DP_{6.2}$）实现。交战防御功能（$FR_{6.3}$）主要是在人工或自动指挥控制下，对敌空中、水面、岸基、水下目标进行交战对抗；由舰上配备的交战防御系统（$DP_{6.3}$）实现。作战保障功能（$FR_{6.4}$）主要是提供作战所必需的导航、通信、时间统一等信息以及火力兼容、电磁兼容、数据记录、状态检测与监控、对准保障等服务；同时，为舰载机完成空中任务提供备战、备航保障，舰载机起降指挥保障，舰载机空勤、地勤保障作业等保障任务；由舰上配备的作战保障系统（$DP_{6.4}$）实现。表 6-16 列出了 FR_6 和 DP_6 对，完成了 DP_6 分解就实现了设计的下一部分，设计方程见式（6-16）。

表 6-16　FR_6 与 DP_6 对描述表

$FR_{6.1}$ =探测感知	$DP_{6.1}$ =探测感知系统
$FR_{6.2}$ =指挥控制	$DP_{6.2}$ =指挥控制系统
$FR_{6.3}$ =交战防御	$DP_{6.3}$ =交战防御系统
$FR_{6.4}$ =作战保障	$DP_{6.4}$ =作战保障系统

$$\begin{Bmatrix} FR_{6.1} \\ FR_{6.2} \\ FR_{6.3} \\ FR_{6.4} \end{Bmatrix} = \begin{bmatrix} X & 0 & 0 & 0 \\ 0 & X & 0 & 0 \\ 0 & 0 & X & 0 \\ 0 & 0 & 0 & X \end{bmatrix} \begin{Bmatrix} DP_1 \\ DP_2 \\ DP_3 \\ DP_4 \end{Bmatrix} \tag{6-16}$$

探测感知系统（$DP_{6.1}$）分解过程如下。探测感知主要关注空中、水面、水下目标的各类信息，因此主要采用对空探测雷达（$DP_{6.1.1}$）、对海探测雷达（$DP_{6.1.2}$）以及声纳（$DP_{6.1.3}$）进行探测。声纳（$DP_{6.1.3}$）是探测水下目标（$FR_{6.1.3}$）的主要手段之一，但 $DP_{6.1.3}$ 需进一步分解。此外，还需根据电磁辐射（$FR_{6.1.4}$）探测敌方的探测及通信设施，由电子侦察、情报收集设备（$DP_{6.1.4}$）探测并分析，此时 $DP_{6.1.4}$ 也是叶级，无需继续分解。四个子 FR 以非耦合的方式由所选 **DP** 实现。FR6.1 和 DP6.1 对（见表6-17）的方程式如式（6-17）所示。

表 6-17 $FR_{6.1}$ 与 $DP_{6.1}$ 对描述表

$FR_{6.1.1}$＝探测空中目标	$DP_{6.1.1}$＝对空探测雷达
$FR_{6.1.2}$＝探测水面目标	$DP_{6.1.2}$＝对海探测雷达
$FR_{6.1.3}$＝探测水下目标	$DP_{6.1.3}$＝声纳
$FR_{6.1.4}$＝探测电磁辐射	$DP_{6.1.4}$＝电子侦察、情报收集设备

$$\begin{Bmatrix} FR_{6.1.1} \\ FR_{6.1.2} \\ FR_{6.1.3} \\ FR_{6.1.4} \end{Bmatrix} = \begin{bmatrix} X & 0 & 0 & 0 \\ 0 & X & 0 & 0 \\ 0 & 0 & X & 0 \\ 0 & 0 & 0 & X \end{bmatrix} \begin{Bmatrix} DP_{6.1.1} \\ DP_{6.1.2} \\ DP_{6.1.3} \\ DP_{6.1.4} \end{Bmatrix} \tag{6-17}$$

交战防御系统 $DP_{6.3}$ 的分解过程如下：由于不同的武器应对不同类型的目标，远程对陆巡航导弹（$DP_{6.3.1}$）用于对陆/海精确打击（$FR_{6.3.1}$），而舰炮（$DP_{6.3.2}$）则用于对岸火力支援（$FR_{6.3.2}$）。同时 $DP_{6.3.1}$ 与 $FR_{6.3.2}$ 是弱功能依赖。由于垂直发射系统（VLS）发射使得导弹储存和装载通过垂直发射（VLS）实现了通用化设计，因此 $DP_{6.3.1}$ 对 $FR_{6.3.4}$ 是弱依赖。因此，$FR_{6.3}$ 与 $DP_{6.3}$ 对见表6-18和设计方程式（6-18）。

表 6-18 $FR_{6.3}$ 与 $DP_{6.3}$ 对描述表

$FR_{6.3.1}$＝对陆/舰精确打击	$DP_{6.3.1}$＝远程对陆巡航导弹
$FR_{6.3.2}$＝对岸火力支援	$DP_{6.3.2}$＝舰炮
$FR_{6.3.3}$＝拦截水下目标	$DP_{6.3.3}$＝鱼雷
$FR_{6.3.4}$＝拦截空中目标	$DP_{6.3.4}$＝远程防空导弹

$$\begin{Bmatrix} FR_{6.3.1} \\ FR_{6.3.2} \\ FR_{6.3.3} \\ FR_{6.3.4} \end{Bmatrix} = \begin{bmatrix} X & 0 & 0 & 0 \\ x & X & 0 & 0 \\ 0 & 0 & X & 0 \\ x & 0 & 0 & X \end{bmatrix} \begin{Bmatrix} DP_{6.3.1} \\ DP_{6.3.2} \\ DP_{6.3.3} \\ DP_{6.3.4} \end{Bmatrix} \tag{6-18}$$

3）主尺度论证——求解设计矩阵

式（6-2）描述了驱逐舰6种必要 FR_s 和 DP_s 对应的设计矩阵，为了将式（6-2）转化为下三角形式，在上一小节描述了 $\{FR_1, FR_2, FR_3, FR_4, FR_5, FR_6\}$ 映射到 $\{DP_1, DP_2, DP_3, DP_4, DP_5, DP_6\}$ 的映射过程，反映在式（6-3）~式（6-18）。将式（6-3）~式（6-18）等设计方程式代入到式（6-2）中，可以得到 FR_s 和叶节点设计参量的下三角矩阵，求解该矩阵可以得到所论证的主尺度及相关变量，如 D、L、B、T、C_P、C_m、所需推进功率以及所需电力。

通过耦合分解形成了 6 种必要 FR_s 与叶节点设计参量的下三角矩阵，而叶节点可能是成熟的无需重新设计的组件或系统，也可能是新研组件或系统的设计参数。基于公理设计主尺度论证方法涉及程度深，因此可认为基于公理设计的主尺度论证方法是一种结构化可重复的、最大限制减少迭代的方法。

2. 型线设计方法

1）型线基本组成

用图形表达的型线几何要素包括横剖面面积曲线、设计水线面形状和进流角、去流角、最大横剖面形状[3]、中纵剖面侧轮廓线等。

型线设计的结果是以横剖线图、半宽水线图、纵剖线图（包含斜剖线）和各种边界线及型值表组成的型线图来表达船体形状的。

横剖线图是由 20 等份设计水线长的横剖面与船体表面相交的横剖线叠绘在一起而得，首尾端视情况可加密（如 1/2 站或 1/4 站）。由于船体形状左右对称，所以仅绘制一侧横剖线即可。

半宽水线图是由一组平行于基线的平面与船体表面的交线叠绘在一起而得，间距可不按设计吃水等分，而取整数。

纵剖线是由一组等间距平行于中纵剖面（包括中纵剖面）的平面与船体表面的交线叠绘而得，纵剖线的数目视船体表面的弯曲程度来选取，一般取 2~5 根。

边界线包括侧面轮廓线、甲板边线、折角线、舷墙边线等空间曲线组成。表达船型需将这些边界线的投影线绘在横剖线图、半宽水线图和纵剖线图上。

2）型线设计方法

（1）设计流程。型线设计的基本流程见图 6-3。

（2）型线设计方法。型线设计的方法主要有以下几种：

① 自行设绘法：根据新船的具体要求，设计者经过分析，对新船型线特征有所把握后，自行设绘型线图。

② 母型改造法：利用与新船相近的优秀母型船的型线资料，经过线性变换，修改成符合设计要求的新船型。

③ 系列船型方法：直接利用与新设计舰船型特征参数相近的系列船型的型线资料，根据新船特点，作局部修改。

④ 数学船型法：由计算机程序通过数学函数来控

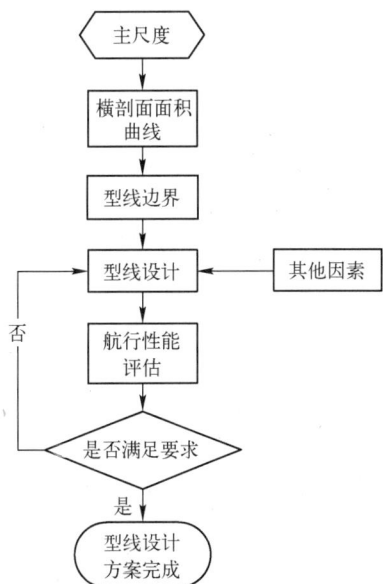

图 6-3 型线设计基本流程

制水线、横剖线等形状特征参数及船体曲面，进而生成型线图。

以上前三种方法是目前工程研制较常用的型线设计方法，数学船型法正在开展研究，也是船型设计的发展方向。

（3）型线设计手段。船型设计的主要软件有 Maxsurf、Fastship、Napa 以及 Foran、Cadds5。

Maxsurf、Fastship、Napa 等是现阶段应用比较普遍的船型设计软件，它们能较迅速地形成各种型线方案，可较快地确定型线方案的主要性能参数，调整型线方案的速度也很快。但它们存在对型线的控制精度不高、不能满足型线精光顺要求等缺点。Cadds5 和 Foran 的优势是可进行整船的全三维设计，但在新船型线设计上应用比较困难。

Napa、Foran 和 Cadds5 在船型设计的方法上基本相同，即由点生成线，由线生成面，由面构成船体三维模型。Maxsurf、Fastship 在船型设计的方法与上述三个软件不同，其设计单元为面，直接由曲面构成船体三维模型，该方法快速直观，可以快速应用于方案设计阶段。

Maxsurf、Fastship、Napa 以及 Foran 等均具备了比较完善的计算功能。其中 Napa 的计算功能最完善，能基本解决航行性能设计的所有计算问题。

在概念方案设计阶段，型线设计一般采用 Maxsurf、Fastship、Napa 进行型线设计，可快速获得满足需求的型线方案。

为了高效获取舰船概念方案，还可采用参数化方法设计船型，以达到快速响应设计变量的变化，并实现基于 CFD 驱动的船型参数调整。典型的船体型线参数化建模方法如下。

曲面法的出现为基于形状参数的船型参数化打下了技术基础，德国柏林理工大学的 Harries 团队已成功开发了相关的参数化建模软件 Friendship，并应用于船型、螺旋桨、涡轮等性能优化中[7]。基于 Friendship 的参数化船型设计建模过程如图 6-4 所示。

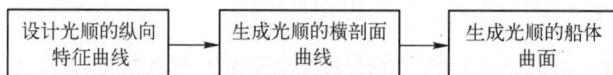

图 6-4 ┃ 参数化船型生成步骤[7]

参数化船型设计是以形状参数来定义生成船体曲面外形的过程，即通过应变能最小原理生成满足诸如面积、形心、曲线的起点或终点的坐标、斜率、曲率等特定几何特征参数的、光顺的曲线，基于 NURBS 理论，利用蒙面法生成光顺的船型曲面[7]。

型线设计是一个逐步迭代的过程，不会一次成功，中间会存在反复修改，当横剖面形状及首尾轮廓设计完成后，各水线的形状也已确定，此时要初步判断各甲板处的水线形状是否满足大型设备的布置要求，尤其是机舱段形状是否满足主机的布置。如不满足要求，需调整横剖面形状直至满足要求，之后再进行型线光顺。

3）型线特征要素设计要点

（1）横剖面面积曲线。横剖面面积曲线是型线设计之初须重点关注的要素之一。

横剖面面积曲线的特征主要由进流段、去流段、浮心纵向坐标表达，与快速性有密切关系，设计时主要按阻力最低的要求确定[3]。

现在比较常用的确定横剖面面积曲线的方法包括母型船变化法和基于快速性的面积曲线生成法。

母型船变化法是以现有的比较优秀的一条或几条母型船的横剖面面积曲线为基础，根据现有尺度情况，对面积曲线进行调整，从而形成适用于现有方案的横剖面面积曲线。

基于快速性的面积曲线生成法是基于某一母型船的面积曲线，采用面积曲线自动生成的方法产生一系列新的横剖面面积曲线，然后采用密歇尔积分的方式计算阻力，从中优选出较优的面积曲线方案。

母型船变化法充分继承了原有型线方案的优点，对于某些方案而言，它的快速性可能并不是最优的，但针对特定总体方案而言它可能是最合适的。

基于快速性的面积曲线生成法是以原有型线方案为基础并充分挖掘它的快速性的方案，其快速性是较优的，但可能会对其他性能产生一定影响。这种方法可以有效减少型线优化所需要搜索空间的范围，并使设计型线的快速性具有良好的基础。对于航速要求较高的新设计驱逐舰而言，这是一种较有效的手段。

驱逐舰的横剖面面积曲线一般具有下列特点：

① 驱逐舰的最大横剖面位置通常位于第 11 理论站。

② 浮心纵向坐标一般位于−2%～−1%设计水线长之间。现在驱逐舰的重心纵向位置一般比较靠后，因此设计横剖面面积曲线时浮心纵向坐标可以稍微后面一点，这有助于改善舰的快速性。

③ 不存在平行中体。

④ 驱逐舰的首部从功能需求角度一般设有球鼻艏，由于球鼻艏的存在横剖面面积曲线的变化逐渐和缓，在某些区域可能会存在突起的情况，然后在 0 站之前面积变化为 0。

⑤ 驱逐舰的尾型一般采用巡洋舰尾或方尾。如果采用巡洋舰尾，则横剖面面积曲线一般从尾部抬升位置光顺过渡到 20 站，20 站时面积为 0；如果采用方艉，面积曲线在尾部抬升处光顺过渡到尾板最低点，尾板最低点到 20 站之间面积快速减少，20 站时面积为 0。

（2）设计水线。型线设计中，当横剖面面积曲线确定后，设计水线的形状对阻力的影响较大，应予以重视。确定设计水线形状的主要因素有设计水线面面积（通常用水线面系数 C_W 来表征）、水线首尾端形状、水线艏部半进流角[3]以及尾部的纵向斜度等。

在型线设计时，确定设计水线的一般方法如下：

以母型船的设计水线为基础，根据新设计船的尺度要求，将设计水线按主尺度进行缩放，然后对该设计水线进行光顺。设计水线应满足水线面系数的预定值，水线艏部进流角应按阻力性能的要求确定，尾端则与尾型配合[3]。设计水线的漂心应尽可能接近浮心纵向位置[3]。

驱逐舰因其航速指标要求高，一般将设计水线的艏部设计的较为尖瘦，半进流角一般不大于 12°。

此外，需要注意不同尾型的设计水线尾部半宽设计对阻力性能的影响，其中：

① 尾型是巡洋舰尾，20 理论站的宽度为 0，此时应注意第 19 理论站的半宽，如果两者之间的过渡比较剧烈，尾部型线的变化太大会导致尾部流场分布不顺畅，对阻力产生不利影响。

② 尾型是方艉，除需要考虑 19 理论站和 20 理论站之间的尾部半宽过渡问题外，还应注意尾板半宽对阻力性能的影响。

（3）最大横剖面。在设计中最大横剖面的形状一般由龙骨半宽、舭部升高和最大横剖面系数确定[3]。

最大横剖面系数表示船中横剖面的丰满程度。泰勒试验结果表明，最大横剖面系数在一定范围内对阻力的影响并不显著。

对于傅汝德数大于 0.3 的高速船，由于方形系数较小，其最大横剖面系数的选取主要考虑船体线型能否保持光顺。采用较大的最大横剖面系数时，型线图的曲率变化很大，不易光顺，故一般要求最大横剖面系数随着方形系数减小而下降。

最大横剖面的设计中应注意考虑舭龙骨的安装问题。最大横剖面系数达到 0.97 时，如果舭龙骨面积和设计水线面的比值大于 4% 时，舭龙骨的宽度受限，会导致舭龙骨的长度过长，在实际设计中存在一定难度。

驱逐舰的最大横剖面系数一般为 0.80~0.83，平板龙骨的宽度较小，舭部抬升比较明显。

（4）中纵剖面侧轮廓线。主船体型线的中纵剖面侧轮廓线，是船体形状特征的重要控制要素之一。

舰首轮廓是船体外观的集中体现，是整船美感的焦点之一，因此在舰首轮廓设计上不仅要注意与舰首横剖面形状相匹配，还要体现主船体的美感和气势。在设计时需要注意首部前倾角，该角度过小时可能会引起首部存在较明显的砰击。一般驱逐舰首部横剖线的外张角较大，因此艏部砰击不明显。

舰尾轮廓的设计主要考虑舵和推进器的布置。一般情况下傅汝德数大于 0.3 以上的水面舰船可采用方艉，小于 0.3 的可采用巡洋舰尾，具体采用何种尾形和主船体型线是密切联系的，可通过计算试验对比的方式予以确定。

（5）各站横剖线。横剖线是表达船体型线的基本要素，不同形状的横剖面对舰的快速性、耐波性和操纵性等航行性能的影响程度不一样，因此在设计横剖面形状时要综合考虑。

在横剖面面积曲线一定的情况下，舰各站横剖面面积也就确定了，但具体的横剖面形状却与设计水线形状密切相关，设计水线的确定在很大程度上决定了横剖面形状。船体横剖面形状一般可分为 V 形、中 V 形、U 形和中 U 形 4 种。设计水线瘦削、两端呈凹形的，横剖面形状常为 U 形；设计水线两端较丰满而成凸形的，横剖面形状则呈 V 形。

全舰横剖面设计时通常按首、尾两部分分别进行考虑。首部横剖面形状主要从阻力和耐波性进行考虑；尾部横剖面形状则主要是从推进器与船体的有利配合角度进行考虑。一般情况下驱逐舰的横剖线设计艏、艉部均为偏 V 型。

3. 区域规划方法

区域规划是舰船总体布局设计的重要内容。区域规划合理、配置得当将极大地提升舰船的空间有效利用，提高设备操作使用方便性，保证总体综合性能。

驱逐舰区域规划的一般步骤如图 6-5 所示，具体如下：

（1）按照主要作战使用性能要求所对应的全舰系统配置，确定舰船所搭载的主要系统设备。

（2）清理各系统设备的装舰需求，包括环境要求、使用要求、能源需求等，还应考虑系统设备正常工作和非正常工作对其装舰环境带来的影响。

（3）根据系统设备的装舰需求提出系统设备的布置安装要求，还应考虑系统、设备之间的相互关联性，保证系统、设备之间功能正常发挥。

（4）依据全舰重要系统设备的装舰要求以及全舰生命力、安全性等设计要求，确定主横隔壁甲板分层方案以及确定全舰主要功能区域划分方案。

（5）在各功能区域内进行各系统、设备布置区域规划。

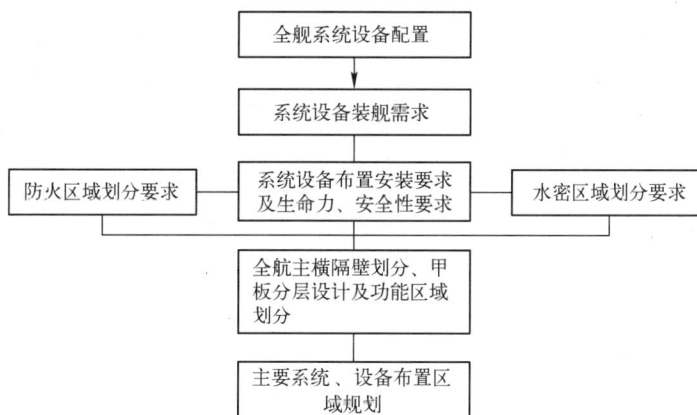

图 6-5 ▏舰船区域划分流程

作为驱逐舰，主要系统、设备在舱段内的布置一般占据了舱段的主要空间，引起其所属系统和保障系统相应就近配置，以至于该舱段即成为某系统功能的舱段。据此特点，可以按舱段功能的主要功能特点将舰沿纵向划分为不同的功能舱段区。舱段区可以为一个水密舱段，也可以为多个水密舱段。也就是说可以由多个水密舱段共同完成某系统的布置功能。

在区域规划设计中，可遵循"先重后次、由粗到细、循序渐进、螺旋推进"[1] 的原则，以提高全舰作战效能和人员作业效率为目标，逐步深化布局划分，最终明确全舰区域规划方案。

1）主横隔壁划分

主推进装置及其相关辅助设备作为舰船的心脏，其布置需求（包括布置位置及尺寸）对全舰主横隔壁的划分有重大影响，因此在开展主横隔壁划分之初应首先确定重大舱室的布置位置及尺寸。重大舱室主要包括影响舰总体和动力（主机）、电力（电站）等重要系统生命力的舱室，其布置位置及尺寸要求严格，一旦确定就不可轻易改变[1]。结合重大舱室的布置需求分析可初步明确相关的主尺度参数（如设计水线长等），进而以此为输入基于不沉性等生命力要求，寻求主横隔壁优化的评判衡准，建立主横隔壁划分的优化模型，然后选择合适的设计方法开展主横舱壁划分，主要流程如图 6-6 所示。

在主横隔壁划分过程中，以设计水线长、船型曲面、结构肋距信息及重大舱室的布置需求为设计输入，经过设计优化，明确主横隔壁数量及各道主横隔壁的定位位置。

2）甲板分层

影响甲板分层设计的主要因素包括大型机电及机械设备的高度及布置要求、武器装备及其配套设备的布置需求、居住舱室净高要求、双层底结构设计要求及船体构件尺寸等。

主甲板下一般设置一层纵向贯通的通长甲板（命名 2 甲板），通常布置指挥控制设备、重要电子设备、军官住室及相关的保障舱室等，层高主要受重要设备的装舰高度需求以及居住舱室的净高需求影响。

主甲板以下第二层甲板（命名 3 甲板）主要是士兵集中居住区域以及辅助设备布置区域，居住舱室按几层铺位进行设计是影响本层甲板层高的重要因素；同时该甲板还需要布置一些大

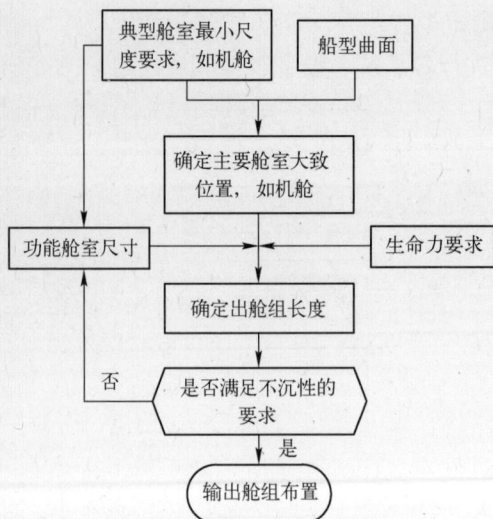

图 6-6 ▎主横舱壁划分主要流程

型的机械设备如舵机、配电板、冷却设备等，层高确定时应综合考虑这些因素的影响。

主甲板以下第三层甲板至内底的高度范围内主要布置主动力装置、发电机组等大型机电设备，具体的高度需求取决于机电设备的安装要求，一般跨越 2~3 层甲板。当机舱的高度确定以后，可以进一步确定机舱高度范围内的各层甲板高度。

双层底的高度根据船体底部结构的设计需求和燃油、淡水等液体的携带需求来确定。加大双层底的高度虽可有效增加底部液体的携带量，但需综合考虑因此而带来的全舰重心高度升高问题。

为了满足舱室净高度的要求，甲板层高的确定应考虑梁拱、甲板下强力构件尺寸、空调管路走向和管径大小以及舱室顶部灯具等占用的空间，与结构、空调、电气等相关设计相协调。

甲板分层主要流程如图 6-7 所示。

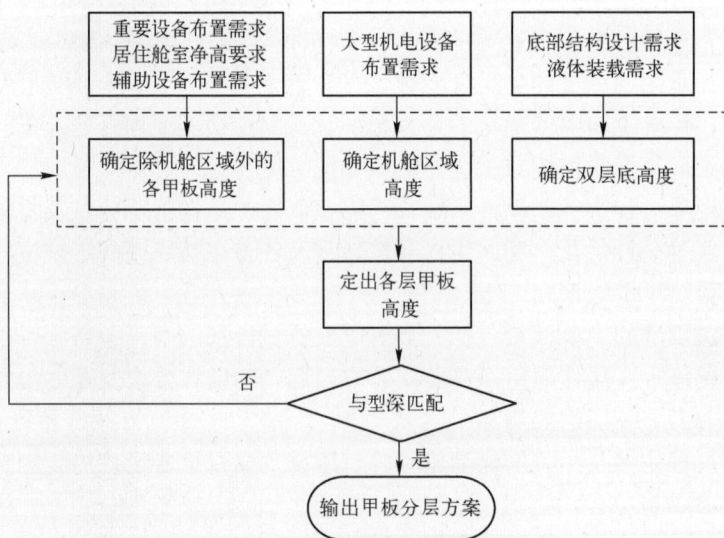

图 6-7 ▎甲板分层主要流程

在甲板分层设计过程中，以船体型深、吃水、重大舱室高度布置要求等为设计输入，经过设计优化，明确甲板层数及各甲板层的层高。

3）总体布局规划设计

基于前述研究提出的主横隔壁划分方案，遵循同类型舱室相对集中布置的原则，将全舰舱室按电子武备类、生活保障类、机电设备类和其他特殊舱室等几大类划分为不同的功能区域，从而提高舰总体的资源利用率和各功能舱室的运行效率。

功能区域划分方案确定后，可优先规划一些对总体性能实现有重要影响且布置位置通常较为固定的舱室的布局，如为满足续航力、自持力指标而设置的燃油舱、喷气燃料舱、淡水舱等液体舱一般都布置在艉舯或底部区域，调整可能性不大。

在概念设计阶段，应重点关注重要舱室的布局设计。重要舱室主要是指影响舰船操纵、作战指挥等功能实现的舱室，一般包括机电集控室、主配电板室、驾驶室（预备驾驶部位）、塔台、作战指挥类舱室、武器弹药舱、需与各武器发射装置直接相邻的舱室、射频设备的功能舱室、损管中心以及影响各系统功能性能的其他重要舱室[1]。重要舱室是全舰功能有效发挥的重要保障，对布置要求较高，应从保证其运行稳定性和操作便捷性角度来规划这类舱室的布局。

电子武备舱室是舰上电子设备和武器装备等功能舱室的总称，按照功能其可进一步划分为指挥控制舱室、电子设备舱室、武器弹药舱室等，直接关系着舰船作战能力的有效发挥[1]。在区域规划设计中，应优先保证这类舱室的布置位置、生命力、临近舱室要求、设备对环境的要求等布置需求，并注重人员操作的便捷性和体验性。

机电设备舱室是舰船作为武器搭载平台的基础组成部分，是舰船基本功能实现的保障，其布置方案的优劣直接关系平台的性能和作战效能的发挥[1]。在区域规划设计中，应从满足平台性能要求、作业使用需求、人员安全性和操作便捷需求角度出发来合理设置这类舱室的布置位置，保证平台的高效协同运转。

此外，通道作为全舰内部空间连通的重要枢纽，在各类功能区、重要舱室布置位置确定后，概念设计阶段还需对全舰通道进行预先规划，保证全舰的通达性。通道一般分为主要通道和其他通道[1]。主要通道（如舰上的主纵、主横通道等）主要实现将全舰各功能区贯通的连通功能，其他通道主要实现功能区域内各类舱室的连通功能。

通道的规划设计除满足"通达性"基本原则外，还应坚持"安全，高效"的原则来进行优化设计，如可通过采用颜色区分、增加鲜明的引导标志等手段对通道地面特征、方向等进行标识，提高对不同区域通道的辨识度，进而提高人员的通行效率。

4. 外形设计方法

外形设计方法是指以满足舰船功能、性能为基础，通过特定的设计活动，使外观造型在视觉上体现舰船的速度感、稳定感、安全感和整体感，赋予舰船所特有的风格特征和艺术特征[1]。一个成功的舰船外观造型不仅功能合理、性能优良，而且蕴含利用科学技术解决的实用性问题和利用艺术创造解决的审美性问题。

外形设计包括船体造型设计（整体外观、外观轮廓线、外形比例关系、上层建筑造型、文化象征造型）、舰面设备和构件造型设计（桅杆、烟囱、电子武备、外舾装及配套件）、外涂装色彩和文字图案[1]四个方面，概念设计阶段重点关注船体造型设计问题。外形比例关系设计适用于外部构型的优化设计阶段，整体外观设计、外观轮廓线设计、上层建筑造型设计均贯穿于外形设计的各个阶段，本节简要阐述整体外观设计、外观轮廓线设计以及上层建筑造型设计在概念设计阶段的设计方法。

1）整体外观设计

舰船的整体外观设计主要是指对船体水上部分、上层建筑、外舾装件、武备等形成的特征，通过邓恩曲线、力线、侧视轮廓、间隔、细节安排的恰当运用，将其调整至最合适的视觉效果[1]。

整体外观造型设计法贯穿于概念设计、方案设计、深化方案设计、技术设计等多个总体设计阶段中，概念设计阶段构型设计主要通过对邓恩曲线的应用，采用放大、缩小、重组的手段，使舰船上层建筑位于侧视图角度沿船长方向最佳的比例，即使全船的视觉焦点符合黄金分割比（占船长的1/3）[1]。

此外，在方案设计和深化方案设计阶段、技术设计阶段和对构型的优化阶段，都需要不断考虑外观造型的力线、侧视轮廓、间隔、细节安排[1]。具体方法本书不再赘述，可参见《舰船构型设计》一书。

2）外观轮廓线

舰船外观轮廓是影响舰船整体形象的重要因素，如同剪影一样传达出特定的形象，具体指在舰船的侧面，由船首顶点、桅杆顶点、上层建筑各甲板层端点、船尾顶点连线形成的一条轮廓线（图6-8）[1]。外形轮廓线处理的好坏，在视觉上关系到舰船能否传达出一种均衡稳定的美感，处理得当的外观轮廓，应是一条光顺的曲线，或者是趋于流线型的曲线[1]。

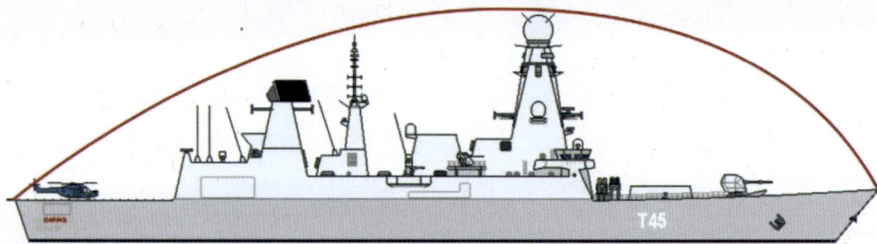

图 6-8 ▎舰船外观轮廓线示意图[1]

（英国45型驱逐舰）

在概念设计阶段，主要通过外观轮廓线的设计来初步确定各构成要素所在的位置、高度、大小等，作为总布置的输入材料[1]。在对舰船外观轮廓线进行设计时，既要根据舰船所体现出的类型进行设计，也可运用格式塔心理学方法对外观造型的构型要素进行放大、缩小、重组、倒置和拼合[1]。具体方法可参见《舰船构型设计》一书。

3）上层建筑造型

上层建筑造型是舰船外观造型最具有表现力的构成要素，是塑造船舶外轮廓线的重要组成部分，舰船造型的格调统一与否、构图均衡与否及各部分造型的呼应、对比，都体现在对上层建筑造型的设计中[1]。

从舰船的发展趋势来看，舰船上层建筑乃至舰船整体都呈现分散到整体的趋势，这也是造型趋向简约的体现[1]。上层建筑的设计手段主要有放大、缩小、重组、倒置和拼合等，具体反映在构成要素的形式上包括封闭组合单元（拼合）、过渡处理（重组和倒置）、功能单元组合与特征单元的统一（重组和倒置）三个方面，详细方法描述可参见《舰船构型设计》一书。

在追求艺术性的同时，舰船上层建筑往往还需要传达出"稳定"的语义，即视觉上的稳定感[1]。稳定感是指舰船的主船体与上层建筑两部分在视觉上的稳固、安定和不易颠覆状态，可采用宝塔式建筑造型（倒置）、均衡对称的结构形式（重组）、形体分割法（重组）三种设计方法来传达出上层建筑的稳定感[1]。

在运用各种方法表现舰船上层建筑稳定感的同时，也可以从反向进行设计（即改变其原来的秩序、结构、位置等），例如通过改变对称的分布形式，使重心支点发生偏移，形成视觉上的冲击，但应注意运用得当[1]。

6.2> 船体结构

6.2.1 设计基本原则

在船体结构概念设计过程中，主要考虑以下基本原则要求。

1. 纵骨架式及保证结构连续性原则

船体结构的骨架形式一般有纵骨架式、横骨架式和混合骨架形式。驱逐舰在航行过程中在波浪外载荷作用下，会引起船体的弯曲、扭转、剪切、振动等。为了保证驱逐舰船体这种细长形结构的纵向强度及刚度，通常主要结构采用纵骨架式结构形式，部分轻型上层建筑、艏艉端局部结构等会采用横骨架式结构。

为了保证纵向构件能有效抵抗船体总纵弯曲，主要纵向构件应尽可能保持纵向连续性。高度方向上接近船体等值梁上缘的强力甲板及下缘的内底应尽量沿船长方向连续，且强力甲板的纵桁及纵骨、底部的中内龙骨和旁内龙骨等构件的尺寸在船体中部区域尽量保持不变。船体各层甲板、底部结构的纵向骨架及横舱壁的垂向扶强材等通常应按统一的间距设置在相应的纵向垂直平面上。当结构尺寸需要变化时应设置过渡段。当结构在局部必须间断时，应有必要的加强措施。

2. 钢板及型材选取原则

根据钢厂轧制设备及工艺不同，板材按其厚度不同有不同的规格，型材按其剖面形状、大小不同也有其不同的类型规格。进行结构设计时需要根据本舰的尺度，确定恰当的主要材料规格，提高材料利用率。

在型材方面，纵桁、横梁、肋骨、竖桁等强力构件通常采用焊接 T 型材；纵骨、舱壁普通扶强材通常采用轧制型材，轧制型材常用的一般有不对称单头球扁钢、角钢等。在驱逐舰船体结构设计中考虑到纵骨跨距不算太大，较多选用不对称球扁钢，也有采用角钢的。型材规格选择的前提是保证结构强度和稳定性等需求。T 型材应选择合理的腹板和面板的搭配，使获得同样性能的情况下重量代价尽可能小，同时还要对空间（如层高）的影响不会太大，对于横梁、肋骨等有纵骨穿过的 T 型材尺寸还需允许纵骨穿越孔。另外型材尺寸力求统一，尽量减少规格品种。

3. 船体材料选用原则

驱逐舰所选材料必须力学和物理性能合格，满足相关标准要求；且经过定型鉴定并经海军订货部门或其委托验收单位的批准。所选材料的规格齐全，符合产品设计和建造需要；所选材料的焊接材料配套齐全，施工工艺较成熟；所选材料还必须性能可靠、有良好的耐腐蚀性、维修性，且经济性较好。对有特殊要求者，除常规力学性能外，所选材料尚应满足相应特定的性能要求，如低磁性、透声性、防弹性、吸波透波性能、高温性能、低温性能等，并应使结构重量尽可能小。

6.2.2　主要设计方法

驱逐舰结构设计以往主要以所积累的经验和舰船特性为基础，较多地参照与目标舰船型、主尺度、排水量类似的母型船，参考其结构形式、主要结构间距和尺寸，确定初步结构方案。当缺少母型船时，则需要从结构强度、刚度和稳定性、结构重量与排水量之比等多方面因素考虑，选取合适的材料，确定骨架间距以及主要构件尺寸，形成初步结构方案。构件的尺寸必须符合关于舰船各主要结构构件的最小尺寸的要求。还要根据结构的许用应力来检验船体各个构件和整个剖面的尺度，如果所选尺寸经过计算认为不满足要求，则进行适当地调整，再进行第二次计算，以此类推，直至调整后的结构经计算满足要求，这就是逐步近似法。也可以采用极限载荷法来预先选择船体构件的尺寸，在某些情况下可以较快地设计出合理的等强度结构。

当代船舶结构设计的方法在不断发展，除了运用 CAD 技术、经典力学理论计算外，还有发展越来越成熟的三维设计技术、全船或局部三维有限元仿真分析技术、各种各样的多目标优化方法、模型试验等多途径多手段来完成结构设计工作。随着水面舰船逐步向大型化、船型特殊化等方面发展，在结构优化设计、重量控制的要求越来越高的情况下，采用三维有限元分析技术、结构优化技术等手段进行精细化设计越来越普遍。

在概念设计阶段结构设计的主要任务就是选用合适的方法进行船体舯横剖面设计，选择板、筋的合理搭配，确定纵骨、纵桁和横梁的尺寸和间距，确定底部龙骨的位置及尺寸，进行舯部结构的总强度估算，其表现形式主要为舯横剖面结构图。

1. 三维有限元仿真分析技术

采用三维设计及有限元直接计算相结合的先进设计方法在世界各国舰船结构设计中已广泛应用。直接计算法，即采用先进的计算机技术和三维有限元计算分析方法，模拟实船结构，预报船体结构承受的波浪载荷，并对多种工况下整船、舱段、特殊部位等结构的强度、刚度、稳定性及振动特性进行更准确的计算分析，得到详细的应力分布状态和变形情况，从而合理利用结构材料资源，在满足各种力学性能的基础上，尽量减轻重量，实现结构优化设计。

1）波浪载荷直接计算技术

舰船在其整个服役期内，在海上航行时可能以各种航速、航向角和装载状态遭遇各种不同的海况。波浪作用于船体，会对船体产生波浪弯矩、扭矩、砰击振动弯矩等。

传统上的波浪弯矩都是按照将舰船静置于坦谷波上的计算方法（考虑不同的计算波高以及各种修正等）来处理的。该方法认为船中最大波浪弯矩发生于波长与船长相等时，波高随波长而变化。波峰在船中与波谷在船中是两种危险的计算状态。这种采用规范公式进行波浪载荷计算的方法是一种在物理直观的基础上建立起来的半经验方法，过程相对较为简单。但是由于规范公式主要针对常规船型，有一定的局限性。

波浪载荷直接计算方法能较好地计及环境条件和船舶运动的影响，能够比较真实地反映舰船所承受的波浪载荷，能解决大型水面舰船在结构设计中碰到的一些波浪外力的计算和分析问题，为进一步进行舰船整船结构有限元计算提供更为合理的载荷输入。由于海洋波浪是不规则的，它包含着复杂的谐波成分，且与船舶在不同方向遭遇，波浪载荷直接计算方法就是先研究船舶在各种规则波上的响应特性，再研究船舶在不规则波上的运动响应与诱导载荷，并结合国际海洋观测统计资料，作出船舶在其指定海域内航行时运动与载荷响应的长期预报，从而对船舶所承受的波浪载荷作出全面科学的描述。在国内外众多研究机构、船级社推出了自己的波浪载荷直接计算工具。例如，挪威船级社开发了一套船舶结构直接计算的软件系统，其中计算软件 WADAM 是不考虑航速的频域三维线性波浪载荷计算软件，WASIM 是考虑航速时域三维线性/非线性波浪载荷计算软件。

船舶三维频域波浪载荷计算的基本理论为[8]：

（1）坐标系的选取。为了描述船舶在波浪上的运动特性，通常采用三种坐标系来描述海浪、船舶和空间某一固定点的关系。三种坐标系均采用垂直轴沿铅垂线向上的右手坐标系，如图 6-9 所示。

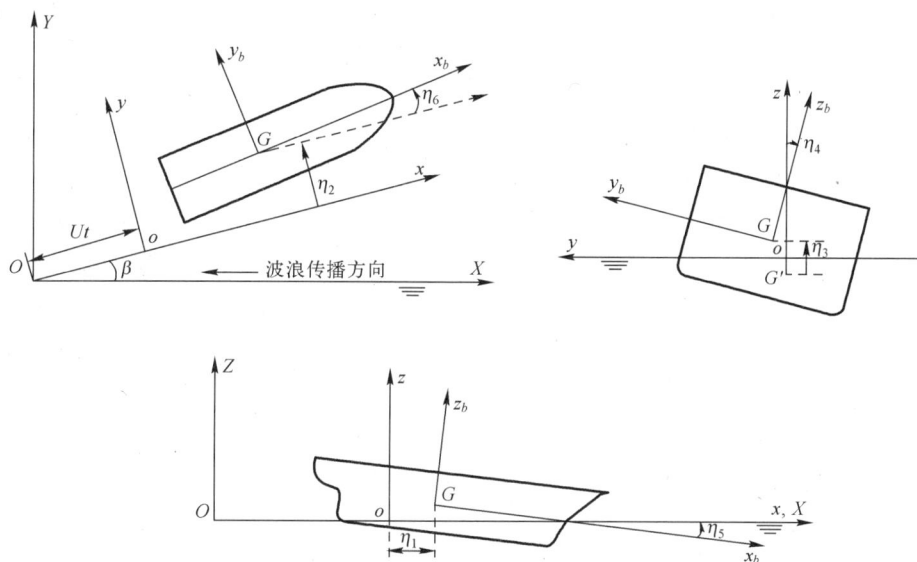

图 6-9 ▎坐标系的选取

① 空间固定坐标系 $O\text{-}XYZ$，原点 O 位于未扰动的水平面上，Z 轴竖直向上。

② 随船匀速移动坐标系 $o\text{-}xyz$，原点 o 位于未扰动的水平面上，z 轴竖直向上。

③ 固连于船舶的坐标系 $G\text{-}x_b y_b z_b$，原点 G 即船舶的重心，x_b 轴平行船体基线指向船艏，z_b 轴垂直于船体水线面。

设船舶以航速 U 沿 x 轴正方向航行，$t=0$ 时刻点 o 与 O 重合；入射波沿 X 轴负方向传播，浪向角为 β（迎浪时 $\beta=0°$）。当船舶无摇荡运动时，点 o 与点 G 位于同一铅垂线上。船舶重心 G 在坐标系 2 中的坐标为 z_G。则三个坐标系之间的转换关系为

$$\begin{cases} x=-Ut+X\cos\beta+Y\sin\beta\approx x_b \\ y=-X\sin\beta+Y\cos\beta\approx y_b \\ z=Z\approx z_b+z_G \end{cases} \tag{6-19}$$

（2）流场速度势分解。在三维势流理论中可在随船平动坐标系下将流场总速度势 Φ 分解为两个部分：

$$\Phi(x,y,z,t)=[-Ux+\Phi_s(x,y,z)]+\mathrm{Re}\{\varphi_T(x,y,z)\,\mathrm{e}^{\mathrm{i}\omega t}\} \tag{6-20}$$

式中：$[-Ux+\Phi_s(x,y,z)]$ 分别为由坐标变换引起的定常势和定常兴波势；$\mathrm{Re}\{\varphi_T(x,y,z)\,\mathrm{e}^{\mathrm{i}\omega t}\}$ 为非定常扰动势，可表示为

$$\varphi_T(x,y,z)=\varphi_I(x,y,z)+\varphi_D(x,y,z)+\varphi_R(x,y,z) \tag{6-21}$$

其中

$$\varphi_I(x,y,z)=\zeta_a\varphi_0(x,y,z) \tag{6-22}$$

$$\varphi_D(x,y,z)=\zeta_a\varphi_7(x,y,z) \tag{6-23}$$

$$\varphi_R(x,y,z)=\sum_{j=1}^{6}[\mathrm{i}\omega\eta_j\cdot\varphi_j(x,y,z)] \tag{6-24}$$

式中：φ_I 为入射波势；ϕ_D 为绕射势分量；$\varphi_j(j=1,\cdots,6)$ 为单位复速度的 j 模式运动辐射势。

（3）非定常扰动势的定解条件及其求解。利用坐标转换关系式，并采用复数表示方式，入射波速度势为

$$\begin{aligned}\Phi_I(x,y,z,t)&=\mathrm{Re}\{\phi_I(x,y,z)\cdot\mathrm{e}^{\mathrm{i}\omega t}\}\\&=\mathrm{Re}\{\zeta_a\cdot\phi_0(x,y,z)\cdot\mathrm{e}^{\mathrm{i}\omega t}\}\end{aligned} \tag{6-25}$$

其中，若

$$\phi_0(x,y,z)=\frac{\mathrm{i}g}{\omega_0}\cdot\frac{ch[k_0(z+h)]}{ch(k_0h)}\mathrm{e}^{\mathrm{i}k_0(x\cos\beta-y\sin\beta)} \tag{6-26}$$

则表示为有限水深入射波的速度势；

若

$$\phi_0(x,y,z)=\frac{\mathrm{i}g}{\omega_0}\cdot\mathrm{e}^{k_0z}\cdot\mathrm{e}^{\mathrm{i}k_0(x\cos\beta-y\sin\beta)} \tag{6-27}$$

则表示为无限水深入射波的速度势。遭遇频率为

$$\omega=\omega_0+k_0U\cos\beta \tag{6-28}$$

此时，入射波的波面升高为

$$\zeta(x,y,t)=\mathrm{Re}\{\zeta_a\cdot\mathrm{e}^{\mathrm{i}k_0(x\cos\beta-y\sin\beta)}\cdot\mathrm{e}^{\mathrm{i}\omega t}\} \tag{6-29}$$

入射波势 ϕ_0 为已知，单位波幅的绕射势 ϕ_7 和 j 模式运动单位辐射势满足下列定解条件，域内条件 $[L]$：

$$\nabla^2\varphi_j=0(j=1,2,\cdots,7) \tag{6-30}$$

线性自由面条件 $[F]$：

$$\left[\left(\mathrm{i}\omega-U\frac{\partial}{\partial x}\right)^2+g\frac{\partial}{\partial z}\right]\phi_j=0$$
$$(z=0,j=1,2,\cdots,7) \tag{6-31}$$

物面条件 $[S]$：

$$\begin{cases}\dfrac{\partial}{\partial n}\phi_7=-\dfrac{\partial}{\partial n}\phi_0\\[3mm]\dfrac{\partial}{\partial n}\phi_j=n_j+\dfrac{U}{\mathrm{i}\omega}m_j(j=1,2,\cdots,6)\end{cases} \tag{6-32}$$

底部条件 [B]：

$$\begin{cases} \dfrac{\partial}{\partial z}\phi_j = 0\,(z=-h, j=1,2,\cdots,7)，有限水深 \\ \nabla\phi_j \to 0\,(z\to-\infty, j=1,2,\cdots,7)，无限水深 \end{cases}$$ (6-33)

远方条件 [R]：　　相应的远方辐射条件。

2）结构三维有限元直接计算分析技术

近 20 年来，世界各国都很重视直接计算法在船舶工业领域的应用研究。随着计算机技术及有限元法的大力发展，在船舶工业研究领域，一些大型商业通用有限元结构分析软件应运而生，如 MSC/NATRAN、ANSYS、ABAQUS 等，并在船舶领域得到广泛应用。

国外船级社在直接计算方面起步较早，并且有些还推出了自己的设计、计算软件。有些软件将三维建模、规范计算及有限元分析评估功能集成在一起，可利用其通用的三维概念建模工具及模型信息数据库实现船体及内部结构信息的快速准确定义及修改，这使得船舶设计中经常性的结构修改变得易于操控。在软件中，还将船级社规范整合到三维设计系统中，可以快速地检查模型中的板及加强筋的尺寸是否满足规范要求，并提供必要的修改，从而保证模型始终满足规范的要求，避免了耗时的送审图纸的反复修改。依靠这些软件建立的三维有限元模型能进行有限元分析、结果校核。国外舰船设计也较多地采用了民规来进行结构设计。

中国船级社也制定了相应的直接计算法指南，例如，《船体结构强度直接计算指南》《小水线面双体船指南》等，规定了结构强度直接计算的模型建立、边界条件选取、有限元模型网格划分、载荷计算方法及载荷施加方法等，编制了计算软件。

而我国在水面舰船的结构设计方面，已经广泛采用直接计算法进行结构性能分析。

2. 结构优化设计方法

舰船能搭载的武器、弹药和天线设备的多少直接关系到舰船战斗力的高低，提高舰船的有效装载就是舰船设计的重要一环。因此，舰船船体结构设计的方案既要满足结构强度、刚度和稳定性等性能要求，又要做到结构尺寸尽量小、重量尽量轻以能提供更多的有效装载容积和装载重量，这就需要设计师在设计过程中进行结构优化。结构优化设计能使设计方案在满足结构性能要求的前提下更充分地发挥材料的性能，使结构板筋搭配更合理，提高舰船的有效装载率，使舰船能搭载更多武器装备、提高战斗力。而应用现代优化求解技术和计算机辅助手段，能较快地在海量方案中筛选出符合设计目标的较优方案，大大提高优化效率。

舰船结构优化就是在初步拟定舰船船体结构基本方案以后，将力学分析方法与数学计算方法相结合，建立合理的数学模型，设置各种约束条件，选取合适的优化算法进行结构构件尺寸、间距等的优选。通常船体结构优化设计问题的数学模型，一般包含三大要素，即设计变量，约束条件和目标函数[9]。

目标函数是与设计变量有关的函数，目标函数一般为重量最轻、成本最低等。约束条件主要是符合结构力学性能要求，保证结构的强度、刚度和稳定性。通过优化算法求解数学模型，就是在给定条件下求目标函数的最优解问题。不同的优化算法各有其优缺点，要根据所需要优化问题的不同选取恰当的优化算法，使优化过程能快速且高效。

1）遗传优化算法求解技术

遗传算法首先利用随机方式产生一组初始种群，种群中的单个个体就叫染色体，它对应着优化问题的一个可行解（设计方案）。染色体的最小组成元素叫作基因，它对应可能解的某一特征，即设计变量。染色体的优劣用评价函数来反映，按优胜劣汰法则，对染色体进行选择。同时在生成新种群的过程中操作基因，模拟选种、杂交和突变等进化过程，得到新一代种群。然后往复循环，经过多代进化，最后得到优化后的群体，其最优者即为所求的解[9]。

2）模拟退火优化算法求解技术

模拟退火算法源于对固体退火过程的模拟，它采用 Metropolis 接受准则，并用一组称为冷却进度表的参数控制算法进程，使算法在多项式时间里给出一个近似最优解。

设优化问题的一个解 i 及其目标函数 $f(i)$ 分别与固体的一个微观状态 i 及其能量 E_i 等价。令随算法进程递减的控制参数 t 担当固体退火过程中温度 T 的角色，则对于 t 的每一取值，算法持续进行"产生新解—判断—接受/舍弃"的迭代过程就对应着固体在某一温度下趋于热平衡的过程，也就是执行了一次 Metropolis 算法。同 Metropolis 算法从某一初始状态出发，通过计算系统的时间演化过程，求出系统最终达到的状态相似。模拟退火算法从某个初始解出发，经过大量解的变换后，可以求得给定控制参数值时优化问题的相对最优解。然后减小 t 的值，重复执行 Metropolis 算法，就可以在 $t \to 0$ 时，得到优化问题最终的整体最优解。固体必须徐徐降温，才能使其在每一温度下都达到热平衡，最终趋于能量最小的基态[10]。t 也必须慢递减，才能确保模拟退火算法最终趋于优化问题的整体最优解。模拟退火算法用 Metropolis 算法产生优化问题解的序列，并由与 Metropolis 准则相对应的转移概率确定是否从当前解 i 到新解 j 的转移。

$$P_t(i \Rightarrow j) = \begin{cases} 1 & f(i) \leq f(j) \\ \exp\left[\dfrac{f(i) - f(j)}{t}\right] & \text{其他} \end{cases} \qquad (6\text{-}34)$$

3. 船舶舯剖面结构优化设计流程举例

船舶舯剖面的结构形式、构件尺寸集中反映了整个船体结构的概貌，它包括了船舶舯部区域各类板的厚度、骨架形式、纵向加强材的尺寸等，其结构重量约占整个船体结构重量的70%，因此，船舶舯剖面结构的合理设计，始终是概念设计阶段首要解决的关键问题。

以下针对舰船概念设计初期舯横剖面结构优化设计的典型流程进行举例。假设设计者首先根据设计要求及经验给出初始舯横剖面方案，将纵骨间距、纵向构件尺寸（包括板厚、纵骨大小、纵桁尺寸等）以及横向肋骨间距作为设计变量，将满足总纵强度、结构稳定性、船体结构局部强度等作为约束条件，将重量最轻作为目标函数，然后通过遗传优化算法产生不同舯横剖面方案并按约束条件进行分析，对比结构重量，最终得到最优的几个方案。整个优化过程的流程图见图 6-10，其中虚线框中所示的过程是优化计算中需要反复进行的，主要包括三部分内容：①最优构架配置；②总强度、局部强度计算分析；③结构重量对比。在遗传算法优化中需要对迭代次数、个体数目、交叉概率、变异概率等进行设置，使之能较好地进行方案搜索、顺利完成优化过程，如果方案搜索无法继续，则需要进行设计变量及其取值范围的调整，重新开始优化过程。

在舰船舯横剖面结构优化过程中，可根据舰船需求分析的结果，设置合理的约束条件及目标函数，运用适宜的优化方法，寻求较优结构方案。约束条件可以运用理论公式方法计算、也可以运用有限元直接方法计算，也可以两者结合。

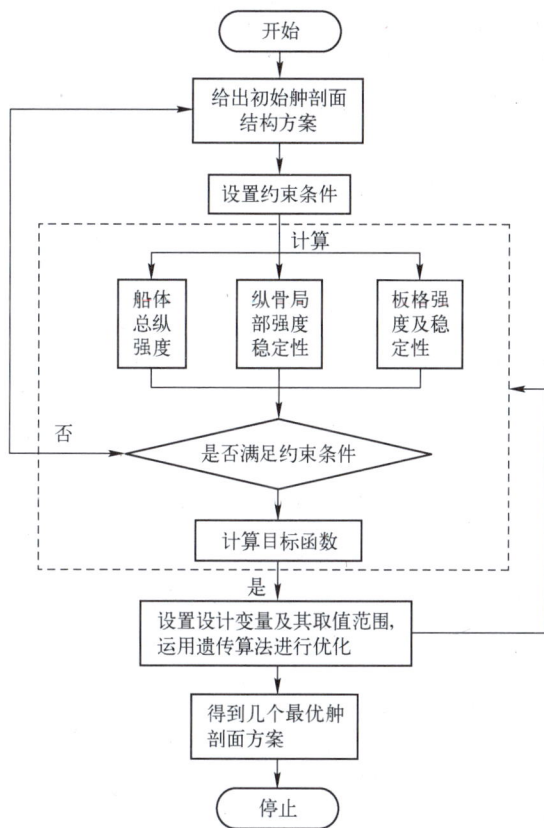

图 6-10 ▌船体结构的优化设计流程

6.3 船舶装置

6.3.1 设计基本原则

船舶装置概念设计阶段在总体方案规划设计方面的工作原则如下：

（1）需求原则。即，实现系统功能、达到指标要求，是船舶装置乃至各系统概念设计的基本原则，是设计中所需完成的首要任务。

（2）先进性原则。所提出的系统技术方案应具有较强的先进性，能代表船舶装置的技术发展方向，是设计中每个设计师所追求的目标之一。

（3）人性化原则。充分体现"以人为本"的设计思路，降低舰员劳动强度，提高舰员工作效率，改善舰员工作环境，提升舰员生活舒适度。本原则是近年来所提出并大力倡导的，自引入驱逐舰概念设计以来获得了良好的收益和广泛的好评。

（4）共用性原则。对于可以从其他系统中获取的资源一律采取"取为己用"的设计方案，简化系统、设备自身方案，尽量缩减系统或设备体积、重量、维护等方面对舰总体资源的占用需求。本原则对于结构紧凑、集成度要求高的驱逐舰而言是极为实用的一种概念设计原则。

（5）简单化原则。系统或设备在结构设计上尽量采用简单易行的设计方案，人机交互界面简单友好，设备可靠性高、操作维护简便，占用舰总体资源少。本原则与智能化设计之间存在着根本的区别在于，简单化原则的目的是利用简单流畅的设计来减少不必要的多余设计，而不是利用人工智能等方式来代替人类的思考判断所做出的跨越人类操作而带来的动作上的简化。

（6）绿色化原则。所选用的各种材料、技术方案等均应满足绿色环保的设计要求，既能保证本舰人员自身的使用安全，也不对周边环境造成不良影响。本原则是受国际海事组织所引导而提出的，为保护全球海洋环境而做出的强制性设计要求。

（7）经济性原则。在确定系统、设备技术方案的同时应充分考虑经济性问题，确保系统方案在购置费与全寿命期维护费两方面均具有经济可承受性。该原则从某种程度上而言是驱逐舰概念设计中不可逾越的"高压线"要求，是驱逐舰概念设计能否满足用户要求并实现投产乃至量化的重要原则。

6.3.2　主要船舶装置设计方法

经过 4.3.5 节需求设计和 5.3 节船舶装置功能设计，明确了船舶装置系统需要实现的功能元集，并在此基础上归纳出甲板机械功能系统和船体属具与舱室设施功能系统作为船舶装置系统的两大子功能系统，确定了船舶装置系统在概念设计阶段需要满足的技术指标。在本章节，通过对船舶装置系统概念设计主要设计方法的阐述，能够较好地解决船舶装置系统概念方案设计阶段的关键技术问题，保证功能系统设备实现方案的合理性和可行性。

船舶装置系统主要设计方法是在综合考虑"先进性原则""人性化原则""简单化原则""绿色化原则""经济性原则"等设计原则的基础上，选取适宜于所研究驱逐舰概念设计方案的船舶装置优选方案集，再进一步从"人性化原则""共用性原则""简单化原则"等方面对系统或设备技术方案进行优化改进，最终提出满足"需求原则"的驱逐舰船舶装置功能系统设备实现方案。船舶装置方案规划设计的工作流程如图 6-11 所示。

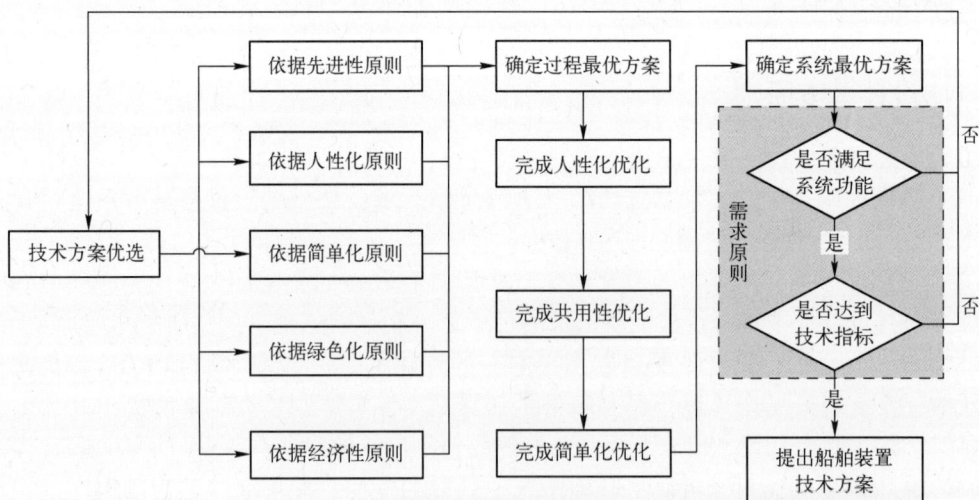

图 6-11 ▎船舶装置方案规划设计工作流程

在上述工作流程中，"需求原则""经济性原则"和"绿色化原则"中的强制执行部分是概念设计中所必须满足的强制性原则要求，是筛选船舶装置技术方案的主要手段。"先进性原则""人性化原则""简单化原则"和"绿色化原则"中的非强制性执行部分可作为评估优选方案的决策因素,利用遗传算法、模糊算法、神经网络等优选算法进行入选船舶装置功能系统设备实现方案各项方案的优选,确定概念设计阶段的过程最优方案。

基于甲板机械功能系统和船体属具与舱室设施功能系统的特点,分别利用"流动路线设计技术""共用功能抽离技术""围绕核心设备的空间布置技术""服务舱室多功能化设计方法"方法阐述了船舶装置功能系统各子功能的设备实现方案,其中"共用功能抽离技术""围绕核心设备的空间布置技术"旨在解决甲板机械功能系统的核心设备选型及布置问题,"流动路线设计技术""服务舱室多功能化设计方法"主要针对船体属具与舱室设施功能系统的舱室布局和流程优化提供概念方案,各方法围绕"人性化原则""共用性原则""简单化原则"等方面对船舶装置功能系统设备实现方案进行总体规划及优化,最终形成概念设计阶段船舶装置功能系统设备实现方案。

通过上述几种设计方法,能够较好地解决船舶装置功能系统概念方案设计阶段的关键技术问题,保证系统方案的合理性和可行性。船舶装置功能系统概念设计阶段的成果表现形式主要有船舶装置概念方案说明书、重要甲板机械设备选型论证说明书、重要舱室概念布置方案等。

1. 基于排队理论的人员流动路线规划设计技术

人员流动路线规划设计技术属于人员就餐和集中洗漱模式模拟仿真问题属于服务运营和排队问题的范畴。最早从理论上进行服务运营研究的,是美国哈佛大学工商管理学院教授Levitt。他于1972年在哈佛商业评论(Harvard Business Review)发表了《生产线法在服务中的应用》一文,成为服务运营管理(Service Operation Management, SOM)的经典文献[11]。服务运营理论发展至今已经进入了顾客导向的时代,西方发达国家已逐步将服务运营管理作为一个新的研究方向。

人员流动路线设计技术是通过对人员流动路线的分析,从提高通道使用率、避免拥堵、改善工作环境、提高工作效率等方面出发,对舱室内部的布置进行优化,创造良好的工作生活环境,改善人员的身心感受。流动路线设计技术在船舶装置中主要应用于生活保障系统,特别适用于餐厅、活动室等人员活动频繁的服务处所的优化设计,属于"人性化原则"的优化技术之一。

服务舱室是保障舰员生活的重要部位,其设备配置及布置的合理性直接影响到舰员的身心感受,对舰员的精神状态、工作效率、执行能力等"软性能"具有直接而显著的影响,必须予以足够的重视,达到较高的水准,这同时也给流动路线设计技术的应用提出了挑战。现以船舶装置中生活保障系统的士兵餐厅设计为例利用排队理论对人员流动路线设计技术进行说明。

排队问题是排队论的基本问题,根据排队论的基本理论和方法,对餐厅排队问题的分析如下:

当顾客到达餐厅时,有三种情况:第一种情况是取餐窗口前没有其他顾客,有餐位的空闲,不需等待就可立即进行购餐或取餐、用餐,然后离去。这种情况下,顾客以后都很可能到此餐厅进行消费;第二种情况是取餐窗口前已有其他顾客,要用餐的话,必须等待一定时间,但是等待时间不长[11],顾客有可能选择离开;第三种情况是等候服务的顾客很多,等待的队伍很长,如果用餐的话,必须等待更长的时间,顾客可能不加入队列[12]。

图 6-12 描述了排队系统的基本特征：需求群体、到达过程、排队结构、排队规则和服务过程[11]。根据舰上的实际情况，舰员在指定餐厅进行用餐，因此无论队伍长短他们都需要进行排队，直至餐厅服务结束。

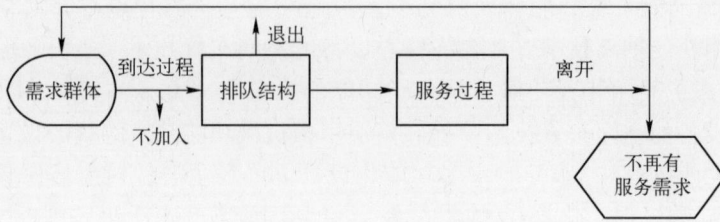

图 6-12 ▎排队系统构成

将餐厅服务系统作为排队问题求解时，首先要研究它属于哪个模型，其中只有舰员到达的间隔时间分布和服务时间的分布需要实测的数据来确定，其他因素都是在问题提出时将实际因素作一些合理的假设而给定的[13]。

1）基于排队系统的餐厅服务系统假设

（1）到达过程。

顾客源：取餐窗口和餐位的服务对象是到达餐厅和就已经得到食物的舰员，而舰员的到达是随机的，并且系统运行较长时间达到稳态，进入系统的舰员可随时改变其队列。

舰员的到达方式：舰员的到达是随机的或者是批量定时的。假定舰员单个、随机的到达，并且舰员的到达是相互独立的。假设舰员的到达时间间隔服从负指数分布，从而在 $[0,t)$ 内到达的舰员数 $N(t)$ 服从泊松分布[11]，其参数为 λ，λ 为单位时间舰员到达的平均数；而对于批量到达，假定舰员分为人数确定的一队或者两队，分别在餐厅开始营业或者营业后 30min 到达，由于他们是按照建制的方式集体到达，那么他们的到达方式可以看作是时间间隔很小，这里采用 0.01s 到达一个人的方法模拟集体到达的等分布到达。

（2）排队规则。当舰员到达时，如果有空闲服务台，则进行服务；若所有的服务台都正在服务，舰员选择较短的队列加入等待服务。即餐厅服务系统室先到先服务的等待制随机服务系统[11]。

（3）服务机构。系统中有 m 个相互独立的服务台，而且假定每个服务台的服务能力是相同的，并且每个服务台每次只能服务一个舰员[11]。服务台对舰员的服务时间服从参数为 μ 的负指数分布。

2）服务系统的生死过程

一个舰员的到达将使系统状态从 n 到 $n+1$，这一过程称为生；一个舰员的离开使系统状态从 n 到 $n-1$，这一过程称为死。系统状态的转移可以用状态转移图加以描述，如图 6-13 所示（图中结点代表状态，箭头线代表状态转移）。由于同一时间不可能有两个事件发生，所以不存在跨状态的状态转移[14]。

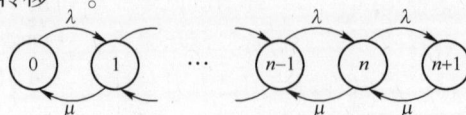

图 6-13 ▎生死过程示意图

因已知舰员到达规律服从参数为 λ 的泊松过程，服务时间服从参数为 μ 的负指数分布，所以在 $[t, t+\Delta t)$ 时间区间内分为[11]：

（1）有 1 个舰员到达的概率为 $\lambda \Delta t + o(\Delta t)$；没有舰员到达的概率就是 $1 - \lambda \Delta t + o(\Delta t)$。

（2）当有舰员在接受服务时，1 个舰员被服务完了（离去）的概率是 $\mu \Delta t + o(\Delta t)$，没有离去的概率就是 $1 - \mu \Delta t + o(\Delta t)$。

（3）多于 1 个舰员的到达或离去的概率是 $o(\Delta t)$，是可以忽略的。

在 $t + \Delta t$ 时刻，系统中 n 个舰员（$n > 0$）存在四种情况：

情况（A）：既无舰员到达，也无舰员离开；

情况（B）：无舰员到达，有舰员离开；

情况（C）：有舰员到达，无舰员离开；

情况（D）：既有舰员到达，也有舰员离开。

它们的概率分别是（略去 $o(\Delta t)$）：

情况(A)：$P_n(t)(1 - \lambda \Delta t)(1 - \mu \Delta t)$；

情况(B)：$P_{n+1}(t)(1 - \lambda \Delta t) \cdot \mu \Delta t$；

情况(C)：$P_{n-1}(t) \cdot \lambda \Delta t (1 - \mu \Delta t)$；

情况(D)：$P_n(t) \cdot \lambda \Delta t \cdot \mu \Delta t$；

由于这四种情况是互不相容的，所以 $P_n(t + \Delta t)$ 应是这四项之和，即（将关于 Δt 的高阶无穷小合成一项）：

$$P_n(t + \Delta t) = P_n(t)(1 - \lambda \Delta t - \mu \Delta t) + P_{n+1}(t)\mu \Delta t + P_{n-1}(t)\lambda \Delta t + o(\Delta t) \tag{6-35}$$

令 $\Delta t \to 0$，得关于 $P_n(t)$ 的微分差分方程

$$\frac{\mathrm{d} P_n(t)}{\mathrm{d}t} = \lambda P_{n-1}(t) + \mu P_{n+1}(t) - (\lambda + \mu)P_n(t) \qquad n = 1, 2, \cdots \tag{6-36}$$

当 $n = 0$，则只 (A)，(B) 两种情况，即

$$P_0(t + \Delta t) = P_0(t)(1 - \lambda \Delta t) + P_1(t)(1 - \lambda \Delta t)\mu \Delta t \tag{6-37}$$

同理求得 $\dfrac{\mathrm{d} P_0(t)}{\mathrm{d}t} = -\lambda P_0(t) + \mu P_1(t)$。

解上述方程是很麻烦的，求得的解（瞬态解）中含有修正的贝塞尔函数，也不便于应用，因此只研究稳态的情况。根据流的平衡原理建立稳定状态的状态转移方程组。所谓流的平衡原理就是在稳定状态下，流入任意一个结点的流量等于流出该结点的流量。流量的概念是这样定义的，如果从状态 i 到状态 j 转移弧上的转移率为 r_{ij}，那么这条转移弧所发生的流量就是 $r_{ij} p_i$。将流的平衡原理应用于转移图的各个状态，每个状态都可以给出一个以 P_i 为变量的线性方程。这些线性方程组成的线性方程组决定了 P_i 的分布[11]。

当系统处于稳定状态，$P_n(t)$ 与 t 无关，可写成 P_n，它的导数为 0。可得到关于 P_n 的差分方程，从而验证了流的平衡原理。

$$\begin{cases} -\lambda P_0 + \mu p_1 = 0 \\ \lambda P_{n-1} + \mu P_{n+1} - (\lambda + \mu)P_n = 0 \qquad n \geqslant 1 \end{cases} \tag{6-38}$$

对于系统容量无限的排队系统，解方程依次推得

$$P_n = (\lambda / \mu)^n P_0 \tag{6-39}$$

今设 $\rho=\dfrac{\lambda}{\mu}<1$（否则队伍将排至无限远），又由概率的性质知[11]：

$$\sum_{n=0}^{\infty} P_n = 1$$

将 P_n 的关系代入

$$P_0 \sum_{n=0}^{\infty} \rho^n = P_0 \cdot \frac{1}{1-\rho} = 1 \tag{6-40}$$

得

$$P_0 = 1-\rho$$
$$P_n = (1-\rho)\rho^n, n \geqslant 1 \qquad \rho<1 \tag{6-41}$$

这是系统状态为 n 的概率。

式（6-41）中的 ρ 有其实际的意义。根据表达式的不同，可以有不同的解释。当 $\rho=\dfrac{\lambda}{\mu}$ 表达时，它是平均到达率与平均服务率之比，即在相同时区内舰员到达的平均数与被服务的平均数之比[15]。若表示为 $\rho=\dfrac{1/\mu}{1/\lambda}$，它是一个舰员的服务时间与到达间隔时间之比，称 ρ 为服务强度（Traffic Intensity）。若表示为 $\rho=\lambda \cdot \dfrac{1}{\mu}$，此时 ρ 的含义是舰员到达率与平均服务时间的积，即在一个平均服务时间里到达的平均舰员数量。$\rho=1-P_0$ 刻画了服务机构的[11]繁忙程度，所以又称服务机构的利用率。ρ 的所有这些含义，给出了要求 $\rho<1$ 的逻辑解释；简言之，如果舰员的平均到达率大于平均服务率，那么系统的队长将无限增加，从而造成系统永远也达不到稳定状态[11]。

由于餐厅的需求群体是有限的，服务台有餐具桌、取餐台/取餐窗口、餐桌、回收处等多组，而且每组服务台都有一个到多个。排队规则符合等待制，即所有服务台均被占用，舰员排队等待，服务台的服务模式为先到先服务（FCFS）。服务过程分为自我服务（自助模式）和机械速度（窗口模式）两种模式。对于前来用餐的舰员来说，典型的人员就餐流程包括以下几个方面，如图 6-14 所示。

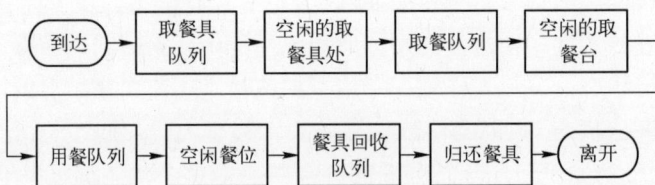

图 6-14 ▌舰员就餐流程图

士兵餐厅按照随机到达或批量定时到达模式从餐厅入口进入餐厅，到达取餐具处。军官餐厅采取随机到达模式。舰员随机到达时，到达模式的数学分布模型为泊松分布；舰员定时到达时，到达模式的数学分布模型为 0.01s 等分布。

取餐具处提供取餐具服务（自助服务模式）。取餐具时间的数学分布模型为 5s 等分布。就餐人员取餐具后到达取餐处。

根据取餐模式（自助模式或窗口模式），取餐处设定不同的服务流程（自助模式采用连续多服务台，窗口模式采用单服务台和人工服务）。对于士兵餐厅，窗口模式下取餐时间的数学分布模型为 15s 的负指数分布；自助模式下取餐台每个槽的取餐时间的数学分布模型为 3.5s 负指数分布，餐具槽的数学分布模型为 2s 等分布。对于军官餐厅，窗口模式下取餐时间的数学分布模型为 15s 的负指数分布；自助模式下取餐台上每个槽的取餐时间的数学分布模型为 5s 负指数分布，餐具槽的数学分布模型为 2s 等分布。舰员取餐后开始寻找就餐座位。

取餐后按照就近原则寻找座位。就餐座位的选择是一个动态的过程，舰员遵照座位选择原则沿着餐厅过道行进，当过道旁边有满足条件的座位出现时则进入座位，否则继续向前搜索座位。

舰员到达座位后开始用餐。士兵餐厅用餐时间的数学分布模型是 15min 负指数分布。军官餐厅用餐时间的数学分布模型是 20min 负指数分布。舰员就餐完成后沿计划路径到达最近的餐具回收处。

餐具回收处设置与取餐具处的流程基本一致，舰员依次排队回收餐具后离开餐厅。回收处回收时间符合 5s 等分布的数学分布模型。

舰员离开发生在回收餐具结束的时刻，由于离开动作对整个餐厅的服务模式和服务效率基本没有影响。因此，舰员的离开可以不做考虑。

从就餐流程来看，舰员需要完成取餐具服务之后，等待并经历取餐服务；在完成取餐服务之后，等待并经历用餐服务；在完成用餐服务之后，等待并经历回收餐具服务。基于餐厅的这种串联特征，进行餐厅服务系统建模。

舰上餐厅服务系统属于多服务台混合串联排队模型，该模型具备以下特征：

（1）多服务台串联排队系统的到达时间间隔服从速率为 λ 的负指数分布。

（2）各个阶段 $j(j=1,2,\cdots,k)$ 的 $i(i=1,2,\cdots,c_j)$ 服务台的服务时间服从速率为 μ_j 的负指数分布。

（3）各阶段具有无限的等待空间。

按照 Kendal 排队模型分类方法，将系统中的状态 j 记为 $M/M/c_j$。单位时间舰员平均到达率 λ，单列，c_j 个服务台，每个服务台的工作相互独立且平均服务率相同，都等于 μ_j，顾客源无限，容量无限，排队规则为等待制[16]，服务模式为先到先服务。从前面生死过程的分析中，可以得出该系统必须满足 $j=1,2,\cdots,k,c_j\mu_j>\lambda$ 条件，即舰员的平均服务率大于平均到达率，否则队列长度将无限增加，从而造成系统"爆炸"，永远也达不到稳定状态。

3）系统特征指标

求解排队问题的目的，是研究排队系统运行的效率，估计服务质量，确定系统参数的最优值，以确定系统结构是否合理，研究设计改进措施，所以必须确定用以判断系统运行优劣的基本数量指标。针对餐厅服务系统，这些指标分别有[16]：

（1）队长，指在系统中的舰员数，期望值记作 L_s；排队长（队列长），指在系统中排队等待服务的舰员数，期望值记作 L_q。

$$\begin{bmatrix}系统中\\舰员数\end{bmatrix}=\begin{bmatrix}在队列中等待\\服务的舰员数\end{bmatrix}+\begin{bmatrix}正被服务\\的舰员数\end{bmatrix}$$

L_s（或 L_q）越大，说明服务率越低，排队成龙，是舰员最厌烦的。

（2）逗留时间，指一个舰员在系统中的停留时间，期望值记作 W_s；等待时间，指一个舰员在系统中排队等待的时间，期望值记作W_q。

$$[逗留时间]=[等待时间]+[服务时间]$$

对于就餐流程来说，等待时间是舰员所关心的。W_q越大，说明服务率越低。

（3）总体座位使用率，指餐厅在运营时间内，被使用过的座位数量占所有的座位数量的比例，记作C_s；个体座位利用率，指餐厅在运营时间内，某单一座位被占用的时间与餐厅运营时间的比例，记作C_q。

C_s是衡量餐厅服务效率和能力的重要指标。C_s较低说明餐厅座位充足，服务能力好，可适当减少一些座位，为其他功能设备提供空间，例如，安放取餐台和餐具回收处；扩大餐厅行走、活动空间；同时为餐厅多功能用途提供空间。

4）设计流程举例

（1）士兵餐厅人员流动路线分析。我国驱逐舰士兵餐厅通常采用以中式餐饮为主的自助供餐形式，每次供餐服务的人数较多，人流较为集中。士兵餐厅中同时存在就餐人群流动路线、服务人群流动路线、食品供给流动路线、残渣清除流动路线等多条流动路线，提出其功能组织流程参见图6-15。

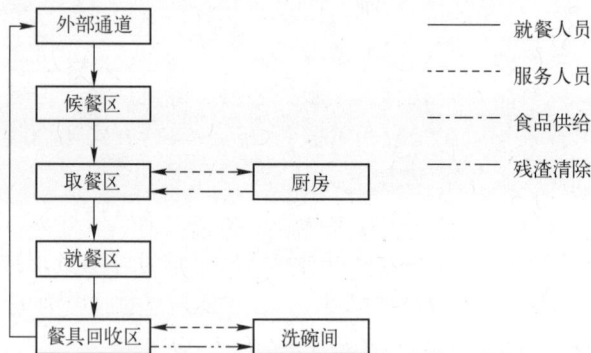

图6-15 ▎士兵餐厅功能组织流程图

从图6-15可以看出，士兵餐厅的人员流动路线具有如下特征：

① 就餐人员在进入士兵餐厅后会向候餐区集中，沿取餐区移动，在就餐区停留，随后转向餐具回收区，然后流出士兵餐厅。其状态为由无序转为有序再转为无序的过程，在士兵餐厅设计时应考虑就餐人员流动路线的运动特点和变化情况。尽量缩短无序状态的持续时间，尽快提高无序状态转换为有序状态的速度。

② 服务人员的流动路线与食品供给路线、残渣清除路线高度重合，为有序路线。考虑到食品供给、残渣清除过程需要搬运设备，对通道的宽度有较高的要求，其要求高于人员移动对通道宽度的要求，因此可按食品供给与残渣清除流动路线的要求作为士兵餐厅上述两条流动路线对通道宽度的要求。

③ 取餐区与厨房、餐具回收区与洗碗间之间的流动路线比较单纯，如将取餐区与厨房、餐具回收区与洗碗间之间的流动路线缩短，甚至直接将取餐区与厨房、餐具回收区与洗碗间合并，可大幅缩短服务人员、食品供给、残渣清除流动路线，有效避免各流动路线之间相互交叉所带来的不利影响。

（2）影响士兵餐厅人员流动路线的因素。相关研究结果表明，影响士兵餐厅人员流动路线的因素主要是人的感觉特性和行为特性，主要表现在如下几个方面：

① 视觉因素。人从外界接受的信息大约有 80% 是经过视觉而获取的，因而视觉因素最易激发人的心理与行为[17]。如在驱逐舰士兵餐厅的实际使用中，大部分舰员习惯选择明亮、宽敞、可以观看电视的座位。

② 听觉因素。听觉是人们接受外界信息的第二工具，因而听觉因素也可对人的行为产生较大的影响。如在驱逐舰士兵餐厅的实际使用中，由于餐厅内的环境较为嘈杂，电视或音乐声音并不十分清晰，不少舰员愿意选择距离电视或广播相对较近的座位。

③ 嗅觉因素。嗅觉在感官方面不如视觉和听觉的影响大，但在餐厅的流动路线设计中，却是相当重要的一个因素。同样以驱逐舰士兵餐厅为例，绝大部分舰员在选择座位时都会尽量远离餐具回收区，以避免吸入食物残渣发出的异味所带来的不良感受。

④ 触觉因素。触觉因素是指人体裸露的皮肤接触外界环境刺激所表现出的物理反应。如舰员在选择驱逐舰士兵餐厅座位时，一般会选择温度适宜、风速适中的位置，以获取良好的用餐感受，而不愿选择正对空调出风口处的座位[17]。

⑤ 通行习惯。人的行为习性会对人的路径选择带来潜移默化的影响，如我国人在没有交通规则限定的通道上行走时，通常仍会采用右侧通行的行为准则。因此，为从心理上改善就餐人群对通道拥挤程度的感受，同时减少人员依照生活习惯切换行走路线而产生的流动路线交叉现象，可将就餐区设置在就餐人群流动路线的右侧。

⑥ 捷径效应。捷径效应是指人们在穿过某一空间时总是尽量采取最简捷的路线。因此，在进行士兵餐厅流动路线设计时，应尽量考虑就餐人员、服务人员流动路线的便捷性，避免过长或太曲折的通道，也可通过设置支线来缓解干线上的人流强度[17]。

（3）士兵餐厅流动路线设计原则。通过对驱逐舰士兵餐厅功能流程以及影响士兵餐厅人员流动路线因素的分析，提出士兵餐厅人员流动路线设计的原则如下：

① 候餐区位置应显眼、易通达。明确易达的就候餐区设置便于从各个外部通道进入士兵餐厅的就餐人员迅速完成定位并移动至指定地点，有利于就餐人员流动路线的快速集中，避免或缓解前来就餐人员与完成就餐离去人员流动路线之间产生长期、反复的交叉。

② 取餐区路线应清晰、简单无交叉。简单明确的取餐路线有利于就餐人员一次性快速完成菜品选择，避免因取餐路线交叉造成取餐人员的拥挤，或因取餐区的分散而造成取餐人员反复多次的取餐所引起的取餐区流动路线流动缓慢等不利现象。

③ 就餐区应减少高隔断、避免分区。一目了然的布置格局便于就餐人员迅速观察判断空闲座位的所在位置，快速定位并向就餐区移动，缩短就餐人员在取餐区的停留时间，同时减少就餐人员在就餐区反复多次流动所造成的拥堵或人员流动缓慢。

④ 餐具回收区应尽量设置在通道口附近。将餐具回收区设置在通道口附近既可避免食物残渣对就餐环境及就餐人员心理所带来的不良影响，造成附近就餐区域的座位浪费，又可尽量减少残渣清除路线对就餐人员路线所带来的不利影响。

⑤ 厨房宜尽量靠近取餐区，或与取餐区之间设有直接通道，最好与取餐区合并。采取所述措施的目的在于尽量缩短厨房与取餐区之间的食品供给流动路线，避免食品供给流动路线与就餐人员流动路线之间产生交叉，从而引起服务人员流动路线的加长及造成服务人员流动路线与就餐人员流动路线的反复多次交叉。

⑥ 洗碗间宜尽量靠近餐具回收区，或与餐具回收区之间设有直接通道。采取所述措施

的目的在于尽量缩短洗碗间与餐具回收区之间的残渣清除流动路线，避免残渣清除流动路线与就餐人员流动路线之间发生交叉，从而引起服务人员流动路线的加长及服务人员流动路线与就餐人员流动路线的交叉。与此同时，洗碗间尽量靠近餐具回收区也便于服务人员快速清理食物残渣及餐具，避免食物残渣及餐具长时间堆积在士兵餐厅对人员就餐带来较大的不良影响。

⑦ 就餐人员流动路线应直接明了，主、辅流动路线应设置适当。直接明了的就餐人员流动路线可有效避免拥堵和对已落座就餐人员的打扰；设置适当的主、辅流动路线可避免流动路线过于集中所造成的拥堵和交叉，尽快完成餐人员的流动。

⑧ 服务人员流动路线应短捷、高效，尽量限制在一个较小的范围内。最大程度地缩短服务人员在送餐（食品供给路线）和回收餐具（残渣清除路线）过程中对士兵餐厅通道的占用时间，尽量避免各流动路线交叉时所造成的拥堵。

⑨ 各流动路线应尽量做到相互分离。相互分离的流动路线能有效避免各流动路线之间的交叉所造成拥堵或人员流动缓慢。特别是食品供给路线应与残渣清除路线严格分离，方能既避免污物对食品造成污染，又避免食品残渣对就餐环境及就餐人员心理带来不良影响。

（4）士兵餐厅人员流动路线设计手法。根据前面梳理得到的士兵餐厅流动路线设计原则，结合驱逐舰人员就餐的特点和人员流动路线设计的原理，可提出驱逐舰士兵餐厅流动路线设计手法如下，可用于指导驱逐舰士兵餐厅的人员流动路线设计：

① 放射性交通路线的应用。放射性交通路线具有两种功能：一种是聚拢功能（终点为中心），可迅速将各处的人流聚集至中心部位；另一种是发散功能（起点为中心），可迅速将中心部位的人流分散至各处。放射性交通路线的应用可为将取餐区起点或候餐区设置为具有聚拢功能的放射性交通路线，将取餐区的终点设置为具有发散功能的放射性交通路线。

② 树状交通路线的应用。树状交通路线与放射性交通路线的功能类似，但是为逐步聚拢或分散的一种交通路线，在聚拢或分散人流的过程中具有延缓人流聚集或分散速度的功能，可避免中心部位的过度拥堵。树状交通路线可作为放射性交通路线的一个变种在设计中进行应用[17]。

③ 光环境的运用。利用光照的强度与光线形式的变化，引导人们的视线，触发人们的行为，实现引导人流与组织人流。如在士兵餐厅的取餐区设置相对较强的光照，便于就餐人员迅速定位。

④ 色彩的运用。运用色相对比强烈的色彩，有意识地区分不同的功能区域，引起人们不同的心理感受，达到组织人流、分散人流的目的。如将士兵餐厅的候餐区、取餐区、就餐区、餐具回收区涂刷上不同的颜色，便于就餐人员快速确定所需移动的区域[17]。

⑤ 引导性标识的运用。使用引导性标识作为辅助功能可有效完善流动路线设计，起到引导人流、分散人流与组织人流的目的。如在士兵餐厅的地板上设置脚印形引导标识，在舱壁上设置手指形引导标识等。

运用上述设计手法，可提出某驱逐舰士兵餐厅的设计方案如图6-16所示。方案应用聚拢功能放射性交通路线的设计原理，将候餐区设计在左舷餐厅入口处，作为取餐流线的起点，具有可同时接收左舷外部通道、穿过就餐区和取餐区汇集的就餐人群的功能；在配餐台上方增设若干射灯，提高取餐区的光强，引起前来就餐人员的注意，便于人员的快速定位；色彩的运用方面，该士兵餐厅最初考虑在地板上对候餐区、取餐区设置不同的色彩来达到组织人流的目的，而后考虑到在地板上设置不同的色彩不够醒目，也影响餐厅的整体装饰效果，于是采用在候餐区舱壁上设置颜色更为鲜艳的暖色装饰挂画对比就餐区设置冷色装饰挂画的方式来起到引导效果；引导性标识的运用方面，为避免卡通化的标识造成士兵餐厅风格不够严肃，或是直接用文字引导的方式过于正式而引起心理上的不适，该士兵餐厅采用了舱壁挂不同颜色装饰画的方式较为含蓄地进行了区域引导。

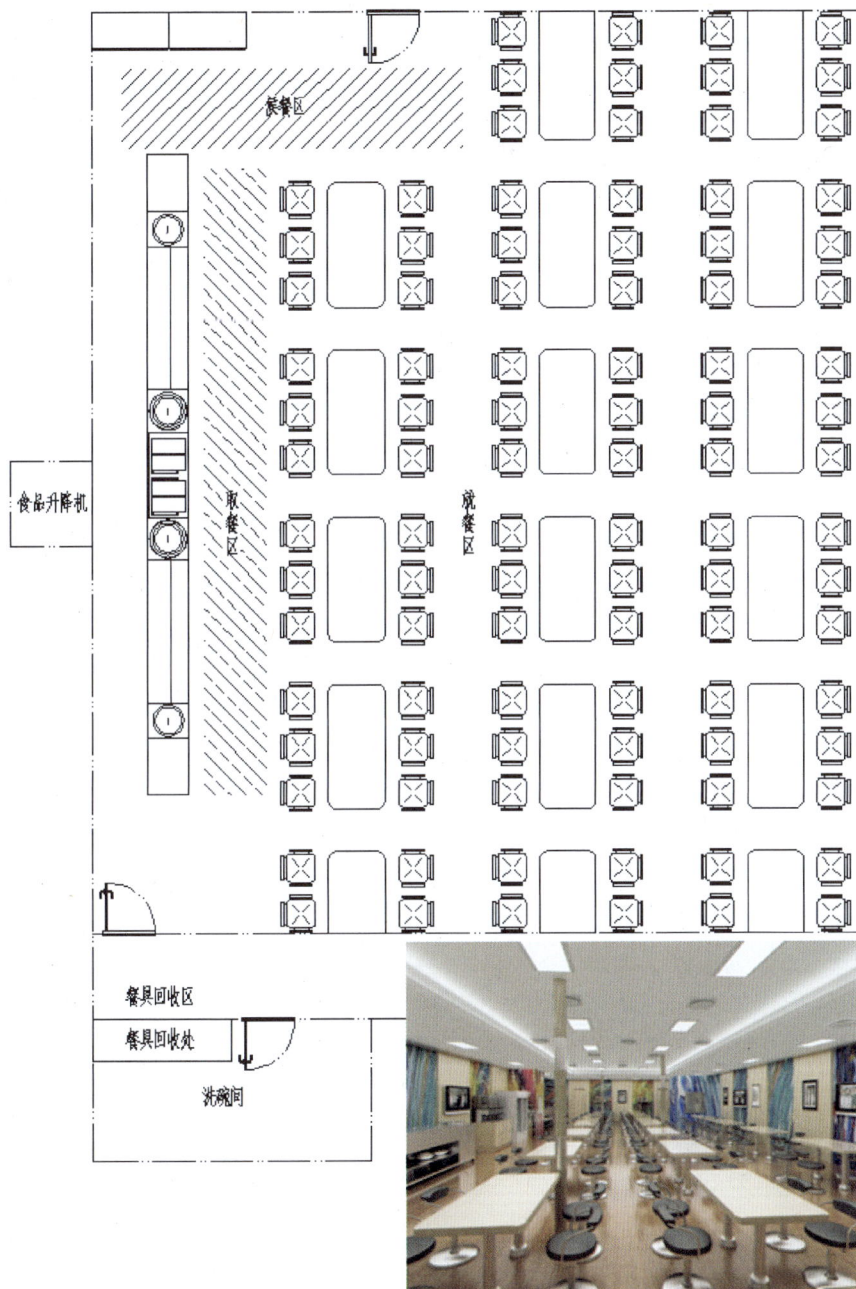

图 6-16 ▎某驱逐舰士兵餐厅设计方案

2. 共用功能抽离技术

共用功能抽离技术是通过对船舶装置下属各子系统或设备的功能流程进行逻辑分析，按照产品配置分解或操作动作顺序的方式进行知识表达，清理其中可由其他系统提供的功能，以及具有相同功能或动作的部分，将其从原系统或设备中抽离，通过接口由其他系统提供相关功能或信息，或通过共用来实现资源的共享，从而简化系统配置或降低系统复杂程度。该技术属于驱逐舰概念设计中的集成优化技术，一般用于船舶装置"共用性原则"的优化过程，主要适用于系统配置设备数量多、复杂程度高、工作流程相对复杂的甲板机械系统和海上补给接收及转运系统。现以船舶装置中的甲板机械系统为例对共用功能抽离技术进行说明如下。

1）选取抽离技术应用对象

将系统组成分解至最底层，即设备级（部分复杂设备，如舵机、锚机、系缆绞盘、小艇收放装置等分解至主要部件级），从最底层开始逐个进行功能流程的分解及知识表达，筛选具有复杂功能、动作，与相关系统存在工作交界面的机械设备作为开展后续工作的分析对象。依照该原则，驱逐舰甲板机械系统一般可分解至如表 6-19 所列的层次与级别。

表 6-19 甲板机械系统功能分解

一级子系统	二级子系统	功能元	设备
甲板机械系统	舰船运动控制系统	保持或改变舰船运动方向	舵机、操舵仪、舵
		舰船横摇角控制	减摇鳍
	机械式转运系统	抛锚	锚、锚链、锚机、锚链筒、锚链管、掣锚器等
		起锚	
		拖曳	带缆桩、导缆孔、系泊索、系泊卷车、系缆绞盘等
		系泊	
		布放小艇	小艇、小艇架、小艇收放装置等
		回收小艇	
		设施布放	
		人员撤离	
	海上补给和接收系统	横向干货补给	横向干货补给接收装置、横向液货补给接收装置等
		横向液货补给	
		纵向液货补给	
		垂直补给接收	
		靠帮补给接收	
		物资垂直转运	
		物资水平转运	
		转运管理	

对表 6-19 中的设备进行逐一清理，筛除以舵、锚、导缆孔、补给接收装置等为代表的单一功能执行设备，筛除以锚链筒、锚链管、带缆桩等为代表的结构部件，筛除以小艇为代表的不参与本舰内部系统运作的设备等，最终确定可采用共用功能抽取技术的应用对象为：舵机、操舵仪、减摇鳍、锚机、系缆绞盘、小艇收放装置。

2）功能流程分析

按照系统实现功能的过程中各设备的执行情况，针对所涉及到的应用对象，根据共用功能抽取技术应用对象的分析结果，对其功能流程进行分级、分步骤分解工作如表 6-20 ~

表 6-25 所列。

表 6-20 一级子系统功能流程分解

系统名称	甲板机械系统						
功能	为舰船航行和作战机动提供最基础的操纵控制平台、实现本舰的安全驻泊、运送人员及货物、为母船进行系缆作业及舷部维护修理、在舰船遇险时为舰上人员提供海上浮具、对意外落水人员进行救助						

功能分解

系统名称	航行操纵控制系统	系统名称	机械式转运系统	系统名称	小艇及其收放系统	系统名称	救生系统
功能	为舰船航行和作战机动提供最基础的操纵控制平台	功能	实现本舰的安全驻泊	功能	运送人员及货物、为母船进行系缆作业及舷部维护修理	功能	在舰船遇险时为舰上人员提供海上浮具、对意外落水人员进行救助

表 6-21 二级子系统的航行操纵控制系统功能流程分解

系统/设备名称	航行操纵控制系统				
功能	为舰船航行和作战机动提供最基础的操纵控制平台				

功能分解

系统/设备名称	操舵装置	系统/设备名称	舵	系统/设备名称	减摇系统
功能	按照驾驶员指令转舵	功能	驱动舰船转向	功能	控制舰船的横摇运动

表 6-22 二级子系统的机械式转运系统功能流程分解

系统/设备名称	机械式转运系统			
功能	实现本舰的安全驻泊			

功能分解

系统/设备名称	锚及其存放与操纵系统	系统/设备名称	系泊和拖曳系统
功能	实现本舰的安全锚泊	功能	实现本舰的安全系泊与被拖
抽取设备名称	锚机（含锚链轮、液压泵站、电控系统等）	抽取设备名称	系统绞盘（含系泊卷筒、液压泵站、电控系统等）
功能	带动锚链实现起锚和抛锚	功能	带动系泊索实现船舶靠近码头或其他船舶

功能分解　　　　　　　　　　　　　功能分解

部件名称	液压泵站	部件名称	锚链轮	部件名称	液压泵站	部件名称	系泊卷筒
功能	提供液压动力	功能	带动锚链转动	功能	提供液压动力	功能	带动系泊索转动

表 6-23 二级子系统的小艇及其收放系统功能流程分解

系统/设备名称	小艇及其收放系统				
功能	运送人员及货物、为母船进行系缆作业及舷部维护修理				

功能分解

系统/设备名称	小艇	系统/设备名称	艇托架	系统/设备名称	小艇收放装置（含吊臂、油缸、液压泵站、电控系统等）
功能	运送人员及货物、为母船进行系缆作业及舷部维护修理	功能	小艇非工作期间存放及系固小艇	功能	将小艇在舰上存放状态与水面工作状态之间进行移动转换
抽取设备名称	小艇收放装置（含吊臂、油缸、液压泵站、电控系统等）				

功能分解

部件名称	液压泵站	部件名称	吊臂
功能	提供液压动力	功能	在舷内外移动小艇及收放小艇

表 6-24 三级子系统的操舵装置功能流程分解

系统/设备名称	操舵装置		
功能	按照驾驶员指令转舵		

功能分解

设备名称	舵机（含推舵机构、液压泵站、电控系统等）	设备名称	操舵仪
功能	执行转舵角指令	功能	发出转舵角指令

功能分解 　　　　　　　　功能分解

部件名称	液压泵站	部件名称	推舵机构	部件名称	磁罗经	部件名称	通信网
功能	提供液压动力	功能	执行转舵操作	功能	提供航向角信号	功能	在各操舵部位与舵机间传递信号

表 6-25 三级子系统的减摇系统功能流程分解

系统/设备名称	减摇鳍（含执行机构、液压泵站、电控系统等）		
功能	控制舰船的横摇运动		

功能分解

部件名称	电控系统中的减摇控制箱	部件名称	液压泵站
功能	采集舰船横摇信号，接收舰船航速信号，解算鳍角，发出转鳍指令	功能	提供液压动力

3） 共用功能抽离

通过上述功能分解可见，驱逐舰船舶装置系统功能的实现是采用的树状结构，即某一功能的实现是由某一特定的子系统或设备来实现，系统、设备中存在部分可由其他系统替代的功能（如操舵仪中的磁罗经、减摇鳍中的横摇信号采集装置等所采集的信号可通过驱逐舰上所配置的综合导航系统来获取，且综合导航系统所获取的信号精度更高；又如操舵仪中的通信网的信息传递功能可由驱逐舰上所配置的信息网来实现），部分设备存在功能基本相同的部件（如舵机、减摇鳍、锚机、系缆绞盘、小艇收放装置均设有提供液压动力的液压泵站），清理结果表明整个系统存在共用简化的空间。

对此，可通过对各设备实际情况的具体分析，尽量减少舰上同类设备的配置数量：对于可以借用其他系统功能的设施（如导航信息、平台网络等）原则上采用舰上已有系统或设备的功能，取消各系统自带的具有同样功能的设备及部件；对于可以共享共用的资源（如提供液压动力的液压泵站等），可依据工作时间、布置区域的划分情况设置集中式液压泵站，分别为区域内的各液压驱动设备提供液压动力。

采取上述改进措施后，驱逐舰甲板机械系统虽然在各功能的实现上依然是由上至下的树状结构，但在具体实现的过程中已经通过对其他系统、设备功能的取用以及相同功能设备的共用实现了"功能共用、资源共享"的网状改变，降低了对舰总体重量重心及布置空间、人员操作巡视及维护修理、设备购置及维护费用等多方面的要求，获得了良好的收益。

3. 围绕核心设备的空间布置技术

围绕核心设备的空间布置技术是在利用共用功能抽离技术确定了核心共用设备之后，围绕核心设备所开展的相关系统、设备立体空间布置技术，其目的在于最大程度地利用共用设备（核心设备），尽量减少因距离核心设备过远所造成的使用不便或所带来的工作量增加。该技术属于驱逐舰概念设计中的总布置优化技术，一般用于船舶装置"共用性原则"的优化过程，主要适用于共用程度高的核心装置设备，如船舶装置的海上补给接收及转运系统中的干货补给物资转运系统，在接收海上补给过程中所采用的货物电梯、转运小车、仓储设备、物资管理设备等，同时也用于生活保障系统的膳食服务系统中将食品物资从冷库中转运至厨房，并用于将其他系统中的备品备件、武器弹药、桶装油料等干货物资的运送至指定地点等，属于典型的高公用度核心设备。现以干货补给物资转运系统为例对围绕核心设备的空间布置技术进行说明如下。

1） 确定共用系统核心设备

干货补给物资转运系统是海上补给接收及转运系统、膳食服务系统及其他需要使用到干货物资转运设备的相关系统所需共用的子系统，但并不是这个系统中的每个设备都适合作为开展空间布置的核心设备。如转运小车可以在通道内移动，没有固定的布置安装位置，随用随取、灵活方便，不必作为布置的核心；干货补给物资转运系统中的仓储设备用于干货物资的存放，只有当物资具有统一规格的包装、对外界条件（如环境温湿度、固定方式、是否需要保护气体等）的要求完全一致的情况下方可共用，所以该设备虽然属于共用的干货补给物资系统中，但实际共用程度并不高，不能作为核心共用设备；物资管理设备是对补给入库后的各类干货物资进行数量、生产日期、存储位置、存储环境条件等信息的管理，并根据存储物资的现状及消耗量预测给出补给需求建议，属于信息化设备，一般都与仓储部位布置在一起，也不宜作为核心共用设备；货物电梯作为连接各层甲板的垂直输运装置，能够快速将物资在不同甲板层间转运，可以节省大量的人力搬运工作，是各系统转运干货物资都需要使用的设备，与此同时，由于货物电梯在布置上需要上下贯穿，对整个舱段各舱室的布置都会带来一定的影响，因此是影响到本系统和相关系统使用与布置的核心设备。

2）核心设备使用频率排序

清理需要使用到核心设备的相关系统、设备，并对其使用周期、使用时间、使用方式及频率等相关信息进行梳理，以货物电梯为例，对相关系统、设备的使用情况详见表6-26。

表6-26 使用货物电梯的相关系统、设备情况

系统/设备名称	使用周期	使用时间	使用频率	使用方式
干货补给接收系统	每当燃油消耗到满载排水量的一定比例时补给一次	补给过程中及完成补给后的一段时间	持续使用直至完成全部补给接收物资入库	下行满载上行空载
膳食保障系统	每天3~5次	每餐饭准备前	每次5~8趟	上行满载下行空载
轻武器	偶尔	不确定	每次3~5趟	上行满载下行空载
备品备件	偶尔	不确定	每次1~3趟	下行满载上行空载
被服物资	偶尔	不确定	每次10~15趟	上行满载下行空载
储藏舱	偶尔	不确定	每次1~3趟	上行满载下行空载

从表6-26可以看出，除干货补给接收系统和膳食保障系统对货物电梯的使用最有规律，且使用频率最高外，其他系统及设备对货物电梯的使用虽然也有较大的依赖性，但需求程度没有这两个系统那么强烈。从使用频率及依赖程度上对上述系统或设备对货物电梯的需求进行排序如表6-27所列。

表6-27 货物电梯使用需求程度排序

排序	一	二	三	四	五	六
系统/设备名称	膳食保障系统	干货补给接收系统	被服物资	轻武器	备品备件	储藏舱

由表6-27可见，在货物电梯周边空间受限的情况下，可依照表6-27所列顺序进行系统或设备布置的排序，尽可能地优先完成排序靠前的系统或设备布置。

3）核心设备周边空间尺度需求分析

在进行总布置规划时，应尽量争取将所需使用该核心设备的相关系统及设备全部布置在一个完整的舱段内。为此，需要对这些需要使用核心设备的相关系统及设备的布置需求进行分析，确定核心设备周边空间尺度需求。现以某驱逐舰货物电梯为例对核心设备周边空间尺度需求进行分析，如表6-28所列。

表6-28 某驱逐舰货物电梯对核心设备周边空间尺度需求分析

排序	系统/设备名称	空间需求	牵连系统、设备	备注
一	膳食保障系统	平面空间约80m²，高度空间1层甲板	冷库区、军官餐厅、士兵餐厅、洗碗间、餐厨垃圾处理舱、固体垃圾处理舱、小卖部等	
二	干货补给接收系统	执行设备布置平面空间约3.5m²，高度空间2层甲板；电控设备布置平面空间约5m²，高度空间1层甲板；补给接收操作平面空间约80m²，高度空间2层甲板	干货补给物资转运系统、液货补给接受系统、液货补给调驳系统、补给转运通信联络设施、冷库区等	
三	被服物资	平面空间约35m²，高度空间1层甲板	住舱区域	
四	轻武器	平面空间约12m²，高度空间1层甲板	无	
五	备品备件	平面空间约200m²，高度空间1层甲板	需要备品备件的机械处所	
六	储藏舱	平面空间约100m²，高度空间1层甲板	需要储藏物资的处所	

由表6-28可以看出，备品备件、储藏舱对核心设备货物电梯的依赖程度相对较低，对相关系统、设备的牵连程度较小，而所占用的平面空间较大，对周边空间尺度的要求较高，可在后期开展周边舱室总布置规划时将这些舱室放在次要的考虑位置；轻武器对核心设备货物电梯的依赖程度相对较高，没有相关牵连系统、设备，可在总布置规划时将其放在较为次要的考虑位置，但由于轻武器所需的空间需求小，可用于填补主要舱室布置区域所留下的剩余空间，因而可将其作为机动处所来考虑；被服物资在换季时期或有重大活动时对货物电梯的使用频繁、依赖程度较高，且其对平面空间的需求适中，不会占用大量的空间，还可以划分为适当大小的若干舱室，便于总布置的灵活调整，可作为填补各层舱室的空余空间所用；干货补给接收系统对货物电梯的依赖程度高，但其自身的布置空间需求也很高，而且与干货补给物资转运系统、液货补给接受系统、液货补给调驳系统、补给转运通信联络设施等大量相关系统均有着密切联系，其布置位置的调整对总布置的影响很大，因此在进行总布置规划时可以干货补给接收系统的布置位置确定所需舱段，或尽量在干货补给接收系统附近确定适合的舱段；膳食保障系统对货物电梯每天使用3~5次的频率高居所有使用该设备的相关系统、设备的榜首，对货物电梯的依赖程度很高，必须与货物电梯同舱段布置，因此在进行总布置规划时至少要保证膳食保障系统和冷库的布置需求。

4）核心设备周边舱室布置分析

如在进行总布置规划时所获取的核心设备在舱段内的舱室空间能够满足全部所需使用该核心设备的相关系统及设备的布置需求，则可依照系统或设备所关联的相关系统或设备进行舱段内各层舱室的布置调整；如在舱段内的空间无法满足所有相关系统或设备的布置需求，则按照前述对系统或设备优先顺序的排列，尽可能地优先完成排序靠前的系统或设备布置。现以某驱逐舰货物电梯为例对核心设备周边舱室布置情况进行分析如下。

（1）根据海上补给接收及转运系统协调确定的干货补给接收系统的布置位置，进行所对应垂向舱段可用空间的梳理，清理其形状及大小是否适合所牵连相关系统、设备的布置需求。

（2）参照干货补给接收系统布置位置所对应垂向舱段可用空间清理方式，进行干货补给接收系统布置位置相邻垂向舱段可用空间的清理，清理其形状及大小是否适合相关系统、设备的布置需求。

（3）干货补给接收系统布置位置所对应的垂向舱段作为首选舱段进行可用性评判。当垂向舱段的可用空间能够满足膳食保障系统及冷库的布置需求，且膳食保障系统的垂向舱段或相邻舱段的可用空间至少能够满足军官餐厅、士兵餐厅、洗碗间、餐厨垃圾处理舱的布置需求时，可确定干货补给接收系统布置位置的垂向舱段能作为核心设备布置舱段。

（4）当干货补给接收系统布置位置所对应的垂向舱段不能满足相关系统、设备的布置需求时，可选择干货补给接收系统布置位置相邻舱段进行可用性判别。如仅一个相邻舱段的垂向可用空间能够满足膳食保障系统及冷库的布置需求，且膳食保障系统所在的垂向舱段或相邻舱段的可用空间至少能够满足军官餐厅、士兵餐厅、洗碗间、餐厨垃圾处理舱的布置需求时，可确定该舱段能作为核心设备布置舱段；如两个相邻舱段的垂向可用空间均能满足所需的布置需求，则选择距离干货补给接收系统布置位置较近，便于干货补给接收物资转运的舱段作为核心设备布置舱段。

按照上述分析思路完成总布置规划后，可获得某驱逐舰相关舱段布置如图6-17所示。

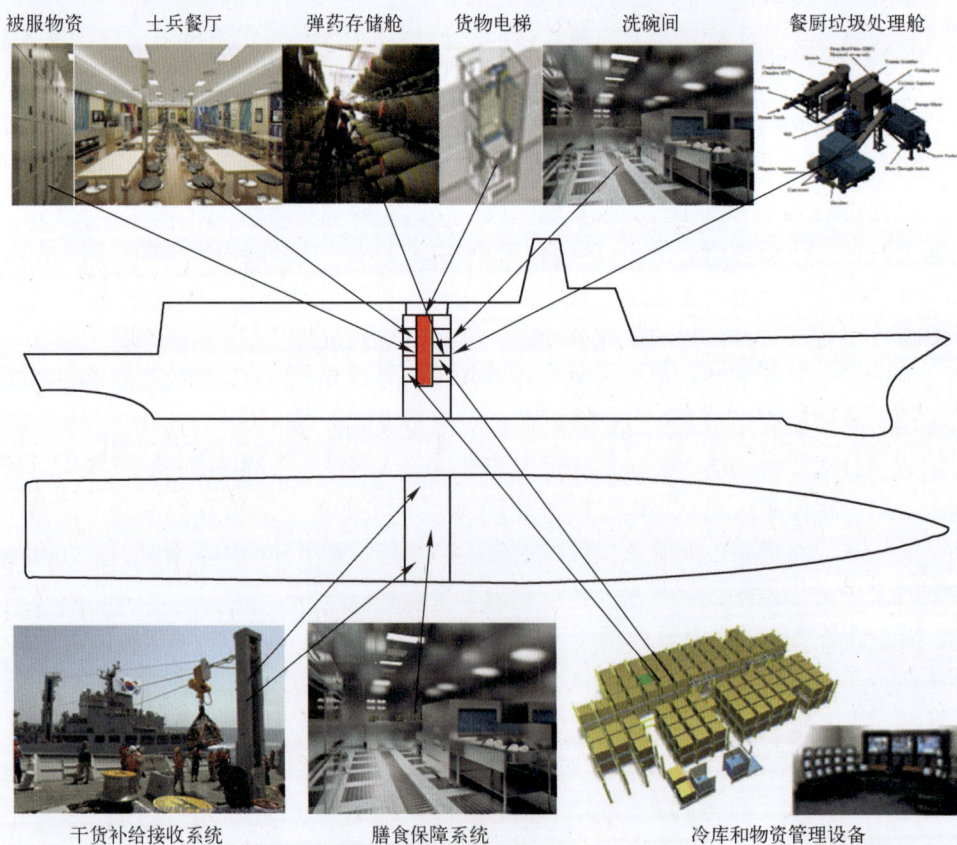

图6-17 ┃ 围绕核心设备的舱段布置示意图

该舱段将干货补给接收系统、膳食保障系统、冷库、士兵餐厅、部分备件室等集中布置在与货物电梯相同的一个垂直舱段，将洗碗间、餐厨垃圾处理装置、轻武器舱、被服物资等分布于可直接通过水平通道进入货物电梯的相邻舱段，最大程度地利用了货物电梯这一核心干货物资转运设备，极大地减少了舰员的人力搬运工作。

4. 服务舱室多功能化设计方法

服务舱室多功能化设计方法是受驱逐舰内部空间紧张、可用于设置服务舱室的区域极为有限，采用传统单一功能的舱室设计方法难以提供丰富多样的服务使用需求的驱使而催生，在概念设计阶段就充分考虑舱室的多功能化使用目标，采用整合单元、功能杂交、一体化设计等理论作为设计依据的一种设计方法。该技术属于驱逐舰概念设计中的总布置优化技术，一般用于船舶装置"共用性原则"的优化过程，主要适用于大型公共服务类舱室的设计，如阅览室、健身房、会议室等。下面以融合阅览、棋牌、培训、影院等多种功能的复合舱室为例进行服务舱室多功能化设计方法的介绍。

1）舱室功能要素梳理

对主要服务舱室的功能要素进行清理，选取具有相同功能要素，没有显著相排斥要素的舱室进行多功能化设计。具体梳理情况见表6-29。

表 6-29 主要服务舱室的功能要素梳理情况

舱室功能	设备配置	环境条件	开敞空间要求
阅览	书柜、书桌、椅子	安静、干净、明亮	小
棋牌	桌子、椅子	安静、干净、明亮	小
培训	椅子、讲台、投影屏、投影、音响等	安静、干净、明亮	较小
影院	椅子、银幕、投影、音响等	安静、干净	较小
小型文娱活动	椅子、舞台、灯光、音响等	安静、干净	较大

从表6-29的清理情况可以看出，上述各功能在环境条件上的要求比较相似，都需要相对安静且干净整洁的环境条件，因而在总体布局的选取方面要求基本一致；部分舱室功能的要求相似度较高，如阅览与棋牌功能在设备配置、环境条件、开敞空间要求等方面基本相同，阅览室仅比棋牌室多配置了书柜，设计上具有通过配置满足棋牌娱乐要求的桌椅设施来实现将棋牌功能整合到阅览室中的潜力；部分设备配置的相似度较高，如阅览、棋牌、培训、观影、小型文娱活动等功能都需要配置椅子，如能将上述功能整合至一个舱室，则能实现椅子这一设备的高度重复利用，减少系统设备配置；部分共用程度较少的设备在布置上不会占用过多的舱室空间，如银幕（不用时可卷起存放）、彩灯、投影与音响（主要布置于舱室顶部，不影响甲板面上的设备布置），能够在空间上实现共同布置。

通过上述分析可见，表6-29中所述的阅览、棋牌、培训、影院、小型文娱活动等功能具有在一个舱室内通过多功能复合设计来实现的基本条件。

2）可共用复合元素提取

为减少服务舱室在各功能切换过程中对于设备布置调整的范围和数量，必须尽量提高共用空间或设备等元素的共用程度，如各功能对开敞空间的要求不同，但若做到所有功能所需的开敞空间包含同一区域，则该区域在功能切换过程中就不需要进行布置上的调整。桌椅等各类舱室设备的布置也是同样的道理。为尽量提高复合元素的利用程度、减少舱室布置调整范围，需要对可用复合元素进行充分分析，最大化提取可完全共用的区域、设备等元素。具体分析情况见表6-30。

表 6-30 可用复合元素提取分析

舱室功能	设备	数量	布置要求	备注
阅览	书柜	14	书柜前应留有0.8m以上的通道，宜与阅览区桌椅分开布置，宜靠舱壁布置	不共用
	四人桌	6	各桌之间应留有满足椅子使用要求的空间及人员通行的通道，宜靠舱壁布置	可共用
	六人桌	3	各桌之间应留有满足椅子使用要求的空间及人员通行的通道，宜靠壁舱布置	可共用
	椅子	42	需配合书桌布置	可共用
	开敞空间	—	应设有通道通行空间，书柜与阅览区之间宜设有分隔区域	可共用
棋牌	四人桌	6	各桌之间应留有满足椅子使用要求的空间及人员通行的通道，宜靠舱壁布置	可共用
	六人桌	3	各桌之间应留有满足椅子使用要求的空间及人员通行的通道，宜靠舱壁布置	可共用
	椅子	42	需配合书桌布置	可共用
	开敞空间	—	应设有通道通行空间	可共用
培训	椅子	42	各椅子之间的间距应适当，宜有小桌板	可共用
	讲台	1	布置于舱室一侧，宜有固定式讲台	不共用
	投影屏	1	与讲台位置相匹配，前方应留有不少于1.2m的开敞区域	可共用
	开敞空间	—	应设有通道通行空间，讲台前应设有不少于1.2m的开敞区域	可共用
影院	椅子	42	各椅子之间的间距应适当	可共用
	银幕	1	布置于舱室一侧，前方应留有不少于1.5m的开敞区域	可共用
	开敞空间	—	应设有通道通行空间，银幕前应设有不少于1.5m的开敞区域	可共用
小型文娱活动	椅子	42	各椅子之间的间距应适当	可共用
	舞台	1	宜设有专用抬升式舞台，舞台前方应设有不少于1.5m的开敞区域	不共用
	开敞空间	—	应设有通道通行空间，舞台前方应设有不少于1.5m的开敞区域	可共用

从表6-30的清理情况可以分析得到如下结果：

（1）对开敞空间要求最低的舱室功能为阅览和棋牌，其他舱室功能所要求的开敞空间均大于阅览与棋牌功能，因此，要实现开敞空间最大程度的共用，其他舱室功能所要求的开敞空间必须完全包括阅览和棋牌功能状态下的开敞空间。

（2）所有功能均有椅子的配置需求，且配置数量相同，所以椅子的共用程度是很高的。但是，阅览和棋牌功能的椅子布置是围绕桌子布置的，椅子都是相向布置的，而培训、影院、小型文娱活动功能的椅子布置是面对讲台、银幕或舞台的，所有椅子都朝向同一个方向布置的，所以椅子要实现完全共用，必须具备可移动、可转向的功能。

（3）由于冷餐功能不需要椅子，因此椅子应具有可移动、可收藏的功能。

（4）除阅览、棋牌功能需要配置桌子外，其他舱室功能均没有桌子的配置要求，因此所有的桌子均应具有可收藏的功能。

（5）除阅览和棋牌功能需要配置六人桌外，其他舱室功能均没有该设备的配置要求，因此六人桌应为易拆装、可收藏的类型。

（6）培训功能所需的投影屏与观影功能所需的银幕功能基本相同，两者可以共用。

（7）除培训与观影功能外，其他舱室功能均不需要银幕，为保护银幕，使用其他功能时可将银幕收存起来。

（8）对于书柜、讲台、舞台等只用于某种单一功能的不可共用设备，可采用收藏、遮蔽、取用等方式实现，尽量避免采用固定设施造成对舱室空间的长期占用。

3）多功能复合设计

针对可共用复合元素提取分析的结果对可实现多功能共用的舱室布置方案进行分析论证如下。

（1）最大程度的共用包括通道、分隔空间在内的全部开敞空间。为保障藏书区与阅览区之间存在一定的间隔，且该间隔可同时用于作为讲台与培训人员、银幕与观影人员、舞台与观众之间的空间间隔，应将书柜与讲台、银幕、舞台布置于舱室的同一侧。

（2）结合舱室造型设置满足使用要求的收纳柜，收纳柜可结合舱室布置进行定制化设计，实现舱室功能的快速切换。

（3）选用扶手暗藏小桌板、靠背可折叠的非固定座椅，从而实现椅子的书写、收存、移动及转向等功能。

（4）采用天花板和地板设置轨道的卷帘式银幕（地板轨道采用暗式内嵌方案，避免舱室切换至其他功能时影响人员通行），使用时沿轨道展开，不使用时卷起收存。为实现设备最大程度的共用，要求培训讲座的投影与放电影时的投影均投影在银幕上（培训讲座投影可只取银幕的一部分）。

（5）为避免造成空间的碎片化，不单独设置产生分隔空间效果的讲台、抬升式舞台等设施。

根据上面的分析结果提出一种如图 6-18 和图 6-19 所示的多功能服务舱室概念设计方案。该舱室可通过设备配置及布置的变化分别实现前述的阅览、棋牌、培训、影院、小型文娱活动等服务功能。方案将进舱通道与各功能分隔区域结合起来，将桌椅等设施集中于舱室一侧作为人员聚集区，将书柜、银幕等集中于舱室另一侧作为功能展示区，最大程度地利用了通道、空间隔离、视觉观感所必需的开敞空间；各功能的方案均将桌椅沿船宽方向布置，保证了人员在各舱室各功能状态下都能处于一个相对舒适的环境，且在阅览、棋牌功能转换为培训、观影、小型文娱活动功能时只需调整一半的椅子，同时将四人桌上翻收藏至舱室两侧的收纳柜中，将六人桌拆卸收放至舱室后方的收纳柜中即可；将书柜布置于银幕后方既能有效的共用人员聚集区与功能区之间的开敞区域，又便于舱室切换至其他功能时对书柜进行遮蔽或修饰，更有利于营造其他舱室功能的气氛；削减讲台、抬升式舞台等设施虽然会对培训、小型文娱活动等功能带来一定的不利影响，但在舱室面积有限的情况下却能够最大限度地缩减相应功能对舱室空间的占用，为舱室功能的快速切换提供了便利，建议在多功能舱室的设计中做出牺牲；为实现舱室功能的多变而对部分舱室设备也提出了一些新的要求，需要针对性地定制或设计相关设备。

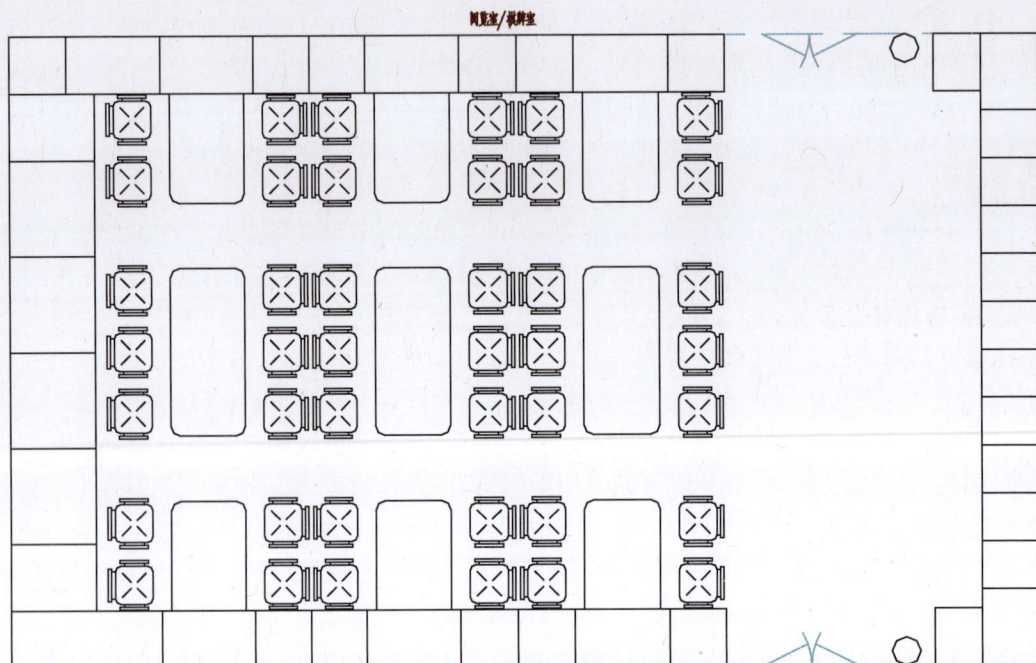
阅览室/棋牌室

图 6-18 ▎阅览、棋牌功能舱室布置方案

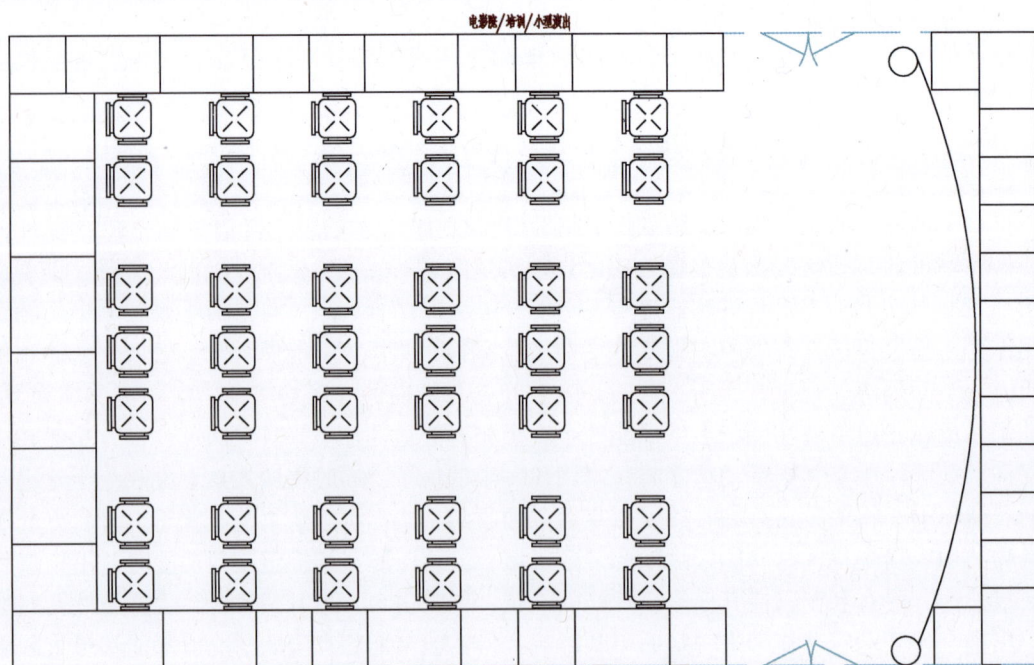
电影院/培训/小型演出

图 6-19 ▎培训、观影、小型文娱活动功能舱室布置方案

6.4.1 设计基本原则

推进系统是保证舰船航行能力、机动性和安全的最关键系统，主要为驱逐舰执行各种任务提供正车、倒车、机动、回转等各种工况所需的推进动力，实现系统的起动、停机、工作模式转换和安全保护控制，系统性能的优劣关系到整个舰船的快速性、生命力、机动性、续航力、隐身性等战术技术指标，方案的好坏影响到舰船研制的成败。

1. 设计要求

推进系统方案规划设计的基本内容一般包括配置设计、布置设计、五性设计、兼容性设计、隐身性设计、性能计算等，同时要考虑系统的经济性、技术风险以及技术先进性等。推进系统的方案规划设计应进行多方案比较，一般不应少于三种方案，规划的推进系统设计方案要满足如下要求：

1）功率、航速要求

推进系统应能满足舰艇最大航速对总功率的需求，巡航动力应能满足舰艇巡航航速的功率需求，主机功率储备应满足相关规定的要求。在进出港、低速、巡航、反潜、作战、海补、经济航速等工况下，推进系统应能长期稳定运行。

2）尺寸重量要求

推进系统的主机舱、传动舱等舱室长度要求越短越好，避免因机舱长度过大而增加排水量；轴系、进排气布置要求所占有的空间越小越好；系统组成设备的总体积要求越小越好；系统组成设备总重量要求越小越好，占总排水量的比例越小越好；在满足续航力的前提下，燃油携带量要求越少越好。

3）机动性要求

螺旋桨由零功率、零转速或怠速加速至满功率、满转速的时间，或满功率、满转速减速至零功率、零转速或怠速的时间，要求越短越好。由全速航行至紧急倒车速度越快越好，舰船滑行距离越短越好。推进系统由冷态起动到能够满功率运行的时间，要求备车、起动时间越短越好。

4）生命力要求

综合考虑一舱进水、二舱连续进水、三舱连续进水对主动力剩余功率的影响，要求剩余功率能够达到的航速越大越好，应尽量避免因一舱及二舱连续进水即失去机动能力。在相应的爆炸冲击载荷下，机电设备满足抗冲击要求。

5）五性及标准化要求

推进系统可靠性、维修性要满足规定的固有可用度、任务可靠度指标；机电设备的故障检测率、故障隔离率、虚警率要满足规定的指标。提高推进系统和设备的"高可靠、易维修、好保障、便使用"特性，以满足作战要求，并降低全寿命周期费用。通过危险源分析、识别、评价危险，通过合理的设计控制危险，使事故风险控制在可接受水平，从而保证推进系统能够安全完成使命任务。贯彻实施标准和标准化要求，采取标准化管理和有效的标准化手段，提高推进系统"通用化、系列化、组合化（模块化）"程度和"互联、互通、互操作"水平。

6）信息化、自动化控制要求

具备全舰信息交互能力，满足全舰信息交互要求，推进系统采用驾驶室、集控室、机舱三级控制。三个控制部位可相互转换，机舱的控制优先权最高，驾驶室最低。控制方式有自动、半自动和机旁手动三种，以自动控制方式为主。在驾驶室只能以自动方式操纵，在机电集控室可采用自动、半自动方式操纵，在应急状况下可在机旁手动操纵推进装置。

7）隐身性要求

反潜是驱逐舰主要作战任务之一，反潜工况下，推进系统设备是驱逐舰的主要噪声源，因此对主要机电设备和推进器的减振降噪要求较高，在技术风险、经费可承受的前提下，在反潜工况能够达到的声隐身能力，要求所有机械设备振动噪声越小越好。

推进系统中发动机的排气是舰艇的主要红外源，应尽可能地降低排气温度，并采取红外抑制措施，降低全舰红外辐射能量，降低红外末制导导弹的命中概率。

8）经济性要求

系统规划设计中包括关键技术科研、设计、样机制造与试验，要求费用越少越好，各组成设备的采购费用，要求费用越少越好。按照服役 30 年，每年按照典型任务剖面执行航行任务，计算服役期内燃油耗量和燃油费，要求费用越少越好。分析组成设备的故障率和维修费用，估算服役期内总的维修保养、换装费用，要求费用越少越好。

9）技术风险要求

从以下几个方面技术开展推进系统技术风险评估，识别技术风险点。

技术成熟性：新技术研制的情况，新技术处于研制的阶段，新技术在储备技术基础上改进的程度，一般划分为经过工业化生产、小批量生产、样机制造、实验室阶段和处于实验室阶段五个等级。

技术复杂性：新技术所涉及的广度和深度，新技术被研制人员掌握并运用于装备研制中的难易程度；装备分系统或装置的结构复杂程度，复杂性一般分为稍微、较小、中等、较大和很大五个等级。

性能影响：技术风险发生后可能引起效能指标偏离原指标的程度，偏离越大，技术风险就越大，一般可分为无影响、下降很小、某种程度的下降、显著下降和指标不达标五个等级。

费用影响：技术风险发生后引起增加的研制费用占总费用的比例，所占比例越大说明技术引起的总费用的风险就越大。

进度影响：装备研制中的某个环节中拟采用某项新技术部分所需的工时比例，所占的比重越大，技术若失败则可能导致进度滞后的可能性就越大。

10）技术先进性要求

与发展规划一致性：与海军装备发展规划的一致性如何，是否积极采用了推进系统远期发展的新技术和新装备，与装备发展规划越一致越好。

与其他规划舰船推进系统通用性：系统主要组成设备除满足本舰装备需求外，技术和主要设备能否应用于其他新研舰船，能否做到一型开发多型应用，要求尽量增强通用性。

2. 设计原则

1）推进系统配置原则

推进系统配置重点是开展原动力、传动装置、轴系、监控、推进辅助设备的技术方案选型、性能评估等工作，主要配置原则如下：

（1）以满足总功率需求为原则。驱逐舰以一定的航速前进，其最大航速的能力是由推进系统的总功率决定的，随着舰船服役时间的延长，船体水线以下部分不像刚服役时那么光洁，附着生物增多，船体阻力增加，航速降低，这时仍要保证舰船的最大航速，则需要增加推进系统的总功率。为了保持舰船的最大航速不变，推进系统配置时的总功率往往在规划设计时，要比光顺时计算的推进系统总功率大 5%~10%。

（2）以满足巡航经济性为原则。驱逐舰大多作业时间处在巡航及低航速以下，不同的主动力配置导致在不同的航速下燃油消耗率不同，从整个舰船寿命期来说，这一笔燃油消耗费用非常之大。因此在满足推进系统总功率的基础上，需要提出不同的主动力配置方案，如柴燃联合动力、燃燃联合动力、综合电力等，每种方案下又包含不同的原动机选型及数量。在不同推进配置方案下，计算对应巡航航速的燃油消耗率，从而选择经济性较高的推进配置方案。

（3）以满足推进系统可靠性为原则。可靠性是以推进动力在使用阶段的故障发生率和由此而发生的停航时间来考虑，不同的推进系统配置方案对应不同的原动机参数和原动机数量，以及对应不同的齿轮传递形式和推进布置形式。方案不同意味着设备的选型不同，设备的选型不同意味着设备的可靠性指标不同，则整个推进系统的可靠性指标不同。因此，在不同推进配置方案下，应结合推进系统运行任务剖面，开展系统的可靠性指标对比评估。

（4）以满足机动性为原则。机动性是反映推进系统快速改变各种工况时的工作性能，包括快速的正倒车切换、快速加减速等，在整个机动过程中，各动力设备能够在允许的时间内快速改变工况而不能损坏。柴油机动力、燃气轮机动力、全电动力以及联合动力由于原动机的时间特性不同，要求在配置设计时，齿轮传动、调距桨轴系、推进电机等快速响应时间要与其原动机相匹配，最优化的结果是不仅系统之间设备的机动性匹配，而且还要与舰船惯性、舵操作能力相匹配。

2）推进系统布置原则

机舱规划与设备布置，就是要在机舱中合理的解决，安排主机、辅机和相关机械设备的相互位置关系，怎样才能把机械设备在机舱中布置得合理，如何使机舱占用更小的容积，如何根据设计要求选定机舱的位置，机舱的尺度和布置应便于推进系统的施工安装、操作使用、维修可达和损管处置，并为减振设施的采用创造良好的条件。布置设计时必须按照如下原则和要求进行：

（1）机舱内布置与轴系、螺旋桨统筹考虑，尽量降低其中心位置，且保证管理、监测、维修方便，有足够的空间用于机组的安装及修理，且具有战斗活动的空间。

（2）功率传递系统布置时，要确保其功率输出中心位置与舰船中线面距离保持一致，根据生命力要求可以左右对称布置或者长短轴布置。

（3）机械设备的布置必须保证动力机械设备在舰船倾斜摇摆条件下正常工作，卧式旋转机械设备布置时的旋转中心线要与船中线平齐，所有布置的机械设备、基座与船体结构之间不要产生结构共振。

（4）机舱左右两侧的机械设备重量尽量保持平衡，以免舰船产生倾斜，重量大的机械设备尽量可能布置在底舱，以保证舰船初稳性。

（5）各机械设备的相互位置要合理，各种功能相同的系统和机械设备要集中放置，保证各系统设备的管路连接设置较少的弯头，以确保流体的阻力较小，便于操作管理和节省管道。

（6）机舱通道宽度和层高要合理，以保证人员工作条件，设备之间要保证有足够的维修空间和拆装空间，保证检修时能抽出附件和拆卸附近的空间。

（7）机舱顶部应设置有较大的可拆板，以供大修时吊出主要设备之用，尽可能地设置有吊装轨道，易于大修。

3）轴系设计原则

轴系是推进系统的重要组成部分，是影响舰船快速性、机动性、工作稳定性与安全性的主要因素之一，同时也是影响生命力的主要因素之一。轴系设计要满足如下要求：

（1）轴系布置设计流程。需要充分考虑舰总体布置、舱室分布、型线设计对轴系布置的影响；推进系统布置、主机安装要求和舱室其他设备布置对轴系布置的影响；轴系总体性能和轴系附属设备性能对轴系布置的制约。在充分考虑以上制约因素的基础上，轴系初步布置分析主要包括：以舰总体给出的螺旋桨位置和推进系统主减速齿轮装置位置为基准点，得到轴系轴线，从而确定轴系的总体布置；根据总体布置方案、舱室布置、船体结构，初步确定轴段的分段、支撑轴承的数量与跨距等参数，完成轴承的初步布置；按照初步布置轴系，进行轴承负荷的初步核算、轴承回旋振动特性估算、轴系纵向稳定性初步估算，并通过不断优化调整轴系布置，使轴系性能满足总体要求。

（2）轴系总体布置要求。理论上舰船轴系是一根直线，它的位置与长度取决于艏艉基准点位置，即螺旋桨盘面中心与主减速齿轮装置输出轴法兰中心。在进行多桨推进装置的轴线设计时，理想的轴线位置是轴线与船体基线和中线平行布置，这样螺旋桨和轴系的效率最大。但由于舰船的型线和动力装置（如主减速齿轮装置等）的安装条件限制，实际舰船的轴线往往存在一定的纵倾角，从而会影响螺旋桨和轴系的推进效率。在布置过程中，机电舱内主机的布置在满足安装维护要求的条件下，尽可能地低，从而保证轴系的纵倾角尽量小。

（3）轴承布置位置要求。轴承布置位置受船体变形的影响非常大，船体局部变形时，会导致相应位置的支撑轴承垂向位置发生一定的位移，传动轴通过变位的轴承时，可能会使得某些轴承的负荷大幅度地增大或者出现部分轴承脱空，此时轴承发生剧烈磨损与发热，特别是艉轴架的水润滑轴承，由于受到螺旋桨悬臂载荷的作用，其受到的负荷极大，一旦此处船体结构发生改变，会导致此处的水润滑轴承发生偏磨现象而导致轴承烧毁，而前面的水润滑轴承也会因此出现脱空的现象而导致轴承的上板条出现烧毁的现象。因此，在轴系设计中将轴承布置在船体刚度较大处或者将轴承位置的局部刚度加大。

（4）轴承跨距要求。在轴系长度一定的情况下，轴承的跨距决定了轴承的数量，轴承数量和跨距直接影响轴系的校中特性和振动特性，如果轴承跨距选择不合适，受船体变形及轴系热态运转的影响，部分轴承之间的负荷将差别很大，甚至个别轴承会出现负载荷（轴承支反力方向向下），因此，轴承跨距对轴系振动和轴承合理负荷有重大影响，这直接决定了轴系运行的合理性与可靠性，适当减少轴承数量，增加轴承跨距后轴系的柔性会增加，轴系的工作将更为可靠。但采用较大的轴承跨距又受到下列因素的限制：轴段挠度增大，造成轴承过载和轴承负荷不均匀；艉轴承跨距过大，会导致螺旋桨的陀螺效应增大，此时轴系产生回旋振动的概率也加大；轴的柔度增大，在承受螺旋桨推力作用时，会影响轴系的纵向稳定性；轴承跨距的加大会导致轴段长度的增加，过长的轴段会使得其制造与安装均不方便。因此，轴承布置需综合考虑以上因素，合理设计轴承跨距，确保轴系的性能，同时保证轴段制造安装的可实现性。

（5）轴系校核要求。根据分析的轴承跨距要求和轴承布置位置，轴系水润滑轴承和中间轴承数量初步确定后，结合船体结构和舱室划分，形成初步的轴系布置图，需进行轴承负荷的初步核算、轴承回旋振动特性估算、轴系纵向稳定性初步估算，并通过调整轴承布置，使轴系性能满足设计要求。轴承定位的目标是使轴系性能满足：中间轴承负荷应尽量均匀，各轴承负荷应大于轴承左右两轴段间的外加载荷及自重之和的20%；轴系回旋振动特性和轴系纵向稳定性应满足相关要求。根据以上要求，通过不断优化轴承布置，得到初步的轴段划分和轴承跨距，从而得到初步的轴系布置。

4）推进监控设计原则

（1）设置原则。推进控制系统和监测系统原则上分别独立设置，推进监测和控制是在三个推进控制部位，即驾驶室、集控室和机舱，采用自动、半自动或手动控制方式，监测和控制推进装置的运行。

（2）控制功能要求。驾驶室控制部位：驾驶室控制部位采用自动控制方式，整个控制过程将按自动控制相关指令和推进控制手柄的指令信号自动控制动力装置的运行；集控室控制部位：集控室控制部位具有自动控制和半自动控制两种推进控制方式。在半自动控制方式，根据主车钟或应急车钟指令，并按布置在推进控制台上的推进曲线，通过"半自动控制组件"进行半自动控制操作；机旁控制部位：机舱机旁监控板控制部位，可手动起动/停止推进主机，并根据应急传令车钟指令和机旁监控板上布置的推进曲线对调距桨的螺距进行手动遥控操作，以及通过手动操作燃料增/减速度控制按钮或操作手轮控制推进主机的运行工况。

上述推进控制部位设有的自动控制、半自动控制和手动控制三种控制方式，基本相对独立。三个控制部位之间的转换符合"优先转换原则"，即机旁优于集控室，集控室优于驾驶室。并设有联锁和显示，在任何情况下只允许其中一部位控制有效。

（3）监测功能要求。驾驶室控制部位：设有操作所必需的监测仪表和报警指示。集控室控制部位，设有推进装置的全部监测点的参数值显示和报警，对主要的运行参数由模拟仪表、监控组件等逐点显示、报警；集控室推进监控台可显示全部监测参数和报警值，以及设定的模拟监测图，打印机可打印记录所有的参数和报警状态等。机旁控制部位，作为应急控制部位，在机旁监控板上设置有应急操作所必需的模拟仪表，监测报警组件，监测推进装置的运行状态。

（4）安全保护系统功能要求。安全保护系统原则上与控制系统和监测系统独立设置；安全保护系统按主机运行状态，设置有主机自动停车程序和紧急停车程序；驾驶室控制部位设有"越控"按钮，越控时，系统将撤销安全保护系统对推进主机的部分安全保护动作，使被控设备短时间内强制运行，并在集控室控制部位和机旁控制部位发出"越控"报警。

5）进排气系统设计原则

进排气系统作为舰船动力装置的重要组成部分，对主动力的高效可靠运行和舰船的隐身性、舒适性以及舰船平台的总体设计有着重大的影响。完整的进排气系统设计要满足如下要求：

（1）具备进气滤清功能要求。主机在海上工作，吸入的空气不可避免地含有盐分和污染物。盐分进入主机，会发生高温硫化腐蚀，一方面会使主机特性变坏，导致发动机的功率和经济性降低，另一方面导致主机的使用寿命降低和大修期限减少。通过改进进气质量可延长主机的使用寿命。因此，进排气系统必须具有高效的进气滤清功能，净化进气空气，使得进入主机的盐分和固体颗粒低于容许值。

（2）防进气结冰功能要求。主机必须满足全天候的使用要求，在严寒条件下，舰艇上会出现结冰现象，在进气系统中，由于进气空气含水量大和高速气流引起的温降，会造成进气过滤装置和进气道结冰。进气系统结冰将导致主机进气堵塞，进气道结冰引发的脱落进入主机将危及主机的运行安全。进气系统需要具有进气加热防结冰功能，以确保主机机在严寒条件下安全运行。

（3）进气应急旁通功能要求。由于主机间断使用，进气滤清装置可能出现结冰或积垢堵塞，而达不到主机的进气流量要求，这会严重影响主机功率的发出。为此，在应急条件下，必须采取进气应急旁通措施，为主机提供应急安全保护和保证主机在作战条件下即使进气过滤装置堵塞也能照常运行，满足流量要求。

（4）水清洗功能要求。进排气装置需要满足燃气轮机长时间持续使用的要求。由于进气滤清装置长期使用，盐分、沙尘等污染物不断沉积，会大大增加进气系统的总压损失，对进气滤清装置采取水清洗措施，可保持进气系统的低阻力运行和防止进气堵塞，而且可大大降低舰员的维护工作量。

（5）进气状态监控功能要求。为保证进气应急旁通、进气防结冰、水清洗等功能的有效运行，需要实时监测进气温度、进气滤清装置压力损失等状态，并控制进气应急旁通装置、防结冰装置、水清洗装置等进排气装置设备的运行。

（6）进排气消声功能要求。主机进排气产生的进气、排气噪声，线性声压级达到130dB以上，对与进排气气道相邻的舱室和进气口附近的舱室、甲板将造成无法接受的工作和生活条件，进排气系统需要具有进气消声功能，来降低主机的进气排气辐射噪声，以满足在舰内以及露天甲板上的空气噪声要求，改善舰员的工作生活环境。

（7）排气红外抑制功能要求。主机的高温排气是一个很大的红外辐射源，如不采取措施，其强烈的红外辐射就成为影响舰艇生命力的重要因素之一，通过排气红外抑制装置最大限度地降低燃气轮机的排气红外辐射强度，对提高舰艇的隐蔽性和生命力十分必要。

（8）进排气阻力要求。主机进排气系统设计要满足主机功率的发出，较大的进排气阻力导致主机功率的下降，进而影响到主机功率的储备以及舰的最大航速，进排气管道布置应尽量少的折弯，以保证气流的顺畅，增加局部阻力，布置完整的进排气系统阻力要小于主机最大功率要求的进排气阻力允许值。

6.4.2　主要设计方法

推进系统概念设计阶段的任务重点是开展推进形式、推进机组和功率传递选型、船机桨匹配、轴系初步布置及性能核算、进排气布置及阻力估算等工作，其主要表现形式为提出主动力设备技术参数、形成推进系统配置方案及机舱主动力设备布置方案、轴系布置方案、进排气布置方案等。

1. 设计流程

推进系统方案规划设计是在明确推进系统功能的基础上，进一步开展影响舰总体概念方案成立的深化研究工作。设计流程如图 6-20 所示，具体如下：

（1）深入解读设计任务书，明确约束条件，包括功率需求、航速、转速、续航力、舱室规划要求，掌握推进系统设计输入。

（2）调研类似驱逐舰推进形式国内外应用情况，包括：推进系统配置方案及布置形式；推进系统技术指标，包括总功率及储备、转速、续航力、机动性等各主要设备的技术指标；推进系统各工况运行模式（包括进出港、低速、巡航、反潜、作战、海补、经济航速等）；推进系统主要设备的安装工艺。通过调研，明确是否有母型或国外技术资料可供参考还是完全自主设计。

（3）推进系统加速主机和巡航主机规划设计，根据舰总体最大航速和巡航航速的功率需求，结合目前推进主机的应用、研制情况，基本明确推进主机、巡航主机的选型，主机选型方案至少不少于三种。

（4）围绕初步选定的主机，开展多种主机组合方案下的推进系统配置，同时对功率传递系统和推进器等主要设备进行选型论证，提出至少三种的推进系统规划方案，并开展相应机舱、轴系、进排气布置。

（5）结合不同的推进系统规划方案，开展轴系强度、振动、校中的初步核算，进排气阻力的初步核算，确保轴系设计满足相关要求，进排气阻力满足主机的运行工况要求。

（6）建立评估指标体系时，需对指标进行筛选，使所建的评估指标体系能够全面合理地反映推进系统的全貌，同时又尽量简单、易于操作。方案评估指标体系应满足系统性、规范性、可比性、层次性、实用性、针对性原则。

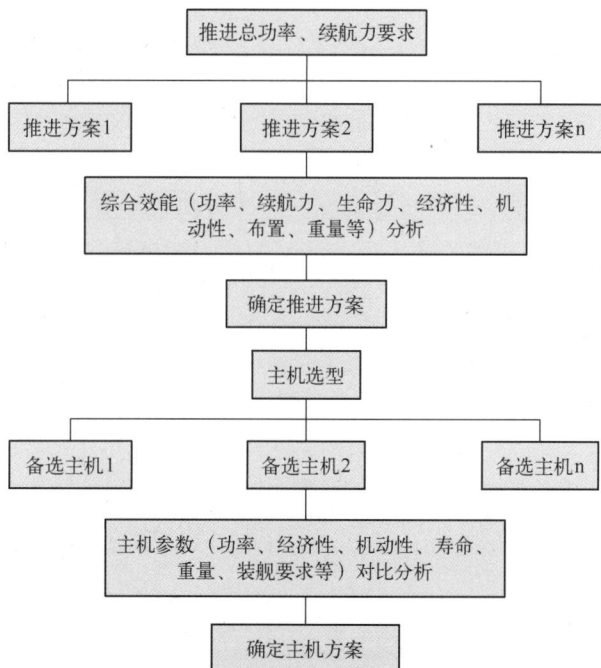

图 6-20 ▌推进系统主机方案优选流程

（7）以满足设计要求为约束条件，利用评估体系全面的对不同推进系统方案进行关键性指标对比分析，形成较优的推进系统方案。

2. 推进系统选型配置优化

推进系统选型配置优化的重点是通过多方案对比最终确定推进系统形式、主机和功率传递系统的选型。整个选型配置过程实际上可以类比为产品的配置设计过程，根据产品配置设计的概念，映射到推进系统配置设计各相关定义如下：

产品：满足用户的最终交付的任何有型的物品或者无形的服务，驱逐舰就可以当作是一个产品。

产品个体：某一确定的产品实体，如全燃联合动力装置、柴燃联合动力装置。

组件：构成产品或者产品个体的零件或设备的总称，如燃气轮机是全燃联合动力装置的组件。

配置设计：根据用户需求，在产品组成结构、组件与组件间的约束关系已知的情况下，对各组件进行组合，得到满足用户需求的产品个体的一种特殊设计活动。

驱逐舰推进系统配置设计是在任务书规定的条件下，按照各组件之间的约束规则，从备选的方案中选择、配置和组合，通过配置优化和配置方案评价，得到满足用户需求的最优动力系统配置方案的过程。配置设计过程如下：

1）推进系统配置模型的建立

推进系统配置模型的建立和特定的配置设计方法相对应，根据产品的配置方法主要有基于规则的产品配置模型、基于约束的配置模型、基于资源的配置模型、基于结构的配置模型、基于实例的产品配置模型、基于本体的配置模型。驱逐舰推进装置结构关系复杂、组件约束较多，采用基于约束的配置模型[18]较为适用。

约束满足问题是由一系列变量、变量对应的值以及变量之间的约束关系组合，每个约束关系都是对应变量的一个子集，并规定了子集中变量可能的组合。约束满足问题就是这些变量找到一组或者多组满足所有的约束关系的赋值。约束满足问题的定义如下：

$$CSP = (V, D, C) \tag{6-42}$$

式中：V 为一个由有限变量组成的集合 $= \{v_1 \cdots v_n\}$；D 为变量的值域的集合 $D = \{D_1 \cdots D_n\}$；D_i 表示变量 V_i 所有可能的有限域；C 为变量之间的有限约束关系的集合 $C = \{C_1 \cdots C_n\}$，约束 C_i 表示 V 上的所有约束 C 构成的子集一定是笛卡尔乘积：$D(v_1) \times D(v_2) \times \cdots \times D(v_n)$。

约束满足问题的求解过程是分配给所有变量一组满足约束的赋值，即一组对多用变量 V 的赋值：$S(v_1 \cdots v_n) = \{d_1 \cdots d_n\}$，其中 $(d_1 \in D_1, \cdots d_n \in D_n)$。

根据产品的约束配置模型及理论，分析对应推进系统配置选型对应的组件、域值，以及约束关系，如表 6-31、表 6-32 所示：

表 6-31 推进系统配置选型对应的组件与域值

配置组件（V）	域值（D）
推进装置类型	柴柴联合、柴燃联合、全燃联合、柴电燃联合、综合电力等
主机类型	柴油机、燃气轮机、发电机组型号等
传动类型	并车传动、交替传动、推进电机传动等
推进器类型	调距桨、定距桨、喷泵等

约束集合	详细约束条件	约束条件描述
快速性	最大航速	推进总功率满足设计最大航速并留有一定的功率储备
尺寸重量	设备占用机舱长度	推进系统占用机舱长度，包括主机舱、齿轮箱舱、发电机舱、推进电机舱等舱室长度
	设备占用舱室容积	推进系统组成设备的总体积
	设备总重量	推进系统组成设备的总重量
	单航程燃油重量	续航力条件下的燃油携带量
机动性	加速、减速动态性能	螺旋桨由零功率、零转速或怠速加速至满功率、满转速的时间，或满功率、满转速减速至零功率、零转速或怠速的时间
	紧急停船性能	由全速航行至紧急倒车响应速度及对应舰船滑行距离
	备车、启动时间	推进系统由冷态启动到能够满功率运行的时间
生命力	主动力生命力	综考虑一舱进水、二舱连续进水、三舱连续进水对主动力剩余功率的影响
隐身性	声隐身性	考核工况下达到的声隐身能力
经济性	研制、采购费	包括关键技术科研、设计、样机制造与试验及设备采购费
	燃油费	按照服役年限，每年按照典型任务剖面执行航行任务，整个服役期内的燃油耗量和燃油费
技术风险	技术成熟性	设备和系统装舰进度匹配及技术复杂度

表 **6-32** 推进系统配置选型约束条件

2）推进系统配置模型的求解

推进系统配置模型的建立是采用基于约束的动力配置模型方法，自然而然求解也就转化为约束满足问题的求解。将推进系统配置组件看作具有不同的变量，变量不同的值代表不同配置组件的域值，用约束代表组件之间取值的限制，将求解过程转化为不同取值变量组件组合进行搜索，满足所有配置约束条件的组件组合为最后的配置结果，约束满足问题的求解方法分为搜索和推理两类。其中粒子群算法、容易实现、精度高、收敛速度快、在科学研究和工程领域得到广泛应用。

粒子群算法[18]是将优化问题看作鸟群觅食的问题，得到问题的解决策略：每个优化问题的可行解都是搜索空中的一只鸟，被称为粒子，优化问题的最优解就是鸟群要找的食物。每个粒子都有一个被优化问题决定的用于评级粒子好坏程度的适应度，并且还有一个速度值以决定飞行的方向和距离。粒子模拟群，通过迭代在解空间中搜索最优解（即食物）。每一次迭代的过程，是一次粒子追随最优解更新自己的过程。在这一过程中，粒子记录两个极致：粒子本身找到的最优解及个体极值 p_{ibest} 和这个粒子群当前找到的最优解及全局极值 g_{ibest}，通过这两个极致，粒子计算出自己运动的速度和方向，不断更新自己产生新的位置，直到最优解。设种群中粒子的个数为 n，搜索空间的维数 D，则第 i 个粒子的位置可以用一个 D 维空间向量来表示：

$$\boldsymbol{X}_i = (x_{i1}, x_{i1}, \cdots, x_{iD}) \quad i = 1, 2, \cdots, n \tag{6-43}$$

式中：X_i 为问题在 D 维空间的一个解。

粒子的速度可表示为

$$v_i = (v_{i1}, v_{i1}, \cdots, v_{iD}) \quad i = 1, 2, \cdots, n \tag{6-44}$$

式中：v_i为粒子由一个位置移动到另一个位置，或者一个解移动到另一个解的速度。

粒子i在t时刻末的速度和位置按式（6-45）表示：

$$v_{id}^{t+1} = wv_{id}^t + c_1 r_1 (p_{\text{ibest}} - x_{id}^t) + c_2 r_2 (g_{\text{ibest}} - x_{id}^t)$$
$$x_{id}^{t+1} = x_{id}^t + v_{id}^{t+1} \tag{6-45}$$

式中：w为惯性权重，调节对空间的搜索能力；c_1为认知系数；c_2为社会系数；r_1，r_2为随机函数，取值在（0,1）范围内变化，增加搜索随机性。

粒子群算法基本流程如下：

（1）粒子群的初始化：随机设定各个粒子的初始位置和初始速度。

（2）计算每个粒子的适应度。

（3）粒子适应度对比：如果粒子当前适应度比它所经历过的最好适应度好，则经历过的最好适应度更新为当前适应度。

（4）种群适应度对比：如果粒子当前适应度比种群经历过的最好适应度好，则种群适应度更新为当前适应度。

（5）调整粒子的位置和速度。

（6）若达到最大迭代次数或全局最优位置满足最小界限，则输出最优解，否则进入步骤（2）继续搜索。

基于约束的推进系统类型配置模型与粒子群搜索法模型之间的映射关系如表 6-33 所列，它们存在着一一对应关系。采用粒子群搜索法能够完成基于约束的推进系统类型配置模型求解，形成多个推进系统配置方案。

表 6-33 推进系统类型配置模型与粒子群搜索法模型之间的映射关系

基于约束的推进系统配置模型	粒子群搜索法模型
可配置对象变量集合 V 和变量值域 D	粒子群和单个粒子
变量对约束 C 的满足	粒子的适用度
配置结果	种群的全局最优解

3） 推进装置配置综合评价

推进系统配置方案评估涉及最大航速、巡航速度、续航力、尺寸、重量、隐身性、生命力、经济性、可行性、可靠性、可维性、保障性等多个性能的对比分析，各性能指标之间相互关联，属于典型的多目标综合评估问题。典型的概念方案评估流程如下（图 6-21）。

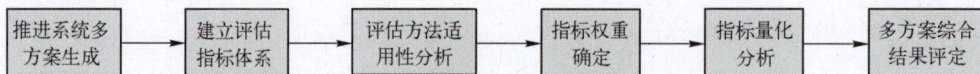

推进系统多方案生成 → 建立评估指标体系 → 评估方法适用性分析 → 指标权重确定 → 指标量化分析 → 多方案综合结果评定

图 6-21 推进系统概念方案评估流程图

（1）推进系统多方案生成过程。建立推进系统配置模型，并对推进系统配置模型进行求解，可得到不同的推进系统配置方案。

（2）建立评估指标体系。建立评估指标体系的目的是在满足舰船巡航速度、续航力、总体布置等总体要求的条件下，优选出综合性能最优的推进系统备选方案。涉及到舰船推进系统的指标有数百个，在建立评估指标体系时不可能全部选作评估指标，首先不可能对数量如此众多的指标一一进行量化，其次部分指标相互包涵或关联，若全部选用会重复考虑问题，使评价不够科学、客观。因此，在概念设计阶段建立评估指标体系时应对指标进行筛选，使所建的评估指标体系能够全面合理地反映推进系统的全貌，同时又尽量简单、易操作。一般来说，概念设计阶段的备选方案评估指标体系应满足系统性、规范性、可比性、层次性、实用性、针对性原则。

由于概念设计阶段具有贫信息特征，方案综合评估难以充分考虑电磁兼容性、可靠性、可维修性、保障性、安全性、人员数量需求等指标，因此对初步建立的评估指标体系进行了简化，简化后的评估指标体系如表 6-34 所列。

表 6-34 推进系统综合评估指标体系

指标序列	准 则 层	一级指标层
1	快速性	最大航速
2	尺寸重量	设备占用机舱长度
		设备占用舱室容积
		设备总重量
		单航程燃油重量
3	机动性	正常加速、减速动态性能
		紧急停船性能
		备车、起动时间
4	生命力	推进系统生命力
		主动力设备生命力
5	隐身性	声隐身性
		红外隐身
6	经济性	研制费
		装备采购费
		燃油费
		维修保养费
		改换装费
7	技术风险	技术成熟性
		技术复杂性
		性能影响
		费用影响
		进度影响
8	先进性	与国外同期舰船相对先进性
		推进系统发展规划一致性
		与其他规划舰船推进系统通用性

（3）评估方法分析。常规综合评估方法有层次分析法、Delphi 法、加权求和法、效用函数法、模糊综合评价法、灰色综合评判法等多种多样的方法。综合考虑指标体系规模、指标值量化水平与可操作性，驱逐舰推进系统概念方案综合采用层次分析法与效用函数法比较适用。

最低层次指标具有定量参数时，采用效用函数法将计算参数转化为 0~1 无量纲效用值。最低层次指标无定量计算参数时，需要采用专家打分法确定指标值，指标范围为 0~1，再通过线性效用函数等量转化为效用值。上级指标层均采用层次分析法确定各指标权重。然后按照层次分析方法对各备选方案进行计算，得分高的方案综合性能较好，排名较为靠前。

（4）指标权重确定。按照层次分析法要求，采用 9 标度法对各层指标的相对重要性进行打分，相对重要性打分标准如表 6-35 所列。若各层指标中某一指标相对于另一指标的重要性标度值为（1-9）中的某一数值，则另一指标相对于某一指标的重要性标度值为（10-(1-9)）。

表 6-35 评估指标相对重要性打分标准

1	2	3	4	5	6	7	8	9
绝对不重要	不重要得多	不重要	稍微不重要	同等重要	稍微重要	重要	重要得多	极端重要

再对相对重要性打分结果进行统计后，建立互补型判断矩阵。判断矩阵建立的好坏，一般可以用以下三种评估准则来衡量。即设判断矩阵 $A = (a_{ij})_{n \times n}$，求出其最大特征值 $\lambda_{\max}$ 及相应的特征向量 $W = (w_1, w_2, \cdots, w_n)^{\mathrm{T}}$（求法下述），给出以下三种评价准则。

一致性指标：

$$C.I. = \frac{\lambda_{\max} - n}{n - 1}$$

最大偏差值：

$$s = \max_{i,j} \left| a_{ij} - \frac{w_i}{w_j} \right|$$

均方差：

$$\sigma = \frac{\sqrt{\sum_{i=1}^{n} \sum_{j=1}^{n} \left(a_{ij} - \frac{w_i}{w_j} \right)^2}}{n}$$

对它们的取值，要求越小越好，其中一致性指标最重要，所得判断矩阵必然要具有较好的一致性即 $C.I \leq 0.1$，否则就应该对该判断矩阵进行一致性调整，或由专家重新建立。判断矩阵满足一致性等要求后，即可求出指标的权重向量。

某型驱逐舰推进系统各备选方案各评估指标相对重要性如表 6-36~表 6-41 所列。由于判断矩阵采用互补型矩阵，若 A 指标相对于 B 指标的重要性标度值为 a，则 B 指标相对于 A 指标的重要性标度值为（10-a），指标相对重要性矩阵左下角矩阵（阴影部分）不用填写，自动填写为 10 的补数。

表 6-36 准则层评估指标相对重要性

	快速性	尺寸重量	机动性	生命力	隐身性	经济性	技术风险	先进性
快速性	5	8	5	4	6	7	4	7
尺寸重量		5	3	2	2	2	2	2
机动性			5	5	5	6	4	5
生命力				5	6	5	4	6
隐身性					5	7	4	6

	快速性	尺寸重量	机动性	生命力	隐身性	经济性	技术风险	先进性
经济性						5	3	5
技术风险							5	8
先进性								5

表 6-37　尺寸重量指标相对重要性

	占用机舱长度	占用舱室容积	设备总重量	单航程燃油重量
占用机舱长度	5	7	6	7
占用舱室容积		5	4	5
设备总重量			5	6
单航程燃油重量				5

表 6-38　机动性指标相对重要性

	加减速性能	紧急停船性能	启动、备车时间
加减速性能	5	6	6
紧急停船性能		5	5
启动、备车时间			5

表 6-39　生命力指标相对重要性

	推进系统生命力	主动力设备生命力
推进系统生命力	5	4
主动力设备生命力		5

表 6-40　经济性指标相对重要性

	研制费	采购费	燃油费	维修保养费	换装费
研制费	5	4	6	6	6
采购费		5	6	7	7
燃油费			5	5	6
维修保养费				5	5
换装费					5

表 6-41　技术风险指标相对重要性

	技术成熟性	技术复杂性	性能影响	费用影响	进度影响
技术成熟性	5	7	5	6	4
技术复杂性		5	4	4	3
性能影响			5	6	4
费用影响				5	4
进度影响					5

（5）指标量化分析。由于部分评估指标难以采用数学语言描述，无法提供定量指标值，需借助于专家经验赋予定量效用值，专家打分法是定性指标定量化的常用方法。部分评估指标可计算出部分指标值，但尚有部分指标无法提供指标值。部分指标可通过仿真、统计、解析式计算求出指标值，直接采用效用函数进行分析。评估指标体系量化分析方法如表6-42所列。

表6-42 评估指标体系定量化水平

准则层	一级指标层	量化水平	量化方法
快速性	最大航速	定量	效用函数法
尺寸重量	占用机舱长度	定量	效用函数法
	占用舱室容积	定量	效用函数法
	动力、电力设备总重量	定量	效用函数法
	单航程燃油重量	定量	效用函数法
机动性	正常加速、减速动态性能	定性	定性分析，专家打分法
	紧急停船性能	定性	定性分析，专家打分法
	备车、启动时间	定性	定性分析，专家打分法
生命力	推进系统生命力	定量	效用函数法
	主动力设备生命力	定量	效用函数法
隐身性	声隐身性	定性	定性分析，专家打分法
经济性	研制费	定量	效用函数法
	装备采购费	定量	效用函数法
	燃油费	定量	效用函数法
	维修保养费	定量	效用函数法
	改换装费用	定量	效用函数法
技术风险	技术成熟性	定性	定性分析，专家打分法
	技术复杂性	定性	定性分析，专家打分法
	性能影响	定性	定性分析，专家打分法
	费用影响	定性	定性分析，专家打分法
	进度影响	定性	定性分析，专家打分法
先进性	与国外同期舰船相对先进性	定性	定性分析，专家打分法
	动力、电力系统发展规划一致性	定性	定性分析，专家打分法
	与其他规划舰船动力、电力系统通用性	定性	定性分析，专家打分法

效用函数以指标值为横坐标，以0~1的效用值为纵坐标，依据专家经验将评估指标值转化为无量纲值，采用专家评议法确定效用函数参数与专家打分法直接确定效用值相似，均是将非线性的、带量纲的评估指标值转化为线性的效用值。常用效用函数有线性直线效用函数、折线效用函数和曲线效用函数，效用函数类型与满意值、不满意值、变化率等效用函数参数均由专家评议确定，其中不满意指标值是指无法接受的指标值，对应效应值为0，满意指标值是指完全满意的指标指，对应效应指为1。

专家打分法对各备选方案的相对性能进行评价，分为"相对很好、相对较好、相对一般、相对较差、相对极差"五级评语，每级评语对应的效用值打分如表 6-43 所列。由于是采用备选方案相对性能的对比打分，因此尽量使各备选方案效用值平均分布在 0~1。

表 6-43 专家打分法评语划分及效用值打分范围

评语	相对极差	相对较差	相对一般	相对较好	相对很好
效用值范围	0~0.2	0.2~0.4	0.4~0.6	0.6~0.8	0.8~1.0

（6）多方案结果优选。按照层次分析方法对各备选方案的各项评价指标进行计算，然后将各项评价指标进行加权求和，得分高的方案综合性能较好，排名较为靠前。

3. 船机桨匹配设计方法

1）船机桨匹配过程

舰船达到某一稳定航速是船体、主机、螺旋桨三者合理匹配的结果，它们按各自固有性能曲线，即船体阻力曲线、螺旋桨特性曲线和主机外特性曲线，在平衡点作稳定工况的配合运行。在每一个平衡点，它们之间存在着运动平衡（转速或航速关系）、动力平衡（扭矩或推力关系）和能量平衡（功率关系）。对采用调距桨作为推进器的推进系统而言，船、机、桨匹配是指在调距桨各螺距和进速（或转速）下，船体阻力功率、桨推力功率和主机功率三者达到平衡（图 6-22）。船、机、桨匹配过程为：

（1）为实现给定的航速，调距桨需要产生相应的推力（功率）来克服船体阻力（功率）。

（2）根据调距桨要产生的推力，合理匹配螺距-转速（或进速）的值，从而确定调距桨收到功率。

（3）根据调距桨收到功率、传动效率和推进模式，确定主机功率需求和运行工况。

（4）根据主机运行工况（安全裕度、超扭等）调整螺距-转速匹配点。

（5）最终确定给定航速下的螺距-转速-主机功率匹配点。

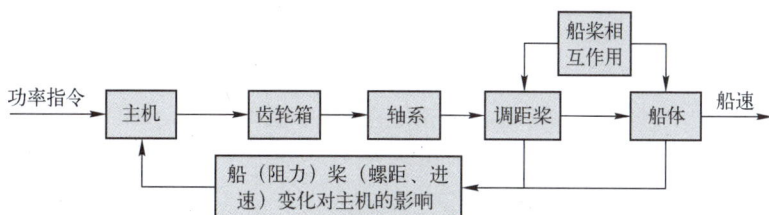

图 6-22 ▌船机桨匹配关系

2）推进系统功率传递关系

推进系统的功率传递关系可用图 6-23 所示的框图表示。

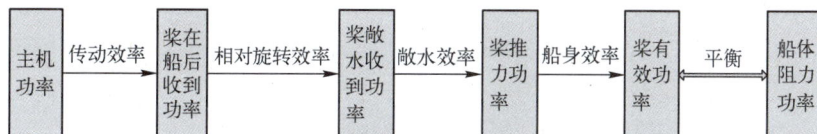

图 6-23 ▌推进功率传递及分解

（1）桨有效功率。桨的有效功率 P_E 应与相应航速 V_h 下的船体阻力功率平衡，即

$$P_E = R_t V_h \tag{6-46}$$

式中：R_t 为船体阻力功率。

（2）桨推力功率。桨的有效功率 P_E 来源于桨发出的推力功率 P_T。由于推力减额引起的功率损失和伴流造成的部分可利用功率的综合作用，桨推力功率 P_T 与有效功率 P_E 的转化关系为

$$P_T = P_E / \eta_h \tag{6-47}$$

式中：$\eta_h = \left(\dfrac{1-t}{1-\omega} \right)$，$\eta_h$ 为船身效率，ω 为伴流系数，t 为推力减额系数。η_h 由船模试验和桨的敞水试验测定或者根据经验公式估算。

（3）桨敞水收到功率。桨的推力功率 P_T 来源于桨敞水收到功率 P_{d0}。由于桨后的尾流动能损失、桨与水的摩擦功率损失等因素的影响，桨敞水收到功率 P_{d0} 与推力功率 P_T 的转化关系为

$$P_{d0} = P_T / \eta_0 \tag{6-48}$$

式中：η_0 为桨的敞水效率，η_0 反映了桨将收到的旋转功率转化为推力功率的能力，与桨的几何形状、螺距比 P/D、进速系统 λ_P 等有关，是桨的重要特性，由桨模型的敞水试验测定或根据环流理论估算。

（4）桨在船后收到功率。桨敞水收到功率 P_{d0} 来源于桨在船后收到功率 P_{dB}。由于沿桨盘面各点伴流速度的不均匀性引起的功率损失影响，桨在船后收到功率 P_{dB} 与敞水收到功率 P_{d0} 的转化关系为

$$P_{dB} = P_{d0} / \eta_R \tag{6-49}$$

式中：η_R 为相对旋转效率，反映了船体所形成的速度场对桨所形成的速度场之间的影响（桨敞水工作时盘面各处进速相同，桨在船后时盘面各处局部进速不同），η_h 由船模试验和桨的敞水试验测定或者根据经验公式估算。

（5）主机功率。桨在船后收到功率 P_{dB} 来源于主机发出的功率 P_s。主机功率 P_s 经由齿轮传动装置和轴系传递至调距桨，由于齿轮传动装置齿轮啮合功率损失、支撑轴承及推力轴承摩擦功率损失，轴系中间轴承、水润滑轴承、艉轴管密封装置、隔舱密封装置摩擦功率损失，浸在水中轴段水摩擦功率损失等因素的影响，主机功率 P_s 与桨在船后收到功率 P_{dB} 的转化关系为

$$P_s = P_{dB} / \eta_s \tag{6-50}$$

式中：η_s 为传动效率，包括齿轮箱传动效率和轴系传动效率。

综合式（6-46）~式（6-50）可知，在给定航速 V_h 下，主机功率需求为

$$P_s = R_t V_h / \eta_h / \eta_0 / \eta_R / \eta_s \tag{6-51}$$

3）推进图谱设计

推进图谱设计的思路是在船速一定时，船体阻力 R_t、伴流系数 ω、推力减额系数 t 一定，根据单桨发出的有效推力 $T_E = T(1-t) = R_t/2$，确定一组螺距 P/D-桨转速 n，由此得到桨的功率需求（桨在船后收到功率），再根据传动效率，确定对主机功率需求 P_s；由于满足 $T_E = T(1-t) = R_t/2$ 的可行解不唯一，需采用以下条件进行约束：

（1）安全性约束：在桨轴转速 n 下，主机功率 P_s 相对该转速下的功率限制必须留有

5%的安全裕度，以防止燃机运行过程中超扭。

（2）经济性约束：在达到规定的航速时，对主机燃油消耗量尽可能少，以提高燃油经济性。

（3）低目标特征值约束：在达到规定的航速时，轴转速 n 及主机功率 P_s 尽可能低，同时尽量避开放气工况，以降低推进系统的振动噪声。

（4）推进保障设备运行切换约束：为避免推进辅助设备间频繁动作，轴转速 n 应尽可能避开设备切换转速，齿轮箱滑油主备泵切换转速，调距桨三联泵不同联的切换转速。

推进谱图的具体计算流程如下：

（1）明确推进模式。

（2）对于给定航速，根据船体阻力，采用三次样条插值计算相应航速下的有效功率、船体阻力、伴流系数、推力减额系数、相对旋转效率、船身效率等参数。

（3）根据桨特性曲线上已知的 P/D 值下的推力系数曲线、转矩系数曲线，确定在已知 P/D 值下，有效推力=船体阻力时的转速（或进速）。

（4）通过用三次样条插值计算在给定转速区间内，任意转速下满足效推力=船体阻力所对应的螺距，从而确定一组可行的 $P/D-n$ 值。

（5）通过用三次样条插值计算（4）所述的一组 $P/D-n$ 值对应的桨推力系数、转矩系数和桨的敞水效率。

（6）计算桨在船后需要收到的功率。

（7）计算传动效率。

（8）计算主机功率需求。

（9）采用上述的约束条件对主机的运行工况进行评估分析。

（10）结合各推进模式设计点转速、螺距限制，选取合理的匹配点。

（11）按（2）～（10）计算该推进模式下其他航速下的匹配点。

（12）按（1）～（11）计算其他推进模式下各航速下的匹配点。

推进谱图的设计流程框图如图6-24所示。

4. 进排气布置设计及计算方法

进排气系统的设计是在解决了主动力布置问题后进行的，因此进排气装置的布置基本上是由发动机装置的布置来决定的，所以在进行发动机布置时，就必须考虑对发动机进排气系统的各种要求，首先要注意发动机通流部分的防污染问题。进排气装置进气口应布置在舰上最不易进水的部分，以防溅进海水，同时应完全避免吸入主机或其他发动机的排烟以及全舰通风排出的脏空气，最大限度地降低排气红外辐射强度和排气阻力损失，并尽可能减小装置的体积和重量，故进气口布置主要考虑入口高度、方位、安装位置和进气面积等要素，排气红外抑制装置布置主要考虑装置的排气红外抑制效果、排气阻力损失增加值及装置的重心等，进排气布置完需要对其阻力特性进行核实。

由于进排气系统中流动的复杂性，空间结构也不规则，难以利用经验公式获取其流动问题的解析解，关于进排气系统流场计算方法，基本上都是基于数值模拟的方法，再辅以试验验证的方法加以修正。进排气系统试验一般采用缩比模型试验，试验时满足三个相似条件：几何相似、运动相似和动力相似，排气系统试验可采用冷态试验或者热态试验法。

数值模拟过程[19]主要分为以下几步：

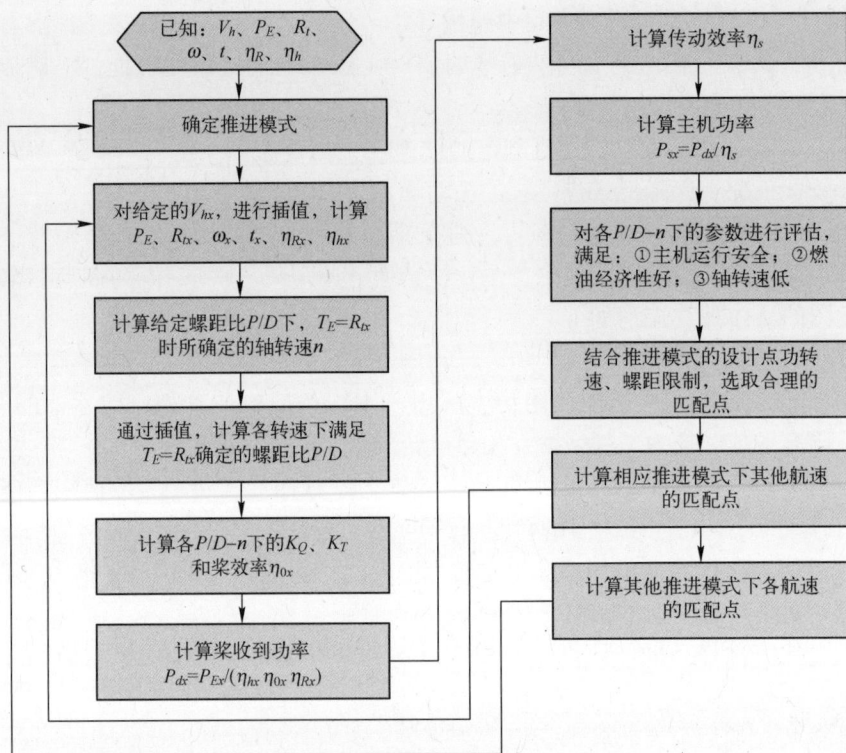

图 6-24 ▎推进图谱设计流程框图

流程框图内容：

已知：V_h、P_E、R_t、ω、t、η_R、η_h

确定推进模式

对给定的 V_{hx}，进行插值，计算 P_E、R_{tx}、ω_x、t_x、η_{Rx}、η_{hx}

计算给定螺距比 P/D 下，$T_E=R_{tx}$ 时所确定的轴转速 n

通过插值，计算各转速下满足 $T_E=R_{tx}$ 确定的螺距比 P/D

计算各 $P/D-n$ 下的 K_Q、K_T 和桨效率 η_{0x}

计算桨收到功率 $P_{dx}=P_{Ex}/(\eta_{hx}\eta_{0x}\eta_{Rx})$

计算传动效率 η_s

计算主机功率 $P_{sx}=P_{dx}/\eta_s$

对各 $P/D-n$ 下的参数进行评估，满足：①主机运行安全；②燃油经济性好；③轴转速低

结合推进模式的设计点功转速、螺距限制，选取合理的匹配点

计算相应推进模式下其他航速的匹配点

计算其他推进模式下各航速的匹配点

（1）物理模型的数学化，也就是将物理模型转化为计算用的数学模型。首先对所研究的问题做出一定简化和假设，确立物理模型。例如，当物理过程中流体的物性参数变化不大时，可作常物性的假定。然后再根据所确立的物理模型给出相关的控制方程和相应的初始条件及边界条件，也就是确立数学模型。

（2）计算域网格的划分。若要对不规则区域中的流动问题进行数值模拟，首先要解决区域离散化的问题，目前已经有很多种对不规则区域进行离散生成计算网格的方法，称为网格生成技术。从网格的划分来说，可分成结构化（Structured）网格、块结构化（Block-structured）网格和非结构化（Unstructured）网格三种。这几种网格各有特点，也就各自适应不同的物理模型。

（3）控制方程的离散。网格生成后，就要对控制方程进行离散，将描写流动问题的偏微分方程转化成各网格节点上的代数方程组，并对控制方程进行离散化处理。在方程的离散过程中，基于一定的物理真实性，需对所求解的变量在两个节点之间的变化特性作出假设，进而选择合适的离散格式。

（4）对控制方程离散后形成的代数方程组进行求解。这一步骤是对物理过程进行数值模拟的最后一个也是最重要的环节，对数值计算结果进行解的分析。

利用上述模拟过程计算的某主动力进气系统流线图见图 6-25。

舰船排气系统结构尺寸大、排气流量大、温度高，容易形成明显的红外辐射亮点，易于受红外成像导弹的威胁，因此在设计完排气系统时，需要对排气 3~5μm 波段红外特征进行工程估算，其所需原始数据可分为两组：

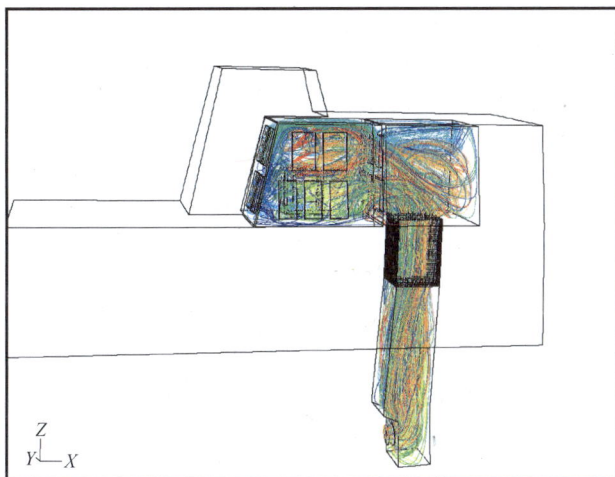

图 6-25 某主动力进气系统流线图

（1）烟囱出口截面处的气体参数，包括：气体的温度；气体里碳黑微粒的浓度；水蒸气和二氧化碳气体的分压力；气体的流出速度；水珠的含量；水珠的平均半径。

（2）周围介质的参数，包括：空气的温度；相对湿度；绝对湿度（含水量）；来流的速度；气象探测距离；大气可透过性的频谱系数和平均系数。

根据出口截面的气体温度（T_0）由式（6-52）计算引射系数 n：

$$n = 1.03\frac{T_1 - T_0}{T_0 - T_H} \tag{6-52}$$

式中：T_1 为发动机排气烟道里气体的热力学温度（K）；T_H 为外部空气的热力学温度（K）。

按式（6-53）计算烟囱截面处碳黑微粒的浓度：

$$\mu_0 = \mu_H \frac{1}{1+n} \cdot \frac{T_H}{T_0},\ (\mathrm{mg/m^3}) \tag{6-53}$$

在试验研究的基础上，μ_H 按不同动力装置类型选用碳黑粒子的质量浓度：

① 对于燃气轮机装置，$\mu_H = 50\mathrm{mg/m^3}$；

② 对于汽轮机装置和辅锅炉，$\mu_H = 500\mathrm{mg/m^3}$；

③ 对于柴油机装置，根据柴油机的型号，取用不同的质量浓度。

过量空气的标称系数 α_y 按式（6-54）确定：

$$\alpha_y = (1+n) \cdot \alpha \tag{6-54}$$

式中：α 为内燃机的过量空气系数，需根据不同类型和型号的动力装置确定。如果不止一台发动机向一个烟囱排气，平均过量空气系数按式（6-55）计算：

$$\bar{\alpha} = \frac{\sum\limits_N \alpha_i G_i n_i}{\sum\limits_N G_i n_i} \tag{6-55}$$

式中：G_i 为每台发动机的排气流量（kg/s）；N 为发动机的台数。

根据标称过量空气系数，根据试验曲线图确定水蒸气和二氧化碳气体的分压力 P_{h_2o} 和 P_{co_2}。用混合式（空气和水）冷却时，水蒸气的分压力 $P^k_{h_2o}$ 按式（6-56）确定：

$$P_{h_2o}^k = P_{h_2o} + 1.62 \frac{g_B}{100}, \ (\text{kPa}) \tag{6-56}$$

式中：g_B 为供水量，可根据烟囱出口断面排气空气冷却后的气体温度和喷水后排气混合物的温度确定。

按式（6-57）确定烟囱的等效半径：

$$R_e = 0.565 \sqrt{F}, \ (\text{m}) \tag{6-57}$$

式中：F 为烟囱出口截面的面积（m^2）。

烟囱出口断面处的气体总流量 $G_0 = G_1(1+n)$（kg/s），其中 G_1 表示单台发动机的流量。烟囱出口断面处的气体速度 $W_0 = G_0/(\gamma_0 F)$（m/s），式中 γ_0 表示气体的密度（kg/m^3），得到 W_0 后通过式（6-58）来确定速度压头的比值：

$$\eta = \frac{\gamma_0 W_0^2}{\gamma_H W_H^2} \tag{6-58}$$

式中：γ_H 为周围空气的密度（kg/m^3）；W_H 为空气的速度（m/s）。

根据速度压头的比值 η 和温度的比值 T_0/T_H 来确定偏流系数 q。

如果几台发动机都向一个烟囱排气，则按式（6-59）计算平均引射系数：

$$\bar{n} = \frac{\sum n_i G_i}{\sum G_i} \tag{6-59}$$

当有几台发动机时，按式（6-60）计算引射后出口截面处的气体平均温度：

$$\bar{T}_1 = \frac{\sum T_i G_i}{\sum G_i} \ (\text{K}) \tag{6-60}$$

按式（6-61）计算排气烟羽的频谱辐射强度：

$$J_{\lambda\phi} = \tau_\lambda (H_{\lambda(h_2o)} J_{\lambda(h_2o)} + H_{\lambda(co_2)} J_{\lambda(co_2)} + J_{\lambda c} + J_{\lambda k}) q, \ (\text{W}/(\text{sr} \cdot \mu\text{m})) \tag{6-61}$$

式中：τ_λ 为大气频谱透过系数；$H_{\lambda(h_2o)}$、$H_{\lambda(co_2)}$ 分别为 H_2O、CO_2 辐射选择性系数；$J_{\lambda(h_2o)}$、$J_{\lambda(co_2)}$、$J_{\lambda c}$、$J_{\lambda k}$、$J_{\lambda\phi}$ 分别为 H_2O、CO_2、碳黑微粒、水珠及总的频谱辐射强度（$\text{W}/(\text{sr} \cdot \mu\text{m})$）。

在下述标准条件下，可通过查图表得到 $3 \sim 5\mu\text{m}$ 波段各成分的对比辐射强度：$R_e = 1.0\text{m}$，$\mu_0 = 50\text{mg/m}^3$，$P_{h_2o} = P_{co_2} = 0.1\text{kg/cm}^2$。按照真实的有效半径 R_e、碳黑微粒浓度 μ_0、CO_2 分压力 P_{co_2}、H_2O 分压力 P_{h_2o}，由式（6-62）～式（6-64）可换算得到实际的对比辐射强度：

$$\Delta E_{1c} = R_e^3 \frac{\mu_0}{50} \Delta E_{1c}' \tag{6-62}$$

$$\Delta E_{1co_2} = R_e^3 \frac{P_{co_2}}{0.1} \Delta E_{1co_2}' \tag{6-63}$$

$$\Delta E_{1H_2O} = R_e^3 \frac{P_{H_2O}}{0.1} \Delta E_{1H_2O}' \tag{6-64}$$

式中：$\Delta E_{1c}'$、$\Delta E_{1co_2}'$、$\Delta E_{1H_2O}'$ 即查表得到的标准条件下的对比辐射强度（W/cm^2）。最后得到排气烟羽总对比辐射强度：

$$\Delta E_\phi = (\Delta E_{1c} + \Delta E_{1co_2} + \Delta E_{1H_2O}) q \cdot K_8 \quad (\text{W/cm}^2) \tag{6-65}$$

5. 轴系设计计算方法

概念设计中需要确定轴系的基本轴径、跨距并进行相应的轴系强度计算、轴系振动计算、轴系校中计算等工作。

1）螺旋桨轴和中间轴直径

螺旋桨轴和中间轴的直径按式（6-66）确定：

$$D = C^3 \sqrt{\frac{N}{n(1-m^4)}} \tag{6-66}$$

式中：N 为轴的最大功率（MW）；n 为轴的最大转速（r/s）；m 为轴的中空系数，$m = 0.5 \sim 0.75$；C 为系数，轴与螺旋桨无键联结为 0.22，中间轴为 0.2。

2）中间轴承、螺旋桨轴承最大许用跨度

中间轴承、螺旋桨轴承最大许用跨度按式（6-67）确定：

$$l = 37 \sqrt{\frac{D}{n}} \tag{6-67}$$

3）轴系强度计算

轴系的强度计算按主机的最大功率时的工况进行，若在轴系工作转速范围内存在着扭转振动临界转速，经综合分析，如存在危险工况，则还应按照轴系扭转振动应力最大的工况进行轴的强度校核计算，此时可按该工况下的轴功率、转速和推力计算平均应力。

$$\frac{\sigma_{Hm}}{\sigma_S} - \frac{\sigma_{Ha}}{\sigma_{-1}} = \frac{1}{n} \tag{6-68}$$

式中：σ_{Hm} 为合成平均应力（N/mm^2）；σ_{Ha} 为合成交变应力（N/mm^2）；σ_S 为轴材料的屈服强度（N/mm^2）；σ_{-1} 为轴材料在对称循环交变应力下的疲劳极限（空气中）（N/mm^2）。

对于螺旋桨轴、艉轴安全系数为 2.0，中间轴和推力轴的安全系数为 1.75。

4）轴系扭转振动计算

轴系扭转振动计算的转速范围应为最低稳定转速的 80% 至最高工作转速的 115%，计算结果轴段的最大扭振振幅值和扭转振动应力值应小于许用值。

对于柴油机推进来说，轴系振动激励力主要包含柴油机激振力和螺旋桨激振力，对于燃气轮机或者电力推进，轴系运转时的激振力主要来自螺旋桨。确定螺旋桨激振力和激振力矩有模型试验法、经验公式和理论计算法。

轴系扭振计算[20]的当量模型大多采用集总参数模型，进行自由扭转振动计算，初步估量轴系的扭振特性。自由振动计算采用解析法求全部特征值和特征向量，即自由振动的固有频率和振型、支点位置，计算结果以 Holzer 表的方式显示与输出。

强迫振动响应计算采用解析法直接求解，强迫振动计算分为分谐强迫振动计算以及多谐综合合成强迫振动计算两类，计算过程中的阻尼计算应考虑主机、螺旋桨、轴段、减振器、联轴器等因素。分谐即对轴系扭振运动方程求解后，得出在一定转速（各种临界转速、最高转速、常用转速、其他要求转速）时的谐激励响应（扭振角位移与轴段扭振应力幅值），画出在以上转速范围内的振动幅值变化曲线及推力轴、中间轴、螺旋桨轴中扭振应力最大的扭应力幅值变化曲线，并根据要求画出许用应力曲线。

多谐是在各种临界转速、最高转速、常用转速、其他要求转速下，所有简谐激励力矩作用的综合振动响应（合成角位移和振动合成应力）图；画出其具有代表性的质量综合振幅、轴段的综合扭振应力值变化曲线；画出减速齿轮箱、减振器、隔声联轴器等部件扭矩变化曲线。

5）回旋振动计算

推进轴系的回旋振动特性应进行计算分析，明确判定轴系在最高工作转速的115%以下无一次回旋振动临界转速，一次叶频临界转速则不应在80%~120%额定转速范围内出现。包含简单估算和精确计算法。简单计算法采用的力学模型是一个二点或三点刚性支承的等截面悬臂直轴，其边界条件是螺旋桨为自由端，另一端为铰支端或固定端，利用 Panagopulos 公式进行固有频率计算。精确计算法是考虑轴系自螺旋桨至传动齿轮箱大齿轮或弹性联轴节从动部分，按自然分段划分，形成由均质圆盘元件（螺旋桨），一系列均质元件和轴系支承结构的若干个分支链等依次连接而成的、含有若干个集总参数的链状分布系统，即集总参数模型。建立元件传递矩阵，计算累积矩阵，利用边界条件求解固有频率，计算振型，绘制振型图。

6）纵向振动计算

轴系纵向振动计算采用集中参数模型，包括自由振动计算和强迫振动计算，首先计算出无阻尼自由纵振固有频率和相应的振型，然后按能量法或放大系数法来计算第一质量处的纵振振幅值。轴系纵向振动最高激振频率按式（6-69）表示，推进系统的纵向振动幅值在工作转速范围内一般应不超过规定的许用值，见表6-44。

$$f = 1.15 \times Z \times \frac{n}{60} \tag{6-69}$$

式中：Z 为桨叶数；n 为轴系额定转速。

表 6-44 纵振分谐振表

频率范围/Hz	幅值/mm
4~15	0.76±0.15
16~25	0.51±0.10
26~33	0.25±0.05
34~40	0.13±0.025
41~50	$0.076^{+0}_{-0.025}$

7）轴系校中

舰船轴系校中计算和安装一般采用直线法（负荷法）校中和合理法校中，其最终的目标就是实现轴系各支撑轴承承受合适的载荷，保证轴系平稳正常运行。直线法校中是把轴系按直线方式对接安装，安装结束后复测每个支撑轴承的负荷，满足要求即可，直线法校中安装较为简单，在目前还广泛运用，但是对于超短或者超长轴系，直线法校中会导致轴系校中状态不佳，严重时影响轴系的正常运转，因此在20世纪船舶领域提出了合理法校中，根据舰船轴系工作的实际情况，提出将个别中间轴承位置进行合理变位，以改变轴系受力分布情况。

由于舰船大型化的发展趋势，合理法校中[21]以其较为符合轴系实际运行情况而在校中计算中大量运用。合理法校中主要是通过调整中间轴承和齿轮箱垂向位置，使各中间轴承负荷差别尽量小，使齿轮箱前后轴承在各工况下偏差值尽量小，为此，设定两个优化目标函数，函数值越小，轴承负荷越合理。

轴系在各种组合状态的情况下（如（1）和（3）、（1）和（4）、（2）和（3）、（2）和（4））应合理校中：

（1）机械和基座处于冷态。

（2）机械和基座处于热态（运行温度）。

（3）单个轴承处于最大磨损状态。

（4）所有轴承处于最大磨损状态。

合理法校中的轴系应满足下列要求：

（1）每个轴承应承受合理的正反力。任一个轴承在热态运行时的正反力一般应不小于其相邻两跨轴段重量的20%。

（2）轴承单位压力不超过设计规定的许用单位压力。

（3）对带有齿轮传动装置的轴系，大齿轮前后轴承的反力差应不超过齿轮传动装置制造厂提供的最大允差（仅对水面舰船）。

（4）各轴应有合理的弯曲力矩。

（5）组成推进轴系的所有部件、主机、齿轮传动装置和联轴器等的其他校中要求。

（6）应考虑舰船下水前、后中垂及中拱状态的修正。

8）轴系抗冲击

轴系抗冲击性能需满足以下两种要求：满足舰载内部设备的抗冲击指标，采用频域算法计算其抗冲击性能；满足水下爆炸载荷作用下的强度要求，水下爆炸载荷按照龙骨冲击因子进行校核。

基准加速度 A_0 和基准速度 V_0 由式（6-70）和式（6-71）确定：

$$A_0 = 196.2 \frac{(17.01+m_a)(5.44+m_a)}{(2.72+m_a)^2} \tag{6-70}$$

$$V_0 = 1.52 \frac{5.44+m_a}{2.72+m_a} \tag{6-71}$$

式中：A_0 为基准加速度（m/s²）；V_0 为基准速度（m/s）；m_a 为模态质量（t）。

设计加速度 A_a、设计速度 V_a 由表6-45确定。

表 6-45 设计冲击加速度值和冲击速度值

冲击方向	弹性设计		弹塑性设计	
	A_a	V_a	A_a	V_a
垂向	$1.0A_0$	$1.0V_0$	$1.0A_0$	$0.5V_0$
横向	$0.4A_0$	$0.4V_0$	$0.4A_0$	$0.2V_0$
纵向	$0.2A_0$	$0.2V_0$	$0.2A_0$	$0.2V_0$

取 $V_a\omega_a$ 和 A_a 中的较小值作为最终的冲击设计加速度值 D_a，其中 ω_a 为圆频率。

轴系在冲击后不允许有永久变形，因此选用弹性设计。按舰载内部设备要求的轴系抗冲击计算采用频域算法，其计算流程如图6-26所示。

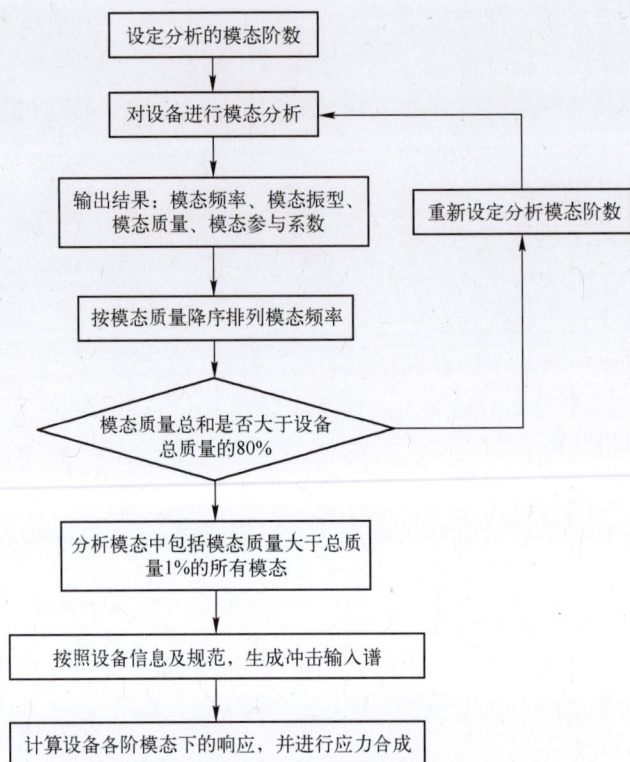

图 6-26 ▎频域算法轴系抗冲击计算流程图

水下非接触爆炸模型的主要目的是通过水下爆炸数值仿真计算，获得作用在推进轴系上的冲击响应输入。轴系计算模型见图 6-27。同时，利用此仿真模型可以分析不同冲击环境下舰船推进轴系冲击响应的变化规律，研究不同冲击环境（包括冲击因子、攻角、爆距、当量等）对推进轴系抗冲击性能的影响规律。此外，通过此仿真模型还可以获得爆炸冲击波对轴系裸露在水中部分的冲击响应。在水下非接触爆炸模型中，船体采用壳单元和梁单元建模，考虑轴系穿过船体底部区域的主要结构。船体建模区域为船体艉部至主机舱前相邻舱的前壁；船体结构考虑外板、双层底、主横隔壁和其他主要结构，肋骨结构进行强度等效处理；船体底部大型设备进行等效质量处理。水面舰船受水下非接触爆炸冲击的强度与装药当量、爆炸距离和攻击方向有关，如图 6-28 所示。

图 6-27 ▎轴系计算模型

采用冲击因子来描述这种爆炸，与轴系冲击相关的采用龙骨冲击因子表示：

$$KSF = \frac{\sqrt{W}}{R_1} \times \frac{1+\sin\alpha}{2} \qquad (6-72)$$

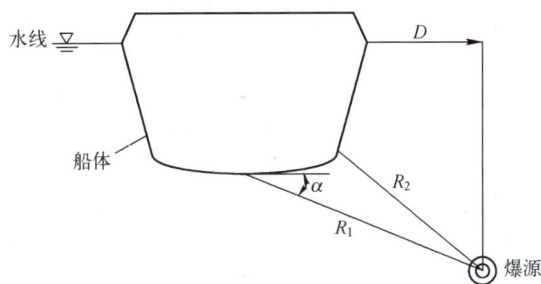

图 6-28 ▏水下爆炸环境示意图

式中：W 为装药 TNT 当量（kg），当量应不小于 1000kg；R_1 为爆炸源与龙骨距离（m）；α 为爆炸源与龙骨之间连线与水平面之间的夹角。

非接触水下爆炸冲击载荷下，在龙骨冲击因子为 0.36 时，轴段（包括连接螺栓）最大冲击应力应小于材料屈服强度。轴系水下爆炸冲击计算模型主要包括轴系模型、船体模型和外流场模型。船体建模区域示意图如图 6-29 所示。

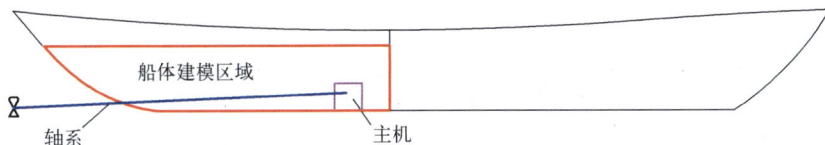

图 6-29 ▏船体建模区域示意图

6.5 电力系统

6.5.1 设计基本原则

电力系统的设计基本原则是满足舰船总体对于电力系统的要求，保证舰船完成使命任务的供电保障，同时应考虑电力系统为未来各种新概念武器设备的供电保障，保证电力系统方案的合理性、先进性，与总体方案的匹配性和兼容性，注意提高电力系统的自动化、信息化、智能化水平，合理确定电力系统的电压等级、容量等级、频率等主要参数，形成电站配置方案，通过优化电站的机组数量、供电网络结构、降低系统短路故障电流、提高系统多工况的稳定性，以及合理分散布置发电机组、配电板、蓄电池等重要电气设备，尽量提高系统的供电生命力，提高舰船的供电保障能力。

驱逐舰电力系统概念设计方案规划阶段，需遵循以下原则开展设计：

（1）立足工业基础，考虑降低总体资源消耗，合理优化发电机组的数量。由于驱逐舰电力系统的总容量要求较大，而发电机组的台数又不宜太多，必然带来单机容量加大的问题。对于低压电力系统，发电机单机容量有一定的限制，超过了这个限制，发电机就很难研制；而且原动机的选配、大型发电机的生产、自动开关等一系列配套设备都需要解决和落实。有时候，一项小设备发生问题都会影响整个舰船的建造进度。因此发电机的容量定在哪一档规格上比较合适是电力系统方案规划设计时的需重点论证的问题。

（2）提高供电生命力，优化供电网络结构。把众多的发电机组按一定的要求连接起来，形成一个完整的网络，并能协调地工作，充分发挥其应用的功能是驱逐舰电力系统规划设计的一个关键问题。不同的网络结构对于系统保护、运行稳定性、操作管理等方面的要求是不一样的，对于总体资源的消耗也不一样，需要结合总体的规划方案和全舰用电设备的需求合理规划电力系统的网络结构。

（3）控制系统短路故障的最大电流，提高系统故障保护能力。大容量电力系统带来的另一个关键问题是发生短路故障时产生的巨大短路电流。目前 380V 电力系统故障涉及的发电机组总容量达到 7000kVA 时，就会产生 140kA 以上的短路电流。而现有的 380V 空气断路器，以西门子公司的空气断路器为例，该公司断路器开断能力的极限水平约为 150kA。如果低压电力系统容量继续增加，显然这些开关的保护能力不能满足大容量电力系统的要求。因此，必须采取各种限制短路电流的措施。例如：在故障条件下，系统保护装置能自动将大系统分割成几个较小的系统，将短路电流限制在一定的范围内；在线路上配置大量差动保护装置，以提高区段保护选择性的方法将故障隔离在最小的范围内等。各种方法在系统保护效果、设备复杂程度、操作的方便性、动作的可靠性等方面都有很大的差别，需要进行大量的前期规划分析工作。

（4）考虑码头保障条件，尽可能实现参数和接口标准化。例如，舰船电网的电压一般采用交流三相 380V，与陆上供电网的电压是一致的。当电网的容量超过 10MW 时，中压系统比低压系统更合适。

（5）保证电力系统在多工况切换运行时的稳定性。大容量电力系统中，发电机组台数多，网络复杂，必然会对系统的运行使用、工况的变换、操作管理、安全保护等各方面产生很大的影响。因此，驱逐舰电力系统规划设计阶段应该对发电机组的各种运行状态加以分析计算，测试它们在各种工况下运行的稳定性，提出切实可行的运行控制方案。

（6）注重提高电力系统生命力。舰船供电生命力的基本要求是指在作战环境下确保向舰船上重要负载的连续供电，如操舵系统、推进系统、武器系统和消防系统等。舰船供电系统的生命力必须和舰船总体的抗沉性相适应。当舰船遭受战斗损害而保持不沉时，电站和配电系统的剩余供电能力必须保证维持舰船机动性、必要的舰船生命力和最低限度的自卫能力所必需的重要负载的供电。电力系统应采用冗余设计和合理布置，其应满足：系统功能冗余设计时，采用对重要负载设置正常和备用等多路电源供电的方式；电站、汇流排、主干电缆等的容量、载流量等应有冗余；系统战斗冗余（隔离）设计时，应通过发电机组、配电板和其他电气设备的数量、尺寸和布置的正确合理的选择和设计，来保证功能工况下供电的连续性。大中型水面战斗舰艇应设置事故配电系统，临时拉敷软电缆替代受损电缆，实施事故供电；对非冗余的功能上相互依赖的重要组成部分（设备）应靠近合并安置，尽可能缩小目标体积。如同一电站的各发电机组、主配电板及其附属设施应紧凑布置。电力系统设计应考虑损害管制。应采用有效手段和方法及时评估供电系统的战斗损害情况，以便及时实施损害管制。电力系统应严格控制舰船应急工况下的负载投入，保证应急配电系统的负载容量与应急电站的容量相适应。

（7）电网的分区应与舰船的总体分区相匹配，合理确定配电网络的区域和层级。驱逐舰配电网络的主要任务是为全舰各个系统、设备传输分配电能，尤其是确保战斗破损时，使电网在最大范围内维持供电连续性。在电网严重损坏时继续保持对最重要设备的持续供电，将战损的影响缩小和限制在最小范围内。随着越来越多高技术武器设备的上舰应用，配电负荷的容量越来越大，对供电生命力、可靠性、网络运行及调度管理方式提出了更高的要求。因此应结合驱逐舰电力系统容量、用电设备实际需求，对配电网络结构以及选择性保护技术进行合理的规划设计，以解决好配电网络问题。

（8）在合理规划电力系统主要参数和系统配置的基础上，舰船电气设备的布置应结合战斗舰船的使用需求，切实提高系统的供电生命力，同时考虑相应设备的功能需求，在概念设计阶段，重点考虑电站的布置要求、发电机组以及主配电板等主要设备的布置要求。

（9）为保障电源设备的供电生命力，多台电源设备应在全船多个空间维度上分散布置。主电站之间应相互远离，以保证在船体相邻舱室破损仍能保持不沉情况下，有一个主电站保持完整，可供使用。由柴油机或燃气轮机作动力的电站应尽量布置在负载相对集中区域，以缩短供电电缆长度。主电站可设专用舱室，也可将电站布置在辅机舱或主机舱内。

（10）舰船备有应急起动装置的、由柴油机或燃气轮机驱动的主发电机组，应将一台或几台发电机组尽量布置在远离主机舱的位置。

（11）蓄电池室应尽量按负载分布情况进行布置，舱室应具有一定的气密性，并应设置通风系统。蓄电池室的门不应直接通向居住舱内，应急蓄电池应布置在破损水线以上。

（12）主配电板应与主发电机组布置在同一水密隔舱中。主配电板一般布置使其与舰船首尾线垂直。主配电板应尽可能靠近相应的主发电机组布置，以缩短发电机电缆的长度。主配电板一般设置在专门配电室中，也可以放在主机控制室中，形成机电合一的集中控制部位。

（13）相同发电机组的基座或固定件布置、蒸汽管道、泵、冷凝器、燃油管路、排气管路、发电机接线端子以及影响发电机组更换的其他辅助设备等均应采用同一类型。柴油机或燃气轮机起动系统的蓄电池组或空气瓶，应尽可能靠近柴油机或燃气轮机布置，以缩短电缆或管路有效长度，保证启动系统的可靠性。柴油发电机组还应考虑进排气管道的布置。

（14）电气设备的布置和线路敷设，应尽量不妨碍舰员实行损管措施，并应考虑操作和维修方便。安装处所应有足够的照明和良好的通风。对于保证战斗、航行的重要负载及其成套装置，除有特殊要求外，应尽量靠近安装，以减少战斗损害。电气设备安装时应考虑有效的减震措施，以提高电气设备工作可靠性和减少结构噪声的传递。

6.5.2　主要设计方法

电力系统的原理方案设计方法，主要包括迭代法、电路理论分析法、数字仿真法、基于相似理论的模拟试验验证法、电气舱室的三维规划设计法等，各个方法的特点如下。

迭代法主要是用于电站配置，基于电力负荷需求，首先进行发电机组选型，包括机组的功率等级、型号规格等，相应地进行电站总功率计算，基于舰船总布置图，形成电站布置方案，对于电站舱或相邻舱室破损进水后进行生命力估算，如果满足生命力要求，则电站配置工作结束，如果不满足生命力要求，则对机组的单机功率和机组数量以及电站布置方案进行调整，通过多轮迭代，直到满足生命力要求为止。

电路理论分析法的重点是对电力系统初步概念方案进行分析论证，对于重要参数指标进行计算或估算，通过理论分析一般可形成多个方案，通过对方案的可行性、可靠性、先进性、经济性综合评价，为方案的选择提供依据。

在理论分析法形成方案的基础上，建立发电机组以及系统的数字仿真模型，进一步对各个方案的网络构架、系统稳定性、系统运行控制方案、电能品质等关键性能参数进行仿真验证，根据仿真结果对多个方案进一步收敛到 2~3 个方案。

根据概念方案设计的具体要求和试验条件，如果试验条件具备，可借助于可利用的试验条件，根据概念方案的特点，补充必要的试验设备，如果全物理模拟有困难，可采用半物理模拟仿真的方法对于收敛形成的方案进一步验证，或者对于某些如系统稳定性、短路特性、运行控制策略等关键指标进一步验证，为概念方案的最终选择提供必要的试验支撑。

电力舱室的三维规划设计法主要是指利用舰船的三维设计环境，对于电力系统的主要设备如发电机组、主配电板、电力集控台、驾控台等建立三维模型，在电站舱、主配电板室、机电集控室和驾驶室等主要电气舱室，开展三维设计，验证系统概念方案的布置可行性和合理性。

用上述几种设计方法，按照图 6-30 所示的驱逐舰电力系统设计流程图中流程开展分析和设计工作。能够较好地解决电力系统概念方案设计阶段的关键技术问题，保证系统方案的合理性和可行性。

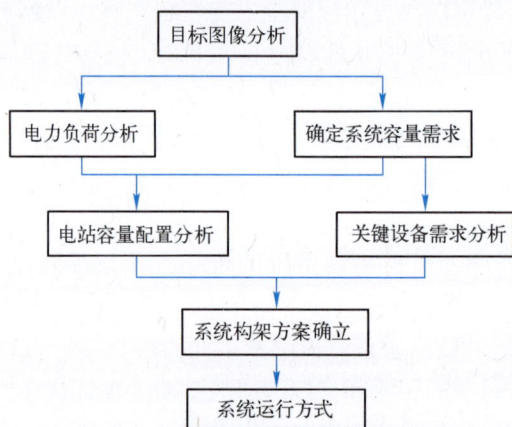

图 6-30 ▌驱逐舰电力系统设计流程图

电力系统概念设计阶段的成果表现形式主要有电力负荷估算书、短路电流估算书、发电机组选型论证说明书、电力系统单线图、电站布置图、主配电板室布置图、电力系统概念方案说明书等。

1. 基于迭代法的电站配置分析

舰船电站配置主要是根据限定的发电机组类型，提出一种或几种电站配置方案。配置方案包括：单台发电机组选型（包括主发电机组和备用发电机组）、电站数量（包括主电站和备用电站）、单电站内的发电机组数量（包括主电站和备用电站）、电站总功率。配置方案应满足生命力和可靠性的要求。

迭代法的特点是将电站配置流程的功能模块化，分解为发电机组选型子模块、电站总功率计算子模块、电站布置子模块、电站配置生命力验证子模块。发电机组选型子模块主要是根据电力负荷需求（最大工况需求和最小工况需求），在备选的发电机组中自动选择最适合舰船特性的型号。其特点在于：在互相影响、相互制约的三个因素——单台发电机组容量、最小工况电力负荷需求、电站内机组数量之间进行平衡迭代，有效解决了三因素相互影响带来的设计上的困难。

电站总功率计算子模块，能根据电力负荷需求（最大工况需求和全船总负荷需求）计算全船电站总容量。主要特点是根据舰船目前的技术基础，将电站总功率与对其影响的主要因素（全船总电力负荷需求、最大工况负荷需求）进行了量化拟合，建立经验公式，基于该公式进行电站总功率的确定。

电站配置生命力验证子模块，能通过给定的舰船生命力需求对电站配置结果进行检验，并将检验结果反馈给发电机组选型子模块，使电站配置经过相应的迭代，提高了配置方案的合理性。电站配置迭代流程见图6-31。

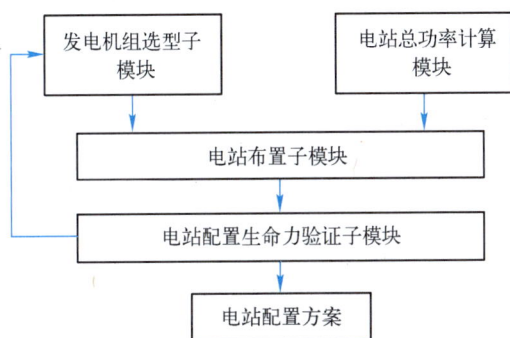

图 6-31 ┃ 驱逐舰电站配置迭代流程图

2. 电力系统运行方式分析方法

1） 电路理论分析法

电路理论分析法主要是按照舰船电力系统的设计方法开展电力系统网络结构分析、短路电流估算、主要设备技术状态调研分析等，明确电力系统的电制、电站配置等主要参数和方案，综合分析后形成电力系统的概念方案。

电路理论分析法的核心就是以等效电路计算作为理论支撑，建立发电机组、变压器、电缆、负载等设备的等效电路，重点对于舰船电力系统短路电流、系统稳定性等重要指标进行计算分析。

电路理论分析法的优点是可以给出解析解，方法简单、实用，对于简单系统的分析是必要的，也是电力系统分析的基础，必要的时候可以根据等效电路对于系统的短路电流、潮流分布等进行快速的估算。缺点是利用电路理论分析法在分析复杂网络结构电力系统的暂态过程时，存在公式过于复杂、微分方程的阶数太高、求解困难的缺点。因此，对于舰船电力系统动态指标参数计算方法提出了新的要求。

以图6-32所示的驱逐舰电力系统的结构图为例，在电力系统结构图的基础上，加上发电机组、断路器、连接电缆等基本参数，可以分析在不同工况下运行不同数量的发电机组时，电力系统的潮流分布，也可以分析在不同的部位发生故障时，相应部位的故障电流和保护开关的设置，以及故障隔离后的系统的网络重构能力。

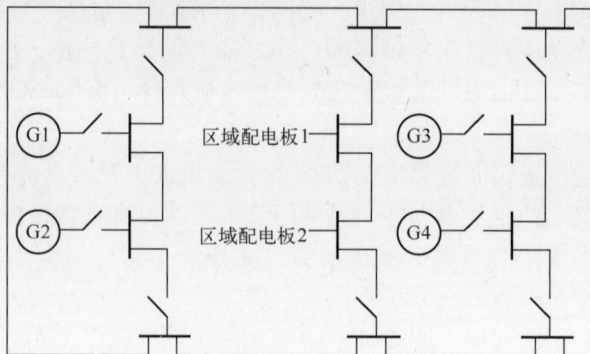

图 6-32 ▎驱逐舰电力系统结构示意图

2）数字仿真法

在电力系统初步概念方案的基础上，通过建立发电机组、配电网络、全舰主要负载等设备和网络的数字仿真模型，对电力系统的稳态和暂态电压、频率指标进行仿真计算，分析全舰负荷的功率分配和潮流分布是否合理，系统保护功能是否完备，验证系统在工况转换以及故障情况下的稳定性，为电力系统概念方案的选择和完善提供仿真支持。

随着数字仿真技术的发展，在解决复杂舰船电力系统动态指标参数方面展现了独特的优势，该方法的主要特点是通过建立舰船电力系统的仿真模型，包括负载模型在内，对舰船电力系统各种运行工况进行仿真，研究系统主要技术指标，为系统动态指标参数的确定提供理论支撑，该方法很接近于系统的真实运行情况，如果仿真模型满足一定的精度，则可以使系统的仿真结果满足工程应用的要求。

舰船电力系统发电设备、配电设备、负载相对集中，工况变化频繁。影响电力系统动态指标参数的因素有发电机组、负载及供配电线路的特性，通过舰船电力系统的运行实践表明，影响电力系统运行参数的因素主要有：

（1）系统潮流分布对于稳态电压指标的影响。大型舰船具有多电站、多工况、网络复杂的特点，系统稳态功率分布成为系统设计分析时需要关注的重要问题，需要考虑舰船电力系统网络结构、负荷分布、运行工况以及可靠性等方面的特殊性，对舰船电力系统功率分布进行计算，为大型舰船电力系统稳态电压品质界面提供依据。

（2）大功率负荷投切对系统动态指标参数影响。大功率负荷投入时，舰船电网电压的跌落是经常发生的情况，当电压的跌落幅度超出一定的范围时，轻则会导致对电压敏感的设备运行不正常，重则会引起保护装置的动作，导致设备失电，因此需要开展大功率负荷投切对系统电压动态影响的分析。

（3）发电机组突然跳闸对系统频率影响。发电机组突然跳闸，对机组并联运行的动态稳定性影响较大，特别是对频率影响较大，需要开展各种工况下发电机组突然跳闸对系统频率影响的分析。

（4）短路故障对系统动态稳定性影响。短路故障是系统运行中最严重的故障，故障点的不同，对系统的影响也不同，需要选取典型的短路点，计算分析短路故障对系统稳定性的影响。

对上述几种影响电力系统运行参数的因素进行计算分析，并验证各种影响因素对于系统稳定性的影响是否符合系统性能指标要求，并为系统的运行控制提供支撑。上述因素中的（1）稳态电压指标可通过舰船电力系统潮流计算进行分析，（2）～（4）均为系统的动态指标参数，利用理论分析的方法已不太适合解决上述问题，需要借助于数字仿真手段，对上述影响因素分别进行计算。

舰船电力系统中原动机部分分为汽轮机和柴油机。对于原动机的数学模型，汽轮机和柴油机有所区别，相对于柴油机而言，蒸汽经过较多的热力变换环节和较长的时间滞后才能驱动发电机组输出电力，汽轮机的热力变换环节非常复杂，为了便于分析，简化计算，一般采用一阶惯性环节来反映汽轮机的功率传递特性。

交流发电机组原动机转速控制器的核心作用就是无论发电机组的输出功率怎么变化，通过转速的调节和控制，使发电机组的转速保持在一定的转速范围内，从而保证交流发电机组的频率保持较高的精度，降低频率波动对某些负载的影响，具体结构如图6-33所示。

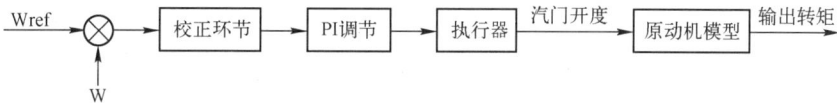

图6-33 ┃ 汽轮机调速系统框图

其中汽轮机及其调速系统中的串联超前-滞后校正环节的传递函数为

$$G_c(s) = \frac{1+0.112s+0.0012s^2}{1+0.01s+0.0002s^2} \tag{6-73}$$

通过分析可以建立柴油发电机组原动机调速控制器的传递函数为

$$G_c(s) = \frac{1+0.1s}{1+0.03s} \tag{6-74}$$

配电网络包括馈线电缆和各开关组件。由于舰船电缆线路和陆地电网线路相比，舰船电缆的长度较短，因此采用集中参数表示的等值串联阻抗模型更为合理可行。配电网中的电缆，根据负荷容量来初步确定流过电缆的电流，并留一定的裕度。

通过统计和分析可以发现舰船电力系统中负荷以电动机负荷居多，约占总负荷容量的70%，也有部分电子类、电阻类的静止负荷，因此仿真中将舰船上的负荷分为电动机负荷和静止负荷两部分，电动机负荷则主要为异步电动机驱动各种风机和泵类负载。

恒阻抗负荷直接采用电阻、电抗表示，接在相间，三角形接法。若恒阻抗的负荷功率为 P，则任意两相间所接电阻、电抗值计算公式如下：

$$Z = \frac{3U^2}{P/\cos\varphi}(\cos\varphi+\mathrm{j}\sin\varphi) \tag{6-75}$$

式中：U 为线电压；$\cos\varphi$ 为负荷的功率因数。

恒电流负荷采用的是接在相间的受控电流源来模拟，仿真软件中此受控电流源的电流型号为给定的标准正弦电流，其幅值和相位由以式（6-76）确定。

$$I = \frac{P/\cos\varphi}{3U}(\cos\varphi-\mathrm{j}\sin\varphi) \tag{6-76}$$

式中：U 为线电压；$\cos\varphi$ 为负荷的功率因数。

船用电动机负荷可以直接采用仿真软件中提供的电动机模型，由于只知道不同容量电动机负荷的运行参数，因此在仿真中的电动机模型选择运行参数设置选项。同时电动机负荷应设定其负载机械特性，舰船中常见的电动机负载机械特性有两种：恒定阻转矩和阻转矩与转速的平方成正比。

以舰船电力系统仿真系统 eMEGAsim 为例，该仿真机是一款可升级的实时数字仿真机，集成了先进的多处理器实时超级计算机、模型库、精确高速的解算器及多样的高速通用 I/O 模块，可满足大型电力系统、可再生能源系统和电力换流器系统硬件在环仿真（HIL）的苛刻要求，见表 6-46。

表 6-46 电力系统专业仿真系统 eMEGAsim 功能分析

使用需求	功能特性
对电力系统进行实时仿真	eMEGAsim 附带的 RT-LAB 软件是一款开放的、可扩展的实时仿真工程化软件平台。当用户利用 MATLAB/Simulink/SimPowerSystems 开发好被测对象与控制保护系统的数学模型后，就可以利用 RT-LAB 软件很方便地将模型编译并下载到 eMEGAsim 的仿真机上实时运行。模型支持在多节点上并行实时仿真，通过每个仿真节点上的多核 CPU 与 FPGA 高性能计算平台，以及节点之间的超高速连接，保证了大规模仿真模型的实时高精度运行
在任何运行条件下对控制器与保护装置进行测试	具有硬件在环与功率硬件在环的优势，降低了设计与测试新型控制与保护系统的成本与周期；通过增加测试覆盖率，增强了系统可靠性，提高了系统性能，减少实际系统调试与排故的时间与成本

以某船舶系统应用 eMEGAsim 软件进行电力推进机电暂态模拟分析为例，其系统如下：四台主柴油发电机组、一台应急柴油发电机组、两台推进电机、两台推进变频器、两台推进变压器。

利用 eMEGAsim 软件搭建的电力推进系统在线仿真模型，由监控子系统、主计算子系统、从计算子系统三部分组成（图 6-34）。

监控子系统用于控制柴油发电机组的投入、切除，推进系统的投入、切除，380V/220V 日用负载的投入、切除，以及对各主、从子系统中的运行情况进行监视，观测各运行点波形，图 6-35 为监控子系统仿真图。

主计算子系统用于完成供电网络的搭建工作，类似于执行主配电板的功能，将柴油发电机组提供的电能分配给推进系统、380/220V 日用负荷。图 6-36 为主计算系统仿真图。

当系统运行两台推进电机时，主汇流排上电压波形如图 6-37 所示，推进电机制动状态的转矩曲线如图 6-38 所示，推进电机起动过程的速度曲线如图 6-39 所示，推进电机的定子电流变化曲线如图 6-40 所示，负载有扰动时的推进电机转矩变化曲线如图 6-41 所示，推进电机的转速跟踪曲线如图 6-42 所示。

通过对上述某船电力系统方案的仿真计算分析表明，采用数字仿真手段能够较好地解决电力系统动态指标参数计算、系统稳定性验证等问题，为电力系统方案设计和优化提供重要的支撑。

3）基于相似理论的模拟试验验证法

在进行舰船电力系统方案研究的过程中，一般难以在实船环境下开展电力系统的各项稳定性、安全性、协调性等试验验证项目，在陆地上进行 1:1 实物试验，也会受到试验条件、经费等多种因素的限制而无法开展。因此，为了降低电力系统的技术风险，电力系统的模型

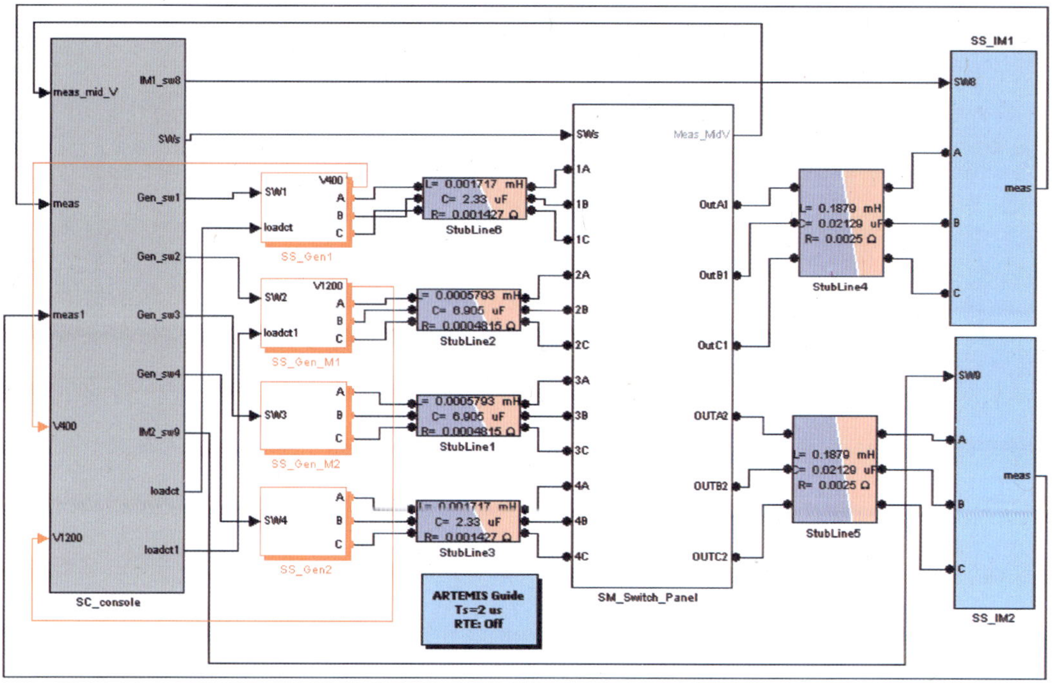

图 6-34 ▎舰船电力系统仿真框图

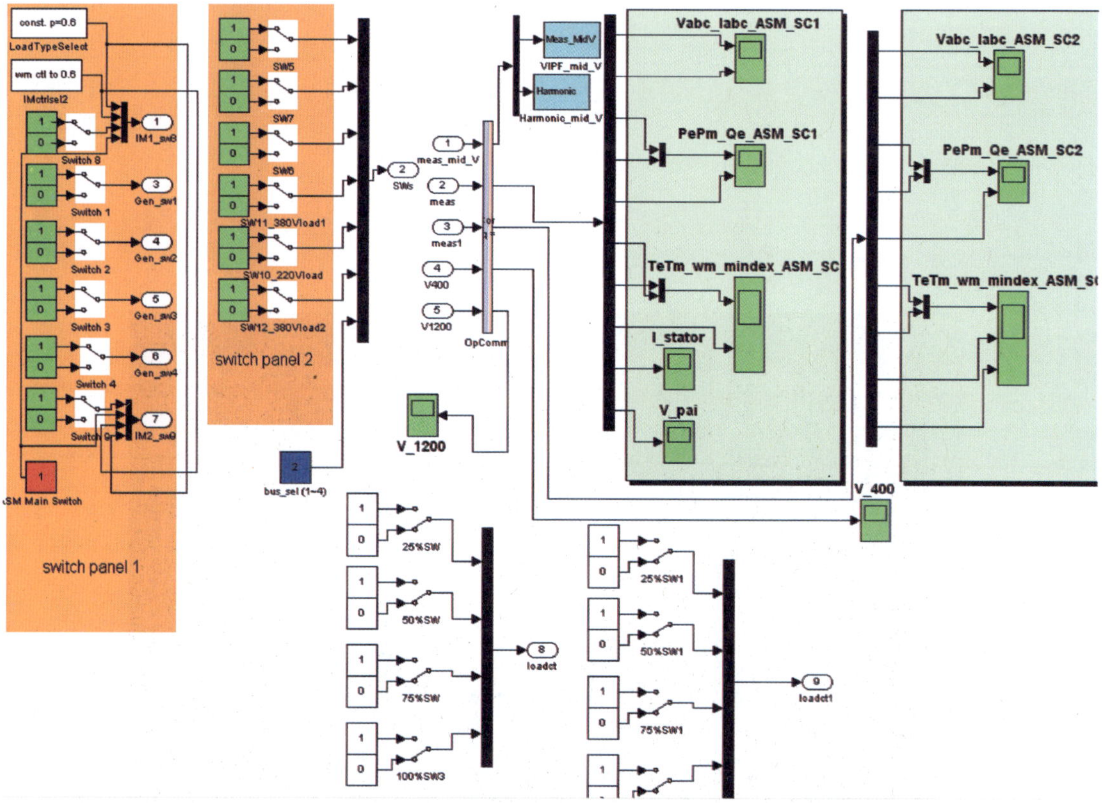

图 6-35 ▎监控子系统仿真图

图中文字标注：

[SW11]
[SW10]
[SW12]
[bus_sel]

SWs
OpComm

com a
A
B
b
C c
QF5

com a
A
B
b
C c
QF7

com a
A
B
b
C c
QF6

1 1A
2 1B
3 1C
Bus660_1

10 4A
11 4B
12 4C
Bus660_4

660/390v/1200kw

660/390v/1200kw1

4 2A
5 2B
6 2C

13 OutA1
14 OutB1
15 OutC1
Bus660_2

7 3A
8 3B
9 3C

16 OUTA2
17 OUTB2
18 OUTC2
Bus660_3

100W_snub

100W_snub1

com A B C
QF12

com a b c
QF10

com A B C
QF11

[SW10]
[SW11]

100KW_load2

390/220v/200kw

100KW_load1

100KW_load3

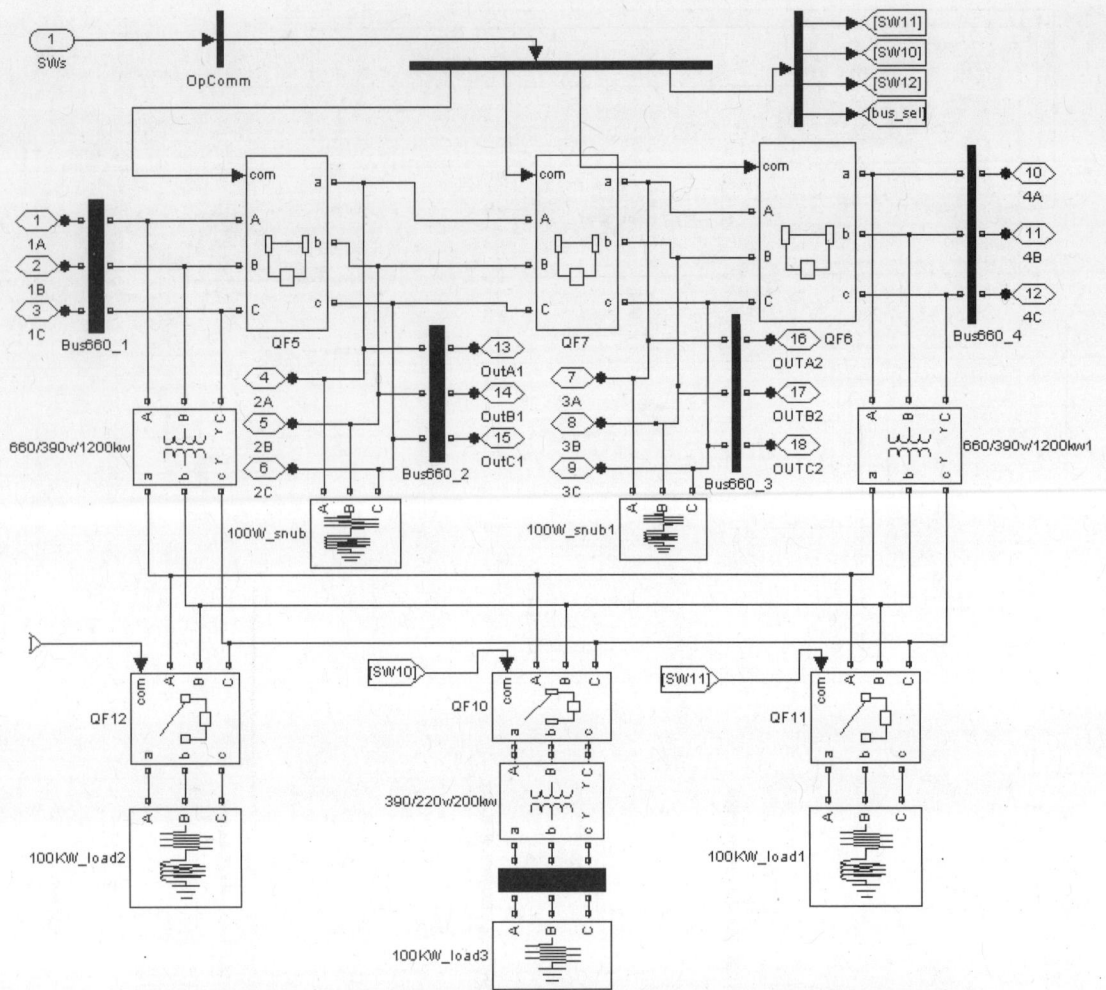

图 6-36 ▮ 主计算系统仿真图

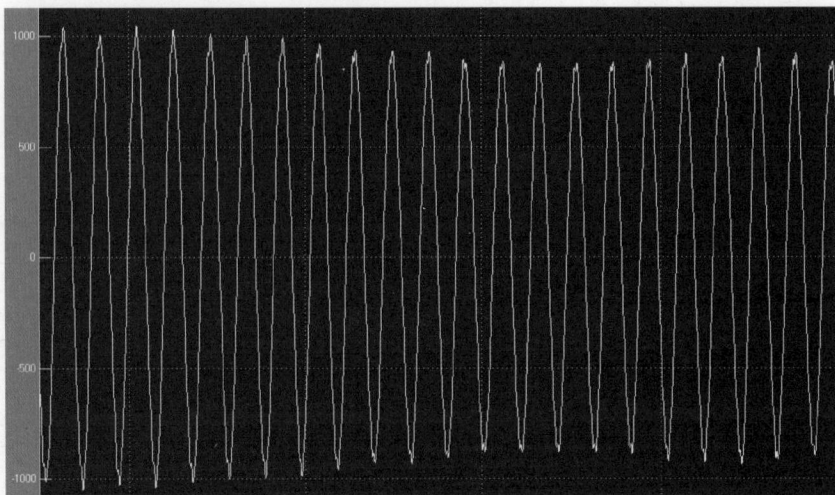

图 6-37 ▮ 主汇流排电压波形

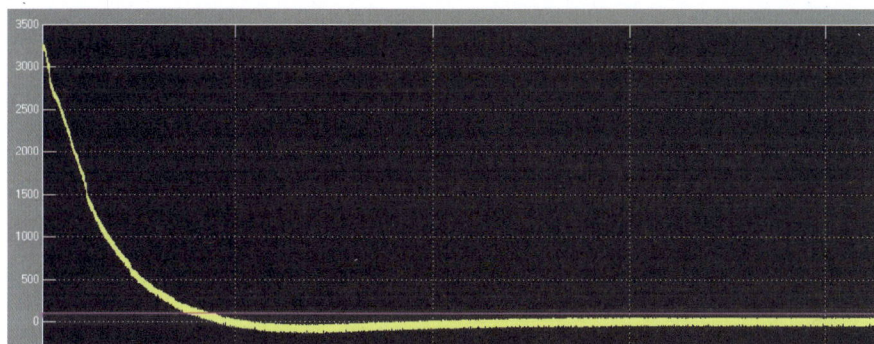

图 6-38 ▌推进电机制动状态转矩曲线

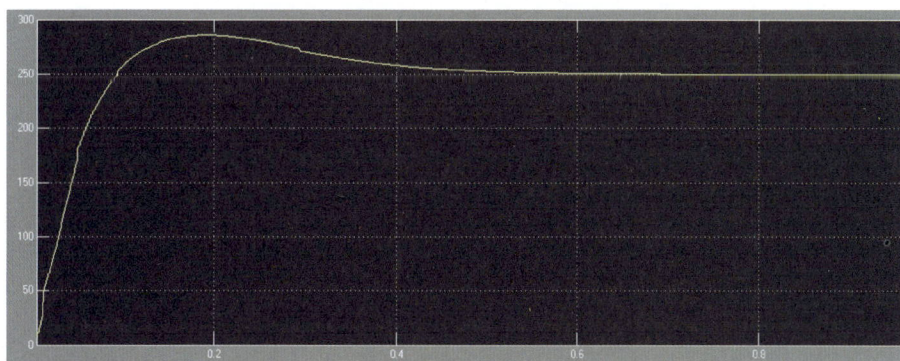

图 6-39 ▌推进电机起动过程速度曲线

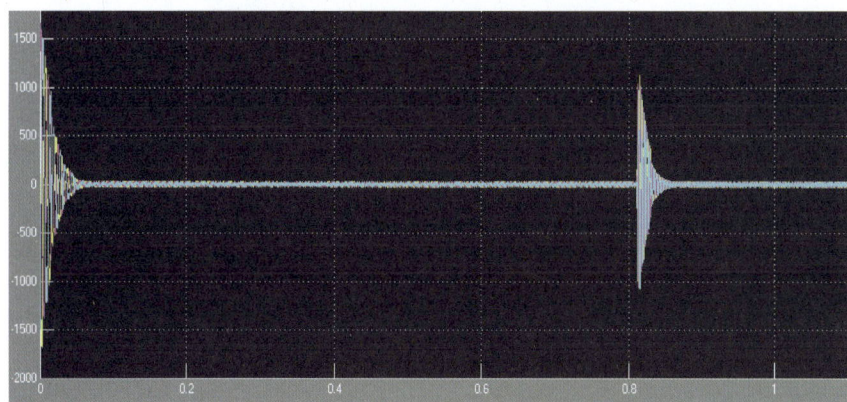

图 6-40 ▌推进电机定子电流变化波形

试验（包括数字仿真和物理模拟）成为了电力系统研究领域的一种广泛采用的研究手段。相比于数字仿真，物理模拟试验可以较好地反映系统在不同的初始条件和边界条件下，系统和主要设备的电压、电流、频率等物理量的变化过程和趋势，试验结果具有直观性。

为了提高物理模拟验证平台的搭建效率，一般需要对电力系统的原型进行必要的简化，首先保证关键设备（如发电机组）的关键参数，对于非关键设备（如舰船上复杂多样的电力负荷），则选取典型，进行合理的兼顾和简化，构建既简明清晰又典型合理的模型电力系统构架。

图 6-41 ┃ 推进电机转矩变化曲线

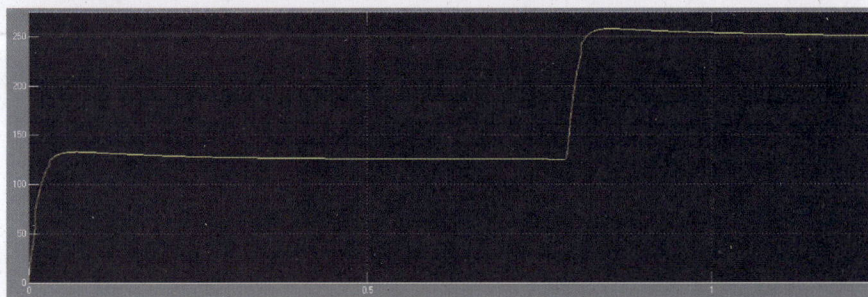

图 6-42 ┃ 推进电机转速跟踪曲线

根据电力系统概念方案和数字仿真的结果，结合试验条件，搭建合理的试验平台，对电力系统的稳定性、短路故障电流、系统保护性能、重要设备的负载特性等关键性能和参数进一步进行试验验证，为系统方案的确定和主要技术指标的明确提供依据。

通过物理模拟手段，能够开展驱逐舰电力系统关键性能指标的模拟试验验证，可以对电力系统总体方案及关键技术研究进行电力系统基本构架、运行方式、短路电流、保护技术、重构技术以及稳定性的试验验证。

3. 电气舱室三维规划设计法

概念设计阶段，需要与总体布局规划同步开展电气舱室的三维规划设计，电气舱室的三维规划设计重点解决主要电气设备的三维建模，在舰船三维设计环境中，完成电气专业舱室如电站、主配电板室、驾驶室以及电气相关舱室如主机舱等舱室的电气设备布置工作。电气舱室的三维设计主要包括以下几个方面的工作。

1）建立全舰主要电气设备三维模型库

结合总体设计进度，分阶段开展电站、配电、照明、消磁、监控专业、电缆附件等主要电气设备的建模工作，逐步完善全舰主要电气设备的三维模型库。

2）完成电气专业舱室三维综合布置设计

根据电气专业拟定的重要专业舱室，完成主配电板室电气设备三维装配和综合布置干涉检查。

3）全舰典型舱室电气三维装配工作

根据典型舱室配置的照明设备及配电设备，完成典型舱室如机舱、舵机舱、机电集控室等舱室的电气设备三维装配工作。某舰船电站三维规划设计图如图 6-43 所示，某舰船主配电板的三维模型图如图 6-44 所示。

图 6-43 ▍某舰船电站三维规划设计示意图

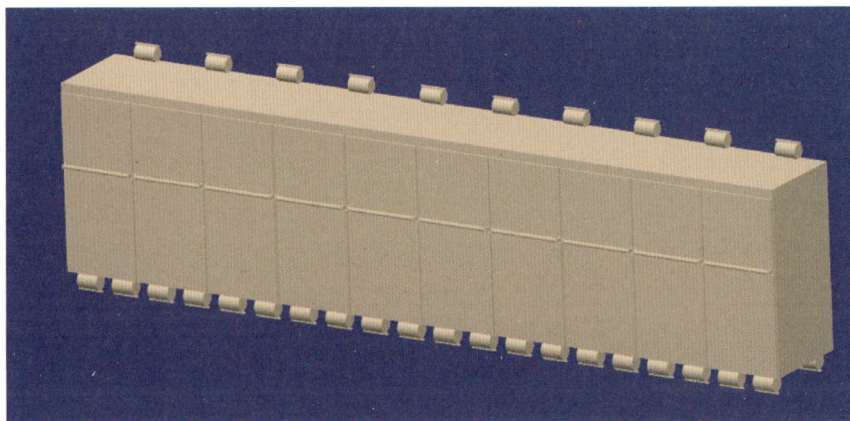

图 6-44 ▍某舰船主配电板三维建模示意图

6.6 > 船舶保障系统

根据功能设计阶段对船舶保障系统功能的拆解与组合，可知船舶保障系统是一个包含数个下级子系统（如资源供应系统、环境控制系统、损害管制系统和平台网络系统等），以及很多个再下一级子系统的复杂综合性系统，在一条典型的驱逐舰中，船舶保障系统的设备台套可达数百种，数千台套，管路长度可达数万米乃至数十万米，并遍布全舰分布。这些不同的功能系统之间，既存在着差异，在设计中又有着很多的相通之处。

基于 4.3.5 节、5.6 节明确的概念设计阶段的系统功能和技术指标，船舶保障系统具有了开展具体系统概念设计的基本条件。船舶保障系统概念设计，主要工作是在需求设计和功能设计的基础上，针对驱逐舰的人员活动保障功能、装备工作保障功能、人机交互保障功能等方面开展设计，寻找实现相关保障功能和全舰资源消耗之间的协调与平衡。

6.6.1 设计基本原则

船舶保障系统的概念设计一般遵循如下基本原则。

1. 完善资源配置，合理确定主要设备单机容量

船舶保障系统构成繁杂，需要保障的对象多，且涉及到电气、机械、流体、自动控制等众多专业，具有通用性、多样性、保障性的特征。全舰广泛分布的保障需求使得船舶保障系统的组成复杂，功能划分细致，但不同分系统之间具有一定的相通性。

概念设计阶段保障资源的配置应重点考虑可能对系统配置方案产生较大影响的需求，如电子设备或武器装备的冷却介质性能参数要求与空调通风冷媒水供给参数能否匹配等。

概念设计冷水机组、辅锅炉、生活污水处理装置、冷藏装置、消防泵等主要设备单机容量的确定，应在保障系统供应能力基础上，力求从系统整体协调性出发进行合理配置。一般而言，同种设备配置的台数不宜过多，过多的设备数量使得管网结构复杂，同时使用维护和保障的要求较高，而且更多的设备台数也需要更多的安装空间；但数量过少又使得单机容量过大，可能造成低负荷供给适配困难，相互备用冗余保障能力降低等问题。因此，资源保障总的供应能力以及单机容量的确定是船舶保障系统在概念设计阶段需要重点论证的问题，应加以反复权衡论证，通过方案的综合对比分析慎重确定。

2. 创新管网结构，优化统筹保障资源供给

把资源供应设备通过管路连接起来，形成相应的供给网络，这就是资源供应的管网。管网结构的设计和单机容量共同决定了系统资源供应的协调性和可靠性，也是船舶保障系统在概念设计阶段的一个关键问题。

不同的管网结构形式，决定了资源供应设备之间连接的拓扑关系。管网结构的确定应结合资源供应的总容量、设备单机容量统筹考虑，重点关注设备和管网共同作用下如下几个方面的综合性能：

（1）额定工况下的资源供应保障能力。

（2）不同用户需求的保障能力。其指的是针对不同使用工况、使用负荷和参数要求的用户进行资源有效保障的能力。

（3）变工况运行下的资源供应保障能力。其指的是低负荷工况或者其他非额定工况下，资源有效供给保障的能力，其由资源供应设备单机容量及其调节能力、管网结构的调节适应能力共同决定。

（4）资源供应的调配、备份能力。其指的是某一资源供应设备故障时，通过管网阀门切换，使用其他资源供应设备替代供应的能力，是提高系统可靠性的重要途径。

资源的优化统筹供给也是开展管网结构设计所需考虑的重要方面。通过对各种保障资源的梳理、分析，在概念设计中站在全舰资源保障层面规划通用性资源的协调供给，避免各自为政的零散无效保障，可起到降低资源消耗，提高保障效率和可靠性的效果。保障资源的集成统筹可行与否与管网结构设计息息相关。如在对全舰舱室空调、电子设备冷却、武器装备等设备冷却进行集成冷却设计时，集成冷却系统通过创新的管网设计可实现冷却资源的集中供给、集中调配、集中备份、集中控制，有效避免了冷却设备的重复配置，减少了总体资源消耗，提高了冷却保障的可靠性。

3. 优化体系结构，提高损管响应速度及能力

损管体系设计，应充分考虑指挥关系、作业流程、损管战位、使用习惯等因素，体现人性化设计原则，根据人的行为习惯、生理结构、心理情况、思维方式等进行设计优化，提高损管的响应速度及能力。

4. 注重节能增效，节省运行维护费用

在概念设计中，经济性也是必须考虑的重要因素之一。船舶保障系统的经济性应从装备采购费用的初始投资和全寿命周期运行费用角度来综合考虑。船舶保障系统很多设备都具有持续运行的特性，包括空调通风及冷媒水系统、水灭火系统等。考虑到电子设备和武器装备常常间歇运行，船舶保障系统这些设备持续运行的特征，使得其能耗实际上占全舰总能耗的很大一部分，因此船舶保障系统的节能设计与全寿命周期的运行费用十分相关。此外，系统及设备概念方案所隐含的后续维护保养成本的高低也是在概念方案确定的过程中应予以考虑的事项。在概念设计阶段，船舶保障系统一般需要开展论证的有关节能设计事项包括：冷水机组制冷设备的能效及运行调节、热回收方案、变频节能方案等。

6.6.2 主要设计方法

驱逐舰的船舶保障系统概念设计，是以需求和功能设计为牵引，以船舶保障系统概念设计基本原则为约束，结合各子系统自身特征，确定最优概念方案的过程。

船舶保障系统的概念设计方法主要包括理论分析法、仿真验证法、试验验证法、历史经验法等。主要概念方案的确定，往往是多种设计方法的综合运用。例如，在冷源、热源统筹供给方案的确定中，通常用到流体输配管网压力分布相关的理论来分析管网的负荷调节及动态平衡控制优劣；在空调进排风线路及布局规划中常常对区域间压力梯度的构建进行理论分析，并对气流的流通状态采用数值仿真的手段进行预测和分析。历史经验法和母型参照，也是船舶保障系统概念设计中常常用到的设计方法，如概念设计中常常用到母型船的有关负荷指标进行舱室空调通风系统冷却容量的估算。通过上述几种设计方法，能够较好地解决船舶保障系统概念方案设计阶段的关键技术问题，保证系统方案的合理性和可行性。

在船舶保障系统的功能设计中，通过对人员活动保障功能、装备工作保障功能、人机交互保障功能三大方面的拆分与重构，基于相似原则、关联原则和体量原则，将船舶保障系统划分为资源供应系统、环境控制系统、损管监控系统和平台管理系统四个大的二级系统，并向下进一步分解分系统和功能元。在船舶保障系统的众多分系统中，一部分分系统仅仅只是简单的配套资源保障，对总体设计的影响较小，因此在概念设计阶段一般忽略其方案的影响。船舶保障系统的概念设计一般着重明确如下几个方面的内容：

（1）冷却和加热资源的统筹及管网设计方案；重点明确全舰供冷和供热的总容量，并确定冷水机组和辅锅炉的单机容量，确定合适的管网结构。

（2）空调通风进排风线路及布局规划，从总布置上明确空调通风进排风的主干线路。

（3）海水淡化设计方案及配置，明确海水淡化总能力及单机容量。

（4）生活污水处理方案及布局规划，明确生活污水处理总能力及单机容量。

（5）水灭火总量及管网结构设计，明确水灭火总能力、单泵容量和主干管网结构。

（6）损管体系结构设计，明确损管体系结构及舱室需求。

（7）核生化防护体系结构与集体防护区域设置，明确核生化防护体系结构及舱室需求、明确集防区域大小、位置。

船舶保障系统概念设计的成果为明确上述内容所需的说明书及图纸、文件等，一般情况下具体包括：

（1）船舶保障系统概念方案说明书。

（2）全舰冷媒水容量估算书、全舰蒸汽/热水加热容量估算书、全舰冷却和加热概念方案及主要设备选型论证说明书。

（3）空调通风进排风线路规划概念方案及主干线路规划图。

（4）全舰淡水需求估算书、全舰淡水供应概念方案及主要设备选型论证说明书。

（5）生活污水处理能力选型论证说明书。

（6）水灭火系统概念方案及消防泵选型论证说明书。

（7）损管系统概念方案。

（8）集体防护系统概念方案。

船舶保障所属各系统之间，虽具有一定的相似性，但由于各个子系统保障的功能需求不同，其概念设计所考虑的主要因素也不尽相同。以下列举几个船舶保障系统概念设计中涉及的典型应用实例。

1. 空调进排风线路及布局规划方法

1）空调通风气流组织概述及设计目标

气流组织是舱室空气环境的重要影响因素。气流组织对舱室热湿环境、污染物浓度、舰船整体的压力分布和内部气流流向等都会产生较大的影响，并显著影响舱室热舒适性和舱内空气新鲜程度。

驱逐舰空调通风气流组织分为舰面气流组织、舰内气流组织，其中舰内气流组织又可分为空调区段气流组织和空调舱室气流组织，如图 6-45 所示。

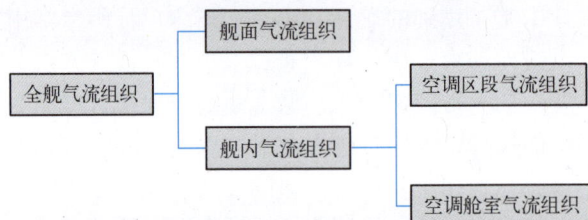

图 6-45 全舰气流组织结构图

空调通风全舰气流组织优化设计的目标是：

（1）舰面气流组织：危险气体应避免位于强电磁辐射等危险区域排放；无进、排风干涉现象（污染气体排出后被重新吸入舰内）。

（2）空调区段气流组织：空调区段内压力分布合理，气流流向清晰合理（从洁净区向污染区的有序流动）；空调区段内区域正、负压控制得当，无舱室间串味和气流流动混乱的情况。

（3）空调舱室气流组织：均衡的舱内温度场分布；均衡的舱内气流速度场分布；合理的空气龄分布（对应污浊空气在舱内的停留时间，空气龄越大说明污浊空气被置换的效率越低）。

舰船总体布局规划是开展空调区域划分，进行空调通风系统设计的基础，良好的舰总体布局不仅有利于空调通风系统设计，更有利于全舰气流组织，舱段空气流向的控制，避免舰面气流的干涉与污浊空气的无序排放。舰总体对空调通风舱室的布置应合理，便于形成有序的压力分布梯度与组织舱段内的空气流动。舰内空气压力梯度的有效建立，是为了防止有特殊气味，或被污染的空气扩散，保障舰船居住舱室及工作舱室不受周边其他非空调舱室影响。这也是船舶保障系统在概念设计阶段需要重点关注并加以考虑的问题。

舰船总体布局设计是一个综合平衡的过程，保障平台、作战总体性能的实现是其首要任务，空调通风有关舱室的布局是在概念设计阶段必须结合总体布局设计进行统筹考虑的重要事项之一。一个好的空调通风进排风线路及布局概念方案，对于后期全舰舱室舱内空气品质保障、空调通风设备噪声控制等均有十分重要的意义。

2）采用历史经验法开展空调进排风线路及布局规划

在驱逐舰设计和发展的过程中，空调气流组织的设计认识也是不断深化的。早期的驱逐舰设计中，没有将气流组织的优化设计纳入到舰船总体前期设计阶段开展规划。这一时期，空调通风进排风口只能根据其服务舱室就近设置，不存在舰内气流流向的组织与规划过程。因此这一阶段设计的驱逐舰中串味、舱室压力失衡等各种问题时常存在。

随着认识的逐渐深入，驱逐舰空调通风进排风线路及布局规划逐渐形成了"中央集中"和"舷侧集中"两种大的设计思路。

"中央集中"的意思是，根据空调通风系统测算，在舰船中央部位按照一定的规律预留集中的进风围井，并临近设置集中的空调器室或风机室，空调送风从中央围井统一进风后集中处理，向周边空调区域送风，并通过周边通风舱室分散排出，如图6-46所示。

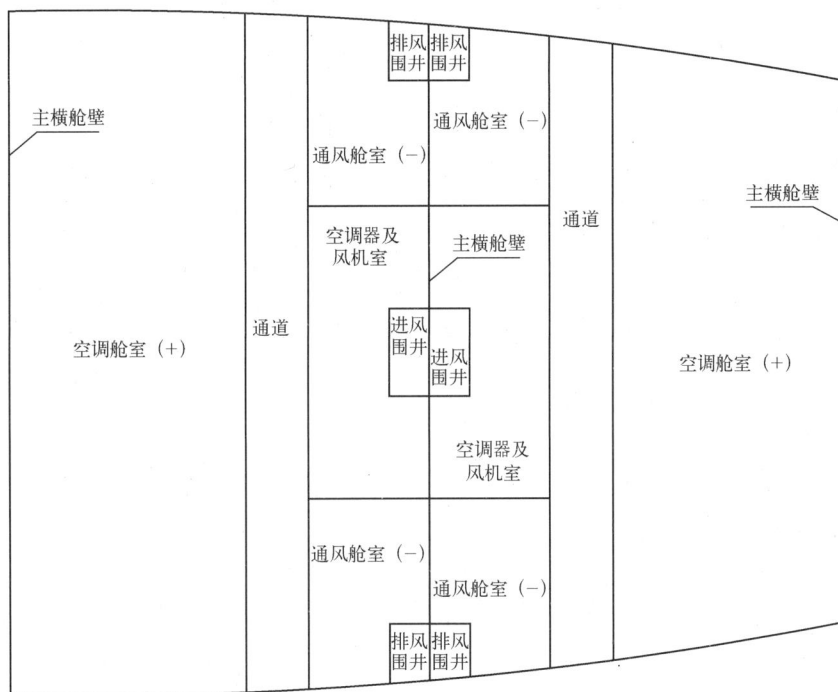

图 6-46 ┃ "中央集中"布置下的空调通风气流组织规划示意图

在"中央集中"布局方案中，集中进风阻力小，新风量保证好，空调区从中部集中送风，送风距离均等，送风效果好。同时，这种布局方式，舰船舷侧进排风口数量相对较少，一定程度上有利于舰船隐身性的控制。

"舷侧集中"的意思是在驱逐舰各水密区舷侧按照一定的规律预留集中的进风围井、排风围井以及所需的集中空调器室或风机室，空调送风从舷侧向水密段中央区域输送，再从靠近舷侧的通风舱室排出，如图6-47所示。

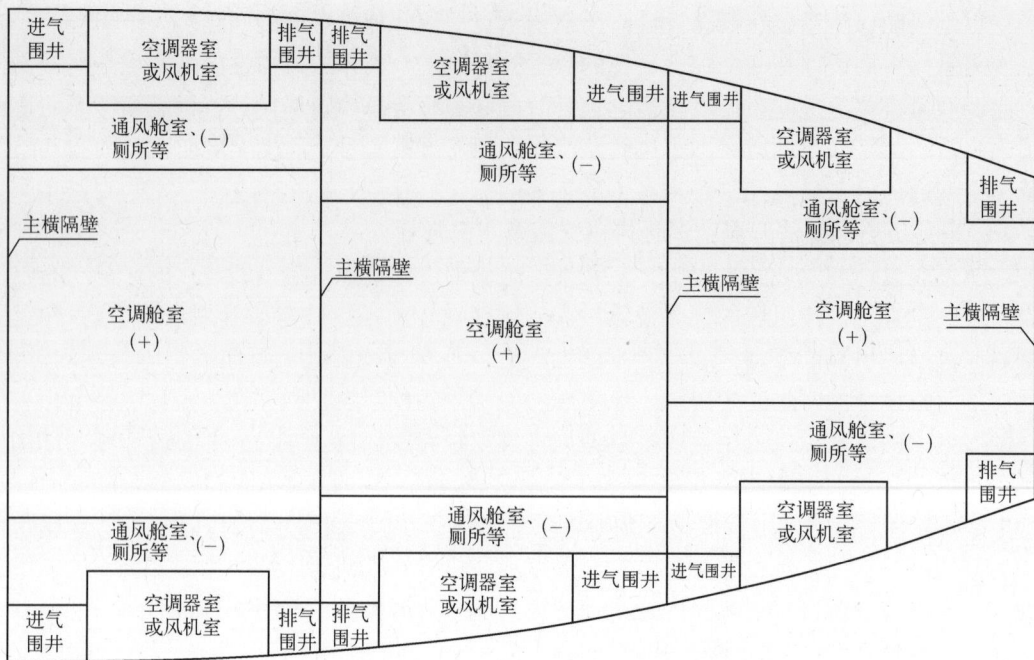

图 6-47 ▎ "舷侧集中" 布置下的空调通风气流组织规划示意图

在 "舷侧集中" 布局方案中，系统的进排风设计更加灵活，区域间的气流组织控制好，但其舷侧进排风口的设置数量相对较多，可能对舰船隐身性存在一定的影响。

无论是 "中央集中" 还是 "舷侧集中" 方案，在概念设计阶段空调通风进排风线路规划时，均原则上遵循了如下的舰内压力及气流控制思路：

（1）紧邻进风（或排风）围井，设置空调器室或风机室；紧邻空调器室或风机室，设置的是本水密段本层甲板的通风舱室，如配电室、厕所等；空调舱室与空调器室等噪声源舱室通过通风舱室或通道等隔离，两者不直接相邻，以减小对空调舱室的噪声影响。

（2）空调器向空调舱室送风、在通风舱室抽风，形成空调气流由空调舱室向通风舱室流动的有序组织（舱室压力分布按照（+）、（-）在图 6-46、图 6-47 中进行了标注）。

（3）空调器和通风机室的进排风直接通过总体规划的围井与进排风室相连通，保证围井的流通面积即可保证进排风效果。

（4）在某些有异味、有污染气体或易燃易爆气体产生的舱室较多的水密段内，可与图 6-46、图 6-47 中上下贯穿围井并排设置另外的一套进排风围井，以实现有异味、有污染气体或易燃易爆气体产生的舱室的独立进排风。

实际应用中，受总体空间的制约，不可能每个区域的进排风规划都像图 6-46 或者图 6-47 所示一样，其设计整体上仍然是与其他总体性能相互妥协的结果。不同驱逐舰空调进排风往往是以上述两种基本的进排风方式为基础，并对不便于采取集中进排风的区域再辅助配置离散的就近进排风作为补充。任何一型驱逐舰的进排风都与其总布置设计的理念和特征息息相关，但在驱逐舰空调通风系统的规划中，都会按照上述舰内压力及气流控制的经验总结进行方案的规划和思考。

3）采用理论计算法进行集中进排风的动态风量平衡设计

在概念设计中，采用历史经验法确定了基本的进排风实施框架。解决集中进排风围井等空气流通通路设计大小问题，以确定其空间资源的消耗需求也是十分重要的方面。针对不同的进排风规模，对进排风围井的风量动态平衡设计常采用理论计算的方法。

风量和阻力是通风系统动态平衡中的两个基本量，它们受到拓扑约束和支路约束的支配。拓扑约束取决于支路相互连接的方式。支路约束取决于支路的特性。每个支路都存在阻抗作用，支路两端的风压差和风量必定服从阻抗力定律的约束。这两个约束是解决一切风管网问题的依据[22]。

在分析各分支之间的动态平衡关系时，依据流体力学相关知识，结合舰船空调通风系统实际运行特点，根据已有的数据建立管段单位长度摩擦阻力及局部阻力系数与风量的耦合方程，同时建立管段沿程阻力及局部阻力计算的方程以及风机曲线方程。风量平衡方程和阻力方程反映通风网络中的拓扑约束的关系，而支路风机特性方程则反映了支路约束的关系。这三组方程共同描述了通风系统中的各个管段及支路的状态[22]。采用动态松弛因子进行智能迭代计算，最终通过求解对全舰空调通风系统构建的风量、阻力及各支路风机特性曲线方程组得到通风系统中的相关参数。基于此可以达到研究动态平衡过程，进而可以分析设计中存在的问题，以优化通风系统进排风风量分配和平衡调节的作用。图6-48所示为基于一维计算理论的典型集中进排风风量动态平衡控制计算模型。

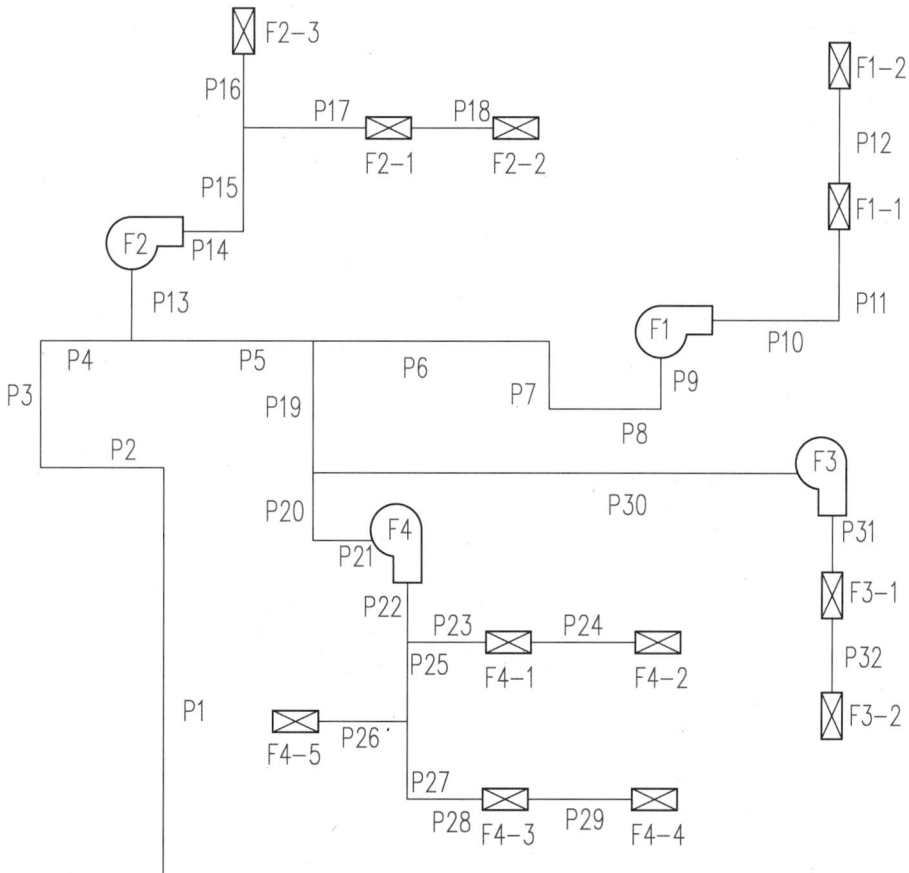

图6-48 ▎典型的集中进排风风量动态平衡控制计算模型

4）采用数值计算方法进行空调进排风气流组织规划

数值计算的基本思想是用一系列有限数量离散点上变量值的集合来代替空间域上连续的物理量场，如速度场和压力场，按照一定的方式建立这些离散点上场变量之间关系的代数方程组，通过求解代数方程组获得场变量的近似值[23]。具体空调通风进排风及布局规划的应用中，就是把所研究的区域划分为若干的计算单元（三维空间网格），对各网格单元的节点建立离散方程（质量守恒方程、动量守恒方程、能量守恒方程等），根据实际情况确定计算的边界条件与初始条件，应用合理的数学模型求解方程组，在计算结果收敛的基础上，得到各节点的参数值，从而得到研究区域的温度场与速度场的空间连续变量，可以实现对进排风线路规划效果优劣的评估。计算流程如图 6-49 所示。

空调通风进排风和气流组织流动过程属于不可压缩稳态问题，根据其特点，实际模型建立中一般会进行相应的简化；控制方程，一般选择零方程湍流模型对研究区域内的空气流动问题进行数值模拟，描述区域内空气环境气流的流动和传热现象以及污染物的扩散传质现象的微分方程包括连续方程、动量方程和气体组分方程；计算方法上通常采用 SIMPLE 算法等。数值仿真结果如图 6-50 和图 6-51 所示。

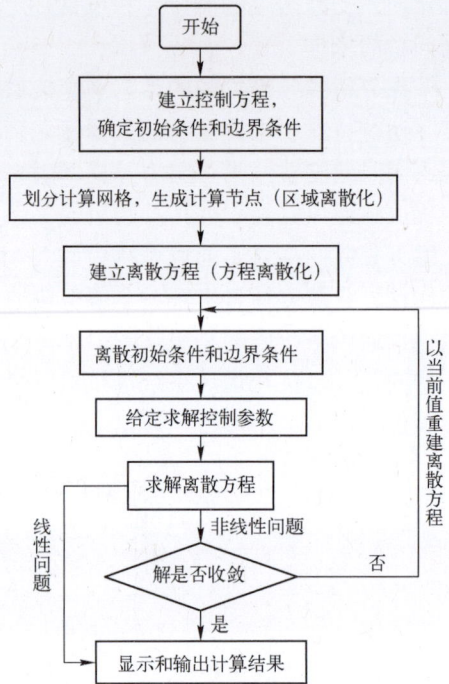

图 6-49 ▌数值求解过程[24]

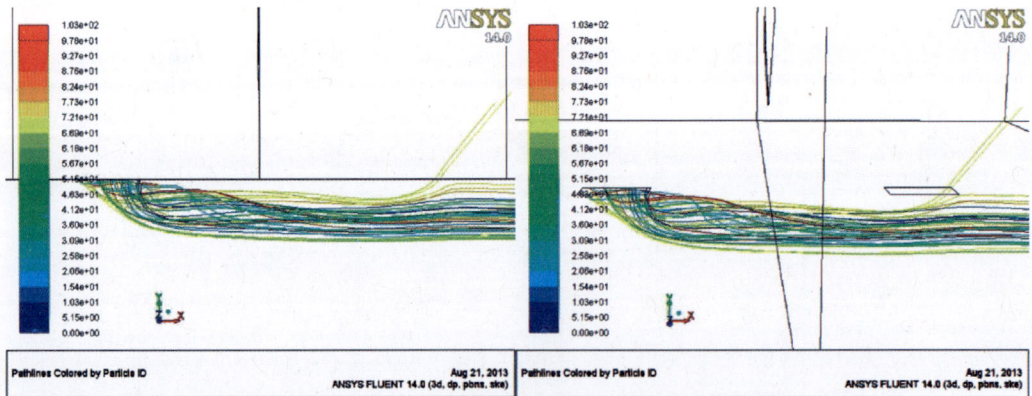

图 6-50 ▌进排风口间距与进排风干涉效果相关性的数值仿真结果（迹线图）

数据模拟计算可以节约人力、物力、财力，缩短研究周期，相对准确地反映出空气流动的细节，是对实验方法的有益补充。数值计算方法在空调进排风及布局规划中，对规划方案通过数值仿真的手段实施验证和反馈优化，可以大幅提高设计效率，提升设计水平。

2. 驱逐舰冷媒水管网结构设计方法

1）驱逐舰管网概述及设计目标

船舶保障系统的功能保障特性决定了其承载的舰船内部各种流体的管网输配功能，主要

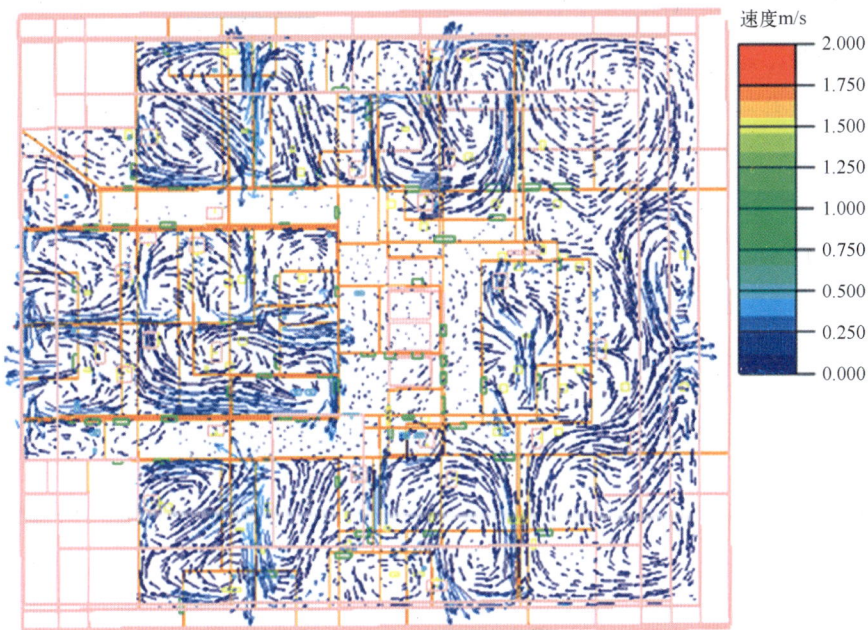

图 6-51 ▎某驱逐舰区段内气流流通的仿真验证结果（速度矢量）

输送介质包括气体和液体两个部分，输送的气体介质包括空调冷热风、压缩空气、氧气、氮气等，输送的液体介质包括淡水、海水、燃油等。这些管网所起的作用，都是将流体输送并分配到各相关的舱室或用户设备，或者从接收点将流体收集起来输送到特定处所，主要由管路、动力装置以及各种管路附件等组成。

从管网的封闭特征而言，舰船管网可以分为开式管网和闭式管网两类。开式管网包括水消防管网、排水管网、海水冷却管网、饮用水和洗涤水管网以及空调通风管网等，闭式管网包括空调冷媒水管网、射频设备冷却管网等。

舰船管网设计的根本目标是有效、按需、稳定输送和分配流体介质，以满足舰内人员、设备等对于流体介质的消耗或冷却、加热等需求。在驱逐舰概念设计阶段，流体输配系统的供给方案与被保障功能实现的相关性较大，并可能对舰船总体资源分配产生较大的影响，需要在设计初期加以规划确定。

以舰载射频设备冷却为例，在早期的驱逐舰设计中，其冷源通常为射频设备自带，每个射频设备构建独立的冷却系统，并设置局部的小型冷却管网，此种设计，冷却环节对总体资源的需求大，舰总体冷源很难为其提供备份，若遇故障将直接影响电子设备的正常运行，从而造成系统的可靠性较低，与舰总体适配性差。随着射频集成技术的发展，电子设备的布置更密集，单位区域内射频设备的发热量更大，在冷却问题上应由仅仅达到预期的冷却目的转换为同时重点考虑可靠性因素和总体资源占用，以尽可能小的资源占用和能耗代价获取尽可能大的冷却效能。采取集中冷却的设计思路，不再为射频设备单独配备冷源，而将其冷却设计纳入全舰冷源设计集中进行考虑，以集中供给、集中控制、集中调配、集中备份的方式，对全舰射频设备进行冷却、除湿，保证全舰射频设备的作战需求成为了发展趋势。此时射频冷却系统的方案确定与其冷却管网结构的设计，成为概念设计阶段不得不考虑的问题。

在概念设计阶段，管网结构的设计，本质上就是特定流体输配系统概念方案的确定，管网结构的明确决定了后续设计中主要设备、附件及运行调节方案，不同管网结构与主要资源供应设备的总容量和单机容量确定可能相互影响，其设计过程应遵循有效性、可靠性、灵活性的原则。所谓有效性，是指所明确的管网结构形式能够有效实施流体介质的输送；所谓可靠性，是指管网结构设计具有合理的冗余，可根据舰船总体、作战性能的要求，保障在故障或战损情况下实现保障功能不打折扣或快速恢复能力；所谓灵活性，是指在舰船各种复杂变工况运行调节情况下，管网具有较好的动态水力平衡适应能力，以及在各种特殊工况下，保障管网流体输配功能的有效性。

2）采用母型法进行冷媒水管网结构形式的设计

冷媒水管网的结构设计形式是舰船冷媒水系统设计的核心内容，对冷媒水系统的冷量、水量分配能力，以及管网变工况运行调节、适应能力都有着极大的影响。随着舰船使用需求的多样化发展，各种新型电子设备、武器装备、电气设备等大热流密度设备上舰安装，在舰船设计集成优化的发展趋势下，舰船冷媒水系统的变工况运行调节能力和全舰冷却资源统筹配置、集中调度能力要求越来越高；与此同时，全寿命周期经费控制的设计理念对舰船系统设计的节能效果与环保水平也提出了更高的要求。

驱逐舰的冷媒水管网一般有总管式分区跨接管网、环形管网和分布式二次泵管网几种母型形式。

总管式分区跨接管网的设计思路是：正常使用工况下，通过干管上的隔断阀使冷媒水系统隔离分区运行；低负荷工况，隔断阀开启，实现不同分区间的跨接并网运行；战损情况下，通过分区间调驳，实现冷却能力的备份。

环形管网的设计思路是：正常情况下，通过在环形管网上实施分区运行；低负荷工况下，隔断阀开启，实现部分分区或所有分区的跨接并网运行；战损情况下，可通过管网的环形机构，实现冷却用户至少有一个方向可以供水，达到冷却能力备份的目的。

分布式二次泵管网则采取分布式设计的思想，采用一次和二次供水混合设计，对特殊用户设置专用二次泵供应，实现用户按需调节，大幅度提高系统变工况运行的灵活性。

图 6-52 是典型的冷媒水总管式分区跨接管网结构示意图。

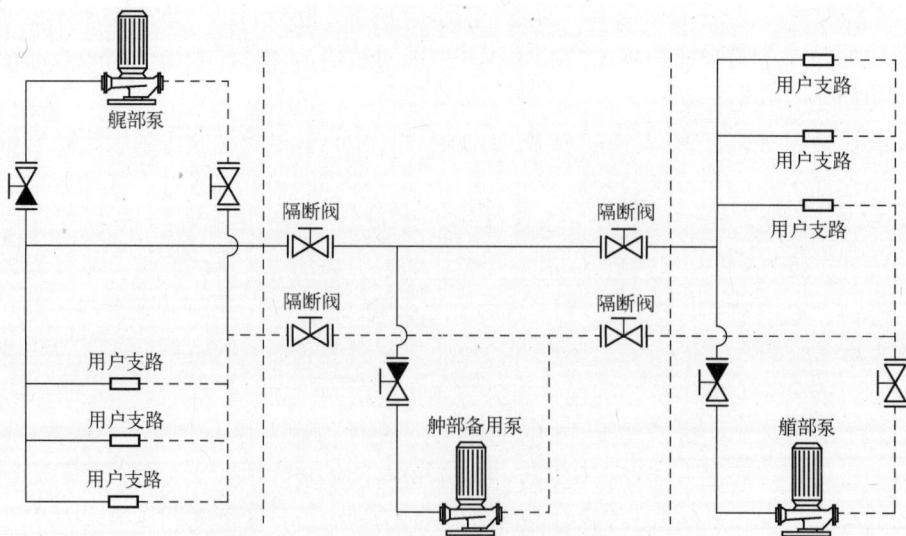

图 6-52 冷媒水总管式分区跨接管网结构示意图

图 6-53 是典型的分布式二次泵管网结构示意图。

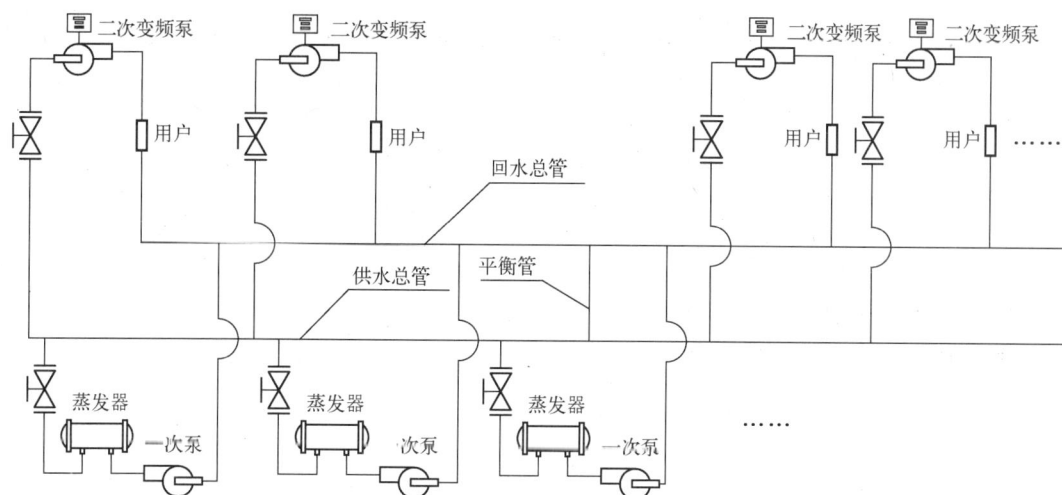

图 6-53 ▎分布式二次泵管网结构示意图

舰船冷媒水管网的结构形式不会只是以上几种典型形式，在实际的设计中，可能是几种不同形式或设计思想的综合。

3）采用仿真计算方法进行冷媒水管网的结构分析

随着驱逐舰冷媒水系统冷却保障的用户越来越广泛，冷却保障的工况越来越复杂，这种复杂性来自于保障用户的负荷变化范围越来越广、使用时间的差异性越来越大、冷却保障的响应要求各不相同。例如，为电子设备冷却与用于生活区的空调器的负荷特征就有很大的区别，前者运行中的冷却负荷变化随设备开机数量的多少而变化、负荷变化范围广且变化迅速，但只要开机便需要制冷；后者运行中的负荷变化受季节影响，变化速度慢且相对范围小，但存在冬季和夏季等季节转换问题。

这些不同负荷特征的用户在全舰冷源统筹设计时，冷媒水管网在运行保障工况改变时的动态水力平衡控制能力便成为冷媒水管网设计的关键和难点。采用仿真计算的方法，可以对不同管网结构下，其变工况运行调节的性能进行运行模拟，以获得管网性能的预先评判，可为确定合理的管网结构，以及进一步的冷水机组等关键设备选型确认奠定基础。仿真模型及计算结果如图 6-54 和图 6-55 所示。

3. 集体防护方案规划与设计方法

1）集体防护区域规划

集体防护系统的防护范围与舰艇的作战任务、建造费用及技术水平等有关，其主要设置原则如下：

（1）以保障舰船使命任务作为目标。舰艇按照不同的使命任务配备必需的核生化防护装置与器材，建立核生化防护系统，确保舰船在规定的核、生、化武器袭击条件下，仍能执行其作战任务。舰船的核生化防护应贯彻以大、中型水面舰艇为重点防护，小型水面舰艇、潜艇和辅助舰船为一般防护；舰船的核生化防护以人员防护为主，装备防护为辅；人员的防护以集体防护为主，个人防护为辅的原则。

当存在核生化威胁时，指挥员需根据威胁的程度及战斗任务，在两者之间作适当的权

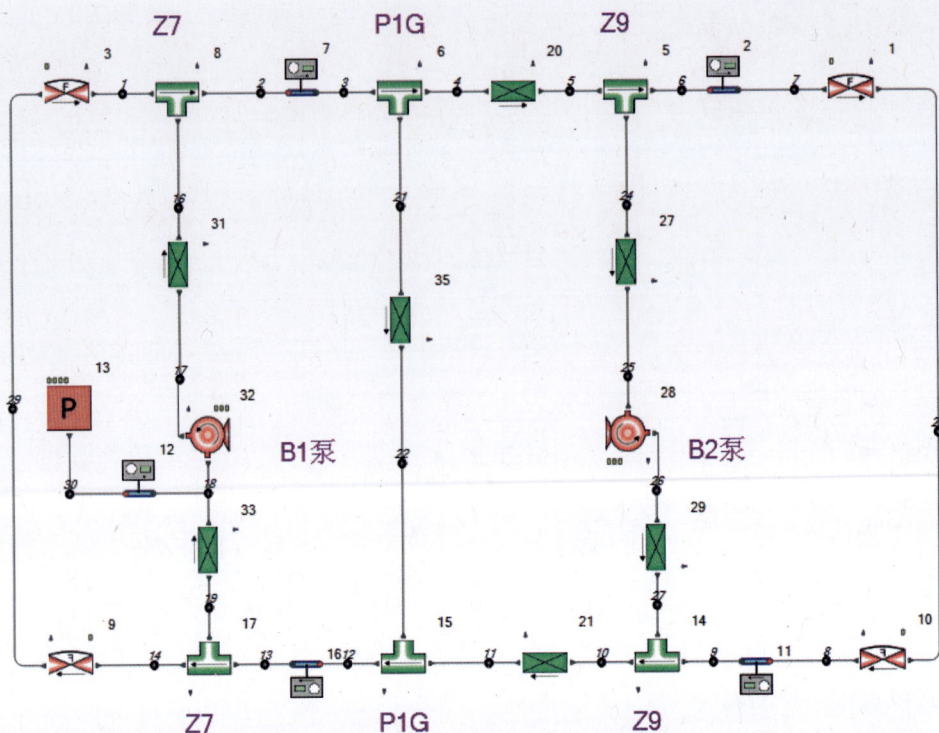

图 6-54 ▎某冷媒水管网仿真计算局部模型图

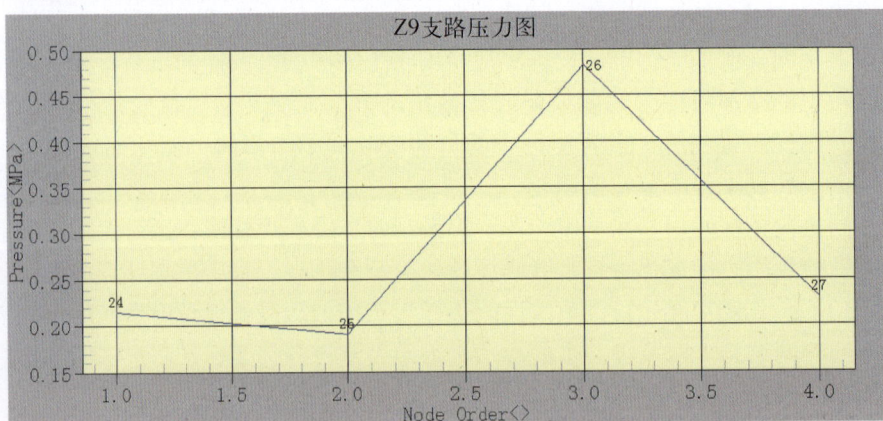

图 6-55 ▎某冷媒水管网仿真计算支路压力分布图

衡，采取适当的防护措施。在有些形势下，为了完成高度优先的作战任务，舰艇必须承受核生化武器杀伤的风险，但是，总要设法将核生化杀伤风险及对作战能力的负面影响减小到最低程度。

（2）以现有的技术水平及经济能力为基础。虽然从使用需求来说，集体防护的范围越大，时间越长，集体防护的能力越强，全时密闭防护代表了集体防护系统技术发展的最新方向。但就目前的技术水平来讲，盲目地追求防护时间及防护空间，都会导致消耗的总体资源过大，如空间、重量、电力等，从而影响舰船综合作战性能的发挥。

因此，集体防护系统在综合考虑作战要求、总体资源、经济性等因素的基础上，通常采取分级分区的设计方法，以保障舰船基本的作战能力、生存能力及机动能力为主。

按照集体防护范围的大小，可以将集体防护分成以下等级：

一级集体防护（蔽护区）：指设置的舰上集体防护区及配置的集体防护系统具备对舰上40%舰员生活起居处所（包括住舱、餐厅、卫生舱室和个人战备器材贮存）提供集体防护的能力。一级防护区主要是以实现最基本的人员防护为目标。

二级集体防护（小作战区）：除了可以实现一级集体防护的要求外，还需要保证舰船具备执行基本任务的能力，如操纵舰船、损害管制等必需功能，也就是说对于实现舰船基本功能的舱室所在区域也应该包括在集体防护区内，如机电集控室、作战指挥室、报房、损管站等舱室所在区域。二级集体防护区主要是在一级集体防护的基础上，将一些关键的作战功能，经济地综合到舰船的设计中，实现在核生化环境下的防御作战能力。

三级集体防护（大作战区）：也称为保证舰船最大作业功能的核生化集体防护，具体是指舰船在受到外部核生化威胁时，舰上集体防护区及配置的集体防护系统可以保证大多数功能舱室所在区域和全舰官兵免受外部核生化污染物的威胁。三级集体防护区具备足以满足作战任务需求的全部防护区域。

按照防护能力的大小，全船可以分为以下区域：

集体防护区：集体防护是在防护区形成密闭周界的条件下，通过滤毒通风装置向集体防护区提供经过滤处理的空气。按照防护能力，集体防护分为全防护（Total Protection）和有限防护（Limited Protection）。全防护区能够对液态、固态及气态核生化污染进行过滤，并采用超压设计，相对外界保持正的压差，从而避免了外界毒气、战剂或沾染物侵入防护区内，在全防护区内，人员不需要采取个人防护措施。有限防护可对液态和固态的核生化污染进行过滤，但不能防御蒸汽形式的战剂。

密闭防护区：密闭防护是通过关闭对外风机及阀件，减少污染物的进入。密闭防护区没有能力形成正压，也没有生化过滤能力。密闭防护区内需要采取的防护措施，和核生化污染的种类有关，对于非经皮化学战剂和几乎所有的生物战剂，一般可以只戴防护面具；对于经皮化学战剂，除了戴防护面具，需穿着全套化学防护服。密闭防护区在通过污染区后，能通过局部洗消及换气吹除法较快地恢复。

非防护区：非防护区是指由于任务需要或技术限制，不能或者难以做到密闭的舱室，如机库。

2）全防护的超压值设计

集体防护系统通过超压设计使集体防护区相对外界保持正的压差，使边界的泄漏只能从内往外单向进行，从而避免了外界毒气、战剂或沾染物侵入防护区内。但超压设定值过高或过低都会带来不利影响。如果超压设定值过小，则不足以抵御外界风压，甚至会产生负的压差，导致外界污染进入防护区内；如果压力设定值过大，会导致气密周界上的门或梯口盖开启困难，增加水封设计高度等[25]。

风压是由于海上空气流动在舰船表面形成的空气静压力变化，按式（6-77）计算[25]：

$$P = K\frac{\rho V^2}{2} \tag{6-77}$$

式中：P 为风压（Pa）；K 为空气动力系数；ρ 为空气密度（kg/m³）；V 为迎风面的法向相对风速（m/s）。

根据相关资料[26],[27]，当风速超过 24.1km/h（6.7m/s）时，由空气传播的污染物会被冲淡而使其产生的威胁大大降低。在持续的核、生、化暴露环境中，为了防止外界沾染进入集体防护系统，要求压力需要能够抵御外界的风速为 40km/h（11.1m/s）。

对于运动中的船舶，相对于船体的风速是绝对风速与船舶航速速度的矢量合成，其矢量关系如图 6-56 所示。根据速度的矢量合成关系，舰船在顺风环境中行驶时外界风压对集体防护系统的影响最小。舰船在逆风行驶时外界的风压对集体防护系统的影响最为不利。如果舰船在逆风范围内全速航行，可能会造成集体防护系统增压压力不足以抵御外界影响，从而导致集体防护系统遭到破坏，因此舰船在通过该区域时需要限速，限速航行区用角度 α 表示，见图 6-57。α 的大小和外界风速、集体防护区的增压值有关。外界的风速越大，α 越大；集体防护区的增压值越小，α 越大[28]。

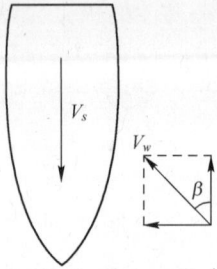

图 6-56 ▍船速、风速矢量关系图　　　　图 6-57 ▍航行区域图

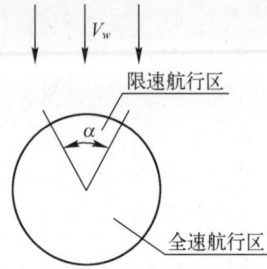

当风速低于一定的临界值或集体防护系统压力高于一定的临界值时，$\alpha=0$，也就是说此时在沾染区内舰船没有航速和航向的限制。为了使舰船在核生化环境下航行时具有最大的运动自由度，在能对舰船产生威胁的风速下全速沿任意方向航行，舰船集体防护系统的超压设计值应满足[28]：

$$\Delta P_c \geqslant K \frac{\rho\,(V_s+V_w)^2}{2} \tag{6-78}$$

式中：ΔP_c 为集体防护区超压（Pa）；K 为空气动力系数，取最大值 $K=1$；ρ 为空气密度（kg/m^3）；V_s 为船的最大航行速度（m/s）；V_w 为要求抵御的外界风速，取 11.1m/s。

3）全防护区压力波动设计

人的听觉器官由外耳、中耳和内耳三部分组成。外耳直接与外界相连，当外界气压发生变化时，外耳内的压力也会相应地发生改变；中耳与外耳通过鼓膜隔离，与鼻咽部通过咽鼓管相连，开闭咽鼓管可以调解外界大气压与中耳之间的压差。咽鼓管平时处于关闭状态，大气压力变化时，需要克服咽鼓管通气阻力，咽鼓管才能打开。咽鼓管通气阻力相对值基本不变，绝对值随大气压力变化而变化并始终大于大气压力[29]。中耳的这种压力调节方式限制了压力的波动率，尤其是增压速率。当外界压力变化过快时容易产生耳鸣等现象。

集体防护区内的压力波动主要受外界大气压力变化、人员进出、压力探测及控制设备的工作方式及精度影响[25]。

外界大气压力的波动幅度很大，受季节、大气运动、温度、湿度等因素影响，一般年波动范围在 2600~4000Pa。即使在同一天中，压力波动幅度也可达 1000Pa。外界大气压力的波动幅度虽然很大，但由于其变化缓慢，正常人咽鼓管的定期开放，已足以产生调节作用，所以不会有不适感觉[25]。

人员从三防通道进出集体防护区时，由于三防通道的设计特点，对系统压力波动影响较小。三防通道由一个以上隔间组成，每个隔间具有锁气功能，从内到外，大气压力依次递减。为了避免集体防护区失压，同一隔间的两处门不应同时开启[25]。

压力探测及控制设备对系统压力波动的影响取决于其工作方式及精度。外界大气压力探头的安装位置要求既能准确反映外界大气压力的变化，又要避免外界风速与舰船航速矢量叠加的风压的影响。压力控制设备的流量调节应接近线性，动作平稳，保障集体防护系统在较小的压力波动下运行[25]。

国内外在航空航天、高速列车等领域，针对压力波动对人体的影响做了大量研究，在舰船领域的研究还鲜有报道。如日本为了研究新干线气压波动对旅客舒适性的影响，建立了专门试验室，得到了人体耳感舒适度临界曲线[30]。图6-58所示为日本采用气密室实验所获得的新干线耳感舒适度曲线。

不同国家的不同行业标准中对大气压波动速率的限制有很大差别。以英国为例[31],[32]：执行标准军事活动的军用飞机座舱压力变化率最大为220Pa/s；民航客机在飞行阶段的减压率不大于31Pa/s，增压率不大于23Pa/s；列车则采用每4s的压力波动值作为标准，其中对于气密城间列车，通常情形下要求4s内的压力波动幅值不超过800Pa。这些差别主要是由于应用领域不同及应用环境的限制造成的，如高速列车，在隧道内交会时会造成车外环境压力剧烈变化[25]。

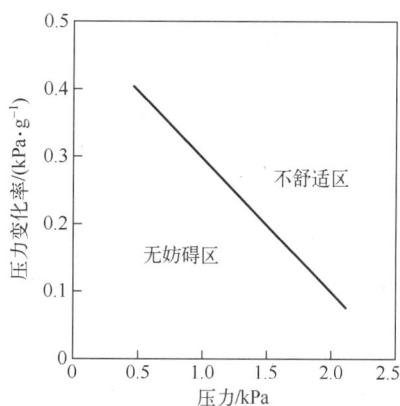

图 6-58 ▎日本新干线耳感舒适度曲线[30]

考虑到影响舰船集体防护系统压力波动的因素均可较好的控制，可以采用舒适性作为压力波动设计的原则。

4）集防区滤毒通风量设计

集体防护系统滤毒通风量 Q 取决于维持防护区超压所需风量 Q_1 及保障人员呼吸所需风量 Q_2，在二者中取最大值：

$$Q = \max(Q_1, Q_2) \tag{6-79}$$

式中：Q 为集体防护系统滤毒通风量；Q_1 为维持防护区超压所需风量；Q_2 为维持人员呼吸所需风量。

（1）维持防护区超压所需风量 Q_1。维持集体防护区超压所需的风量由无组织排风及有组织排风两部分组成。

$$Q_1 = Q_{11} + Q_{12} \tag{6-80}$$

式中：Q_{11} 为无组织排风量；Q_{12} 为有组织排风量。

无组织排风量是指通过气密舱口盖、气密梯口盖、气密阀件、电缆通舱件、船体焊缝等气密周界上由于密封不严产生的漏风量。由于在舰船服役过程中，集体防护区的泄漏主要是门及梯口盖的变形及密封部位的磨损、老化造成的，而电缆通舱件、船体焊缝、气密阀件等在按照气密工艺进行施工的情况下，其泄漏量较小，因此在估算集体防护区泄露量时，通常以门及梯口盖的预算泄漏量作为估算依据。

$$Q_{11} = \sum Q_{ai} \tag{6-81}$$

式中：Q_{ai} 为单个舱门、舱盖预算泄漏量。

有组织排风量是指集体防护区在工作时，为了保障三防通道（包括对外洗消通道及对内缓冲通道）的安全，需要对三防通道进行连续空气吹洗而需要的空气量。

$$Q_{12} = \sum Q_{bi} \tag{6-82}$$

式中：Q_{bi} 为单个三防通道吹洗空气量。

三防洗消通道中，为了将人带入吹气室内的气溶胶通过置换通风排出舱外，按式（6-83）进行计算，得到

$$C_2 = C_1 \exp\left(-\frac{tG}{V}\right) \tag{6-83}$$

式中：C_1 为吹气室初始毒气浓度（%）；C_2 为吹气室在经过 t 时间吹洗后的毒气浓度（%）；G 为吹气室通风量（m^3/h）；V 为吹气室体积（m^3）；t 为吹气停留时间（h）；tG/V 为吹气停留时间 t 内的换气次数。

（2）维持人员呼吸所需风量 Q_2。不同条件下对空气品质的需求直接决定了人员呼吸所需的通风量。根据舰船不同的条件，对 CO_2 浓度的品质要求可以分为三种不同的标准：舒适性标准、工效性标准和生存性标准。舒适性标准是舰员长期生活和工作，不应产生任何刺激效应和远期危害作用，而且还不应引起其他精神上的不愉快，日常的空调通风系统应满足这一标准的要求。工效性标准是为了保证舰员的工作效率，在战斗中能准确地作出判断、迅速的作出反应，集体防护系统应满足这一标准的要求。在环境条件限制或集体防护系统的某个区域遭到破坏的情况下，出于保护生命力考虑，对 CO_2 浓度的需求可以采取生存性标准，这是要求最低的参数标准，在一定的时间内，保证舰员的生命不受到威胁。这时 CO_2 浓度允许值主要取决于舰员的体质、活动状态、其他环境参数的变化等，个体防护应该满足这一标准的要求[33]。

对集防区的 CO_2 浓度根据质量守恒建立数学模型：

$$GC_0 dt + nm dt - GC dt = V dC \tag{6-84}$$

式中：G 为通风量（m^3/h）；C_0 为外界新鲜空气中 CO_2 浓度（%）；C 为在某一时刻防护区内空气中 CO_2 浓度（%）；n 为防护区内舰员人数；m 为单个舰员单位时间内呼吸产生的 CO_2 体积（$m^3/(h \cdot 人)$）；V 为防护区容积（m^3）；dt 为某一段无限小的时间间隔（h）；dC 为在 dt 时间内防护区内 CO_2 浓度的增加（%）。

由式（6-84），可求出通风量一定时，任意时刻内 CO_2 浓度 C_2：

$$C_2 = C_1 \exp\left(-\frac{tG}{v}\right) + \left(\frac{nm}{G} + C_0\right)\left[1 - \exp\left(-\frac{tG}{v}\right)\right] \tag{6-85}$$

当 $t \to \infty$ 时，$\exp\left(-\frac{tG}{v}\right) \to 0$，防护区内 CO_2 浓度 C_2 趋于稳定，可得到，集体防护区所需的最小通风换气量按式（6-86）计算[33]：

$$G = \frac{nm}{C_2 - C_0} \tag{6-86}$$

式中：C_0 为外界新鲜空气中 CO_2 浓度（%）；C_2 为集防区内允许 CO_2 浓度（%）；n 为防护区内舰员人数；m 为单个舰员单位时间内呼吸产生的 CO_2 体积（$m^3/(h \cdot 人)$）。

6.7> 作战系统

6.7.1 设计基本原则

现代驱逐舰的作战系统概念设计，需要以驱逐舰这一水面承载平台的载荷资源限制为设计前提，具体包括平台的空间资源，重量资源，频域、时域、空域、功率域等电磁资源，声学频带资源，水、气、电等保障资源等相关限制条件。以使命任务、作战能力需求为牵引，以先进性、匹配性、兼容性、经济性等作为基本原则进行设计。

1. 先进性

作战系统的先进设计往往与作战能力需求相关联，在驱逐舰作战系统概念设计中，应研究未来现代化战争的发展方向，综合考虑驱逐舰研制期间的武器装备发展水平，在继承前序型号的装备研制成果的基础上，发展创新，前瞻性地提出具有先进性的作战系统的作战需求、技术方案和相应的技术指标，并为驱逐舰服役期间的现代化改进设计留有余地。

作为水面战斗舰艇的核心系统之一，驱逐舰作战系统能力的发挥，需要以载体平台提供的结构、水、气、电以及船舶装置等资源为依托。因此，在作战系统先进性设计中，需要结合载体平台的资源条件作为制约，实现有限条件下的系统相对优化。

2. 匹配性

作战系统是一个多输入多输出的复杂大系统，其各个分系统的关联紧密、彼此制约，有时甚至会互为前提。因此，作战系统的性能并不是单项设备性能或分系统性能的简单总和，不考虑匹配性进行单一设备能力的提升设计，往往无助于平台整体作战能力的有效提升。如在不提高搜索、跟踪等探测能力的情况下，单一提高区域防空导弹的打击射程，并不能有效提升驱逐舰平台的区域防空能力。

3. 兼容性

兼容性设计是作战系统设计中相对复杂却又尤其重要的环节。作战系统为有效完成各作战任务，需要由众多相互交联的分系统或设备协同工作。各分系统和设备之间的兼容性、分系统与平台之间的兼容性，是保障整个作战系统正常工作和在作战流程中能够稳定发挥作战性能的必要条件。在兼容性不足的情况下，单项功能指标的提升不仅无助于平台整体作战能力的提升，反而有可能对系统的稳定性造成破坏，最后导致灾难性的结果。如英阿马岛海战中，英国"谢菲尔德"号驱逐舰由于电磁兼容性设计存在缺陷，进行卫星通信时要求雷达关机，导致被突防的飞鱼导弹击沉。

4. 经济性

在确保满足既定的使命任务，实现必要的作战效能的基础上，经济性也是驱逐舰作战系统设计中所需要考虑的重要环节。驱逐舰具有多功能、多用途的特点，能够适应大部分作战场景，因此能够在有限的经费预算内，成规模、批量化建造是现代化海军强国评价一型驱逐舰设计成功与否的标准之一。一般而言，一艘水面舰艇的全寿命周期费用包括科研费、设计费、装备费、试验费、建造费、使用费、培训费、弹药费、保障设施费、维护费、修理费、改装费及退役费等[34]。

在总体方案规划中，需要结合以上原则，针对各分系统进行相应的技术指标规划。

6.7.2　主要设计方法

进行具体的总体作战系统概念设计时，需要以整个作战系统的需求为牵引，以实现探测感知、指挥控制、交战防御、作战保障等作战系统主要功能为目的，对各分系统的技术指标进行分解，明确概念设计阶段重点关注的技术指标项目，针对各项指标进行研究论证，予以确定。

由于驱逐舰研制周期的特殊性，新装备的研制工作往往与总体研制同步开展。因此，在驱逐舰总体作战系统概念设计阶段，进行总体方案规划设计一般采用理论分析、数值仿真的方法，通过顶层规划、多轮迭代、逐步收敛逐步形成相对优化的作战系统方案。最终得到各分系统的概念设计方案和指标，以及对组成系统的相关设备的设计要求，作战系统概念设计流程见图6-59，图中以射频功能系统为例对作战系统概念设计流程进行了描述，其他分系统设计流程同理。

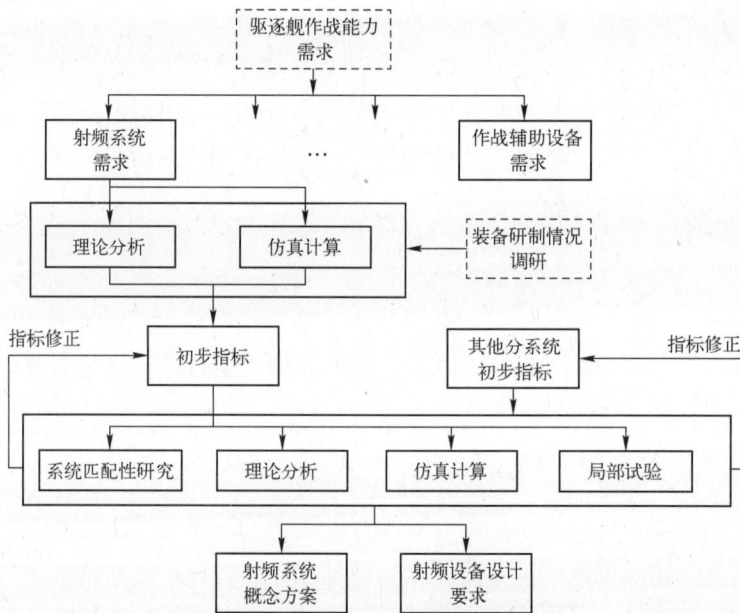

图6-59 ▎作战系统概念设计流程图

在进行规划设计的过程中，必要时可结合方案中拟采用的装备的研制情况，利用装备研制阶段的原理样机，设计相应的局部摸底试验，对部分关键参数进行验证，并及时提出作战系统方案的优化修正设计要求。

按本书第5章作战系统功能设计，根据探测感知、指挥控制、交战防御、作战保障等功能，将作战系统划分为射频系统、水声系统、指挥控制系统、水下防御系统、主炮武器系统、近程反导舰炮武器系统、远程防空导弹武器系统、中程防空导弹武器系统、近程防空导弹武器系统、对海对陆导弹武器系统、通用垂直发射系统、近区防卫武器系统、舰载反潜武器系统、舰载机系统、航空保障系统、导航系统、通信系统、作战辅助系统等分系统。

各分系统的概念设计方案主要包括：射频系统的设备配置框架及主要指标、工作频段功能划分、天线形式及主要技术参数、射频资源优化调度初步方案等；水声系统的设备配置框架及主要指标、工作频段、工作方式、安装形式等；指挥控制系统构架形式、系统反应时间、系统信息处理能力、人机对话能力等；水下防御系统的设备配置框架、对水下目标探测能力、对敌方干扰能力、对敌方杀伤能力等；主炮武器系统的设备配置、弹药配置、目标探测能力、弹丸探测能力等；近程反导舰炮武器系统、近程防空导弹武器系统的设备配置、拦截能力等；远程防空导弹武器系统、中程防空导弹武器系统、对海对陆导弹武器系统、反潜武器系统的设备配置、武器控制能力、打击能力等；通用垂直发射系统的设备配置、储存发射能力等；近区防卫武器系统的设备配置、探测能力、打击能力等；舰载机系统的设备配置、主要任务载荷指标等；航空保障系统的设备配置、指挥能力、回收能力、维护保障能力等；导航系统的设备配置、导航信息获取融合分发能力、气象监测能力等；通信系统的设备配置、通信手段、信息传输能力等；作战辅助系统的设备配置及各设备主要技术参数等。

现分别以射频系统中的射频信息感知部分规划设计和舰载机起降安全性设计为例，对概念设计阶段作战系统的规划设计方法进行说明。

1. 射频系统顶层规划设计

驱逐舰概念设计阶段的射频系统顶层规划，实际上是通过对装舰射频设备的总体技术指标进行合理科学的论证设计，实现驱逐舰平台能够提供保障的射频资源和作战使用需求的平衡优化过程。

因此，首先需要结合作战使用引起的功能需求对射频系统的相关技术指标进行分解，明确本阶段设计中需要重点关注的指标项目；其次针对各项技术指标分析对总体射频资源的需求，明确各功能射频资源占用情况，并进行优化调整；最后根据射频功能对资源占用的特点，综合效率射频技术的发展，进行射频集成规划，形成合理可行射频设备集成配置框架方案。

1）射频系统指标分解

射频系统通过舰载射频设备（电磁收发设备）完成其相关功能，驱逐舰射频功能主要包括对空中目标探测、对空目标跟踪、导弹跟踪、导弹制导、弹丸跟踪、弹道指令修正、对海目标探测、对海目标跟踪、水柱测量、信号侦察、信号截获、信号定向、干扰敌方飞机、干扰敌方舰船、干扰敌方导弹、对空目标识别、对海目标识别。同时部分通信、导航、直升机/无人机保障等功能也需要通过舰载射频设备实现。在进行射频系统指标分解确定时，需要结合射频行业技术发展现状，尤其是多功能相控阵技术在舰船领域的大量应用，综合考虑多功能分系统的需求，统一考虑。

基于以上功能需求，舰载射频系统在总体概念设计中需要关注的指标主要如表 6-47 所列。

表6-47 射频系统对应的指标

射频功能	射频指标
对海/对空目标探测	探测范围
	测角精度
	测距精度
	速度探测能力
	目标容量
	数据更新率
	反应时间
	…

射 频 功 能	射 频 指 标
跟踪、制导	数据更新率 测角精度 测距精度 速度测量 多目标跟踪能力 …
电子侦察（信号侦察、信号截获、信号定向）	频率覆盖范围 空域覆盖范围 数据更新率 截获概率 信号形式侦察 距离侦测 方位侦察 …
电子干扰	频率覆盖范围 空域覆盖范围 等效辐射功率 瞬时干扰带宽 …
敌我识别	识别距离 识别精度 识别概率 …
通信	通信距离 通信范围 传输数率 误码率 …
导航	卫星定位 天文定位 气象水文探测 …
直升机/无人机保障	归航引导距离 着舰引导距离 着舰引导精度 …

2）射频系统对射频资源需求分析

射频功能的正常发挥，需要射频设备在一定时间和方位上，能有效地发射或接收具有特定频率和强度的信号，这个过程中将占用总体在频域、空域、时域、功率等多方面的资源。随着射频功能需求的不断增加，射频设备总体资源需求越来越大，导致总体设计过程中电磁兼容问题和雷达波隐身问题突出。

射频功能对总体资源需求具体表现为：频域资源（含工作频段和信号带宽等）、时域资源（含工作时机和信号使用时间等）、空域资源（含天线布置和波束覆盖范围等）、功率资源（含供电和冷却等）和极化资源。针对各种资源，需结合射频系统功能，分别进行资源需求分析。

（1）频域资源需求分析。射频功能集成需其使用的频率重叠或相近，使射频集成设备天线工作频段覆盖所集成功能的接收信号频率，即

$$\{f_1, f_2, \cdots, f_n\} \in F \tag{6-87}$$

式中：F 为射频集成设备天线的工作频段；f_i 为所集成的第 i 个射频功能的工作频段。

同时，射频集成设备发射和接收器件的瞬时带宽应覆盖所集成功能的信号带宽，即

$$\{b_1, b_2, \cdots, b_n\} \in B \tag{6-88}$$

式中：B 为射频集成设备器件瞬时带宽；b_i 为所集成的第 i 个射频功能的信号带宽。

（2）时域资源需求分析。射频功能集成需各个功能时间资源占用率小于1，即

$$\sum_i^n \eta_i + \eta_{\text{else}} < 1 \tag{6-89}$$

式中：η_i 为所集成的第 i 个射频功能的时间资源占用率；η_{else} 为各个功能转换所需的系统反应时间资源占用率。

同时，射频集成设备发射器件的最大信号时宽应大于所集成功能的最大信号时宽需求，即

$$\Gamma > \max\{\tau_1, \tau_2 \cdots, \tau_n\} \tag{6-90}$$

式中：Γ 为射频集成设备发射器件的信号最大时宽；τ_i 为所集成的第 i 个射频功能的信号时宽。

（3）空域资源需求分析。射频功能集成需其方向图主波束覆盖范围重叠或邻近，使射频集成设备天线主波束覆盖范围包含所集成功能的波束覆盖范围，即

$$\{\Omega_1, \Omega_2, \cdots \Omega_n\} \in \Omega \tag{6-91}$$

式中：Ω 为射频集成设备天线的波束覆盖范围；Ω_i 为所集成的第 i 个射频功能的波束覆盖需求。

同时，射频集成设备天线规模所能实现的增益和波束宽度应能满足各个功能需求，即

$$N > \max\{N_1, N_2 \cdots N_n\} \tag{6-92}$$

式中：N 为射频集成设备天线单元数量需求；N_i 为所集成的第 i 个射频功能的天线单元数量需求。

（4）功率资源需求分析。射频功能集成需其满足各个功能的辐射功率需求，使其满足射频集成设备天线正常工作时的功率需求，即

$$\{P_1, P_2, \cdots, P_n\} \in P, P \geqslant \max\{P_1, P_2, \cdots, P_n\} \tag{6-93}$$

式中：P 为射频集成设备天线的最大辐射功率；P_i 为所集成的第 i 个射频功能的辐射功率需求。

（5）极化资源需求分析。射频功能集成需其集成天线工作的极化方式丰富多样，圆极化、垂直极化、水平极化或椭圆极化，使射频集成设备天线工作的极化方式满足所集成功能天线的极化方式，即

$$\{\rho_1, \rho_2, \cdots, \rho_n\} \in \rho, \rho = \rho_1 = \rho_2 = \cdots = \rho_n \tag{6-94}$$

式中：ρ 为射频集成设备天线的极化方式；ρ_i 为所集成的第 i 个射频功能的极化方式。

（6）射频资源多参数优化分配。通过前面部分的研究工作，得到了射频功能集成状态下对射频资源的耦合关系研究，结合上面的工作开展射频资源多参数优化分配研究。射频功能集成需其使用的射频资源分配方案最优化，使射频集成设备天线工作时能最大程度满足优先级高的作战任务需求。

设射频功能集成的射频资源分配模型，

$$G\{t,f,S,P,\rho\} \propto \overline{F}\{t,f,S,P,\rho\} \tag{6-95}$$

式中：G 为射频集成设备资源；$\overline{F}$ 为射频功能模块；t 为时域资源；f 为频域资源；S 为空域资源；P 为功率资源；ρ 为极化资源。

G 需要结合可预期的装备研制发展水平、驱逐舰平台总体承受能力、舰载射频装备的配置意向等因素综合评估后予以明确，$\overline{F}$ 需要满足各作战使用对射频功能的需求；t、f、S、P、ρ 分别满足时间、频率、空间、功率、极化等各项资源需求。

分别将式（6-87）~式（6-94）代入式（6-95），得到

$$G\{t(\eta,\tau),F(f,b),S(\Omega,N),P,\rho\} \in \overline{F} \tag{6-96}$$

如果利用离散射频设备实现各项射频功能，离散的射频功能对射频资源的需求满足

$$\overline{F}_1\{t(\eta_1,\tau_1),F(f_1,b_1),S(\Omega_1,N_1),P_1,\rho_{1.}\} \in \overline{F}$$
$$\overline{F}_2\{t(\eta_2,\tau_2),F(f_2,b_2),S(\Omega_2,N_2),P_2,\rho_2\} \in \overline{F}$$
$$\cdots \tag{6-97}$$
$$\overline{F}_n\{t(\eta_n,\tau_n),F(f_n,b_n),S(\Omega_n,N_n),P_n,\rho_n\} \in \overline{F}$$

将式（6-97）代入式（6-96），可以得到射频功能集成下的射频资源约束条件，满足下列约束条件：

$$\begin{cases} \eta \geq \eta_1+\eta_2+\cdots+\eta_n, \{\eta_1,\eta_2,\cdots\eta_n\} \in \eta \\ \tau \geq \tau_1+\tau_2+\cdots+\tau_n, \{\tau_1,\tau_2,\cdots\tau_n\} \in \tau \\ f_{max}/f_{min} \leq 2, \{f_1,f_2,\cdots f_n\} \in F \\ b \geq b_{max}, \{b_1,b_2,\cdots b_n\} \in B \\ \Omega \geq \Omega_1+\Omega_2+\cdots+\Omega_n, \{\Omega_1,\Omega_2,\cdots\Omega_n\} \in \Omega \\ N > max\{N_1,N_2,\cdots N_n\}, \{N_1,N_2,\cdots N_n\} \in N \\ P \geq P_1+P_2+\cdots+P_n, \{P_1,P_2,\cdots P_n\} \in P \\ \rho = \rho_1 = \rho_2 = \cdots = \rho_n, \{\rho_1,\rho_2,\cdots\rho_n\} \in \rho \end{cases} \tag{6-98}$$

分别对射频资源约束条件解释如下：

① 射频功能集成需各个功能时间资源占用率小于 1。

② 射频集成设备发射器件的最大信号时宽应大于所集成功能的最大信号时宽需求。

③ 射频功能集成需其使用的频率重叠或相近，使射频集成设备天线工作频段覆盖所集成功能的接收信号频率，并且为了满足增益带宽积的最佳匹配，频带最高值和频带最低值的比值不大于 2。

④ 射频集成设备发射和接收器件的瞬时带宽应覆盖所集成功能的信号带宽。

⑤ 射频功能集成需其方向图主波束覆盖范围重叠或邻近，使射频集成设备天线主波束覆盖范围包含所集成功能的波束覆盖范围。

⑥ 射频集成设备天线规模所能实现的增益和波束宽度应能满足各个功能需求。

⑦ 射频功能集成需其满足各个功能的辐射功率需求，使其满足射频集成设备天线正常工作时的功率需求。

⑧ 射频功能集成需其集成天线工作的极化方式丰富多样，圆极化、垂直极化、水平极化或椭圆极化，使射频集成设备天线工作的极化方式满足所集成功能天线的极化方式。

综合式（6-96）、式（6-97）、式（6-98）建立射频资源多参数优化调配模型。

3) 射频资源多参数优化调配模型

（1）雷达功能总体资源计算模型。

① 功能分析。舰载雷达主要功能包含搜索警戒和跟踪制导，需要对目标进行角度测量、距离测量以及速度测量。同时，为了保障雷达对目标的搜索和确认及多批次目标跟踪的数据率实时要求，雷达设备需对任务进行合理的资源规划。雷达搜索警戒的主要技术指标体现在探测范围、测角精度、测距精度、速度探测能力、同时探测的目标批次以及数据更新等。

- 探测范围。雷达进行搜索警戒过程中，天线主波束需覆盖所关心的空域，可采用固定频点在时域上依此扫描完成，也可通过频域多波束技术同时完成多个波束的搜索，当前有源相控阵体制的雷达主要通过在时域上依次对不同的方位进行扫描，完成区域搜索。

雷达探测一般是全方位的，通过单部或多部天线的机械扫描或电扫描实现，而探测的最大距离则与目标类型、发射功率、天线的增益等相关。

由雷达方程可知雷达接收到的回波信号为

$$S_r = \frac{P_T G^2 \lambda^2 \sigma}{(4\pi)^3 R^4} \tag{6-99}$$

式中：P_T 为雷达发射峰值功率；G 为雷达增益；σ 为目标散射截面积；λ 为波长；R 为探测距离。那么，设接收机最小可检测信号能量为 $S_{\min}$，雷达最大探测距离可表示为

$$R_{\max} = \left(\frac{P_T G^2 \lambda^2 \sigma}{(4\pi)^3 S_{\min}}\right)^{\frac{1}{4}} \tag{6-100}$$

同时，雷达探测距离也是受视距限制的

$$R_{\max} = 4.12\left(\sqrt{h_T} + \sqrt{h_R}\right) \tag{6-101}$$

式中：h_T 和 h_R 分别为雷达和目标距离地球表面的高度。

理论上任何微弱的信号都可以经过任意的放大后被检测，但由于雷达回波信号总是与噪声信号混在一起的，接收机最小可检测信号受信噪比的限制不能无限小，具体表现为

$$S_{\min} = kT_0 L\,(S/N)_{\min} B = kT_0 L\,(S/N)_{\min}\frac{1}{\tau} \tag{6-102}$$

式中：k 为玻耳兹曼常数（1.38×10^{-23}）；L 为系统损耗；T_0 为系统噪声热力学温度（一般取标准室温 290K）；$(S/N)_{\min}$ 为最小信噪比要求；B 为接收机带宽；τ 为脉冲宽度。雷达信噪比要求是根据目标起伏特性及虚警概率需求提出的，利用回波信号的相参特性进行脉冲积累可有效改善接收信号的信噪比，理论上信噪比的改善程度是与积累的脉冲数成

正比的。

对于目前普遍采用的电扫描雷达，天线阵面法向方向增益最大，随着扫描角度的增大，天线增益有所增大，具体表现为

$$G = G_{max} \cos\theta \cos\varphi \tag{6-103}$$

式中：θ 为方位面上偏离法向的角度；φ 为俯仰面上偏离法向的角度。

那么，雷达最大探测距离可表示为

$$R_{max} = \left(\frac{P_T G^2 \lambda^2 \sigma \tau}{(4\pi)^3 k T_0 L (S/N)_{min}} \right)^{\frac{1}{4}} = \left(\frac{M P_T G_{max}^2 (\cos^2\theta \cos^2\varphi) \lambda^2 \sigma \tau}{(4\pi)^3 k T_0 L (S/N)_{min}} \right)^{\frac{1}{4}} \tag{6-104}$$

式中：M 为脉冲积累个数。

- 角度测量。雷达发现目标后初步得到了目标的距离和方位信息，在对目标的确认和跟踪过程中需对其进一步进行角度、距离及速度的测量。

雷达测角主要包括相位法和振幅法。对于雷达有源探测，考虑到目标距离对天线增益的需求一般采用振幅法进行测量。振幅法又包含最大信号法和等信号法。最大信号法通过调整主波束角度寻找最大回波测角，实现较为简单，但测角精度较差，一般仅为主波束宽度的20%左右。等信号法测角精度较高，一般可达到波束宽度的2%。对于点扫描相控阵体制的雷达，可通过将天线阵面分为四个象限，在雷达接收过程中形成和差波速对目标信号进行测角，测角精度为

$$\Delta\theta \approx 0.02 \cdot \theta_{0.5\_象限} = 0.04 \cdot \theta_{0.5} \tag{6-105}$$

式中：$\theta_{0.5\_象限}$ 为象限的半功率波束宽度；$\theta_{0.5}$ 为全阵面的半功率波束宽度。

- 距离测量。雷达测距可以通过调频连续波或脉冲波实现，受限于连续波雷达对收发天线隔离度的需求，目前舰载雷达主要为脉冲体制，雷达测距通过脉冲信号到达目标的往返时间确定

$$R = \frac{1}{2} c t_R \tag{6-106}$$

式中：R 为测得的距离；c 为光速；t_R 为目标回波相对于信号发射的延时。距离测量的精度可表示为

$$\Delta R = \frac{c}{2} \Delta t_R + \frac{t_R}{2} \Delta c \tag{6-107}$$

式中：Δc 为大气层分布不均匀引起的误差，一般可根据实际情况进行校正。而 Δt_R 为信号达到时间误读造成的误差，主要取决于脉冲信号的宽度，最大可达到脉冲宽度，则最大距离误差可表示为

$$(\Delta R)_{max} = \frac{c\tau}{2} \tag{6-108}$$

脉冲测距中需避免前一个脉冲的回波信号接收与下一个脉冲信号发射的在时间上的冲突。因此探测距离应满足

$$R_{max} \leqslant \frac{c}{2} T_r \tag{6-109}$$

式中：T_r 为脉冲重复周期。由于距离测量精度需求等而采用多脉冲发射时，需采用信号调制等手段对信号进行时间和频率标识，判距离模糊。

- 速度测量。雷达采用动目标检测技术，通过滤波器去除固定杂波取出动目标的回波，并利用多普勒效应提取目标回波中的多普勒频移获得速度参数：

$$v = \frac{f_d \lambda}{2} \tag{6-110}$$

式中：f_d 为多普勒频移；λ 为载频波长。区别于连续波雷达系统，脉冲体制雷达速度测量中存在盲速，即无法区分对特定速度的目标和固定目标，盲速可表示为

$$v_{r0} = \frac{1}{2} n \lambda f_r \tag{6-111}$$

式中：$n = 1, 2, \cdots$；f_r 为信号重复频率。为了避免盲速，需通过在一个驻留时间内发射多种载波频率或重复频率的信号。

② 资源分析。通过电扫描相控阵体制雷达实现搜索和跟踪功能的指标要求，可分析其总体资源的需求。

雷达频域资源需求主要取决于实现功能和抗干扰的能力，根据实际情况确定。当前先进的舰载雷达趋向于采用 S 波段和 X 波段相控阵组成的双波段雷达系统，分别实现远程警戒搜索和近程低空超低空探测。

雷达时域需求则体现为信号脉冲重复周期、脉冲宽度及功能的时间资源占用率。脉冲重复周期取决于探测距离，即满足

$$T_r \geqslant \frac{2}{c} R_{\max} \tag{6-112}$$

考虑到时间资源的限制，重复周期一般满足探测距离要求的最小值。而脉冲宽度取决于探测距离、测距精度以及目标的探测能量需求，具体为

$$\frac{2}{c} R_{\min} \leqslant \tau \leqslant \frac{2\eta}{c} R_{\max} \tag{6-113}$$

$$\tau \leqslant \frac{2}{c} (\Delta R)_{\max} \tag{6-114}$$

$$M\tau \geqslant \frac{(4\pi)^3 k T_0 L \, (S/N)_{\min}}{P_T G_{\max}^2 (\cos^2\theta \cos^2\varphi) \lambda^2 \sigma} R_{\max}^4 \tag{6-115}$$

式中：η 为脉冲信号占空比系数。信号的脉冲宽度确定应首先满足对探测距离和测距精度的要求，信号能量的需求则通过提高脉冲积累数和增大等效辐射功率实现。

雷达搜索和跟踪功能所占用的时间资源与数据率要求、探测精度（波束宽度和脉冲积累数）相关。搜索任务的时间资源占用率可表示为

$$\eta_s = S_s N_s \overline{T}_s \tag{6-116}$$

式中：S_s 为阵面搜索的数据率（即数据更新时间的倒数）；N_s 为阵面完成一次扫描的波位数，即

$$N_s = \frac{\Omega}{\theta_{0.5} \cdot \varphi_{0.5}} \geqslant \frac{\Omega}{\dfrac{(\Delta\theta)_{\max}}{0.04} \cdot \dfrac{(\Delta\varphi)_{\max}}{0.04}} = \frac{\Omega}{625 \cdot (\Delta\theta)_{\max} \cdot (\Delta\varphi)_{\max}} \tag{6-117}$$

$\overline{T}_s$ 为搜索过程中在一个波位的平均驻留时间，与搜索采用的模式相关。如典型的告警/确认模式下，在每个波位仅采用较低门限的速度搜索，仅通过速度对是否存在目标进行告

警，若检测到目标再进一步发射脉冲进行测距等对目标进行确认。

那么，搜索结合跟踪制导任务的时间资源占用率可表示为

$$\eta = S_s N_s \overline{T}_s + S_t \sum_{i=1}^{N_t} \overline{T}_t \tag{6-118}$$

式中：S_t 为目标跟踪的数据率要求；N_t 为跟踪的目标批数；$\overline{T}_t$ 为完成一次目标跟踪的平均发射时间。

可见，雷达时间资源需求主要取决于目标判断的依据，即完成一个波位处搜索或某一目标的跟踪任务时所采用的脉冲积累数目。实际使用中可对于脉冲发射进行优化，以满足能量对脉宽的要求为依据确定窄脉冲数目，在保证探测近距和占空比需求的前提下，一次性最大化发射脉冲组，然后统一接收并通过信号调制解距离模糊。

各个任务的时间资源利用率之和需小于 1，若无法满足，则需调整增大阵等效辐射功率降低脉宽需求，或采用同时多波束技术减少波位覆盖的时间需求。

雷达空域资源需求体现为天线单元的数目和阵列尺寸。天线的单元数受限于天线主波束宽度和增益要求。对于阵列天线，主波束宽度与所在维度的天线单元数之间的关系可表示为

$$\theta_{0.5} = \frac{101.5\lambda}{Nd\cos\theta_{max}} \quad (°) \tag{6-119}$$

式中：N 为单元数；单元间距 d 一般取 $\lambda/2$。则波速宽度对平面阵列单元数目的要求可表示为

$$\begin{aligned} N_A &\approx N_{A\theta} \cdot N_{A\varphi} \\ &= \frac{101.5}{\theta_{0.5}\cos\theta_{max}} \cdot \frac{101.5}{\varphi_{0.5}\cos\varphi_{max}} \\ &\geqslant \frac{16.5}{(\Delta\theta)_{max} \cdot (\Delta\varphi)_{max}\cos\theta_{max}\cos\varphi_{max}} \end{aligned} \tag{6-120}$$

式中：θ_{max} 和 φ_{max} 分别为方位面和俯仰面最大扫描角度，角度的单位均为度。阵列天线的增益可近似表示为

$$G_{max} = G_0 N_A \tag{6-121}$$

同时，对于固态有源相控阵，天线辐射功率为单元 TR 组件辐射功率之和：

$$P_t = P_0 N_A \tag{6-122}$$

则天线增益对阵元数量的要求可表示为

$$N_A \geqslant \left[\frac{(4\pi)^3 k T_0 L (S/N)_{min}}{M\tau P_0 G_0^2 (\cos^2\theta\cos^2\phi)\lambda^2\sigma} R_{max}^4 \right]^{\frac{1}{3}} \tag{6-123}$$

式中：G_0 和 P_0 分别为天线单元的增益和发射功率。

通过天线在俯仰和方位面上的单元数量要求可获得天线的尺寸需求：

$$L_\theta \times L_\phi \approx N_{A\theta} d \cdot N_{A\varphi} d \approx \frac{\lambda^2}{4} N_{A\theta} \cdot N_{A\varphi} \tag{6-124}$$

式中：L_θ 和 L_ϕ 分别为天线在俯仰和方位方向的尺寸。阵面根据所覆盖空域的需求存在最佳的俯仰倾角。雷达一般由 3 部或 4 部阵面组成，俯仰方向覆盖 90°，方位方向覆盖 ±60°（3 阵面系统）或 ±45°（4 阵面系统），雷达倾角与方位面最大扫描角相关：

$$\varphi_{opt} \approx 90 - \arctan(\sec\theta_{max}) \tag{6-125}$$

即在覆盖 0°~90°俯仰的空域内，3 阵面的系统的最佳倾角为 26.5°，4 阵面的系统的最佳倾角为 35.3°。

雷达阵面架设高度的要求取决于对视距的要求，同时兼顾海杂波影响，一般可取

$$h_R = \left(\frac{R_{\max}}{4.12 \times 0.8} - \sqrt{h_T} \right)^2 \tag{6-126}$$

式中：h_R 和 h_T 分别为雷达和目标距离地球表面的高度。

雷达功率需求表现为阵列的峰值功率和平均功率的需求，由在足够远距离探测特定目标对天线辐射能力决定。对于固态有源相控阵，可采用单元 TR 组件的峰值功率和平均功率表示，即对于峰值功率有

$$P_0 \geqslant \left[\frac{(4\pi)^3 k T_0 L \, (S/N)_{\min}}{M\tau N_A^3 G_0^2 (\cos^2\theta \cos^2\varphi) \lambda^2 \sigma} R_{\max}^4 \right]^{\frac{1}{3}} \tag{6-127}$$

对于平均功率有

$$P_{0,avg} \geqslant \eta_{\max} P_0 \tag{6-128}$$

式中：$\eta_{\max}$ 为发射单元最大占空比系数。相应的可估算供电需求约为 $10P_{0,avg}$。

（2）电子侦察功能总体资源计算模型。

① 功能分析。电子侦察主要功能为截获、测量、分选、分析、识别处理敌方信号，并对雷达信号进行脉内特征和频谱分析，为实施综合电子对抗提供电子支援。电子侦察的主要技术指标包含频率覆盖范围、空域覆盖范围、数据更新率、截获概率、信号形式侦察、距离侦测以及方位侦察等。

在电子侦察设备工作中需对空域和频域进行搜索，截获概率直接与数据更新率相关，波束越宽、接收机频带越小，单次搜索时间越少，截获概率越高，但会导致天线波束变大和接收灵敏度降低，进而影响目标的定位精度和侦察距离。

侦察设备的侦察距离与目标辐射功率强度及接收机灵敏度相关：

$$R_{\mathrm{ESM}} \leqslant \left(\frac{P_T G_T G_R \lambda^2}{(4\pi)^2 S_R} \right)^{\frac{1}{2}} \tag{6-129}$$

式中：P_T 为目标发射峰值功率；G_T 和 G_R 分别为目标和侦察设备天线的增益，S_R 为侦察设备接收机灵敏度，λ 为波长。

侦察设备方位测量可采用比幅法或比相法（干涉仪技术）。若采用比幅法，则与雷达测角一致。若采用干涉仪法，则通过测试目标辐射信号到侦察设备两个天线单元的相位差实现，原理上与相控阵实现波束扫描类似

$$\theta = \arcsin\left(\frac{\psi\lambda}{2\pi d} \right) \tag{6-130}$$

式中：θ 为两天线单元连线中垂面的夹角；ψ 为两天线单元接收信号的相位差；d 为天线间距。测量精度取决于两天线间的电距离：

$$\Delta\theta = \frac{\lambda}{2\pi d\cos\theta} \Delta\psi \tag{6-131}$$

可见，间距越大，测向精度越高。但距离增大到一定范围后，θ 有多个值，需增加天线数量来解模糊。

② 资源分析。电子侦察功能的频域资源需求主要依赖于作战对象，而其时域资源的需

求取决于进行一次空域和频域扫描的时间及数据更新要求。完成一次搜索的时间是空域划分的波位数与频域扫描时间的乘积，而搜索接收机带宽倒数时间最大可完成接收带宽频段范围的搜索，因此有

$$t_{ESM} = N_s T_s \geqslant N_s \frac{B_{ESM}}{B^2} \qquad (6-132)$$

式中：t_{ESM} 为完成一次搜索的时间；T_s 为在一般波位进行频率搜索的时间；N_s 为空域搜索的波位数；B_{ESM} 为需要侦察的频段范围的带宽；B 为侦察设备接收机带宽。而天线扫描的波位数可表示为

$$N_s = \frac{\Omega}{\theta_{0.5} \cdot \varphi_{0.5}} \qquad (6-133)$$

式中：$\theta_{0.5}$ 和 $\phi_{0.5}$ 分别为侦察设备天线方位和俯仰波束宽度，以方位面波束宽度为例，其可表示为

$$\theta_{0.5} \leqslant \begin{cases} \dfrac{(\Delta\theta)_{max}}{0.04} & （比幅法） \\ \dfrac{\lambda}{d} = 2\pi\cos\theta\left(\dfrac{\Delta\theta}{\Delta\psi}\right)_{max} & （比相法） \end{cases} \qquad (6-134)$$

可得波位数目由测角精度决定，需满足

$$N_s \geqslant \begin{cases} \dfrac{\Omega}{625 \cdot (\Delta\theta)_{max} \cdot (\Delta\varphi)_{max}} & （比幅法） \\ 2\pi\cos\theta_{max}\left(\dfrac{\Delta\theta}{\Delta\psi}\right)_{max} & （比相法） \end{cases} \qquad (6-135)$$

那么电子侦察的时间资源利用率可表示为

$$\eta_{ESM} = S_{ESM} t_{ESM} \geqslant S_{ESM} T_s N_s$$

$$\geqslant S_{ESM} T_s \begin{cases} \dfrac{\Omega}{625 \cdot (\Delta\theta)_{max} \cdot (\Delta\varphi)_{max}} & （比幅法） \\ 2\pi\cos\theta_{max}\dfrac{(\Delta\psi)_{min}}{(\Delta\theta)_{max}} & （比相法） \end{cases} \qquad (6-136)$$

式中：S_{ESM} 为搜索空域。

电子侦察功能的空域资源的需求一方面取决方位角测角精度的要求（比相法）为

$$d = \frac{\lambda}{2\pi\Delta\theta\cos\theta}\Delta\psi \qquad (6-137)$$

比幅法对天线规模的要求与雷达测角一致。另一方面取决于对天线增益的要求：

$$G_R \geqslant \frac{(4\pi)^2 R_{ESM}^2}{P_T G_T \lambda^2}(S_r)_{min} \qquad (6-138)$$

式中：S_r 为接收灵敏度。

（3）电子干扰功能总体资源计算模型。

① 功能分析。电子干扰时将干扰信号随同敌方期望接收到的信号一起送入敌方接收机中，使敌方无法提取有用的信号。电子干扰按照对象不同可以分为通信干扰和雷达干扰，区别在于目标希望接收的信号来源于通信对象和本舰的散射，干扰的效果可通过干扰-信号比

来表示。

对于通信干扰，干扰-信号比可表示为

$$J/S = \frac{P_J G_J R_T^2}{P_T G_T R_J^2} L_J \tag{6-139}$$

式中：J 和 S 分别为被干扰目标接收到的干扰信号和有用信号的功率；P_J 和 P_T 分别为干扰源和目标通信对象的辐射功率；G_J 和 G_T 分别为干扰源和目标通信对象的天线增益；R_J 和 R_T 分别为干扰源和目标通信对象的到被干扰目标的距离；L_J 为干扰源和目标接收的带宽失配及极化失配等造成的损耗。

对于雷达干扰，干扰-信号比可表示为

$$J/S = \frac{4\pi R^2 P_J G_J}{P_T G_T \sigma} L_J \tag{6-140}$$

式中：σ 为本舰 RCS。P_T 为雷达的辐射功率；G_T 为雷达天线增益；R 为干扰源到被干扰雷达目标的距离；L_J 为干扰源和目标接收的带宽失配及极化失配等造成的损耗。干扰-信号比越大，干扰效果越好，取值大小取决于干扰信号采用的调制性质，一般可取 10dB 作为典型值。

干扰的主要技术指标为烧穿距离，即干扰机恰好不能进行有效干扰距离，可表示为

$$R_{SC} = \begin{cases} \left(\dfrac{P_J G_J R_T^2}{P_T G_T} \dfrac{1}{(J/S)_{\min}} L_J \right)^{\frac{1}{2}} & (\text{通信干扰}) \\[3mm] \left(\dfrac{P_T G_T \sigma}{4\pi P_J G_J} (J/S)_{\min} \dfrac{1}{L_J} \right)^{\frac{1}{2}} & (\text{雷达干扰}) \end{cases} \tag{6-141}$$

式中：$(J/S)_{\min}$ 为所需保证的最小干扰-信号比。可见，对于通信干扰，距离越远干扰效果越差，烧穿距离是进行有效干扰的最大距离；对于雷达干扰，距离越近干扰效果越差，烧穿距离是进行有效干扰的最小距离。

② 资源分析。电子干扰功能的频域资源和时域资源需求同样依赖于作战对象，空域资源和功率资源需求均取决于天线的等效辐射功率要求，即

$$\begin{cases} P_J G_J \geqslant \dfrac{P_T G_T R_{SC}^2 (J/S)_{\min}}{R_T^2 L_J} & (\text{通信干扰}) \\[3mm] P_J G_J \geqslant \dfrac{P_T G_T \sigma (J/S)_{\min}}{4\pi L_J R_{SC}^2} & (\text{雷达干扰}) \end{cases} \tag{6-142}$$

类似地，天线的最小口径可根据最小增益要求确定

$$D \geqslant \frac{\lambda^2}{4\pi} (G_J)_{\min} \tag{6-143}$$

对于相控阵体制的干扰设备，天线增益和功率近似为单元增益和功率之和，天线单元数量需求为

$$n \geqslant \left[\frac{(P_J G_J)_{\min}}{P_{J0} G_{J0}} \right]^{\frac{1}{2}} \tag{6-144}$$

式中：P_{J0} 和 G_{J0} 为天线单元辐射功率和增益。

（4）通信射频功能总体资源计算模型。

① 功能分析。通信是将信息从一处传输至另一处，本质上是一个单程的传输过程。通信从功能上可以分为战术通信、数据链通信以及卫星通信。通信的主要技术指标包括通信距离和范围、传输数率及误码率。

通信距离的能力取决于发射功率和通信对方的接收灵敏度，并受限于视距要求。同时，对于利用电离层反射进行超视距传播的通信信号，还需考虑发射损耗和传输路程增大造成的损耗[35]，通信距离可表示为

$$R_{com} \leqslant \left(\frac{P_T G_T G_R \lambda^2}{(4\pi)^2 S_r} L_{com} \right)^{\frac{1}{2}} \qquad (6-145)$$

式中：P_T 为目标发射峰值功率；G_T 和 G_R 分别为通信对象目标和本方通信设备天线的增益；S_r 为通信设备接收机灵敏度；L_{com} 为通信信号路径损耗；λ 为波长。

数字通信是现代通信系统的主要方式，其传输数率直接与传输信号的带宽相关，并受限于最小取样定理，有

$$R_B = 2B \qquad (6-146)$$

式中：R_B 为传输数率(bps)；B 为通信接收机带宽。在实际工作中，由于系统噪声的存在，传输数率也受到限制

$$R_B = B \log_2(1+(S/N)_{dB}) \qquad (6-147)$$

式中：$(S/N)_{dB}$ 为以 dB 形式表示的接收机输出信噪比。信噪比是与接收机带宽成反比的，随着带宽的增大，传输数率并不能无限增加，而趋于一极限值

$$\lim_{B \to \infty} R_B \approx 1.44(S/n_0) \qquad (6-148)$$

式中：S 为信号强度；n_0 为噪声功率谱密度。但随着信噪比的增加，传输数率将不断增大。

误码率与信噪比相关，信噪比为 0dB 时，误码率逼近 50%，信噪比越大误码率越小。具体误码率随信噪比增大的下降速度与具体的信号调制体制相关。

② 资源分析。通信功能的频域资源需求与其功能使用有关。战术通信由于传输距离需求，一般选取短波或超短波频段。数据链通信由于数据传输对带宽的需求，一般选取频段较高的微波频段。而卫星通信的频段则需与卫星系统相一致[35]。

通信功能的时域资源需求在宏观上取决于使用需求具有随机性，微观上取决于数据传输数率和需传输的数据量。

通信功能的空域和功率资源需求则主要取决于通信需覆盖的范围，以及远距离传输通信信号强度需求。通信发射需满足

$$P_T G_T \geqslant \frac{(4\pi)^2 R_{com}^2}{\lambda^2 G_R L_{com}} (S_r)_{min} \qquad (6-149)$$

式中：$(S_r)_{min}$ 为满足数据传输率和误码率需求的通信信号接收灵敏度。类似的通信接收需满足

$$G_R \geqslant \frac{(4\pi)^2 R^2}{\lambda^2 P_T G_T L_{com}} (S_r)_{min} \qquad (6-150)$$

式中：P_T 为目标发射峰值功率；G_T 和 G_R 分别为通信对象目标和本方通信设备天线的增益；

S_r 为通信设备接收机灵敏度；L_{com} 为通信信号路径损耗。

总体射频资源与射频指标之间的匹配性关系分析公式可总结归纳于表6-48。

表 6-48 总体射频资源与射频指标之间的匹配性关系分析

功能类型	总体射频资源	射频指标	匹配公式
雷达	天线规模	测角精度	$N_A \geqslant \dfrac{16.5}{(\Delta\theta)_{max} \cdot (\Delta\varphi)_{max} \cos\theta_{max} \cos\varphi_{max}}$
		探测距离	$N_A \geqslant \left[\dfrac{(4\pi)^3 k T_0 L (S/N)_{min}}{M\tau P_0 G_0^2 (\cos^2\theta \cos^2\varphi) \lambda^2 \sigma} R_{max}^4 \right]^{\frac{1}{3}}$
	天线架高	探测距离	$h_R = \left(\dfrac{R_{max}}{4.12 \times 0.8} - \sqrt{h_T} \right)^2$
	发射功率	探测距离	$P_0 \geqslant \dfrac{(4\pi)^3 k T_0 L (S/N)_{min}}{M\tau N_A^3 G_0^2 (\cos^2\theta \cos^2\varphi) \lambda^2 \sigma} R_{max}^4$
	信号周期	探测距离	$T_r \geqslant \dfrac{2}{c} R_{max}$
	脉冲宽度	探测近界/远界	$\dfrac{2}{c} R_{min} \leqslant \tau \leqslant \dfrac{2\eta}{c} R_{max}$
		测距精度	$\tau \leqslant \dfrac{2}{c} (\Delta R)_{max}$
		探测距离	$M\tau \geqslant \dfrac{(4\pi)^3 k T_0 L (S/N)_{min}}{P_T G_{max}^2 (\cos^2\theta \cos^2\varphi) \lambda^2 \sigma} R_{max}^4$
	时间资源占用率	数据率，批数	$\eta_s = S_s N_s \overline{T}_s + S_t \sum\limits_{i=1}^{N_t} \overline{T}_t$
侦察	时间资源占用率	数据率	$\eta_{ESM} \geqslant S_{ESM} T_s \begin{cases} \dfrac{\Omega}{625 \cdot (\Delta\theta)_{max} \cdot (\Delta\varphi)_{max}} & (\text{比幅法}) \\[3mm] 2\pi\cos\theta_{max} \dfrac{(\Delta\psi)_{min}}{(\Delta\theta)_{max}} & (\text{比相法}) \end{cases}$
	天线跨度	测角精度	$d = \dfrac{\lambda}{2\pi\Delta\theta\cos\theta} \Delta\psi$
	天线增益	侦察距离	$G_R \geqslant \dfrac{(4\pi R_{ESM})^2}{\lambda^2 P_T G_T} (S_r)_{min}$
干扰	天线功率及增益	压制距离	$\begin{cases} P_J G_J \geqslant \dfrac{P_T G_T R_{SC}^2 (J/S)_{min}}{R_T^2 L_J} & (\text{通信干扰}) \\[3mm] P_J G_J \geqslant \dfrac{P_T G_T \sigma (J/S)_{min}}{4\pi L_J R_{SC}^2} & (\text{雷达干扰}) \end{cases}$
通信	天线功率及增益	通信距离	$P_T G_T \geqslant \dfrac{(4\pi)^2 R_{com}^2}{\lambda^2 G_R L_{com}} (S_r)_{min}$
			$G_R \geqslant \dfrac{(4\pi)^2 R^2}{\lambda^2 P_T G_T L_{com}} (S_r)_{min}$

4）射频系统集成配置框架方案规划设计

在完成各射频功能的资源需求分析后，对各功能进行射频资源的优化分配，以最终确定概念设计阶段各射频功能的相关技术指标，并形成射频资源多参数分配原则如下：

（1）射频功能集成最优化方案需要同时满足若干个射频资源约束条件。

（2）当射频功能集成不能同时满足射频资源约束条件时，可以按照本舰射频资源的冗余程度进行优先级排序，进行折中处理。

（3）部分不能集成的射频功能原则上必须与射频功能集成设备进行射频资源的合理化调度；如在本舰上不能进行集成，可以考虑委托授权给编队内其他舰艇实现，然后通过合理的多传感器数据融合实现对应的射频功能。通过射频功能集成设计，可实现总体资源优化利用，提高电磁兼容性和隐身性。然而，射频设备功能集成的程度是有限度的，应根据具体射频功能的资源需求，进行合理的射频功能集成设计。首先应建立射频指标与总体射频资源之间的关联模型，即总体射频资源计算模型，用于评估为实现射频指标而付出的总体射频资源代价，以及射频指标变化带来的总体射频资源影响趋势。

前文中提到，驱逐舰射频功能主要包括对空中目标探测、对空目标跟踪、导弹跟踪、导弹制导、弹丸跟踪、弹道指令修正、对海目标探测、对海目标跟踪、水柱测量、信号侦察、信号截获、信号定向、干扰敌方飞机、干扰敌方舰船、干扰敌方导弹、对空目标识别、对海目标识别，同时还需完成部分通信、导航、直升机/无人机保障等功能。根据各功能的重要程度，在进行概念设计时，将以上功能划分为以下几个主要功能类别。

（1）警戒探测。警戒探测和态势监视，形成统一战场态势，后端共享感知。警戒探测主要包含对空中来袭的飞机、导弹等目标进行预警，探测来袭目标的方位、距离，并进行敌我属性识别。态势监视主要包含对舰艇周边电磁环境进行电子侦察，探测敌方通信及雷达信号，获取目标源频率、方位等信息。

（2）舰载电子、武器对抗指挥。实现目标精确指示和稳定跟踪，指挥控制舰载软、硬武器装备实施对敌方的海、陆、空目标进行打击，并进行自防御作战。打击过程中对导弹或信息化炮弹提供制导或指令修正信息。打击完成后对打击效果进行评估。

（3）数据通信。担负包括与岸基部队、友邻编队、编队内部通信，特别是与舰载机（战斗机、预警机、无人机）的数据链通信等，要求通信带宽大、信号实时性高，安全、稳定、可靠。

实时收集上级指挥所、卫星、协同兵力、编队内舰艇和飞机等兵力以及本舰相关部位提供的各种作战信息和战场环境信息。

通过卫星、短波、超短波等各种通信手段，保障本舰与上级指挥所、协同兵力、编队内诸兵力间的通信，传输按要求加密的数据、话音、视频、文电等信息，并保障本舰内部相关战位间通信联络。

（4）舰载机引导指挥。担负舰载直升机和无人机的指挥引导，对舰载机任务全过程进行测控、管制、数据传输、归航引导和着舰引导。

（5）综合气象导航。提供本舰航行和作战所需的各种导航和气象水文等信息，并向舰载机提供机载惯导初始对准信息。

因此，在进行射频资源优化分配时，应该满足优先次序为：本舰警戒探测、舰载电子、武器对抗指挥、数据通信、舰载机引导指挥、综合气象导航。即舰载射频设备优先执行警戒探测和电子、武器对抗指挥任务，通信、舰载机引导指挥、综合气象导航等功能可考虑与警戒探测设备进行孔径共用，利用分时模式或波形调制实现功能复用。

下面以射频资源多参数优化调配模型为输入，开展射频资源优化分配方案。

（1）警戒探测、电子对抗、武器指挥的射频资源模型。警戒探测功能是对指定空域内出现的目标进行搜索和监视，主要表现为搜索任务和跟踪任务；引导功能是对指定空域内的我方目标执行跟踪任务；反导功能一方面对威胁空域内的敌方目标进行跟踪，将目标信息送本舰区域防空、中近程反导、自防御武器系统，另一方面有实施有源、无源电子干扰的任务。

因此，研究从搜索、跟踪、电子干扰三方面建模，研究上述功能对射频资源的分配需求情况。

① 搜索任务的射频资源模型。为完成规定空域的搜索，搜索一个周期的时间 T_s 可表示为

$$T_s = \frac{\varphi\theta}{\Delta\varphi_{1/2}\Delta\theta_{1/2}}\overline{T_n} \tag{6-151}$$

式中：φ 和 θ 分别为水平面和俯仰面的搜索范围；$\Delta\varphi_{1/2}$ 和 $\Delta\theta_{1/2}$ 分别为天线搜索波束在水平和俯仰方向的半功率点宽度；$\overline{T_n}$ 为雷达信号在每个波位的平均驻留时间，对于一个波束位置而言，有 $T_n = nT_r$，其中 n 为在该波束位置上天线波束的驻留次数，T_r 为在雷达信号的重复周期。

雷达的脉冲重复周期 T_r 应与探测距离 $R_{\max}$ 相对应。当利用单个脉冲探测距离为 $R_{\max}$ 的目标时，其往返时间应等于或小于脉冲重复周期 T_r，才不会产生目标模糊。为充分利用时间资源，应使脉冲重复周期等于信号的往返时间，即

$$T_r = \frac{2R_{\max}}{c} \tag{6-152}$$

根据式（6-152）推算，雷达的脉冲重复周期应按图6-60规律，随最大搜索距离的变化而自适应调整，即可在不产生目标模糊的前提下充分利用时间资源。

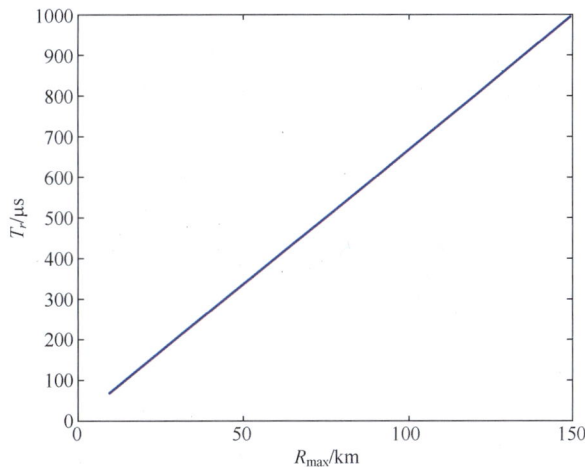

图 6-60 脉冲重复周期与最大搜索距离的关系

为满足最大搜索距离，还应保证脉冲宽度 τ 能满足如下雷达威力方程：

$$\frac{\widehat{P}_t\tau C_t G_r\sigma\lambda^2}{(4\pi)^3 kLN_t(S/N)_{\min}} = R_{\max}^4 \tag{6-153}$$

由式（6-153）推出：

$$\tau = \frac{R_{max}^4 (4\pi)^3 kLN_t (S/N)_{min}}{\widehat{P}_t G_t G_r \sigma \lambda^2} \tag{6-154}$$

式中：$\widehat{P}_t$ 为发射峰值功率；G_t 为天线发射增益；G_r 为天线接收增益；σ 为目标的雷达横截面；λ 为工作波长；k 为玻耳兹曼常数；L 为系统损耗；N_t 为系统噪声温度；$(S/N)_{min}$ 为最小可检测信噪比。

对于电扫描相控阵雷达而言，当波束偏离阵面法线时，还应考虑收发增益的降低所带来的影响，此时可将式（6-154）修正为

$$\tau = \frac{R_{max}^4 (4\pi)^3 kLN_t (S/N)_{min}}{\widehat{P}_t G_t G_r \sigma \lambda^2 \cos^2\theta \cos^2\varphi} \tag{6-155}$$

为保证对既定距离的空域搜索的威力及距离不模糊，雷达的脉冲重复周期与脉冲宽度需满足特定要求。理想情况下，可在单个脉冲周期内积累足够的能量，从而完成对一个波束位置的探测，此时最大搜索距离相对应的脉冲占空比的关系如图 6-61 所示；但由于雷达设备能力的限制，单个脉冲周期内的脉冲占空比 η 不可能在保持峰值功率的同时无限增大，因此，有时需要对同一波束位置利用多个脉冲周期进行探测。若 $\tau/T_r \leq \eta$，则单个脉冲即可实现对既定距离的搜索，此时 $n=1$（n 为在该波束位置上天线波束的驻留次数）；若 $\tau/T_r > \eta$，则对同一波束位置应进行多脉冲积累探测，此时 n 为大于 1 的整数，或适当提高 T_r 的值，在设备能力允许的范围，以总耗时最小为原则，确定采取哪种调整措施。

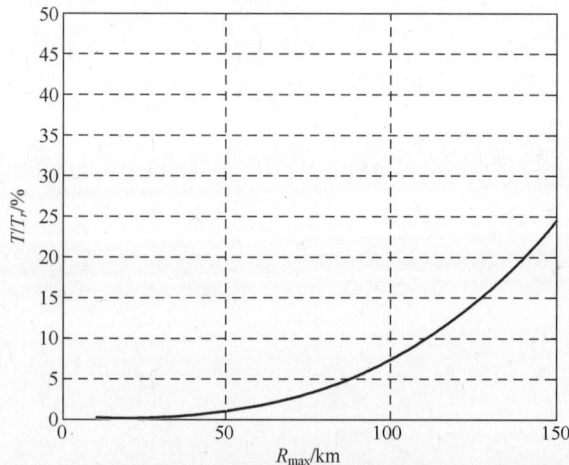

图 6-61 ┃ 单脉冲周期探测时与最大搜索距离相对应的脉冲占空比需求

在峰值功率一定的情况下，大功率微波雷达的脉冲占空比最大达到 30%。

② 跟踪任务的射频资源模型。对特定目标的跟踪，原理等同于对单个方向上的探测，即等同式（6-152），单次跟踪周期 T_i 满足：

$$T_i = \frac{2R_t}{c} \tag{6-156}$$

式中：R_t 为目标距离，是由本舰或编队内的警戒探测设备探测到目标后，为跟踪任务提供目标距离、角度等初始指示信息。为满足雷达威力方程，跟踪脉冲宽度 τ 也应满足式（6-154）。

因被跟踪目标的方位可能发生变化，应根据预测目标航迹，在目标期望位置附近进行 m 个周期的探测，因此，实际跟踪时间需求为 $T_t = mT_i$。

③ 电子干扰任务的射频资源模型。舰载干扰机所需等效辐射功率与干扰目标数有关，如美国 SLQ-32(Ⅴ)3 干扰机，该干扰机为多波束体制，若同时用多个波束干扰多个目标，总的干扰能量将在不同的波束之间进行分配，为了保证每个波束的干扰有效性，干扰机的等效辐射功率将随同时干扰目标数的增加而增大。图 6-62 列出了国外典型干扰机等效辐射功率与干扰目标数（敌方雷达）的关系（横轴为干扰目标数，纵轴为等效辐射功率，单位 kW），从图中数据可以计算出，对单个目标干扰随干扰总数的不同，所需 ERP 约为 25~50kW。

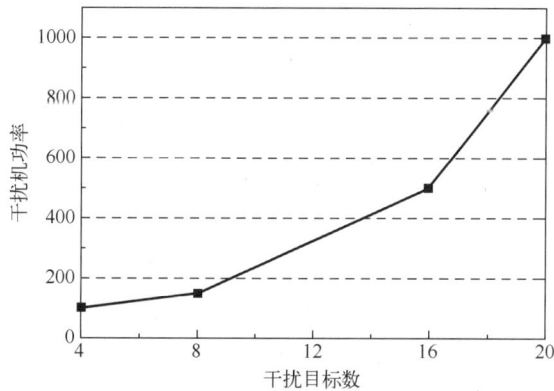

图 6-62 ▎国外典型干扰机等效辐射功率与干扰目标数（敌方雷达）的关系

干扰反舰导弹的导引头，根据雷达方程知对抗等效辐射功率 $P_j G_j$ 为

$$P_j G_j = \frac{P_t G_t (R_j)^2}{\Delta B (R_t)^2} \qquad (6\text{-}157)$$

式中：$P_t G_t$ 为敌方制导等效辐射功率；ΔB 为压制带宽系数；R_j 为我方电子干扰拦截距离；R_t 为敌方制导雷达到反舰弹的距离。可根据敌方制导功率典型值、我方电子干扰拦截距离、压制带宽系数计算干扰机所需等效辐射功率及阵面规模。

根据目标的威胁等级不同，干扰时间资源需求 T_E 从 20%~100% 不等。当时间资源需求过大时，相控阵可采用多波束体制，分别干扰不同目标，不存在资源不足的情况。

雷达有源干扰所对应的频段由作战对象所使用的频段所决定。

（2）警戒探测、电子对抗、武器指挥相关射频集成设备的射频资源利用率模型。由于射频集成技术在舰船领域的大量应用，部分射频功能可以通过射频集成设计，有效减少对总体资源的占用。

对于警戒探测、电子对抗、武器指挥的射频设备，其射频资源利用率模型分别如下。

若某射频设备负责搜索、跟踪任务，其射频资源利用率 η_S 为

$$\eta_S = s_s T_s + \sum_{i=1}^{n} s_{ti} T_{ti} + p_S \qquad (6\text{-}158)$$

式中：s_s 为搜索数据率（Hz）；T_s 为搜索一个周期所用的时间；n 为跟踪目标数；s_t 为跟踪目标数据率；T_t 为跟踪单个目标一个周期所用的时间；p_S 为任务执行过程中因某射频设备的各种软硬件资源开销形成的时间损耗。

若某射频设备负责搜索、跟踪、任务，兼顾干扰，其射频资源利用率 η_X 为

$$\eta_X = s_s T_s + \sum_{i=1}^{n} s_{ti} T_{ti} + \eta_{th} + p_X \qquad (6\text{-}159)$$

式中：η_{th} 为与目标威胁度相关的值，有 $0 \leqslant \eta_{th} \leqslant 1$，对于低威胁目标，$\eta_{th}$ 根据目标特性和作战环境不同从 $20\% \sim 50\%$，而对于高威胁目标 η_{th} 达到 $50\% \sim 100\%$；p_X 为任务执行过程中因某射频设备的各种软硬件资源开销形成的时间损耗；其他参数同式（6-158）。

若某射频设备负责干扰，其射频资源利用率 η_{GR} 为

$$\eta_{GR} = \eta_{th} + p_{GR} \qquad (6\text{-}160)$$

式中：η_{th} 为与目标威胁度相关的值，有 $0 \leqslant \eta_{th} \leqslant 1$；$p_{GR}$ 为任务执行过程中因某射频设备的各种软硬件资源开销形成的时间损耗。

针对式（6-158）、式（6-159）、式（6-160）所示的射频资源利用率模型，射频资源优化分配的途径为：

设备在研制中做好波束排布及减小 p 值等优化工作，并能根据目标特征信息，实时优化调整搜索跟踪周期 T_s、T_t；总体及系统根据作战任务性质，综合考虑电磁兼容约束条件，确定辐射功率、频率需求，对应调用射频集成设备的基本调度模块并为其分配工作时域、空域，明确跟踪目标数 n、数据率 s 等参数。

射频资源优化分配的目标为：

能兼容完成分配的各类作战任务。

确保各设备的射频资源利用率值均小于等于 1。

（3）警戒探测、电子对抗、武器指挥射频资源的需求计算。在完成射频资源分配方案后，可根据前文中的射频资源模型和射频资源利用率模型进行计算，判断射频资源利用率是否满足各设备的射频资源利用率值均小于等于 1 的目标分配要求，整理计算出各作战任务对射频资源的需求。

射频资源的需求计算中应充分考虑不同舰船的使命任务特点，本书中不进行详细描述。

（4）射频资源分配方案及射频系统框架方案规划设计。通过以上总体射频资源的有效分配，可以基本明确各射频设备能够有效完成的射频功能，然后根据各射频设备的射频功能需求，提出各设备的技术指标要求。

在射频资源在概念设计阶段，可以结合装备研制现状，提出多个射频系统框架方案供使用方选择。

2. 舰载机起降安全性设计方法

为保证舰载机具有可靠的海上作战能力，舰载机应具备高海况下的起降能力，而起降平台是舰载机的起降区域，起降平台上方的气流环境及舰载机在起降平台上的安全缓冲区域直接影响着舰载机能否安全起降。因此，在驱逐舰概念设计阶段，最重要的就是进行舰载机起降安全性设计。下面分别阐述基于理论分析的起降平台设计方法和基于仿真计算的舰载机起降安全性分析方法。

1）基于理论分析的起降平台设计

起降平台设计主要是设计着舰圈中心点距离起降平台前方障碍物以及距离起降平台后边界线的距离。

（1）着舰圈中心点及直径的确定。舰载机在起降区域中各种极限位置的确定均与着

舰圈的大小和定位有关，因此，在进行起降平台的设计时，首要确定的就是着舰圈的参数。在直升机起降操作中对于舰载机成功降落的定义为必须保证舰载机的所有机轮均落入着舰圈内，同时，在进行最佳着舰的情况下，着舰圈中心对应于舰载机的某一固定部位。因此，为了确定着舰圈的直径，首先需要确定理想着舰时着舰圈中心点与舰载机机身的对应关系。

对于美国"海鹰"直升机，着舰圈中心点对应的部位为直升机的主旋翼中心，而非主轮中心。确定着舰圈中心点对应于直升机的位置后，着舰圈的最小直径必须满足当直升机进行理想着舰时，着舰圈的范围应当包围所有机轮，美国"海鹰"直升机对应的着舰圈外径通常取 7.32m。

（2）着舰圈中心距离起降平台前方障碍物的距离。着舰圈中心距离起降平台前方障碍物的距离必须满足当舰载机位于着舰圈前极限位置时旋翼刀片不碰触到任何障碍物。着舰圈中心距离起降平台前方障碍物的最小距离由舰载机位于着舰圈内时旋翼扫过区域的前极限位置和净空距离决定。

美军对于最小前净空距离的净空余量有十分明确的定义，即无论舰船搭载何种机型，净空余量均为 2ft（0.61m）。因此，着舰圈中心距离起降平台前方障碍物的距离等于着舰圈中心与主旋翼最末端的距离加上 0.61m。

（3）着舰圈中心距离起降平台后边界线的距离。前三点式直升机，在其主轮位于着舰圈时，其尾部宜与起降平台的尾缘边界线平齐。后三点式直升机，在主轮位于着舰圈时，应保证其后轮在任何情况下离起降平台的尾缘边界线不小于 0.5m，并保证直升机在起降平台上操作的方便性。

2）基于仿真计算的舰载机起降安全性分析

驱逐舰起降平台一般位于上层建筑的后部，受相对风及舰船运动的影响，舰载机起降区域通常为紊流区，舰载机进入该区域后会出现气动特性不稳定的情况，导致舰载机飞行控制难度增大。在概念设计阶段，需开展舰载机起降安全性分析，在初步确定起降平台和上层建筑后，构建舰载机起降分析模型，采用 CFD 等方法计算起降平台上方的气流环境，作为输入对舰载机动力学飞行仿真模型进行仿真求解，根据仿真结果来判断起降平台尺寸的设计是否满足要求舰载机安全起降的要求。

舰载机起降分析模型应包括舰载机动力学飞行仿真模型、舰船运动模型和舰机耦合模型。以舰载直升机为例，舰载直升机动力学飞行仿真模型包括主旋翼系统模型、尾桨模型、机身系统模型及操纵系统模型等多个系统。舰船运动模型包括舰船总体参数、舰船运动参数（耐波性数据）及艉部气流场数据。根据舰载直升机起飞/着舰过程和舰船环境对舰载直升机性能的影响来判断舰面起降的安全性，舰载直升机通常从总距操作余量、纵向周期操作余量、横向周期操作余量、尾桨距操纵余量、机身俯仰角、机身滚转角等方面来判断舰面起降的安全性。

目前通用的方法是，将舰载机起降安全性的仿真结果制成起降风限图来判断某型舰载机在某型驱逐舰上的起降安全性。起降风限图的一般研制步骤为：

（1）逆风方向，从风速 5kn 开始进行起降安全性仿真，若舰载机安全降落则风速增大 5kn 继续进行仿真，直到风速使舰载机无法安全降落，则该风速为逆风风向下的安全起降边界。

（2）风向顺时针改变 10°，继续上述操作确定某一风向下的安全起降边界，直到建立 360°的安全起降范围。

6.8 > 总体集成方案设计

在研究了驱逐舰各系统的设计原则和设计方法后，如何在各系统的基础上分析并形成技术方案，构造多个驱逐舰概念方案，并基于总体集成的原则最终形成概念方案是本节所要解决的问题。

6.8.1 总体集成原则

传统上认为总体的任务就是设计一个好的船型，匹配一套好的推进系统，按用户要求配设备，"总体"尽力而为，能装多少就装多少，并尽量满足负载的环境和供给需求[36]。按照这个思路，只需要将前述各系统设计出来，按需求匹配各系统，基于指标要求，初步估算一个能尽量满足匹配系统的驱逐舰要素，然后采用检验性计算的方式，在若干次迭代中检验、修正和近似，得到最终方案。

反观欧、美发达国家驱逐舰设计，则由自下而上的非集成系统设计方式转化为自上而下的集成化系统设计方式，增强了系统的整体性和关联性。集成设计就是以提高驱逐舰综合作战能力为目标，在保证驱逐舰功能要求的前提下，通过运用系统工程思想及现代技术创新，将驱逐舰分散的设施、功能和信息等集成到相互关联的、统一和协调的系统之中，使全舰装备对驱逐舰重量、空间、能源及信息等的利用率最高[37]。

集成设计过程中应遵循的基本原则包括[37]：

（1）以提升驱逐舰的综合作战效能为出发点；任何情况下，集成与优化设计不能降低驱逐舰的综合作战效能。

（2）应加强顶层设计，合理规划和分解系统功能；驱逐舰系统应优化系统结构，保证系统结构高度有序。

（3）应确保提高系统整体性能，注重技术手段和非技术手段的综合应用。

那么，集成设计与概念设计是什么关系？集成设计是一种设计思想，目的是为了增强系统的整体性和关联性，进而提高驱逐舰综合作战能力。本质上概念方案是一系列设计参数的集合，概念设计就是设法找到满足设计目标、设计约束的一组设计参数。而驱逐舰的设计过程可看作是由概念方案经过检验、修正及近似得到最终方案的过程。概论方案优劣直接关系到最终方案的好坏。当概念方案较差时获得最终方案可能不是一个好方案或需要花费更大的代价（时间、成本等）才能演化成好的方案。见图 6-63，A、B、C、D 均为不同的概念方案。最大的圆点表示最优方案。A 和 B 两个初始方案分别经过 3 次和 2 次迭代获得最优方案，而 C 和 D 则无法形成最优方案。这就是工程实践中往往采用母型法的原因。鉴于概念方案直接关系到最终方案的优劣，需要在概念设计时引入集成设计的思想。

在概念设计时引入集成设计可以取得如下效果：

（1）加大驱逐舰顶层设计力度。正如本章前面指出的，公理设计方法是一种结构化可重复的、可最大限制减少迭代，获得较优的概念方案。因为公理设计的框架通过功能域→物理域→设计参数链式通路隐式强化了顶层设计。

（2）注重提高系统整体性能。基于公理设计论证主尺度时，综合考虑船体、装置、推进系统、电力系统、作战系统等需求；传统方法主要考虑作战系统、推进系统、电力系统等需求。也就是说公理设计更加注重整体性能的提升，考虑更加全面。

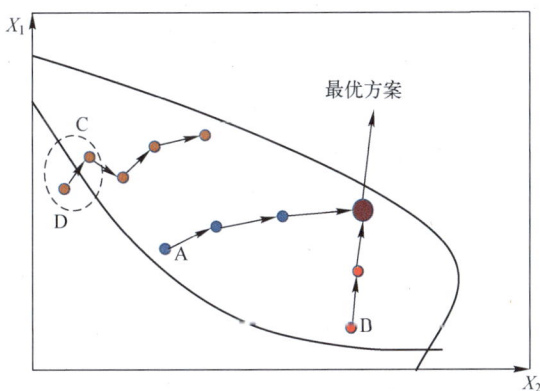

图 6-63 ▎概念方案的优劣与否与最终方案优劣的关系示意图

6.8.2　基于试验设计的多方案构建

驱逐舰概念方案是一系列设计参数构成的集合，形成概念方案也就是设法找到满足设计目标（需求）、设计约束的一组设计参数。驱逐舰概念方案除了确保解向量符合驱逐舰指标或达到性能最优外，还需反映各项功能的设计方案以及各功能设计方案的拓扑关系。6.1 节解决了驱逐舰尺度（设计参数）的问题以及如何合理规划舰的整体布局。6.2 节至 6.7 节分别解决了船体、装置、推进系统、电力系统、保障系统、作战系统等设计方案。下面需要将6.1 节与 6.2 至 6.7 节结合起来，形成既确保设计参数又反映各功能的设计方案及相互间拓扑关系的完整驱逐舰概念方案。

概念设计阶段的基本目标是生成尽可能多的设计想法，如果只得到一两个可选择的方案是不行的。为什么要构建多方案？从一般产品开发的实践看，成功设计的创意与概念绝大部分不是最初的想法，而往往是第 10 个、第 20 个，甚至更多想法的体现。从另一个角度理解，见图 6-64，描述了产品从创意到商品化的过程。从模糊前端 11 个创意想法，到设计阶段的 3 个方案，再到制造阶段的 2 个产品方案，最后只剩 1 个产品实现了商品化（以图 6-64 中数量描述）。类似地，若驱逐舰概念阶段方案只有 1、2 个则局限了方案的覆盖范围，随着设计阶段的不断进行、细化，方案隐藏的劣势逐步显现。

那么，如何生成多方案？如果每项功能都有一系列可选择的设计方案，对这些方案进行组合，可能的结果会有很多种。这些结果中一定会有在几何和物理兼容性及功能共享方面存在问题的方案，即不成立的方案。但是我们的目标是在广泛的构建概念方案的同时，舍弃那些不成立的方案。假设船体具有 M_1 种方案，装置具有 M_2 种方案，……，全部方案的数量至少是 $M_1 M_2 \cdots M_7$。一种解决方案是，建立形态矩阵，按列的逻辑分组排列，如能量类型等，给出各方案的最重要特征，并对兼容性功能进行组合。对一般产品设计而言，这种解决方案比较合适。但是该解决方案难以解决驱逐舰这类大型复杂系统。首先驱逐舰涉及功能众多，

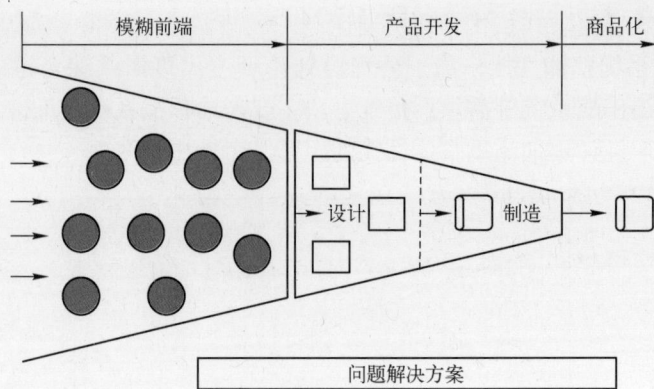

图 6-64 ▎从产品创意到商业化的演化过程[38]

而其每一项功能都有若干种方案，全部方案的数量将极其巨大；再者由于驱逐舰的强耦合性，需要对大量的功能进行兼容性和共享性功能组合，难度较大。本节推荐采用基于试验设计的功能组合构建多方案。

为了说明基于试验设计的功能组合构建多方案，引入设计空间的概念。设计空间就是由设计变量、设计参量的全部值所构建的空间。将设计变量、设计参量所对应的状态变量解向量（即概念方案）投影至设计空间中。将主要性能指标等设计约束在设计空间以投影线表示。为了简便明了地表示，以图 6-65 示意之。

由于设计空间包含了设计变量、设计参量的全部值，对于某些设计变量、设计参量的值的组合可能不满足约束（如巡航航速小于要求值），这样的组合显然是不满足要求的，可以认为是不可行的方案。于是，将在设计空间中由设计约束所围成的区域称为可行域。显然，驱逐舰设计的最终结果应该是可行域中的某一点，如图 6-65 中的圆点所示。从图 6-65 中还可以看出，可行域中的诸多点都满足设计要求，这也就从理论上解释了为什么同样的

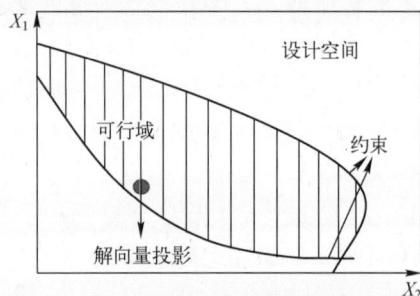

图 6-65 ▎设计空间、可行域简要示意图

设计输入，会得到不同的设计方案。另外，这些不同的设计方案存在高低、优劣之分，为了得到优秀的设计方案，必须对不同的设计方案进行评价，以便决策选择出一个优秀的设计方案。

在驱逐舰概念设计阶段，由于信息残缺许多设计变量、参数只能初略估算。在需求指标条件下，许多设计变量、设计参数在概念设计阶段时是一个数值范围，该取值范围构成了驱逐舰设计阶段的设计空间。该设计空间是满足所有功能解决方案的一个可行方案的集合，即从设计空间中取出的各功能方案，不但满足自身要求，还能满足其他功能的需求。另外也极大减少了组合方案的数量。

1. 试验设计

试验设计技术（Design of Experiment，DOE）是构建近似模型过程中必不可少环节，样本点的选取直接决定了近似模型的构建精度，因此试验设计方法的选取尤为重要，有必要做相应论述。

在 DOE 中，影响试验结果的因素称为因子，因子所处的状态称为水平。常见方法包括[39]：完全析因设计（Full Factorial Designs，FFD）、中心复合设计（Central Composite Design，CCD）、D-optimal 设计、拉丁超立方（Latin Hypercube，LH）、正交试验设计（Orthogonal Arrays，OA）、均匀设计（Uniform Designs）等。

完全析因设计，即全因子试验，允许任意数目的因素和水平，对因子的每一水平组合均进行试验，所需的试验次数最多。

中心复合设计，也称二次回归旋转设计，样本点由三部分构成：1 个中心点，围绕该中心点的 $2k$（k 个因子）个边界点和 $2k$ 个轴向点。该方法扩展了设计空间并得到了高阶信息，设计简单，试验次数少，预测性好。

D-optimal 设计[39]，通过最大化 Fisher 信息矩阵的行列式值 det（XTX），使线性模型参数的回归估计的置信椭球的体积最小化。

拉丁超立方[40]，在 n 维空间中，将每一维坐标区间依次均匀等分为 m 个区间，随机取 m 个点，保证一个因素的每个水平只被研究一次。即构成 n 维空间，样本数为 m 的拉丁超立方设计。特点是，各因子水平数均等于因子总数，试验次数等于因子水平数，因而试验次数很少，可以用于因子和水平较多的情况。

正交试验[39]，用正交表安排多因素试验，因此有均匀分散、整齐可比的特点。在因子数和水平数适当的情况下，正交试验可得到较多的均匀分布的设计点（但比完全析因设计少很多）；但在因子数或水平数较大时，需要的试验次数很大而不适合使用。

均匀设计[39]，是一种利用均匀性在设计变量空间选取典型试验点的方法。其模型是基于稳健回归模型（或称"总均值模型"），希望试验点能给出总均值的偏差最小。当响应与变量的关系为高次多项式或非线性关系时，选点数少，选点效率高，构建回归模型快，精度高且稳健性好，但试验分析比较麻烦，大试验次数设计表构造存在困难。

2. 多方案构建研究

6.1.2 节已经基于公理设计方法对驱逐舰进行了功能与设计参量的映射，并建立的式（6-2）~式（6-18）的设计方程。下面针对具体的例子介绍应用的过程。

1）基于公理设计的主尺度论证研究

开发一型驱逐舰，具体指标要求见表 6-49。指标主要从平台和作战能力两方面提出要求。根据 6.1.2 节可得到主尺度设计变量值，见表 6-50。

表 6-49 新研驱逐舰主要性能指标要求

特　征	指　标
航速	巡航航速 18kn，最大航速不小于 30kn
自持力	45 昼夜
续航力	不小于 4000n mile
对空作战能力	对飞机拦截范围 5~180km；对导弹拦截范围 0.3~8km
对海作战能力	对海上目标打击范围 40~500km
对水下作战能力	在 50km 内对潜艇目标实施打击；在 2.5km 对来袭鱼雷目标实施软对抗和硬拦截

表 6-50　主尺度设计变量值

设 计 变 量	值
D	5200t
L	130m
B	17m
T	5.5m
C_P	0.7
C_m	0.8
所需推进功率	2500kW
所需电力	3MW

2）基于试验设计的多方案生成

为了采用试验设计形成多方案，首先分析试验设计中的因子，其次选择试验设计方法，最后通过试验设计形成多个方案。

在驱逐舰设计中，试验因子的选择需要仔细地权衡。首先，考虑排水量，排水量既是设计的结果，又是设计中重要的控制变量，因此可将排水量作为一个因子。其次，驱逐舰的核心功能是作战，于是作战系统相对其他系统而言，重要程度最高，可将作战系统作为第二个因子。最后，推进系统的形式和配置也对驱逐舰的总体概念方案有重要影响，因而选取推进系统作为第三个因子。

根据作战能力的指标要求，主要涉及导弹类武器及垂直发射装置、主炮、近程反导武器、鱼雷防御武器、干扰弹发射装置等，典型配置如方案表 6-51 所列。不同的配置将导致不同的作战能力。在满足指标条件下，不同的配置将导致驱逐舰的成本、方案不同。此外，考虑武器性能发挥、技术可行性等因素，对于一组典型武器配置，如低配形式，其武器布置方式不唯一，可以形成多种武器布置方案。

表 6-51　典型舰面武器设备配置方案一览表

武 器 名 称	武 器 类 型	低配	中配	高配
垂直发射装置	单元数	48	64	80
主炮	155 舰炮/座	1	/	/
	127 舰炮/座	/	1	1
近程反导武器	近程反导舰炮/座	1	2	2
	近程反导导弹发射装置/座	1	1	2
干扰弹发射装置/座		2	4	4
鱼雷防御武器发射装置/座		1	1	2
管装鱼雷发射装置/座		2	2	2

对于推进形式当前常用的有以下几种方案：

方案一：全燃联合推进方案。由四台燃气轮机、两台减速齿轮箱、两套调距桨及轴系组成。巡航及低速航行时，左右舷各一台燃气轮机驱动轴系及调距桨，加速或全速时，左右舷各两台燃气轮机并车，驱动左右舷轴系及调距桨。其推进功率大，航速高。

方案二：柴燃交替推进方案。由两台柴油机、两台燃气轮机、两台减速齿轮箱、两套调距桨及轴系组成。巡航及低速航行时，左右舷各一台柴油机驱动轴系及调距桨，加速或全速时，左右舷各一台燃气轮机驱动左右舷轴系及调距桨。由于低速及巡航时，使用柴油机驱动，燃油经济性好。

方案三：柴电燃联合推进方案。由多台柴油机发电机或者燃气轮机发电机、两台燃气轮机、两台减速齿轮箱、两套调距桨及轴系组成。巡航及低速航行时，左右舷各推进电机驱动轴系及调距桨，加速或全速时，左右舷各一台燃气轮机与电动机并车驱动左右舷轴系及调距桨。由于低速及巡航时，使用柴油机提供的电力供推进电机驱动，燃油经济性好，水下辐射噪声低。

方案四：综合电力推进方案。由多台柴油机发电机或者燃气轮机发电机、两台推进电机、两套定距桨及轴系组成。巡航及低速航行时，由柴油发电机提供推进电力，左右舷各推进电机驱动轴系及定距桨；加速或全速时，所有柴油发电机及燃气轮机发电机组提供满功率推进电力，左右舷各推进电机驱动轴系及定距桨。由于低速及巡航时，使用柴油机提供的电力供推进电机驱动，燃油经济性好，水下辐射噪声低，且留有足够的电能功率，满足新式高能武器上舰，但综合电力造价高，受经济可承受性暂不考虑。

综上所述，基于均匀试验设计采样，构建如下试验设计因子表6-52。

表6-52 基于均匀试验的试验设计因子表

试验设计因子	低	中	高
排水量	5000	5500	6000
作战系统方案	低	中	高
推进形式	方案一	方案二	方案三

根据初步论证的主尺度及作战系统、推进系统方案，基于均匀采样的试验设计生成多方案列表如表6-53所示：

表6-53 基于均匀采样的多方案列表

方案	因子		
	排水量	作战系统方案	推进形式
A1	5500	中	方案三
A2	5500	高	方案二
A3	5500	中	方案二
A4	5000	中	方案二
A5	5500	中	方案一
A6	5000	高	方案三
A7	6000	低	方案一
A8	5500	低	方案二
A9	6000	中	方案二
A10	6000	低	方案三
A11	6000	高	方案一

（续）

方　案	因　子		
	排水量	作战系统方案	推进形式
A12	5000	高	方案一
A13	5000	低	方案一
A14	5000	低	方案三
A15	6000	高	方案三

参 考 文 献

[1] 徐青. 舰船构型设计 ［M］. 北京：国防工业出版社，2016.

[2] 周巍，张维俊. 水面舰船研制过程中重量重心控制方法 ［J］. 中国舰船研究，2012，7（4）：01-05.

[3] 中国船舶工业集团公司，中国船舶重工集团公司，中国造船工程学会. 船舶设计使用手册（第3版）总体分册 ［M］. 北京：国防工业出版社，2013.

[4] 徐青. 舰船总体设计流程分析 ［J］. 中国舰船研究，2012，7（5）：01-07.

[5] 王健，陈立. 舰船总布置中的综合评估模型及其应用研究 ［J］. 中国舰船研究，2010，5（1）：19-23，38.

[6] 冯恩德，席龙飞. 船舶设计原理 ［M］. 大连：大连海运学院出版社，1990.

[7] 陈文战，陈伟. 最小阻力的参数化船型优化研究 ［J］. 中国舰船研究，2013，7（2）：28-33.

[8] 戴仰山，沈进威，等. 船舶波浪载荷 ［M］. 北京：国防工业出版社，2007.

[9] 曾广武. 船舶结构优化设计 ［M］. 武汉：华中科技大学出版社，2004.

[10] 许文华，肖熙. 基于模拟退火算法的舰船中剖面优化设计 ［J］. 上海交通大学学报，2000，34（1）：95-98.

[11] 王念社. 大型餐厅服务系统离散仿真研究 ［D］. 哈尔滨：哈尔滨工程大学，2018.

[12] 陈佳亭. 商业银行营业网点服务运营管理研究 ［D］. 南京：南京理工大学，2017.

[13] 徐琛. 基于排队理论的随机规划水资源管理研究 ［D］. 北京：华北电力大学，2014.

[14] 袁洪艳. 基于排队论的医院全流程排队管理系统的研究 ［D］. 杭州：浙江大学，2008.

[15] 胡艳丽. 计算网格中基于时间均衡的任务调度方法研究 ［D］. 长沙：国防科学技术大学，2004.

[16] 宋加山. 排队论模型在排队管理系统的最优控制研究 ［C］. 第八届中国管理学年会——信息管理分会场论文集，2013.

[17] 张新全. 餐饮空间流线设计的研究 ［D］. 南京：南京林业大学，2010.

[18] 刘爱华. 船舶动力系统配置设计及优化方法研究 ［D］. 武汉：武汉理工大学，2013.

[19] 王忠义. 船用燃气轮机排气引射装置性能研究 ［D］. 哈尔滨：哈尔滨工程大学，2010.

[20] 陆叶. 船舶轴系扭转振动分析软件开发及试验验证 ［D］. 大连：大连理工大学，2013.

[21] 钟涛. 舰船推进轴系校中技术研究 ［D］. 上海：上海交通大学，2010.

[22] 邱国永. 基于通风网络理论的变风量空调送风系统控制研究 ［D］. 郑州：中原工学院，2010.

[23] 李楠. 轴流通风机叶片切割性能的研究 ［D］. 沈阳：东北大学，2010.

[24] 曾启策. 固体氧化物燃料电池模块化短堆流场模拟与结构优化 ［D］. 镇江：江苏科技大学，2012.

[25] 方勇. 舰船集体防护系统超压及波动分析 ［J］. 舰船防化，2013，164（3）：48-51.

[26] U.S. army corps of engineers. Design of chemical agent collective protection shelters for new and existing facilities, appendix B ［R］. Technical letter no. 1110-3-490. 13 may 1998.

[27] U.S. army corps of engineers. Design of collective protection shelters to resist chemical, biological, and radio-

logical (CBR) agents, appendix B ［R］. Engineer Technical Letter 1110-3-498, 1999.

［28］方勇. 舰船核生化防御措施及规避行为 ［J］. 船海工程, 2013, 42 (4)：131-133.

［29］吴家林, 等. 大气压力变化对咽鼓管通气阻力的影响及耳气压伤的预防 ［J］. 中华航空航天医学杂志, 2006, 17 (1)：18-21.

［30］铃木浩明, 等. 车内压力波动引起耳鸣的研究 ［J］. 国外铁道车辆, 1999, 53 (5)：15-18.

［31］肖华军, 等. 大运飞机座舱压力设计的生理学基础 ［C］. 中国航空学会 2007 年学术年会, 2007, 机载航电专题 75：1-5.

［32］Klaver E C, KassiesE. Dimensioning of tunnels for passenger comfort in Netherlands. Proc. 10th International Symposium on the Aerodynamics and Ventilation of Vehicle Tunnels ［J］. Cranfield U K：BHR Group, 2000 (19)：737-755.

［33］方勇等. 舰船核生化防护区二氧化碳体积分数分析 ［J］. 船海工程, 2013, 42 (4)：5-7.

［34］潘镜芙, 闵绍荣. 作战系统的效能分析与评估方法 ［J］. 中国舰船研究, 2006, 1 (1)：1-8.

［35］栾厚斌, 陈曦. 舰载通信天线集成发展分析 ［J］. 舰船电子工程, 2014, 34 (2)：10-13.

［36］邵开文, 张骏. 总体者, 集大成也 ［J］. 中国舰船研究, 2008, 3 (1)：1-4, 12.

［37］李爽, 田斌斌, 徐青, 等, 水面舰船集成优化设计探讨 ［J］. 中国舰船研究, 2013, 8 (2)：1-5.

［38］檀润华. TRIZ 及应用技术创新过程与方法 ［M］. 北京：高等教育出版社, 2010.

［39］赵明. 重型数控机床多学科设计优化若干关键技术研究 ［D］. 武汉：华中科技大学, 2008.

［40］翟建平. 气动载荷下高速列车动力学性能及参数优化研究 ［D］. 成都：西南交通大学, 2013.

第 7 章

驱逐舰概念设计的主要评估方法

7.1 > 评估目的与内容

7.1.1 目的与原则

1. 主要目的

设计是人类有目的的一种创造性实践活动，表现为对一系列需求问题的求解行为，即发现问题、分析问题和解决问题的活动，是一个不间断的创造过程，即设计与决策过程。设计的价值体现为设计结果的合目的性，以及过程的合规律性。设计评价是对设计价值的一种衡量和判定，设计评价既是对最终效果的评判，也是对过程效率的衡量。因此，正确的设计决策依赖于持续、有效的设计评价活动[1]。

设计评价有广义和狭义之分，从广义上讲，设计评价是对人类一切造物活动的价值判定。事实上，无论人类主体是否察觉，日常生活中始终充斥着对自我、他人、事物、环境的价值判断。任何一种在广义设计概念下的创造性行为，都有设计评价活动的存在，这便是对设计评价的广义理解[1]。

从狭义上讲，设计评价是一个专业概念，属于设计管理领域的重要内容，J. 克里斯托弗·琼斯（J. Christopher Jones）在《系统设计方法》（*A Method of System design*）中认为，设计评价是设计过程管理的重要环节，具体说来是在最终方案确定前，从诸多备选方案中，对方案在使用、生产和营销方面表现的正确性给予评估。在这里，"方案"的意义是广泛的，可以有多种形式，如原理方案、结构方案、造型方案等，从其载体上看，可以是零件图或装配图，也可以是模型等。一般情况下，设计评价应在多方案的条件下才有意义。特殊情况下，也可以只对某个方案进行评价，但应注意评价结果的相对性[1]。

概念设计过程是一个复杂的、不完全确定的、创造性的设计探索过程，其表现为一连串相连问题的求解活动，概念设计的需求是多样化的，导致所要解决的问题也是复杂、多解的。因此，对于每一个设计问题，一般都会有许多不同的解决方案。在概念设计活动中，设计评价是其中一个非常重要的环节，它是概念设计决策的重要依据[1]。

在概念设计阶段，如果设计者已经获得了多个可行的总体概念设计方案，如何评价并选择其中的最优方案或多个综合兼优的方案，是概念方案求解的一个关键问题。

方案评估结论直接决定着后续设计的设计目标，也极大程度地影响着最终物理产品的性能、质量和成本。

评价是要查明一个解关于预定目标的价值、效用和优劣程度。评价不能基于孤立的单个局部因素，而必须根据总的目标，按正确的比例关系来考虑所有的影响因素，建立相应的评价体系。概念设计方案评价就是以评价体系为依据，利用合适的评价方法对概念产品方案进行全面评价，以获得最优概念产品方案[2]。

驱逐舰概念设计是对复杂系统进行多目标优化、综合权衡的过程，设计过程中，在分析作战需求的基础上，往往从多个角度和不同的设计思路提出实现预期目标较为合理的多个可行方案，由于驱逐舰类型的多样性、总体构成的复杂性，造成多方案的对比分析及方案决策困难，为合理确定和选择出符合实际需求和效益最佳的初步总体概念方案，需要对各方案开展全面、科学的评估工作[3]。因此，在驱逐舰概念设计阶段，开展总体方案评估的目的是建立和采用适用的评估指标体系与评估方法，由设计人员对所提出的多个初步总体概念方案进行综合评估，给出科学、可信的评估结论，为方案选择决策提供依据。

2. 主要原则

概念设计方案的拟定和设计，最终目的是形成满足主要性能指标与功能目标要求的优选方案，而方案的优劣是需要通过系统性的综合评价来确定的。然而，概念设计过程的设计信息本身具有很大程度的不确定性，与此同时，驱逐舰概念设计所涉及的学科门类十分庞杂，其各系统之间的复杂耦合关系以及综合性能之间的有机矛盾性，使得在进行概念设计的方案评价时，必须采取合理的评价机制与原则，才能使得评价结果更为客观、准确、有效，为主要受众所接受。

驱逐舰综合性能指标具有以下特点：一是影响因素多，包括总体性能、作战能力、综合防护能力、作战保障能力、作战适用性等多类指标；二是指标层次也较多，如作战能力下属有对空、对海、对水下作战能力指标，对空、对海、对水下作战能力指标还分别与多项影响因素相关；三是指标的不可公度性，即指标没有统一的量纲，如航速单位是节，排水量单位是吨，不能用统一标准评价[4]；四是既有定量指标也有定性指标。因此，在驱逐舰概念设计方案综合评估中，应遵循以下基本原则。

1）系统性

驱逐舰概念设计涵盖的内容广、涉及的指标多，因此，在对驱逐舰概念设计进行评价时，也必然要保证评价指标体系的建立应尽可能全面、系统，反映驱逐舰总体方案的整体性能的综合情况，同时还必须抓住主要因素，重点突出对核心指标的评价。它不仅要考虑到对驱逐舰概念产品综合性能有决定性影响的主要设计指标和要求，而且还要考虑到对设计结果有重要影响的主要因素和条件，以保证评估指标体系及评估结果的可靠程度。

2）独立性

评价指标应具有独立性，各项评价指标相互之间应该无关，难于实现时，应避免各项评价指标相互之间的强相关性、尽量选择弱相关性的指标。也就是说，进行评价时，采用提高概念方案中某一评价指标评价值的某种措施，不应对其他评价指标的评价值有明显影响[5]。

3）定量化

评价指标都应进行定量化，而不能只用"优异""优""良""中""差"等模糊概念来评价，定性的结果并不能作为最终结论的判断依据，只能作为决策的参考，定量化的评价指标才能作为对概念方案进行评价与选优的依据。对于那些往往很难用定量方式来表述的指标，可以采取分层分级的手段来予以量化。

4）可比性

决策分析是根据系统的整体属性和效用值的比较进行方案排序的，可比性越强，决策结果的可信度就越大，决策指标和评价标准的制定要便于比较[6]。方案的可比性是指各个方案在实现主要性能指标和基本功能上有可比性和一致性。有的概念方案虽然在实现个别性能指标和功能方面具有突出的优点或有新颖独特之处，但如果在其他必须实现的性能指标和功能方面存在明显的短板甚至指标无法实现，则只能表明它存在明显的不足之处[5]，且与其他概念方案不具备可比性。

5）客观性

要保证评价的客观性。评价的目的是为了决策，因此，客观、公正的评价，才能产生科学、正确的决策。为了保证评价的客观性，就要求评价的指标具有代表性、因素具有全面性、参数具有可靠性。应以科学理论为指导，以客观反映系统内部要素以及其间的本质联系为依据，定性分析和定量分析相结合，正确反映系统整体和内部相互关系的数量特征，同时，既要保证定性分析的科学性，又要保证定量分析的精确性[7]。

此外，评价过程中客观上会存在一定的偶然因素，加之评价人员的知识与经验各不相同、主观认识的差异性等，往往容易导致评价结果产生片面性、主观性，因此，还应防止评价人员的倾向性，以保证概念方案评价结果的客观可靠性。

6）层次性

首先应将复杂的系统问题进行分解，使分解出的各要素按属性的不同分成若干组，从而形成不同层次。同一层次的元素作为准则，对下一层次的某些要素起支配作用，同时，它又受到上一层次元素的支配，从而形成一个由支配关系确定的递阶层次结构[7]。

在确定评估层次结构时，层次数在满足问题的要求下，应尽可能地少。层次结构的简易程度将直接决定着评估结果的好坏，对于解决实际的问题是极为重要的。评估指标体系既要把指标划分为定性与定量两类指标，又要保证定性和定量两类指标在综合评价中的统一性。不同量纲的指标应该按特定的规则作标准化处理，化为无量纲指标，便于整体综合评价。定量指标要注意绝对量和相对量的结合使用[7]，定性指标可作适当的量化处理，两者结合，便于建模综合评估。

7）适用性

驱逐舰总体设计的阶段不同，其设计方案的要求和目标也有所不同。评价指标体系是全面反映设计是否达到目标要求的一种评价模式，因此，评价体系应该主要考虑驱逐舰概念设计阶段总体方案所涉及的各方面功能要求和综合性能指标，而不要考虑或少考虑其他方面或设计阶段的要求。建立评价指标体系一定要适合于驱逐舰概念方案设计阶段，体现针对性、合理性、科学性和具体性。

7.1.2 主要内容与步骤

1. 主要内容

驱逐舰概念设计阶段，总体方案评估主要是为确定各方案在军事上是否满足需求，技术上是否先进，费用上是否合理，风险能否有效控制、研制之后能否取得相应的军事效能等，为决策提供科学的依据[8]。

该阶段，一般应提出船型、主尺度、航速、隐身性等总体性能指标，以及主要系统及电子武备配置，初步确定总布置和船体结构形式[8]，提出各系统功能、配置、性能指标与技术方案等，最终形成总体概念方案。

在该阶段开展评估也是为确定总体概念方案技术水平是否先进、风险是否可控、费用是否合理，为总体方案选型决策提供依据，因此，分别从综合效能、风险、费用三方面开展总体概念方案评估工作[8]。

1）综合效能

与美国海军舰船概念探索阶段相比，我国驱逐舰在概念设计阶段，所提出的总体概念方案数量并不多，一般只有几个，但方案比美国概念探索阶段要深，可为评估提供更多支撑。

美国概念探索阶段的评估，是对粗略方案的评估，评估作为多目标优化的一部分，方案是在设计空间中由优化算法生成的，评估结果作为多目标优化的依据，方案较浅，方案数量较多，多则达到几十甚至上百个，因此，评估中只考虑了作战能力、机动能力和生存能力等几方面能力组成的综合效能。

而国内驱逐舰概念设计中，初步总体方案是依据主要作战使用性能要求提出的，一般各项指标都满足最低要求和需求，开展评估主要是从几个方案中选出最优方案，因此，在驱逐舰概念设计评估中，不仅要考虑作战能力、机动能力和生存能力几方面能力[8]，还要综合考虑作战适用性和综合保障能力、全舰优化设计水平等综合性能，全面反映方案的技术特征和效能，该阶段方案有一定深度，可支持综合评估的实施，因此在评估中采用更为全面的综合效能指标。

2）风险

在舰船型号研制中，风险主要包括技术风险、费用风险和进度风险[8]。其中费用和进度风险，除与技术风险相关外，还有许多外部的影响因素，它们一般属于计划风险的范畴，例如资金的约束、材料供应的延迟和中断、关键岗位人员的变动等。在技术、费用和进度三类风险中，技术风险是主要的、起决定性作用的，它常常是造成费用风险和进度风险的主要原因[6]，大多数情况下，费用和进度的风险往往是技术风险的反映。因此，在驱逐舰概念设计阶段，风险评估主要是针对技术风险进行综合评估。

3）费用

舰船的费用包括采办费用和使用保障费用。采办费用包括研制费和购置费，使用保障费用主要包括人员费、维修费、油料费、弹药费、改装费、退役费等[8]。

综合效能、风险、费用作为总体概念方案评估的三大方面，三者之间是存在相互关联和影响的，例如采用了某项新技术或新装备，可提升驱逐舰的综合效能，但同时却可能会加大研制风险和提高研制费用，因此，通过给定固定权重将综合性能、风险、费用加权求和综合为一个指标显然不科学，在评估中应分别将综合效能、风险、费用三方面评估结果提供给决策者，由决策者根据实际情况进行选择和决策。

2. 主要步骤

对于总体概念方案综合评估这类多目标、多层次、多属性复杂问题的评估，首先需依照层次分解构建指标体系，确保评估指标能包括综合评估内容的主要方面，且具备可实现性。

然后，需要确定综合评估方法：一是要确定底层单指标的度量方法；二是要确定指标权重计算方法；三是要确定指标综合方法[4]。

综合评估的主要步骤如下（见图 7-1）：

（1）确定建立指标体系的原则和方法，建立综合评估指标体系。

（2）确定底层定量和定性指标的度量方法，量化底层定量与定性指标。

（3）确定各层指标权重的计算方法，获取各指标权重。

（4）确定综合评估方法及对应的评估衡准。

（5）进行评估，给出综合评估结果。

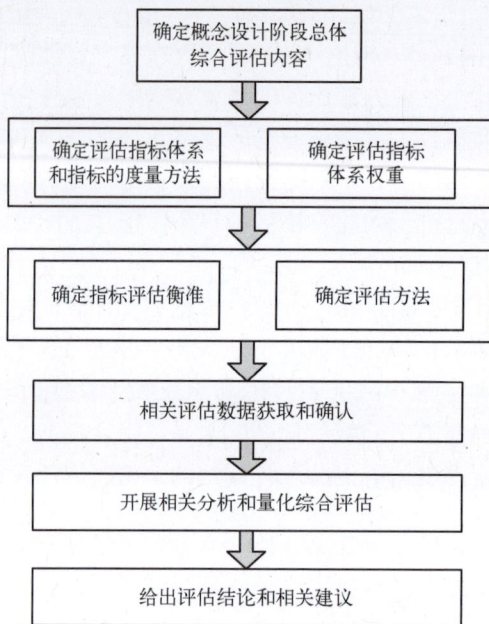

图 7-1 综合评估过程示意图

7.2 常用评估方法

对于驱逐舰这样复杂系统的评估来说，由于目标和层次繁多，各底层指标具有不同的性质，并且目标间通常是相互冲突和不可公度的，加之其中既有定量信息又有定性信息，既有精确信息又有模糊信息，从而使得综合评价问题往往极为复杂[9]。目前解决这类问题的综合评估方法主要有线性加权求和法、层次分析法、多属性效用理论、灰色关联度评估方法、基于理想点的评估方法以及模糊综合评估方法等，或者它们的某种组合。

7.2.1 线性加权求和法

该方法基本思路是首先对每个方案求各属性值的加权和，然后选择有最大和值的那个方案作为最优方案。

线性加权求和法包含了两点假设：①属性集满足加性形式所要求的独立性条件；②各属性的价值函数都是线性的。

设系统有 n 个目标：

$$f_1(x), f_2(x), \cdots, f_n(x) \qquad (7-1)$$

如果都要求为最大（或最小时），可以给每个目标以相应的权系数 $\lambda_i(i=1,2,\cdots,n)$，（一般权系数应当归一化），从而再构成一个新的目标函数：

$$\max F(x) = \sum_1^n \lambda_i f_i(x) \qquad (7-2)$$

方法的特点：该方法模型简单，便于操作实施，但由于其假设底层指标不相关，且底层指标价值函数是线性的，且需要主观赋予各指标权重，因此其评估存在局限性，对复杂系统评估存在偏差较大的现象。

方法的适用范围：适用于简单系统的综合评估。

7.2.2　层次分析法

层次分析法（Analytical Hierarchy Process，AHP）基本思路，是先按问题的要求把复杂的系统分解成各个组成因素，将这些因素按支配关系分组，建立起一个描述系统功能或特征有序的递阶层次结构，然后按照因素间的相对重要性，按一定的比例标度进行两两比较，由此构造出上层某因素的下层相关因素的判断矩阵，以确定每一层次中各因素对上一层次因素的相对重要序，最后在递阶层次结构内进行合成，得到决策因素相对于目标的重要性的总顺序。它体现了人们决策思维的基本特征：分解、判断、综合，具有系统性、综合性与简便性等特点。

用层次分析法进行综合评估的基本步骤和方法如下。

1. 建立递阶层次结构

层次分析法第一步是要建立合理的递阶层次结构。一般递阶层次从上至下应包括目标层、指标层、方案层等。

2. 构造判断矩阵

为使评估者对同层并属于同一上层元素的所有元素分别进行两两比较，通过引入合适的标度，将评判结果用数值表示出来，构造判断矩阵。判断矩阵及权重如表 7-1 所列。显然，这些数值反映了评价者对相应元素相对重要性的主观认识。关于标度，一般采用 9 点标度方法，如表 7-2 所列。

表 7-1　判断矩阵及权重表

a_k	B_1	B_2	$\cdots$	B_m	W
B_1	b_{11}	b_{12}	$\cdots$	b_{1m}	W_1
B_2	b_{21}	b_{22}	$\cdots$	b_{2m}	W_2
$\vdots$	$\vdots$	$\vdots$	$\ddots$	$\vdots$	$\vdots$
B_n	b_{n1}	b_{n2}	$\cdots$	b_{nm}	W_n

表 7-2　判断矩阵及权重表

标　度	含　义
1	表示行因素与列因素同等重要
3	表示行因素比列因素稍微重要

（续）

标　度	含　义
5	表示行因素比列因素重要
7	表示行因素比列因素重要很多
9	表示行因素比列因素绝对重要
2，4，6，8	表示上述两相邻判断的中值
以上标度的倒数	因素 i 与 j 比较的判断值为 b_{ij}，则因素 j 与 i 比较判断值为 $1/b_{ij}$

3. 相对重要度计算及一致性检验

1）因素相对重要度的计算

表 7-1 表示 A 层因素中 a_k 由下一层中的 B_1，B_2，$\cdots$，B_n 反映。最后一列 W 是 B_1，B_2，$\cdots$，B_n 对 a_k 的相对重要度（权重）。在给定的准则下，导出 W 值的计算方法很多，例如和法、根法、特征根法、对数最小二乘法和最小二乘法等。应用最广泛的是特征根法。

首先求判断矩阵的特征向量 W，W 可由式（7-3）计算得到：

$$W_i = \left(\prod_{j=1}^{n} b_{ij} \right)^{\frac{1}{n}}, \quad i = 1, 2, \cdots, n \tag{7-3}$$

式中：n 为判断矩阵阶数。

再将 W 进行归一化处理，即

$$W_i^0 = \frac{W_i}{W_s} \tag{7-4}$$

式中：$W_s = \sum_{i=1}^{n} W_i$；W_i^0 即分别是 B_1，B_2，$\cdots$，B_n 对 a_k 的相对重要度。

2）一致性检验

应用层次分析法时，保持判断思维的一致性是非常重要的。由于客观事物的复杂性和人们认识事物的多样性，以及可能产生的片面性，在先后多次的对比评判过程中，要求每次判断都有完全的一致性，显然很困难。为了保证层次分析得到的结论合理，必须检测判断矩阵的一致性。其步骤如下：

（1）按式（7-5）计算一致性指标 CI。

$$CI = \frac{\lambda_{\max} - n}{n - 1} \tag{7-5}$$

显然 CI 的值越大，表明判断矩阵偏离完全一致性越多；CI 的值越接近于 0，表明判断矩阵越接近于完全一致性。判断矩阵的阶数 n 越高（即参与两两对比的指标因素越多），人为造成偏离完全一致性的指标 CI 一般越大；n 值越小，人为造成的偏离则越小。

（2）查找相应的平均随机一致性指标 RI（Random Index）。

表 7-3 给出了 1～10 阶矩阵计算 1000 次得到的平均随机一致性指标。

表 7-3 平均随机一致性指标 RI

矩阵阶数	1	2	3	4	5	6	7	8	9	10
RI	0.00	0.00	0.52	0.89	1.12	1.26	1.36	1.41	1.46	1.49

（3）按式（7-6）计算一致性比例 CR（Consistency Ratio）

$$CR = \frac{CI}{RI} \qquad (7-6)$$

当 CR<0.1 时，认为判断矩阵具有满意的一致性，可以接受；当 CR≥0.1 时，应该对判断矩阵作适当修正。对于一阶、二阶矩阵总是一致的，此时 CR=0。

4. 综合重要度的计算

计算出各层次判断矩阵有关因素对上一级因素的相对重要度以后，即可从最上层开始自上而下地求出各层次因素关于最下一层因素的综合重要度（综合权重）。若上层 A 包含 m 个因素 $A_1, A_2, \cdots, A_m$，其该层内的权重分别为 $a_1, a_2, \cdots, a_m$，下层 B 包含 n 个因素 $B_1, B_2, \cdots, B_n$，它们对于因素 $A_i(i=1,2,\cdots,m)$ 的权重分别为 $b_{1i}, b_{2i}, \cdots, b_{ni}$（当 B_n 与 A_i 无关系时，$b_{ni}=0$），则 B 层综合权重 $W_1', W_2', \cdots, W_n'$ 如表 7-4 所列。

表 7-4 下层因素综合权重计算表

| 层次 A | A_1 | A_2 | $\cdots$ | A_m | B 层综合权重 W' |
层次 B	a_1	a_2	$\cdots$	a_m	
B_1	b_{11}	b_{12}	$\cdots$	b_{1m}	$W_1' = \sum a_j b_{1j}$
B_2	b_{21}	b_{22}	$\cdots$	b_{2m}	$W_2' = \sum a_j b_{2j}$
$\vdots$	$\vdots$	$\vdots$	$\vdots$	$\vdots$	$\vdots$
B_n	b_{n1}	b_{n2}	$\cdots$	b_{nm}	$W_n' = \sum a_j b_{nj}$

方法的特点：它能在复杂决策过程中引入定量分析，并充分利用其在两两比较中给出的偏好信息进行分析与决策支持，既有效地吸收了定性的结果，又发挥了定量分析的优势，从而使决策过程具有很强的条理性和科学性，是分析、评估多目标、多准则的复杂系统的有力工具，提供了较好的权重计算方法；但由于通过专家打分方式获得判断矩阵，所以评估结果具有较强的主观性；最终的评估结果是通过指标评估值与权重乘积的累加得出，没有从系统角度综合描述系统的性能，无法解释和体现整体特征。

方法的适用范围：层次分析法思路清晰、方法简便、适用范围广，在武器系统评估中，较为适合应用于复杂系统的综合评估。

7.2.3 多属性效用理论

多属性效用理论（Multi Attribute Utility Theory，MAUT）是由效用理论发展而来，其主要是透过效用分解的程序，将评估一多属性效用函数的复杂问题化为评估一系列单一属性的价值函数，求取近似单维价值函数及权重，再运用适当的模式形态整合成多维的效用函数。

在运用多属性效用理论进行方案决策和评估时，其关键的步骤为建立评估单指标价值函数和多指标效用函数。

1. 建立单指标的价值函数

单指标的价值函数可以分为线性曲线、上凸曲线、下凸曲线、S 形曲线，由决策者根据具体指标进行确定，其中线性曲线表明效用值与结果值增长成正比例关系；上凸曲线表明效用值随结果值增加而增加，但增加的速度逐渐由快至慢；下凸曲线表示效用值随结果值增加而增加，但增加的速度随之逐渐加快；S 形曲线表明效用值随结果值增加而增加，但增加的分为两部分，上凸部分增加的速度逐渐由快至慢，下凸部分增加的速度随之逐渐加快。有两种最常用的确定方法，直接标定法和中位点法。

1）直接标定法

最简单的方法是与决策者对话，让决策者对每一节点 x_i，直接估计价值函数叫 $v(x_i)$，v 取值范围为 $0 \sim 1$。

2）中位点法

基本思想是已经给定两个已知点 x_1 和 x_2 的价值 $v(x_1)$ 和 $v(x_2)$，通过与决策者对话，让他给出价值值为 $\frac{1}{2}[v(x_1)+v(x_2)]$ 时的 $\hat{x}$。具体步骤如下：

（1）确定指标值的上限和下限，即目标值和阈值，各设为 x^* 和 x^0，令 $v(x^*)=1$ 和 $v(x^0)=0$，（这里假定指标值越大越好）。

（2）用 x^* 和 x^0 构成一个标准概率事件 $(x^*,1/2,x^0)$，与决策者对话，让他指定一个 x_1 使 $x_1 \sim (x^*,1/2,x^0)$，这时，由无差关系

$$v(x_1)=\frac{1}{2}[v(x^*)+v(x^0)]=\frac{1}{2} \tag{7-7}$$

即 x_1 的价值值为 $1/2$。称 x_1 为 $1/2$ 中位点，记为 $x^{0.5}$。

（3）重复（2）过程，找出 x^* 和 $x^{0.5}$ 的中位点，称为 $3/4$ 中位点，记为 $x^{0.75}$；x^0 和 $x^{0.5}$ 的中位点，称为 $1/4$ 中位点，记为 $x^{0.25}$。

（4）为保证一致性，与决策者对话，检查 $x^{0.5}$ 是否是 $x^{0.25}$ 和 $x^{0.75}$ 的中位点。

（5）重复（2）~（4）过程，直到得到足够的点数。

2. 确定多属性效用函数

多属性效用理论的多属性效用函数型态是一种组合法则，一般可分为两种：一是加法模式，包括线性加法模式、高阶加法模式、交互作用加法模式等；二为相乘模式，包括联合模式、解离模式等。典型加法模式两属性效用函数形式如下所示：

$$U(x_1,x_2)=K_1U(x_1)+K_2U(x_2)+KK_1K_2U(x_1)U(x_2) \tag{7-8}$$

式中：$K=(1-K_1-K_2)/K_1K_2$。

K_1、K_2 分别为 x_1、x_2 的权重，当 x_1、x_2 相互独立时

$$U(x_1,x_2)=K_1U(x_1)+K_2U(x_2) \tag{7-9}$$

则当有 n 个属性且相互独立时，其效用函数可表示为

$$U(K)=\sum_{i=1}^{n}K_iU(x_i) \tag{7-10}$$

方法的特点：效用值较好地表示在了同一准则下，不同方案、不同条件结果值对决策主体的价值，在多目标决策中，任何一个可行方案在总体上对决策主体的满意度，是通过这些效用值按某种法则合并而得。该方法理论成熟，评估模型简单，便于操作，评估结果为总的效用值，物理意义清晰。

方法的适用范围：该方法适用范围广泛，适用于复杂、多目标系统综合评估。该方法确定舰船各指标效用值时，需要在掌握作战使用要求、相关规范及经验积累的基础上得出，所需获取的信息较多，因此在舰船装备方案评估中要求相关技术资料及方案信息详细、全面。

7.2.4 模糊综合评估方法

模糊综合评估方法的主要思想为：首先定义一组评语（评价等级）集合，如（优、良、中、一般、差）等，然后通过多个专家打分，获取所有评价指标的评价矩阵，再将所有指标的评价值利用一组设定的隶属度函数将这些评价值转化为隶属度、隶属度权重，最终生成相应的隶属度权重矩阵，最后，通过引入指标权重向量，经过模糊交换运算，最终得到一个具体的评估结果。

1. 评估步骤

（1）确定评判对象的影响因素集合，也称为指标集，用 U 表示：

$$U = \{u_1, u_2, \cdots, u_n\} \tag{7-11}$$

式中：u_i 代表影响因素，共有 n 个影响因素。

（2）确定评价等级集，通常用 V 表示，即

$$V = \{v_1, v_2, \cdots, v_m\} \tag{7-12}$$

式中：V_j 代表不同的评价等级，每一个等级对应一个模糊子集。一般地，m 取 [3，7] 中的整数，若 m 过大，则语言难以描述且不容易判断等级归属；若 m 过小，则不符合模糊综合评价的质量要求。m 通常取奇数，这样可以有一个中间等级，便于判断被评价事物的等级归属，如 $V = \{$优，良，中，一般，差$\}$。

（3）进行单因素评估。从因素集 U 中的因素出发进行评估，确定评估对象对评语集中各元素的隶属度，设评估对象按因素集中第 i 个因素 u_i 进行评估时，对评估集中第 j 个元素 v_j 的隶属度为 r_{ij}，则按第 i 个因素评估的结果可用模糊集合表示为

$$R_i = (r_{i1}, r_{i2}, \cdots, r_{im}) \tag{7-13}$$

它是评估集 V 上的一个模糊集合。将 n 个因素的评估集组成一个总的单因素评估矩阵：

$$\boldsymbol{R} = \begin{bmatrix} R_1 \\ R_2 \\ \vdots \\ R_n \end{bmatrix} = \begin{bmatrix} r_{11} & r_{12} & \cdots & r_{1m} \\ r_{21} & r_{22} & \cdots & r_{2m} \\ \vdots & \vdots & \vdots & \vdots \\ r_{n1} & r_{n2} & \cdots & r_{nm} \end{bmatrix} \tag{7-14}$$

最后，$(\boldsymbol{U}, \boldsymbol{V}, \boldsymbol{R})$ 就构成了一个单因素模糊综合评估模型。

（4）综合评估。对于权重 $\boldsymbol{W} = (w_1, w_2, \cdots, w_n)$，取 max-min 合成运算，即用模型 $M(\wedge, \vee)$ 计算可得

$$\boldsymbol{B} = \boldsymbol{W} \circ \boldsymbol{R} = (w_1, w_2, \cdots, w_n) \circ \begin{bmatrix} r_{11} & r_{12} & \cdots & r_{1m} \\ r_{21} & r_{22} & \cdots & r_{2m} \\ \vdots & \vdots & \vdots & \vdots \\ r_{n1} & r_{n2} & \cdots & r_{nm} \end{bmatrix} = (b_1, b_2, \cdots, b_n) \tag{7-15}$$

式中："∘" 表示某种合成运算；$\boldsymbol{B}$ 为模糊综合评价集；b_j 为模糊综合评价指标。

2. 计算模型

根据模糊合成运算 "∘" 算子 $M(*, *)$ 的不同，一般有四种不同的模糊综合评价法的计算模型。

（1）取大取小型 $M(\wedge, \vee)$，也称为 "主因素决定型"：

$$b_j = \bigvee_{i=1}^{n} (w_i \wedge r_{ij}), \quad 即\ b_j = \max\{\min(w_1, r_{1j}), \cdots, \min(w_m, r_{mj})\} \tag{7-16}$$

式中：$\vee$ 和 $\wedge$ 分别为取大（max）和取小（min）运算。

（2）乘积取大型 $M(\cdot, \vee)$，也称为"主因素突出型"：

$$b_j = \bigvee_{i=1}^{n} (w_i r_{ij}), \quad 即\ b_j = \max\{w_1 r_{1j}, \cdots, w_m r_{mj}\} \tag{7-17}$$

（3）$M(\wedge, \oplus)$，也称为"不均衡平均型"：

$$b_j = \oplus \sum_{i=1}^{n} (w_i \wedge r_{ij}) \tag{7-18}$$

式中：$\oplus \sum\limits_{i=1}^{n}$ 为对 n 个数在 $\oplus$ 运算下求和，即

$$b_j = \min\left[1, \sum_{i=1}^{n} (w_i \wedge r_{ij})\right] \tag{7-19}$$

（4）$M(\cdot, \oplus)$，也称为"加权平均型"：

$$b_j = \sum_{i=1}^{n} (w_i r_{ij}) \tag{7-20}$$

前三种模型计算过程中都涉及有取大取小运算，会造成很多有用信息的丢失。模型 $M(\cdot, \oplus)$ 不仅考虑了所有因素的影响，而且保留了单因素评估的全部信息，因此比较适合于多级模糊综合评估的情形。

3. 评估结果及分析

经过上述计算，每一个被评价对象的模糊综合评估结果都表现为一个模糊向量，向量中的元素为评估集上的一个模糊子集 b_j，表示对于评语 v_j 的隶属度。通常根据加权平均法确定评估对象的具体结果，以 b_j 为权重数，对各个评语集元素 v_j 进行加权，求得综合值作为评估结果，即

$$v = \sum_{i=1}^{m} b_j v_j \bigg/ \sum_{i=1}^{m} b_j \tag{7-21}$$

再对综合值进行排序，即得到备选方案的优劣顺序。

方法的特点：该类评估既是定性评估，又是定量评估，将模糊理论应用到效能评估中，较好地解决了系统效能评估中存在的不确定性，数学模型简单，容易掌握，对多因素、多层次的复杂问题评判效果比较好。其权重矩阵是人为给定的，具有主观性；计算指标隶属度的隶属度函数的定义将对评估结果产生重要影响，如何选择合适的隶属度函数是需要解决的关键问题。

方法的适用范围：该方法适用于较大系统的多属性决策分析，对定性指标较多的评估问题较适用。

7.2.5 灰色关联度评估方法

灰色关联度分析方法是灰色系统理论的一支，它是分析系统中各因素间关联程度的一种量化方法，是一种系统分析方法。灰色关联分析的基本思想是根据序列曲线几何形状的相似程度来判断其联系是否紧密，曲线几何形状越接近，则发展变化态势越接近，相应序列之间的灰色关联度就越大，反之就越小。灰色关联度不仅考虑了比较数列在数值上对参考数列（主行为）的贡献程度，而且更为重要的是它动态看问题，它从各比较数列的发展趋势上作

了比较，关联度越大，则说明该比较数列对参考数列的贡献越大。

应用灰色关联度分析构造的评价模型一般步骤如下：

设 A 为指标矩阵，E 为关联系数矩阵，评估指标为 p_j，被评估对象为 S_i，r_i 表示第 i 个评估对象的评估结果（关联度），$\boldsymbol{R} = (r_1, r_2, \cdots, r_m)$ 为 m 个评估对象的评估结果（关联度）矩阵 $(i = 1, 2, \cdots, m; j = 1, 2, \cdots, n)$

$$A = \begin{bmatrix} a_{11} & a_{12} & \cdots & a_{1n} \\ a_{21} & a_{22} & \cdots & a_{2n} \\ \vdots & \vdots & \ddots & \vdots \\ a_{m1} & a_{m2} & \cdots & a_{mn} \end{bmatrix} \tag{7-22}$$

$$E = \begin{bmatrix} \xi_1(1) & \xi_1(2) & \cdots & \xi_1(n) \\ \xi_2(1) & \xi_2(2) & \cdots & \xi_2(n) \\ \vdots & \vdots & \ddots & \vdots \\ \xi_m(1) & \xi_m(2) & \cdots & \xi_m(n) \end{bmatrix} \tag{7-23}$$

式中：a_{ij} 为第 i 个评估对象的第 j 个指标的指标值；$\xi_i(j)$ 为第 i 个评估对象的第 j 个指标与最优对象中第 j 个最优指标的关联系数。

1. 对原始数据进行标准化处理（使数据转化为数量级大体相近的无量纲数据）

$$x_{ij} = \frac{a_{ij} - \min\limits_i a_{ij}}{\max\limits_i a_{ij} - \min\limits_i a_{ij}} \quad (i = 1, 2, \cdots, m; j = 1, 2, \cdots, n) \tag{7-24}$$

$$x_{0j} = \frac{a_{0j} - \min\limits_i a_{ij}}{\max\limits_i a_{ij} - \min\limits_i a_{ij}} \quad (i = 1, 2, \cdots, m; j = 1, 2, \cdots, n) \tag{7-25}$$

$$X = (x_{ij})_{m \times n} \quad (i = 1, 2, \cdots, m; j = 1, 2, \cdots, n) \tag{7-26}$$

2. 确定参考数列和比较数列

设参考数列和比较数列分别为

$$X_0 = \{x_0(1), x_0(2), \cdots, x_0(n)\}, \quad X_i = \{x_i(1), x_i(2), \cdots, x_i(n)\} \tag{7-27}$$

式中：$x_0(k), (k = 1, 2, \cdots, n)$ 表示第 k 个指标的最优值；$x_i(k)$ 表示第 i 个方案的第 k 个指标的实际值。

3. 求关联系数

设第 k 个指标 X_i 对 X_0 的关联系数为 $\xi_i(k)$，则各指标的最小绝对误差为

$$\Delta\min = \min\limits_i \min\limits_k |x_i(k) - x_0(k)| \tag{7-28}$$

各指标的最大绝对误差为

$$\Delta\max = \max\limits_i \max\limits_k |x_i(k) - x_0(k)| \tag{7-29}$$

由此可得关联系数为

$$\xi_i(k) = \frac{\Delta_{\min} + p\Delta\max}{\Delta_i(k) + p\Delta\max} \tag{7-30}$$

式中：$\Delta_i(k) = |x_i(k) - x_0(k)|$；$p$ 为分辨系数（根据经验一般取 $p = 0.5$ 较为合适）。

4. 求关联度

根据关联度大小则可知方案的优劣顺序。

指标赋予不同的权重，则关联度函数为

$$r_i = \sum_{1}^{n} w_k \xi_i(k), \quad (i = 1, 2, \cdots, m) \tag{7-31}$$

式中：w_k 即为指标 k 的权重。

方法特点：对定量数据进行评估时可以做到无人为干预，充分利用已有的白化信息，从被评对象的各个指标值中选取评估标准，其实质是评估各被评对象与该标准之间的距离，这样可以较好地排除数据的"灰色"成分。但灰色关联分析中的分辨系数的选择没有合理标准，计算灰色关联系数需要利用极值，从而使得评价结果容易受其影响。

方法的适用范围：该方法适合用于对多方案定量化指标进行综合评估排序。

7.2.6 基于理想点的评估方法

基于理想点的评估方法（Technique for Order Preference by Similarity to Ideal Solution, TOPSIS）是系统工程中有限方案多目标决策分析的一种常用方法，它是基于归一化后的原始数据矩阵，找出有限方案中的最优方案和最劣方案，然后分别计算各评价对象（各方案）与最优方案和最劣方案的距离（用差的平方和的平方根值表示），获得各评价对象与最优方案的相对接近程度，以此作为评价优劣的依据。

1. 基本原理

TOPSIS 的基本思路是定义决策问题的理想解和负理想解，然后在可行方案中找到一个方案，使其距离理想解的距离最近，同时距离负理想解的距离最远。

理想解一般是假想的最好方案，它所对应的各个属性至少达到各个方案中的最好值；负理想解一般是假设最坏的方案，它所对应的各个属性至少不优于各个方案中的最劣值。方案排队的决策规则，是把实际可行解与理想解、负理想解作比较，若某个可行解最靠近理想解，同时又最远离负理想解，则此解是方案集的满意解。

2. 距离的测度

采用相对接近测度。设决策问题有 m 个目标 $f_j(j = 1, 2, \cdots, m)$，n 个可行解 $Z_i = Z_{i1}, Z_{i2}, \cdots, Z_{in}(i = 1, 2, \cdots, n)$，并设该问题的规范化加权目标的理想解是 Z^+：

$$Z^+ = Z_1^+, Z_2^+, \cdots, Z_m^+ \tag{7-32}$$

那么用欧几里得范数作为距离的测度，则从任意可行解 Z_i 到理想解 Z^+ 的距离为

$$S_i^+ = \sqrt{\sum_{j=1}^{m} (Z_{ij} - Z_j^+)^2} \quad i = 1, 2, \cdots, n \tag{7-33}$$

式中：Z_{ij} 为第 j 个目标对第 i 个方案（解）的规范化加权值。

同理，设 $Z^- = Z_1^-, Z_2^-, \cdots, Z_m^-$ 为问题的规范化加权目标的负理想解，则任意可行解 Z_i 到负理想解 Z^- 的距离为

$$S_i^- = \sqrt{\sum_{j=1}^{m} (Z_{ij} - Z_j^-)^2} \quad i = 1, 2, \cdots, n \tag{7-34}$$

定义某一可行解对于理想解的相对接近度为

$$C_i = \frac{S_i^-}{S_i^- + S_i^+} \quad 0 \leqslant C_i \leqslant 1; \quad i = 1, 2, \cdots, n \tag{7-35}$$

于是，若 Z_i 是理想解，则相应的 $C_i = 1$，若 Z_i 是负理想解，则相应的 $C_i = 0$。Z_i 越靠近

理想解，C_i 越接近于 1，反之，Z_i 越靠近负理想解，C_i 越接近于 0。由此，可以对 C_i 进行排队，以求出满意解。

3. 算法

（1）设某一决策问题，其决策矩阵为 A，由 A 可以构成规范化的决策矩阵 Z'，其元素为 Z'_{ij}：

$$Z'_{ij} = \frac{f_{ij}}{\sqrt{\sum_{i=1}^{n} f_{ij}^2}} \quad i = 1, 2, \cdots, n \quad j = 1, 2, \cdots, m \tag{7-36}$$

式中：f_{ij} 由决策矩阵给出：

$$A = \begin{vmatrix} f_{11} & f_{12} & \cdots & f_{1m} \\ f_{21} & f_{22} & \cdots & f_{2m} \\ \vdots & \vdots & \ddots & \vdots \\ f_{n1} & f_{n2} & \cdots & f_{nm} \end{vmatrix} \tag{7-37}$$

（2）构造规范化的加权决策矩阵 Z，其元素为 Z_{ij}：

$$Z_{ij} = W_j Z'_{ij} \quad i = 1, 2, \cdots, n \quad j = 1, 2, \cdots, m \tag{7-38}$$

式中：W_j 为第 j 个目标的权。

（3）确定理想解和负理想解。

如果决策矩阵 Z 中的元素 Z_{ij} 值越大表示方案越好，则

$$Z^+ = Z_1^+, Z_2^+, \cdots, Z_m^+ \quad \{\max_i Z_{ij} | j = 1, 2, \cdots, m\} \tag{7-39}$$

$$Z^- = Z_1^-, Z_2^-, \cdots, Z_m^- \quad \{\max_i Z_{ij} | j = 1, 2, \cdots, m\} \tag{7-40}$$

（4）计算每个方案到理想解的距离 S_i^+，以及到负理想解的距离 S_i^-。

（5）计算相对接近度 C_i，并按每个方案的 C_i 的大小排序，找出满意解。

方法特点：TOPSIS 对原始数据的信息利用最为充分，其结果能精确反映各评价方案之间的差距。它对数据分布、样本含量、指标多少等没有严格的限制，数据计算也简单易行，不仅适合小样本，也适用于多评价对象、多指标的大样本，利用 TOPSIS 法进行综合评价，原理简单、计算快捷、结果分辨率高，可得出良好的可比性评价排序结果。不足之处是只能反映各评价对象内部的相对接近度，并不能反映与理想的最优方案的相对接近度。

7.2.7 结合多种方法的综合评估方法

由于各种评估方法具有自身优缺点，因此可将部分方法进行组合，组成优势互补的可行的综合评估方法。如层次分析提供了较好的权重计算方法，在实际应用中可与模糊评估、灰色关联评估、多属性效用理论等方法组合运用，应用层次分析法确定权重，应用其他方法进行指标综合评估。

层次分析法作为一种决策理论，已广泛应用于各工程领域和科学研究，此方法的优点在于操作简单，且评估结果经一致性检定，较有理论基础并具客观性。文献资料来看，目前适用于舰船方案的综合评估方法主要也是在层次分析法的基础上结合其他方法形成的综合评估方法。如美国弗吉尼亚工学院采用层次分析法与多属性效用理论相结合的方法开展海军舰艇

概念探索阶段的总体效能评估，该方法作为海军舰艇多目标优化设计工具的一部分，在多个项目舰船的概念设计中得到应用，如在 CGX 巡洋舰、三体快速支援舰、CNV21 航空母舰、CUVX 无人机航空母舰等项目中应用。

7.3 综合效能评估

7.3.1 评估指标体系

1. 建立评估指标体系的主要过程与方法

建立评估指标体系的主要过程为：

1）确定目标和需求

建立指标体系，应预先明确评估的目标，并确定评估对象的各种需求信息，综合形成评估的基础与依据。

2）确定主要影响因素

当确定了评估的目标与需求后，接下来应进一步明确它们的外延和内涵，并对其进行分解细化，最后能够用一系列相关属性来描述它们，这些属性就是评估因素[10]。

3）筛选出指标集

由于指标要求具有简明性、规范性，所以仅仅确定评估因素还不能称其为指标集。只有将评价因素再进行加工或进一步分解，用简洁、通用的词语表达出来，这些"词语"的总体才构成了初选指标集。在这一阶段应尽可能多地选取指标，以防信息缺失[10]。

在形成初选指标集时，为了满足完备性原则，选取了尽可能多的指标。而构建指标体系不仅是为了进行全面的评价，更是为了有效的评估。除了满足完备性，良好的指标体系同时还应具备简明、独立性、客观性等。因此需要对初选的指标体系进一步进行处理[10]。

指标过多，将影响评估效率，混淆评估者的思路，最重要的是不加选择的堆叠指标，必然造成评价信息冗余、重复，这样是不可能得到准确的评估结果的。因此必须对指标进行筛选，尽量避免一个以上的指标反映同样的信息。指标筛选的方法很多，有定性与定量之分。定性方法方面，指标筛选首先当然要满足指标体系建立原则；还可采取专家调查法，通过统一专家的意见，合并、删除冗余指标，以确定最终的指标集。定量方法一般是指数据统计分析方法，对各指标在同类评估中出现的频率及所占的权重进行统计，选取出现频率高、权值大的指标进入最后的指标集，但通过统计分析得出的结论更加客观，有较强的说服性，但是这类方法通常较为繁琐，并且样本选取的数量和有效性对结果影响很大[10]。

4）确定指标层次结构，建立指标体系

由于整个评价指标体系构造是从目标分解开始的，因此最后得到的将是一个具有层次结构的指标树，确定指标集后，依据指标体系建立原则，按任务目标和性能分类，对指标的层次结构进行构建，最终确定所需的指标体系（图 7-2）。

选定评估指标的方法有很多，常见的有头脑风暴法、专家会议法、德尔菲法、聚类分析法、关联度法等。通常是在咨询专家意见的基础上通过统计分析、聚类分析等方法，确定主要影响因素，并将影响因素分层，构建指标体系。然后进行各层指标间关联度分析，看指标

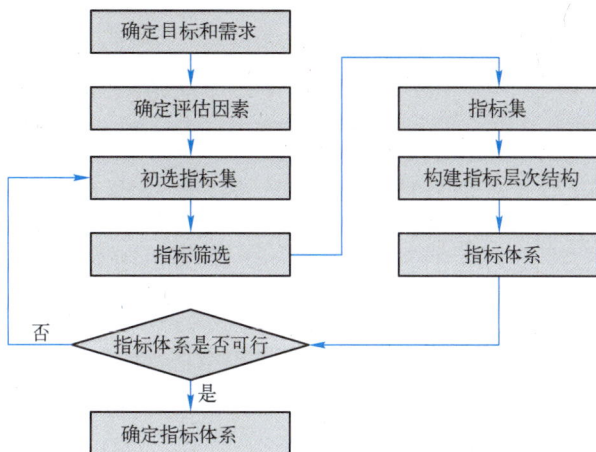

图 7-2 综合效能指标体系建立流程图

间是否有很强的关联性，如果指标间的关联性很强，根据建立指标的原则，两个指标只能选取其中一个作为评估指标或者作为下一级指标进行处理，最终确定指标体系。

2. 指标体系的建立

1）综合效能第一层指标

驱逐舰作为当今重要的水面舰艇武器装备，其综合效能包括的内容比较广泛，通常，典型的综合效能构成为：平台性能，舰载武器的作战能力，保证平台和舰载武器能力充分发挥的作战适用性和保障能力，在作战中免受攻击或受攻击后生存能力。

因此，综合效能评估指标体系第一层指标，它包括总体性能、作战能力、作战适用性及保障能力、综合防护能力四方面。

2）总体性能下属指标

总体性能主要包括快速性、适航性、操纵性、稳性、续航力、自持力等方面（表7-5）。

表 7-5 总体性能评估指标体系层级

一级指标	二级指标	三级指标
总体性能	快速性	最大航速
		巡航航速
	适航性	安全航行海况
		正常使用武器海况
		正常使用直升机海况
	操纵性	无因次停船迹程
		回转性
	稳性	初稳性
		抗风能力
	续航力	——
	自持力	——

快速性是指舰艇以较小的功率消耗而获得较高航速的能力，主要与舰艇的阻力和推进器的效率有关。用最大航速与巡航航速来衡量。

适航性是指舰艇在风浪条件下安全航行并有效作业的能力，耐波性是适航性的重要组成内容。针对水面舰艇，用安全航行的海况和正常使用武器及直升机的海况来衡量。

操纵性是指舰艇能借其控制装置保持或改变航向、航速和位置的性能，它主要包括无因次停船迹程和回转性两个方面。回转性在概念设计阶段选取战术回转直径为评估指标。

稳性在概念设计阶段选取初稳性和抗风能力为评估指标。

续航力是指舰艇在一次装载燃油、滑油和机械用水达到满载排水量时的装载状态后以规定航速航行时，所能达到的最大续航距离的能力。续航力体现了长期远距离执行任务的机动保障能力。

自持力是用一次装足设计要求规定的淡水、食品等，能在海上连续活动的最长时间来衡量。

3）作战能力下属指标

作战能力主要包括打击能力、警戒探测能力、导航能力、通信能力、指控能力等方面（表7-6）。

表 7-6 作战能力评估指标体系层级

一 级 指 标	二 级 指 标	三 级 指 标	四 级 指 标
作战能力	打击能力	打击空中目标能力	（略）
		打击海上目标能力	（略）
		打击水下目标能力	（略）
		打击岸上目标能力	（略）
	警戒探测能力	对飞机的探测能力	（略）
		对导弹的探测能力	（略）
		对水面舰船的探测能力	（略）
		对潜艇的探测能力	（略）
	导航能力	系统准备时间	——
		自主定位精度	——
		姿态测量精度	——
	通信能力	通信距离	——
		通信路数	——
	指控能力	单舰指控能力	（略）
		编队指控能力	（略）

打击能力主要指打击敌方空中、海上、水下和岸上目标的能力。

海上目标主要是水面舰船，打击水面舰船可采用的主要打击武器包括舰舰导弹、舰炮、鱼雷、水雷、舰载直升机及机载武器等，其中采用水面舰船发射鱼雷攻击水面舰船在现代战争中的可能性越来越小，在此不予考虑。水面舰艇对海打击能力主要考虑反舰导弹和舰炮武器。

空中目标包括飞机和来袭导弹等，水面舰艇对空打击主要武器包括远程防空导弹、中程防空反导导弹、末端防空反导武器系统、电子战系统。

对水下打击能力主要是对潜艇的打击能力和对来袭鱼雷的防御能力。可采用的打击武器主要有舰载直升机、助飞鱼雷、管装鱼雷、水声对抗与鱼雷防御武器等。

警戒探测能力主要以对飞机的探测距离、对导弹的探测距离、对水面舰船的探测距离、对潜艇的探测距离。

导航能力包括导航系统准备时间、自主定位精度、姿态测量精度。

通信能力包括通信的距离、通信路数等。

指控能力包括单舰指控能力和编队指控能力两部分。

4）作战适用性及保障能力下属指标

作战适用性及保障能力主要包括"五性"、兼容性、生活保障能力、接收补给能力等方面（表7-7）。

表 7-7 作战适用性及保障能力评估指标体系层级

一级指标	二级指标	三级指标	四级指标
作战适用性及保障能力	"五性"	可靠性	固有可用度
			任务可靠度
		维修性	维修可达性
		保障性	使用寿命
			使用可用度
	兼容性	火力兼容	（略）
		电磁兼容	（略）
		声兼容	（略）
	生活保障能力	卫生设施能力	——
		餐厅服务能力	——
		冷库容量	——
		居住面积	——
		休闲功能舱室设置	——
	接收补给能力	接收液货补给能力	——
		接收干货补给能力	——

"五性"在概念设计阶段主要考虑可靠性、维修性、保障性。

兼容性包括火力兼容、电磁兼容和声兼容。

生活保障能力包括卫生设施能力、餐厅服务能力、冷库容量、居住面积、休闲舱室设置等。

接收补给能力包括接收液货补给能力、接收干货补给能力。

5）综合防护能力下属指标

综合防护能力主要包括自身抗损能力、隐蔽性及核化生防御能力等方面（表7-8）。

一 级 指 标	二 级 指 标	三 级 指 标	四 级 指 标
综合防护能力	自身抗损能力	不沉性	初稳性高
			最小干舷高
			最大横倾角度
		结构抗损能力	（略）
		推进及电力系统生命力	（略）
	隐蔽性	水下辐射噪声	（略）
		全舰 RCS	（略）
		红外辐射强度	（略）
		磁场强度	（略）
		电场强度	（略）
	核化生防御能力	（略）	

表 7-8　综合防护能力评估指标体系层级

自身抗损能力指水面舰艇自身应具有的消防、抗沉等能力。在概念设计阶段，主要考虑不沉性、结构抗损能力、推进及电力系统生命力等方面。

隐蔽性主要考虑水下辐射噪声、全舰 RCS、红外辐射强度、磁场强度、电场强度。

综上所述，建立的一种典型的评估指标体系如图 7-3 所示。

在上述建立的典型评估指标体系的基础上，应根据特定的驱逐舰产品概念设计的特点，予以裁减、补充或修改完善，形成适用于某个具体驱逐舰产品概念设计的评估指标体系。

7.3.2　评估方法

1. 综合效能评估流程[11,12]

对于驱逐舰概念设计总体方案综合效能评估问题，其目标属性有两个显著特点：一是指标间的不可公度性，就是说指标间没有统一量纲，不能用统一标准评价；二是指标间的矛盾性，某可行方案提高了一个指标值可能会损害另一个指标值。根据多指标综合评估理论与方法，驱逐舰概念总体方案综合效能评估中，需解决以下三方面的问题：一是底层单指标的度量方法；二是指标权重的确定方法；三是指标综合归一方法。

综合分析常用的综合评估方法可知，多属性效用理论中效用值较好地表示了在同一准则下，不同方案、不同条件结果值对决策主体的价值，在多目标决策中，任何一个可行方案在总体上对决策主体的满意度，是通过这些效用值按某种法则合并而得，该方法理论成熟，评估模型简单，便于操作，评估结果为总的效用值，物理意义清晰，因此，在驱逐舰概念总体方案综合效能评估中，可以应用多属性效用理论来进行底层单指标的度量及各指标的综合归一。

层次分析法思路清晰、方法简便、适用范围广，它能在复杂决策过程中引入定量分析，并充分利用在两两比较中给出的偏好信息进行分析与决策支持，既有效地吸收了定性的结果，又发挥了定量分析的优势，从而使决策过程具有很强的条理性和科学性，提供了较好的权重计算方法，因此，在驱逐舰概念总体方案综合效能评估中，可以应用层次分析法确定各层指标的权重。

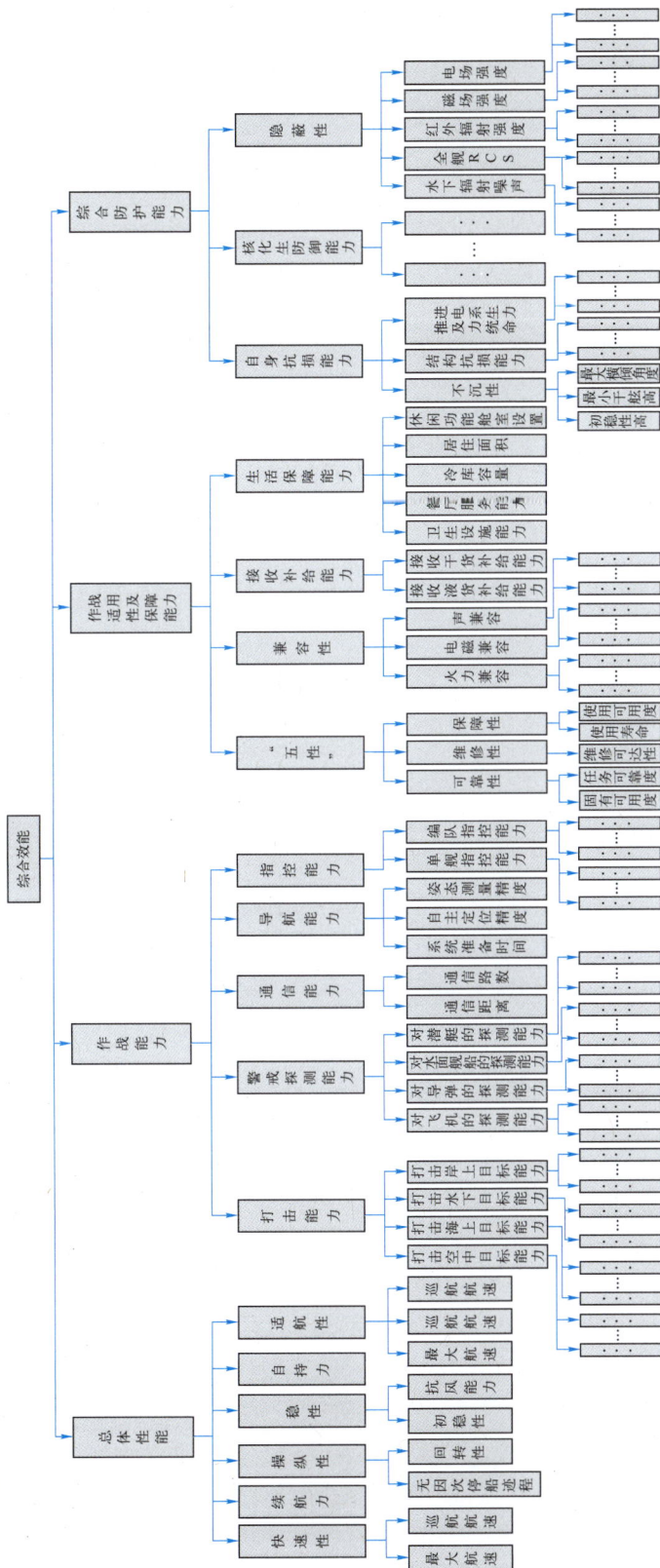

图7-3 综合效能评估指标体系

综合效能
- 综合防护能力
  - 隐蔽性：电场强度、磁场强度、红外辐射强度、全舰RCS、水下辐射噪声
  - 核化生防御能力：……、……
  - 自身抗损能力：推进及电力系统生命力、结构抗损能力、不沉性（舱室设置：最大横倾角度、最小横倾角度、初稳性高）
- 作战适用性及保障能力
  - 生活保障能力：休闲功能舱室设置、居住面积、冷库容量、餐厅膳食多能角、卫生设施能力
  - 接收补给能力：接收干货补给能力、接收液货补给能力
  - 兼容性：声兼容、电磁兼容、火力兼容
  - "五性"：保障性（使用可用度）、维修性（维修可达性）、可靠性（任务可用度、固有可用度、使用寿命）
- 作战能力
  - 指控能力：编队指控能力、单舰指控能力
  - 导航能力：姿态测量精度、自主定位精度、系统准备时间
  - 通信能力：通信路数、通信距离
  - 警戒探测能力：对潜艇的探测能力、对水面舰船的探测能力、对导弹的探测能力、对飞机的探测能力
  - 打击能力：打击岸上目标能力、打击水下目标能力、打击海上目标能力、打击空中目标能力
- 总体性能
  - 适航性：巡航航速
  - 自持力
  - 稳性：抗风能力、初稳性
  - 操纵性：回转性、无因次停船速程
  - 续航力：巡航航速
  - 快速性：巡航航速、最大航速

将层次分析与多属性效用理论结合形成综合效能评估方法，评估流程如下（参见图7-4）：

第一步：按层次分解，建立综合效能评估指标体系。

第二步：建立各底层指标的价值函数。

第三步：采用层次分析法确定各层指标的权重。

第四步：分析确定各底层指标值和效用值。

第五步：应用多属性效用理论计算综合效能的总效用值。

第六步：依据总效用值确定方案排序。

2. 价值函数的建立方法

对各底层指标价值函数，应依据具体驱逐舰型号的作战使用要求和相关舰船设计规范来予以确定。具体过程如下。

图 7-4 ▍综合效能评估流程[8]

首先，确定各指标的门限值和目标值。门限值为满足使用要求的最小可接受值，对应的效用值设定为60，目标值为理想值或者技术极限值，对应的效用值设定为100[8]。

然后，按照驱逐舰作战使用追求的目标、实现的难易程度和合理性确定价值函数形式（例如可以分为线性、S型、上凸型、下凹型）[8]，其中线性函数表明效用值与结果值增长或降低成线性比例关系；上凸曲线函数表明效用值随指标值增加而增加，但增加的速度逐渐由快至慢；下凹曲线函数表示效用值随指标值增加而增加，但增加的速度逐渐由慢至加快；S形曲线函数表明效用值随指标值增加而增加，但其增加情况分为两部分，上凸部分增加的速度逐渐由快至慢，下凹部分增加的速度逐渐由慢至加快。

对于曲线形函数，在确定门限值、目标值及中间某些关键点的效用值后，可采用样条曲线拟合形成效用函数[4]。当指标值大于目标值时，效用值取100；当指标值小于门限值时，对于有最低要求的指标或不可放弃的关键性指标效用值取0，其他指标可在0~60取值[13]。

直接标定法和中位点法是两种最常用的价值函数确定方法，根据具体驱逐舰特点和指标情况可灵活选用。

1）直接标定法

该方法是与决策者对话，让决策者对每一节点 x_i 直接估计价值函数 $v(x_i)$，v 取值范围为 60~100。但由于决策者直接标定存在着困难，美国海军舰船概念设计评估中建立指标的价值函数时，采用两两比较法来确定各指标的价值函数曲线。其步骤为先确定各指标的阈值和目标值，然后以1节为间隔对各航速在执行任务时的效用进行两两比较，拟合结果可得到如图7-5所示曲线。

2）中位点法

基本思想是已经给定两个已知点 x_1 和 x_2 的价值 $v(x_1)$ 和 $v(x_2)$，通过与决策者对话，让他给出价值值为 $\frac{1}{2}[v(x_1)+v(x_2)]$ 时的 $\hat{x}$。

具体步骤参见 7.2.3 节。

对定性指标值常用的度量方法有等级法、标度法、模糊数法、灰色数法等。在驱逐舰概

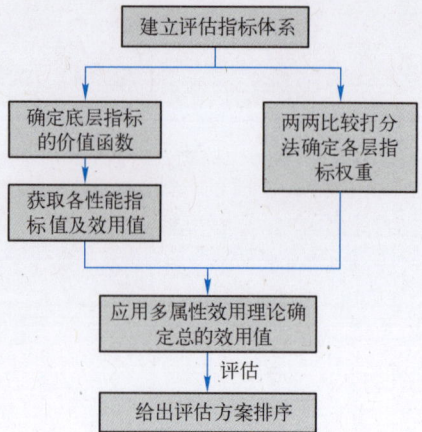

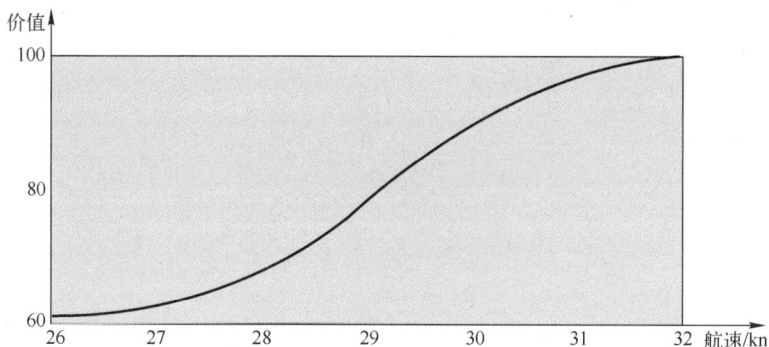

图 7-5 ▎最大航速价值函数[8]

念设计综合效能评估中，可采用标度法进行定性指标的度量，首先将定性指标依据问题的性质划分为若干个等级，确定相应标准，再分别赋予 60~100 的量值，评估时对应所划分等级和标准给定各定性指标的效用值[8]。

针对图 7-3 建立的综合效能评估指标体系，表 7-9、表 7-10 分别给出了总体性能、作战适用性及保障能力的下级各指标的一种度量方法，评估指标体系中的其他各指标的度量方法可采取类似的原则进行确定。

对于某个具体的驱逐舰产品概念设计，按照专家认可的各指标价值函数目标值、门限值的确定原则及价值函数形式，逐一建立各指标的价值函数，依据确定的价值函数建立价值函数曲线。

例如，初稳性高价值函数的建立，初稳性高门限值选取规范要求的标准排水量下初稳性高最低值，取值 0.75m，对应效用值为 60；中间点取专家认可的 1.1m，对应效用值为 90；目标值取同类舰船理想值，为 1.3m，对应效用值为 100。初稳性高低于 0.75m 时效用值为 0，高于 1.3m 时效用值为 100。价值函数取上凸形曲线，建立初稳性价值函数如图 7-6 所示。

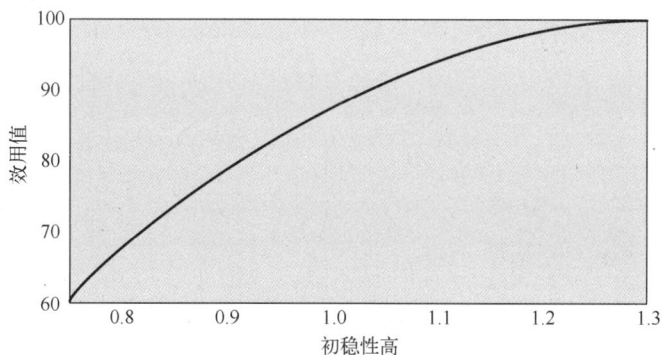

图 7-6 ▎初稳性高价值函数示例[8]

3. 获取评估数据

在驱逐舰概念设计阶段，开展总体方案综合评估前，需要收集、整理相关资料素材，提取评估所需的数据信息。所需素材包括两大方面：一是该驱逐舰的作战需求和主要作战使用性能要求方面；二是概念设计总体方案相关图纸、计算书、说明书等相关素材。

表 7-9　总体性能底层指标的度量方法

一级指标	二级指标	三级指标	指标属性	度量方法	阈　值	目　标　值	价值函数
总体性能	快速性	最大航速	定量指标	效用函数法	主要作战使用性能要求基本值	考虑目前船型、动力水平所能达到的技术极限或同级舰最大值	S 形曲线
		巡航航速	定量指标	效用函数法	主要作战使用性能要求基本值	同级舰最大值	线性
	适航性	安全航行海况	定量指标	效用函数法	主要作战使用性能要求基本值	同级舰最大值	下凹型曲线
		正常使用武器海况	定量指标	效用函数法	主要作战使用性能要求基本值	同级舰最大值	下凹型曲线
		正常使用直升机海况	定量指标	效用函数法	主要作战使用性能要求基本值	同级舰最大值	下凹型曲线
	操纵性	回转性	定量指标	效用函数法	规范规定条件下的战术直径最大值	同级舰最小值	线性
		无因次停船迹程	定量指标	效用函数法	满足规范要求值	同级舰最小值	线性
	稳性	初稳性	定量指标	效用函数法	规范规定条件下的初稳性高低值	同级舰最大值	上凸型曲线
		抗风能力	定量指标	效用函数法	规范或作战使用要求规定条件下的抗风能力最低值	同级舰最大值	上凸型曲线
	续航力	—	定量指标	效用函数法	主要作战使用性能要求基本值	主要作战使用性能理想值	线性
	自持力	—	定量指标	效用函数法	主要作战使用性能要求基本值	主要作战使用性能理想值	线性

表 7-10　作战适用性及保障能力底层指标的度量方法

一级指标	二级指标	三级指标	四级指标	指标属性	度量方法	阈值	目标值	价值函数
作战适用性及保障能力	"五性"	可靠性	固有可用度	定量指标	效用函数法	达到同级别水面舰艇固有可用度平均水平	满足作战使用的理想需求达到或同级别水面舰艇固有可用度最高水平	线性
		可靠性	任务可靠度	定量指标	效用函数法	达到同级别水面舰艇任务可靠度平均水平	满足作战使用的理想需求达到或同级别水面舰艇任务可靠度最高水平	线性
		维修性	维修可达性	定性指标	标度法	根据重要装备/设备和部位维修可达性的需求确定	根据重要装备/设备和部位维修可达性的需求确定	—
		保障性	使用寿命	定量指标	效用函数法	满足海军相关规定要求	达到同级别水面舰艇使用寿命最长年限	线性
		保障性	使用可用度	定量指标	效用函数法	达到同级别水面舰艇使用可用度平均水平	满足作战使用的理想需求达到或同级别水面舰艇使用可用度最高水平	线性
	兼容性	火力兼容	（略）	（略）	（略）	（略）	（略）	（略）
		电磁兼容	（略）	（略）	（略）	（略）	（略）	（略）
		声兼容	（略）	（略）	（略）	（略）	（略）	（略）
	生活保障能力	卫生设施能力	—	定量指标	效用函数法	满足规范标准要求	满足海军要求	上凸形曲线
		餐厅服务能力	—	定量指标	效用函数法	满足使用的基本需求	同级别舰艇的最佳值	上凸形曲线
		冷藏容量	—	定量指标	效用函数法	满足自持力基本要求	考虑一定储备情况下的理想要求	上凸形曲线
		居住面积	—	定量指标	效用函数法	满足规范标准要求	同级别舰艇的最大值	上凸形曲线
		休闲功能舱室设置	—	定量指标	效用函数法	满足生活使用的基本要求	满足生活使用的理想要求	上凸形曲线
	接收补给能力	接收液货补给能力	—	定量指标	效用函数法	满足作战使用的基本需求	满足规范规定每次接收横向补给时间	线性
		接收干货补给能力	—	定性指标	标度法	考虑接收干货补给每次专送重量、接收补给的速度等因素	考虑接收干货补给每次传送重量、接收补给的速度等因素	—

作战需求是依据驱逐舰的任务使命提出的，主要作战使用性能要求是将作战需求分解到对舰船总体和系统的具体指标要求，是在驱逐舰概念设计的开始阶段提出，作为驱逐舰多方案概念设计的输入。在总体方案综合评估中，需要从作战需求和主要作战使用性能要求中提取出主要战术技术指标要求，作为评估依据。

概念设计总体方案相关材料，包括方案的配置，主要总体性能、作战能力指标、主要系统/装备性能参数，相关计算书（估算书），试验报告，设计图纸，总体及系统设计说明书等支撑性文件。总体方案评估前，根据需要从这些素材中提取所需数据信息，作为评估的原始数据。在评估中为确保数据的可靠性，需对数据核对分析或进行专家咨询，或者对主要指标进行复核验证计算，验证后作为评估指标值。

在评估中，对定量化指标值直接从提供的数据中获取，对照所建立的价值函数，计算出各单指标的效用值。对定性指标，对应所确定的等级和标准确定效用值。

4. 各层指标权重的确定方法

1）权重确定方法

按照层次分析法，通过两两比较确定评价指标的权重，将指标体系发放给专家，并说明指标赋权的规则，通过专家打分两两比较确定各层指标之间的相对重要程度，打分采用9点标度法。

比较 n 个元素 $(x_1, x_2, \cdots, x_n)$ 对准则的影响，以确定它们在准则中所占的比重。每次取两个元素 x_i 和 x_j，用 a_{ij} 表示 x_i 与 x_j 关于准则的相对重要程度之比，其全部比较结果可用如下矩阵表示[4,14]：

$$
\begin{matrix}
a_{11} & a_{12} & \cdots & a_{1n} \\
a_{21} & a_{22} & \cdots & a_{2n} \\
\vdots & \vdots & \ddots & \vdots \\
a_{n1} & a_{n2} & \cdots & a_{nn}
\end{matrix}
\tag{7-41}
$$

该矩阵即为判断矩阵。判断矩阵中的赋值 a_{ij} 表示元素 x_i 关于元素 x_j 的重要程度的赋值。对判断矩阵求出其各特征值，其中最大的实特征值对应的特征向量即为相对的权重，一般将其归一化得到最终的权重[4,14]。

按照层次分析法，通过专家咨询法给定权重判断矩阵，设计专家咨询表，例如第一层指标权重咨询表如表 7-11 所列。

表 7-11　第一层指标权重咨询表

	总体性能	作战能力	作战适用性及保障能力	综合防护能力
总体性能				
作战能力				
作战适用性及保障能力				
综合防护能力				

2）专家的选取

（1）专家选取的原则。在综合效能评估中均需要专家咨询确定权重，专家的选择对结果的可信度、公正性有重要影响。

为了保证在进行的方案选型中结果的高可信度，可建立如下专家选择的原则：

① 熟悉原则。所选专家必须对本领域非常熟悉，或者对本领域的一个方面非常熟悉，为了

达到这个要求，所选专家必须在本领域和本领域所涉及的方面工作足够时间，例如10年以上。

② 权威原则。所选专家应在本领域或本领域涉及的某一方面具有较高的知名度，在本领域或本领域涉及的某一方面有较高的造诣，只有这样，其评判才具有可信度。因此所选专家应具有高级以上职称，或是长期在该领域工作的专业技术人员、高层管理人员。

③ 自愿原则。在聘请专家进行评价时，必须遵循自愿原则，只有专家对这项工作感兴趣，其做出的评判才是可信的。

④ 专业合理配比原则。由于驱逐舰装备综合评价对象一般都是复杂的大系统，它涉及舰船总体性能、作战系统、动力电力系统、船舶装置等各个领域，这就需要对其涉及的各个方面都要充分考虑，所聘专家也要包括这些领域。

⑤ 基本人数原则。在保证专家应答率的基础上，选择专家的数量只要足以使评价达到所要求的评价结果的代表性即可。专家人数过多，会增加工作的时间和费用，难以形成评价结论；过少，则会导致专家评判的片面性、主观性[15]。

（2）专家的选取方法。

① 专家人数的确定可根据问题的规模而定。人数太少，限制了各方面的代表性，并缺乏权威；人数太多，难于组织，工作量大，对结果处理也较复杂[15]。

同时，据统计分析，德尔菲可信度和小组参加人数呈函数关系，即随着人数的增加可信度提高，但当人数接近20人时，进一步增加小组专家人数对可信度提高影响不大，因而小组人数一般以15～25人为宜。当然，对于一些重大问题，专家人数可以适当扩大。在确定专家人数时还要考虑到即使专家同意参加预测，因种种原因也不一定要每轮必答，有时甚至中途退出，因而预选人数要多于规定人数[15]。

② 专家人员的确定应由相关研究单位推荐。当要评估的驱逐舰项目确定后，可以首先在与该型装备研究有联系的单位选聘相关专家，以较好地体现科学性与公平性。

从相关专家库中选择。从已建立的相关学科专业领域的评价专家库中选聘相关的评估专家，但要注意选聘专家的专业、单位、地域和年龄广泛性。

从本项目组及相关项目组中选取。当评价项目确定后，也可以在本项目组及相关项目组的科研与管理人员中选聘专家，这些专家对项目本身较为熟悉，对项目、研究可能的结果有较好的预见性，在评价时还可以起到解惑与答疑的作用。但这类专家人数不宜过多。

（3）专家评估结果的置信度。置信度，也叫置信水平，它是指特定个体对待特定命题真实性相信的程度。置信水平是指总体参数值落在样本统计值某一区间内的概率，而置信区间是指在某一置信水平下，样本统计值与总体参数值间的误差范围。置信区间越大，置信水平越高[16]。不同样本算得平均值 u 的估计值不同，因此除了给出 u 的点估计外，还希望根据所给的样本确定一个随机区间，使其包含参数真值的概率达到指定的要求[17]。置信度95%的置信区间即表示包含 u 的真值概率为0.95的区间。

置信度是为了表明抽样指标和总体指标的误差不超过一定的范围。对于 $x \sim N(\mu, \sigma^2)$ 统计分布，其有效点估计为 $\overline{X}$，当取 u 的真值概率为0.95，此时 $\alpha = 0.05$，$Z_{\alpha/2} = 1.96$。

则对于统计学参数 u 的置信度为95%的置信区间为

$$\left(\overline{X} - 1.96 \frac{\sigma}{\sqrt{n}}, \quad \overline{X} + 1.96 \frac{\sigma}{\sqrt{n}} \right) \tag{7-42}$$

此区间不一定全含未知参数 u 的真值，而包含真值的区间占95%。

对于方差的计算方法：

$$\sigma^2 = \frac{\sum\limits_{i=1}^{n} (X - \overline{X})^2}{n} \tag{7-43}$$

对于标准差的计算方法：

$$\sigma = \sqrt{\frac{\sum\limits_{i=1}^{n} (X - \overline{X})^2}{n}} \tag{7-44}$$

数据处理中剔除掉置信度 95% 以外区间的数据。

5. 总效用值计算方法

多属性效用函数型态是一种组合法则，一般可分为两种：一种是加法模式，包括线性加法模式、高阶加法模式、交互作用加法模式等；另一种是相乘模式，包括联合模式、解离模式等。其中的典型步骤如下。

1）两两比较，建立判断矩阵，求解权向量

判断元素的值反映了人们对各因素相对重要性的认识，一般采用 1~9 标度及其倒数的方法。为了从判断矩阵中提炼有用的信息，需要计算每个判断矩阵的权重向量和全体判断矩阵的合成权重向量。通过两两对比按重要性等级赋值，从而完成从定性分析到定量分析的过渡[18]。

2）层次单排序及其一致性检验

判断矩阵的特征根的解，经归一化后即为同一层次相应因素对于上一层次某因素相对重要性的排序权值。为进行判断矩阵的一致性检验，需要计算一致性指标[18]。

3）层次总排序

计算各层元素对系统目标的合成权重，进行总排序，以确定结构图中最底层各个元素在总目标中的重要程度，这一过程是由最高层到最低层次逐层进行的[18]。

典型加法模式两属性效用函数形式如下所示[18]：

$$U(x_1, x_2) = K_1 U(x_1) + K_2 U(x_2) + K K_1 K_2 U(x_1) U(x_2) \tag{7-45}$$

式中：$K = (1 - K_1 - K_2)/K_1 K_2$。

K_1、K_2 分别为 x_1、x_2 的权重，当 x_1、x_2 相互独立时：

$$U(x_1, x_2) = K_1 U(x_1) + K_2 U(x_2) \tag{7-46}$$

在概念总体方案评估中认为各个指标相互独立，则各方案总效用函数可表达为

$$U(K) = \sum_{i=1}^{n} K_i U(x_i) \tag{7-47}$$

由已经求得的各指标的效用值和各指标的权重系数，则可以求得总体的效用值。

7.4 技术风险评估

7.4.1 评估内容

在驱逐舰概念设计中，风险主要包括技术风险、费用风险和进度风险。大多数情况下，费用和进度的风险往往是技术风险的反映。因此，风险评估主要是针对技术风险进行综合评估。

风险评估是对驱逐舰的研制风险给出一个量化的评价，以预见和避免风险，是风险管理中的重要一环。驱逐舰研制的不同阶段，风险评估的方法也有所不同，但一般可由风险识别、风险分析和风险评估三步组成[19]。

风险识别是风险评估的基础，是指确定会对项目产生影响的风险。对驱逐舰装备研制的各方面进行考察，识别出可能发生风险的方面或过程，即找到风险事件。在概念设计阶段，研制方案或技术将对驱逐舰后续的研制带来风险，如关键技术的成熟程度、技术方案的先进性、研制方案的合理性、科研保障条件、关键元器件和材料、生产能力，以及研制经验、技术引进等。在风险识别前，首先得出驱逐舰研制工作分解结构，通过工作分解结构法，将驱逐舰研制工作进行层层分解，以明确项目中所有的基本事件。在此基础上，利用专家咨询法对各系统或设备进行考察，确认其风险事件[19]。

风险分析是确定识别出的风险事件的风险度，有多种方法可以采用。通常把风险事件发生的概率和后果的严重度结合起来度量风险度，但由于风险发生的概率和后果都是未曾发生的事件，是个确定的事件，因此该方法受主观感受的影响较大[19]。

风险评价是要得出整个驱逐舰研制工作的风险度。在风险分析阶段，确定了各风险事件的风险度，将这些系统或设备的风险度综合起来，以得到总的风险度。这个综合的过程有多种方法可供选择，评估人员可根据具体的研制项目、研制进度、经验等，选择适合的方法来进行风险评价[19]。

风险识别、风险分析和风险评价这三个阶段中，每个阶段都有多种方法可供选择，也可组合不同的方法用于风险评估。风险识别常见的方法有专家调查法、历史记录统计法、现场调查法、故障树分析法、流程图法、聚类分析法、模糊识别法、人工神经网络法等；风险分析和风险评价常见的方法有专家咨询法、概率树法、决策分析法、层次分析法、类推比较法、网络分析法、矩阵分析法、分解估算法等[19]。

风险评估采用的方法要全面而科学，既要确保专家对每一项指标能够顺利地给出量化评价，又要做到简便有效。在水面舰船技术风险评估中，一种有效的方法是，借助工作分解结构法建立风险体系，利用层次分析法求出体系的权重分布，基于技术成熟度确定各系统或设备的风险度，最后运用层次分析法得出总的技术风险[19]。图7-7为其过程示意图。

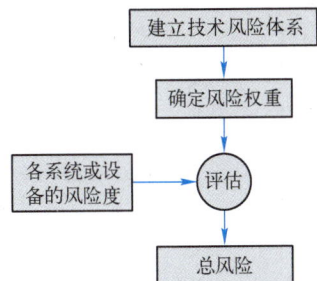

图7-7 技术风险评估过程示意图

7.4.2 评估方法

1. 技术风险体系

在风险识别过程中，需要逐级对驱逐舰装备研制工作进行分解，以便于清晰准确地找到风险事件。在驱逐舰概念设计阶段，对驱逐舰不少系统和设备的情况还不是很明确，所以系统划分不可能太细，具体要根据方案的深度来定[19]。

按照驱逐舰通常对系统的划分，驱逐舰技术风险指标体系主要包括总体综合性能设计技术，以及船体结构、船舶装置、推进系统、电力系统、作战系统和船舶保障系统[20]等6个一级大系统级别。总体综合性能和每个一级系统再分解为二级性能/系统或设备，如有必要，对某些较复杂的二级性能/系统可再进行分解。

综上所述，建立的一种典型的驱逐舰技术风险体系如图7-8所示。

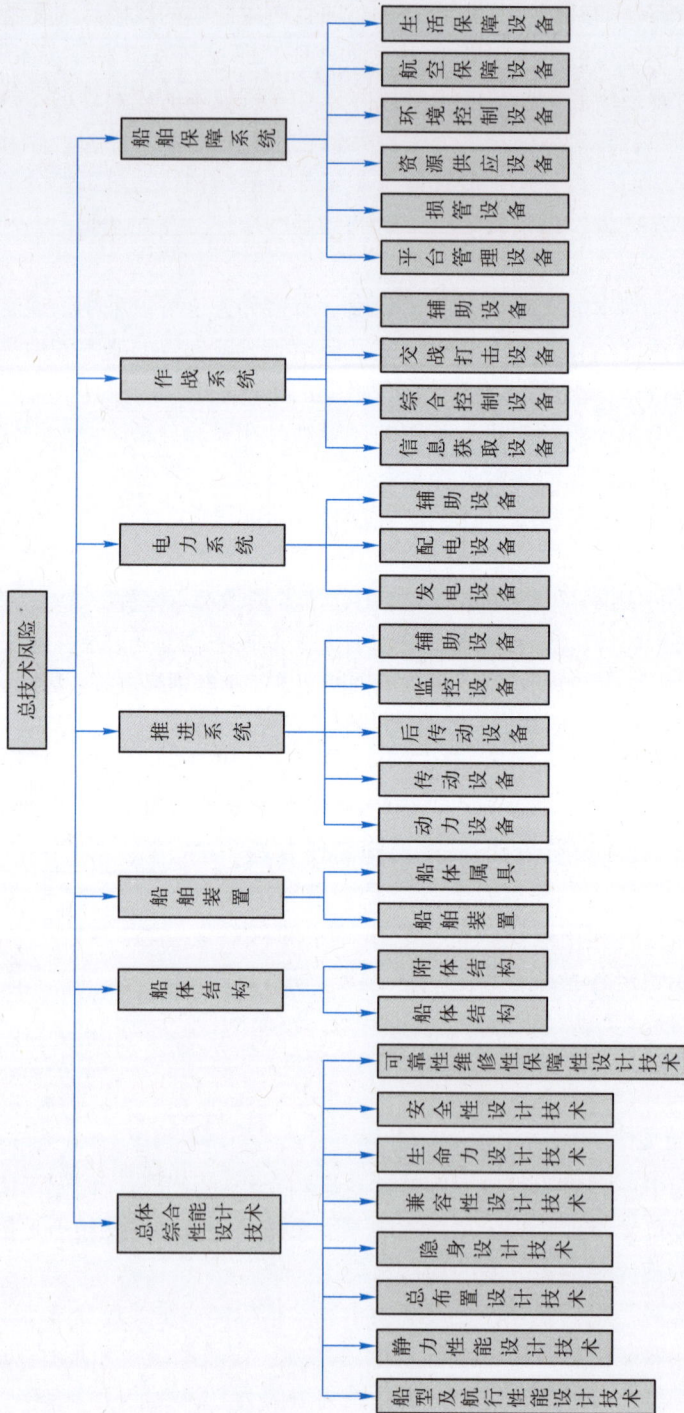

图7-8 技术风险体系

2. 分系统或设备的技术风险度确定方法

风险度的确定，我们这里以考察技术成熟度的方法为例来确定风险事件的风险度。

技术成熟度（Technology Readiness Levels，TRL），又称作"技术准备度"，指单项产品或单项技术在研发过程所达到的一般性可用程度，是 NASA 在 20 世纪七八十年代提出来的，至今广泛用于多种研制项目在立项、评审、决策及研制启动之前，评价项目在技术上的可用程度[21]。TRL 是将项目关键技术从掌握技术原理到定型装备和作战验证划分为多级成熟度，每一级成熟度都具有明确的标准与系统指标，它提供了一种解释特定技术成熟度的客观方法，目的是简要而清晰地表达开发状态与技术风险。应用 TRL 能够在不同类型的技术之间对技术成熟度进行一致的、标准化的讨论。项目决策者依据得到的 TRL 等级来评估项目风险[22]。

NASA 的划分，一开始是七个等级，至 20 世纪 90 年代中期时，NASA 将其增加到九个级别。20 世纪 90 年代中后期，美国大量的武器装备和航空航天项目的研制过程中，出现大量性能指标下降、研制经费超标、研制周期拖延的现象，21 世纪初，美国国防部将技术准备度评估写入《国防部采购指南》，随后，TRL 评估逐渐被推广到美国国土部、美国能源部、北大西洋公约组织、欧洲航天局、英国国防部等欧美发达国家和有关机构，经过多年的应用与实践，取得了良好的效果。目前我国也已普遍采用这一方法并制定了相应的技术成熟度量表。

针对图 7-8 建立的技术风险体系，表 7-12～表 7-14[20,23] 给出了总体性能、船体结构、船舶装置、船舶保障系统的部分下级性能/分系统或设备的一种技术成熟度划分定义。技术风险体系中的总体综合性能和每个一级系统的其他下级性能/分系统或设备的技术成熟度划分定义，可采取类似的原则进行确定。

表 7-12 总体综合性能下属部分性能技术成熟度的划分和定义[20,23]

TRL 等级	船型及航行性能技术	静力性能设计技术	总布置设计技术	安全性设计技术
1	了解船型及航行性能基本原理	了解静力性能基本原理	了解总布置基本原理	了解舰船安全性设计基本原理、基本工作流程及方法
2	掌握船型及航行性能设计方法	掌握静力性能设计基本方法	掌握总布置的方法	掌握舰船安全性设计基本流程及方法，制定出针对型号安全性设计工作的安全性大纲，并对型号安全性设计开展初步分析工作
3	提出了船型方案初步设想，估算航行	完成静力性能初步分析	分析研究了总布置优化理论	能够按照安全性大纲要求开展安全性设计与定性分析工作，制定出安全性设计准则
4	提出了船型方案，完成了主要航行性能的理论计算分析	完成了静力性能理论计（估）算	完成了总布置优化分析研究，并提出了总布置方案	安全性设计准则比较完善、且合理可行。可有效指导全舰安全性设计工作，能够运用理论分析或仿真手段开展全舰安全性分析工作
5	形成了能够工程应用的船型综合优化设计技术，完成航行性能模型试验验证	形成了能够工程应用的静力性能优化设计技术	形成能够工程应用的总布置优化设计技术	能够根据全舰安全性分析结果开展安全性优化设计工作，针对不可接受危险的安全性控制措施有效性，开展典型缩比模拟环境验证工作，并以此为依据指导安全性优化设计工作

TRL 等级	船型及航行性能技术	静力性能设计技术	总布置设计技术	安全性设计技术
6	完成大尺度模型试验；或船型综合优化设计技术在实船上得到试用	静力性能优化设计技术已在实船上得到试用	总布置优化技术已在实船上得到试用	能够制定出完善、合理可行的安全性设计准则，针对不可接受危险安全性控制措施有效性开展 1:1 典型模型环境验证工作，并以此为依据指导安全性优化设计工作
7	完成了实船演示验证及海上试验；或已经用于舰船设计，但需较大改进	已在舰艇设计中实际应用了静力性能优化技术，但本舰需进行较大改进	已在舰船设计中实际应用了总布置优化技术，但本舰需进行较大改进	安全性设计通过实船演示验证及海上试验，安全性设计工作成果可作为同类型舰船安全性设计工作依据
8	已经首次用于舰船设计，且已交船或定型；或已经多次用于舰船设计，但需要少量改进	已多次应用于实船设计，根据本舰特征进行了适应性改进	已多次应用于实船设计，根据本舰特征进行了适应性改进	安全性设计技术作为安全性设计工作指导方法，多次应用于实船安全性设计工作，并在实船使用中通过有效性验证
9	已经多次用于舰船设计，并证明符合要求	已成熟用于多型舰船	已成熟用于多型舰船	形成安全性设计相关成果，有效指导舰船安全性设计工作，安全性设计技术多次应用于实船安全性设计工作，并多次在实船使用中通过有效性验证

表 7-13　船体结构、船舶装置下属部分系统/设备技术成熟度的划分和定义[20,23]

TRL 等级	船体结构	船舶装置	船体属具
1	了解船体结构设计技术的基本原理	了解船舶装置基本原理	了解船体属具基本原理
2	掌握船体结构设计技术，明确船体结构设计技术的概念及构想	掌握船舶装置设计方法	掌握船体属具设计方法
3	开展了船体结构设计单项关键技术的原理研究及可行性分析，进行了仿真分析或原理性试验	提出了船舶装置方案初步设想，估算其性能	提出了船体属具方案初步设想，估算其性能
4	完成船体结构设计关键技术的原理性分析研究和模型试验；或完成了设计技术的理论研究	提出了船舶装置方案，完成了理论计算分析	提出了船体属具方案，完成了理论计算分析
5	针对船体结构设计关键技术完成小尺度船体结构模型试验；或初步形成了工程应用的设计技术	形成了能够工程应用的船舶装置设计技术，完成缩比原理样机试验	形成了能够工程应用的船体属具设计技术，完成实验室试验及检测
6	针对船体结构设计关键技术完成大尺度船体结构模型试验；或形成工程应用的设计技术并经过试用	完成原理样机试验验证，掌握关键技术，关键（重要）件或材料落实	完成样机或样品试验验证，掌握关键技术和关键工序，关键（重要）件或材料已落实
7	船体结构设计关键技术完成实船演示验证及海上试验，或船体结构设计技术已运用于舰船设计，但需较大改进	完成了实船演示验证及海上试验；或已经装舰使用，但需较大改进	完成了实船演示验证及海上试验；或已经装舰使用，但需较大改进

TRL 等级	船体结构	船舶装置	船体属具
8	船体结构设计技术已首次应用到舰船设计中，且已交船或通过定型；或多次应用于舰船设计，但需要少量改进	已经首次装舰使用，且已交船或通过定型；或已经多次装舰使用，但需要少量改进	已经首次装舰使用，且已交船或通过定型；或已经多次装舰使用，但需要少量改进
9	船体结构设计技术多次运用到舰船设计，通过使用环境和任务环境的考核验证，并证明符合实际使用要求	已经多次装舰使用，并证明符合要求	已经多次装舰使用，并证明符合要求

表 7-14 船舶保障系统下属部分系统/设备技术成熟度的划分和定义[20,23]

TRL 等级	平台管理设备	损管设备	生活保障设备
1	了解国外的技术状态和系统技术原理	了解系统设备研制的基本原理，有概念方案或应用设想	了解设计和设备研制的基本原理
2	立足本国技术基础开展了技术分析，提出了初步的技术实施方案	开展了初步分析研究，基本掌握原理，形成了初步方案	开展了初步分析研究，基本掌握原理，形成了初步方案
3	对系统涉及的关键技术进行了分析，并开展了相应的研究和原理试验	针对单个设备关键技术进行了分析研究和原理性实验，形成了技术方案	对单项技术进行了分析研究和原理性实验，形成了技术方案
4	完成了关键设备的原理样机研究，完成了系统总体技术设计研究	完成关键设备原理样机和部分主要设备科研（初）样机及实验室试验	完成了部分设备原理样机，完成了系统设计技术研究
5	完成系统技术设计和科研样机试制	完成关键设备科研（初）样机和部分主要设备工程（正）样机及陆上试验	初步形成工程设计技术，主体设备完成科研样机
6	系统部分成熟，通过陆上调试和系统环境试验，系统功能指标、性能指标达到应用要求	系统部分成熟，形成了系统工程用设计技术，完成设备工程（正）样机及陆上试验	系统部分成熟，形成了工程用设计技术，设备完成样机试验
7	系统基本成熟，已在舰船型号上应用，但需进行改进	系统基本成熟，系统有舰船设计应用经验，设备完成工程（正）样机海上试验，但需进行改进	系统基本成熟，有舰船设计应用经验，但需较大改进
8	成熟系统，已在舰船型号中推广，设备批量化生产	成熟系统，形成的系统设计技术已多次用于舰船设计，设备已装备舰船	成熟系统，形成的设计技术已多次用于舰船设计，设备已装备舰船
9	成熟系统，设备方案和设备都多次成功用于舰船研制并满足使用要求	成熟系统，设计方案和设备都多次成功用于舰船研制并满足使用要求	成熟系统，设计方案和设备都多次成功用于舰船研制并满足使用要求

技术风险评估中，需要将技术成熟度转化为技术风险度，即根据系统或设备现有技术的成熟度来确定风险值。根据技术成熟度，把 TRL 分成了 1~9 的 9 个级别，但各级别之间的跨度并非是完全均匀的。通过引入不同的跨级难度，修正各个级别的技术风险度，得到更为准确客观的风险值[19]。

常用的修正方法有如下几种。

1）跨距修正法

等距法确定风险度是一种较为粗略的方法，等间距地处理风险度误差较高。通过经验判断，由 TRL1 进入 TRL2、TRL8 进入 TRL9 要比 TRL2 进入 TRL3、TRL7 进入 TRL8 容易，TRL2 进入 TRL3、TRL7 进入 TRL8 要比 TRL3 进入 TRL4、TRL4 进入 TRL5、TRL5 进入 TRL6、TRL6 进入 TRL7 容易。因此，引入不同的跨级难度，修正各个级别的技术风险度，得到更为准确客观的风险值。

跨距修正法中，定义三种风险跨度，分别是高风险跨度、中风险跨度和低风险跨度。设高跨度为中跨度的 2 倍，中跨度为低跨度的 2 倍，即设高跨度为 $4x$，中跨度为 $2x$，低跨度为 x。并设有 l 个高跨度，m 个中跨度，n 个低跨度[19]。则 $l+m+n=8$，于是有：

$$l \times 4x + m \times 2x + n \times x = 1 \tag{7-48}$$

根据我国驱逐舰研制的普遍程序及特点，由专家打分定出 l, m, n，求出 x，进而得到考虑跨度因素后的 9 个 TRL 值。

按照以上示例的驱逐舰各系统及其下属系统/设备技术成熟度分级，属于高跨度的有 3-4，4-5，5-6 和 6-7，属于中跨度的有 2-3 和 7-8，属于低跨度的有 1-2 和 8-9，如图 7-9 所示。

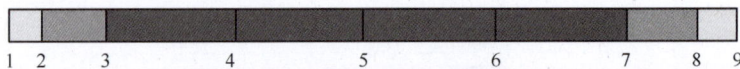

图 7-9 ▮ 跨度修正后的 TRL 跨级图

则有 $l=4, m=2, n=2$。根据式（7-48）求得 $x=1/22$。

这样得出的考虑了跨级风险的 TRL 和风险度对应表，如表 7-15 所列。修正后的风险度柱状图如图 7-10 所示。

表 7-15　跨度修正后的 TRL 和对应的风险度

TRL	1	2	3	4	5	6	7	8	9
风险度	1	0.955	0.864	0.682	0.5	0.318	0.136	0.045	0

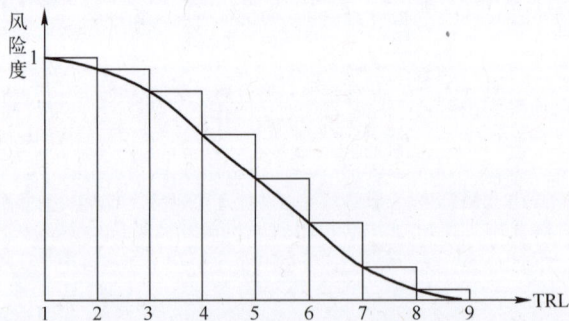

图 7-10 ▮ 跨度修正后的风险度柱状图

2）半圆法

如图 7-11 所示，设圆心在原点、直径为 1 的半圆，按角度等分为 8 份，θ 为角度，于是有

$$R_i = 0.5 + 0.5\cos\theta \qquad\qquad (7\text{-}49)$$

式中：$i = 1, 2, \cdots, 9; \theta = (i-1)\pi/8$

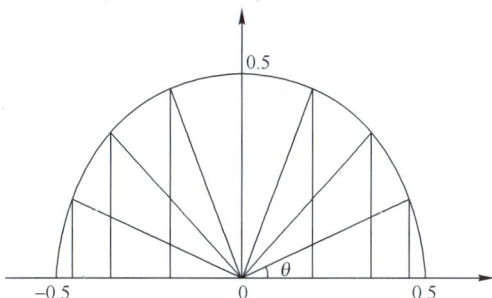

图 7-11 ▎单位圆法求 TRL 风险度

半圆法修正的结果比较贴近跨距修正法的风险度值，如表 7-16 所列，其修正后的风险度柱状图比较光顺，如图 7-12 所示。

表 7-16 单位圆法修正后的 TRL 和对应的风险度

TRL	1	2	3	4	5	6	7	8	9
风险度	1	0.962	0.8535	0.6913	0.5	0.30865	0.1465	0.038	0

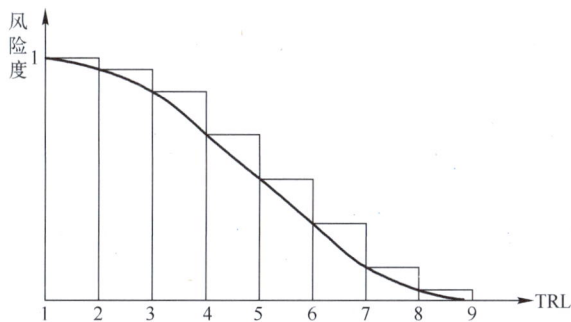

图 7-12 ▎半圆法修正后的风险度柱状图

3）正态法

正态分布是一种描述自然状态下随机事件发生的概率分布，是一种常见的连续性随机变量的概率分布，其函数密度曲线以均值为对称中线 $f(x) = \dfrac{1}{\sqrt{2\pi}\,\sigma} e^{-\frac{(x-\mu)^2}{2\sigma^2}}$，该分布由平均值 μ 和方差 σ 两个参数决定。沿 x 轴曲线下的面积表示该值发生的概率。

对于正态随机变量来说，它的值几乎全部落在区间 $[\mu-3\sigma, \mu+3\sigma]$ 内，超出这个范围的可能性不到 0.3%。通过对一定数量样本的风险发生概率统计分析，其大小分布规律服从 $(\mu=0, \sigma=1)$ 的标准正态分布，即 $f(x) = \dfrac{1}{\sqrt{2\pi}\,\sigma} e^{-\frac{(x-\mu)^2}{2\sigma^2}}$。将 $[-3, 3]$ 的区间长度平均分为 8 等份，则生成的 9 个点分别对应于一个技术成熟度，如图 7-13 所示。则这 9 个点分别为 $x = -3 + 0.75k$，其中 $k = 0, 1, \cdots, 8$。则这 9 个技术成熟度所对应的概率公式如下：

$$\Phi(x) = \int_{-\infty}^{x} \frac{1}{\sqrt{2\pi}} e^{-\frac{x^2}{2}} \mathrm{d}x \quad k = 0, 1, \cdots, 8 \tag{7-50}$$

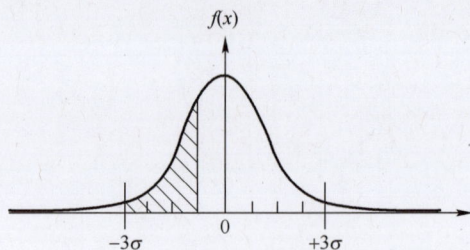

图 7-13 ▎风险发生的概率密度函数

正态法求 TRL 对应的风险度取值如表 7-17 所列，柱状图如图 7-14 所示。

表 7-17 正态法修正后的 TRL 和对应的风险度

TRL	1	2	3	4	5	6	7	8	9
风险度	1	0.988	0.933	0.733	0.5	0.227	0.067	0.012	0

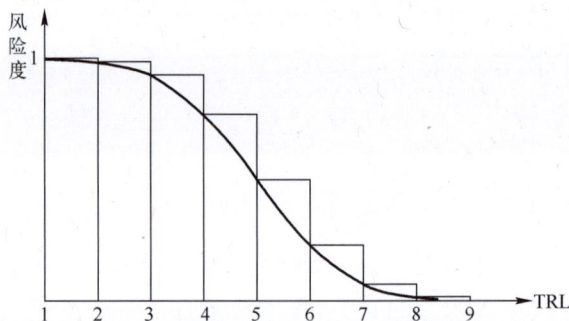

图 7-14 ▎正态法修正后的风险度柱状图

可根据风险评估的内容、目标要求选择使用的技术成熟度风险值确定方法。表 7-18 是以上方法求得的风险度值，有了风险度函数，可以求得除 TRL 整数等级对应外的风险发生概率。

表 7-18 几种 TRL 求法对应的风险度

TRL	1	2	3	4	5	6	7	8	9
风险度（等间距法）	1	0.875	0.75	0.625	0.5	0.375	0.25	0.125	0
风险度（跨距修正法）	1	0.955	0.864	0.682	0.5	0.318	0.136	0.045	0
风险度（半圆法）	1	0.962	0.8535	0.6913	0.5	0.30865	0.1465	0.038	0
风险度（正态分布函数法）	1	0.988	0.933	0.733	0.5	0.227	0.067	0.012	0

3. 风险权重

建立风险体系后，需要确定每个分系统在上一级系统中所占的权重。这里权重的含义是：该系统或设备存在的风险，对上一级系统风险的影响程度[19]。

根据风险体系，确定各级风险权重，从而得出风险权重体系[19]，各级指标权重采用层次分析法确定。

4. 确定总的风险度[19,20]

设总的风险度为 R，驱逐舰总体被分成了 m 个一级系统，各一级系统的风险度分别为 $R_1, R_2, \cdots, R_m$，各一级系统在总风险中的权重分别为 $w_1, w_2, \cdots, w_m$，则系统总风险为

$$R = \sum_{i=1}^{m} w_i R_i \qquad (7-51)$$

设第 i 个一级系统被分成了 n_i 个二级系统，各二级系统的风险度分别是 $R_{i1}, R_{i2}, \cdots, R_{in_i}$，各二级系统在上层一级系统中的权重分别是 $w_{i1}, w_{i2}, \cdots, w_{in_i}$，则第 i 个一级系统的风险为

$$R_i = \sum_{j=1}^{n_i} w_{ij} R_{ij} \qquad (7-52)$$

综合上面二式，可得总的研制风险为

$$R = w_i \sum_{i=1}^{m} \sum_{j=1}^{n_i} w_{ij} R_{ij} \qquad (7-53)$$

7.5 > 费用评估

7.5.1 评估内容

概念设计阶段重要的工作就是概念设计方案优化，并开展初步方案设计、综合效能评估、风险费用分析等，并形成风险费用计划。因此，费用评估在概念设计阶段具有重要的作用。海军驱逐舰概念方案的费用评估，不仅需要统筹考虑费用与效能、风险之间的综合平衡和优化，还要在比较概念方案费用时，考虑和比较全寿命周期费用，包括论证、设计、建造、试验、训练、使用、维修直至退役处理的全寿命过程各个环节的费用。

1. 全寿命周期费用

全寿命周期费用（Life Cycle Cost，LCC）是指装备在预期的寿命周期内，为其设计、建造、使用、维修与保障、退役处置所支付的所有费用之和[24]。

2. 全寿命周期费用估算（LCC 估算）

驱逐舰 LCC 估算将从设计开始直至报废处理的整个寿命周期中所消耗的全部资源量化为费用，再进行累加得出总费用的过程。LCC 估算是 LCC 技术中的基础，估算的准确性直接影响费用分析和费用评价的结果。LCC 估算在费用发生之前进行，需要建立边界条件、建立费用分解结构、建立费用估算模型、选择费用估算方法等，以通过现有的数据和信息估算将来的费用。具体实施过程包括图 7-15 所示的 8 个步骤。

3. 费用分解结构

按寿命周期各阶段的工作项目，将舰船的论证、设计、建造、试验、训练、使用、维修直至退役处理相关费用逐级分解，直至基本费用单元，所构成的按序分类排列的费用单元的体系，称为舰船费用分解结构。费用分解结构完整地描述了寿命周期费用的组成及其相互关系，是对费用元素定义、费用数据收集和费用估算的基础。

驱逐舰在不同条件下，可以形成不同的费用分解结构，费用分解结构随着装备的寿命

```
┌──────────┐
│  确定目标  │
└────┬─────┘
     │
┌────▼──────────┐
│ 明确假设和约束条件 │◄──────────┐
└────┬──────────┘           │
     │                     │
┌────▼──────────────┐       │
│ 建立费用分解结构和产品分解结构 │       │
└────┬──────────────┘       │
     │                     │
┌────▼──────────┐           │
│   选择费用估算方法   │           │
└────┬──────────┘           │
     │                     │
┌────▼──────────┐           │
│   收集筛选数据     │◄────┐     │
└────┬──────────┘      │     │
     │                │     │
┌────▼──────────────┐   │     │
│  建立费用估算模型并计算  │───┘     │
└────┬──────────────┘         │
     │                       │
┌────▼──────────────┐         │
│ 不确定性因素和敏感性分析  │─────────┘
└────┬──────────────┘
     │
┌────▼─────┐
│  得出结果  │
└──────────┘
```

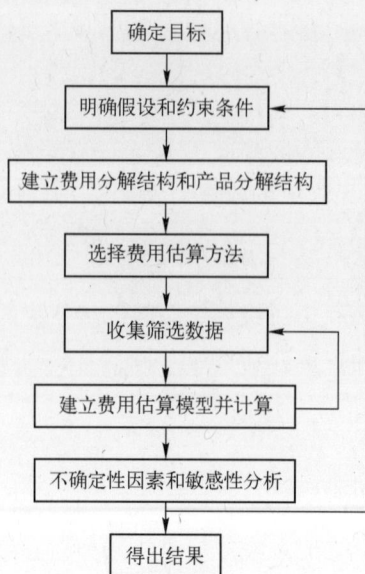

图 7-15 ▏全寿命周期费用估算流程图

发展而不断完善。驱逐舰费用分解结构的主要费用单元包括论证研制费用、建造购置费用、使用费用、维修保障费用和退役处置费用。驱逐舰寿命周期费用分解结构如图 7-16 所示。

论证研制费用是指某一装备从前期论证或概念设计开始，经过研制直至投产前所发生的一切费用总和。

建造购置费用是指将研制成果转变为完全可部署的装备所支付费用的总和，由舰船建造费用和初始保障费用两大部分组成。

使用费用是指舰船服役期间，舰员工资支付、消耗物资器材使用、军内保障部门和工业部门的人员保障等因装备使用而发生的一切费用总和，有舰员费用、器材费用、人员保障费用等。

维修保障费用是指在舰船服役期间，因装备维修保障发生的一切费用总和，包括舰员级维修费用、中继级维修费用、基地级维修费用、后续舰员训练费用、保障资源费用等。

退役处置费用是指在舰船退役时，舰船残值处理发生的一切费用总和，包括舰船报废处置费用、库存器材处置费用等。

7.5.2 费用的主要影响因素

随着年代的推移，国内外海军舰船寿命周期的费用上涨的趋势十分明显，其主要影响因素主要有三类：一是物价因素；二是性能因素；三是其他因素。

1. 物价因素

舰船作为一种大型复杂装备，在建造过程中均需消耗大量的人力、物力和财力。总装厂在舰船建造过程中要购置大量的原材料，采用多道加工工序建造船体结构，按照设计图纸对全船的设备、管路和电缆进行安装和试验，其建造成本与原材料、设备、燃料等价格，以及人员工资等都有着直接的关系，也必然随着物价指数变化而变化。

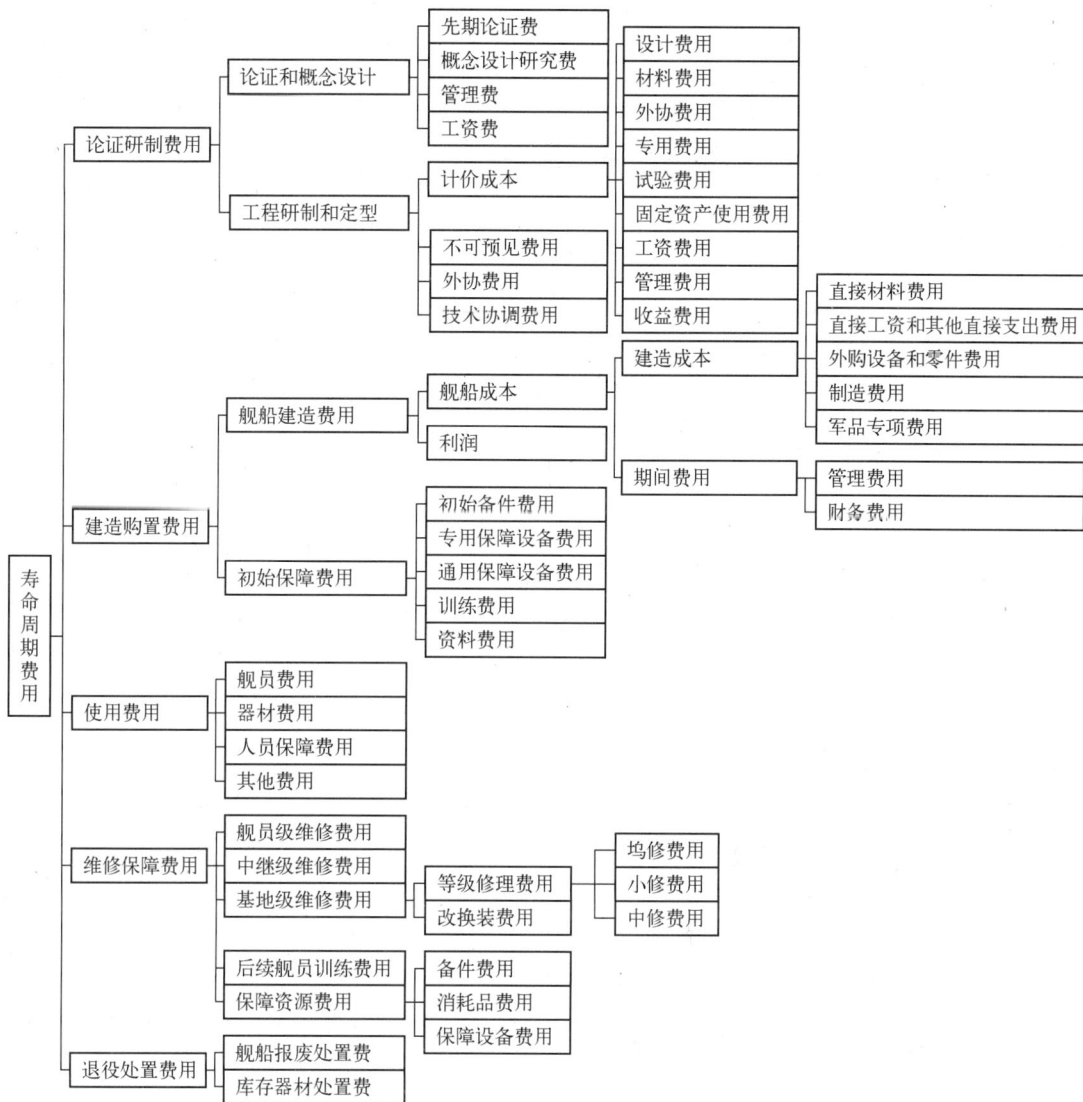

图 7-16 所示为舰船寿命周期费用分解结构：

寿命周期费用

- 论证研制费用
  - 论证和概念设计
    - 先期论证费
    - 概念设计研究费
    - 管理费
    - 工资费
  - 工程研制和定型
    - 计价成本
      - 设计费用
      - 材料费用
      - 外协费用
      - 专用费用
      - 试验费用
      - 固定资产使用费用
      - 工资费用
      - 管理费用
      - 收益费用
    - 不可预见费用
    - 外协费用
    - 技术协调费用
- 建造购置费用
  - 舰船建造费用
    - 舰船成本
      - 建造成本
        - 直接材料费用
        - 直接工资和其他直接支出费用
        - 外购设备和零件费用
        - 制造费用
        - 军品专项费用
      - 期间费用
        - 管理费用
        - 财务费用
    - 利润
  - 初始保障费用
    - 初始备件费用
    - 专用保障设备费用
    - 通用保障设备费用
    - 训练费用
    - 资料费用
- 使用费用
  - 舰员费用
  - 器材费用
  - 人员保障费用
  - 其他费用
- 维修保障费用
  - 舰员级维修费用
  - 中继级维修费用
  - 基地级维修费用
    - 等级修理费用
      - 坞修费用
      - 小修费用
      - 中修费用
    - 改换装费用
  - 后续舰员训练费用
  - 保障资源费用
    - 备件费用
    - 消耗品费用
    - 保障设备费用
- 退役处置费用
  - 舰船报废处置费
  - 库存器材处置费

图 7-16 ▎舰船寿命周期费用分解结构

舰船的物价指数变化受到多种指数因素影响，包括：原材料价格指数（如工业生产者购进价格指数、黑色金属材料类价格指数、有色金属材料类价格指数、燃料动力类价格指数、化工原料类价格指数等）、工业品出厂价格指数、人力成本变化指数（如国有单位就业人员平均实际工资指数、城镇集体单位就业人员平均实际工资指数、其他单位就业人员平均实际工资指数等）等。最终，上述指数因素以及装备价格管理的综合影响，将决定舰船的物价指数。

图 7-17 和图 7-18 所示为 2011—2016 年的金属材料类和原材料类的价格指数变化情况[25]。

2. 性能因素

舰船性能包括排水量、浮性、稳性、不沉性、操纵性、材料性能、系统设备性能、可靠性等性能指标，几乎每个性能指标都能与费用联系起来，下面列举几种主要的性能指标对费

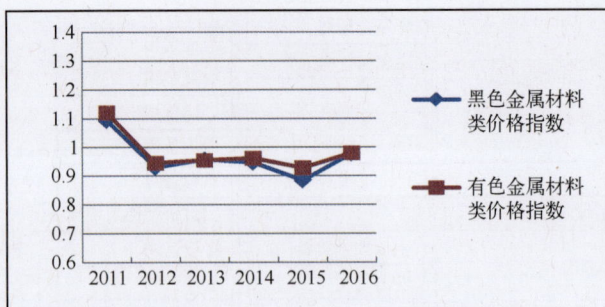

图 7-17 ▎2011—2016 年金属材料类价格指数[25]

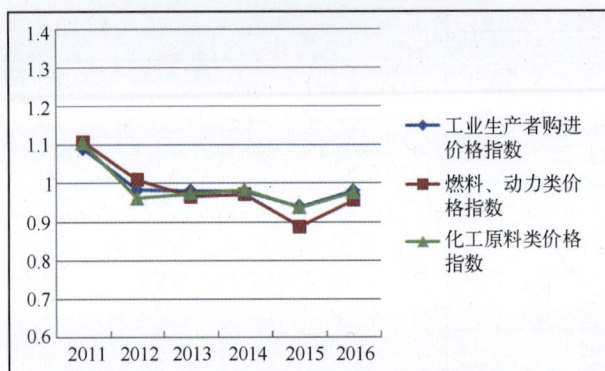

图 7-18 ▎2011—2016 年原材料类价格指数[25]

用的影响关系。

1）排水量对费用的影响

舰船排水量的大小是驱逐舰的使命任务，以及系统设备配置、航速、续航力、适航性、经济性等综合影响的结果，许多性能指标的调整、设备的增减都会直接影响到排水量的增减。排水量是决定费用的重要因素之一，一般与费用有直接关系，以排水量为自变量，以费用为因变量来建立二者关系式，往往能达到一定的估算精度。但对于舰船寿命周期费用，排水量虽然是重要的影响因素，但并不是唯一的因素。即便排水量相同，具体系统设备的费用不尽相同，船体使用的材料不同，均会产生不同的费用。

2）材料性能对费用的影响

舰船建造需要消耗大量舰用钢材以及各种特殊材料，这些材料也是舰船重量的重要来源，所以材料费用在舰船成本组成中占有重要地位。

3）系统设备性能对费用的影响

系统设备对舰船费用的影响有三个方面：一是新系统设备增加的影响；二是单项系统设备性能提高的影响；三是武器系统综合指控能力提高的影响。

（1）为了提升新型舰船的作战性能和生存能力，某些新系统设备将不断装舰，拟装备舰船的新系统设备，通常其费用会高于成熟系统设备，特别某些高成本的系统设备的装舰，更加导致购置费大幅度增长。

（2）舰载系统设备都是比较成熟可靠的，但是在使用过程中也常常会发现某些需要改进的不足或缺点，或者根据新的作战使命、新系统设备的使用要求等，需对原上舰系统设备进行改造，改造后的系统设备在技术性能、可靠性等方面得以提高，但与此同时，费用也会同步提高。

（3）高水平的作战能力不仅需要先进的武器系统，还必须具备实施准确、敏捷的指挥、控制和通信的能力。对驱逐舰来说，为了提高准确定位能力、快速反应能力、综合指挥控制能力等作战能力，需要不断提升作战系统的自动化、信息化和智能化水平，实现科学快速的作战指挥决策，这就需要增设复杂的新系统等。所有这些，都将从多方面影响并增加购置费用。

总之，对于驱逐舰这样的战斗舰船，其装载的所有系统设备，都有按其作战使用要求设计的战术技术指标，这些指标都与费用有直接关系，这些关系是复杂多样的，经过同类系统设备的几次更新换代以后，往往可以根据统计数据找出二者的定量关系。根据这些关系外推就可以得出新一代产品的购置费。当然，寻找这些关系的方法也是灵活多样的，同时还需要积累、收集一定数量的分析样本。

4）居住性对费用的影响

舰船居住性的优劣直接影响到舰上人员能力的最佳发挥，从而影响到舰船综合作战使用效能。影响舰船居住性条件水平的因素是多方面的，有设计指导思想、管理、技术等方面的因素，费用也是一个重要的因素。提高居住性基本指标，将使人均占有空间增加，即增加了排水量，而排水量增加将直接导致费用的提高；提高生活设施标准和其他居住方面的标准还将直接或间接地增加费用。

3. 其他因素

1）批量建造的影响

一种新型舰船定型后，都会计划进行一定数量的批量生产，如果该型舰船在同一家造船厂进行批量生产，那么在连续生产的条件下，每艘船的成本将是不同的，首制舰成本最高，后续舰的成本逐步降低，当降低到一定程度后，便趋于稳定。这一变化规律是在对研制项目进行经济可行性分析时应该予以考虑的重要因素。

2）地区和船厂条件的影响

不同地区和不同的造船厂对舰船建造成本不但有影响，有的影响还比较大。这种地区差别主要是由于配套条件、运输条件、试验试航条件等船厂环境形成的，同时船厂设施（包括设备、场地与工艺装备）、人员素质与技术管理水平等船厂条件也对造船成本有较大的影响。

费用影响因素不是相互独立的，而是相互关联的，一个因素发生变化，往往其他因素也会随之变化。例如，系统复杂了，其所占的容积和排水量也要随之调整；船体材料性能提高了，可降低排水量；自动化程度提高了，人员编制将减少，但二者都对排水量有影响等。在实际计算和评估费用时，应对各种因素综合考虑。

7.5.3 估算方法

常用的全寿命周期费用（LCC）估算的方法包括工程估算法、类比估算法、参数估算法，各类估算法适用于装备发展的不同阶段，具体如表7-19所列。

表 7-19　费用估算方法的阶段适用性

估算方法	论证阶段	概念设计阶段	设计和建造阶段	使用与保障阶段	退役处置阶段
工程估算法	不适用	不适用	适用	适用	较适用
类比估算法	较适用	适用	较适用	适用	较适用
参数估算法	适用	较适用	较适用	不适用	不适用

　　工程估算法又称自上而下法或工程费用法，是通过对产品寿命周期各阶段的费用进行细分，对细分后的费用细目累加进而估算费用。此方法的主要优点是估算结果较准确，有利于各方案之间、各方案费用组成之间的比较，缺点是需要详细的费用数据，否则无法通过此法进行费用估算。通过工程关系建立的费用模型，数据规模、复杂程度都增大了，对模型的验证和评估也变复杂了，所以难以对估算结果进行评价与验证，而且某些费用的估算带有一定主观性。

　　类比估算法又称类推法，是参考相似产品的已知费用信息和其他数据估算费用的方法，将被估算产品与类似产品进行比较，根据两者之间的特征差异取定差异系数，在类似产品已有费用信息的基础上，实现费用估算。类比估算法是一种相对简单的估算方法，能对相似产品的费用做出估算，但需要相似产品的相关数据，适用于利用相似生产技术和制造工艺生产的产品，应用具有一定的局限性。在寿命周期阶段上，类比估算法适用于早期发展阶段，通常用于论证阶段和概念设计阶段，或产品改造的方案评价，用于初始费用的估算。

　　参数估算法又称参数分析法，是根据产品的历史费用数据，运用回归分析法等数据分析和处理方法，将影响费用的若干主要物理与性能特性参数作为自变量，费用为因变量，建立费用与参数之间的费用模型，对费用或某个费用分解结构进行估算。参数估算法的输入是系统的性能参数，具有客观、便捷、高速的优点，而且能够迅速地计算出物理与性能特性等方面的参数变化对费用的影响，并在此基础上，确定产品设计方案或方案变更，以及对应的方案评估结果。参数估算法的缺点是要求有大量历史费用和性能数据的记录，而且费用估算所依据的样本关系将一直存在，但随着产品的更新换代和新技术的使用，原有的参数关系适应性会越来越差，所以对全新系统或新技术含量很高的系统就没法使用参数估算法。参数费用法适用于论证阶段和概念设计阶段，因为这些阶段所掌握的数据十分有限，甚至只知道某个基本参数，适合用参数估算法进行成本估算。国外著名的飞机寿命周期费用模型如 DAPCA 系统模型、MLCCM 模型和 PRC 系列模型等都是采用参数估算法建立的[26]。

　　前面介绍的工程估算法、类比法估算和参数估算法都要以已有的实际发生的数据为基础：工程估算法完全利用实际费用数据；类比估算法在实际费用数据基础上进行修正；参数估算法对实际费用数据进行处理后建立估算关系式。

　　下面对在驱逐舰概念设计阶段适用的类比估算法和参数估算法进行举例说明。

1. 类比估算法

　　采用类比法估算费用，主要包括两种：一种是考虑国内外同型舰船的建造工程；另一种是在国内没有建造经验的情况下，根据国内其他型号的舰船建造工作估算标准成本。国内外已建造的多型驱逐舰的费用数据，均可作为类比估算过程中的数据来源。凡是同类装备或部分结构、性能相似的装备均可进行费用比较或部分费用比较，相似的部分越大，可比性越强。

在类比过程中，应充分考虑技术成熟度，确定费用风险因子，综合考虑费用风险因子和价格变化指数，估算设备费用。下面分别对技术成熟度与费用风险因子、价格变化指数进行说明。

1）技术成熟度与费用风险因子

技术成熟度分析是对技术成熟水平进行度量和测评，反映技术是否达到了应有的成熟水平，以及判断不同技术对同一项目目标的满足程度。根据 7.2.2，可以确定分系统或设备的技术成熟度。

技术成熟度对费用有直接影响，以舰用柴油机为例，如果采用的柴油机型号能够满足性能要求，技术成熟度为 TRL9，购置费用相对就比较低。但是如果采用的柴油机需要重新研制，技术成熟度只有为 TRL4 或 TRL5，那么在购置费用估算中就需要考虑因技术水平、质量和其他风险因素所引起的费用增加[27]。因此，这里引入费用风险因子，用费用风险因子去提高某个系数或设备的费用估算值，以便覆盖由风险引起的额外费用。

技术成熟度和费用风险因子之间具有直接的联系，即技术成熟度是费用风险因子划分的标准。表 7-12~表 7-14 给出的总体性能、船体结构、船舶装置、船舶保障系统的部分下级性能/分系统或设备的一种技术成熟度划分定义，表 7-18 给出的几种 TRL 对应的风险度，均为费用风险因子的确定提供了一个依据。具体费用风险因子的确定与装备特点密切相关，确定方法应立足于经验信息和历史数据的统计。

在对每个单元进行基本费用估算的基础上，建立每个单元的风险因子，用估算的基本费用乘以风险因子，即可得到考虑项目研制技术风险或其他风险后所需的资金水平[27]。

2）物价变化对装备费用的影响

物价变化对装备费用的影响是多方面的，原材料费、工时费、工厂管理费用等均受到物价变化的影响，而且效果很明显。对这些影响因素进行穷举和量化是难以实现的，一般采用统计回归的方法来处理。以舰用柴油机购置为例，具体做法是：假设分别在 2008 年、2010 年、2012 年、2014 年、2016 年采购同一型号的柴油机，将这五年的购置费用两两比较，获得 $C_5^2 = 10$ 个该型柴油机的成本变化指数。再将这五年的 CPI 指数两两比较，同样获得 10 个物价变化指数。以物价变化指数为自变量，柴油机成本变化指数为因变量做回归分析，获得柴油机成本变化与物价变化之间的关系。这种关系是一种"平均"关系，可能在某个具体设备上表现较差，但是从整体上看，是能够达到比较高的精度的。

2. 参数估算法

利用已建立的费用估算关系，由输入的参数计算出费用，这些参数可能是排水量、长度、型宽、可靠性、维修性等功能参数。由于驱逐舰全寿命周期费用结构复杂，涉及的参数种类多、关系复杂，可采用参数估算法对参数之间的关系进行估算。

费用估算过程中，直接引用建造工时来估算的费用结构较多，下面以建造工时与正常排水量之间关系说明参数估算法在费用估算中的应用。

图 7-19 示例了一种水面舰船的建造总工时数与正常排水量之间的关系。

从图 7-19 可看出，总工时数和排水量之间大致服从幂函数关系，可以用下述函数形式表示：

$$H = aD^b \tag{7-54}$$

式中：H 为舰船建造总工时数（万 h）；D 为舰船正常排水量（t）；a、b 为待定常数，可以

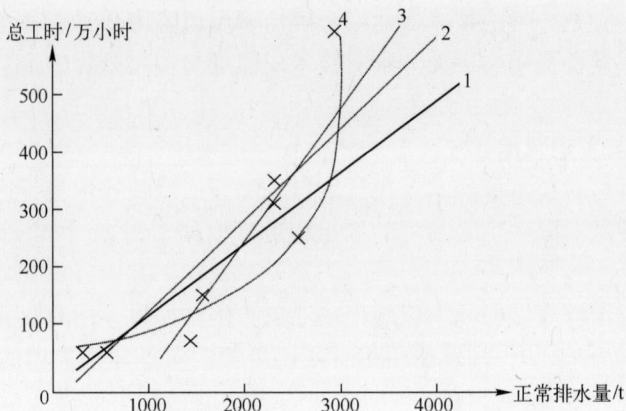

图 7-19 ▎一种水面舰船建造总工时与正常排水量的关系示意图

注：×××—各型舰船实际建造总工时；1—以全部样本回归得到的曲线；

2—以某年以后所建造舰船作样本回归得到的曲线；

3—以某 A 类别舰船作样本回归得到的曲线；4—以某 B 类别舰船作样本回归得到的曲线。

采用非线性回归分析确定。

式（7-54）两边取对数，得

$$\ln H = \ln a + b \times \ln D \tag{7-55}$$

设 $Y = \ln H, A = \ln a, X = \ln D$，则原方程变为

$$Y = A + b \times X \tag{7-56}$$

根据样本数据对线性回归方程进行拟合，求出系数 a、b 代入关系式，即可得到舰船建造总工时与排水量关系的经验公式。

舰船建造总工时的公式为

$$H = 0.3595 D^{0.7723} (万小时) \tag{7-57}$$

参 考 文 献

[1] 王坤茜．产品设计方法学 [M]．湖南：湖南大学出版社，2015.

[2] 薄瑞峰．基于计算智能的产品概念设计及应用 [M]．北京：电子工业出版社，2011.

[3] 刘旸，孟梅，张恒，等．面向任务的驱逐舰作战效能评估方法研究 [J]．哈尔滨工程大学学报，2013，34（12）：1479-1489.

[4] 张恒，朱军．计及风浪环境影响的水面舰船作战能力评估方法 [J]．中国舰船研究，2017.

[5] 闻邦椿．机械系统概念设计与综合设计（第五版）[M]．北京：机械工业出版社，2014.

[6] 刘国花．多机并车系统方案研究与选型设计 [D]．武汉：武汉理工大学，2009.

[7] 高学敏．军校学员综合素质评价与激励机制研究 [D]．长沙：国防科学技术大学，2004.

[8] 崔鲁宁，程虹，郑义．两栖攻击舰初步总体方案综合评估方法 [J]．船舶，2017，3：10-15.

[9] 王雪荣．管理体系整合及综合评价方法研究 [D]．南京：南京理工大学，2005.

[10] 雷蕾．物资招标评标方法研究 [D]．长沙：国防科学技术，2003.

[11] 李炜，张恒，杨屹．高性能船性能综合评估方法研究 [J]．船舶工程，2012，34（1）：23-25，55.

[12] 百度文库．数学模型总结．互联网文档资源．

[13] 王琴琴，宋太亮，汤伟达，赵潇逸．基于效用函数的装备保障效能评估方法 [J]．火力与指挥控制，2014，39（11）：76-79.

［14］张恒，冯伟强．水面舰艇流体性能关键技术评估方法研究［J］．舰船科学技术，2016，38（7）：21 -25.

［15］百度文库．数学建模预测模型与案例．互联网文档资源．

［16］陆秀琴，周祯德，李红杰．化纤检测标准中置信区间的应用［J］．上海标准化，2010，11：27-29.

［17］百度文库．概率论与数理统计课件．互联网文档资源．

［18］郝蕾．高层建筑施工现场火灾风险评估研究．学术论文联合比对库，2013-04-13.

［19］齐鸣，方志刚，高兴华．舰船技术风险评估方法研究［C］．决策科学与评价——中国系统工程学会决策科学专业委员会第八届学术年会论文集，2009.

［20］李炜，吴晓伟．舰船研制技术风险综合评估的一种方法［J］．江苏科技大学学报（自然科学版），2012，26（3）：226-229.

［21］陈方晓，晏成立，余泳．对技术成熟度评价应用于装备预研的若干问题分析［J］．国防科技，2014，35（3）：40-46.

［22］朱毅麟．技术成熟度对航天器研制进度的影响［J］．航天器工程，2009，18（2）：8-13.

［23］许乐．201091303534770.学术论文联合比对库，2013.

［24］徐宗昌．论推行综合寿命费用控制法［J］．装甲兵工程学院学报，2003，14（1）：24-30.

［25］中华人民共和国国家统计局，工业生产者购进价格分类指数［EB/OL］．http：//data.stats.gov.cn/，2018.

［26］周涛．基于全寿命周期的电网主设备成本分析与应用研究［D］．保定：华北电力大学，2012.

［27］冷静，齐欢，董鹏．大型舰船平台购置费影响因素及其预测技术方法研究［J］．舰船科学技术，2010，32（2）：77-82.

后　记

战斗舰艇，作为当今主战兵力，其技术高度密集且耦合、系统极其复杂且关联，体量大，价格昂贵，而其研制过程有别于其他武器装备，没有其他兵器的原理样机、初样机、正样机等试制过程，首制品即为正式编成入役的舰艇装备，必须确保一次成功。原本工程产品就是遗憾的艺术，战斗舰艇更是如此，其原因不言而喻。

而设计师的追求目标，是向用户提供满意度高的产品，是"至善"的设计方案。

"遗憾工程"这个痛，该怎么破？

《四书》之首《大学》有云："物有本末，事有终始，知所先后，则近道矣。"

三纲八目，止于至善，始于格物。

任何设计都始于对设计概念的追求，概念设计是一个曲折漫长征途的起点，设计师在概念设计过程中，把概念思维中蕴藏的创新原理和灵感元素转换成设计构想，对设计结果进行推敲、斟酌，添加、修正细节，不断地对设计进行迭代和完善，直至设计方案逐渐成型。

战斗舰艇的典型代表——驱逐舰，其设计可以认为是分析各种影响因素、尝试不同技术途径、探索优化设计结果的一种复杂过程，尤其是其概念设计阶段，繁博更甚。

然而，驱逐舰概念设计的产出物——设计方案，毕竟是一种实实在在的物化产品，物化过程——设计，也是有着客观规律可循的，只是这个规律包含着众多的复杂因素综合构成。虽然复杂，但却是可认知的，只是需要我们愿意下工夫去研究它。

本书正是关注驱逐舰概念设计这一特殊阶段，重点汇集作者多年设计研究的成果，形成了一套涵盖驱逐舰产品概念设计理论、方法、技术及体系的框架，是一次致力于认识其规律、并努力寻求其有效的设计分析方法的有益探讨与尝试。

驱逐舰概念设计，不是也不可能是永远简单地重复某种机械式的程序和教条化的模式。本书所诠释的各种方法也并非定论和唯一，仅仅是指出了处理驱逐舰概念设计问题的种种有效途径，书中所探讨形成的驱逐舰概念设计体系要素，旨在能够为驱逐舰设计师们提供一些实践经验的总结和洞见，起到垫脚石、催化剂的作用，在设计之路上更深一步地去不断追寻、勇敢尝试，"如切如磋，如琢如磨，……，有斐君子，终不可喧兮"，达到"至善"的设计目标。

不敢奢言至善，但求静心格物。

以此自勉之。